オプション ボラティリティ 売買入門

Option Volatility & Pricing:
Advanced Trading Strategies and Techniques
by Sheldon Natenberg

プロトレーダーの実践的教科書

シェルダン・ネイテンバーグ【著】
増田丞美【監修】
世良敬明、山中和彦【訳】

Pan Rolling

Option Volatility & Pricing : Advanced Trading Strategies and Techniques by Sheldon Natenberg

Copyright © 1994 by The McGraw-Hill Companies, Inc. All rights reserved.

Japanese translation rights arranged with The McGraw-Hill Companies,
through Japan UNI Agency, Inc., Tokyo.

監修者まえがき

　本書の原題は『Option Volatility & Pricing（オプションボラティリティと価格決定）』であり、題名にあるように、オプションボラティリティの重要性とその活用法を中心にさまざまなオプション取引戦略に深く言及されています。本書を読むと、オプション取引という名の"ゲーム"がいかに株式投資や先物取引と違うかが分かるでしょう。オプション取引は"ゲーム"のルールがまったく違うのです。このゲームに勝つには、徹底的にオプションの商品としての特性と、オプション取引という"ゲームのルール"を理解する必要があります。これは、原市場が将来どう変動するかを正しく予測すること以上に大切なことなのです。本書には、その"ゲームのルール"と"ゲームのやり方"が詳細に描かれています。

　本書では、第4章、第8章、そして第14章、第16章および第18章の5章分を割いてボラティリティとその活用法について詳細に述べられています。オプション取引の実践家である読者には、特にこれらの章を重点的に読んでほしいと思います。なぜなら、ここにオプション取引という名の"ゲーム"の本質が隠されているからです。

　オプションの本質とは何か。読者が本書のページをめくる前に同じくオプション取引の実践家である私の持論を披露したいと思います。それは拙著『最新版オプション売買入門』（パンローリング刊）のなかで述べているので、それから引用したいと思います。

　オプションは、「相場がどう変動するかはまったく予想できない」ということから出発しています。言い換えれば、将来どう変動するかを確率統計論に求めているのです。……ボラティリティはオプション価格決定に影響を与える最も重要な変数です。これはリスクを図るモノサシとしても使われます。オプション取引の実践家はこのような理

論を知っておく必要はないのかもしれませんが、ボラティリティの概念を理解することはとても大切です。

　本書の著者ネーテンバーグ氏は自らの本を理論書ではなく、「実践書」であると言っています。しかし、これは非常に役に立つ「実践的な理論書」と言うこともできると思います。オプション取引の経験の浅い方がその内容のすべてを理解するには大変な労力を要することでしょう。オプション取引の実践家はぜひ本書を机の上に置き、「辞書」や参考書のように「取引実践のガイド」として活用されてはどうでしょうか。しかし、本書に書かれてあることすべてを理解する必要はありません。特に、複雑なスプレッド売買戦略の多くは、「取引コスト」のかからないフロアトレーダーだからこそできるものといえます。

　最後に、翻訳者に代わって以下の断り書きを掲げておきたいと思います。翻訳は原文に即して行われていますが、英文をそのまま日本語にしても意味が通じない部分があります。それらについては原文の内容が損なわれないように、言葉を置き換えてあります。とりわけ、原文に多く出てくる「value」という単語は日本語で「価値」と訳すとニュアンス的に誤解を与える、本来の意味を伝えない、または本質的な意味からかけ離れると判断されるので、「時間価値」「本質的価値」というオプション特有の用語など以外は必要に応じて「価格」「損益」「潜在的利益」「(数)値」などに置き換えています。また、オプション特有の用語で日本語に訳すと本来の意味が損なわれてしまうものについてはそのままカタカナで表記しています。その典型的な例が「ボラティリティ」で、ボラティリティの種類はすべてカタカナで表記しています。

　本書を手にした読者のみなさんの幸運をお祈りします。

2006年5月黄金週間の最後の日に

　　　　　　　　　　　　　　　　　　　　　　　増田丞美

オプションのトレーダーとなろうとする私に自信を与えてくれたポールへ、
私が必要なときに金銭的な支援をしてくれたヘンとジェリーへ、
本書の執筆を最後まで激励し、
私の代わりにコンピューターでのリサーチを引き受けてくれたエディへ、
そして何よりも、私を支え、励ましれくれたレオナへ。

CONTENTS

監修者まえがき　　　　　　　　　　　　　　　　　　1
初版序文　　　　　　　　　　　　　　　　　　　　　9
第2版序文　　　　　　　　　　　　　　　　　　　　13

第1章　オプションの基礎知識 ——————— 17
市場の仕組み　　　　　　　　　　　　　　　　　　17
権利行使と割り当て　　　　　　　　　　　　　　　21
市場の信頼性　　　　　　　　　　　　　　　　　　27
委託証拠金　　　　　　　　　　　　　　　　　　　29
決済手続き　　　　　　　　　　　　　　　　　　　31

第2章　初級戦略 ————————————— 35
単純な売買戦略　　　　　　　　　　　　　　　　　36
リスク・リワード　　　　　　　　　　　　　　　　39
売買戦略の組み合わせ　　　　　　　　　　　　　　45
満期時の損益図の作成方法　　　　　　　　　　　　51

第3章　理論価格決定モデル入門 ————— 65
期待利益　　　　　　　　　　　　　　　　　　　　67
理論価格　　　　　　　　　　　　　　　　　　　　69
モデルについてひとこと　　　　　　　　　　　　　71
単純なアプローチ　　　　　　　　　　　　　　　　73
権利行使価格　　　　　　　　　　　　　　　　　　83
残存期間　　　　　　　　　　　　　　　　　　　　83
原資産価格　　　　　　　　　　　　　　　　　　　84
金利　　　　　　　　　　　　　　　　　　　　　　85
配当　　　　　　　　　　　　　　　　　　　　　　87
ボラティリティ　　　　　　　　　　　　　　　　　88

第4章　ボラティリティ ————————— 89
ランダムウォークと正規分布　　　　　　　　　　　90
平均値と標準偏差　　　　　　　　　　　　　　　　96
分布の中央値としての原資産価格　　　　　　　　　101

標準偏差としてのボラティリティ	102
対数正規分布	103
１日と１週間の標準偏差	108
ボラティリティと実際の価格変化	111
金利商品について	113
ボラティリティの種類	115

第5章　オプション理論価格の活用 ─── 133

第6章　オプション価格と市況の変化 ─── 155

デルタ	160
ガンマ	167
セータ	178
ベガ（カッパ）	182
ロー	186
まとめ	190

第7章　スプレッド売買入門 ─── 201

スプレッド売買とは？	202
なぜ、スプレッドか？	209
リスク管理ツールとしてのスプレッド	211

第8章　ボラティリティスプレッド ─── 215

バックスプレッド（レシオバックスプレッドまたはロングレシオスプレッド）	216
レシオバーティカルスプレッド（レシオスプレッド、ショートレシオスプレッド、バーティカルスプレッド、フロントスプレッド）	219
ストラドル	221
ストラングル	223
バタフライ	227
タイムスプレッド（カレンダースプレッドあるいはホリゾンタルスプレッド）	232
変動する金利と配当の影響	242

CONTENTS

ダイアゴナルスプレッド	247
さまざまなスプレッド売買	248
スプレッドの感応度	251
適切な戦略の選択	259
調整	263
スプレッド売買の注文	266

第9章　リスク要因 —————— 271

最適なスプレッド売買戦略の選択	273
実践上の要因	283
価格変動の許容範囲の程度	293
配当と金利	297
優れたスプレッド売買とは？	300
調整	301
売買スタイルの問題	305
流動性	306

第10章　ブル・ベア・スプレッド —————— 311

ネイキッドポジション	311
ブル・ベア・レシオスプレッド	312
ブル・ベア・バタフライとタイムスプレッド	315
バーティカルスプレッド	317

第11章　オプション裁定取引 —————— 335

合成ポジション	335
コンバージョンとリバーサル	341
裁定取引のリスク	352
ボックス	361
ジェリーロール	367
ボラティリティスプレッドにおける合成の利用	371
理論価格を利用しない売買	374

目次

第12章　アメリカンタイプの期日前権利行使 ── 383
- 先物オプション　383
- 株式オプション　387
- 期日前権利行使が売買戦略に与える影響　399

第13章　オプションによるヘッジ ── 409
- プロテクティブコールとプロテクティブプット　411
- カバードライト　415
- フェンス　419
- 複雑なヘッジ戦略　423
- ポートフォリオインシュアランス　428

第14章　ボラティリティの再検討 ── 435
- ボラティリティの性質　435
- ボラティリティ予測　442
- 実践上の手法　447
- インプライドボラティリティについて　458

第15章　株価指数の先物とオプション ── 471
- 指数とは何か？　472
- 指数価値の計算　472
- 指数を反映した株式ポートフォリオ　475
- 株価指数先物　478
- 指数裁定取引　484
- 指数オプション　490
- 指数市場の偏向　512

第16章　市場間スプレッド売買 ── 517
- 市場間ヘッジ　524
- ボラティリティの関係　526
- 市場間ボラティリティスプレッド売買　531
- 権利行使価格の差を利用したスプレッド売買　550

CONTENTS

第17章　ポジション分析 ── 553
簡単な事例　554
ポジションのグラフ　561
複雑なポジション　573
先物オプションのポジション　580

第18章　モデルと現実の世界 ── 597
マーケットに摩擦はない　598
金利はオプションの期間中一定である　601
ボラティリティはオプション期間を通じて一定である　603
売買は継続的である　609
ボラティリティは原資産価格の影響を受けないか？　618
正規分布に従う短期の価格変化率と対数正規分布に従う満期時の価格　619
歪度と尖度　622
ボラティリティスキュー（歪度）　625
最後に　643

付録A　オプション関連用語集 ── 645
付録B　ボラティリティスプレッドの特性 ── 666
付録C　正しい戦略とは？ ── 667
付録D　合成関係と裁定関係 ── 670

初版序文

 ここ10年でオプション市場は飛躍的な成長を遂げた。従来の市場参加者、投機家、ヘッジャー、裁定業者（アービトラージャー）が意欲的にかかわるようになり、米国の取引所フロアでは、積極的に自己資金を運用するトレーダーも増加の一途である。
 しかし、オプション売買が初めてのトレーダーは、どんなに努力しても、なかなかうまくいかないことに気づくかもしれない。事実、オプションのトレーダーとして、いかなる不測の事態が起きても、生き抜き、成功するという確信が持てるようになるまでには何カ月、ときには何年もの経験を必要とするのだ。
 残念ながら大多数のトレーダーは、この「習熟期間」を生き抜くことができずに落伍してしまう。オプションの特性、分かりにくい市場、見えないリスクなどが一体となって未熟なトレーダーたちの行く手を阻み、退場へと追い込むからだ。
 「備えあれば憂いなし」。現実のオプション売買に対する予備知識があればあるほど、経験の浅いトレーダーでも、苦労の質が違うだろう。ところが、オプションに関する書籍のほとんどは、高度に理論化されてもっぱら学術的なものか、株式や商品取引の一部として扱い、単純すぎるものに大別される。いずれも「懸命なトレーダー」の要求に答えているとは言えない。
 学術的なものは数学が難しすぎて一般のトレーダーには理解できないだろう。しかも理論が前提に頼りすぎており、現実にそぐわないことが多すぎる。一方、過度に単純なものでは、懸命なトレーダーに不十分である。さまざまな戦略に精通できないし、関連するリスクに対応できないだろう。
 本書を執筆したのは、現実と理論を踏まえ、今までのオプション売

買の解説書に欠けていたものを補いたいと考えたからだ。したがって、懸命なトレーダーにこそ、本書をぜひ読んでもらいたい。本書はオプション市場で活発に売買する（もしくはその必要がある）法人トレーダー、そしてオプションを最大限に活用したいと考えている個人トレーダー向けの本である。

　もちろん、だからといって気軽にオプションを利用したい人たちを拒んでいるわけではない。どんなことでも知識を身に着けて無駄になることはないからだ。しかし、オプションの理解には、かなりの努力を必要とする。懸命なトレーダーであれば、オプションの理解に生活をかけており、もっと積極的に時間とエネルギーを投入してオプションを理解しようとするだろう。

　読者がオプション市場に対応できるよう、オプション理論の本質を踏まえたうえで、トレーダーの直面する現実的な問題について検証しようと思う。

　もちろん、数学にまったく不安のない方は、多くの優れた学術論文にあたり、オプション価格評価理論を深く研究してもらってもかまわない。ただし、こうした「厳密な」研究をしても、あまりオプション売買の成功にはつながらないだろう。というのも、成功したトレーダーの大半は、オプションの数学的理論を目にすることさえなかったからだ。目にしたとしても、大半のトレーダーは複雑な数学を理解できないように思う。

　本書の解説は、取引所フロアの自己トレーダーとしての私自身の経験がかなり色濃く反映されている。ポートフォリオインシュアランスのような洗練されたヘッジ戦略や複雑な市場間スプレッド戦略については、軽く触れるにとどめるつもりだ。しかし、市場に参加する理由が何であれ、取引所フロアのトレーダーに成功をもたらす可能性のあるオプション評価の原理は、オプション市場を最大限に活用する原理としてだれにでも通じるはずである。

さらに、取引所フロアにいればすぐに学べるような（そして、お気楽なトレーダーならすぐに忘れてしまうような）教訓についても強調しておきたい。オプション売買のリスクに十分な注意を払えず、リスク管理技術を徹底的に理解できなければ、今日の利益も明日には損失へと変わることだろう。

最近、先物オプションの上場が増加しており、関心も高い。自然と実例に先物オプションを用いることが多くなる。しかし、先物オプションで成功する原理は、株式や株価指数などの現物オプションでも有効だ。

本書の原形となったのは、私がシカゴ・ボード・オブ・トレード（CBOT）で開催していた講座用に作ったテキストである。それを本にまとめる過程で、ほかの情報源も広く利用した。そして、多くのトレーダーや関係者たちに助言や批評をしてもらった。特にCBOT教育部のグレッグ・モンロー氏、シカゴ・マーカンタイル取引所（CME）調査部のマーク・ジェプチンスキー氏の助言に、改めて感謝の意を表したい。

最後に、初めて本を書く私を激励し、忍耐強く支援してくれたプロブス・パブリッシング社のみなさんにお礼を申し上げる。

　　　　　　　　　　　　　シェルダン・ネイテンバーグ（シカゴ）

第2版序文

　私がプロ向けのオプション解説書の出版についてプロブス・パブリッシング社と話し合っていた1986年当時、果たしてそんな本を出すほど世間がオプションについて関心を持っているのか、相当疑わしい状況だった。そもそも、オプション専門のトレーダー自体、それほどいなかったように思う。

　ところが、うれしいことに本書が発売されると大勢のプロが買い求めてくれた。しかも、多くの一般の人たちまでが、大いに興味を持ってくれているらしいと分かったのだ。

　今回の改訂版も、その狙い自体は変わらない。新たに加えた題材に最も大きな関心を示すのは「懸命なトレーダー」たちだろう。だれもが関心を示すだろうが、最も精力的に時間を割き、その題材を習得しようと励むのは、オプションの完全理解に生活がかかっている懸命なトレーダーたちである。

　新版では、初版を読んだトレーダーたちから寄せられた助言や提案を反映している。そして、次の重要項目を追加した。

　株式オプションの解説の拡充　初版の執筆に取りかかったとき重点に置いたのは、商品先物オプションであった。これは主にマーケティングの結果である。当時、株式オプションの書籍は多少あったが、商品先物オプションの本は、ほぼ皆無に等しかったからだ。しかし、初版が成功し、シカゴ・オプション取引所（CBOE）で働く多くの友人たちの提案もあり、株式オプションも同等に取り上げることにした。

　ボラティリティの解説の充実　その重要性を考え、第2章でボラティリティの特性と問題点についてさらに詳細な解説を追加した。

　株価指数の先物とオプションについての章を追加　株価指数の派生

商品市場は非常に重要なものとなり、また密接に関連している。オプションの本であれば解説が必要だ。指数市場のあらゆる特質をひとつの章だけで解説するのは不可能だろう。しかし、これらの市場が従来のオプション市場とどのように異なり、その違いが売買戦略にどのような影響をもたらすかについて、できるだけ触れてみた。

市場間スプレッドの解説　最も洗練された売買戦略の多くは、ある原市場のオプションと別の原市場のオプションのスプレッドに関連したものである。原市場の相互関係について、そしてそれらが「ミスプライス」の関係にあると思えるとき、スプレッドを組む方法について解説した。

ボラティリティスキューの解説の充実　これはおそらく質問が最も多い分野で、権利行使価格で異なるインプライドボラティリティ（IV）の傾向のことである。この現象について、そしてトレーダーとして、この問題をどのように扱えばよいか解説した。

一方、次の2つのテーマは削除した。

ソフトウエアガイド　新しい分析ソフトが続々と開発されており、初版のように開発会社や製品のリストを掲載しても、すぐに実状に合わなくなってしまう。また、私があらゆるソフトに詳しいわけでもない。優れた製品を出している開発会社をうっかり省いてしまったら不公平である。ソフトを選ぶときは、ほかのトレーダーたちと情報交換をしたり、業界紙を読んでオプション評価に利用されているプログラムを探したりするのが最善の方法だ。

ヒストリカルボラティリティ　初版が出たとき、不慣れなトレーダーはボラティリティデータをまったく利用できないこともあると思い、いくつかの先物のヒストリカルボラティリティ（HV）のグラフを掲載した。しかし、今やほとんどのトレーダーは、何らかのボラティリ

ティデータを利用できる。もはや、すぐに陳腐化するチャートを載せるだけの価値はない。

　初版で述べたように、私は理論家ではない。したがって、本書をオプションの「理論」書にするつもりはない。理論は重要だが、実際のオプション売買の「手段」にすぎない。そこで理論に偏らないため、専門用語はできるだけ使わないようにした。
　また、読者に代わって売買判断をしたり、売買法を強制したりするつもりもない。オプション市場で成功する方法はいくらでもあるからだ。しかし、トレーダー独自のスタイルは別にして、必要な「ツール」に十分習熟していなければ成功は困難になる。
　こうしたツールのこと、その機能やその多様な利用法について説明し、トレーダー独自のニーズやスタイルにかなった判断ができるようにした。むしろ、読者が私自身の好みや偏見に染まってしまわないように、できるかぎりの注意を払った。
　ある意味、初版にもこの第2版にも目新しいものは何もない。理論も売買戦略もリスク管理の問題もすべて、経験豊富なトレーダーには当たり前のものばかりである。私の目標は、こうしたすべての題材を整理し、分かりやすく紹介し、意欲的で懸命なトレーダーに成功への強固な基盤を作ってもらうことである。
　本書は私一人の努力の結果ではない。精読して助言し提案してくれた大勢のプロたちの知恵の結晶である。皆様の協力のおかげで、オプションの重要事項をすべて扱うことができた。ご協力いただいたトレーダーの方々、そして労を惜しまず支えてくれた編集の皆様に、心からの感謝の意をささげたい。

1994年6月

　　　　　　　　　　シェルダン・ネイテンバーグ（シカゴ）

第1章
オプションの基礎知識
The Language of Options

　オプション市場にも、さまざまな思惑と目的を持ったトレーダーや投資家が参入する。価格の動向を予想する人、オプションを用いて不利な価格変動から既存のポジションを守りたい人、類似あるいは関連した商品間の価格差を利用したい人、市場参加者からの注文に向かうことで買い気配値（ビッド）と売り気配値（オファー）の差額から儲けようとする人……。

　このようにそれぞれに異なる思惑や目的があるとはいえ、トレーダーにまず求められるのは、オプション売買の用語、ルール、規制についての知識である。こうした基礎知識に不案内なトレーダーは、市場で思いどおりに行動できないだろう。オプション売買の用語やトレードにかかる権利・義務を明確に理解しておかなければ、オプションの最大限の活用は望めないし、売買にかかわる大きなリスクに備えることもできない。

市場の仕組み

　オプションには2つの種類がある。「コール」と「プット」だ。
　コールは、ある所定の資産（株式、指数、商品先物など）を特定の価格で一定の期日までに買う（もしくは買いポジションを取る）権利

である。プットは、ある所定の資産を特定の価格で一定の期日までに売る（もしくは売りポジションを取る）権利だ。

　先物とオプションの違いに注目しよう。先物では、特定の価格での受け渡しが求められ、売り方と買い方の双方に「義務」がある。つまり、売り方は資産を渡し、買い方はそれを受けなければならない。

　一方、オプションの買い方には「選択の余地」がある。買い方は実際に受ける（コールする）のか、あるいは実際に渡す（プットする）のか決める「権利」を持っているのだ。

　そして、オプションの買い方がこの権利を「行使」した場合、売り方はそのトレードに応じる義務がある。つまり、オプション売買では「権利はすべて買い方にあり、義務はすべて売り方にある」というわけだ。

　オプションの対象となる資産（市場）を「原資産（原市場）」と呼ぶ。そしてオプション購入者がその権利を行使するときの原資産の特定の価格を「権利行使価格＝ストライクプライス」と言う。また、オプションの権利が行使できなくなる一定の期日を「満期日」と呼んでいる。

　オプションを銀行あるいはほかのディーラーから直接買う場合、受け渡す原資産の数量、権利行使価格、満期日は、買い方の個別の要求に応じて調整される。一方、取引所で買う場合、受け渡す原資産の数量、権利行使価格、満期日は取引所であらかじめ決定されている（いくつかの取引所は「フレックスオプション」を導入し、買い方と売り方が権利行使価格と満期日を交渉できるようにした。フレックスオプションも取引所で売買が保証されているので、上場オプションとみなされている）。

　では、取引所オプションの購入例を挙げてみよう。NYMEX（ニューヨーク・マーカンタイル取引所）で原油10月限21コールを1枚購入したとする。これは「10月限の期日（満期日）までに、1000バレルの原油先物（原資産）を1バレル21ドル（権利行使価格）で買うポジシ

ョンを持つ権利」を購入したことを意味する。

同様に、CBOE（シカゴ・オプション取引所）でGE（ゼネラル・エレクトリック）の株式オプション3月限80プットを買った場合、「3月の期日（満期日）までに、ゼネラル・エレクトリック100株（原資産）を1株80ドル（権利行使価格）で売るショート（空売り）ポジションを持つ権利」を購入したことになる。

株式には満期日がないので、株式オプションの原資産は単純に一定株数の現物株になる。しかし、先物オプションの場合は原資産の先物に期限があるため、状況はいささか複雑だ。先物オプションの原資産は、通常はそのオプションと同じ月に満期となる先物である。したがって、NYMEXの原油先物10月限21コールの原資産は原油先物10月限だ。同じく、CBOTのTボンド（米30年債）先物6月限96プットの原資産は、米30年債先物6月限である。

先物取引所には「シリアルオプション」と呼ばれる限月のオプションがある。これは同一限月の先物を原資産としながら満期の異なるオプションのことだ。オプションと同じ限月の先物がないとき、そのオプションの満期後の直近の先物が原資産となる。

例えば、先ほど述べたようにCME（シカゴ・マーカンタイル取引所）の独マルク先物オプション12月限の原資産は、独マルク先物12月限である（現在、CMEの独マルク先物はユーロFX先物に変更されている）。しかし、独マルク先物オプション10月限や11月限には同じ限月の先物はない。したがって、10月限と11月限のオプションの原資産も12月限の独マルク先物となる。12月が、10月限と11月限のオプションの満期後から直近の先物限月のある月となるからだ。

オプション満期日は取引所によって異なり、それぞれの取引所が決定する。米国の株式オプションの満期日は、基本的にその限月の第3金曜日の翌土曜日である。ただし、先物オプションの場合、満期が必ずしもそのオプションの限月と一致しない。先物オプションの満期日

図表1-1　市場の仕組み

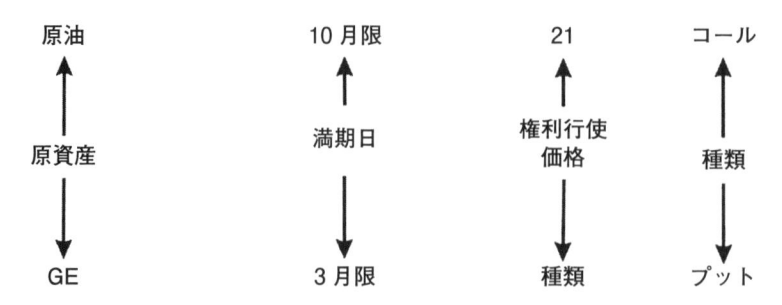

```
原油              10月限            21              コール
 ↑                ↑                ↑                ↑
 ↓                ↓                ↓                ↓
原資産            満期日          権利行使          種類
                                  価格
 ↑                ↑                ↑                ↑
 ↓                ↓                ↓                ↓
 GE              3月限             種類             プット
```

先物オプションの場合、原資産は先物であって現物ではない。

図表1-2　オプション買い注文

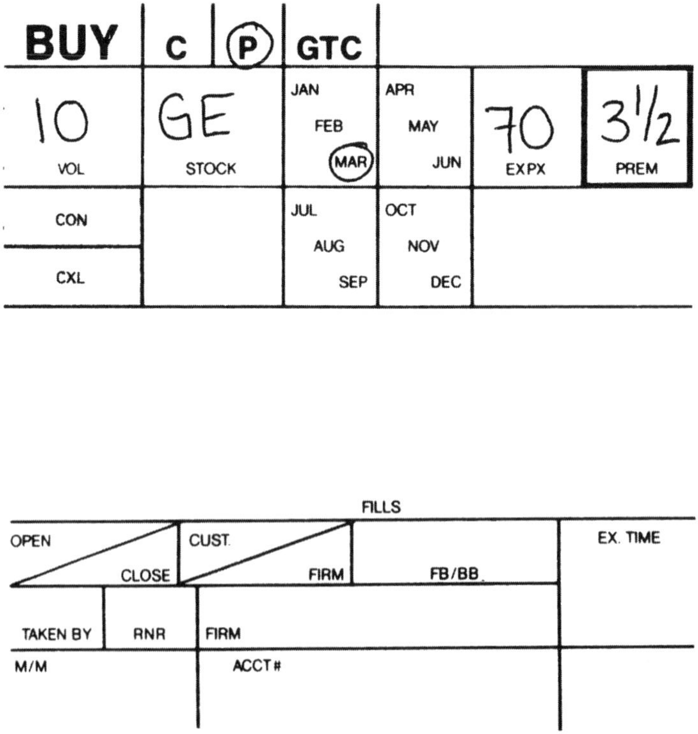

BUY	C	Ⓟ	GTC		
10	GE	JAN FEB **MAR**	APR MAY JUN	70	3½
VOL	STOCK			EXPX	PREM
CON		JUL AUG SEP	OCT NOV DEC		
CXL					

		FILLS		EX. TIME
OPEN / CLOSE	CUST. / FIRM	FB/BB		
TAKEN BY	RNR	FIRM		
M/M		ACCT #		

20

図表1-3 オプション売り注文

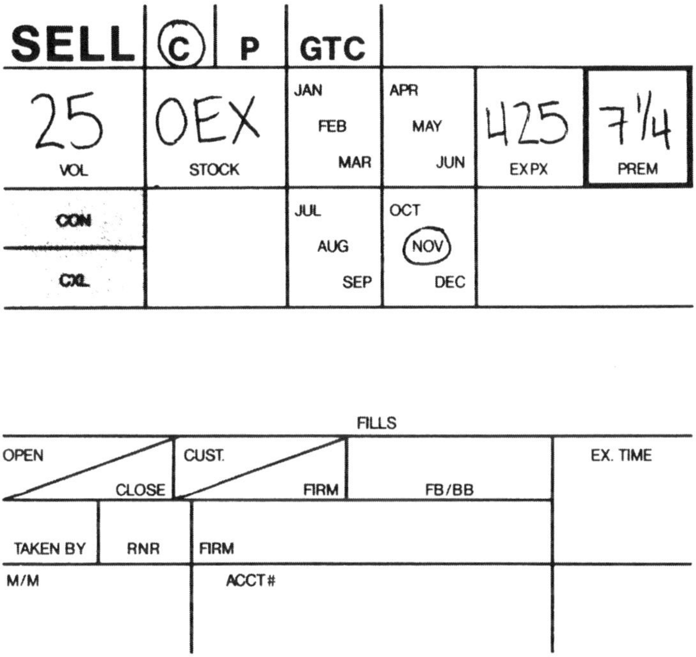

```
SELL  Ⓒ  P  GTC
 25   OEX   JAN   APR   425   7¼
           FEB   MAY
 VOL  STOCK MAR  JUN   EXPX  PREM
 CAN        JUL   OCT
            AUG  (NOV)
 CXL        SEP   DEC
```

```
               FILLS
OPEN    CUST.              EX. TIME
   CLOSE      FIRM  FB/BB
TAKEN BY RNR  FIRM
  M/M         ACCT#
```

がその原資産の限月よりも数週間早い場合もある。

例えば、NYMEXの原油先物オプションは限月の前の月に満期となるのが基本だ。10月限のオプションであれば9月の第1土曜日が満期日となる。

権利行使と割り当て

コールもしくはプットを買ったトレーダーは、満期日の前にそのオプションを権利行使して、コールの場合は原資産の買いポジションに、プットの場合は売りポジションに、それぞれ転換する権利を持つ。

例えば、原油10月限21コールの購入者が権利行使した場合、「原油

図表1-4 権利行使と割り当て

```
                    ┌──────→ 清算機関 ──────┐
                    │                        ↓
清算会社は清算機関に買い方            清算機関はランダムに売り方を抽出
の権利行使の意志を通知する。          し、売り方の清算会社に売り方が割
                    ↑                り当てを受けていることを通知する。
                    │                        ↓
            ┌───────────────┐        ┌───────────────┐
            │ 買い方の清算会社 │        │ 売り方の清算会社 │
            └───────────────┘        └───────────────┘
                    ↑                        ↓
買い方は清算機関に自分のオプショ      売り方は自分の清算会社から割り当
ンを権利行使する、つまり権利行使      ての通知を受け、権利行使価格で原
価格で原資産の買いポジション          資産の売りポジション（コール）ま
（コール）または売りポジション        たは買いポジション（プット）を持
（プット）を持つ意志を通知する。      つことになる。
                    ↑                        ↓
            ┌───────────────┐        ┌───────────────┐
            │ オプション買い │        │ オプション売り │
            │ ポジションの保 │        │ ポジションの保 │
            │ 有者（買い方） │        │ 有者（売り方） │
            └───────────────┘        └───────────────┘
```

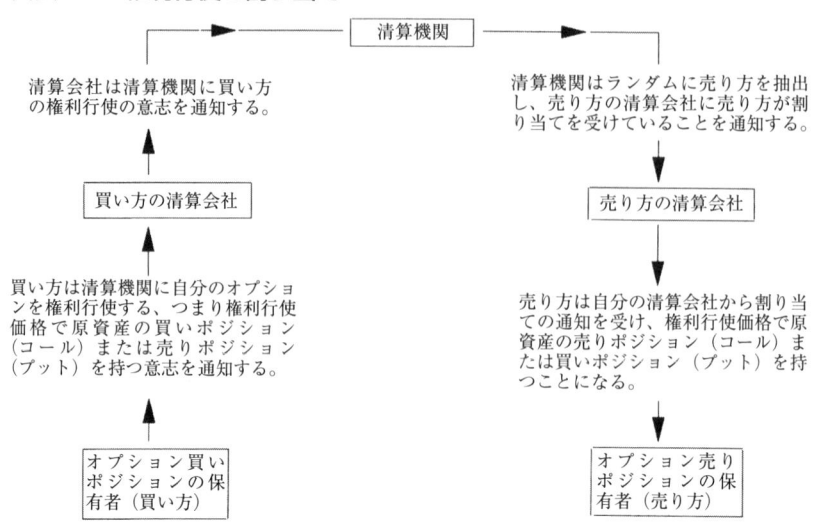

図表1-5 権利行使の通知

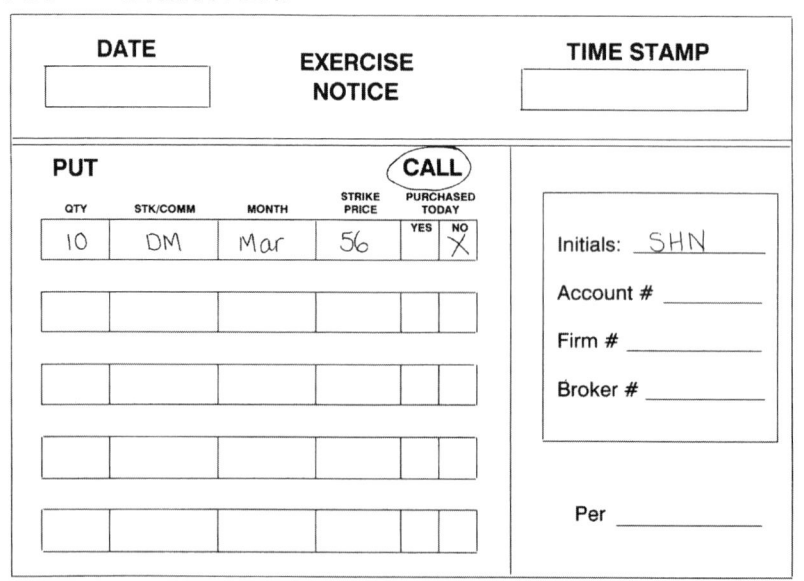

DATE		EXERCISE NOTICE				TIME STAMP	

PUT				CALL			
QTY	STK/COMM	MONTH	STRIKE PRICE	PURCHASED TODAY			
				YES	NO		
10	DM	Mar	56		X	Initials: SHN	
						Account #	
						Firm #	
						Broker #	
						Per	

図表1-6　割り当ての通知

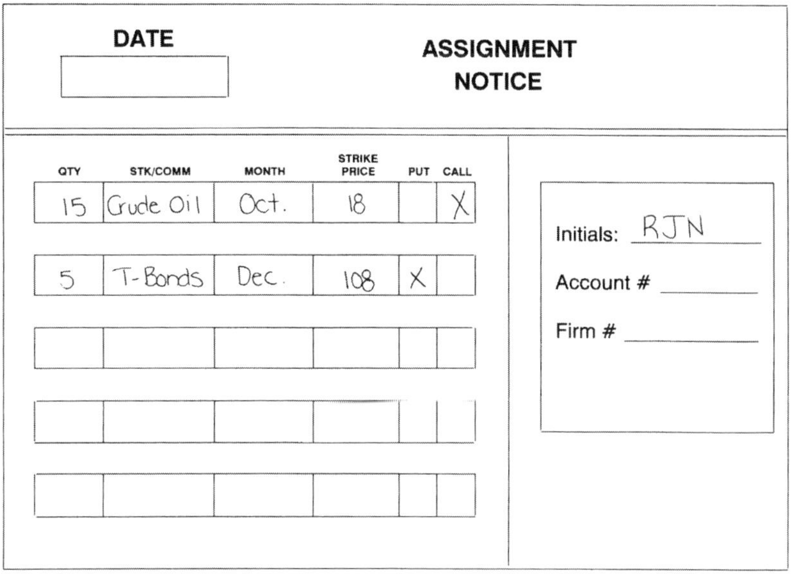

```
           DATE                    ASSIGNMENT
        [        ]                    NOTICE

  QTY   STK/COMM   MONTH   STRIKE   PUT  CALL
                           PRICE
  15    Crude Oil  Oct.    18            X        Initials: RJN
                                                  Account # _____
   5    T-Bonds    Dec.    108     X              Firm # _____
```

先物10月限を1バレル21ドルで1枚買うポジションを持つ選択をした」という意味になる。またGE 3月限80プットを権利行使した場合、「GE株を1株80ドルで100株売るポジションを持った」ことになる。プットとコールどちらの権利も未行使のまま満期になれば、その権利は消滅する。

　買い方がオプションの権利行使を望むとき、ディーラーから購入した場合はそのオプションの売り方（セラー）に、取引所で購入した場合はそのオプションの売り方（グランター）に、それぞれ権利行使通知を出さなければならない。有効な権利行使通知が出されると、オプションの売り方は権利行使されたオプションの割り当てを受ける。売り方は、オプションの種類によって、特定の権利行使価格で原資産の

買いまたは売りポジションを取ることを要求される。

オプションは、原資産、限月（満期日）、権利行使価格、種類だけでなく、行使条件によっても区別できる。保有者が満期日までにいつでも権利行使できるオプションを「アメリカンタイプ」と呼び、満期日に限って行使できるオプションを「ヨーロピアンタイプ」と呼ぶ（取引所は権利行使と権利行使の通知を処理する時間を必要とする。そのため、上場オプションの購入者は、基本的に権利行使の通知を満期日前の業務時間内に出さなければならない）。

世界中の取引所で売買される大多数のオプションは、アメリカンタイプのオプションである。つまり、満期日の前でも権利を行使できる。米国の取引所に上場されている株式・先物オプションは、ほとんどがアメリカンタイプだ（CBOEのS&P500指数やアメリカン証券取引所の主要なマーケット指数などの指数オプションは、ヨーロピアンタイプである。フィラデルフィア証券取引所の現物通貨オプションにもヨーロピアンタイプがある）。

競争市場の例にもれず、オプション価格である「プレミアム」は、需要と供給で決定される。買い方と売り方は市場で買い気配値と売り気配値を競い合い、両者の気配値が一致したときに売買が成立する。

オプション購入に支払うプレミアムは「本質的価値」と「時間価値」の２つの要素に分けられる。本質的価値とは、オプションの購入者が権利行使をして、対象となる原資産のポジションを現在の市場価格で手仕舞った場合、購入者の利益となる権利行使価格と現在の市場価格の差額のことである。

例えば、ニューヨーク金先物の現在の市場価格が435ドルの場合、権利行使価格400ドルのコールの本質的価値は35ドルとなる。400コールの保有者は、そのオプションを権利行使することで、「400ドルで買った金先物のポジション」を得たことになる。したがって、そのポジションを市場価格の435ドルで売れれば、１オンスあたり35ドルが利

益となるわけだ。

　同様に、62ドルで売買されている株の場合、権利行使価格70ドルのプットの本質的価値は8ドルである。このプットの購入者が権利を行使すると1株70ドルでその株を売ることができる。よって、市場価格の62ドルでその株を買い戻せば、総額8ドルの利益となる。

　コールの場合、権利行使価格が原資産の現在の市場価格よりも低いときにかぎり、本質的価値を持つ。プットの場合、権利行使価格が原資産の現在の市場価格よりも高いときにかぎり、本質的価値を持つ。本質的価値の額は、コールならば原資産の現在の価格とそれよりも低い権利行使価格の差額であり、プットならば原資産の現在の価格とそれよりも高い権利行使価格の差額となる。本質的価値がゼロ未満（マイナス）になるオプションはない。

　市場のオプション価格は通常、本質的価値よりも高い。本質的価値に追加してトレーダーが自発的に支払う時間価値が乗っているからだ。時間価値は「時間プレミアム」や「付帯的価値」と言われることもある。後ほど詳しく解説するが、市場参加者が自発的にこの付加価値を支払うのは、原資産で買いか売りだけのポジションを取っている場合と比べ、オプションはヘッジ的特性を発揮するからだ。

　オプションのプレミアムを構成しているのは、常に本質的価値と時間価値である。例えば、権利行使価格400ドルの金先物コールが50ドルで売買されており、金先物の価格が435ドルだとする。この場合、本質的価値は35ドルであり、時間価値は15ドルとなる。2つの構成要素が合計されて、プレミアムの総額は50ドルになるわけだ。

　同様に、権利行使価格70ドルの株のプットが9ドルで売買されており、その株の価格が62ドルだとすれば、本質的価値は8ドルであり、時間価値は1ドルになる。本質的価値と時間価値が合計されて、プレミアムの総額は9ドルになるのである。

　ただし、本質的価値と時間価値の2つのうちの一方または両方がゼ

ロになる可能性はある。オプションの市場価格には、本質的価値がない場合は時間価値のみ、あるいは時間価値がない場合は本質的価値のみの場合もあるわけだ。後者（本質的価値のみ）の場合、そのオプションは「パリティ＝平価」で売買されていると言う。

オプションの本質的価値がゼロ未満になることはない。しかし、ヨーロピアンタイプの場合、時間価値がマイナスになる可能性はある（第12章の「期日前権利行使」で詳細に解説したい）。この場合、オプションはパリティ未満で売買されるときがある。しかし、基本的にオプションのプレミアムはマイナスではなく、いくらかの価値がある。

本質的価値を持つオプションは、その本質的価値の額だけ「イン・ザ・マネー」と呼ばれる。例えば、株が44ドルであれば、その40コールは4ドルのイン・ザ・マネーとなる。また独マルク先物が57.75ポイントであれば、その59プットは1.25ポイントのイン・ザ・マネーである。

本質的価値を持たないオプションは「アウト・オブ・ザ・マネー」と呼ばれる。したがって、アウト・オブ・ザ・マネーのオプション価格は、時間価値のみで構成される。

コールがイン・ザ・マネーになるには、その権利行使価格が原資産の現在値よりも低くなければならない。またプットがイン・ザ・マネーになるには、その権利行使価格が原資産の現在値よりも高くなければならない。

注意してほしいのは、コールがイン・ザ・マネーの場合、そのコールと同じ権利行使価格で同じ原資産のプットはアウト・オブ・ザ・マネーになることだ。逆に、プットがイン・ザ・マネーの場合、権利行使価格が同じコールはアウト・オブ・ザ・マネーになる。

最後に、権利行使価格が原資産の現在値と一致するオプションを「アット・ザ・マネー」と呼ぶ。理論的には、このようなオプションも本質的価値を持たないので、アウト・オブ・ザ・マネーである。それで

図表1-7　イン・ザ・マネーとアウト・オブ・ザ・マネー

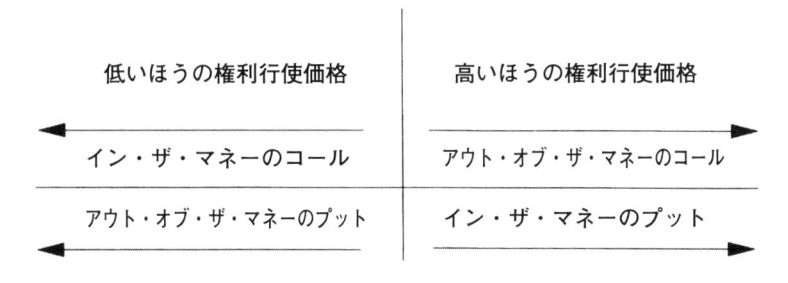

```
              原資産の現在値
                   │
  低いほうの権利行使価格  │  高いほうの権利行使価格
  ←─────────       │       ─────────→
  イン・ザ・マネーのコール  │  アウト・オブ・ザ・マネーのコール
──────────────────┼──────────────────
 アウト・オブ・ザ・マネーのプット │  イン・ザ・マネーのプット
  ←─────────       │       ─────────→
```

はどうしてアット・ザ・マネーとアウト・オブ・ザ・マネーのオプションを区別するのか。それはアット・ザ・マネーのオプションが最大の時間価値を持ち、通常かなり活発に売買されているからである。

厳密に言うと、オプションがアット・ザ・マネーであるためには、その権利行使価格と原資産の現在値が一致しなければならない。ただし取引所で売買されるオプションの場合、この用語は通常、権利行使価格がその原資産の時価に最も近いコールとプットに適用される。

株の時価が74ドルで権利行使価格が5ドル刻みの場合（65ドル、70ドル、75ドル、80ドル……など）、75コールと75プットがアット・ザ・マネーのオプションとみなされる。この2つのオプションは、権利行使価格がその原資産の時価に最も近いコールとプットである。

市場の信頼性

すべての市場参加者にとって重要なのが市場の信頼性だ。相手方が契約を履行しない可能性があるような市場で売買をしたいと思うトレーダーはひとりもいないだろう。オプションを購入する場合に確認しておきたいのは、そのオプションが行使される際に売り方が契約条件

を満たせるかである。

　市場の信頼性が維持されていることを保証するため、各オプション取引所は段階的な責任体制を確立してオプション売買の条件を全うしようとしている。

　まず、主たる責任は個々のトレーダーが持つ。オプションの売り方が権利行使されたオプションの割り当てを受ける場合、特定の権利行使価格で原資産に買いか売りのポジションを持つ準備をしなければならない。実際のところ、トレーダーは少なくともオプションの本質的価値に等しい資金を用立てることができなければならない。

　もし個々のトレーダーが契約の条件を満たせなければ、責任はそのトレーダーの口座があるブローカーが持つ。ブローカーは取引所の会員であり、個人がする売買を処理し、その売買で生じるあらゆる金銭上の義務を果たすことに同意している。一般個人は必ずブローカーを通してトレードをする。

　もしブローカーが契約の条件を満たせなければ、最終的な責任は清算機関（クリアリングハウス）が持つ。各取引所は、全トレードの信頼性を保証するため、清算機関を取引所内部に設置するか、外部に設立された清算機関の会員になる。オプションの売買が行われると即、買い方と売り方の関係が分断され、クリアリングハウスを相手方とする。つまり、清算機関がすべての売り方に対する買い方として、またすべての買い方に対する売り方としてもの役割を引き受けるわけだ。

　清算機関が売買の中心に立たなければ、オプションの買い方は権利を行使する際、売り方あるいはブローカーの誠意に全面的に依存してオプションの条件を満たさなければならなくなる。清算機関があらゆる売買を保証するからこそ、すべての買い方はオプションを行使するときに資産の受け渡しに応じる相手がいると確信できるのだ。その決済の過程を**図表1-8**に示した。

　この責任体制は、オプション取引所の信頼性を裏付けるのに有効で

あると実証されている。個々のトレーダーやブローカーが契約を反故にしたことはあるが、清算機関が信頼を裏切ったことは、米国では一度もない。

委託証拠金

　上場オプションのトレードを仕掛けるとき、取引所はトレーダーに一定額の「委託証拠金」を求める（株式オプション市場ではプロ向けの委託証拠金を「ヘアカット」と呼ぶ）。このような証拠金は、もし市場が不利に動いた場合でも、トレードから生じる将来の金銭的義務をトレーダーが果たすことを保証するものである。

　委託証拠金は、現金の代わりに国債、あるいは一般的ではないが、社債を預託して充当されることもある。ブローカーは、こうした委託証拠金をトレーダーから預かり、清算機関に預託する。

　理論上、清算機関の委託証拠金は個々のトレーダーに属しており、したがって、委託証拠金につく利息や配当もトレーダーのものとなる。しかし、清算機関のなかには、この利息をトレーダーに戻さず、これは会員企業の決済業務に対してトレーダーが支払う手数料の一部だと主張するところもある。これが両者の間で問題になることもあり、トレードを始める前に解決しておかなければならないだろう。

　清算機関は、ポジションの現在値と潜在的リスクを考慮して、オプションと原資産の両方に委託証拠金を設定する。原資産のポジションは、特にそれが先物の場合、基本的に委託証拠金の額は決まっている。一方、オプションのポジションの証拠金は、イン・ザ・マネーあるいはアウト・オブ・ザ・マネーの額によって左右されることが多い。そのため、時間と共に変化する可能性がある。

　またオプション同士、あるいはオプションと原資産で構成されるポジションでは、一部分のリスクが別の部分の利益によっていくらか相

図表1-8 決済の過程

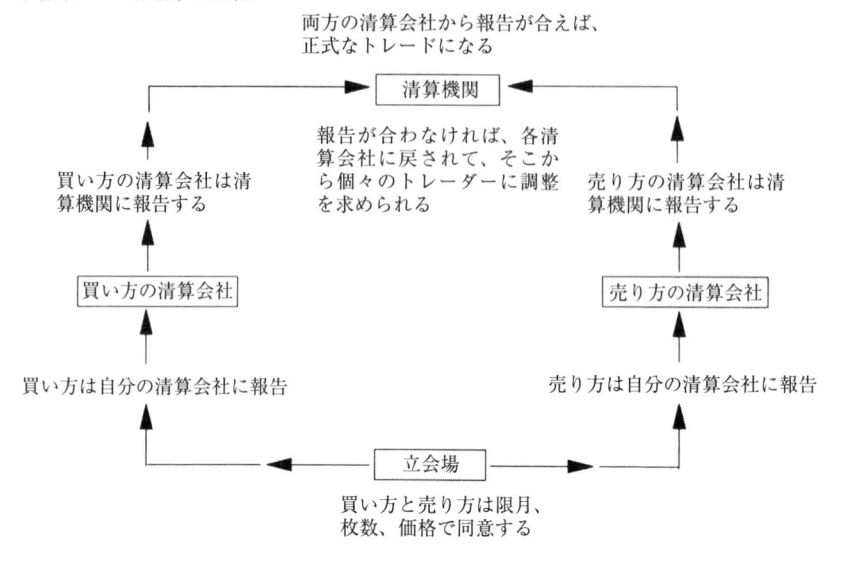

両方の清算会社から報告が合えば、正式なトレードになる

清算機関

買い方の清算会社は清算機関に報告する

報告が合わなければ、各清算会社に戻されて、そこから個々のトレーダーに調整を求められる

売り方の清算会社は清算機関に報告する

買い方の清算会社　　　売り方の清算会社

買い方は自分の清算会社に報告　　　売り方は自分の清算会社に報告

立会場

買い方と売り方は限月、枚数、価格で同意する

　殺されるときがある。そのため委託証拠金が低減される場合がある。さらに、取引所会員のトレーダーは「プロ」と認識されることで証拠金の減額を享受できる場合もある。

　自分の売買する市場の委託証拠金とその規則について詳しく知っておかなければならない。そして、設定したポジションの維持に必要な資金額を正確に把握すべきである。

決済手続き

　経験の浅いトレーダーは、取引所によって決済の手続きが異なるため、よく混乱する。たしかに、オプションと原資産の決済の手続きはさまざまだ。通常、米国の取引所での売買は2つの方法で決済される。株式タイプの決済と先物タイプの決済である。

　トレーダーが1株50ドルの株を100株買ったとする。このとき、その株の価格は5000ドルで、買い方は売り方に全額支払うことが求められる。その株が60ドルに値上がりすれば、保有者は1株当たり10ドル、総額1000ドルの利益が乗る。それでも、1株60ドルで100株売却して正式にそのポジションを決済しないかぎり、この利益の1000ドルを利用することはできない。

　このタイプの決済手続きは「株式タイプの決済」と呼ばれる。購入の場合、即座に全額支払うことが要求され、利益や損失はそのポジションが決済されるまで実現しない。

　一方、「先物タイプの決済」では、売買を始めたときに買い方が売り方に現金を支払う必要はない。さらにポジションが決済されなくても、損益は直ちに実現する。例えば、売買単位100オンスの金先物をトレードする場合、1オンス450ドルで買えば、丸代金は4万5000ドルになる。しかし、買い方は4万5000ドル全額の支払いを要求されない。買い方は1銭も払う必要がなく、ただ一定額の証拠金を清算機関に預託することだけが求められる。そして毎立会日の大引け後の清算価格で、買い方と売り方は直ちに金先物価格の動きによって生じたその日の損益を計算する。

　金が450ドルから470ドルに上昇した場合、2000ドル（20ドル×100）が買い方の口座に入り、ポジションを手仕舞いしなくてもその資金を直ちに使うことができる。逆に、金価格が430ドルに下落した場合、直ちに2000ドルの損失が生じる。トレーダーの口座にこの損失をカバ

ーするだけの資金がないとき、清算機関は「変動証拠金＝バリエーションコール」を請求することになる。

「変動証拠金」には「追加証拠金（追証）＝マージンコール」と大きく異なる点がある。追証は、市場が不利に動いたとき、トレーダーに将来の金銭的義務の履行を保証してもらうために清算機関が請求するものである。追証は清算機関に預託してもまだトレーダーに属している。つまり、トレーダーに利息を生む可能性のある資金で充当できるわけだ。

一方、変動証拠金は、実現損という形で、現在の金銭的義務を果たすためにかけられる。現金で充当されなければならず、トレーダーの口座から直ちに差し引かれる。委託証拠金として有価証券を清算機関に預託していて変動証拠金がかかった場合、トレーダーはさらに現金を預託しなければならず、そうでなければ清算機関がトレーダーの口座にある有価証券を売却して変動証拠金に当てることになる。口座に残っている有価証券と現金が十分にない場合、そのトレーダーはポジションの手仕舞いを余儀なくされる。

株式タイプの決済と先物タイプの決済の区別を重要視するのは、株式のように決済されるオプションもあれば、先物のように決済されるオプションもあるからだ。この区別をわきまえて売買することが大事である。現在のところ、米国の取引所で売買されるオプションは、株式、先物、指数、通貨の別なく、すべて株式のように決済される。つまりオプション料は直ちに全額支払われなければならず、損益はポジションが決済されるまで実現しない。

株式オプション市場では、この方法は合理的で整合性もある。原資産もそのオプションも同一の手続きで決済されるからだ。しかし、米国の先物オプション市場では、原資産が先物タイプの方法で決済され、そのオプションが株式タイプの方法で決済される。これが問題を引き起こすことがある。

例えば、先物ポジションをヘッジするためにオプションを売買したときがそうだ。オプションのポジションの利益が先物ポジションの損失をきっちり相殺する場合であっても、オプションのポジションの利益は実現していない。オプションは株式のように決済されるからだ。他方、先物ポジションに損失が出ると、変動証拠金がかかり、直ちに現金が必要になる。決済手続きの違いを知らないと、予期せずに資金繰りの問題をかかえてしまうことがある。

　米国外の取引所では、決済は多くが単純化されており、オプションと原資産の決済手続きが同一になっている。原資産が株式タイプの決済に準じるときは、その原資産のオプションも同様である。また原資産が先物タイプの決済に準じるときは、オプションもそうなる。この方法であれば、うまくヘッジされているはずのポジションに想定外の変動証拠金をかけられることもないだろう。

　最後にオプション戦略の説明でよく使われる「ロング」と「ショート」という用語を定義しておく。オプションと原資産のそれぞれの場合を対比すると分かりやすいだろう。

　原資産でロングのポジションの場合、価格が上昇すれば利益になり、下落すれば損失になる。原資産でショートのポジションの場合、価格が下落すれば利益になり、上昇すれば損失になる。これをオプションにも当てはめ、基本的に、原資産価格の上昇で利益になるポジションをすべてロングのポジションと言い、原資産価格の下落によって利益になるポジションをすべてショートのポジションと言う。

　ただし、ロングとショートという言葉は、一般的に買いと売りを示しているため、本書でもその意味合いで、この2つの用語を適用することがある。つまり、オプションの買い方は、そのオプションにロングであり、オプションの売り方はそのオプションにショートであるという表現だ。

　コール買い（ロングコール）のポジションであれば、それは同時に

原資産に買いのポジション(ロング・マーケット・ポジション)を持つわけで、まったく問題がない。しかし、プット買い(ロングプット)は、原資産に売りのポジション(ショート・マーケット・ポジション)を持つことになる。プットを買ったトレーダーは、原資産の下落を期待しているからだ。理論上、プットは市場が下落すれば価値を増す。

　そこで本書では、混乱の可能性があるときは、ロングまたはショートという言葉が「マーケットでのポジション」についてなのか、「オプションでのポジション」についてなのかを区別するようにしている。

第2章
初級戦略
Elementary Strategies

　オプション初心者は、オプションの選択肢のあまりの多さにショックを受けるだろう。選択肢が限られる株式や先物と異なり、オプションには当惑するほど多彩な売買手段がある。少なくとも3つの限月があり、各限月にいくつかの権利行使価格があり、それぞれの権利行使価格にコールとプットがある。40種類にも及ぶ多様な選択肢に直面することも珍しくない。

　経験が浅いからと出来高の低いオプションを除外しても、なお15～20種類もの多様なオプションがある。このように選択肢が多いことから、どのオプションに現実的な収益機会があるのかを判断する合理的な方法が必要になる。

　どれを買い、どれを売ればよいのか。必ず避けるべきなのはどれか。多くのトレーダーが選択に迷い、イライラして、あきらめてしまう。しかし、あきらめないトレーダーは、オプション価格決定の論理が分かってくる。この論理が分かってくると、採算の取れそうな戦略の作成に取りかかることができる。

　まず、個々のオプションの売買に集中する。次に、売買戦略の組み合わせ（コンビネーションストラテジー）に進む。最終的には、数種類の売買がからむ複雑な戦略でも楽にこなせるようになるだろう。

　では、どのようにしてオプション価格を評価すればよいのだろうか。

ひとつの単純な方法は、オプションのポジションを満期まで維持したときの原資産価格を想定することだ。そのときのオプションの価値は、アット・ザ・マネーやアウト・オブ・ザ・マネーの場合はゼロ、イン・ザ・マネーの場合は本質的価値（パリティ）になる。オプションの買いであれば、満期時の価値よりも安く買っていれば利益となるだろう。オプションの売りであれば、満期時の価値よりも高く売っていれば利益となるだろう。

単純な売買戦略

前提として、次に挙げるオプションは、残存期間が2カ月で、その原資産の時価が99ドルとする。各権利行使価格のコールとプットの現在値は次のとおりだった。

	85	90	95	100	105	110	115
コール	14.05	9.35	5.50	2.70	1.15	0.45	0.20
プット	0.10	0.45	1.55	3.70	7.10	11.35	16.10

満期までに原資産が少なくとも108ドルまで上昇すると想定し、100コールを2.70ドルで買ったとする。想定どおり原資産が108ドルで満期になれば、満期時の利益は、このオプションの本質的価値である8ドルから最初に支払ったプレミアム代金2.70ドルを差し引いた額、つまり5.30ドルになる。

この場合、原資産が満期までに108ドルになれば、100コールだけでなく、権利行使価格が110ドル未満のどのコールを買っても利益が出る。満期時の本質的価値が現在の価値よりも高くなるからだ。

では、110コールと115コールはどうだろうか。108ドルが原資産の妥当な上値のメドで、110ドルを超えて上昇することはないだろうと

想定すれば、今度は110コールと115コールの売りを選択する。

110コールを0.45ドルで売り、その原資産が110ドルを超えなければ、110コールは無価値となる。プレミアムを売って得た0.45ドルを全額確保できる。また、115コール売りならば0.20ドルで売ることができるし、原資産の値動きの許容範囲（利益を得るために許容できる価格変動の範囲）がさらに5ポイント大きくなる。原資産がけっして115ドルを超えることがなければ、この115コールは満期で無価値（＝価格ゼロ）になり、0.20ドルのプレミアムを全額確保できる。

同じ方法で、プットの売買による潜在的利益を算定できる。コールの場合と同様、プット買いに利益が出るのは、満期時の本質的価値が買ったときの値段よりも膨らんだときだ。逆に、例えば原資産が満期までに108ドルまで上昇してしまうと、権利行使価格が105ドル以下のプットはどれも無価値になる。これらのプットを売れば、プレミアム全額が利益になる。

110ドルや115ドルのプットを売った場合は、満期時にまったく価値がなくなるわけではない。なぜなら、原資産が108ドルのとき、本質的価値がそれぞれ2ドルと7ドルになるからだ。しかし、それでも現在値の11.35ドルと16.10ドルよりは低くなる。したがって、110プットを売ると利益は差額の9.35ドル、115プットを売ると利益は9.10ドルになる。

満期時の原資産価格についての想定が変われば、オプションの見込み損益も変化する。原資産が108ドルではなく、実際には120ドルまで上昇すると、100コールを2.70ドルで買った場合、利益は5.30ドルではなく17.30ドルになる。逆に、原資産が90ドルに下落すると、100コールを買った場合は2.70ドルのプレミアム全額が損失となる。またこの場合、110プットを11.35ドルで売っていても、差し引き8.65ドルの損失になる。

オプションがゼロあるいは本質的価値になる値を用いれば、すべて

図表2-1

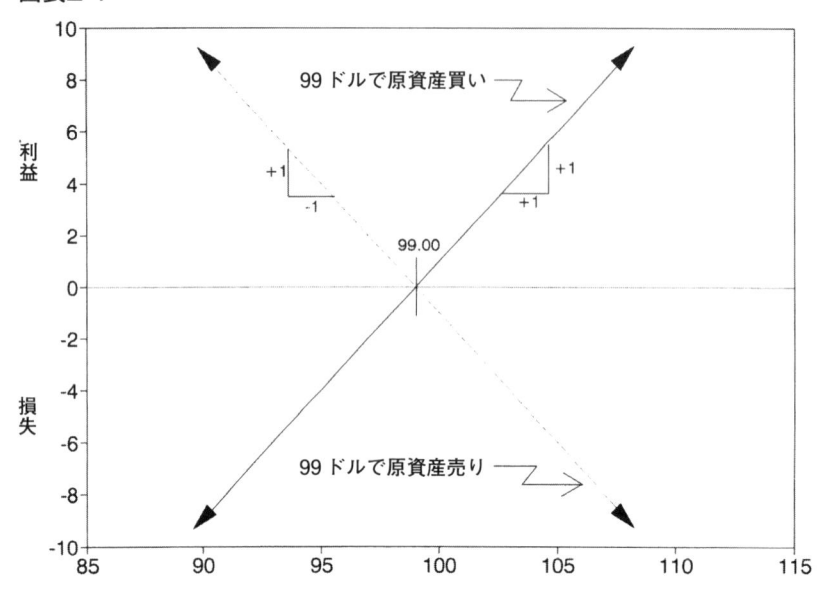

のオプション売買の損益をグラフ化できる。経験の浅いトレーダーは、このような損益図でオプション売買の利益を算定できる。またオプションの特性を理解する手がかりも得られるだろう。

ただし、さまざまなオプションポジションのグラフを見る前に、まず原資産の損益図を見てみよう。これが基本となる。オプションはデリバティブ（金融派生商品）であり、その価値は常に原資産の価格に左右されるからだ。それに、将来の特定の日に原資産の価格がいくらになるか分からない。それが分かるなら、オプションを売買する必要はまったくない。原資産の売買をすればよいだけの話だ。

図表2-1は、時価99ドルの原資産を買った（売った）ポジションの損益図である。横軸は原資産の価格を示し、縦軸はそのポジションの

損益を示している。各グラフは双方向に無限に伸びる45度の直線であることに注意してほしい（もちろん、厳密には原資産価格がゼロ未満に下落することはあり得ないので、その下降時の損益は理論上限定されている。しかし、原資産価格がゼロに向かえば、おそらく大半のトレーダーは無限大の損益が出たと思うだろう）。

したがって、各ポジションの潜在的な見込み損益は無限大になる。さらに、原資産の動きとそのポジションの価値の間に一貫した１対１の関係があることにも注意してほしい。買いポジションを取る場合、原資産が１ポイント上昇するごとに１ポイント得て、原資産が１ポイント下落するごとに１ポイント失う。売りポジションを取ると状況は正反対となる。売りの場合、原資産が１ポイント上昇するごとに１ポイント失い、原資産が１ポイント下落するごとに１ポイント得る。

図表2-2は、同じ算定方法を用いて、100コールを2.70ドルで買った場合の満期時の損益を示している。この場合、グラフはもはや直線ではないことに注意してほしい。満期時に原資産が100ドル未満に下落していると100コールはアウト・オブ・ザ・マネーで無価値になり、そのコールの購入に支払った2.70ドルはすべて失う。100ドルを超えていると、そのコールはイン・ザ・マネーになり、原資産と同率でオプション価格が上昇する。つまり、原資産の価格が１ポイント上昇するごとにコールの価格も１ポイント上昇する。

満期時に原資産が102.70ドルとなれば、100コールの価格は本質的価値の2.70ドルとなり、損益分岐点で一致する。原資産が102.70ドルを超えると、100コールを買った場合の利益は潜在的に無限大になり、原資産の買いポジションとまったく同じになる。

リスク・リワード（リスクと報酬の関係）

コール買いの満期の損益図は、常に**図表2-2**と同じ形となる。この

図表2-2

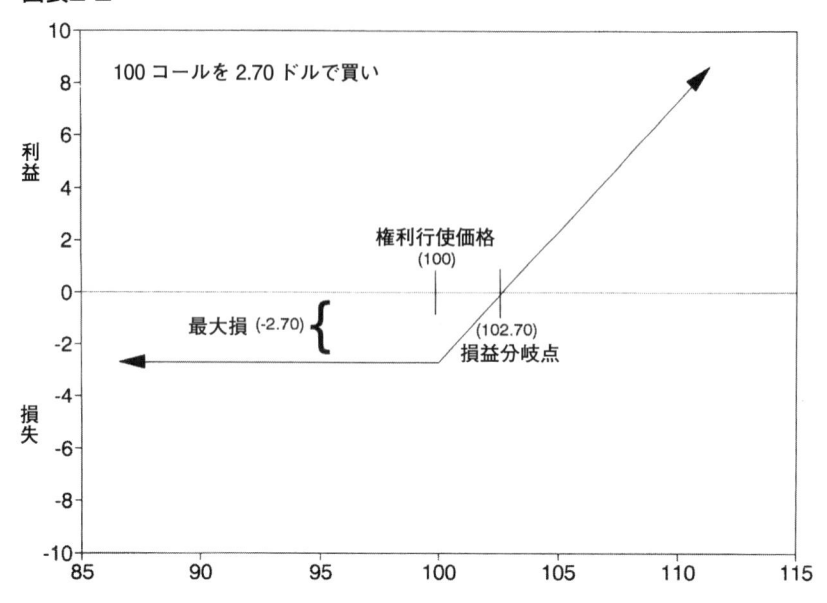

100コールを2.70ドルで買い

権利行使価格
(100)

最大損 (-2.70)

(102.70)
損益分岐点

場合、原資産の下落リスクは限定され、上昇時の潜在的利益は無限大になる。損失が最大になる正確なポイントは、権利行使価格（グラフが曲がる箇所）とオプション購入料によって決まる。**図表2-3**に権利行使価格が95ドル、100ドル、そして105ドルのコール買いの損益図を示した。

　図表2-4は95コール、100コール、そして105コールの売り、つまり「コール売り」の損益を示している。コール買いの損益図をただ反転したものだ。この場合、潜在的利益は売ったときのプレミアムの額に限定される。リスクは原資産の売りと同じく無限大になる。

　図表2-5は、権利行使価格が95ドル、100ドル、そして105ドルのプットを購入した「プット買い」の損益図である。このポジションのリ

図表2-3

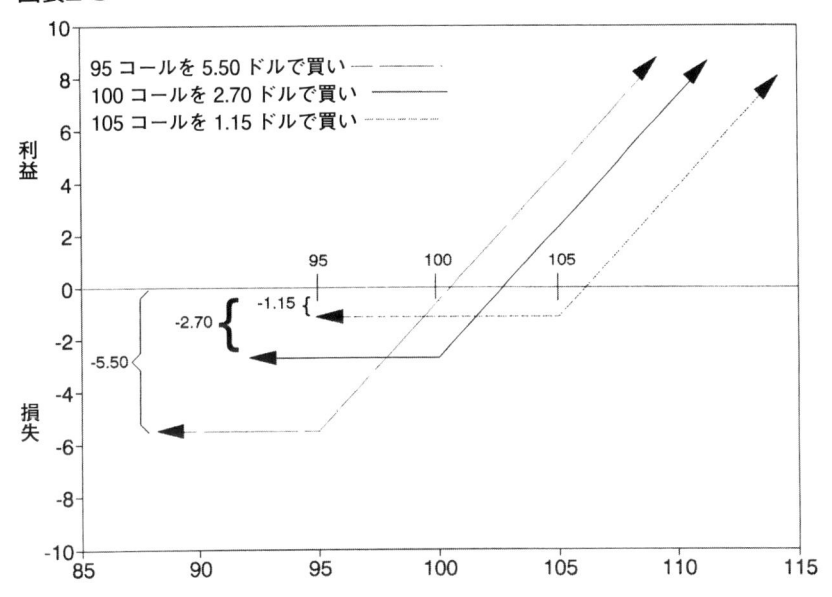

スク・リワードはコール買いのポジションと同じだ。しかし、今度は限定されたリスクが上昇サイドにあり、無限大の潜在的利益は下落サイドにある。

この場合、権利行使価格からプレミアムを引いたところが、損益分岐点となる。その損益分岐点よりも原資産価格が下がれば、このポジションの潜在的利益は無限大になる。原資産の価格が1ポイント下げるごとに、利益は1ポイント増加する。

図表2-6の「プット売り」は、**図表2-5**のグラフを反転したものである。それぞれのポジションについて、上昇サイドの潜在的利益は売った価格の額に限定され、損失は原資産の買いと同じく潜在的に無限大になる。

図表2-4

```
95 コールを 5.50 ドルで売り
100 コールを 2.70 ドルで売り
105 コールを 1.15 ドルで売り
```

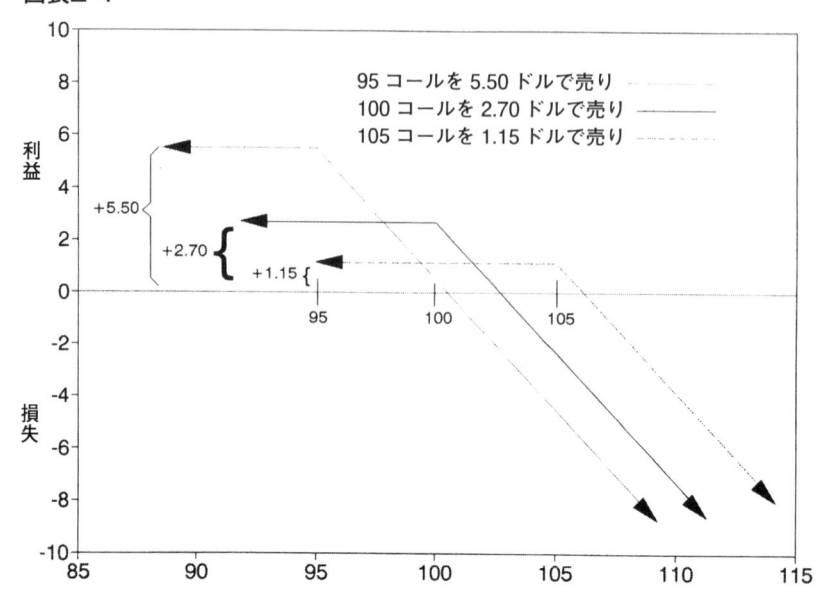

　図表2-3～図表2-6は、オプションの最も重要な特性のうちの2点を明らかにしている。ひとつは、オプションの買い方には限定されたリスクと潜在的に無限大の報酬があること。もうひとつは、オプションの売り方には限定された報酬と潜在的に無限大のリスクがあることだ。さらに具体的に言うと、コールのネット（売りと買いの差し引き）の買い方（売り方）には原資産の上昇に無限大の報酬（リスク）があり、プットの正味の買い方（売り方）には原資産の下落に無限大の報酬（リスク）があることになる。

　こうなると大半の初心者は、こう思うだろう。「いったいどこのだれがオプションを売りたいと思うのか？」。結局、オプションの買い方には限定されたリスクと無限の収益性があり、オプションの売り方

図表2-5

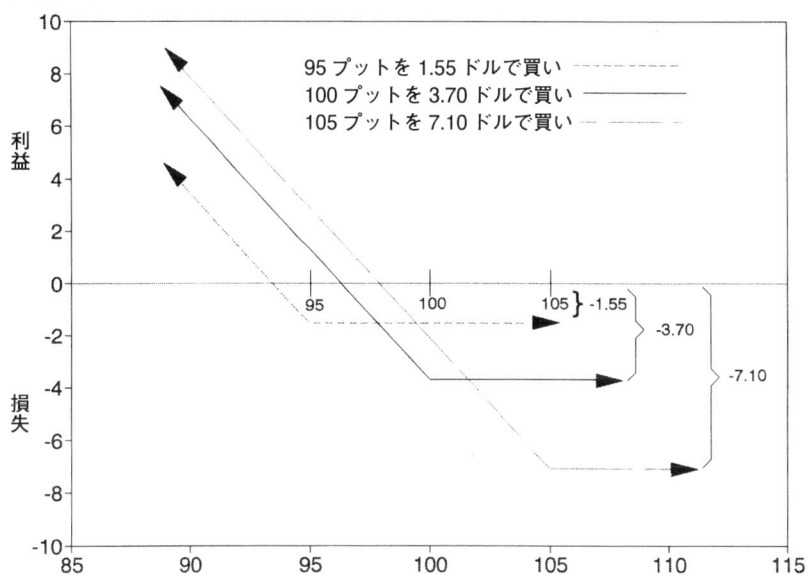

```
              95 プットを 1.55 ドルで買い
              100 プットを 3.70 ドルで買い
              105 プットを 7.10 ドルで買い
```

には限定された収益性と無限のリスクがある。ならば買い方にならずに売り方を選ぶのは正気の沙汰とは思えない。無限のリスクがあるなら売買を避けるのが当然のように思える……。

　しかし、少し考えてみれば、株式や商品のトレードにも無限のリスクはつきものだと分かるだろう。ポジションを守る暇もないほど猛烈かつ不利な動きはいつでもあり得るのだ。しかし、それでもトレーダーは常に株式や商品に買いや売りのポジションを持っている。それはただ、破滅的な損失を受ける可能性は低く、損失が無限になるリスクも問題にならないほど収益性があると思っているからだろう。

　ベテランは、リスク・リワードの限定・無限という関係だけがオプションの問題のすべてではないと分かっている。少なくとも同様に重

図表2-6

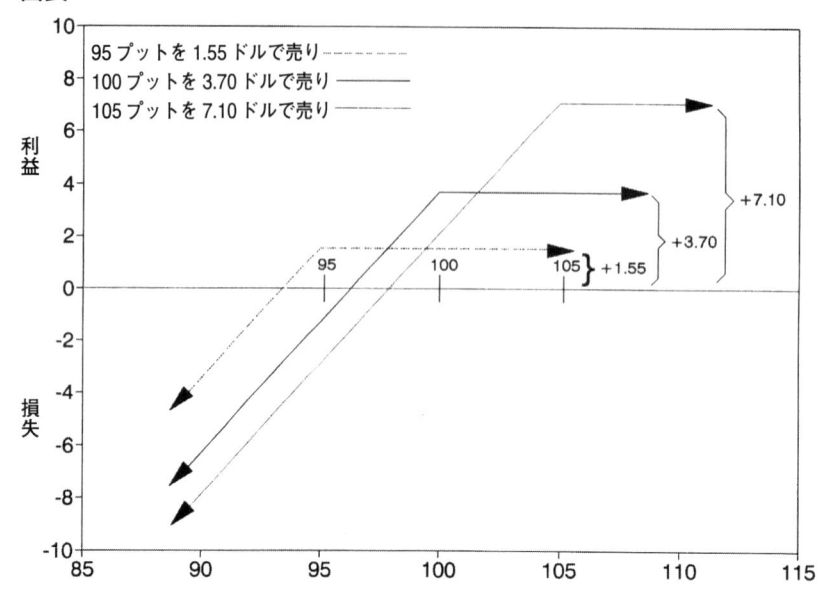

要なのは、その無限の損益の「確率」なのだ。

　例えば、結果が２つしかないトレードを考えているとする。ある場合には資金が２倍になり、またある場合には破産するというトレードだ。合理的なトレーダーなら、こんなトレードは避けるだろう。報酬がリスクを正当化しそうにないからだ。

　しかし、破産の確率が100万分の１しかなく、そのような状況は実際一度も起こったことがないと仮定すると、このトレードはどのように見えるだろうか。報酬はやはり限られており、リスクは無限大だ。しかし、ほとんどのトレーダーは、悲惨な結果が考えられるにもかかわらずトレードをするだろう。

　どんなトレードでも潜在的なリスク・リワードに加えて、さまざま

な可能性についても考慮しなければならない。たとえ報酬は限定されていても、無限になるリスクを相殺するに十分なものであろうか。そうであるときあるし、そうでないときもある。

売買戦略の組み合わせ

オプション売買を考えるとき、個々のオプションの売買に限る必要はない。さまざまなオプションを組み合わせて、独自性のある新たなポジションにすることも可能だ。

図表2-7は、100コールと100プットを組み合わせて、それぞれを2.70ドルと3.70ドルで買った場合の満期時の損益を示している。この場合、支払い総額は6.40ドルで、両者が満期時に無価値になると、この6.40ドルが損失額の上限になる。

原資産が満期で100ドルを超えると、プットは無価値になる。対してコール買いは、原資産の買いのように作用して、原資産が1ポイント上昇するごとに1ポイント利益となる。原資産が100ドル未満になれば、コールは無価値になる。対してプット買いは、原資産売りのように作用して、原資産が1ポイント下落するごとに1ポイント利益となる。

このポジションが損益分岐点を割らないためには、少なくとも当初に支払った6.40ドルの価格が必要となる。つまり損益分岐点は、100コールもしくは100プットが6.40ドルの価格になったときだ。したがって、満期時に原資産が106.40ドル以上あるいは93.60ドル以下になる必要がある。どちらにせよ、このレンジを越えるほど利益は無限になる。

どのような状況で**図表2-7**のポジションを取ればよいだろうか。近い将来、原資産に大きな動きが予想されるが、どの方向に動くかはっきりしない場合に適している。その動きが十分に大きければ（106.40ドル超あるいは93.60ドル未満）利益の出るポジションになる。

図表2-7

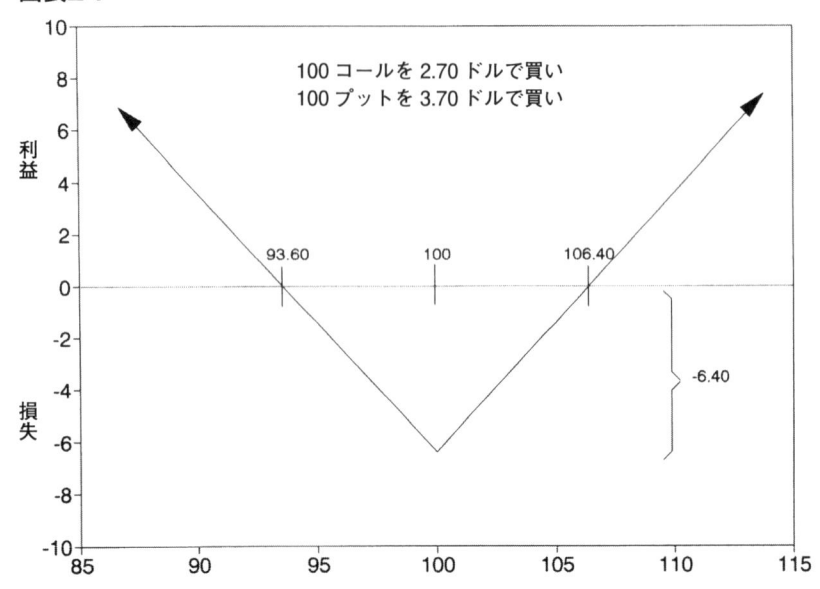

```
100 コールを 2.70 ドルで買い
100 プットを 3.70 ドルで買い
```

（グラフ：X軸 85〜115、Y軸 利益/損失 -10〜10。93.60と106.40でブレークイーブン、100で-6.40の最大損失となるVの字形のロングストラドル損益図）

　もちろん逆の見方もある。原資産が93.60ドル未満に下落したり106.40ドル超に上昇したりすることはなさそうだと考える場合だ。このような状況であれば、100コールと100プットを両方売ればよい（**図表2-8**）。

　この場合、利益はプレミアムの全額6.40ドルに限定され、双方向のリスクは無限大になる。しかし、原資産が93.60〜106.40ドルのレンジにとどまると確信できる場合、このリスクを取る価値があるというわけだ。

　ただし、間違いの可能性は常にある。**図表2-8**の場合と同じく、原資産が双方向に大きく動きそうにないと想定するが多少のブレはあると考えるかもしれない。その場合、許容範囲を広げて、93.60〜106.40

図表2-8

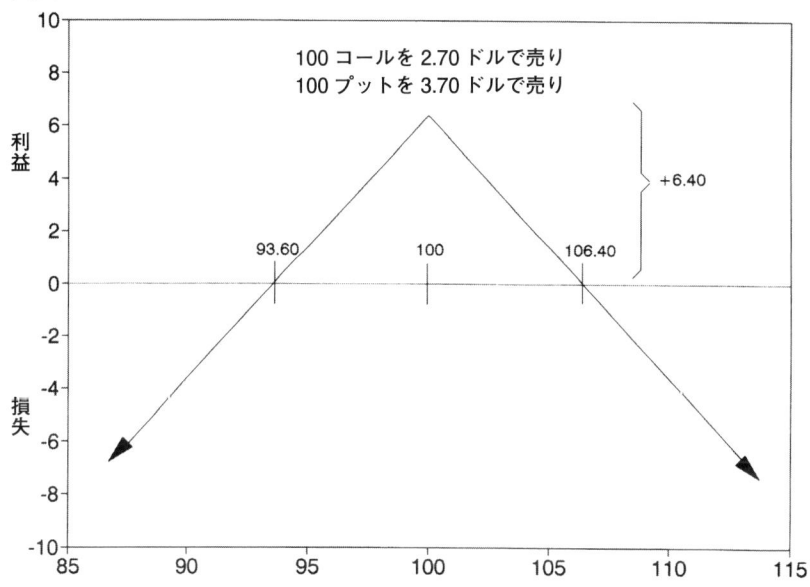

```
100 コールを 2.70 ドルで売り
100 プットを 3.70 ドルで売り
```

ドルよりも採算性のレンジを広くする。100コールと100プットを売るのではなく、95プットを1.55ドル、105コールを1.15ドルでそれぞれ売るのだ。

このポジションが**図表2-9**である。原資産が95～105ドルのレンジ内に収まれば、どちらも満期には価格がゼロで、最大2.70ドルの利益が実現する。原資産が満期時に92.30ドル未満あるいは107.70ドル超で終わらなければ、損失は出ない。前者の場合、95プットの価格は少なくとも2.70ドルで、後者の場合、105コールの価格は少なくとも2.70ドルだからだ。

この収益レンジの拡大にも、もちろん二律背反（トレードオフ）はある。この場合、最大利益は2.70ドルしかない。一方、**図表2-8**では

図表2-9

```
95 プットを 1.55 ドルで売り
105 コールを 1.15 ドルで売り
```

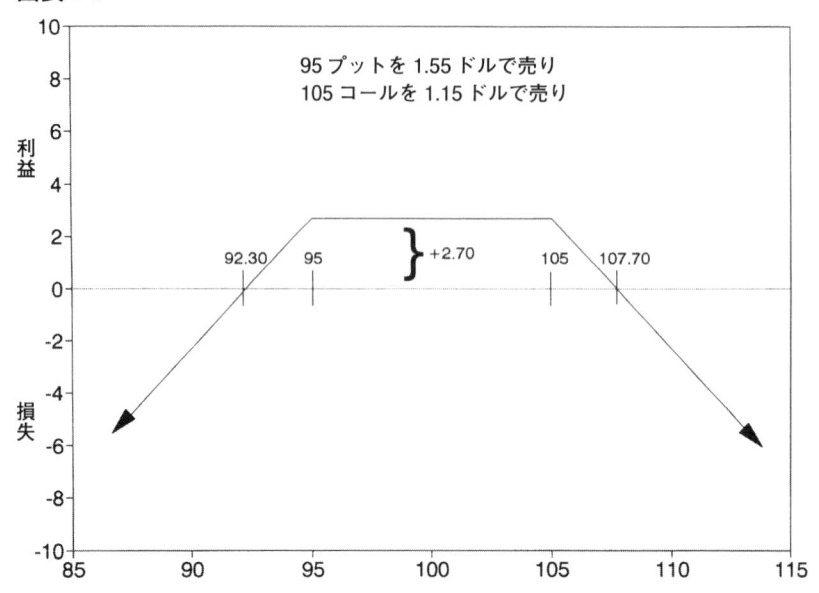

6.40ドルもある。リスクが軽減された代わりに、小さな収益性で満足しなければならないのだ。オプションには終始、このようなリスク・リワードの二律背反を考慮することが要求される。収益性が十分に高ければ、大きなリスクを取る価値があるだろう。しかし、収益性が低ければ、付随するリスクもまた小さくなければならない。

　図表2-7、**図表2-8**、**図表2-9**のポジションは、すべてネットで買いもしくは売りのポジションであった。したがって、報酬もしくはリスクが無限大になっている。しかし、同じ種類の同じ数のオプションを売買する場合、リスクとリワードのどちらも限定されたポジションを組むことができる。

　例えば、90コールを9.35ドルで買い、100コールを2.70ドルで売り、

図表2-10

90コールを9.35ドルで買い
100コールを2.70ドルで売り

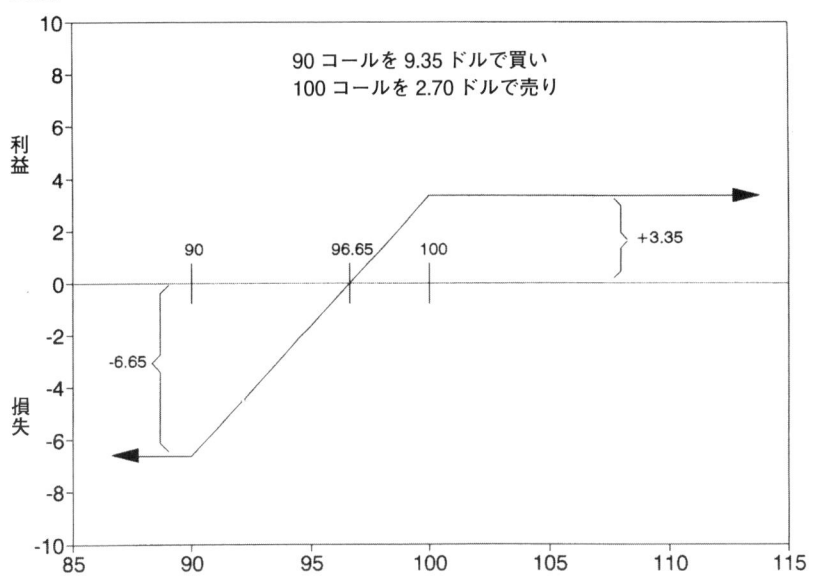

コスト総額を6.65ドルにしたポジションである（**図表2-10**）。原資産が90ドル未満で満期になれば、両オプションは無価値になり、投資した全額の6.65を失う。原資産が100ドル超で満期になれば、保有している90コールは、100コールよりも正確に10ポイント上回る価格になり、最大利益3.35ドルを実現する。

90～100ドルの間では、ポジション的には0～10ドルの価格がつく。損益分岐点を割らないためには、初期投資の6.65ドルを取り戻さなければならない。これが可能になるのは、原資産が満期時に96.65ドル以上になる場合だ。90コールの価格が少なくとも6.65ドルになるからだ。

コールの単品買いのように、このポジションは市場が上昇して最大

49

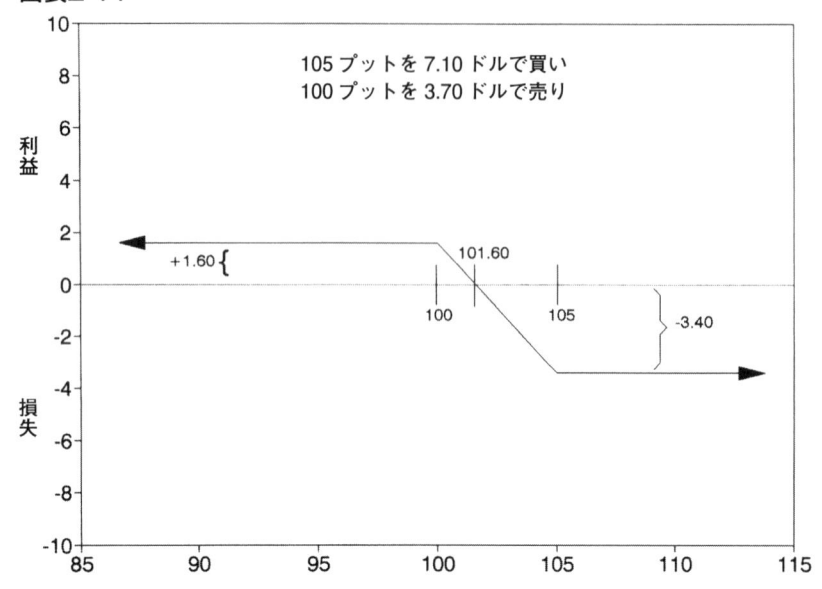

図表2-11

105プットを7.10ドルで買い
100プットを3.70ドルで売り

3.35ドルの利益を実現することを期待している。しかし、ここでは90コールの単品買いにある無限大の上昇サイドの収益性はあえてあきらめ、代わりに権利行使価格100ドルのコールを売ることで、下落リスクを部分的に防御した。ポジションは強気だが、リスクもリワードも限定させている。

相場に弱気であれば、**図表2-10**のポジションを反転させ、リスクもリワードも限定されたポジションを組むことが考えられる。つまり、90コールを売り、100コールを買う。それで、原資産が90ドル未満で満期になると利益は6.65ドルに限定され、原資産が100ドル超で満期になる損失は3.35ドルに限定される。

また、権利行使価格がもっと高いプットを買い、権利行使価格がも

っと低いプットを売ることで、リスクもリワードも限定された弱気のポジションを組むことができる。例えば、105プットを7.10ドルで買い、100プットを3.70ドルで売り、コスト総額を3.40ドルにする（**図表2-11**）。

　原資産が満期時に100ドル未満の場合、105プットの価値は100プットよりも確実に5ドル高くなり、1.60ドルの最大利益を実現する。原資産が満期時に105ドル超になる場合、どちらのオプションも無価値になり、全投資額の3.40ドルを失う。プットを単品で買ったときのように、このポジションは弱気だ。しかし、105プットを単品で買ったときの原市場下落時の無限の収益性はあきらめ、代わりに100プットを売ることで上昇時のリスクを部分的に防御する。

満期時の損益図の作成方法

　こうしたオプション戦略の満期時の損益図は、簡単なルールで作成することができる。

① グラフが曲がるとすれば権利行使価格で曲がる。そこでまず各権利行使価格での損益額を計算して記入。そしてその間を単純に直線で結ぶ。
② 買いと売りのコール（もしくはプット）が同数の場合、潜在的な下落（上昇）リスクや利益は、そのポジションを組むのに必要なコストと受取額の総額になる。
③ 原資産の価格が最も高い権利行使価格を上回った場合、すべてのコールはイン・ザ・マネーになる。そのポジション全体が、売ったコールと買ったコールの差し引きした数が、売りであれ買いであれ、あたかも原資産のポジションのように展開する。原資産の価格が最も低い権利行使価格を下回った場合、すべてのプットは

図表2-12a

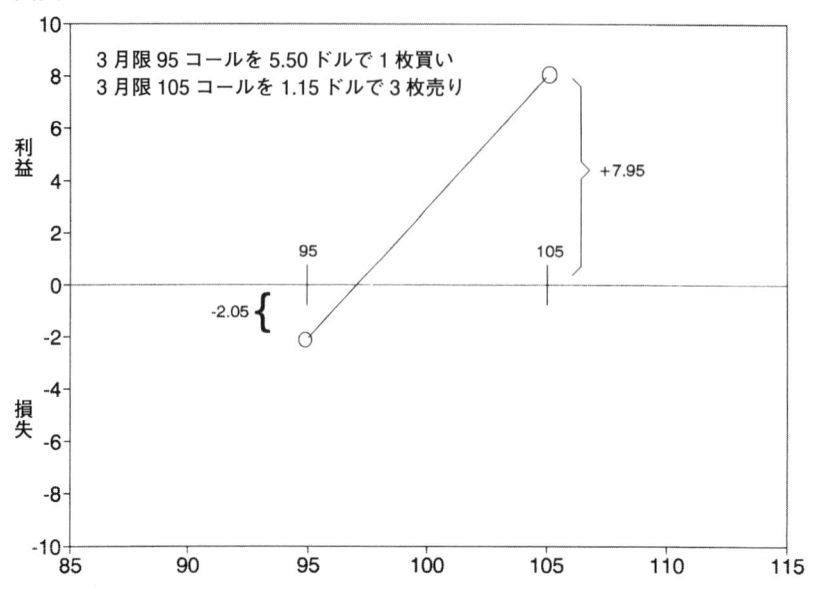

3月限 95 コールを 5.50 ドルで 1 枚買い
3月限 105 コールを 1.15 ドルで 3 枚売り

+7.95
-2.05

イン・ザ・マネーになる。売ったプットと買ったプットの差し引きした数が、売りであれ買いであれ、あたかも原資産のポジションのように展開する。

上記のルールを使って、次のポジションの損益図を作ってみよう。

95コールを5.50ドルで1枚買い
105コールを1.15ドルで3枚売り

各権利行使価格（95ドルと105ドル）での損益を判断する。原資産が95ドルで満期になる場合、95コールと105コールは共に価値がなく

図表2-12b

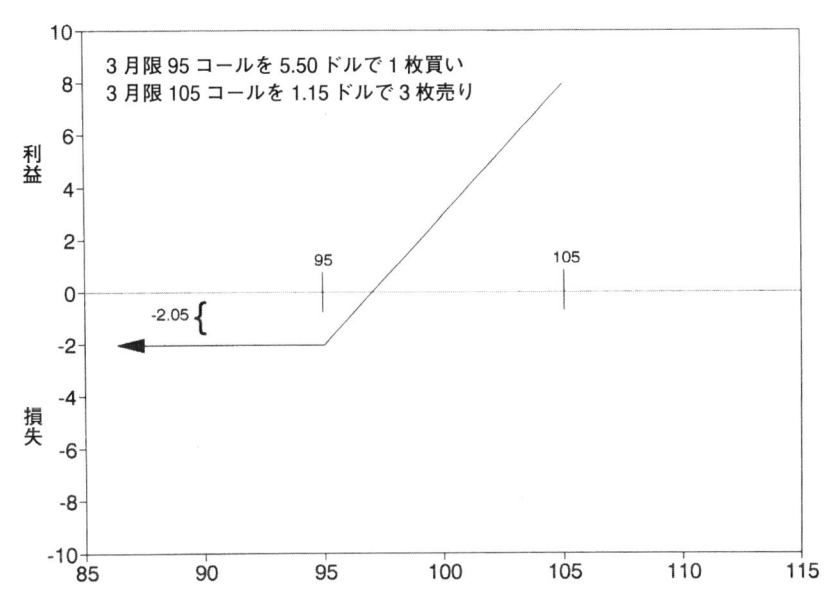

3月限95コールを5.50ドルで1枚買い
3月限105コールを1.15ドルで3枚売り

なる。このポジション全体の支出は2.05ドル（－5.50ドル×1枚＋1.15ドル×3枚）だ。したがって、原資産が95ドルで満期になったとき、ポジション全体は2.05ドルの損失となる。

一方、原資産が105ドルで終わる場合、95コールの価値は10ドルとなり、105コールは無価値になる。したがって、ポジション全体の利益は、10ドルから当初の支出の2.05ドルを引いた額、つまり7.95ドルだ。この2つの点をグラフに記入し、直線で結ぶ（**図表2-12a**）。

このポジションにはプットがまったく含まれていない。よって、下落時の損失は最大2.05ドルになる。これがポジションを組むために当初必要となる支出額であると分かる。この損失は95ドル未満のときに発生する（**図表2-12b**）。

図表2-12c

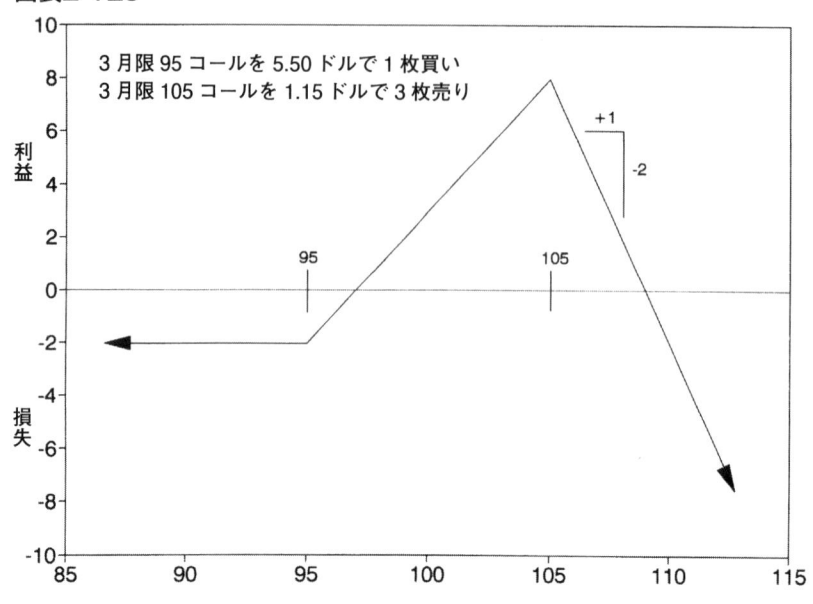

3月限95コールを5.50ドルで1枚買い
3月限105コールを1.15ドルで3枚売り

　105ドルを上回ると95コールも105コールもイン・ザ・マネーになり、すべてのオプションが原資産のポジションと同じように動き始める。1枚の原資産を95コールの形で買っており、3枚の原資産を3枚の105コールの形で売っているようなものだ。よって、原資産の価格が1ポイント上昇するごとに、このポジションは2ポイント失う（**図表2-12c**）。
　この方法をさらに複雑な例題に応用してみよう。次のポジションの満期時の損益図はどのようになるだろうか。

　90コールを9.35ドルで1枚売り
　100コールを2.70ドルで2枚買い
　95プットを1.55ドルで4枚売り

100プットを3.70ドルで２枚買い

まず、権利行使価格が３本ある。原資産価格が90ドルのときの満期時のポジションの損益は次のとおり。

90コール　　　＋9.35
100コール　　－２×2.70
95プット　　　－４×3.45
100プット　　＋２×6.30
合計　　　　　＋2.75

原資産価格が95ドルでは、次のとおりとなる。

90コール　　　＋4.35
100コール　　－２×2.70
95プット　　　＋４×1.55
100プット　　＋２×1.30
合計　　　　　＋7.75

そして100ドルでは、次のとおりとなる。

90コール　　　－0.65
100コール　　－２×2.70
95プット　　　＋４×1.55
100プット　　－２×3.70
合計　　　　　－7.25

各権利行使価格の損益点をグラフに記入し、それぞれを直線で結ぶ

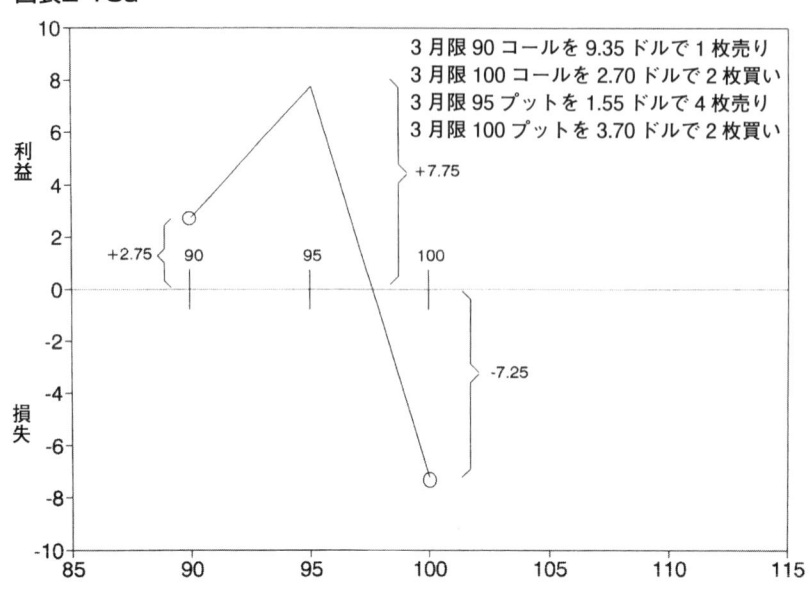

図表2-13a

```
3月限90コールを9.35ドルで1枚売り
3月限100コールを2.70ドルで2枚買い
3月限95プットを1.55ドルで4枚売り
3月限100プットを3.70ドルで2枚買い
```

（図表2-13a）。

　次に、原資産が90ドル未満のときはどうか。すべてのコールは無価値になり、すべてのプットは原資産の売りのように動く。このポジションは2枚のプットをネットで売っていることから、グラフは2枚の原資産を買ったときのように展開する。つまり90ドル未満で原資産が1ポイント下落するごとに、このポジションは2ポイント失うわけだ（図表2-13b）。

　最後に、100ドル超ではどうか。すべてのプットは無価値になり、すべてのコールは原資産の買いのように動く。このポジションは1枚のコールをネットで買っていることから、100ドル超では、1枚の原資産を買ったように展開する。原資産が1ポイント上昇するごとに、

図表2-13b

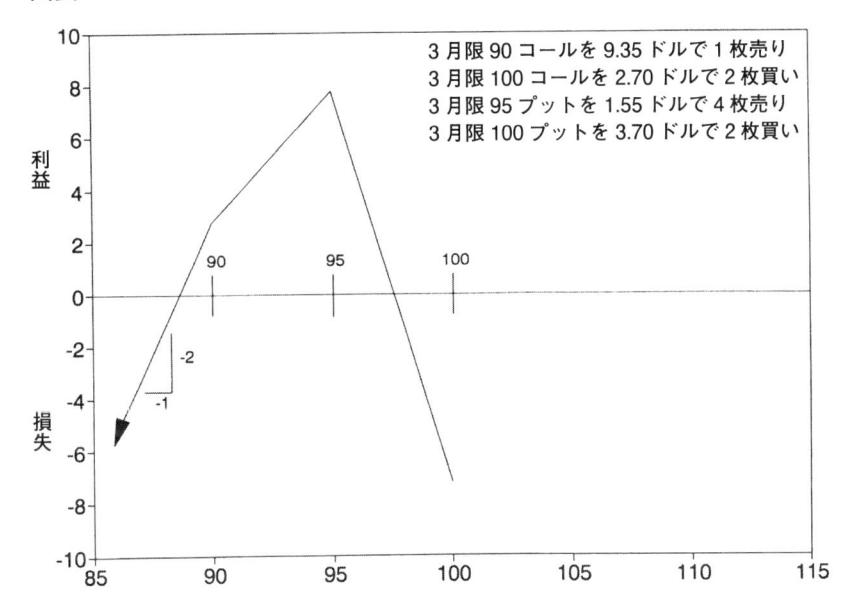

```
3月限 90 コールを 9.35 ドルで 1 枚売り
3月限 100 コールを 2.70 ドルで 2 枚買い
3月限 95 プットを 1.55 ドルで 4 枚売り
3月限 100 プットを 3.70 ドルで 2 枚買い
```

このポジションは1ドル得る（**図表2-13c**）。

　この方法を用いれば、どのように複雑なポジションでも、満期時の損益図を作成できる。ポジションが原資産や多様な権利行使価格のコールとプットで構成されていても、すべてのオプションが同時に満期になるかぎり、満期時の価値は原資産の価格ですべて決定されるからだ。

　オプションと原資産を用いて、ほかのオプションや原資産のポジションを模倣したポジションを組むことも可能だ。例えば、以下のポジションを見てみよう。

　100コールを2.70ドルで1枚買い

図表2-13c

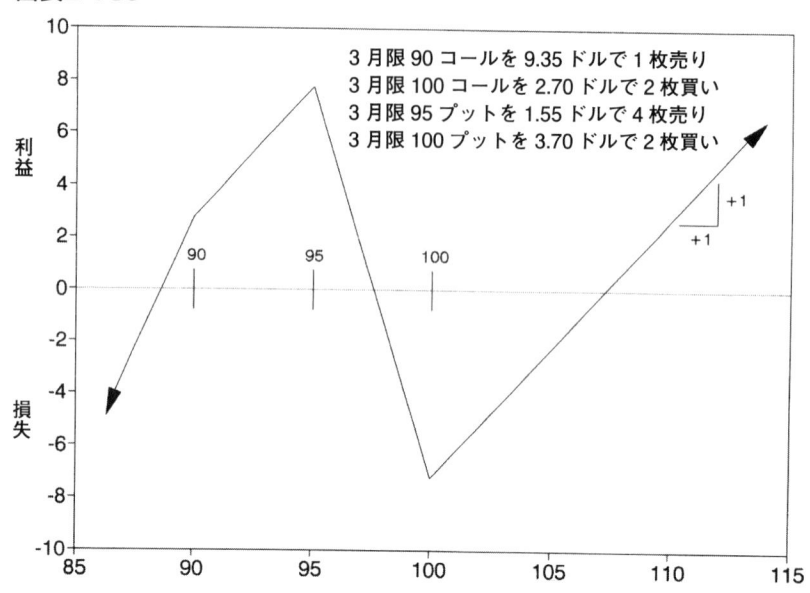

3月限90コールを9.35ドルで1枚売り
3月限100コールを2.70ドルで2枚買い
3月限95プットを1.55ドルで4枚売り
3月限100プットを3.70ドルで2枚買い

100プットを3.70ドルで1枚売り

　原資産が満期時に100ドルを超えた場合、100プットは無価値になり、100コールは原資産の買いのように動く。しかし、原資産が満期時に100ドル未満の場合、100コールは無価値になり、100プットは原資産を買ったときのように動く。つまり、このポジションは、原資産の買いポジションを複製したものである（**図表2-14**）。

　では、このポジションと原資産の買いとの違いは何か。唯一、そして重要な違いは、オプションで作ったポジションからは差し引き1ポイントを受け取っている点だ。

　もうひとつ、次のポジションを考えてみよう。

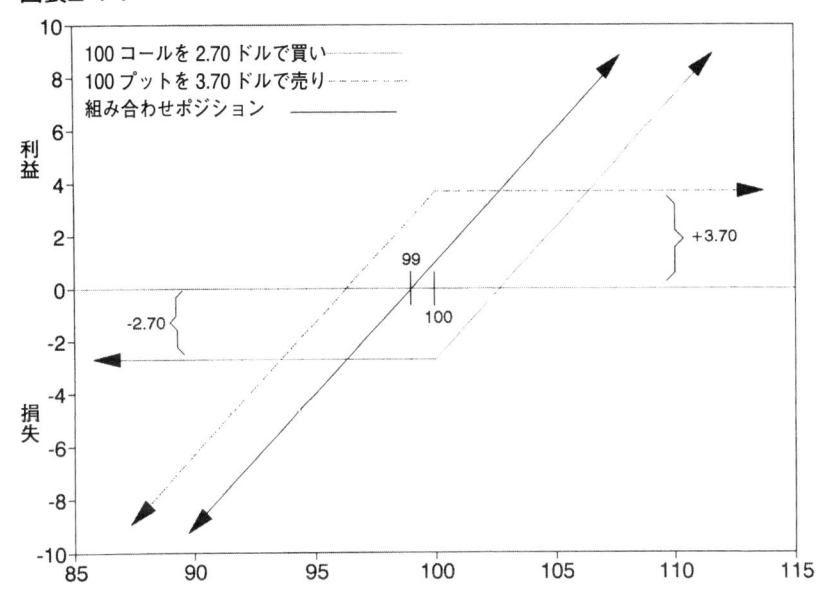

図表2-14

```
100 コールを 2.70 ドルで買い
100 プットを 3.70 ドルで売り
組み合わせポジション
```

90プットを0.45ドルで1枚買い
100コールを2.70ドルで1枚売り
原資産を99ドルで1枚買い

このポジションの満期時の価格は**図表2-15**で示されている。このポジションと**図表2-10**のポジションの類似に注意してほしい。唯一の違いは、90コールの買いを「90プットの買いと原資産の買い」に置き換えたことだ。つまり、90プットの買いと原資産の買いを合わせて90コールの買いを複製しているのである。このことを証明するため、両者のポジションの損益図を描いてみよう。

図表2-15

90プットを0.45ドルで買い
100コールを2.70ドルで売り
原資産を99.00ドルで買い

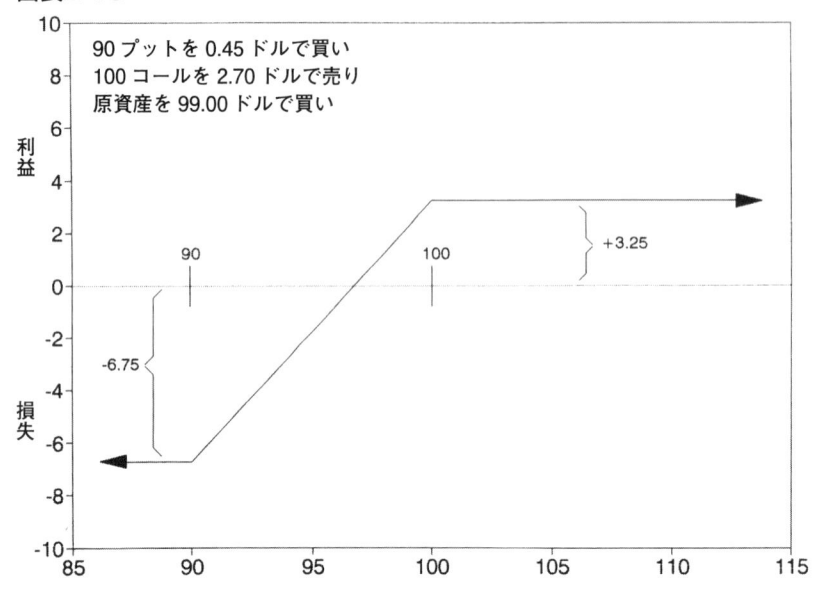

①90コールを9.35ドルで買い
②90プットを0.45ドルで買い、原資産を99ドルで買い

　各ポジションの損益に小さな違いはある。しかし、両者は類似した形のグラフになる。
　オプション初心者には、いろいろなオプションや原資産のポジションの損益図を描いてみることをお勧めする（米国ではインベスターズ・ビジネス・デイリー紙、ニューヨーク・タイムズ紙、ウォール・ストリート・ジャーナル紙などに取引所に上場する先物オプションや株式オプションの広範なリストが掲載されている）。そうすれば、ここまで紹介した多くの概念に慣れ、今後紹介するテーマが非常に簡単

に理解できるようになるだろう。**図表2-16**に代表的な先物オプションや株式オプションの相場表を載せた。

　本章で解説したような初級戦略は、初心者にオプションの基本的特性を知ってもらうのに有効である。ただし、実際にはポジションを満期まで放置することはまずない。たとえ満期まで保有するつもりで建てたとしても、途中見向きもせず放置した揚げ句、満期に損失に気づいたとしたら、実にバカげている。市況によって、昨日は妥当に思えたポジションが今日はあまり妥当ではなくなることはよくある。新たな状況に基づいて戦略を変えることが望ましい。いや、変えなければならないのだ。

　これは、単にオプションだけではなく、すべてのトレードに当てはまる。上昇すると考えて株を買い、その株が不意に何ポイントも下落して、そのポジションを見直さないとしたら、実にバカげているではないか。同様に、原資産がけっして105ドルを超えて上昇しないと考えて105コールを売ったとしても、その原資産が99ドルから104ドルまで急騰しても見直さないとしたら、やはりバカげている。少なくとも、その原資産が105ドルを超えないという考えは変えないにしても、以前と同程度の確信を持っているとは思えない。すべてのトレーダーに昨日よりも今日さらに利口な判断を下す権利がある。

　懸命なトレーダーは、現在の市況で優位性のある戦略を特定できなければならない。さらに、市況の変化に即応して、市場が不利に動いたときに防御手段を講じることもできなければならない。こうした目的を達成するために重要なツールが「オプション理論価格決定モデル」である。次の章では、その基本を検証し、有効な利用方法について明確にしたいと思う。

図表2-16

先物と先物オプション
(1993年10月22日金曜日)

先物

Month	Open	High	Low	Settle	Change	-Lifetime- High	Low
CORN (CBT); 5,000 bushels; ¢ per bushel (1 = $50.00)							
Dec	255$^1/_4$	256	253$^1/_2$	253$^1/_2$	-2$^1/_4$	268$^1/_2$	225$^1/_4$
Mar94	263	264$^1/_4$	261$^1/_4$	261$^1/_2$	-2$^1/_2$	266$^1/_2$	232$^3/_4$
May	267$^1/_4$	268$^1/_2$	265	265$^1/_2$	-3	270$^1/_2$	238$^1/_2$
Jul	268$^1/_2$	270	266$^1/_4$	266$^1/_2$	-3$^1/_2$	270$^1/_2$	241
Sep	260	260$^1/_2$	257$^1/_4$	257$^1/_2$	-3$^1/_4$	261$^1/_2$	240$^1/_2$
Dec	251$^3/_4$	253	249	249$^1/_4$	-3$^3/_4$	255	236$^1/_2$
EURODOLLARS (CME); $1,000,000; points of 100% (.01 = $25.00)							
Dec	96.50	96.52	96.48	96.49	-.02	96.61	90.22
Mar94	96.50	96.52	96.46	96.47	-.04	96.62	90.28
Jun	96.30	96.31	96.24	96.25	-.05	96.75	90.40
Sep	96.08	96.10	96.02	96.03	-.06	96.24	90.36
Dec	95.70	95.73	95.65	95.66	-.05	95.87	90.71
Mar95	95.62	95.65	95.57	95.58	-.05	95.80	95.24
Jun	95.42	95.44	95.37	95.37	-.05	95.60	95.71
Sep	95.25	95.27	95.20	95.20	-.05	95.43	91.31
Dec	94.97	94.98	94.91	94.91	-.06	95.81	91.18
GERMAN BONDS (LIFFE); DM 250,000; points of 100% (.01 = DM 25.00)							
Dec	100.13	100.50	100.03	100.46	+.29	100.58	94.25
Mar94	100.26	100.55	100.21	100.56	+.30	100.66	97.30
Jun	.....	.....	.....	100.46	+.27	100.49	98.94
CRUDE OIL (NYMEX); 1,000 barrels; $ per barrel (.01 = $10.00)							
Dec	18.37	18.43	18.02	18.07	-.28	23.00	17.14
Jan94	18.47	18.57	18.18	18.22	-.28	21.15	17.40
Feb	....	18.64	18.36	18.37	-.25	20.81	17.64
Mar	18.71	18.74	18.48	18.50	-.22	21.10	17.86
Apr	18.78	18.83	18.58	18.61	-.21	20.88	18.05
May	18.90	18.91	18.72	18.72	-.20	21.07	18.20
Jun	19.01	19.02	18.80	18.82	-.19	21.35	18.31
Jul	19.07	19.08	18.89	18.89	-.18	20.78	18.50
Aug	.....	.....	.....	18.96	-.17	20.78	18.72

図表2-16

先物と先物オプション
（1993年10月22日金曜日）

先物オプション

Strike Price	Calls-Settle			Puts-Settle		
CORN OPTIONS (CBT)						
	Dec	Mar	May	Dec	Mar	May
230	23 $1/2$	31 $1/2$	35 $1/4$	$1/8$	$1/4$	$5/8$
240	14 $1/8$	22 $3/4$	25 $1/2$	$5/8$	1	1 $1/4$
250	6 $1/2$	14 $3/4$	18 $1/2$	3	3 $1/4$	3 $3/4$
260	2 $1/4$	9 $1/8$	12 $3/4$	8 $1/2$	7 $1/2$	7 $1/4$
270	$5/8$	5 $1/2$	8 $3/4$	17	13 $1/2$	13
280	$1/8$	3 $1/4$	5 $1/4$	26 $1/2$	.....	.....
290	$1/8$	1 $1/2$	3 $1/2$	36 $1/2$	.....	.....
300	$1/8$	$7/8$	2	.....	.....	.....
EURODOLLAR OPTIONS (CME)						
	Dec	Mar	Jun	Dec	Mar	Jun
95.25	1.26	1.26	1.07	cab	cab	.04
95.50	1.01	1.01	.84	cab	.01	.05
95.75	.75	.77	.62	cab	.02	.09
96.00	.51	.54	.43	.01	.04	.15
96.25	.27	.30	.26	.02	.08	.24
96.50	.08	.13	.13	.08	.17	.37
96.75	.01	.03	.05	.25	.32	.50
97.00	cab	.01	.01	.49	.50	.....
GERMAN BOND OPTIONS (LIFFE)						
	Dec	Mar	Jun	Dec	Mar	Jun
98.50	1.99	2.33	.....	.03	.27	.....
99.00	1.52	1.94	.....	.06	.38	.....
99.50	1.11	1.58	.....	.15	.52	.....
100.00	.72	1.28	.....	.26	.72	.....
100.50	.44	1.01	.....	.48	.95	.....
101.00	.24	.79	.....	.78	1.23	.....
101.50	.13	.57	.....	1.17	1.51	.....
102.00	.07	.41	.....	1.61	1.85	.....
CRUDE OIL OPTIONS (NYMEX)						
	Dec	Jan	Feb	Dec	Jan	Feb
15.00	3.08	.....	.....	.01	.03	.06
16.00	2.09	.....	.....	.02	.08	.13
17.00	1.14	1.39	.....	.07	.18	.27
18.00	.35	.65	.92	.28	.43	.55
19.00	.06	.24	.44	.99	1.02	1.07
20.00	.02	.09	.20	1.95	1.86	1.82
21.00	.01	.03	.07	2.94	2.80	.....
22.00	.01	.01	.04	3.93	.....	.....

図表2-16

株式オプション
(1993年10月22日金曜日)

S&P 100 INDEX - OEX   424.15   (CBOE)

Strike Price	Calls-Last Nov	Calls-Last Dec	Calls-Last Jan	Puts-Last Nov	Puts-Last Dec	Puts-Last Jan
390	.....	.....	.....	$7/16$	$1\ 3/16$	2
395	$29\ 7/8$	30	.....	$9/16$	$1\ 1/2$	$2\ 1/2$
400	$28\ 1/4$	$29\ 1/8$	31	$3/4$	$1\ 15/16$	$3\ 1/8$
405	$21\ 3/8$	.....	$26\ 3/8$	$1\ 1/16$	$2\ 5/8$	$3\ 3/8$
410	18	18	$20\ 3/8$	$1\ 7/16$	$3\ 1/4$	5
415	$11\ 1/2$	$13\ 1/2$	.....	$2\ 3/16$	$4\ 1/8$	$6\ 1/4$
420	$7\ 1/8$	$9\ 3/4$	$12\ 3/4$	$3\ 1/4$	$5\ 5/8$	$7\ 7/8$
425	4	$6\ 5/8$	$10\ 7/8$	5	$7\ 1/2$	$9\ 1/4$
430	$1\ 3/4$	$4\ 1/8$	$6\ 3/8$	8	10	$11\ 3/4$
435	$3/4$	$2\ 3/8$	$5\ 3/4$	12	13	$14\ 1/4$
440	$5/16$	$1\ 3/16$	$2\ 3/4$	$16\ 1/2$	$16\ 1/2$	16
445	$1/8$	$1/2$	$2\ 1/8$	.....	$17\ 1/4$	$19\ 1/2$
450	$1/16$	$1/4$	$1\ 1/16$	$23\ 3/4$	26	24
455	$1/16$	$1/8$	$1/2$	.....	.....	.....

IBM $44\ 1/4$ (CBOE)

Strike Price	Calls-Last Nov	Calls-Last Jan	Calls-Last Apr	Puts-Last Nov	Puts-Last Jan	Puts-Last Apr
35	.....	.....	$10\ 7/8$	$1/16$	$5/16$	$9/16$
40	$4\ 3/4$	$5\ 3/4$	$7\ 1/4$	$5/16$	1	$1\ 5/8$
45	$1\ 1/4$	$2\ 3/16$	$3\ 5/8$	$1\ 7/8$	$2\ 15/16$	$3\ 3/4$
50	$3/16$	$15/16$	$1\ 13/16$	.....	$5\ 5/8$	$6\ 3/4$
55	$1/16$	$3/8$	$7/8$	.....	11	.....

MOTOROLA $103\ 1/4$ (AMEX)

Strike Price	Calls-Last Nov	Calls-Last Dec	Calls-Last Jan	Puts-Last Nov	Puts-Last Dec	Puts-Last Jan
90	$13\ 3/8$	$13\ 7/8$	.....	$1/2$	$1\ 1/8$	.....
95	$9\ 1/4$	$10\ 1/4$	$11\ 1/4$	$3/4$	$1\ 3/4$	$2\ 15/16$
100	$5\ 3/8$	7	8	$2\ 1/8$	$3\ 1/2$	$5\ 3/8$
105	$2\ 3/4$	$4\ 1/4$	$5\ 1/4$	$4\ 1/4$	$6\ 1/2$	7
110	1	$2\ 3/8$	3	.....	.....	$10\ 1/8$
115	$1/4$	1	$2\ 1/8$	14	.....	.....

第3章
理論価格決定モデル入門
Introduction to Theoretical Pricing Model

　前章でトレーダーが最初に参考にできる単純な戦略のいくつかを原資産価格の予想を前提に検討した。予想の根拠は何であれ、それは「十分可能な」「極めて可能性の高い」「可能性のある」「あり得そうにない」といった言葉で表現される。つまり、このアプローチの難点は、予想を数値で示しにくいことだ。

　「十分可能な」とか「極めて可能性の高い」とかは、実際どういう意味だろうか。オプション市場に論理的にアプローチしたいなら、価格動向の予想を数値で示す方法が必要だ。

　前章で検証した初級戦略からも、原資産市場の動向がオプション戦略の勝算に大きな影響を与えることは明らかだ。したがって、原資産の動向に敏感になるのは当然だ。しかし、まだ問題がある。それは「市場のスピード」だ。

　例えば、ある商品の価格がある期間内に上昇すると予想し、そのとおりになれば利益が出ると、ある程度確信できる。ただ商品を買い、目標価格に達するのを待ち、その商品を売って利益を出せばよい。

　しかし、オプションの場合、状況はそれほど単純ではない。例えば、時価100ドルの商品がこれから2カ月以内に120ドルまで上昇すると予測し、3カ月後に満期になる110コールを4ドルで購入したとする。この商品が満期までに120ドルに上昇すれば、買った110コールは6ド

ルの利益になる（本質的価値10ドルから4ドルの支出を引いた）。

ところが、この利益は確実なものではない。商品価格が3カ月間110ドル未満のままで、オプションの満期後にやっと120ドルに達したとしても、このオプションは満期時に価格がゼロになり、投資した4ドルを失ったことになるからだ。

おそらく3カ月ではなく、6カ月後に満期になる110コールを買ったほうが利口だろう。そうすれば、その間に商品価格が120ドルに達すると、そのコールには少なくとも10ドルの本質的価値がある。しかし、6カ月オプションの価格が12ドルだったらどうだろうか。結局は損だ。原市場が目標価格の120ドルに達しても、110コールの価格が10ドルの本質的価値を超える価値を持つ保証はまったくないわけだ。

原市場のトレーダーの関心は、ほぼ市場の動向に向かっている。しかし、オプションのトレーダーは、市場の動向に敏感であるだけではなく、市場のスピードも慎重に考慮しなければならない。両者がそれぞれの商品で強気のポジションを取り、実際に市場が上昇しても、そのスピードが不十分な場合、先物トレーダーは利益を確保しても、オプションのトレーダーは損失を出す可能性があるのだ。

値動きのスピードの遅さがオプションの時間価値の減少を相殺しきれずに、多くの投資家がオプション市場で一敗地にまみれている。投資家は通常、リスク・リワード（限定されたリスク・無限のリワード）が有利に見えるため、オプションを購入する。しかし、ただオプションを購入するときは、市場の動向とスピードの両方について正しく予想しなければならない。両方の予想が正しいときにのみ利益を期待できる。

市場の動向だけでも正しい予想が難しいのに、市場の動向とスピードの両方を正しく予想することは、おそらくほとんどのトレーダーの能力を超えたものであろう。しかし、スピードの概念はオプションを売買するときに極めて重要だ。多くのオプション戦略が原市場のスピ

ードにのみ依存し、その動向にまったく依存していないほどである。むしろ、原資産の動向を巧みに予想できるのなら、原資産の売買に専念したほうが賢明である。スピードの要素を理解して初めて、オプション市場に参加する周到な用意があると言えるのだ。

オプションの収益性を厳密に算定するために、多様な要因の分析が必要になる。なかでも最小限考慮しなければならないことは次の５つである。

①原資産の価格
②権利行使価格
③満期までの残存期間
④原資産の予想動向
⑤原資産の予想スピード

理想的には、これらの各要因を数値で示し、その数値を公式に代入してオプション価格を引き出したいところだ。そうすれば、その価格と市場価格を比較することで、そのオプションの売りと買いでどちらが有利そうか分かるだろう。これがオプション価格評価の本来の目的である。つまり、オプションをその条件、現在の市況、将来の予想に基づいて分析するのである。

期待利益

６面のサイコロを転がし、出た数字に等しい額のドルを受け取れるとする。１が出ると１ドル受け取り、２が出ると２ドル受け取り……、そして６が出れば６ドル受け取る。無限回そのサイコロを転がすと、受け取る額は１回平均いくらになるだろうか。

簡単な計算だ。数字は６個あってそれぞれ出る確率は同じである。

この6個の数字を加算すると1 + 2 + 3 + 4 + 5 + 6 = 21となり、これをサイコロの6面で割ると21 ÷ 6 = 3.5となる。つまり、サイコロを転がすごとに受け取る金額は平均3.5ドルだ。これは、平均の「予想された」報酬である。

では、このサイコロを転がす特典に対して料金を請求されたら、いくら支払う用意があるだろうか。3.5ドル未満でサイコロを転がす機会を買えれば、長期的には勝者になれるだろうし、3.5ドル超を支払えば、長期的には敗者になるだろう。ぴったり3.5ドル支払えば、長期的には勝ち負けなしと予想がつく。

この「長期的には」という限定句に注意してほしい。3.5ドルの期待利益はサイコロを何回も何回も転がすことを許されて初めて実現する。1回しか転がすことを許されなければ、3.5ドルを取り戻すのは当てにできない。もちろん、サイコロに3.5の面はないから、1回転がすだけで3.5ドル取り戻すことは不可能だ。ただ1回転がすだけでも、支払うのが3.5ドル未満であれば、期待利益未満であり、確率の法則は味方になる。

同じような趣旨で、ルーレットの賭けを考えてみよう。ルーレットの円盤には38個の目があり、1から36までと0と00の数字がつけられている（米国の慣例としてルーレット盤の目は38個とする。地域によってはルーレット盤に00のスロットがないところもある。こうなると当然オッズは変わる）。

プレーヤーがルーレットの数字を選ぶことをカジノが認めたとする。自分の選んだ数が出たら、そのプレーヤーは36ドルを受け取り、ほかの数が出たら何も受け取れない。この賭けで期待利益はいくらになるだろうか。ルーレットの円盤には38個の目があって、それぞれ出る確率は同じだ。しかし、そのプレーヤーに36ドルの報酬があるのはひとつの目に限られる。36ドルを勝ち取るひとつの方法を円盤上の38の目で割ると、結果は36ドル ÷ 38 = 0.9474ドル、つまり約95セントである。

ルーレットで数字を選ぶゲームに95セントを支払うプレーヤーは、長期的には勝ち負けなしと予想できる。

　もちろん、どこのカジノもこのような賭けを95セントでさせてはくれない。こんな条件では、カジノに利益はないからだ。現実の世界では、こんな賭けをしたいプレーヤーは通常、期待利益を超える１ドルを支払わなければならない。１ドルの賭け金と95セントの期待利益との差額５セントは収益性、つまりカジノ側の優位性を示している。長期的には、ルーレットに１ドル賭けられるたびにカジノは約５セントの確保を期待できるわけだ。

　このような条件では、自分が賭博場になったほうがよい。そうすれば、相手に95セントの賭けを１ドルでさせ、自分が５セントの優位性を持てる。あるいは、相手の期待利益が95セント未満のところ、例えば88セントで賭けのできるカジノを探す。そうすれば、そのプレーヤーはカジノに対して７セントの優位性を持つことになる。

理論価格

　賭けの理論価格は、長期的には勝ち負けなしになるために支払う予想価格である。ここまで考慮した唯一の要素は期待利益であった。この概念を用いてルーレットの公平な賭け金は95セントであると計算した。しかし、ほかにも要素がある。

　このルーレットの例で、カジノ側が賭けの条件を少し変えてきたとしよう。今度はプレーヤーが期待利益95セントでルーレットの賭けをして、そのプレーヤーが負けた場合は、従来どおりカジノが95セントを即時徴収する。しかし、プレーヤーが勝った場合、カジノは賞金36ドルを「２カ月後に」そのプレーヤーに渡すことにした。新たな条件で、プレーヤーとカジノの両方が、これでも勝ち負けなしになるだろうか。

　プレーヤーは、ルーレットの円盤に賭ける95セントをどこで入手す

るか。まず思いつくのは、自分のポケットからだろう。しかし、よくよく考えてみると、そのお金はカジノへ行く前に自分の銀行口座から引き出している。一方、自分の賞金は２カ月間受け取れない。つまり、その95セントを普通預金に預けておけば稼げたはずの２カ月間の金利を考慮しなければならないのだ。

　金利が年12％（月１％）の場合、その金利差損は２％×95セント、つまり約２セントだ。プレーヤーがこの賭けに勝ったとしても、期待利益95セントを２カ月間引き出せないコストがかかるため、まだ２セントの負けになる。逆にカジノは、95セントを取って利付き口座に預け、２カ月後に２セントの金利を受け取れるのである。

　この新たな条件の下での賭けの理論価格は、期待利益の95セントから賭けの「キャリングコスト＝持越費用」の２セントを引いた額、つまり約93セントになる。プレーヤーがルーレットの賭けに今日93セント払って２カ月後に賞金を受け取る場合、プレーヤーもカジノも長期的にはまったく利益を期待できない。

　金融資産への投資の代表的な２つの要素が、期待利益とこのキャリングコストである。しかし、ほかの要素もある。例えば、カジノがプレーヤーにこれから２カ月間、１セントのボーナスを送ると決定したとする。この場合、カジノはこの追加支払金を以前の理論価格93セントに加えて新たな理論価格94セントにする。これは、株式保有者に支払われる配当に類似したものだ。そして実際、配当は株式オプションを評価するときの追加要素となる。

　取引所はおそらくカジノを例にすることに異議を唱えるだろう。オプション売買をギャンブルと考えたくないからだ。ここでギャンブルやオプション売買の道徳的な意味合いを議論するつもりはまったくない。ただし、カジノが勝算を計算する確率の法則も、オプションを評価する確率の法則も考え方は同じである。

　確率に基づく理論価格の概念は、ビジネスの多くの面で共通する。

ギャンブルの例に困惑する人たちもいるだろうから、オプションの本来の意義に戻って、オプションはプレミアムの支払いが必要な保険契約だと考えてみればよい。

保険会社のアクチュアリーは、統計データと確率理論を用いて、保険会社がどれくらい補償しなければならないか計算する。そして、保険会社の予定するプレミアム収入を方程式に入れ、保険料の理論価格を出す。加入見込顧客にはその保険を割増価格で提示し、その価格が保険会社の理論的優位性をもたらすことになる。

同様に、オプション評価の目的は、理論価格決定モデルを用いて、オプションの理論価格を決定することにある。これによって、オプションの市場価格が割高なのか割安なのか、またその理論的優位性が市場に参加するだけのものか合理的に決定できるのである。

モデルについてひとこと

話を先に進める前に「モデル」について多少の所見を述べておくのも無駄ではないだろう。

モデルは現実世界を縮小した手軽な再現方法である。モデルには、模型の飛行機や建物のように物理的なもの、あるいは公式のように数学的なものがある。いずれの場合も、モデルは人の住む世界をもっとよく理解する手段として構築されている。

しかし、モデルと元となる現実がどこまでも同じだと思い込むのは浅はかである。その考えはときには危険でもある。両者はよく似ているとはいえ、モデルが現実世界のあらゆる特徴をそのまま再現しているとは言えないのだ。

すべてのモデルは、現実世界について事前に条件を設定しておかないと有効なものにならない。数学的なモデルでは、こうした条件を定量化し、数字で入力する必要がある。ただし、間違ったデータをモデ

ルに入力すれば、現実世界を間違って再現する可能性がある。モデルを利用する人が常に忘れてはならないのは「ゴミを入力したらゴミが出力される」ということなのだ。

　こうしたモデルについての考え方は、オプション価格決定モデルにも当てはまる。オプションのモデルは、特定の条件下でのオプション評価法のひとつにすぎない。モデル自体あるいはモデルの入力データが間違っていれば、モデル算出価格が正確である保証はまったくないし、その価格が市場の現実の価格と論理的な類似性を持つ確信もまったくない。

　オプション価格決定モデルについては、トレーダーの間でも見解が大きく異なる。モデルはでたらめで、現実の出来事とは何ら関係ないと感じている人さえいる。一方、理論価格のリストが1枚あれば問題はすべて解決すると感じている人もいる。事実はその中間にある。

　オプション初心者は、暗い部屋に初めて入る人のようなものだ。案内がまったくなくても、いずれは探しているものが見つかるだろうと暗闇の中を模索する。しかし、理論価格決定モデルの基本を理解しているトレーダーならば、同じ部屋に小さなローソクを持って入ることができる。

　ローソクでは薄暗くて詳細は識別できないが、部屋のだいたいの配置は分かるだろう。たしかに、チラチラするローソクでは、ゆがんで見えるものがあるかもしれない。そうした限界はあるが、まったく明かりがないよりは、小さなローソクを持っているほうが探しているものを見つけやすいはずだ。

　理論価格決定モデルの本当の問題が生じるのは、トレーダーがある程度の知識を得たあとである。自信を持つにつれ、売買の規模を大きくし始める。こんなときに、部屋の詳細が分からないことやチラチラするローソクによる「歪み」が重要な意味を帯びるようになる。つまり、分かっているつもりが、実は誤解しており、ひどい資金難に陥る

ことがあるのだ。どんな些細なミスも命取りになることがある。

適当なのは、できることとできないことを十分自覚してモデルを利用する姿勢だ。まず、理論価格決定モデルはオプション価格決定を理解するのに大変貴重なツールであると理解する。事実、成功者はたいてい何らかの理論価格決定モデルを信頼し、洞察力を養っている。

しかし、理論価格決定モデルをできるだけ有効に利用するためには、モデルの限界と長所を心得ておかなければならない。さもないと、暗闇の中を模索する初心者と変わらない。

単純なアプローチ

どのように、期待利益と理論価格の概念をオプションの価格決定に適合させたらよいだろうか。まず、オプションの期待利益を計算してみよう。簡単な例で考えてみる。

今100ドルで売買されている原資産が、将来の特定の日（満期）に、5つの価格、80ドル、90ドル、100ドル、110ドル、120ドルのどれかひとつになると仮定する。さらに5つの価格は、それぞれ等しく20％の確率を持っているとする。価格と確率は**図表3-1**のとおりとなる。

現在値100ドルでその原資産に買いポジションを取る場合、このポジションの報酬は満期にいくらになるだろうか。それぞれ同じく20％の確率で、満期時に80ドルだと20ドル失い、90ドルだと10ドル失い、100ドルだと損益が分岐し、110ドルだと10ドルの利益になり、120ドルだと20ドルの利益になる。期待利益の計算は次のとおりになる。

$$-(20\% \times 20ドル) - (20\% \times 10ドル) + (20\% \times 0ドル) + (20\% \times 10ドル) + (20\% \times 20ドル) = 0$$

損益は互いにきっちり相殺するため、この買いの期待利益はゼロだ。

同様に現在値100ドルで売っても期待利益はゼロになる。この価格と確率では、買いか売りいずれのポジションを取っても長期的には損益が分岐する。

今度は100コールを買ったとする。ここではコールの代金は考慮しないとして、**図表3-1**で与えられる価格と確率で期待利益はいくらになるだろうか。原資産が80ドル、90ドル、100ドルで満期となれば、このコールは満期時に価格がゼロになる。原資産が110ドルあるいは120ドルで満期となれば、このコールの価格は、それぞれ10ドルと20ドルになる。期待利益の計算は次のとおりになる。

(20%×0ドル)+(20%×0ドル)+(20%×0ドル)+(20%×10ドル)+(20%×20ドル)=6ドル

図表3-1

$80	$90	$100	$110	$120
20%	20%	20%	20%	20%

このコールはけっして価格がゼロ未満になることはない。したがって、このコールの期待利益は常に負ではない数、この場合6ドルになる。

このアプローチで理論価格決定モデルを開発するのであれば、満期時における可能な原資産価格（現実にあり得る価格）と確率を列記すればよい。それから所定の権利行使価格でそれぞれの結果価格におけるオプションの価値を計算し、その価値に対応する確率を掛けて出されるすべての数を加算すると、そのオプションの期待利益を得られる。

これまでの例では、非常に状況が単純で可能な価格が5つしかなく、それぞれの確率が同じだった。もっと現実的なモデルを開発するため

にはどんな変更が必要だろうか。ひとつは、オプションの決済手続きを知らなければならないだろう。米国では、あらゆるオプションは株式タイプの決済に従い、全額支払う必要がある。100コールが満期時に6ドルの期待利益であれば、今日その価格を計算するためにはキャリングコストを差し引かなければならない。金利が年12％（月1％）でオプションが2カ月後に満期になる場合、6ドルの期待利益から2％のキャリングコスト、つまり約12セントを差し引かなければならない。したがって、このオプションの理論価格は5.88ドルになる。

　ほかにどんな要素を考慮しなければならないだろうか。5つの可能な価格の確率をすべて等しいとしたが、これは現実的な前提だろうか。満期時にあり得るのは2つの価格、110ドルと250ドルだけだと仮定しよう。原資産の現在値が100ドルとすると、可能な価格はどれか。経験的に大半のトレーダーは、現在値とかけ離れた極端な価格変動よりも現在値に近い小さな価格変動のほうが起こりやすいと思うだろう。したがって、250ドルではなく、110ドルとなりそうだ。

　このことを考慮すると、可能な価格は確率から考えて原資産の時価あたりに集中するはずだ。このような分布を**図表3-2**に示した。そして、100コールの期待利益は次のとおりになる。

　（10％×0ドル）+（20％×0ドル）+（40％×0ドル）+（20％×10ドル）+（10％×20ドル）＝4.00ドル

　先ほどの例のように株式タイプの決済によるキャリングコストが2％であれば、このオプションの理論価格は3.92ドルになる。

　図表3-2では、可能な価格のすべてと確率は対称的に配置されていることに注意してほしい。新たな確率が100コールの期待利益を変えたが、原資産では期待利益はやはりゼロのままだ。それぞれの価格上昇に対して同等の確率の価格下落がある。

しかし、原資産の期待利益はゼロではない、つまり原資産の一方向に動く可能性が他方向よりも高いと信じられた場合だ。**図表3-3**の可能価格と確率を見てほしい。この新しい確率を用いると、原資産の買いの期待利益は次のとおりになる。

－（10％×20ドル）－（20％×10ドル）＋（30％×0ドル）＋（25％×10ドル）＋（15％×20ドル）＝＋$1.50

そして権利行使価格100ドルのコールの期待利益も変わる。

（10％×0ドル）＋（20％×0ドル）＋（30％×0ドル）＋（25％×10ドル）＋（15％×20ドル）＝＋5.50ドル

図表3-2

$80	$90	$100	$110	$120
10%	20%	40%	20%	10%

図表3-3

$80	$90	$100	$110	$120
10%	20%	30%	25%	15%

今度は原資産にプラスの期待利益があり、原資産を買うだけで利益を出せるように思える。これはほかに要因がないかぎり真実だ。しかし、原資産は株だから、株式タイプの決済に準じる。この株を現在値100ドルで買い、ある期間保有すると、この投資に対してキャリングコストがかかる。そのキャリングコストが期待利益と正確に一致すれ

ば、損益がきれいに分岐する。

　株の買いが有利になるには、その株は保有期間中に少なくともキャリングコストの額だけ値上がりしなければならない。だからこそ株の期待利益がプラスでなければならないのだ。どの株の売買もきれいに損益が分岐するならば、期待利益はキャリングコストと同じでなければならない。

　配当を支払う株もある。保有期間中に配当が支払われると、期待利益に影響を与える。株の買い方はキャリングコストを支払わなければならないが、配当を受け取れる。この場合でも株の損益が分岐するとしたら、手仕舞ったときの期待利益はキャリングコストから配当を差し引いたものと一致しなければならない。

　例えば、ある期間の株のキャリングコストが3.50ドルで、この期間中に1ドルの配当がある場合、手仕舞ったときの期待利益は2.50ドルになるはずだ。今日この株を買うトレーダーが期末3.50ドルの引き落とし金利を負担する場合でも、この金利は保有期間中に受け取る1ドルの配当と期末の期待利益できっちり相殺される（受けた配当にも、そのときから手仕舞ったときまで金利がつく。しかし、通常これはほかの要因に比較して極めて少額なので無視することにする）。

　裁定機会がない市場（アービトラージ・フリー・マーケット）では、期待利益を含めてすべてのプラスとマイナスが、相殺されなければならない。こうした市場を前提にすると、必然的に将来価格つまり手仕舞い時の原資産の平均価格は、現在値に期待利益を加えたものである。そしてこの期待利益はほかのすべてのプラスとマイナスを相殺するという前提になる。

　100ドルの株の所定期間のキャリングコストが4ドルだとすると、将来価格は104ドルでなければならない。その株に1ドルの配当があるときは、将来価格は103ドルでなければならない。いずれの場合もプラスとマイナスはきっちり相殺される。

将来価格の計算に影響を与えるのは原資産の特性と市場の状況である。株の場合、考慮事項は、保有期間、金利、そして配当だ。先物の場合、状況はもっと単純になる。先物に当初の現金出費はまったくなく、先物タイプの決済に従う。しかも先物には配当がない。つまり先物の将来価格は、裁定機会のない市場では、先物の時価だけになる。トレーダーが100ドルで先物を買う場合、この売買を手仕舞うときの損益分岐価格は100ドルになる。

　非常に単純な価格モデルに戻り、原資産市場は裁定機会のない市場で、原資産の売買による利益はないものとする（必ずしも裁定機会のない原資産市場を前提にする必要はない。しかし、後ほど解説するが、これはほとんどの理論価値決定モデルにおいて重要な前提となっている）。したがって、期待利益は原資産市場の時価とその将来価格の差になる。株の場合、期待利益はキャリングコストから配当を差し引いたものである。先物の場合、期待利益はゼロになる。

　原資産で裁定機会のない市場を想定し、それぞれの可能価格に対応する妥当な確率を設定しても、まだひとつ問題がある。それは、単純化されたモデルでは予想価格が5つしかなく、現実の世界には無限の可能性があることだ。モデルを現実の状況にもっと近づけるためには、できるかぎりの可能な価格とそれに対応する確率を備えた確率ラインを構築しなければならない。これは不可能な問題のように思えるが、あらゆる理論価格決定モデルの基礎がここにある。

　ここで、モデルの開発に必要なステップをまとめておこう。

①原資産の満期時の予想結果価格を列記
②それぞれの可能な価格に妥当な確率を付与
③裁定機会のない原資産市場を維持
④確率と①と②と③の価格からオプションの期待利益を計算
⑤オプションの期待利益からキャリングコストを控除

このステップをすべて終えたら理論価格が分かり、そこから売買を始められる。

1973年以前、オプションの評価は複雑な数式による解を必要としていた。これでは計算にかなりの時間がかかり、解が出る前に利益の機会を失ってしまう。トレーダーたちにはまったく使いものにならなかった。しかし、1973年にCBOEの開設と時を同じくして、フィッシャー・ブラックとマイロン・ショールズがオプションの最初の実用的な理論価格決定モデル「ブラック・ショールズ式モデル」を開発した。

このモデルは比較的計算が簡単で入力データの数も限られ、ほぼ見当もついたので、新たに開設された米国のオプション市場のトレーダーたちにとって理想的なモデルとなった。その後、その欠点を克服しようとほかのモデルも導入されている。しかし、ブラック・ショールズ式はいまだに最も広範に利用されているオプション価格決定モデルである。

元来のブラック・ショールズ式モデルは、無配当の株式を対象とするヨーロピアンタイプ（期日前権利行使は不可）の評価を意図していた。しかし、発表後まもなく、ブラックとショールズは大半の株式に配当があることに気づいて、その要素を追加した。また1976年にフィッシャー・ブラックは、モデルに微妙な修正を加えて先物オプションの評価ができるようにした。そして1983年に、マーク・ガーマンとスティーブン・コーラゲンがさらに修正をして通貨オプションの評価ができるようにした（ここで述べているのは現物通貨オプションのことで通貨「先物」オプションのことではない。後者は先物用のブラック式モデルで評価されるだろう）。

正式には先物バージョンがブラック式モデル、通貨バージョンはガーラン・コーラゲン式モデルとして知られている。しかし、それぞれのバージョンの評価方法は、株式オプションの元祖ブラック・ショー

ルズ式モデルでも、先物オプションのブラック式モデルでも、外国通貨オプションのガーラン・コーラゲン式モデルでも、極めて似ているので、すべてが単にブラック・ショールズ式モデルとして知られるようになった。これらのモデルの主な相違点は、原資産の将来価格の計算方法である。

現在売買されている大多数のオプションはアメリカンタイプであり、期日前に権利行使できる。したがって、期日前権利行使を想定していないブラック・ショールズ式モデルは、ほとんどの市場で不適当に見える。しかし、ブラック・ショールズ式モデルの使いやすさから、大半のトレーダーは期日前権利行使の可能性も考慮してより正確に算出できるアメリカンタイプの価格決定モデルにそれほど価値を置いていない。

実際のところ、市場によって、特に先物市場の場合、早期行使の付加価値は非常に小さい。そのため、ブラック・ショールズ式モデルで計算される価格とアメリカンタイプの価格決定モデルで計算される価格の差は、ほとんどない。

広範に利用され、ほかの価格決定モデルの開発においても非常に重要となることから、当面はブラック・ショールズ式モデルとその派生モデルに限って検証したい。期日前権利行使の問題は後の章で検討する。また、ブラック・ショールズ式モデルの基本的な前提について検証するとき、オプション価格決定の代替方法について考察しよう。

ブラック・ショールズ式モデルの開発を導いた理論は、この章の最初に簡単なオプション評価方法を提示したときに列挙した5つのステップに基づいている。もともと、ブラックとショールズはコールの価格に取り組んでいたが、プットの価格も同様に計算できる。第11章で、裁定機会のない市場では原資産、権利行使価格、満期日が共通のコールとプットの間に独特の関係があることを紹介しよう。この関係を用いると、コールの価格を知るだけで、それに対応するプットの価格を

計算できるようになるだろう。

　ブラック・ショールズ式モデルを用いてオプションの理論価格を計算するには、オプションとその原資産の少なくとも5つの特性を知る必要がある。

　①オプションの権利行使価格
　②満期までの残存日数
　③原資産の時価
　④オプション期間の無リスク金利
　⑤原資産のボラティリティ

　最後のデータである「ボラティリティ」は、経験の浅いトレーダーには馴染みがないかもしれない。このデータの詳細は次章に譲るとして、これまでの解説から当然予想がつくのは「ボラティリティが市場のスピードに関係している」という点だ。必要な各データを出して理論価格決定モデルに入力すれば理論価格が算出される。

　ブラックとショールズはそのモデルに「無リスクヘッジ」の概念も組み入れている。オプションのポジションそれぞれに理論的に同等な原資産のポジションがあり、原資産に小さな価格変動があると、オプションのポジションは、その原資産とまったく同じ割合で損益が増減する。

　ミスプライス（理論価格から乖離した価格）のオプションをうまく扱うには、そのオプションと理論的に同等な原資産ポジションで相殺して、ヘッジを設定する必要がある。つまり、どのようなオプションのポジションであれ、原資産で逆のポジションを取るわけだ。この無リスクヘッジに必要とされる原資産の適正比率を「ヘッジレシオ」と呼んでいる。

　なぜ無リスクヘッジを設定する必要があるのだろうか。先ほど述べ

図表3-4

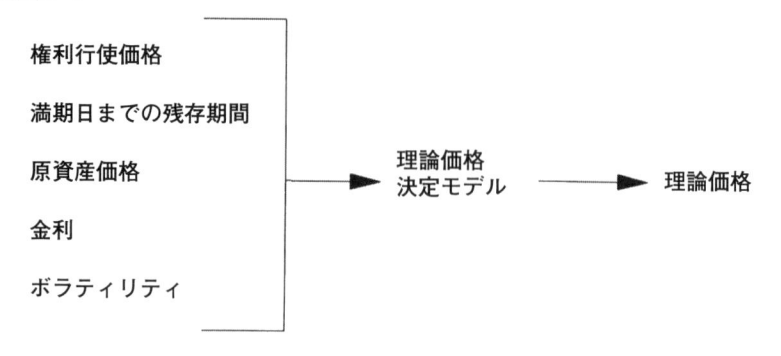

権利行使価格
満期日までの残存期間
原資産価格
金利
ボラティリティ
　→　理論価格決定モデル　→　理論価格

た単純なアプローチの場合、オプションの理論価格は原資産の多様な予想価格の確率に影響されることを思い出してほしい。原資産価格が変化するとき、予想価格の確率も変化する。原資産価格が現在100ドルで、120ドルになる確率を25％としている場合、原資産価格が80ドルに下落すれば、120ドルになる確率はおそらく10％に落ちるかもしれない。当初に無リスクヘッジを設定し、市況が変化したときにこのヘッジを調整することで、確率の変動を考慮に入れたポジションを設定できるわけだ。

　この意味で、オプションは原資産のポジションの代用であると考えられる。コールは原資産買いの代用であり、プットは原資産売りの代用だ。オプションと原資産のどちらにポジションを取れば有利か。その基準になるのがオプションの理論価格とその市場価格なのだ。

　コールをその理論価格未満で買うことができる場合、長期的には原資産を買うよりも、コールを買うほうが有利になる。コールをその理論価格よりも高く売ることができる場合、長期的には原資産を売るよりも、コールを売るほうが有利になる。

　同様に、プットをその理論価格未満で買うことができる場合、長期的には原資産を売るよりも、プットを買ったほうが有利になる。同様

に、プットをその理論価格よりも高く売ることができる場合、長期的には原資産を買うよりも、プットを売ったほうが有利になる。

理論価格決定モデルから得られる理論価格は、モデルへの入力データから算出される。そこで、各入力データについて言及しよう。

権利行使価格

上場オプションの権利行使価格には規格があり、期間を通じて変わらない。したがって、そこに何の疑問もあってはならない（もっとも、株式の分割があれば、取引所は株式オプションの権利行使価格を当然調整するだろう。しかし、これは実際のところ権利行使価格の変更ではない。権利行使価格と株価の関係は元のままだからだ。オプションの特性は本質的には変わっていない）。

よって、CMEに上場していた独マルク3月限58コールが、突然3月限59コールや3月限57コールになることはあり得ないし、CBOEに上場するIBM7月限55プットが、7月限50プットや7月限60プットになることはない。

残存期間

権利行使価格と同様、オプションの満期日は決まっている。突然、独マルク3月限58コールが4月限58コールになったり、IBM7月限55プットが6月限55プットになったりすることはない。もちろん、日を追うごとに満期日に近づくという意味で、残存日数は常に短くなっていく。しかし、満期日そのものは権利行使価格と同様、取引所が決めており、変わることはない。

残存日数は、ブラック・ショールズ式モデルのほかのすべてのデータと同様、年単位で入力される。したがって、生のデータを直接入力

する場合、妥当な年率を計算しなければならない。例えば、91日の残存日数がある場合、0.25（＝91÷365）を入力する。36日の残存日数がある場合、0.10（＝36÷365）を入力する。ただし、ほとんどのオプション評価ソフトは、この変換をすでに組み込んでいる。よって、正確な残存日数を入力するだけでかまわない。

モデルに入力する残存期間の数字に悩むかもしれない。残存期間は2つのポイントで必要となる。原資産の市場動向の算定と金利の算定だ。原資産価格の「スピード」算定でボラティリティをより重く見る場合、注意されるのは立会日だけである。なぜなら立会日にかぎり、実際に原資産価格の動く可能性があるからだ。そうすると、週末や休日は省いても差し支えないことになる。他方、金利への配慮を強くする場合は全日数が必要だ。資金の貸し借りがある場合は、営業日ではない日も含めて、毎日、金利のつくことが予想される。

しかし、これは本当のところ問題ではない。市場「スピード」の算定では、立会日に起きる価格変動だけに注意することになるが、この値を少し変えて年率換算し、理論価格決定モデルに入力できるからだ。したがって、モデルに入力するのは実際の残存日数である。モデルはその数値を正しく解釈してくれる。

原資産価格

権利行使価格や残存日数とは異なり、原資産の正しい価格は常に明らかであるとは限らない。通常、いつでも気配値があり、買い気配値か売り気配値、あるいは中間の価格、どれを使うべきか分からないかもしれない。

すでに述べたように、オプションの理論価格の正しい用法は、原資産を逆にトレードしてオプションのポジションをヘッジすることにある。したがって、理論価格決定モデルに入力する原資産価格は、その

逆トレードが可能であると思う価格であるべきだ。例えば、コールを買うかプットを売るつもりの場合、両方とも原市場では買いのポジションになるから、原資産を売ることでヘッジしたことになる。この場合、原資産を売ることができる価格、つまり買い気配値を用いるべきだ。

他方、コールを売るかプットを買うつもりの場合は、両方とも原市場では売りのポジションとなるから、原資産を買うことによってヘッジしなければならない。今度は原資産を買える価格、つまり売り気配値を用いるべきだ。

実際のところ気配値は常に変化する。よって多くのトレーダーは、現在値（直近の約定値）をそのまま用いて理論的評価の基準としている。しかし、現在値が常に現在の市場を反映しているわけではない。新聞に引用されている清算価格でさえ、大引けの市場を正確に反映していない可能性があるのだ。

例えば、原資産の現在値が75.25セントになっていても、大引けの市場では買い気配値が75.25セントであり、売り気配値は75.50セントの可能性がある。75.25セントで買うつもりだったトレーダーは、その価格で執行するのが困難で、ほとんど約定されないだろう。その中間の価格、例えば75.375セントで買おうとしても、市場が均衡を欠いており、75.25の買い気配値が75.50の売り気配値よりもずっと多ければ、約定の見込みは非常に薄い。こうしたさまざまな理由から、ベテランは原資産の正確な気配値が分からなければ、めったにトレードに参加しない。

金利

トレードの結果、口座から現金の出入があり、このキャッシュフローから生じる金利もオプション評価に必ず影響を与える。これがオプション期間中の金利の機能だ。

金利は、理論価格の評価で２つの役割を演じる。まず、原資産の将来価格に影響する。原資産が株式タイプの決済に準じる場合、金利が上がると将来、原資産価格が上がり、コールの価格が上がりプットの価格が下がる。次に、金利はオプションのキャリングコストに影響する。オプションが株式タイプの決済に準じる場合、金利が上がるとオプションの価値が下がる。

　このように金利が２つの役割を演じる事実にもかかわらず、ほとんどの場合、同じ利率が適用され、モデルに入力する金利はひとつだけである。しかし、異なった金利が適用される場合、例えば通貨オプション（外国通貨の金利がひとつの役割、国内通貨の金利がもうひとつの役割を演じる）の場合、モデルに２つの金利を入力しなければならない。これがブラック・ショールズ式モデルから派生したガーマン・コーラゲン式の事例だ。

　金利が２つの役割を演じるという事実には別の意味もある。それは、原資産と決済手続きの種類によって、金利の相対的な重要性は一定ではないということだ。例えば、金利は先物オプションよりも株式オプションにずっと大きな影響を与える。金利が上がると、株の将来価格は上がるが、先物の将来価格は変わらないからだ。同時に、株式タイプの決済の場合は、金利が上がるとオプションの価格は下がる。しかし、そのオプション価格への影響は原資産価格に比べて通常は非常に小さい。

　オプションを評価するとき、トレーダーはどの金利を用いるべきだろうか。ほとんどのトレーダーは貸し借りを同時にできない。よって理論上、適切な金利はトレードが支払いになるか受け取りになるかによって変わる。支払いのときは借入金利に関心を持ち、受け取りのときは貸出金利に関心を持つ。

　ただし、実際の解決策は無リスク金利、つまり最も安定した金利を用いる方法だ。米国では政府が最も安定した資金の借り手だと考えら

れている。したがって、期間がオプション残存期間と同じ国債の利回りが一般的な指標となる。具体的には、残存期間60日のオプションに対して60日の米短期債（Ｔビル）の利回りを用い、残存期間180日のオプションに対して180日の米短期債の利回りを用いることになる。

配当

　図表3-4で配当をデータとして記載しなかったのは、配当は株式オプションだけの理論的評価の要素にすぎず、さらにオプションの期間中に配当の支払いが期待されるときに限られるからだ。

　株式オプションを正確に評価するため、その株が出す配当の額と、その配当を受け取るために株式を保有していなければならない配当落ちの日の両方を知る必要がある。ここでの重点は株式の保有にある。ディープ・イン・ザ・マネー（権利行使価格がかなりアット・ザ・マネーからかけ離れたイン・ザ・マネー）のオプションには株式と同じ多くの特性があるが、配当を徴収する権利を持つのは株式の保有者だけである。

　大半のトレーダーは、ほかに情報がなければ、会社は従来どおりの配当方針を継続するものとする傾向がある。毎四半期に75セントの配当を支払っている場合、今後もそれを継続するはず、というわけだ。しかし、これが常にそうだとは限らない。ときには配当を増減し、完全に省くこともある。

　会社の配当方針が変わる可能性のある場合、オプション評価に対するその影響を考えなければならない。さらに、配当落ち日が満期の直前に予想される場合、実際はその配当落ち日が数日遅れ、満期後になるおそれがある。これは、オプション評価で配当を完全に除外するのと同じだ。このような状況では、特に努力して正確な配当落ち日を確認しなければならない。

ボラティリティ

　オプション評価に必要なすべてのデータのなかで、ボラティリティはトレーダーにとって最も理解が困難なものだ。同時に、ボラティリティは実際のオプション売買で最も重要な役割を演じる。

　ボラティリティに関する前提が変化すると、オプション評価は劇的に変化する可能性がある。同様に市場のボラティリティ評価が変わると、オプション価格が劇的に変化することがある。ひとつの章をまるまるボラティリティに割いて、詳しく検証したい。

第4章
ボラティリティ
Volatility

　ボラティリティとは何か。なぜオプションのトレーダーにとって、それほど重要なのだろうか。オプションのトレーダーは、原資産のトレーダーと同様、原市場の動向に興味がある。しかし、原資産のトレーダーとは異なり、オプションのトレーダーは市場のスピードにも極めて敏感だ。原資産価格が速く動かない場合、市場がオプションの権利行使価格を突破する可能性が小さくなるため、そのオプションの価格は減少するからだ。

　ある意味、ボラティリティは市場スピードの指標である。ゆっくり動く市場は低いボラティリティの市場、速く動く市場は高いボラティリティの市場である。

　ボラティリティがほかよりも高い市場があることは直感的に見当がつくだろう。例えば、1980年と1982年の間、金の価格は1オンス300ドルから800ドルに動き、その価格は2倍以上になった。しかし、S&P500株価指数が同じ期間に倍以上になると予想するトレーダーはほとんどいなかったはずだ。商品トレーダーは貴金属は概して金利商品よりもボラティリティが高いと知っている。同様に、株式トレーダーはハイテク株は電力株よりもボラティリティが高い傾向があると知っている。

　市場が変動する相対的な程度が分かり、その情報を理論価格決定モ

デルに伝えられたら、オプション評価はボラティリティをただ無視する場合よりも、もっと正確になるはずだ。モデルは数学の公式に基づいているため、このボラティリティ要素を定量化し、数値でモデルに入力できるようにする方法が必要になる。

ランダムウォークと正規分布

　ここでしばらく**図表4-1**の「パチンコ迷路」について考えてみたい。玉を上から迷路に落とすと、重力に引かれて下に動き、並んだ釘を通過する。玉がそれぞれの釘にぶつかると、50%の確率で右に動き、50%の確率で左に動く。そして玉は次のレベルに落下し、別の釘にぶつかる。最後に迷路の底に達し、玉受けのひとつに落ちる。

　この玉が釘の迷路を落下する経路は「ランダムウォーク」として知られている。一旦、玉が迷路に入ると人工的にコースを変えることはまったくできない。玉が迷路をたどる経路をあらかじめ予測することもできない。

　かなりの数の玉が迷路に落とされると、**図表4-2**の様な分布を示し始める。ほとんどの玉は迷路の中央周辺に集まり、玉受けが中央から離れるほどそこに落ちる玉の数が減少する。このように迷路に多数の玉が落ちてできた釣鐘の分布は「正規分布」と言われる。

　無限の数の玉を迷路に落とすと、釣鐘形の曲線を描く分布に近づき、**図表4-2**の線のようになるだろう。このような曲線は左右対称で（右から左に反転させると同じに見える）、頂点は中央にあり、中央から離れるほど下に広がって裾野ができる。正規分布曲線は不規則な事象の予測結果を示すのに用いられる。

　例えば、**図表4-2**のカーブはコインを15回投げた場合の結果を示唆している。つまり、玉受けの数がコインを15回投げて表が出た数を示しているのだ。この玉受けの結果を見ると、15回連続で裏が出るのは

図表4-1　ランダムウォーク

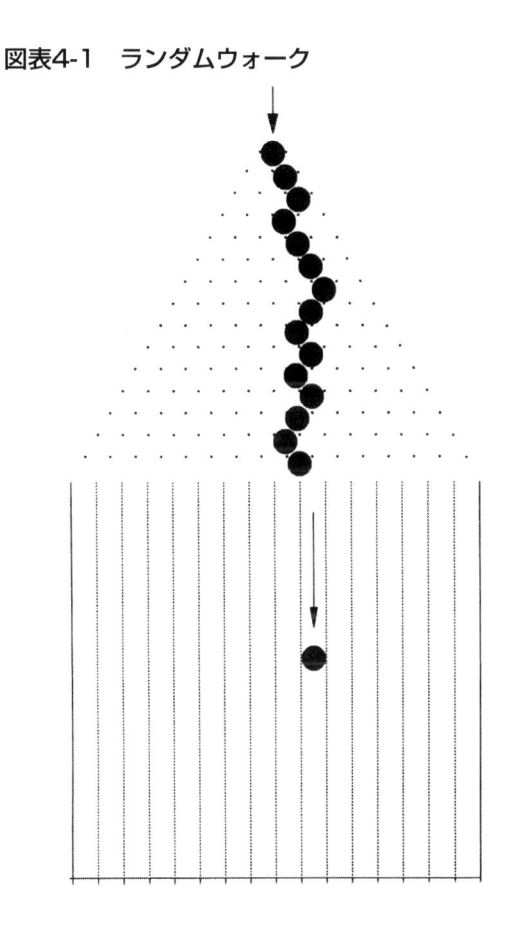

ゼロであると示している。当たり前だ。コインを15回投げて全部表や裏が出たら驚くだろう。コインのバランスが完全であると想定して、中間の7回か8回、あるいは6〜9回ぐらいが、可能性のある結果に思える。

　では、迷路を少し変更してみよう。1段ずつ釘をはずし、玉が次の釘にぶつかって右か左に動く水準を2つ目の段にする（**図表4-3**）。適当な数の玉を迷路に落とすと、結果は**図表4-3**にあるような曲線で示される分布になる。玉の左右の動きが制限されるため、この曲線は**図表4-2**の曲線よりも頂点が高くなり、テールの幅が狭くなる。形は

図表4-2　正規分布

変わるが、この曲線はまだ正規分布を示している。ただし、特徴はやや異なる。

　今度は、釘の間をひとつずつ塞いで、玉が1レベル落下するごとに釘2本分左右に動かせ、次の段に落下させたとする。再度、適当な数の玉を迷路に落とすと、**図表4-4**に似た曲線の分布になる。この曲線は、まだ正規分布だが、**図表4-2**や**図表4-3**の曲線よりも頂点が低く、裾野の広がりがずっと大きくなる。

　この玉の横への動きを原資産価格の上下運動、玉の下への動きを時間の経過と考えてほしい。毎日、原資産価格が1ドルだけ上下に動

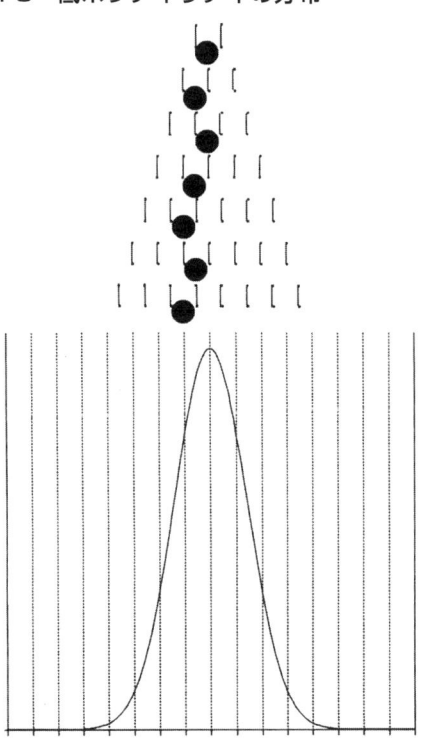

図表4-3　低ボラティリティの分布

くとすれば、15日経過した後の価格分布は**図表4-2**の曲線で示される。価格が２日ごとに１ドルだけ上下に動くとすれば価格分布は**図表4-4**の曲線で示される。

　原資産価格が現在100ドルで満期までの残存日数が15日の場合、権利行使価格105ドルのコールはどのような評価になるだろうか。ひとつの評価方法は、価格は時間の経過につれてランダムウォークになり、**図表4-2**、**図表4-3**、あるいは**図表4-4**の曲線のひとつが、15日後に起こりそうな価格分布を示していると想定するやり方だ。この３つのシナリオでの105コールの比較価格は、**図表4-5**に示されている。

図表4-4　高ボラティリティの分布

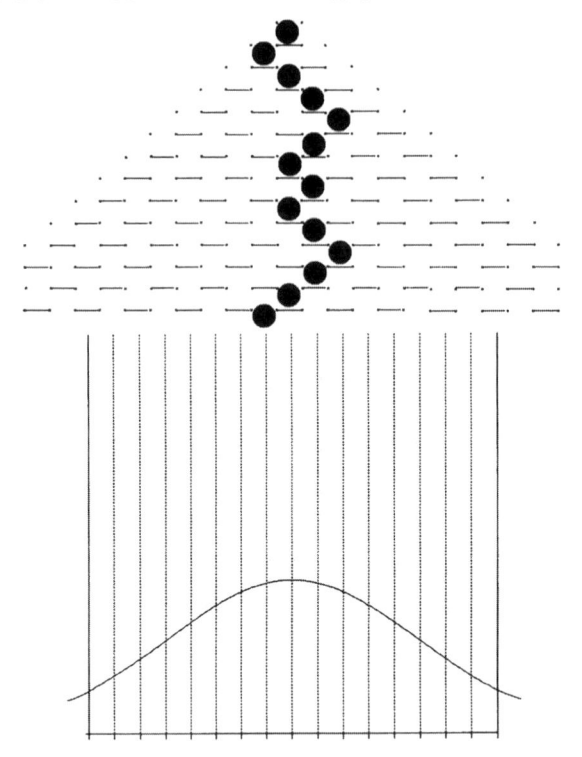

　図表4-3のような分布を想定すると、原資産価格が105ドルに達する可能性がほとんどないと分かる。その結果、105コールの価格は低くなる。**図表4-2**のような分布を想定すると、原資産価格が105ドルに達する確率は高くなる。したがって、105コールの価値が高くなる。さらに**図表4-4**のような分布を想定すると、105コールが満期時にイン・ザ・マネーになる可能性がかなり現実味を帯びてくる。その結果、オプションの価格は劇的に上昇するわけだ。

　原資産価格の変動がランダムウォークになることだけを想定し、予測される変動の方向についてまったく想定しなければ、**図表4-2**、図

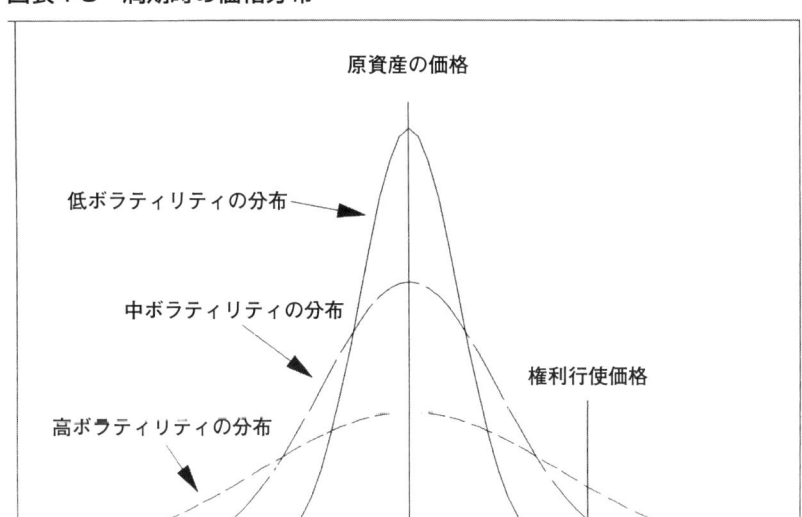

図表4-5　満期時の価格分布

（図：原資産の価格を中心とした低・中・高ボラティリティの分布曲線と権利行使価格）

　表4-3、図表4-4の曲線は、それぞれ中程度のボラティリティ、低めのボラティリティ、高めのボラティリティの市場を示している。低ボラティリティ市場では、価格変動が大幅に制限されるため、オプションのプレミアムは比較的低くなる。高ボラティリティ市場では極端な価格変動の可能性が非常に大きくなり、オプションのプレミアムは高くなる。

　図表4-5では価格の分布が左右対称になるため、ボラティリティが高くなってもオプションの価格にはまったく影響しないのでは、と思う人もいるだろう。「高ボラティリティは大幅上昇の可能性を増大さ

せるが、同様に大幅下落の可能性の増大によって相殺されるはず」というわけだ。

ところが、オプションのポジションと原資産のポジションには決定的な違いがある。原資産と異なり、オプション購入者の潜在的損失は限られている。どれだけ市場が下落しても、コールはゼロになるだけだ。この例では、満期時に原市場が80ドルだろうが90ドルだろうが、105コールは無価値（＝価格ゼロ）である。

しかし、原資産を100ドルで買えば、80ドルになったときと104ドルになったときでは、大きな違いがある。原資産の場合、すべての結果が重要となるが、オプションの場合、そのオプションが満期時にイン・ザ・マネーで満期になるときだけが重要だ。**図表4-5**で関心があるのは権利行使価格の右側の価格だけだ。ほかのすべてはゼロである。

このことが原資産の評価とオプションの評価の重要な違いにつながる。最終的な価格が正規分布曲線に沿って分布していると想定すると、原資産の価格はその曲線の頂点の位置によって決まり、オプションの価格は曲線が広がる速さによって決まるのだ。

平均値と標準偏差

正規分布曲線に基づく価格変動の概念を理論価格決定モデルに用いてみたい。そのためには、この曲線の特性をモデルに伝える方法が必要だ。モデルは数学に基づいているからだ。この曲線を数値で記述し、その数字をモデルに入力する必要がある。

幸にも正規分布曲線は「平均値」と「標準偏差」という２つの数字で完全に表現できる。分布が正規であると分かっている場合はこの２つの数字も分かるので、分布のすべての特性も分かる。グラフでは、平均値とは曲線の頂点の位置であり、標準偏差とは曲線が広がる速さの指標であると解釈できる。非常に速く広がる曲線は、**図表4-4**のよ

うに高い標準偏差になり、非常にゆっくり広がる曲線は、**図表4-3**のように低い標準偏差になる。

　平均値は結果の平均にすぎないので、多くのトレーダーに馴染みのある概念だろう。しかし、標準偏差については、あまり馴染みがないかもしれない。この２つの数字の計算方法を知らなくても、オプションを巧みにトレードすることは可能だ。なぜなら、オプションのトレーダーにとって重要なことは、この２つの数字の解釈、特に平均値と標準偏差が予想価格変動の観点から示唆していることだからだ。

　図表4-2に戻り、0～15までの数字が付されて底にある玉受けのことを考えてほしい。これらの数字は、前に述べたようにコインを15回投げて出てくる表の数を示している。また、玉が各釘にぶつかって迷路を落下していく回数を示しているとも言える。最初の玉受けにはゼロが付されてあり、そこに落ちる玉は、釘にぶつかってすべて左に動いたことを示している。最後の玉受けには15が付されてあり、そこに落ちる玉はすべての右に動いたことを示している。

　図表4-2の平均値と標準偏差がそれぞれ7.50と3.00であったとしよう。そうすると、どのような分布になるだろうか（実際の平均値と標準偏差は7.51と2.99だが、ここでは簡略に四捨五入し、7.50と3.00にする）。平均値は平均結果である。すべての結果を加算して出現数で割れば、結果は7.5になったというわけだ。玉受けで言うと、この平均結果は玉受け７と８の中間になる（もちろん、これは実際には不可能である。しかし、第３章で述べたように平均結果が現実に可能であるかはまったく問題ない）。

　標準偏差は分布が広がる速さを示すだけではない。玉が特定のひとつの玉受け（あるいは複数の玉受け）に落ちる可能性も示している。具体的には、玉が中央から特定の距離にある玉受けに落ち着く可能性を示している。

　例えば、玉が迷路を落下して５未満あるいは10を越えた玉受けに落

ちる可能性を知りたいとする。この問題は、玉が中央から離れるために必要な標準偏差の数を求め、その数に対応する確率を決定することで解決できる。特定の標準偏差の数、それぞれに対応する正確な確率は、ほとんどの統計学の本にある表から見つけだせるはずだ。また、こうした確率の近似値は近似式を用いて出すことができる。次に挙げる近似値は、オプション売買にとって便利な数字である。

± 1 標準偏差 = 全出現数の68.3%（約3分の2）を含む
± 2 標準偏差 = 全出現数の95.4%（約20分の19）を含む
± 3 標準偏差 = 全出現数の99.7%（約370分の369）を含む

どの標準偏差にも±の記号がついていることに注意してほしい。正規分布は左右対称であり、上下変動の可能性は同じになるからだ。

それでは、玉を5未満または10を越えた玉受けに受ける可能性の問題を解いてみよう。まず、玉受け7と8の間の仕切り線を中央値の7.5とする。1標準偏差が3の場合、どの玉受けが中央値から1標準偏差の範囲内になるだろうか。中央値から1標準偏差は7.5±3＝4.5〜10.5になる。同様に0.5を玉受けの間の仕切り線であると解釈すると、玉受け5から10までは、中央値から1標準偏差の範囲に入ると分かる。1標準偏差はすべての出現数の約3分の2を含む。つまり迷路に3個の玉を落とすごとに2個が玉受け5から10に落ち着くという結論になる。

3個に1個は、残りの玉受け0〜4あるいは11〜15の内のひとつに落ちる。つまり、4以下または11以上の玉受けに落ちる可能性は、およそ3つにひとつの可能性、つまり約33%になる（正確な答えは100％−68.3％＝31.7％）。これを図示したのが**図表4-6**だ。

別の計算をしてみたい。今度は賭けごとの問題として考えてみよう。玉を1個迷路に落とし、その玉を「玉受け14と15に入らない」ことに

図表4-6

平均 = 7.50

標準偏差 = 3.00

±1 標準偏差 = 68.3% (2/3)
±2 標準偏差 = 95.4% (19/20)
±3 標準偏差 = 99.7% (369/370)

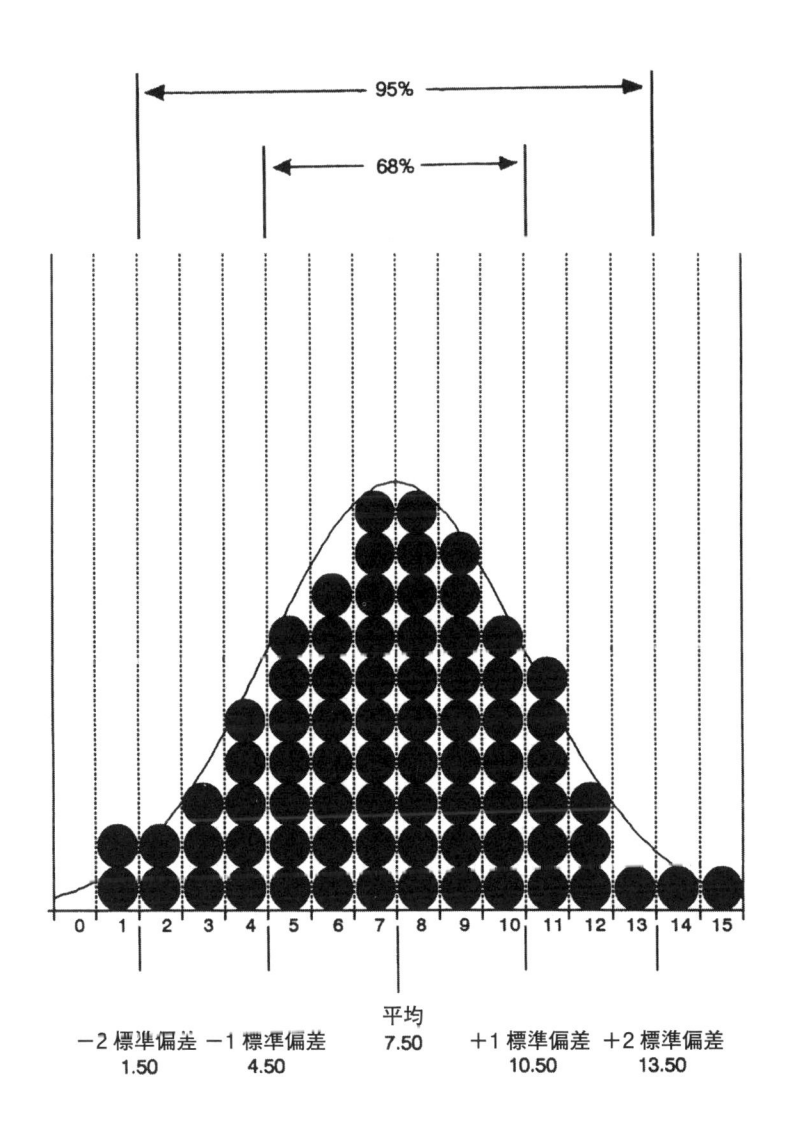

            平均
            7.50
−2 標準偏差 −1 標準偏差   ＋1 標準偏差 ＋2 標準偏差
  1.50   4.50   10.50   13.50

30倍のオッズをつけたとする。これは賭ける価値があるだろうか。

標準偏差のひとつの特性は、加法計算にある。例えば、今の例題では１標準偏差を３とすると２標準偏差は６となる。したがって、中央値から２標準偏差は7.5±6＝1.5〜13.5となり、玉受け14と15は２標準偏差の外側にあると分かる。２標準偏差内で結果を得る確率はだいたい20分の19であり、逆を言えば２標準偏差を超えて結果を得る確率は20分の１となる。よって30対１のオッズは非常に有利に見えるかもしれない。

しかし、２標準偏差を超えるのは玉受け０と１を含むことを忘れないでほしい。正規分布は左右対称であり、玉が玉受け14か15に限って入る可能性は20分の１の半分、つまり約40分の１になる。これでは30倍のオッズに含まれるリスクを十分に補っていないので、この賭けは不利と言えるわけだ。

第３章で、オプション評価の論理的な方法のひとつは、無限にある原資産の予想価格に確率をつけることであると述べた。それぞれの予想価格につけた確率を計算すれば、その結果をオプションの理論価格を決めるために用いることができる。ただ問題は、無限にある予想価格と確率を扱う方法だ。なぜなら「無限の数」というのは扱いにくいからだ。

幸い、正規分布の特性が厳密に研究され、公式が開発され、正規分布曲線上の各点と曲線の各部分にわたる領域の確率計算が容易にできるようになった。原資産の価格が正規分布だとすれば、これらの公式はオプションの理論価格を算出するための素晴らしいツールとなる。事実、こうした理由もあり、ブラックとショールズは正規分布の想定をそのモデルの一部に採用した。

分布の中央値としての原資産価格

　価格を正規分布として表現することにした。では、この分布をどのように理論価格決定モデルに入力したらよいか。すべての正規分布は中央値と標準偏差で記述できる。何らかの方法でこの2つの数字を価値決定モデルに入力しなければならない。

　原資産価格の入力は、実際のところ正規分布曲線の中央値を入れることになる。ブラック・ショールズ式モデルの重要な前提は、原資産の売買は長期的には損益がトントンになることだ。利益にも損失にもならない。これを前提にすると、このモデルで想定される正規分布曲線の中央値は、原資産金融商品の売買の損益がきれいに分岐する価格になるはずです。その価格はいくらだろうか。その答えは金融商品のタイプが決め手になる。

　先物を100ドルで購入し、そのポジションを3カ月間保有すると仮定する。3カ月後に損益分岐点となる先物の価格はいくらだろうか。先物はキャリングコストを伴わないし、配当も出ない。したがって、3カ月後の損益分岐価格は元の約定値の100ドルになる。

　今度は100ドルで株を購入し、3カ月間保有すると仮定する。手仕舞うときに損益分岐点となる株価はいくらだろうか。株の購入は即払いが必要であり、損益分岐点には3カ月間100ドルの出金を持ち越す費用が含まれなければならない。金利が年8％の場合、100ドルを3カ月間持ち越すコストは2ドル（＝3÷12×8％×100ドル）になる。したがって、売買の損益が出るには3カ月後に株価が102ドルでなければならない。また、この株が保有期間中に1ドルの配当を出すとすれば、損益が出るには株価は101ドルでなければならない。

　これは第3章でオプションの将来価格を計算した方法とまったく同じであることに注意してほしい。そして、それは多様な形態のブラック・ショールズ式モデルに組み込まれている計算様式そのものだ。原

資産価格を原資産のタイプ、金利、配当に基づいてブラック・ショールズ式モデルに入れると、そのモデルは満期時の原資産の価格を計算し、その価格を正規分布曲線の中央値にするのである。

標準偏差としてのボラティリティ

中央値に加え、標準偏差も正規分布曲線を完全に表現するために必要である。これをボラティリティの形で数値化する。少し修正して（どこを修正したかについては後ほど解説する）原資産に関連するボラティリティの数値を「年末までの価格変化の1標準偏差をパーセントで記す」と定義する。

例えば、原資産先物が現在100ドルで売買されており、ボラティリティが20％であるとする。これは1年後の1標準偏差の価格変化を示す。つまり、これから1年の間、同じ先物が約68％の期間で80〜120ドル（100±20％）の間にあると予想しているわけだ。同様に約95％の期間で60〜140ドル（100±2×20％）の間に、約99.7％の期間で40〜160ドル（100±3×20％）の間にあると予想している。

また原資産が株式で、現在100ドルで売買されており、20％のボラティリティの場合、中央値がその株の1年先の価格に基づいている必要がある。つまり金利が8％で、その株がまったく配当を出さない場合、1年先の価格は108ドルだ。よって、1標準偏差の価格変化は20％×108ドル＝21.60ドルとなる。今から1年後、その株が約68％の期間で86.40〜129.60ドル（108±21.60）の間に、約95％の期間で64.80〜151.30ドル（108±2×21.60）の間に、そして約99.7％の期間で43.20〜172.90ドル（108±3×21.60）の間にあると予想される。

1年後、ボラティリティは20％だと思っていた先物が35ドルに下落していたとする。これはボラティリティの20％が間違っていたということだろうか。3標準偏差を超える価格変化は予測できないかもしれ

ない。しかし「予測不能と実現不能を混同してはならない」。

　バランスが完全なコインを15回投げて裏が出ない場合のオッズが3万2000対1であっても、15回すべて表が出るかもしれない。20％が正しいボラティリティだとすれば、先物価格が1年後に100ドルから35ドルになるオッズは、1500対1を超える。しかし、1500のうちひとつの可能性があれば不可能ではない。1500のうちの1回があれば、価格は実際に35ドルになることもあるのだ。

　もちろん、ボラティリティが間違っている可能性もある。しかし、それは先物の価格変化を何年も見て代表的な価格分布を把握していないかぎり分かりようがない。

対数正規分布

　では、原資産の価格は正規に分布しているという前提は合理的なものだろうか。現実世界での正確な価格分布の問題以前に、正規分布の想定にはひとつの重大な欠陥がある。

　正規分布曲線は左右対称だ。正規分布を想定すると、原資産価格が上昇する可能性に応じて同程度の下落の可能性がある。50ドルの金融商品が75ドル上昇して125ドルになることを考慮に入れるなら、その金融商品が75ドル下落して−25ドルになる可能性も考慮しなければならない。もちろん、株式や先物がマイナスの価格になることは不可能だ。正規分布の想定には明らかに欠陥がある。これについてどんな手が打てるだろうか？

　ここまで、ボラティリティを原資産価格の変化率として定義してきた。この意味で、金利とボラティリティは共に「利率」を示しており、類似している。ただし、金利とボラティリティの主な違いは、金利は一般的にプラス値で増加するのに対し、ボラティリティはプラスとマイナスのどちらの数値もある点だ。資金を固定金利で投資すれば元金

は常に増大する。

一方、原資産にゼロではないボラティリティで投資すると、その商品の価格は上か下に動く。ボラティリティは標準偏差であり、変動の方向については何も示唆していないのだ。

ボラティリティが利率を示すということは、その利率を計算式で考慮できる。例えば、1000ドルを年利12%で投資するとする。1年後にはいくら手にするだろうか。その答えは投資に対する12%の金利がどのように支払われるかによって違ってくる。

利率	1年後の価値	全収率
12%を年1回	1,120.00ドル	12.00%
6%を年2回	1,123.60ドル	12.36%
3%を毎四半期	1,125.51ドル	12.55%
1%を毎月	1,126.83ドル	12.68%
52分の12%を毎週	1,127.34ドル	12.73%
365分の12%を毎日	1,127.47ドル	12.75%
12%を連続複利	1,127.50ドル	12.75%

連続複利とは金利の適用期間を無限に短くしたものである。同じ年利12%であっても、金利の支払い回数が多いほど投資収益は高くなるし、利回りは最大になる。この場合、可能なかぎり何度も支払われるほど高くなる。

めったにないが、同じタイプの計算をマイナスの金利でもできる。例えば、1000ドルを投資して年12%失うとする（金利＝−12%）。1年後にはいくら手にするだろうか。その答えは損失が増える頻度によって異なってくる。

損失率	1年後の価値	全収率
−12％を年1回	880.00ドル	−12.00％
−6％を年2回	880.00ドル	−11.64％
−3％を毎四半期	880.00ドル	−11.47％
−1％を毎月	880.00ドル	−11.36％
−52分の12％を毎週	880.00ドル	−11.32％
−365分の12％を毎日	880.00ドル	−11.31％
−12％を連続複利	880.00ドル	−11.31％

マイナスの金利の場合、損失が複利になる頻度が高くなるほど、同じ年−12％でも損失は小さくなり、マイナス利回りも小さくなる。

金利が異なる間隔で複利になり得るのと同様、ボラティリティもまた異なる間隔で複利になり得る。オプションの理論価格を決めるのにボラティリティは連続して複利になると想定されている。なぜなら、上であれ下であれ原資産商品の価格変動が連続して起こっているのだから、その原資産商品に対応するボラティリティの値も同様に連続して対応するわけだ。

原資産価格が一定の割合で刻々と上下し、その上下の動きが正規分布になっているとしたらどうなるか。価格変化の正規分布を前提にすると、連続複利の場合、満期時の価格は「対数正規分布」になる。

このような分布では、上昇サイドに歪みがある。プラスの利率による上昇のほうがマイナスの利率による下落よりも、絶対値では大きくなるからだ（**図表4-7**）。先ほどの金利の例では、連続複利12％の利率で1年後に127.50ドルの利益を出しているのに対し、連続複利−12％の利率では1年後に113.08ドルの損失を出しているだけだ。その12％がボラティリティであれば、1標準偏差の上向きの価格変化は1年後に127.50ドルになり、1標準偏差の下向きの価格変化は−113.08ドルになる。利率は一定の12％だが、連続複利の12％では、異なる上下

図表4-7 対数正規分布

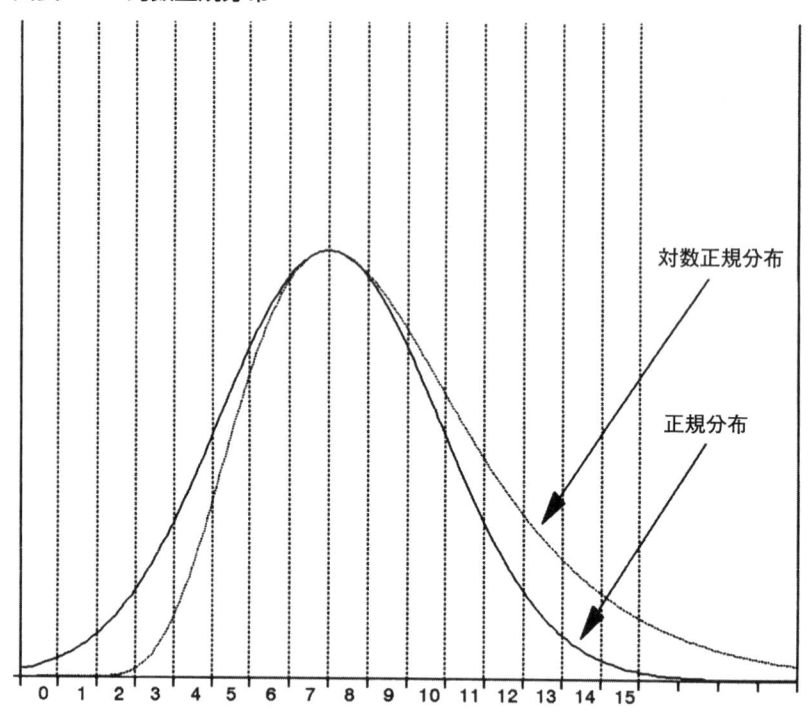

の変動になる。

　ブラック・ショールズ式モデルは連続時間モデルである。このモデルは原資産金融商品のボラティリティについて2つの前提がある。まず、オプションの期間を通じて一定であること。次に、連続して複利になることだ。

　この2つの想定は、オプション満期時における原資産の予測価格は対数分布であることを意味する。これはまた、同じ額だけ原資産商品の価格から離れているように思える両方の権利行使価格がある場合、その高いほうの権利行使価格のオプションは、低いほうの権利行使価格のオプションよりも価格が高いことの説明にもなる。

例えば、ある原資産がちょうど100ドルで売買されているとする。まったく金利がなく、予測価格が正規分布になるとした場合、110コールと90プットは、両方とも10％のアウト・オブ・ザ・マネーで、同一の理論価格を持つはずだ。ところが、ブラック・ショールズ式モデルの対数想定の下では、110コールは90プットよりも常に価格が高い。対数想定の下では、上昇サイドの価格変動が下落サイドの価格変動よりも、絶対値では大きくなるようにできているからだ。その結果、110コールは90プットよりも価格が高くなる可能性がある（もちろん、これは理論上にすぎない。実際の市場で90プットの価格が110コールの価格よりも高くならないという決まりなどない）。

　この章で最初に指摘した論理的な欠陥は、ブラック・ショールズ式モデルに組み込まれた対数想定によって克服される。原資産商品が無限に上昇する可能性を考慮に入れて正規分布を想定すれば、無限に下落する可能性も考慮せざるを得なくなる。そうなると、原資産のマイナス価格の可能性を受け入れなければならないが、これはほとんどの原資産では明らかにあり得ない。

　そこで対数分布で、オープンエンド価格（＋∞の対数は＋∞である）を考慮に入れ、下落サイドの価格はゼロ（－∞の対数は０である）を限度にしているわけだ。これは現実の価格分布をより適当に説明している。

　ここでブラック・ショールズ式モデルで価格変動を規定する最も重要な前提についてまとめてみた。

①原資産価格の変化はランダムで人工的に操作できるものではない。またその価格変動の方向もあらかじめ予想できるわけではない。
②原資産価格の変化率は正規分布である。
③原資産価格の変化率は連続複利による計算を前提として、満期の原資産価格は対数分布になる。

④対数分布の中央値は原資産の将来価格に相当する。

　この最初の前提に抵抗を感じる人もいるだろう。テクニカル分析者は過去の価格の動きを見れば価格の将来の方向を予想できると思っている。支持線や抵抗線、ダブルトップやヘッド・アンド・ショルダーズなど、さまざまな方法で将来の価格傾向が予測できると考えている。この問題についての議論はほかに任せることにして、今重要なことは、ブラック・ショールズ式モデルが「価格変化はランダムでその変化は予想できない」を前提にしている点だ。

　ただし、ブラック・ショールズ式モデルを用いるに当たって「予想」がまったく必要とされないわけではない。ただ、予想の重点は価格変化の程度であって、その方向ではないのだ。後ほど詳しく解説するが、満期時の予想価格は対数分布になるという三番目の前提にも問題がある。この前提が妥当な市場もあれば、非常に不都合になる市場もあるからだ。

　重要なのは「理論価格決定モデルを使うトレーダーならば理論価格の根拠になる前提を理解しておかなければならない」ということだ。そうすれば、特定の市場の知識に基づき、これらの前提、そしてこのモデルによって算出された理論価格が正確か独自に判断できるのである。

１日と１週間の標準偏差

　ボラティリティが、年間の標準偏差として原資産の年間に予想される価格変動について示唆してくれることが分かった。しかし、１年はほとんどの上場オプションの期間よりも長い。もっと短い期間、例えば１カ月、１週間、あるいは１日の価格変動についてボラティリティが示唆する内容を知りたい。

ボラティリティの重要な特性は、時間の平方根に比例している点である。その結果、1年よりも短い期間のボラティリティは、年ボラティリティを年間立会日数の平方根で割って求めることができる。

　1日のボラティリティに関心があるとしよう。正確な1日のボラティリティを求めるには対数計算が必要だが、このように短期間の比較的小さい連続複利効果を無視すれば、1日のボラティリティの概算は可能である。

　まず、年間立会日数を決定する。毎日の終わりに価格を見るとして、年に何回価格の変化する可能性があるか。上場オプションであれば、1年は365日あるものの、週末や休日に立会がない市場では価格は変化しない。その場合、年間で約256立会日となる（通常、立会日数は休日次第で250〜255日になる。しかし、ここでは妥当な近似値として256を用いる。これだと平方根が整数で扱いやすいからだ）。256の平方根は16であり、年次ボラティリティを16で割れば近似した日次ボラティリティを求められるというわけだ。

　100ドルで売買され、ボラティリティが20％の先物の例に戻り、1標準偏差は1日ではどうなるか考えてみよう。20％÷16＝1.25％なので、1標準偏差の1日の価格変化は1.25％×100＝1.25になる。つまり、およそ3立会日ごとに2日は1.25ドル以下の価格変化、だいたい20立会日ごとに19日は2.50ドル以下の価格変化が予想される。逆を言えば、20立会日のうち2.50ドルを超える価格変化はたった1日だけという予想だ。

　1週の標準偏差についても同様の計算ができる。今度は週に1回価格を見るとして、価格の変化する可能性が年に何回あるか知る必要がある。1日の場合と異なり「休業」週はないため、年52週となる。1年のボラティリティ20％を52の平方根で割るとだいたい7.2になる。したがって、1標準偏差は20％÷7.2＝2.75になる。つまり、100ドルで売買されている例の先物の場合、3週のうち2週は2.75以下の価格

変化、20週のうち19週は5.50以下の価格変化、そして20週にたった1週だけが5.50を超える価格変化を予想していることになる。

　株価はキャリングコストによって上昇するという前提があるので、同じ方法（1日のボラティリティは16で除算、1週のボラティリティは7.2で除算）を株価の近似予想変動を求めるのに使えないように見えるかもしれない。しかし、短期間であれば、キャリングコストの要素は、ボラティリティの連続複利のように、比較的小さくなる。したがって、同じ方法を用いて1日もしくは1週のボラティリティを適当に概算できる。

　例えば、株価が45ドルで、その年ボラティリティが28％であるとする。1日もしくは1週の近似1標準偏差での価格変化はいくらになるだろうか。

　日足ボラティリティの計算は、
　28％÷16×45ドル＝1.75％×45ドル＝0.79ドル

　週足ボラティリティの計算は、
　28％÷7.2×45ドル＝3.89％×45ドル＝1.75ドル

　したがって、3立会日に2日は0.79ドル以下の価格変化、20立会日に19日は1.58ドル以下の価格変化となり、20立会日にたった1日だけが1.58ドルを超える価格変化になると予想される。週では、3週ごとに2週は1.75ドル以下の価格変化、20週ごとに19週は3.50ドル以下の価格変化、そして20週にたった1週だけが3.50ドルを超える価格変化になると予想される。

　さて、ボラティリティの概算に関連して「価格変化」という表現を用いた。正確にはどういう意味だろうか。ある期間の高値・安値か、それとも寄り付きと大引けの価格変化か。あるいは別の解釈方法があ

るのだろうか。ボラティリティを概算するため、さまざまな方法が提案されてきた。しかし、通常は決済価格の変化に基づいてボラティリティを計算している。

この方法を用いて１標準偏差での１日の価格変化が0.79ドルであるのは、ある日の決済価格とその次の日の決済価格の間に0.79ドルの価格変化があることを意味する。高値・安値あるいは寄り付き大引けの価格変化は0.79ドル未満もしくは超過、どちらの場合もあるだろう。しかし、私たちが注目するのは決済価格の変化だ。

ボラティリティと実際の価格変化

１年のボラティリティから１日もしくは１週の価格変化を概算することがトレーダーにとってなぜ重要なのだろうか。ボラティリティは理論価格決定モデルのデータのひとつであり、直接観察できない。しかし、多くのオプション戦略は、成功するために正確なボラティリティ評価を必要とする。したがって、ボラティリティについての期待が実際に市場で実現されているか否かを判断する方法が必要となるわけだ。

裁量でトレードする場合は価格によってその成否をじかに観察できる。しかし、ボラティリティはまったく表示されない。理論価格決定モデルに妥当なボラティリティデータを使っているか自分で判断しなければならない。

例えば、ある原資産が40ドルで売買されており、30％のボラティリティで理論的評価をしているとする。この場合、１標準偏差の１日の価格変化はおよそ0.75ドルである（＝30％÷16×40）。そして５立会日の間に、次の５つの決済価格の変化があった。

＋0.43、－0.06、－0.61、＋0.50、－0.28

これらの変化は、30％のボラティリティと一致するだろうか。

　この場合、3日に1日、つまり5立会日の間に1〜2回0.75（1標準偏差）を超える価格変化を期待している。ところが、この5立会日の間にその程度の価格変化は1回もなかった。ここからどんな結論が導き出せるだろうか（5立会日は有意義な結論を引き出すサンプルとしては非常に短い。それは明らかだが、それでもこの方法と推論は有効だ）。

　ひとつ確実なのは、この5つの価格変化が30％のボラティリティと一致していないことだ。この矛盾をあれこれ説明しようとするかもしれない。「おそらく今週は異常に静かな週（お休みモードの週）だ。売買が通常に復する来週は、より30％のボラティリティに一致する動きに戻るだろう……」。この結論に達すれば、おそらく30％のボラティリティをそのまま用いるべきだろう。

　一方、「市場が30％のボラティリティで期待されたほど動かないことについて、これといった理由はなく、単に間違ったボラティリティを使っていただけかもしれない」と考えるかもしれない。この結論に達したら、実際の価格変化にもっと一致する新たなボラティリティデータの使用を考えるべきだろう。予想数値よりも著しく低い価格変化に直面してもまだ30％のボラティリティを用いているとすれば、それは間違った確率を原資産の予想価格に与えていることになる。その結果、不正確な理論価格を算出していては、理論価格決定モデルを用いる意味がまったくない。

　では、正確にはどのボラティリティがこの例の5つの価格変化に対応しているのだろうか。少し複雑な計算をしないと何とも言えない（実際の答えは18.8％だ）。しかし、あらかじめ自分がどれだけの価格変化を期待しているか分かっていれば、5日間の変化が30％のボラティリティにそぐわないとすぐに理解できる。

　別の例を考えてみよう。今度は原資産が332.5ドルで売買されてお

り、それから 5 立会日で次のような 1 日の価格変化を記録した。

−5、+2.5、+1、−7.75、−4.5

この 5 つの価格変化は18％のボラティリティと一致するだろうか。18％では、1 標準偏差の価格変化は18％÷16×332.5＝3.75になる。3.75を超える価格変化は 5 日間で 1 〜 2 回の間に起こると期待する。しかしここでは3.75を超えて価格が変化した日が、5 立会日のうち 3 日ある。そして 1 回は価格変化が7.75（2 標準偏差を超える）で、これは20日に 1 回だけ起こると予測されている変化だ。ここでも、この 5 つの価格変化は異常な週に起こったと信じられないかぎり、ボラティリティの数字を変えて実際の価格変化にもっと一致するようにすべきだろう。

金利商品について

ユーロドル金利先物が93ポイントとで、そのボラティリティは16％であるとする。前に述べた方法を用いて近似 1 標準偏差での 1 日の価格変化を計算できる（16％÷16×93.00＝0.93）。ユーロドル金利に馴染みのあるトレーダーならだれでも、0.93ポイントの価格変化はまず起こらないと言うだろう。この非論理的に思える計算結果をどのように説明したらよいだろうか。「単にボラティリティが間違っているだけで、もっと低い数字が妥当なのだ」という意見があるだろう。ところがユーロドルの場合、この説明は不適当である。16％のボラティリティはまったく異常ではないのだ。

ユーロドル金利は、ほかの多くの金利商品（米短期債、英短期債、ロンドン銀行間金利＝ライボー、ユーロ円金利）と同様、100をベースにして指数化した価格を用いている。つまり、ユーロドル金利の価

格は、100ポイントからユーロドル金利を差し引いたものなのだ。マイナスの金利はあり得ないので、ユーロドルは100ポイントを超えることはない。したがって、ゼロが株式や商品などの原資産の極限値であるのと同様に、100ポイントがユーロドルの極限値である。

実際のユーロドル金利の価格は100ポイントから金利を差し引いたものとする。そうすると、ユーロドル金利の価格が93ポイントであれば、金利は$100-93=7.00$と算出される。ユーロドルの金利を7.00であるとすると、1標準偏差の日足価格変化は$16\% \div 16 \times 7.00 = 0.07$になる。明らかに、0.93よりも現実的だ。

ユーロドル金利の価格が100ポイントから始まる場合、権利行使価格も100ポイントから考えなければならない。したがって、価値決定モデルの権利行使価格93.50ポイントは実際は6.50の権利行使価格になる。またオプションのタイプも転換して、コールはプットにプットはコールに変えなければならない。

この理由を理解するため、93.50コールを考えてみよう。このコールがイン・ザ・マネーになるには、原資産が上昇して93.50ポイントを超える必要がある。しかし、その場合は金利が6.50％未満に下落しなければならない。したがって、名目では93.50コールが、金利では6.50プットになる。ユーロドル金利やほかのタイプの金利指数の評価用に正しく設定されたモデルは、この転換を自動的にする。原資産の価格とその権利行使価格が100から差し引かれ、名目上のコールはプットとして、名目上のプットはコールとして扱われる。

このタイプの転換は、ほとんどの中長期債については必要ないことに注意してほしい。これらの価格は、債券の表面利率によって上限なしに自由に変動し、100ポイントを超えることも珍しくないからだ。したがって、ほとんどの場合は従来の価格決定モデルを用いて評価している。ただし、金利商品はほかにも問題があるため、特別な価格決定モデルを必要とする場合もある。

長期債のような商品では、市場価格に基づいて現在の利回りを計算できる。そして、一連の価格から一連の利回りを計算すれば、「利回りボラティリティ」すなわち利回りの変化に基づいたボラティリティを計算できるわけだ。そうすれば、その数字を使って債券オプションの理論価格を算出できる。ただし、一貫性を保つため、利回りの観点から権利行使価格を特定する必要もあるだろう。

金利商品のボラティリティは、この2つの異なった方法を用いて計算できる。そのため、金利のトレーダーは価格ボラティリティ（金融商品の市場価格から計算されるボラティリティ）に対して、利回りボラティリティ（金融商品の現在の利回りから計算されるボラティリティ）を参考にするときがある。

ボラティリティの種類

一言でボラティリティと言っても、ベテランでさえ同じものを話しているとは限らない。あるトレーダーがA株のボラティリティは25％だとコメントしたとき、この発言は多様な意味を持つ。ボラティリティに対する多様な解釈をまず定義しておけば、これからの議論で混乱を避けることができる。

フューチャーボラティリティ

「フューチャーボラティリティ」はだれもが知りたいものである。原資産の将来の価格分布を最もうまく表現するボラティリティだ。理論上、これは理論価格決定モデルに入力するデータについて述べるときに引用されるボラティリティである。この数字を知っていれば、正しい「オッズ」が分かる。したがって、この数字を理論価格決定モデルに入力すれば、正しい確率を持っているため、正確な理論価格を算

出できる。そうすればカジノのように、短期的な不運でときどき負けることはあっても、長期的にはそのオッズが有利なかぎり、利益を上げるのはかなり確実である。

　もちろん、将来のことは分からない。よって、フューチャーボラティリティのことを口にすることはほとんどない。

ヒストリカルボラティリティ

　将来のことは分からないが、理論価格決定モデルを用いるつもりであれば、将来のボラティリティについて合理的に推定してみる必要がある。オプション評価においては、ほかの分野と同様に、過去のデータは良い手がかりになる。この原資産の変動率である「ヒストリカルボラティリティ」は、過去の一定の期間にだいたいどうだったか見ることができる。

　過去10年間に原資産の変動率がけっして10％未満にも30％超にもなっていなければ、5％や40％のフューチャーボラティリティを推定しても無意味である。もっとも、こうした極端な数字が不可能だと言っているわけではない。「得てして不可能がいつか起こる」のがオプション売買だ。過去の実績に基づいて、そして何も異常な状況がなければ、過去の限界である10％と30％の範囲内の推定のほうがその限界を超えた推定よりも現実的という意味だ。

　もちろん、10〜30％は非常に大きなレンジである。それでも、少なくとも過去のデータは足がかりを与えてくれる。追加の情報でその推定をもっと絞り込む。

　ヒストリカルボラティリティを計算する方法はいろいろある。ただし、ほとんどの方法は2つのパラメータの選択を前提にしている。ボラティリティを計算する過去データの期間と、価格変化の間隔だ。

　例えば、過去の期間とは10日間、6カ月間、5年間などトレーダー

が任意に区切る期間である。期間が長くなると平均的あるいは特徴的なボラティリティを生じる傾向がある。一方、期間が短くなると異常に極端なボラティリティを示すことがある。その商品のボラティリティの特性をよく知るため、過去の期間をいろいろと区切ってみて、よく調べる必要があるだろう。

次に決めるのが、どの間隔の価格変化を使うかである。日足の価格変化を用いるべきか、週足の変化か、月足変化か、あるいは2日に1回や1週半に1回など特別な間隔を考慮すべきか……。意外なことに、選択した間隔は結果にさほど影響しないようだ。日足では大きく変動していても週足では「往って来い」だった場合もある。しかし、これは間違いなく例外だ。日々変動する原資産は、週足でも月足でも同じように変動する。

これは**図表4-8**のグラフでよく分かる。3本のグラフは、S&P500株価指数の50日間のヒストリカルボラティリティを示している。実線は日足、点線は2日ごと、そして破線は5日ごとの変化を表している。グラフはときどき交錯するが、全般的に同様なレベルと傾向のボラティリティを示している。

一般的にヒストリカルボラティリティのデータは、毎立会日の決済価格の変化を計算基準にしている（そうでない場合は通常、そのデータに計算法の注釈があるはずだ）。あるデータサービスが「この原資産の8月のヒストリカルボラティリティは21.6％」と説明すれば、それはその月のすべての立会日の決済価格の変化を用いて計算されたという意味になる。

ヒストリカルボラティリティやフューチャーボラティリティは、リアライズド（＝実現）ボラティリティと言われることもある。

図表4-8 S&P500指数50日ヒストリカルボラティリティ

価格変化の基本
毎日 ————
隔日 ————
5日間隔 --------

縦軸:年ボラティリティ (8〜24)
横軸:Jan-90 〜 Jan-92

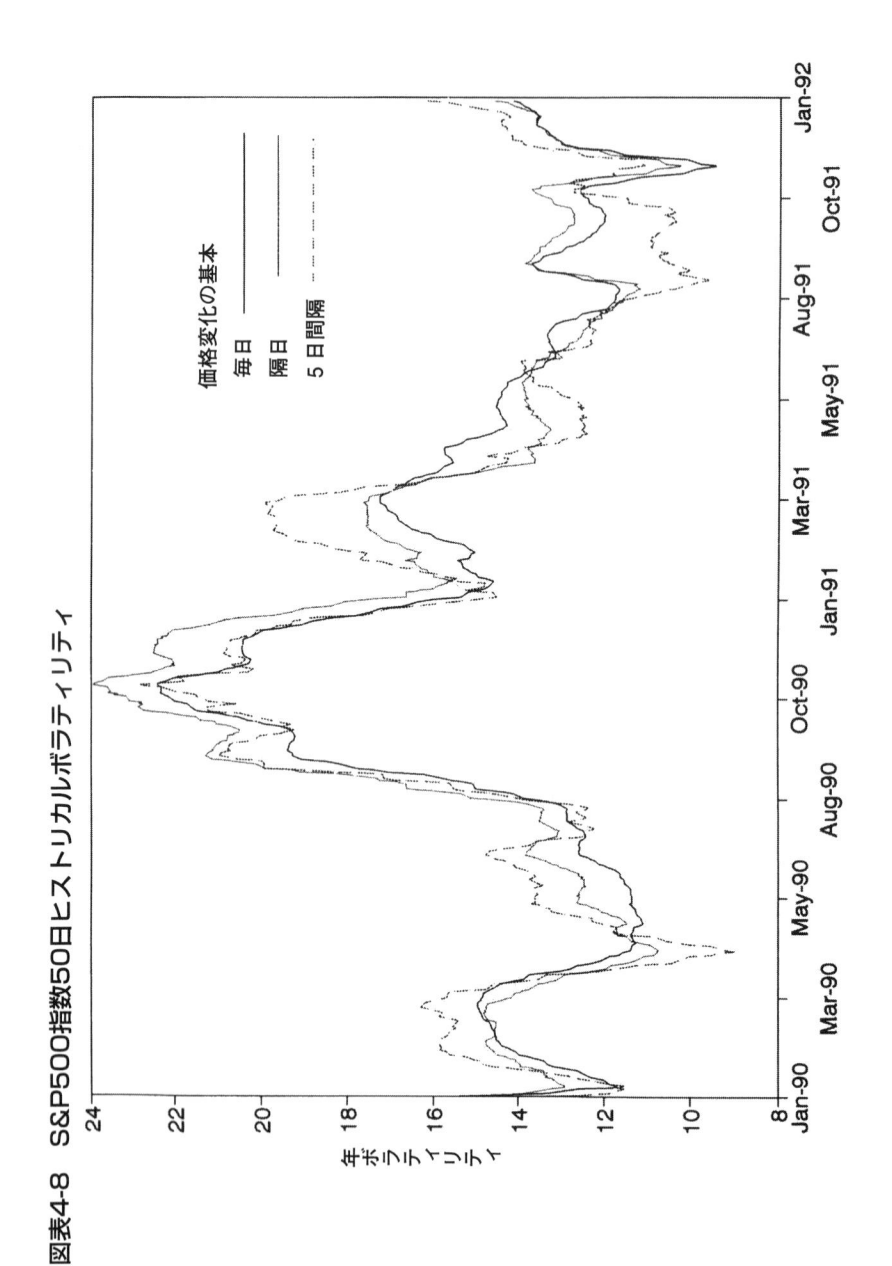

フォーキャストボラティリティ

　原資産の将来の変動方向を予想するサービスがあるように、原資産のフューチャーボラティリティを予想するサービスもある。予想期間は限定されないが、通常扱うのは原資産オプションの残存日数に等しい期間である。満期の間隔が3カ月の原資産の場合、予想するのは次の3カ月、6カ月、そして9カ月のボラティリティだ。1カ月満期の原資産の場合、予想するのは次の1カ月、2カ月、そして3カ月のボラティリティになる。

　オプションが導入されたのは比較的最近のため、フォーキャストボラティリティは未発達で、不確実な科学にすぎないと考えなければならない。それでも、トレーダーは原資産のフューチャーボラティリティを推定するとき、利用できるフォーキャストボラティリティがあれば、当然考慮に入れる。

インプライドボラティリティ

　総体的にフューチャーボラティリティ、ヒストリカルボラティリティ、そしてフォーキャストボラティリティは、原資産に対応している。S&P500株価指数のフューチャーボラティリティ、米30年債先物のヒストリカルボラティリティ、IBM株のフォーキャストボラティリティの話はできる。いずれの場合も原資産のボラティリティを述べている。しかし、異なるボラティリティの解釈がある。それは、ボラティリティを原資産ではなく、オプションから解釈したものだ。

　先物が98.50ドルで売買されており、金利が8％とする。さらに、この原資産には残存日数3カ月の105コールがあり、これから3カ月の妥当なボラティリティは16％とする。この権利行使価格105ドルの理論価格を知りたい場合、これらのデータをすべて理論価格決定モデ

ルに入力するのである。

　この場合、ブラック・ショールズ式モデルを用いると、オプションの理論価格が0.96ドルだったとする。ところが意外なことに、このオプションの市場価格は1.34ドルだった。オプションの価格が0.96ドルだと考えられるのに、市場は1.34ドルだとみている事実をどのように説明すればよいだろうか。

　この問題に答えるひとつの方法は、まず市場はだれもが同じ理論価格決定モデル（この場合はブラック・ショールズ式モデル）を用いているとすることだ。これを前提にすると、理論価格0.96ドルと市場価値1.34ドルの差は、モデルに入力するデータで見方が異なるからに違いない。そこでデータのリストに目を通し、原因を特定してみる。

　残存日数も権利行使価格も原因にはならない。これらは最初から決まったデータだからだ。では原資産価格の98.50はどうだろう。実際は多少高い価格、例えば99.00ドルで売買されていることがある。この場合、常にデータを二重にチェックするのが賢明なやり方だ。

　しかし、原資産は実際に98.50で売買されていたとする。気配値に差があるにせよ、市場がそれなりに流動的であれば、オプションの価格に0.38の食い違いが出るほど差が大きくなることはない。では、問題は8％の金利だろうか。しかし、前の章で述べたように、金利は理論価格決定モデルのデータのなかで通常は最もウエートの低い要素だ。しかも先物オプションの場合、金利要素はたいてい無視できる程度のものである。

　最後にたったひとつ、それらしい原因が残っている。ボラティリティだ。ある意味、市場は16％以外のボラティリティを用いて105コールを評価しているだけなのだ。

　では、市場はどのボラティリティを用いているのだろうか。それを見つけだすために次の問題を解いてみる。「もしほかのデータ（残存日数、権利行使価格、原資産価格、金利）がすべて一定であれば、オ

図表4-9

理論価格を求めるためにモデルを利用する

既知		未知
権利行使価格 (105)		理論価格
残存期間(3カ月)		(?? = .96)
原資産先物価格 (98.50)	
金利 (8%)	
ボラティリティ (16%)	

インプライドボラティリティを求めるためにモデルを利用する

権利行使価格 (105)		インプライドボラティリティ
残存期間(3カ月)		(?? = 18.5%)
原資産先物価格 (98.50)	
金利 (8%)	
オプション価格 (1.34)	

プションの市場価格に一致する理論価格を算出するため、どのボラティリティを理論価格決定モデルに入力しなければならないか？」

例題の場合は、どのボラティリティが105コールの市場価値1.34ドルを算出するのか知りたい。そのボラティリティが16％超であるのは間違いない。そこでブラック・ショールズ式モデルがプログラムされたコンピューターでボラティリティを大きくしてみる。すると、18.5％のボラティリティで105コールは1.34ドルの価格になると分かった。このボラティリティのことを、105コールの「インプライドボラティリティ」と呼ぶ。

オプション市場価格と一致する理論価格を算出するため、理論価格決定モデルに入力しなければならないのは、このインプライドボラティリティである。またこのインプライドボラティリティは、オプションの市場価格の決定を通して原資産に向けられたボラティリティであると考えられる。

オプションのインプライドボラティリティを算出するとき、理論価格（オプションの市場価格）は既知だが、ボラティリティは未知であ

ると想定している。つまり、**図表4-9**のように、理論価格決定モデルを逆算し、未知のものを算出しているわけだ。しかし、これは「言うは易く行うは難し」である。ほとんどの理論価格決定モデルは反転できないからだ。もっとも、ほかのすべてのデータが既知の場合、コンピューターで即座にインプライドボラティリティを算出できるようプログラムされたソフトがある。

またインプライドボラティリティは理論価格決定モデルの影響を受ける点に注意してほしい。使用モデルによって算出されるボラティリティがかなり異なるオプションもある。インプライドボラティリティの正確さは、モデルに入力されるデータの正確さにも影響される。オプション価格のデータだけでなく、ほかのデータもそうだ。特に問題が起きるのは、オプションの売買がしばらくない間に原市場の状況が著しく変化するときである。

今の例で、105コールの価格1.34ドルは直近のトレードを反映しているとはいえ、そのトレードがあったのが2時間前で、原資産の先物はそのとき99.25ドルであったとする。原資産の価格が99.25ドルであれば、価格が1.34ドルのオプションのインプライドボラティリティは17.3％になる。これは著しく違う。インプライドボラティリティを計算するときは、正確でタイムリーなデータが重要になることをしっかりと肝に銘じてほしい。

通常、オプションの理論的分析を提供するサービスにはインプライドボラティリティが含まれる。そのインプライドボラティリティは各オプションに対応させているかもしれないし、ひとつのインプライドボラティリティをある原資産のオプションすべてに対応させているかもしれない。後者の場合、通常その数字は個々のオプションのインプライドボラティリティの平均を示している。単一のインプライドボラティリティは、オプションの出来高、建玉残高といった基準に基づいて、あるいはアット・ザ・マネーのオプションに重点を置いて（最も

一般的だ）加重されている。

　市場のインプライドボラティリティは、オプション価格やほかの市況が絶えず変わるため、常に変化している。まるで市場が、絶え間なくすべての参加者に世論調査を実施して出たボラティリティを用意しているようなものである。すべてのトレーダーが正しいボラティリティに投票するわけではないから、本当の意味の世論調査ではない。しかし、気配値が出ているので、オプションの市場価格は需要と供給の均衡を表している。この均衡が数字に翻訳されてインプライドボラティリティになるわけだ。

　「プレミアム」という言葉は、一般的にオプションの価格を指す。しかし、米国のトレーダーの間では通常、インプライドボラティリティのことをプレミアムとか、プレミアムレベルと呼んでいる。現在のインプライドボラティリティが過去の基準からして高い場合、あるいは原資産の最近のヒストリカルボラティリティに比較して高い場合、トレーダーは「プレミアムレベルが高い」と言い、インプライドボラティリティが異常に低ければ「プレミアムレベルが低い」と言う。

　信頼できる理論価格決定モデルを持っており、水晶玉をのぞきこんで原資産のフューチャーボラティリティを判断できるトレーダーであれば、その原資産のオプションを正しく評価できるだろう。それぞれのオプションの理論価格とその市場価格を見て、理論価格に比較して割高のオプションは売り、割安のオプションは買えばよい。割高なオプションが2つあれば、単に最も割高な総額になるものを売るだけだ。

　しかし、インプライドボラティリティを利用できるトレーダーならば異なる比較基準を用いるだろう。つまり、あるオプションのインプライドボラティリティをフォーキャストボラティリティや同じ原資産のほかのオプションのインプライドボラティリティと比較する。105コールの例に戻れば、理論価格が0.96ドルで市場価格が1.34ドルの場合、105コールは0.38ドル割高にすぎない。しかし、ボラティリティ

から見ると、その価格は2.5％割高だ。なぜなら、その理論価格は16％のボラティリティ（トレーダーのボラティリティ評価）に基づいているのに、その価格は18.5％のボラティリティ（インプライドボラティリティ）に基づいているからだ。

　オプションの特異な特性のおかげで、金額というよりもインプライドボラティリティの見地からオプション価格を考えたほうが、懸命なトレーダーにとってより有効であることが多い。

　例えば、米30年債先物の98コールが3-32ポイント（3500ドル）で売買されており、そのインプライドボラティリティが10.5％であったとする。さらに、満期日が同じ102コールが1-16ポイント（1250ドル）で売買されており、インプライドボラティリティが11.5％であるとする。金額では102コールは98コールよりも2250ドル安い。しかしベテランは、おそらく理論的に98コールは102コールより実は割安だと判断する。なぜなら、98コールのインプライドボラティリティは102コールのインプライドボラティリティよりも１％低いからだ。

　では、98コールを買って、102コールを売るべきだろうか。必ずしもそうではない。もし米30年債のフューチャーボラティリティが８％になれば、両方のオプションは割高になる。あるいはフューチャーボラティリティが14％になれば、両方のオプションが割安になる。またオプションのレバレッジ価値が同じでなければ、原市場の変化に対する感応度が異なってくる。状況によっては、102コールを数枚買うほうが98コールを１枚買うよりも有利になることがある。これらの要素を無視すれば、98コールが比較的にお得である。インプライドボラティリティが低いからだ。

　オプショントレーダーは、そのときどきで４種類のボラティリティのいくつかを利用する。しかし、なかでもフューチャーボラティリティとインプライドボラティリティの２つが際立って重要である。原資産のフューチャーボラティリティはその原資産のオプションの「価値」

を決定する。インプライドボラティリティは各オプションの「価格」を反映したものである。この2つの数字、価値と価格に、オプショントレーダーだけに限らず、すべてのトレーダーが関心を持っている。

価値が高くて価格が低ければ買いたくなる。価値が低くて価格が高ければ売りたくなる。オプショントレーダーにとってこれは通常、フューチャーボラティリティとインプライドボラティリティを比較することを意味する。予想される将来ボラティリティに対してインプライドボラティリティが低い場合、そのオプションの買いを選択し、インプライドボラティリティのほうが高い場合、オプションの売りを選択する。もちろん、フューチャーボラティリティは分からない。したがって現実的には、ヒストリカルボラティリティとフォーキャストボラティリティを参考に妥当な将来予測をすることが多い。しかし、最終的な分析では、フューチャーボラティリティがオプションの価値を決定する。

四者四様のボラティリティを初心者でも理解しやすくするため、天気予報の例え話で考えてみよう。シカゴに住んでいるトレーダーが7月のある朝に起きて、その日に着る服を決めなければならないとする。フード付きのコートを着ようと考えるだろうか。これは論理的な選択ではない。「ヒストリカル＝歴史的」に考えて7月のシカゴは冬物コートを着るほど寒くはないからだ。

そこでラジオかテレビをつけて天気予報を聞く。「フォーキャスト（予報）」は晴れで気温はおよそ摂氏32度である。この情報に基づいて半袖シャツを着ることにした。セーターやジャケットは着ないし、傘はもちろん要らない。

しかし、念のために窓の外を眺めて、人々が何を着ているのか見てみた。すると驚いたことに、だれもがコートを着て傘を持っていた。その服から察するに、外にいる人たちはまったく違った天気を「インプライド＝暗示」していたのだ。

さて、このトレーダーはどんな服を着るべきだろうか。とにかく決めなければならない。しかしだれを信じるべきだろう。天気予報か、街の人々か。「将来」の天気はその日が終わるまで分からない。したがって、確かな答えなどあるはずもないのだ。

　そこで、地域状況に関する知識が大きな影響を持つ。おそらくこのトレーダーは天気予報士がいる場所からはるかに離れた地域に住んでいるのだろう。そうなると、この人は地域状況に重点をおかなければならない。あるいは、街の人たちはそろって悪ふざけの経歴を持つ天気予報士の言うことを聞いたのかもしれない。

　どの服を着るかについては、トレードのあらゆる決断の場合と同様、非常に多くの要素が影響する。利用できる最高の情報に加え、誤りの可能性まで考慮に入れて決断しなければならない。正しいことの利点は何だろうか。間違えたらどういう結果になるだろうか。

　傘を持たずに雨が降っても、家のすぐ前でバスに乗り、職場の目の前で降りられるならば、たいした影響はない。しかし、雨の中を数ブロック歩かなければならないとしたら風邪をひいて仕事を一週間休むことになるかもしれない。選択は容易ではないし、最終的に最善の結果となる決断であることを望むのみなのだ。

シーズナルボラティリティ

　もうひとつ別種類の、商品トレーダーに必要なボラティリティがある。特定の農産物、例えばトウモロコシ、大豆、小麦市場などは、厳しい季節的な天候状況に起因するボラティリティに非常に敏感だ。特に夏の数カ月に干ばつが起きて作物の大部分を破壊することになれば、価格が激しく変動する。このため穀物のボラティリティは6月、7月、そして8月に著しく高くなる。

　逆に初春の数カ月は、米国の作付けがまだ始まらず、南米の作物が

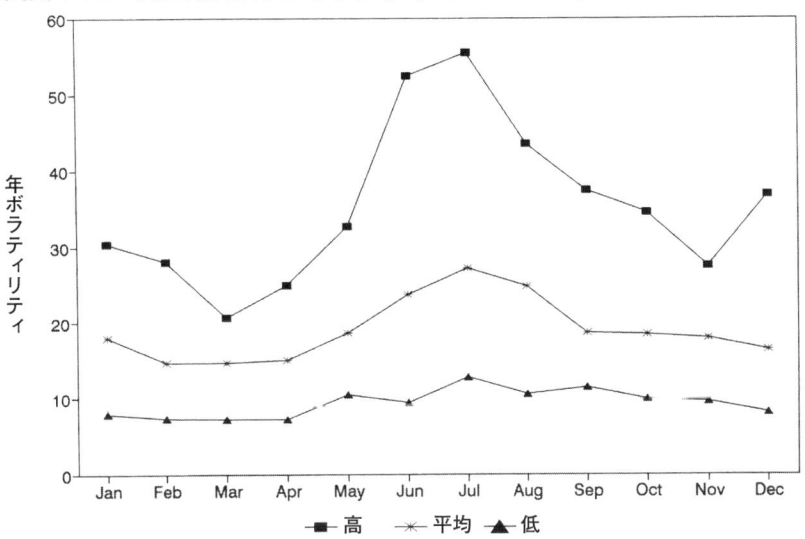

図表4-10　大豆月次ボラティリティ（1980-1992）

収穫された後の時期であるため、ボラティリティは著しく低くなる。こうした要因から、夏の数カ月にわたるオプションには、自動的に高いボラティリティを与えなければならなくなる。2月に、大豆5月限オプションに18％のボラティリティを与えた場合、11月限オプションには高めのボラティリティ、例えば22％を与えるはずである。11月限は夏の数カ月を含み、5月限は含まないことが分かっているからだ。シーズナルボラティリティが大豆市場にもたらす影響を**図表4-10**に示した。

　オプション初心者がまず疑問に思うのは「ボラティリティは本当に重要なのか？」であろう。その人はおそらく市場の方向性に関心があり、ボラティリティは考えていないのだろう。たしかに、オプションでも方向性に賭ける戦略はいろいろとある。しかし、ボラティリティ

図表4-11
1991年5月3日
金先物8月限=358.30ドル
残存期間=10週
金利=5.50%

権利行使価格	清算価格	インプライドボラティリティ	ボラティリティがXだったときの理論価値		
			X = 11%	X = 14%	X = 17%
コール					
330	29.20	15.36	28.27	28.84	29.69
340	20.60	14.48	19.26	20.40	21.73
350	13.20	13.86	11.61	13.28	15.01
360	7.80	13.89	6.02	7.87	9.73
370	4.20	14.00	2.62	4.20	5.88
380	2.40	14.93	.94	2.01	3.32
390	1.40	15.93	.28	.86	1.75
プット					
330	1.20	15.28	.29	.87	1.72
340	2.60	14.69	1.17	2.31	3.64
350	5.10	14.04	3.41	5.08	6.80
360	9.50	13.92	7.70	9.55	11.41
370	15.70	13.88	14.18	15.77	17.45
380	23.70	14.57	22.40	23.47	24.78
390	32.50	15.13	31.62	32.20	33.08

を徹底して理解すれば、さらにひとつ持ち駒が増えると考えてほしい。そうすれば、ひとつの方向からではなく、実質的に2つの方向から市場に取り組めるようになるのだ。

　多くのトレーダーが市場の方向を推定するよりも、もっぱらボラティリティを用いるほうが容易だと分かっている。むしろボラティリティ戦略は極めて有利になる可能性があり、選択が妥当であればリスク度も小さくできる。この2つの持ち駒、市場の方向とボラティリティ

があれば、オプションのトレーダーは株式や先物だけのトレーダーには利用できない多数の戦略を追及することができる。

　フォーキャストボラティリティについての前提を変えると、オプションの価格に劇的な影響を与える可能性がある。これを理解するために、**図表4-11**の金オプションの価格、理論価格、インプライドボラティリティについて調べてみよう。

　ボラティリティが11％から14％、さらに17％に増大したときの理論価格の変化に注意してほしい。権利行使価格360ドルのコールとプットは、実質的にアット・ザ・マネーになっており、ボラティリティが３％増大するごとに、およそ1.85ドル（実際の金額は185ドル）変化している。

　アウト・オブ・ザ・マネーのオプションでは、ドル金額の変化はさほど大きくないが、割合で見ればボラティリティの変化に対する感応度はさらに高くなると分かる。ボラティリティが11％から14％に増大すると、390コールと330プットの価格は２倍超になり、ボラティリティが14％から17％に増大するとさらに２倍になる。

　ボラティリティが10週間で３％変化することは珍しくない。実際、金のボラティリティは比較的短期間に６％や７％揺れ動くことがある。このことは**図表4-12**の金のヒストリカルボラティリティから明らかだ。

　その重要性からして、懸命なトレーダーが相当な時間を割いてボラティリティを研究するのは当然である。ヒストリカルボラティリティ、フォーキャストボラティリティ、インプライドボラティリティ、そして農産物の場合はシーズナルボラティリティを用いて、フューチャーボラティリティについて妥当な判断をしなければならない。そこから、正しい場合は利益になり、間違っても悲劇的損失にはならないオプション戦略を探すわけだ。

　ボラティリティの予測は困難であり、したがって最大の許容範囲（利

図表4-12 ニューヨーク金の10週ボラティリティ

年ボラティリティ

130

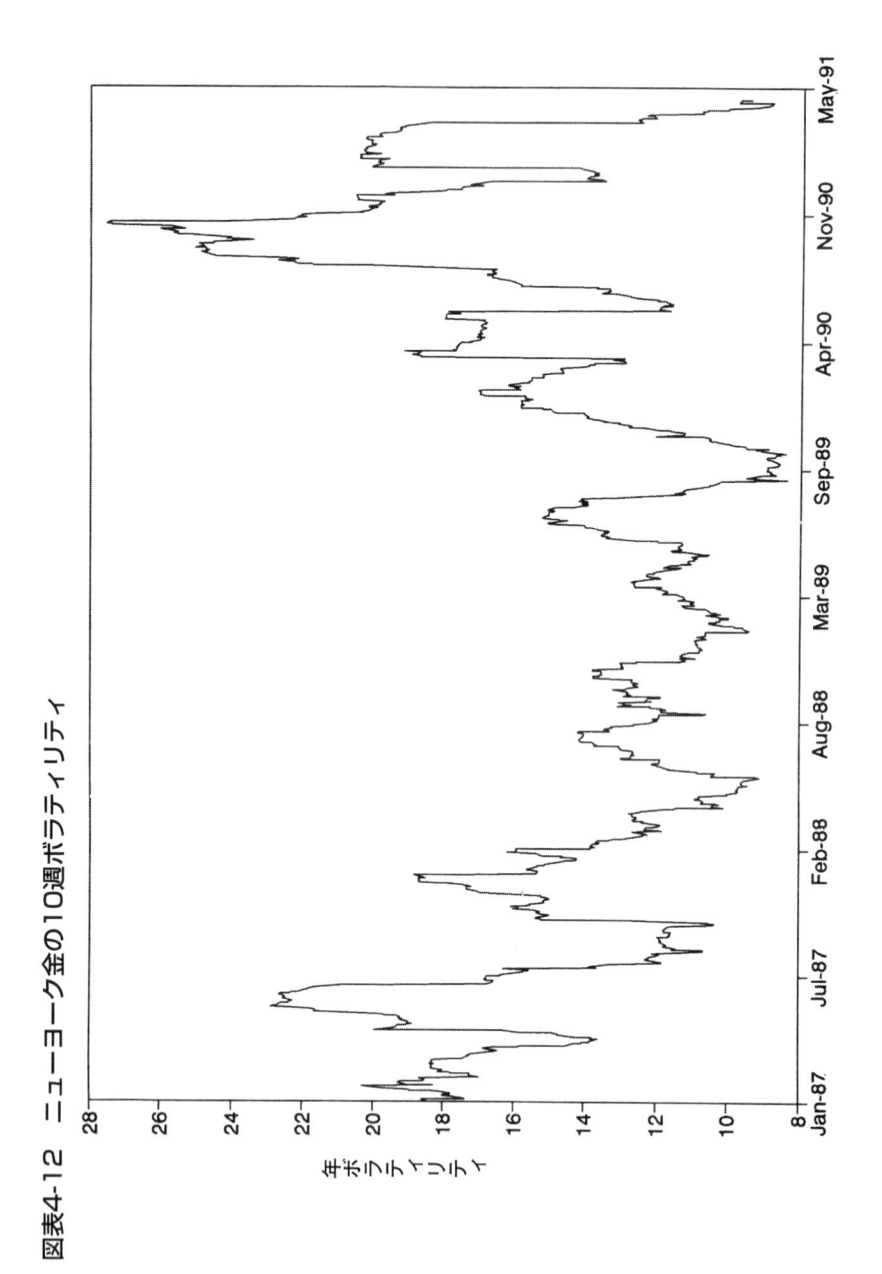

益を得るために許容できる価格変動範囲）を残す戦略を常に探さなければならない。フューチャーボラティリティを15％と推定し、16％になった結果、損失が出るような戦略を組むトレーダーはだれひとり長くは生き残れない。ボラティリティに起こる変動を考えれば、１％の許容範囲など許容できない。

　これでボラティリティの解説が終わったわけではない。しかし、さらに話を続ける前に、オプションの特性、売買戦略、そしてリスク要素を考察するのが有効だと思う。そうすれば、ボラティリティをもっと詳細に検討する準備がさらに整うことになる。

第5章
オプション理論価格の活用
Using an Option's Theoretical Value

　理論的に言えば、ブラック・ショールズ式モデルは複雑な問題に対する新たな解決策を提示している。このモデルが必要とするのは、限られた数のデータと比較的簡単な数学上の計算だ。こうした要素があって、ブラック・ショールズ式モデルは最も人気のあるオプション価格決定モデルになっている。

　その優美な数学もさることながら、最も重要なのは市場におけるモデルの実力である。オプションのモデルが算出した価格と市場価格の差で本当に利益を上げられるのだろうか。

　モデルがどのように機能するかを理解するため、2つの前提を置くことにする。

①原資産の価格分布は正確に対数分布で示される
②原資産のフューチャーボラティリティを実際に知っている

　2番目の前提は、将来のことなど当然分からないので、明らかに現実的ではない。後ほど述べるが、最初の想定にも大きな問題がある。しかし、当面はモデルの利用に焦点を当ててみたい。これらの前提でブラック・ショールズ式モデルがたしかに機能するのであれば、オプションの市場価格と理論価格に差があるときは必ず利益になるはずだ。

どのようにしたらよいだろうか。

ある先物のオプションが次の条件で売買可能だとする。

6月限先物価格　　=101.35ドル
金利　　　　　　=8.00%
6月限の残存日数=10週

さらに、オプションが現在の米国市場のように株式タイプの決済に準じており、プレミアムは全額支払う必要があるとする。

権利行使価格とオプションの種類（コールまたはプット）の選択に制限がない場合、この先物のオプションを正確に評価するために必要なデータはボラティリティだけである。原資産先物のフューチャーボラティリティを実際に知っているという前提なので、フューチャーボラティリティを告げてくれる水晶玉を持っているとしよう。その水晶玉をのぞくと、10週後のボラティリティが18.3%と出てきた。これで理論評価に必要なすべてのデータがそろった。あとは特定のオプションを選ぶだけである。

6月限100コールはアット・ザ・マネー付近であり、活発に売買されそうなので、このオプションに注目してみよう。ブラック式モデル（先物用ブラック・ショールズ式モデル）にデータを入力すると、6月限100コールの理論価格は3.88ドルになる。市場でその価格を調べると、3.25ドルの売り気配になっている。この差からどのように利益を上げられるだろうか？

明らかに、まずすべきことは0.63ドルだけ割安になっているオプションを買うことだ。しかし、それでもうポジションを放置し、満期に資金を回収すればよいのだろうか。

第3章で、ミスプライスになったオプションを売買する場合、原資産に逆のポジションを取ってヘッジする必要があると述べた。これを

原資産の価格変化が小さいときに正しくヘッジした場合、オプションの価格上昇（下降）は原資産での逆のポジションの損益減少（増大）によってきれいに相殺される。このようなヘッジは、原資産の方向に関して偏りのない「ニュートラル＝中立的」な状態だ。

現在の条件下でニュートラルなヘッジを完成できる数字（ヘッジレシオ）は、理論価格決定モデルから派生した副産物である。一般的には「デルタ」として知られている。デルタについては次章で解説するが、この例では次の特性が重要となる。

①コールのデルタは常に0・~1.00のどこかにある
②オプションのデルタは市況の変化で変わる可能性がある
③原資産のデルタは常に1.00である

オプショントレーダーはデルタを検証するとき小数点を省く。ここでもその慣例に従う。つまり、コールのデルタは0から100の範囲で動き、原資産のデルタは常に100である（この慣例は原資産が通常は100株の株式で構成される米国の株式オプション市場で始まり、1デルタを株式1株とみなすことが普通になった）。

先はどの例に戻ろう。6月限100コールのデルタは57（0.57）であった。つまり、オプションを買うたびに原資産の57％を売り、偏りのない（ニュートラルな）ヘッジを確立しなければならない。端数の先物の売買は許可されていないから、6月限100コールを100枚買い、6月限先物を57枚売ることになる。こうすれば適切なニュートラルレシオを維持しながら整数の先物をトレードできる。

そこで、次のようなポジションを設定してみた。

銘柄	デルタ	デルタポジション
6月限100コール100枚買い	57	＋5700

6月限先物57枚売り	100	−5700

　それぞれの「デルタポジション」に注目してほしい。これは売買枚数にデルタを掛けた数字であり、買いはプラスの符号（＋）、売りはマイナスの符号（−）で示されている。この場合、オプションのデルタポジションは＋100×57＝＋5700、先物のポジションは−57×100＝−5700になる。

　この2つの数字を加算すると全体のデルタポジションはゼロになる。よって、このポジションは「デルタニュートラル」であると言える。原資産が小さなレンジ内にあれば、デルタニュートラルのポジションは原資産が上下いずれに動いても好ましいわけではない。ポジション全体のデルタがプラス値であれば上向きの偏りを示し、ポジション全体のデルタがマイナス値であれば下向きの偏りを示す。

　こうしてデルタ・ニュートラル・ヘッジを設定したが、さらに理論価格は確率に基づいている事実に対処しなければならない。先ほどのルーレットの例を考えてみよう。理論価格未満でプレーヤーは賭けができるとしても、利益を期待できるのは何度も繰り返してプレーできるときだけである。1回の賭けではほぼ負けてしまう。勝ちの目がひとつしかないのに負けの目は37もあるからだ。ヘッジの場合も同様である。オッズは、過小評価されたオプションを買ったから有利だ。しかし、このヘッジは短期的にはほぼ損失になってしまうだろう。短期的な不運の可能性を相殺できる手はないものだろうか。

　確率の法則が長期的には有利に作用することは分かっている。一貫して変わらない有利なオッズで何回も賭けるチャンスがあれば、かなり確実に利益を上げられる。賭ける回数が多くなるほど、理論価格決定モデルによって予測された利益を上げる可能性は高くなる。これを達成するひとつの方法は、小さな賭けを繰り返して当初のヘッジに取り組むことである。つまり、定期的にポジションを再評価し、適切な

修正を施し、そのたびに新しい賭けになるようにすれば、長期の確率を反復できるわけだ。

例えば、1週間後に先物が102.26ドルまで上昇したとする。この時点で新たな条件を理論価格決定モデルに次のように入力する。

6月限先物価格　　＝102.26ドル
金利　　　　　　　＝8.00％
6月限の残存日数　＝9週
ボラティリティ　　＝18.3％

金利とボラティリティはまったく修正していない点に注意してほしい。今使っている理論価格決定モデルのブラック式モデルでは、この2つのデータはオプションの残存日数を通じて一定であるという前提に立っているからだ。修正後のデータに基づいて100コールの新たなデルタを計算すると、62であった。よってデルタポジションは次のとおりになる。

銘柄	デルタ	デルタポジション
6月限100コール100枚買い	62	＋6200
6月限先物57枚売り	100	－5700

全体のデルタポジションは＋500になる。そこでひとつの賭けは終わり、すぐ別の賭けが始まる。

新たな賭けを始めるときは常にデルタニュートラルのポジションに戻す必要がある。この例では、500デルタだけポジションを減らす。後ほど解説するが、減らす方法はいくつかある。ただし、ここでは計算をできるだけ簡単にしておくため、必要な売買を原資産でする。原資産のデルタは常に100だからだ。－500、先物の5枚売りだ。すると

デルタポジションは次のとおりになる。

銘柄	デルタ	デルタポジション
6月限100コール100枚買い	62	+6200
6月限先物62枚売り	100	-6200

再度デルタニュートラルになり、新たな賭けが始まる。これまでと同様、新たな賭けの決め手になるのは原資産のボラティリティだけで、原資産の方向ではない。

さらに売った5枚の先物でポジション「調整」をしたことになる。この調整は、理論的優位性を加えるために実行するときもあるが、必ずしもそのためにするのではない。むしろ、本来の目的はポジションのデルタニュートラルを確実に維持することにある。

この場合、先物5枚の追加売りは（先物に理論価格はないので）理論的優位性には何の効果もない（先物トレーダーが先物の理論価格について述べることはある。しかし、オプショントレーダーの観点からすると原資産に理論価格はない。いずれにせよ、理論価格とはトレーダーがその銘柄を売買できると考える価格である）。このトレードの唯一の目的は、ヘッジをデルタニュートラルに保つことにある。

ここまでで、オプションの理論価格を利用するための適切な処理が分かる。

①過小評価された（過大評価された）オプションを買う（売る）
②原資産に対してデルタ・ニュートラル・ヘッジを設定する
③定期的に調整してデルタニュートラルを維持する

ボラティリティは連続複利が前提である。したがって、理論価格決定モデルは、調整もまた連続して実施され、ヘッジは絶えず調整され

ていることを前提にしている。もちろん、このような連続調整は現実の世界では不可能である。よって、定期的に調整することで可能なかぎり理論価格決定モデルの原則に従うのである。

適切な処理によってヘッジを満期まで維持した場合、調整のプロセスはどのようになるだろうか。その結果を**図表5-1**に示した。

この例では週間隔で調整した。各間隔の終わりに、6月限100コールを残存日数、原資産先物の現在値、8％の固定金利、そして既知の18.3％のボラティリティから再計算した。条件が変化したかもしれないが、ボラティリティは修正しなかったことに注意してほしい。ボラティリティは、金利と同様、オプションの残存日数を通じて一定であるという前提にある。実際には、ボラティリティに関する見解をおそらく何度も変えているだろう。

10週目の満期にオプションをどうしたらよいか。次にオプションを手仕舞うプランを記した。

①アウト・オブ・ザ・マネーのオプションはすべて無価値で満期にする
②イン・ザ・マネーのオプションをすべてパリティ（平価＝本質的価値）で売り、あるいは同等の措置として権利を行使し、原資産と相殺する
③未決済の先物を市場価格で決済する

では、段階的にヘッジの結果を確認してみよう。

当初のヘッジ　6月限の満期（第10週）に、6月限100コールを2.54ドルで売るか、コールの権利行使で先物を102.54で売る。いずれにせよ、2.54の収益となる。ただし、各オプションに3.25ドルを支払っていることから、オプション1枚につき0.71ドルの損失となり、オ

プション全体の損失は100×−0.71＝−71.00ドルになる。

当初のヘッジとして6月限先物57枚を101.35ドルで売った。満期にそれを102.54ドルで買い戻さなければならず、1枚につき1.19ドルの損失だった。したがって、先物全体の損失は57×−1.19＝−67.83になる。

これをオプションの損失に加算すると、当初のヘッジ全体の損失は−71.00−67.83＝−138.83ドルになる。これは明らかに失敗だ。ヘッジでの利益を期待していたが、相当な損失になってしまった。

調整　当初のヘッジは唯一の売買ではなく、デルタニュートラルを維持するためにオプションの10週の残存日数の間に、先物を売買せざるを得なかった。1週間後、500デルタがプラスだったので、先物を102.26ドルで5枚売った。2週間後、1600デルタがマイナスだったので、先物を99.07ドルで16枚買った。毎週この処理を繰り返し、10週間後の満期には、36枚の先物売りで調整しており、これを引け値の102.54ドルで買い戻した。

先物価格が上昇するたびにポジションのデルタがプラス値になり、先物を売らざるを得なくなり、先物価格が下落するごとにデルタポジションが負になって、先物を買わざるを得なくなったことに注目してほしい。デルタポジションに応じて調整したため、どのトレーダーもしたいこと、つまり安く買って高く売ることをせざるを得なかったのだ。

デルタを維持するために必要なすべての調整をした結果はどうだったか。結果は205.27ドルの利益だった（**図表5-1**にあるすべてのトレードによるキャッシュフローを加算すれば確認できる）。この利益は当初のヘッジで生じた損失と相殺しても余りあるものだった。

キャリングコスト　ほかに最終損益に影響を与えるものは何か。当初、コールを買い、先物を売った。先物は先物タイプの決済に従うので出費がまったくないが、オプションは株式タイプの決済に準じて

図表5-1

	先物価格	100コールのデルタ	ポジション全体のデルタ	先物での調整	調整した先物の合計枚数	変動	変動証拠金の金利
0	101.35	57	0	0	0	0	0
1	102.26	62	+500	売り 5	−5	−51.87	−.72
2	99.07	46	−1,600	買い 16	+11	+197.78	+2.43
3	100.39	53	+700	売り 7	+4	−60.72	−.65
4	100.76	56	+300	売り 3	+1	−19.61	−.18
5	103.59	74	+1,800	売り 18	−17	−158.48	−1.22
6	99.26	45	−2,900	買い 29	+12	+320.42	+1.97
7	98.28	35	−1,000	買い 10	+22	+44.10	+.20
8	99.98	50	+1,500	売り 15	+7	−59.50	−.18
9	103.78	93	+4,300	売り 43	−36	−190.00	−.29
10	102.54			買い 36			

いるため全額支払う必要がある。100コールを3.25ドルで買っており、計325.00ドルだった。前提とした8％の金利に基づいて、325.00ドルの10週間のキャリングコストは0.08×70÷365×325.00＝4.99ドルとなる。最終計算にこの4.99ドルの支出を含める必要がある。

変動証拠金のコスト　最後に、先物ポジションを維持するために必要な変動証拠金のコスト（バリエーションコスト）を考慮しなければならない。先物の価格が上下すると、トレーダーの口座で入出金がある。理論的にトレーダーは、入った資金で金利を稼げるが、出た資金で金利を失うことになる。

この例では、当初57枚の先物を101.35ドルで売った。1週間後に先物の価格が102.26ドルまで上昇したので、57×（101.35−102.26）＝−51.87ドルを口座から出すことになる。この出金を9週間8％で調達すると、費用は−51.87×0.08×63÷365＝−0.72ドルとなる。

第1週目にデルタニュートラルを維持するため、先物を5枚追加売りし、計62枚の先物売りとなった。さらに1週間後（第2週）、先

物価格が99.07ドルに下落したおかげで、口座に62×（102.26 − 99.07）＝ ＋197.78ドルの入金があった。この入金で稼げた金利は8週間8％で＋197.78×0.08×56÷365＝＋2.43である。

　変動証拠金で生じたキャッシュフローは、**図表5-1**の「変動証拠金」の欄にあり、その金利は「変動証拠金の金利」の欄にある。そこから分かるように変動証拠金のコストの総額は＋1.36ドルだ。

　では、このポジションで生じる損益要素をまとめてみると、利益総額は＋62.81ドル（＝ − 138.83 ＋ 205.27 − 4.99 ＋ 1.36）となる。

　理論価格決定モデルが予想した利益はいくらだっただろうか。価格が3.88ドルの100コールを3.25ドルで100枚買っており、理論上の利益は100×（3.88 − 3.25）＝100×0.63＝＋63.00であった。つまり、理論モデルは、実際の利益に非常に近い予測をしていたわけだ。

　この例で、損益は4つの要素から成り立っていた。その内2つ（調整と変動証拠金コスト）は利益になったが、ほかの2つ（当所のヘッジとオプションのキャリングコスト）は利益にならなかった。

　常にそうなるわけではない。どの要素が利益になり、どの要素が利益にならないか、あらかじめ決めることは不可能だ。事実、オリジナルヘッジが利益になり、調整が利益にならないような例も簡単に作れる。ここで重要なことは、データが正しい場合、その組み合わせによっては理論価格決定モデルによる予測とほぼ等しい利益（または損失）を期待できることだ。

　すべてのデータのなかで、ボラティリティだけは直接観察できない。では、先ほどの例のボラティリティ18.3％はどこから出してきたのだろうか。もちろん、フューチャーボラティリティはだれにも分からない。しかし、この例では、**図表5-1**の10週の価格変化を用いて対数変化（ボラティリティ）の標準偏差を計算した。したがって、18.3％のボラティリティは、この一連の価格変化に対応する正しいボラティリ

ティである。

　先ほどの例題では、市場には摩擦がなくて外部要因は損益にまったく影響しないという想定になっている。この想定は多くの経済モデルにとって基本的なもので、ブラック・ショールズ式モデルも例外ではない。摩擦がない市場における想定は、

①トレーダーは自由に無制限に原資産の売買ができる
②すべてのトレーダーは資金の貸し借りを同時にできる
③売買コストはゼロである
④税要因はまったくない

　トレーダーはすぐに、現実はこんなにうまくいかないと気づくだろう。先ほどの前提は、実際には大なり小なり崩れるからだ。例えば、先物の銘柄によっては１日当たりの値幅制限がある。この制限に達すると、いわゆる市場はロックされ、制限価格の範囲内でしか売買ができなくなる。明らかに、このような市況では原資産を自由に売買できない（ただし、先物ではなく現物を売買することで、あるいはロックされていない限月があれば限月間スプレッドを売買することで、ロックされた市場の問題を回避できる場合はある）。

　また、個人トレーダーは通常、大手金融機関と同じ金利で資金の貸し借りはできない。個人に借金があれば、その借金を抱える費用は比較的高く、預金残高があっても、その預金金利は比較的低くなる。借入金利と貸出金利には、かなり大きな差があるだろう。幸い、第３章で述べたように通常、金利は理論価格決定モデルのデータのなかで最もウエートの低い要素だ。適用金利はトレーダーによって異なるだろうが、一般に金利はほかのデータと異なり、損益の総額に対して小さな影響しかもたらさない。

　他方、委託手数料などの売買コストは非常に現実的な要素だ。この

コストが高くなると、**図表5-1**のヘッジは執行可能な戦略ではなくなる。利益がすべてブローカーの委託手数料に食われてしまう。

理論的に、その戦略が好ましいかは、当初の売買コストだけではなく、その後の調整コストによる。調整コストは、デルタニュートラルを維持するためトレーダーが負担する。常にデルタニュートラルを維持したければ、調整が多くなるため、調整コストが増えることになる。

トレーダーがヘッジを始めてもあまり調整しない、あるいはまったく調整しないとする。これは結果にどのような影響をもたらすだろうか。オプションの理論価格は確率の法則に基づいているので、理論上利益になるヘッジを開始したときのトレーダーのオッズは有利である。個々のヘッジのどの部分に損失が出るか分からないが、理論的優位性で同じヘッジを繰り返す機会があれば、平均すると、理論価格決定モデルによって予測された利益になるはずだ。もちろんデータは正しいという前提の上である。

調整は、何度も売買させることでヘッジの勝ち負けを平均し、常に同じ有利なオッズにするプロセスにすぎない。調整を嫌うトレーダーがいるのは、1回ほどのヘッジでは利益を実現できないリスクがさらに大きくなるからだ。調整自体は期待利益を変えるものではなく、短期的な不幸の可能性を小さくするだけである。

ここまでの解説に基づいて考えてみると、小口の個人投資家とプロのトレーダーは、理論価格決定モデルで算出した価格を理解し、利用するのは同じだが、互いに少し違った方法でオプション売買に取り組むことになるだろう。プロのトレーダーの場合、特に取引所の会員であれば、売買コストが比較的安い。しかも調整コストもヘッジで期待される理論上の利益に対して事実上ないに等しいため、プロのトレーダーは意欲的に何度も調整する。

しかし、同様なヘッジを個人投資家が設定したとしても、ほとんど調整しないだろう。まったくしないかもしれない。どんな調整でもヘ

ッジの採算性を著しく下げてしまうからだ。それでも、確率の法則を理解していれば、個人投資家は自分のポジションがプロのトレーダーのポジションと同じように有利なオッズを持つことに気づくだろう。同時に、そのポジションは短期的な不運に対して感応度がより高いことを実感するはずだ。個人投資家がプロのトレーダーよりも大きな損失を出すときもあれば、より大きな利益を経験することもある。長期的には結局、平均して双方ともにほぼ同じ利益になる（これは買い気配で買い、売り気配で売れるプロのトレーダーの厳然たる優位性を明らかに無視している。しかし、個人投資家はこの優位性による利益を競おうとしてもできないし、またすべきでもない）。

　税金もオプション戦略を評価する要素になる。ポジションを開始するとき、それを決済するとき、どのようにポジションが重複し、異なる金融商品（オプション、株式、先物など）の関係がどのように違った税効果をもたらすのか。このような効果は多様なポートフォリオに重大なインパクトを与えることが多い。ポートフォリオのマネジャーは税の派生効果に細心の注意を払う必要がある。

　税金面で配慮すべきポイントはトレーダーによってさまざまだ。本書の狙いはオプション評価と戦略の一般的な紹介であり、したがってここでは単に「各トレーダーは理論上の税引き前利益が最大になることを期待し、税のことは事後に心配する」という前提にする。

　図表5-1の例では、ヘッジを始めてから、オプションでまったく売買しなかったことに注意してほしい。唯一の関心事は、原資産のボラティリティである。このボラティリティが調整の程度と回数を決定し、その調整が最終分析においてヘッジの採算性を決定する。ヘッジは６月限100コールの時間価格の減少と調整による入出金の競争であり、理論価格決定モデルはその審判の役割を果たしていると考えられる。モデルによれば、オプションを理論価格よりも安く買うと調整が競争に勝ち、オプションを理論価格よりも高く買うと時間価値の減少

が競争に勝つことになる。競争の条件は理論価格決定モデルのデータで決まる。

　この例では、フューチャーボラティリティが18.3％と分かっているという前提だった。一方、ボラティリティが18.3％でなかったら結果はどうなっただろうか。例えば、18.3％よりも高かったとする。ボラティリティが高くなれば価格変動が大きくなり、その結果、調整の頻度と程度が高くなる。先ほどの例では、調整が多いほど利益が大きくなっている。このことは「オプションはボラティリティが高くなるほど価格が上昇する」という原則と一致する。

　では、逆にボラティリティが18.3％よりも低かったらどうなっただろうか。この場合、利益は小さくなっていたはずだ。ボラティリティが低いと、調整による利益は、ちょうどほかの要素を相殺する程度になり、ヘッジの総利益はぴったりゼロになる。この損益分岐となるボラティリティは、オプションの市場価格のインプライドボラティリティと同一である。

　ブラック・ショールズ式モデルで計算すると、6月限100コールのインプライドボラティリティは価格が3.25ドルで14.6％になる。このボラティリティでは、ポジション調整による利益とオプション時間価値減少の競争は、ちょうど引き分けに終わるだろう。ボラティリティが14.6％を超える場合、ヘッジは調整も含めて利益になると予想し、14.6％未満の場合、ヘッジは損失になると予想する。

　利益を実現するために調整を必要とするのだから、すべての収益性のあるヘッジのポジションを満期まで維持しなければならないように思うかもしれない。しかし、実際は必ずしもそうではない。

　例えば、ヘッジを設定した直後にオプション市場のインプライドボラティリティが上昇し始めたとする。具体的には、6月限100コールを買ったときはインプライドボラティリティが14.6％だったのに、オプション残存日数のフューチャーボラティリティ18.3％まで上昇した

としよう。6月限100コールの価格は3.25ドル（インプライドボラティリティ14.6％）から3.88ドル（インプライドボラティリティ18.3％）まで上昇する。この場合、コールを売り、直ちにオプション1枚当たり0.63ドルの利食いをする。

　もちろん、そのヘッジを手仕舞いたい場合、当初に売った6月限先物57枚を買い戻す。インプライドボラティリティの変化は先物価格にどのような影響を与えているだろうか。インプライドボラティリティは、原資産ではなく、オプションに対応する。したがって、原資産は元の価格、101.35ドルで売買が続くと予想されている。先物玉を101.35ドルで57枚買い戻すことで、ヘッジの総利益63.00ドルを実現する。これは理論価格決定モデルが予測した額とぴったり一致する。そうなると、このポジションをまるまる10週間保有する理由はまったくない。

　インプライドボラティリティを14.6％から18.3％へ直ちに再評価する可能性はどれくらいあるだろうか。インプライドボラティリティが激しく変化する可能性はある。しかし、それは原則的と言うより、例外的だ。通常、インプライドボラティリティは時間をかけて徐々に変化する。なぜなら原資産のボラティリティが同じく徐々に変化するからだ。原資産のボラティリティが変化するとオプションの需要は変動する。そしてその需要は同様にインプライドボラティリティの変動を左右する。

　市場参加者は、原資産価格が14.6％よりも高いボラティリティで変動していると気づいたら、インプライドボラティリティが上昇し始めると予想する。インプライドボラティリティが目標の18.3％に到達したら、コールを売却し、先物を買い、ポジションをまるまる10週間保有しなくても、期待利益63.00ドルを実現させる。しかし、オプションの価格はいろいろな市場要因にさらされており、すべてが理論的に動いているわけではない。インプライドボラティリティが再評価され

て18.3％に上昇する保証などまったくないのだ。そうなると、ポジションをまるまる10週間保有し利益を実現するためには、調整を続けなければならない。

どのトレーダーも、インプライドボラティリティがすぐに再評価され、フォーキャストボラティリティに沿って動くことを期待する。そうなれば利益をもっと早く実現できるし、長い期間ポジションを保有するリスクから免れることができる。ポジションを長く保有することほどモデルのデータエラーの可能性が大きくなることはない。

たとえ原資産の真のボラティリティが有利に動いても、インプライドボラティリティが有利に再評価されないばかりか、不利に動いてしまうこともある。ヘッジを設定した直後にインプライドボラティリティが14.6％から13.5％に下落したとする。すると、6月限100コールの価格は3.25ドルから3.06ドルに下落する。含み損は、100×−0.19＝−19.00になる。

これは「間違ったトレードだからポジションを手仕舞うべきだ」という意味だろうか。必ずしもそうではない。フォーキャストボラティリティ18.3％が正しかったとすれば、このオプションは満期に3.88ドルの価格を持つだろう。ポジションを保有し調整すれば、最終的には63.00ドルの利益を期待できる。このことを自覚して、当初の計画どおりポジションを維持すべきである。

インプライドボラティリティの不利な動きは嫌なものだが、オプションのトレーダーならばその対応の仕方を学ばなければならない。原資産の投機家が買いや売りのポジションを取るとき、底や天井を正確に拾うことはめったに期待できない。同じように、オプショントレーダーがインプライドボラティリティの底や天井を正確に拾うことはめったに期待できない。

市場の状況が有利なときにポジションを設定するようにしなければならない。ただし、その状況がもっと有利になってしまう可能性も自

覚する。その場合、当初の売買は一時的に損を出す可能性もある。しかしこのことは、トレーダーが甘受することを学ばなければならないトレードの現実的一面である。

もう少し複雑なヘッジを見てみよう。今度はミスプライスが付いた株式オプションのヘッジ戦略である。条件は次のとおり。

株価	＝48.50ドル
金利	＝8.00％
3月限の残存日数	＝10週
期待配当	＝40日後に0.50ドル

今度は期待配当のデータが追加されることに注意してほしい。もちろん、オプションの残存日数を通じてのボラティリティも必要だ。水晶玉をのぞくと、10週後のボラティリティは32.4％と出ている。そこで、アット・ザ・マネーに近いコール、3月限50コールを見てみた。すべてのデータをブラック・ショールズ式モデルに入力すると、3月限50コールの理論価格は2.17ドルで、デルタは46である。

ところが市場価格を見ると50コールは3ドル（インプライドボラティリティ42.2％）で売買されていた。そこでこの割高なオプションを売り、原資産にデルタニュートラルのヘッジを掛けたいと考えた。例えば、3月限50コールを100枚売り、同時に株を46口買う。米国の株式は売買単位が100株であるから、4600株を買うことになる。

すべてのヘッジは理論的に見てミスプライスのオプションに基づいている。このデルタニュートラルのポジションをオプションの残存日数を通じて維持する。前の例のように、週間隔で調整するが、今回の原資産は株だ。

図表5-2が示しているのはこのヘッジの調整プロセスである。ヘッジの各段階に目を通して最終結果がどうなるか見てみよう。

当初のヘッジ　満期に、株が52 3/8ドルの場合、50コールの価格は2 3/8ドルであった。したがって、このオプションで出た利益は1枚当たり62.50ドル（＝300ドル－237.50ドル）であった。48 1/2ドルで買った4600株の株は52 3/8ドルで売ることができ、利益は1株当たり3 7/8ドル（3.875ドル）であった。よって、ヘッジの総利益は＋（100×62.50ドル）＋（4600×3.875ドル）＝＋2万4075ドルである。

調整　調整のプロセスでは、株の売買でデルタニュートラルを維持するしかない。1週目に600株の株を49 5/8で買い、2週目に1400株の株を52 1/8で買い、3週目に200株を51 3/4で売り……10週目に残り900株の株を52 3/8で売却した。これらすべての調整の結果、1万3425ドルの損失が出た（**図表5-2**の「キャッシュフロー」の欄の数字をすべて加算してほしい）。

当初のポジションのキャリングコスト　初めにオプションを1枚当たり300ドルで100枚売り、株を1株当たり48.50ドルで4600株買った。この結果、出金総額は（100枚×300ドル）－（4600株×48.50ドル）＝19万3100ドルになった。この出金の10週間のキャリングコストは年率8％（前提条件より）で、19万3100ドル×0.08×70÷365＝2962.63ドルであった。これはオプションだけにキャリングコストがかかった先物の例と異なることに注意してほしい。先物取引とは異なり、株式の売買では直ちに口座資金の出入りが発生し、このキャッシュフローから当初のヘッジのキャリングコストが発生する。

調整にかかる金利　調整のため株を売買したときは常に入出金いずれかのキャッシュフローが発生する。入金では金利を稼ぐことができ、出金では金利の支払いが必要となる。ここではその利率が8.00％である。例えば、1週目に600株の株を49 5/8で買い、2万9775ドルの現金

第5章 オプション理論価格の活用

図表5-2

週	株価	50コールのデルタ	ポジション全体のデルタ	現物株による調整		調整した株式の合計株数	入出金	入出金の金利
0	48½	0	0		0	0	0	0
1	49⅝	52	−600	買い	600	+600	−29,775	−411.14
2	52⅛	66	−1400	買い	1,400	+2000	−72,975	−895.69
3	51¾	64	+200	売り	200	+1800	+10,350	+111.16
4	50	52	+1200	売り	1,200	+600	+60,000	+552.33
5	47	28	+2400	売り	2,400	−1800	+112,800	+865.32
	配当50セント							
6	48⅛	38	−1000	買い	1,000	−800	−48,125	−295.34
7	52	73	−3500	買い	3,500	+2700	−182,000	−837.70
8	52¼	78	−500	買い	500	+3200	−26,125	−80.16
9	50⅛	55	+2300	売り	2,300	+900	+115,288	+176.88
10	52⅜			売り	900		+47,138	

を支出した。この出金を満期まで（9週間）持ち越すコストは−2万9775ドル×63÷365×0.08＝−411.14ドルであった。調整にかかる金利負担の総額は、個々の金利計算の合計額であり、−814.34ドルだった。

配当 この株が満期の30日前（5週目と6週目の間）に50セントの配当を支払うことも想定した。このポジションでの配当の収支はいくらだろうか。初めに4600株買い、調整として5週目までに1800株の株を売った。つまり、配当落ちの日に総数で2800株の株を買っていたことになる。そこで1株当たり50セント、つまり1400ドルの配当を受けた。

配当につく金利 30日の残存日数に1400ドルの配当に対し、8％の利率で金利収入があった。この収益は1400ドル×30÷365×0.08＝9.21ドルとなる。

結果をまとめてみると、ヘッジの総利益は＋8282.24ドル（＝＋2万4075ドル−1万3425ドル−2962.63ドル−814.34ドル＋1400ドル＋

9.21ドル）となる。それに対して理論上の利益は＋8300ドル（＝100枚×83ドル）だ。

前の例のように、この利益の決め手になったのは、オプションの残存日数でのボラティリティが32.4％と分かっていたことだ。このボラティリティは**図表5-2**の株価変化から実際に算出できる。

これも市場に支障がないことを前提としている。しかし、先物オプションの例で述べたように、これは必ずしも真実ではない。値幅制限に引っ掛かった先物市場では原資産を自由に売買できるわけではないように、同様の問題が株式オプション市場でもあり得る。

また今の例では、コールを売り、株を買うことで当初のヘッジを設定した。しかし、もしコールが割安であったら、コールを買って株を売っていたかもしれない。必ずしもその現物株を所有しているとは限らないし、空売り（株を信用で借りて売ること）を禁止している市場もある。このように、ヘッジが困難になるオプションのポジションがある。

後ほど解説するが、プットを売る場合、株を売ってポジションをヘッジする必要がある。プット売りのヘッジのために株を売ることができなければ、プットの市場価格が理論価格より高くても、プット売りをためらうだろう。事実、空売りが禁止されている市場では、プットがコールと比較して膨れた価格で売買される傾向がある。

空売りが米国の市場で全面的に禁止されているわけではないが、基本的に「アップティック・ルール」の制約を受けている。このルールでは、直近の約定価格より下値（ダウンティック）での空売りを禁じている。空売りができるのは、直近の約定値より上値（アップティック）にあるときだ。また直近の約定値がアップティックで執行されている場合（これもアップティック）、直近の約定値と同じ価格で空売りできることがある。

このアップティックルールは1929年の株価大暴落を受けて制定され

た。その目的は、実際には所有していない株の下値での売り浴せを禁じることで、同様な大暴落を防ぐことにある。次に挙げるのはティック(プラスの符号はアップティック、マイナスの符号はダウンティック)を添えた10本の歩み値である。

48.50
+48.63
+48.63
-48.50
-48.38
-48.25
-48.25
+48.38
+48.38
+48.38

アップティックルールがあるために空売りできない可能性に加え、空売りを執行する株式ブローカーは、空売りによる利益に対して十分な金利を支払わない。このため理論価格決定モデルに用いられる金利をさらに歪める可能性がある。

最後にもう一度、先ほどの例を見てみよう。なぜ、理論価格決定モデルが予測したものにほぼ等しい利益を上げられたのだろうか。モデルに応じ、オプションのキャッシュフローに基づいて調整のためにポジション変更ができると気づけば、簡単に解釈できる。オプションの条件と原資産の関係が分かっていれば、原資産の調整を通して、そのオプションのキャッシュフローに基づいてポジションの増減・変更をすることができるのだ。

この例では、オプションの残存日数を通じて有効で正確な条件(特

にボラティリティ）が分かっていたため、継続的にデルタを計算し、原資産で適切な相殺のポジションを取ることで、オプションポジションの再構築ができた。この「ダイナミックヘッジ」のキャッシュフローは、モデルに応じ、オプションの価格と満期には一致するはずだ。

ただし、これまでの例では、オプションを理論価格よりも安く買ったり（先物オプションの例）、あるいはオプションを理論価格よりも高く売ったり（株式オプションの例）した。調整によるキャッシュフローはオプションの理論価格を正確に複製するため、オプションの市場価格とその理論価格の差に等しい利益を出せたわけだ。

この種の「オプションポジションの再構築」は、原資産の継続的なヘッジによるキャッシュフローを用いており、オプションの特性を利用しときながら実際にはオプションを含まない多くの売買戦略の基礎となっている。こうした戦略でよく知られているのが「ポートフォリオインシュアランス」である。これについては第13章で紹介する。

第6章
オプション価格と市況の変化
Options Values and Changing Market Conditions

　市場に参加するすべてのトレーダーは、2つの相反する要因、リスクとリワードのバランスを取らなければならない。だれもが市況を正しく分析し、有利な売買戦略を組みたいと考えている。しかし、賢明なトレーダーであれば、間違いの可能性を無視しない。もし相場を読み違え、市況が変化しポジションに悪影響をもたらすようになれば、どれだけ痛い目に遭うか。ポジションに関するリスクの考慮を怠ればトレーダーとしての経歴は短く惨めなものに終わってしまうはずだ。

　先物を買うトレーダーたちのことを考えてみよう。その人たちは何を心配しているだろうか。もちろん、相場が下落することを恐れている。原資産にポジションを持つ人だれもが唯一切実な懸念を抱いている。それは市場が思惑と反した方向に動くことだ。買いポジションを持てば、相場の下落がリスクになり、売りポジションを持てば、相場の上昇がリスクになる。

　残念ながら、オプショントレーダーが対処しなければならないリスクは一元的ではない。いろいろな力がオプションの価格に影響する。理論価格決定モデルを用いてオプションを評価する場合、モデルのどのデータもリスクになり得る。そのデータが不正確に評価されている可能性が常にあるからだ。

　たとえ現在の市況を正確に評価していても、時間がたてば状況が変

化し、オプションポジションの損益に悪影響を与えることがある。多くの力がオプション価格に影響するため、最古参のトレーダーでさえ驚くような価格の変化が起こる可能性があるのだ。ときにはコンピューターの力を借りずに敏速な決断が必要になる場合が多い。したがって、オプショントレーダーの教育の大部分は、流動的な市場でオプションの価値とオプションポジションのリスクはどのように変化するのかいうことを学ぶ構成になっている。

まず、流動的な市場の状況がオプション価格に与える一般的な影響について考えてみよう。その影響を**図表6-1**にまとめた。

原資産の価格が上下すると、オプションがイン・ザ・マネーで満期となる可能性も上下し、その損益もしかるべく上下する。ボラティリティが高くなると、原資産に極端な動きの出る可能性が高まり、その結果、オプション価格が上昇する。逆にボラティリティが低くなると、あるいは残存日数が短くなると、極端な動きの出る可能性が低くなり、その結果オプション価格は下落する。

金利の変化がオプション価格に与える影響を考慮していないことに注目してほしい。金利は原資産や決済手続き次第でオプションに与える影響が異なる。そのため、変動する金利の影響について一般化は不可能だ。しかし、金利の変動がオプションに与える影響について論理的に推論することはできる。コールを原資産を買う代用（代替手段）として、またプットを原資産を売る代用として考えるのだ。

例えば、ある株を買いたいとする。その代用となるのはコールを買うことだ。金利が高い場合、現物株を買うにはずっと大きな現金の支出が必要になる。つまり、キャリングコストが高くなるため、コールのほうを選ぶわけだ。他方、金利が低い場合、現物株にかかるキャリングコストはそれほど高くならない。したがって、株を買う代用としてのコールの魅力が薄れる。だから、金利が高くなると株式オプションのコールの価格は上がり、金利が低くなると株式オプションのコー

図表6-1　市況の変化がオプションの理論価格にもたらす影響

	コールの価格は	プットの価格は
原資産の価格が上昇すると	上昇	下落
原資産の価格が下落すると	下落	上昇
ボラティリティが上昇すると	上昇	上昇
ボラティリティが低下すると	下落	下落
時間が経過すると	下落*	下落*

*特異な場合では、オプション価格が時間の経過とともに上昇する可能性はある。この状況については後ほど詳説する。

ルの価格は下がる。

　金利の影響は株式オプションのプットに対して逆になる。株を売ることを考えている場合、その代用となるのはプットを買うことだ。高金利の状況では、売却による現金収入に高い金利がつくため、株を売ることが好ましくなる。しかし、低金利の状況では、株の売却による現金収入の金利が低くなるため、プットの魅力が増す。つまり、金利が高くなると株式プットの価格は下がり、金利が低くなると株式プットの価格は上がるのだ。

　外国通貨オプションになると状況はさらに複雑になる。トレーダーが2つの金利、つまり国内金利と外貨金利を扱わなければならないからだ。国内金利の変動による影響は、株式オプションに対する影響と同じである。コールは外貨を買うのに必要な米ドルの支出を回避したいときに有効となり、プットは外貨の売却で米ドルが入るのを先送りしたいときに有効だ。

　しかし、外貨金利の変動による影響は正反対になる。外貨金利が高い場合、コールではなく現物の外貨を買って高い金利を稼ごうとするだろう。したがって、高い外貨金利はコールの価格を低くする。逆に低い外貨金利は、コールの価格を高くする。

また、外貨金利が高い場合、プットは現物の外貨を売る代用として好ましい。外貨の高い金利で稼ぎたいからだ。したがって、高い外貨金利はプットの価値を高くし、低い外貨金利はプットの価値を低くする。

　株式や通貨のオプションは常に株式タイプの決済（オプションに対してすぐに現金で支払う）に準じる。しかし、先物オプションの決済手続きは取引所によって異なる。株のように決済されることもあれば、先物のように決済されることもある。

　先物にかかるキャリングコストはまったくない。しかし、株式タイプの決済に準じるオプションであれば、そのオプションにかかるキャリングコストがある。このような場合、オプション価格は金利が高いときに下がり（先物ポジションの代用として魅力が薄れる）、金利が低いときに上がる（先物ポジションの代用として好ましくなる）。もっとも、その影響は小さい。オプション価格は、かなりのディープ・イン・ザ・マネーでないかぎり、原資産の価格に比較して低いからだ。

　結論としては、先物オプションは金利の変動に対する感応度が株式や通貨のオプションよりもずっと低い。そして先物オプションが先物タイプの決済に準じる場合、金利の変動はオプションにまったく影響を与えない。原資産にもオプションにも関連するキャリングコストがまったくないからだ。

　金利変動による一般的な影響を**図表6-2**に示した。これでどのような場合でも、読者の皆さんはコール（プット）が現物買い（現物売り）の代用として適当か否か自問すれば、直感的に正しい結論に達するはずだ。

　株式オプションの残存期間中に支払いが予想される配当もオプションの価値に影響を与える。単純に考えて、通貨オプションの外貨金利を同じと考えてもかまわない。外貨を所有している場合、その金利を稼ぐことができるのと同様、株式を所有している場合、配当があれば

図表6-2　金利の変化がオプション価格にもたらす影響

金利	国内金利が上昇すれば	国内金利が低下すれば	外貨金利が上昇すれば	外貨金利が低下すれば
株式コールは…	価格が上昇する	価格が下落する	(非適用)	(非適用)
株式プットは…	価格が下落する	価格が上昇する	(非適用)	(非適用)
通貨コールは…	価格が上昇する	価格が下落する	価格が下落する	価格が上昇する
通貨プットは…	価格が下落する	価格が上昇する	価格が上昇する	価格が下落する
先物コールは…（株式タイプの決済）	価格が下落する	価格が上昇する	(非適用)	(非適用)
先物プットは…（株式タイプの決済）	価格が下落する	価格が上昇する	(非適用)	(非適用)
先物コールは…（先物タイプの決済）	変わらないまま	変わらないまま	(非適用)	(非適用)
先物プットは…（先物タイプの決済）	変わらないまま	変わらないまま	(非適用)	(非適用)

図表6-3　配当の変化が株式オプションに与える影響

	コールの価格は	プットの価格は
配当が増加すると	下落	上昇
配当が減少すると	上昇	下落

受け取れる。配当が高くなれば、コールを買うのではなく株を買うことで買いポジションを選ぶ。コールは株を所有する代用としてあまり好ましいものではなくなる。逆にプットの場合は、配当が高くなれば、株を売るのではなくプットを買うことで売りポジションを取る。株を売ると配当を失うからだ。

つまり、配当が高くなると株式オプションのコール（プット）の価格は下がり（上がり）、配当が低くなると株式オプションのコール（プット）の価格が上がる（下がる）わけだ。これを**図表6-3**にまとめたので確認してほしい。

相場の変動がオプション価格に与える影響については一般化できる。しかし、その変動の大きさも考慮に入れなければならない。変動は大きいのか小さいのか、表しているリスクは大きいのか小さいのか、あるいは中程度なのか。幸いにも、価格決定モデルは理論価格のほかにもいくつかの数字を算出し、そのおかげで変動の方向だけではなく、その比較的な強さも算定できる。これらの数字が変動する市場に関する疑問のすべてに答えてくれるわけではない。しかし、個々のオプション、さらには組み合わせによるポジションに伴うリスクを算定するとき役に立つはずだ。

デルタ

前章でデルタ（Δ）について触れ、ニュートラルヘッジの設定に必要な原資産の数量を決めるのに欠かせないものであると解説した。デ

ルタには解釈の仕方がいくつかある。どれもトレードに非常に役に立つものである。

変化率

図表6-4は、原資産の価格が変化するとコールの理論価格はどうなるかを示している（このオプション感応度は、原資産商品の種類とは無関係に、たいてい同様である。その特性を一般化するため、**図表6-4〜図表6-21**では金利をゼロとしている）。

ある状況下で、コールがかなりのディープ・イン・ザ・マネーにあるとき、その価格は原資産とほぼ同じ割合で変化する。原資産が1ポイント上下すれば、コールの価格も同じ額だけ変化する。また別の状況下で、コールがかなりアウト・オブ・ザ・マネーにあるとき、原資産価格の変化が大きくても、その価格はほんの少ししか変わらない。

デルタは原資産価格の変化に対するオプションの価格変化の尺度である。理論上、原資産よりも速くオプションの価格が上下することはけっしてない。したがって、コールのデルタの上限は常に100である（ここでも慣例どおりにデルタの小数点は省く。つまり1.00のデルタは100と記述される。これを「パーセントフォーマット」と呼ぶ人もいる）。

デルタが100のオプションは、原資産価格が1ポイント上がる（下がる）ごとに1ポイント上がる（下がる）。原資産に対して100％の変化率で動く。理論上、コールが原資産と逆に動くことはない。したがって、デルタのコールの下限はゼロになる。デルタがゼロのコールは、原資産が比較的大きく変動しても、ごくわずかしか変動しない。

もちろん大半のコールは、デルタが0〜100の間にあり、原資産よりも遅い速度で変化する。デルタが25のコールは、原資産の変化に対して、25％の変化率でその価格が変わると予想される。つまり、原資産

図表6-4 コールの理論価格と原資産価格

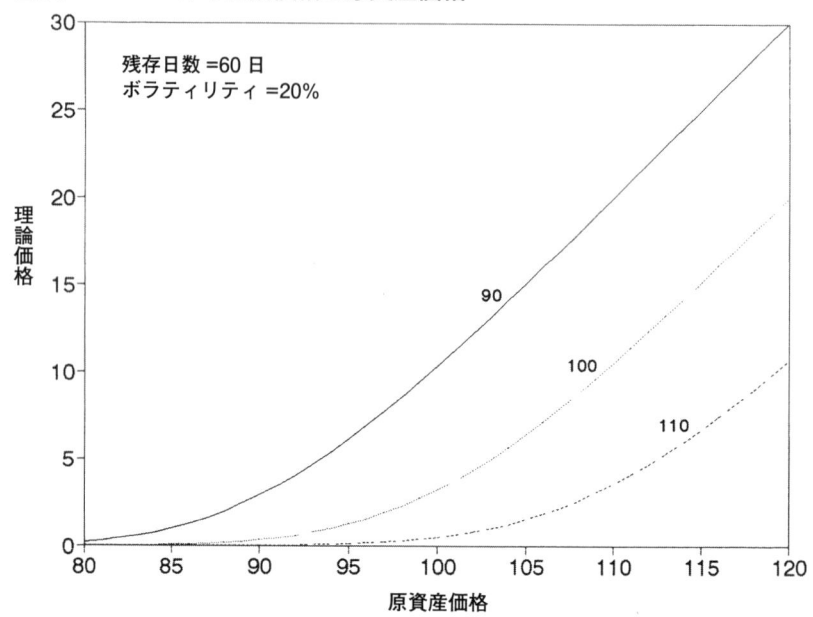

残存日数=60日
ボラティリティ=20%

図表6-5 プットの理論価格と原資産価格

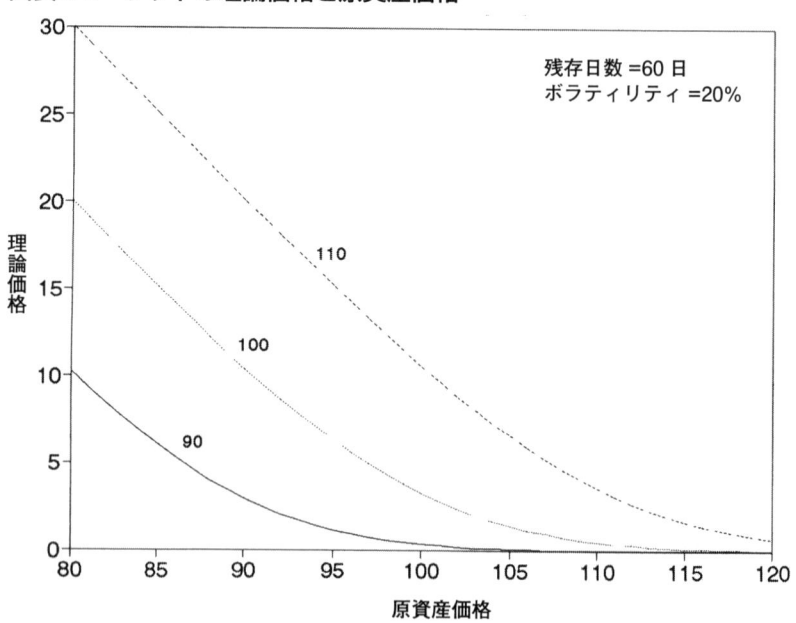

残存日数=60日
ボラティリティ=20%

が1.00ポイント上昇（下落）する場合、そのオプションは0.25ポイント上昇（下落）すると予想されるわけだ。

同様に、デルタが75のコールは原資産の動きの75％でその価格が変化すると予想される。原資産の上昇（下落）が0.60ポイントの場合、そのコールの上昇（下落）は0.45ポイントになると予想される。

アット・ザ・マネーのコールのデルタ値は、ほぼ50である。このようなオプションは、原資産のちょうど半分ぐらいの割合で価格が上下する。

これまでのところデルタの説明はコールだけに絞られている。プットは、その価格が原資産と逆の方向に変動すること以外、コールと同じ特性を持つ。**図表6-5**を見てほしい。原資産価格が上昇するとプットは価格が下がり、原資産価格が下落するとプットは価格が上がると分かる。このためプットのデルタは常にマイナス値になり、そのレンジは、極度にアウト・オブ・ザ・マネーのプットのゼロからディープ・イン・ザ・マネーのプットの－100までになる。

ちょうどコールのデルタのように、プットのデルタは原資産の価格変化に対するプットの価格の変化率の尺度である。しかし、マイナスの符号（－）はその変化が原資産市場の方向と反対であることを示している。デルタが－10のプットは、原資産の変化の10％の割合で価格を変化させると予想される。ただし、その方向は逆だ。原資産が0.50ポイント上昇（下落）すれば、そのプットは0.05ポイント下落（上昇）すると予想される。

アット・ザ・マネーのプットのデルタは、約－50になり、原資産の半分ぐらいの割合でその価格を変化させると予想する。ただし、その方向は逆だ。

ヘッジレシオ

　第5章で解説したように、オプションのポジションを原資産でヘッジしたい場合、ニュートラルヘッジを設定するために必要な原資産とオプションの比率は、デルタで分かる。原資産のデルタは常に100なので、適正なヘッジレシオは100をオプションのデルタで割ればよい。
　例えば、アット・ザ・マネーのオプションのデルタは50だから、適正なヘッジレシオは100÷50＝2/1になる。つまり、アット・ザ・マネーのオプションを2枚買うごとに原資産を1枚売り、ニュートラルヘッジを設定しなければならない。コールのデルタが40であれば、オプションを5枚買うごとに原資産を2枚売る必要がある。レシオが100÷40＝5/2になるからだ。
　プットはマイナスのデルタになるので、プット買いの場合、原資産を買ってそのポジションをヘッジすることになる。プットのデルタが−75の場合、プットを4枚買うごとに原資産を3枚買う。レシオが100÷75＝4/3になるからだ。
　今までに考察したヘッジはすべてオプションと原資産で構成されていた。しかし、どんなヘッジでも、例えばオプション対原資産、あるいはオプション対オプションでも、すべてのデルタが加算されて100になるかぎり、デルタニュートラルである。
　例えば、デルタが50のコールを4枚買い、デルタが−20のプットを10枚買うとする。このポジションのデルタは（＋4×＋50）＋（＋10×−20）＝0なので、デルタニュートラルである。原資産そして権利行使価格と満期の異なるコールとプットで構成されたポジションは、非常に複雑になることもある。しかし、デルタを加算してだいたい100になるかぎり、そのポジションはデルタニュートラルである。

理論上あるいは同等の原資産ポジション

多くのトレーダーは原資産商品の売買を経験してからオプション市場に参加する。先物オプションのトレーダーは先物取引から、株式オプションのトレーダーは株式取引から始めるのが普通だ。売買される原資産（先物または株式）の数量の観点からリスクを評価することに慣れていれば、デルタを用いて、ポジションの方向性リスク（ディレクショナルリスク）を同じ規模の原資産市場のポジションと同じように扱うことができる。

原資産のデルタは常に100である。オプションのポジションのデルタが100であれば、理論上は1単位の原資産に等しいポジションがあることを示している。デルタが50のオプションを1枚建てていれば、だいたい0.5単位の原資産を買っている（動かしている）ことになる。このようなオプションを10枚持っていれば、500デルタ、つまりは5単位の原資産を買っていることになる。

原資産が先物の場合、理論上5枚の先物を買っている。原資産が100株単位の株式である場合、理論上は500株の株式を買っている。デルタが－25のプットを20枚売った場合も理論上は同じポジションになる。－20×－25＝＋500になるからだ。

ただし、原資産でのポジションのデルタと同等であるという解釈の理論的な側面を強調するのは重要なことである。オプションは単に原資産の代用ではない。実際の原資産のポジションは通常、相場の方向性にのみ敏感である。一方、オプションのポジションは相場の方向的動きだけでなく、市況以外のほかの変化にも敏感だ。デルタだけを見ていると、オプションのポジションにはるかに大きな影響を与えるかもしれないほかのリスクを無視してしまう危険性がある。デルタが原資産と同等になるのは、非常に狭く限定された市況下においてのみであることを理解しておく必要がある。

すでに分かている読者もいるかもしれないが、デルタの３つの解釈（ヘッジレシオ、理論価格変化レシオ、そして同等の原資産ポジション）はすべて、実質的に同じものである。デルタを解釈する主な基準は、その売買戦略だ。

　例えば、ポジションのデルタが＋500であったとする。その売買目的がデルタニュートラルの維持であれば、原資産を５単位売らなければならない（ヘッジレシオの解釈）。しかし、原資産価格が上昇すると思って、そのデルタを維持している場合、理論上は原資産に５単位の買いがあることを理解している（同等の原資産ポジションの解釈）。そして、＋500のポジションを実際に維持する場合、そのポジションの価値は原資産の５倍の速度、つまり500％で変化する（変化率の解釈）。

　場合によってデルタの解釈は変わるだろう。しかし、各解釈は数学的に同じことである。

　実は、もうひとつ別のデルタの解釈方法がある。おそらくあまり実用的ではないだろうが、触れておいても無駄にはならないと思う。デルタは、その記号（コールは正、プットは負）を無視すれば、オプションがイン・ザ・マネーで満期となる確率にほぼ等しくなる。デルタが25のコール、あるいは−25のプットがイン・ザ・マネーで満期となる可能性は、だいたい25％というわけだ。

　デルタが75のコール、あるいは−75のプットがイン・ザ・マネーで満期となる可能性はだいたい75％である。デルタが100に、プットが−100に近づくと、そのオプションがイン・ザ・マネーで満期となる可能性はますます高くなる。デルタがゼロに近づくと、そのオプションがイン・ザ・マネーで満期となる可能性はますます低くなる。

　ここからアット・ザ・マネーのオプションのデルタが50に近い理由も分かるだろう。価格変化がランダムだとすれば、市場が上昇する（オプションがイン・ザ・マネーに入る）可能性が半分、市場が下落する（オプションがアウト・オブ・ザ・マネーになる）可能性が半分ある。

もちろん、デルタは確率の近似値にすぎない。金利や株式オプションの場合は、配当がこの解釈を歪めるときがある。
　また、ほとんどのオプション戦略の基準になっているのは、オプションがイン・ザ・マネーで満期になるか否か、そして、その額である。デルタが10のオプションを10回中9回は満期に無価値になると思って売る場合、そのトレーダーはたしかに正しい。
　ただし、満期時に無価値になった9回で得たプレミアムの合計を超える額を10回目で失ってしまえば、その売買の結果はマイナスの期待利益になる。オプション売買では、戦略の可否は必ずしも回数だけでなく、その額も大きなポイントになる。ベテランと言われるトレーダーは、ときどき大きな利益で埋め合わせができるかぎり、数回の小さな損失を躊躇せずに受け入れるものだ。

ガンマ

　デルタを解説したときに述べたが、ある状況下でオプションがファー・アウト・オブ・ザ・マネー（かなりアット・ザ・マネーからかけ離れた権利行使価格のアウト・オブ・ザ・マネー）にあるとき、そのデルタはゼロに近くなる。また、オプションがディープ・イン・ザ・マネーにあるとき、そのデルタは100（プットは－100）に近くなる。論理的に明らかなのは、原資産の価格が変化すればオプションのデルタも変化するということだ。
　原資産の価格が上昇するとき、コールのデルタは100に向けて動き、プットのデルタはゼロに向けて動く。原資産の価格が下落するとき、コールのデルタはゼロに向けて動き、プットのデルタは－100に向けて動く。この影響を**図表6-6**と**図表6-7**に示した。
　「ガンマ」は、オプションの「曲率」と言われることもあり、原資産価格が変化するときにオプションが変化する度合いである。ガンマ

図表6-6　コールのデルタと原資産価格

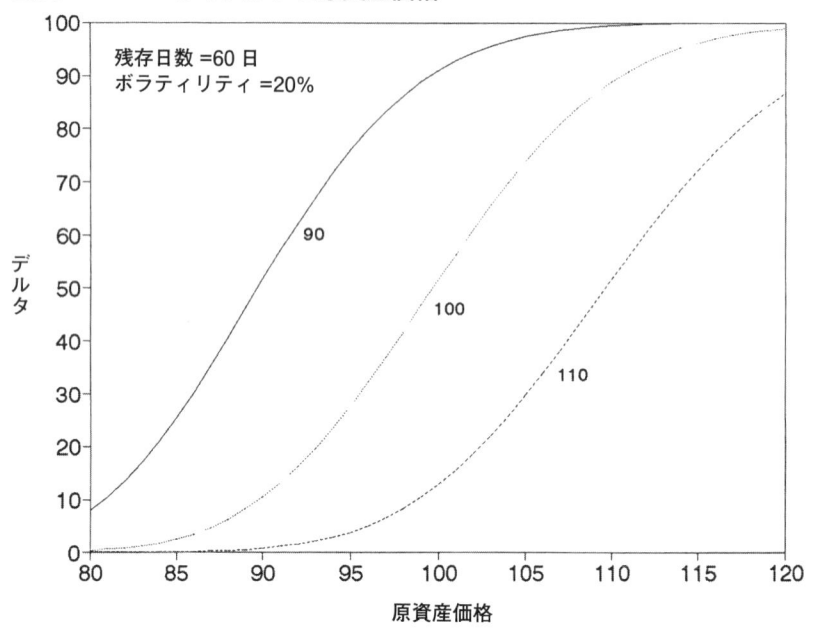

残存日数 =60 日
ボラティリティ =20%

図表6-7　プットのデルタと原資産価格

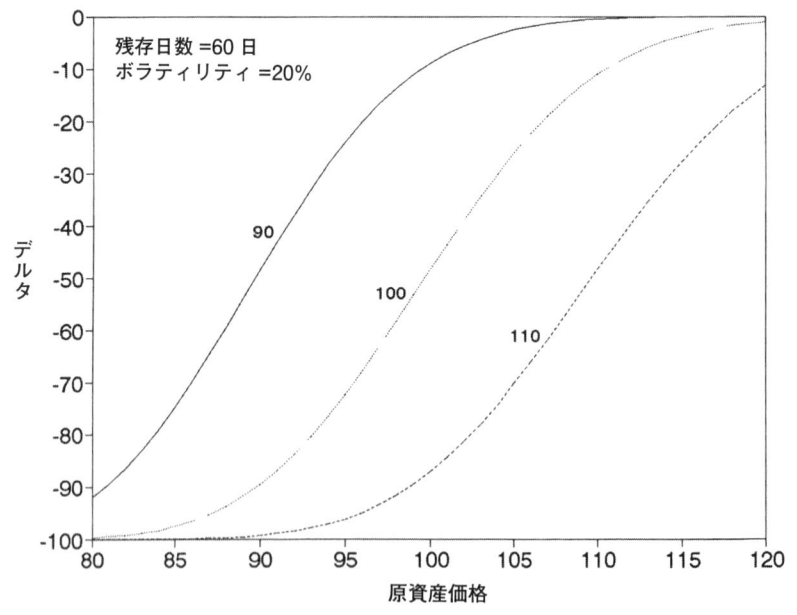

残存日数 =60 日
ボラティリティ =20%

（Γ）は通常、原資産が1ポイント変化するたびに増減するデルタで表される。原資産が上昇するとき、ガンマの値だけデルタは増え、原資産が下落するとき、ガンマの値だけデルタは減る。

例えば、オプションのガンマが5のとき、原資産価格が1ポイント上昇するたびに、オプションは5デルタ増える。逆に原資産価格が1ポイント下落するたびに、オプションは5デルタ減る（デルタが0～1.00の小数点で表示される場合、ガンマの表示も同様になる）。したがって、このオプションの当初のデルタが25だったとすると、原資産が1ポイント上昇（下落）すれば、新たなデルタは30（20）になる。さらに1ポイント上昇（下落）すれば、新たなデルタは35（15）になる。

図表6-6はコールのガンマ、**図表6-7**はプットのガンマである。両者は同じように見えることに注意してほしい。これが意味することはただひとつ、権利行使価格も残存日数も同じコールとプットは、同じ曲率になるということだ（金利がゼロの場合、**図表6-6**と**図表6-7**のように権利行使価格が共通のコールとプットのガンマは同一である。金利がゼロではなく、期日前権利行使が可能な場合、ガンマは若干異なる）。

最初は奇妙に思うかもしれない。しかし、－50は－100よりも大きいし、ゼロは－50よりも大きいと考えれば論理的なことだ。マイナス値がゼロに向かって動くとき、よりプラスのほうに（より小さな負に）なっている。したがって「コールもプットもガンマがプラス値でなければならない」のだ。

このことにオプション初心者は混乱してしまう。デルタを利用するときにプラス値をコールに、マイナス値をプットに関連づけてしまっているからだ。しかし、扱うものがコールであろうとプットであろうと、原資産が上昇するときは常に以前のデルタにガンマを加算し、原資産が下落するときは以前のデルタからガンマを減算する。コールであろうとプットであろうと、ロングオプションであれば「ロングガン

マ」になる。またショートオプションであれば「ショートガンマ」になる。

　例えば、アット・ザ・マネーのコールはデルタが50で、アット・ザ・マネーのプットはデルタが-50で、両方ともガンマが5だとする。原資産が1ポイント上昇すると、ガンマ5をコールのデルタ50に加算し、新たなデルタは55になる。同様に、ガンマ5をプットのデルタ-50に加算し、新たなデルタは-45になる。デルタがそのように変化するのは、原資産が上昇するとアット・ザ・マネーのコールはイン・ザ・マネーになり、アット・ザ・マネーのプットはアウト・オブ・ザ・マネーになるのだから、直感的に分かるだろう。

　逆に原資産が1ポイント下落すると、コールであれプットであれ、ガンマ分を減算する。コールのデルタは45（50-5）、そしてプットのデルタは-55（-50-5）になる。今度はコールがアウト・オブ・ザ・マネーになり、プットがイン・ザ・マネーになるわけだ。

　原資産のデルタは100であると分かっている。しかし、原資産に対応するガンマはいくらだろうか。ガンマはデルタでの変化率であり、原資産のデルタは常に100なので、原資産のガンマは常にゼロのはずだ。

　ガンマは、オプションのポジションの方向性に対する速度の尺度であり、おおよそ原資産のポジションと同じように作用する。方向性リスクは常に重要であるから、ガンマは貴重なリスク尺度だ。

　トレーダーが市場でまったく行動を起こさなくても、オプションのポジションの方向性リスクは劇的に変わる可能性がある。高いガンマ値は、プラス値であろうがネガティブであろうが、高い方向性リスクを示し、低いガンマ値は低いリスクを示す。オプション売買に慣れてくれば、現在の方向性リスク（デルタ）だけでなく、原市場が動き始めた場合の方向性リスクの変化（ガンマ）も注意深く観察するようになる。

　デルタ30のコールを10枚売ったとしよう。この売りポジションのデ

ルタは−300（−10×30）で、理論上は3枚の原資産の売りに等しくなる。原資産でのトレードの許容度が5枚までであれば、しばらくは通常の許容リスクを超えないだろう。市場が10ポイント上昇しても当初のポジションのデルタ値−300を考慮するだけだとしたら、理論上はまだ同じ3枚の原資産を売っていることになる。

しかし、コールの当初のガンマが6だったらどうだろうか。そうすると、原資産が1ポイント上昇するごとにコール1枚当たり6デルタ増える。原資産が10ポイント上昇すると、コール1枚当たり60デルタ増加して合計のデルタは90になる。つまり、このポジションの方向性リスクは3倍になったわけだ。ポジションのデルタ値は当初の−300ではなく、今や−900である。これは許容リスクをはるかに超えている。

得てして素人は、大きなガンマに大やけど負う。経験の浅いトレーダーは、大きなガンマのポジションを（特にそれがネガティブな場合）避けるのが賢明だ。ポジションの変化が速いからだ。

ベテランでさえ、あまりにもリスクの高いガンマに引っ掛かってしまうときがある。1985年、ニューヨーク商品取引所（COMEX）の清算会社だったボリューム・インベスターズ社が破綻した事件は、その怖さを劇的に実証している。この清算会社を通して決済していた一部のトレーダーたちが、金のアウト・オブ・ザ・マネーのオプションを大量に売ることで極度に大きなネガティブガンマのポジションを積み上げていた。

この戦略は、それまで金市場のボラティリティが低く、比較的安定していたので非常に有効であった。しかし、このときは市場が突如激しく上昇したため、当初デルタニュートラルだったポジションが、数千デルタのショートになってしまったのである。トレーダーたちの受けた損失は清算会社の破綻を引き起こしただけにとどまらず、COMEXの清算組合の危機にまで発展した。

この事件は、トレーダー、清算会社、あるいは清算組合のだれかが、

大きなネガティブガンマのポジションは許容できないリスクを示すことを自覚していれば避けられたかもしれない。オプションを扱うブローカーや清算会社の大半は、このように危険なポジションを判別する担当者を配置している。

　ガンマは、デルタの変化をすぐに評価できるので、デルタニュートラルのポジションを維持するのに役立つ。寄り付き前に＋500デルタのポジションを持っているとする。デルタニュートラルを維持したい場合、もちろん寄り付きで500デルタ分を売らなければならない。これは原資産を5枚売ることで達成される。

　しかし、このポジションのガンマが＋100で、原資産が2ポイント高で寄り付いたとする。2ポイント高で寄り付けば、このポジションのデルタは＋500ではなく、＋700になる。原資産が1ポイント上昇するごとに100デルタが加わるからだ。ここでデルタをニュートラルにするためには700デルタ、つまり7枚の原資産を売らなければならない。この計算は、当初のポジションのデルタとガンマが分かっていれば、コンピューターがなくてもできる。

　オプション1枚当たりのデルタは、常にゼロから100のレンジ（プットはゼロから－100）を維持している。したがって、ガンマの値が変わるのは当然であると言える。一定のガンマを継続して加算あるいは減算すればデルタはレンジを超えてしまうからだ。

　原資産価格の変化がガンマ値に与える影響を**図表6-8**、**図表6-9**、**図表6-10**に示した。**図表6-8**は、オプションのガンマがアット・ザ・マネーで最大になり、オプションがイン・ザ・マネーあるいはアウト・オブ・ザ・マネーになるほど徐々に小さくなることを明示している。**図表6-9**と**図表6-10**は、アット・ザ・マネーのオプションのガンマは、満期が近づくかボラティリティの想定を低くすると劇的に増えることを示している。

　当初のポジションではガンマが小さかったのに、時間の経過あるい

図表6-8　コールまたはプットのガンマと原資産価格

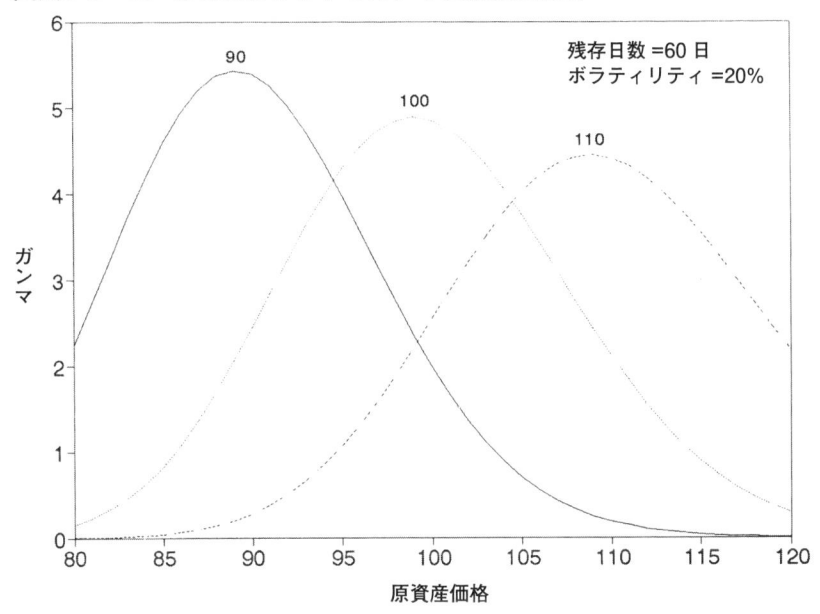

残存日数 =60 日
ボラティリティ =20%

図表6-9　コールまたはプットのガンマと残存期間

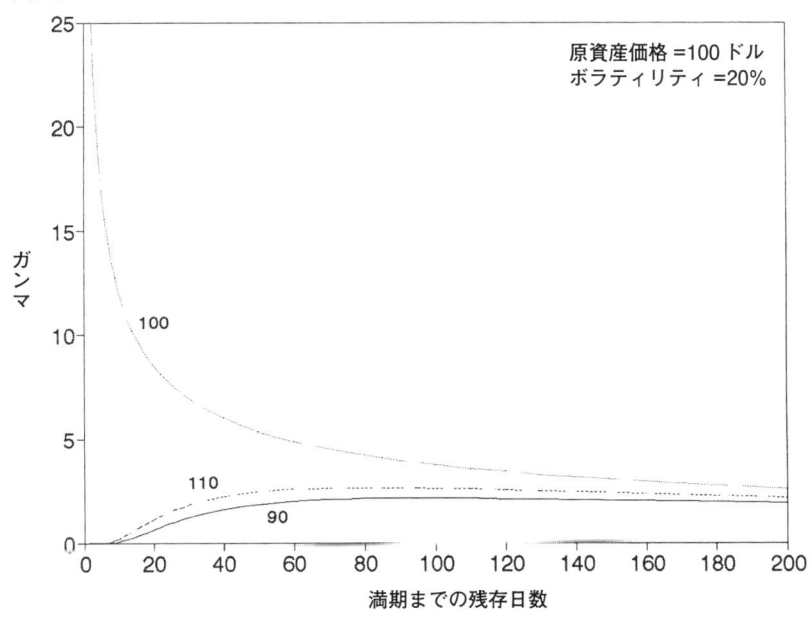

原資産価格 =100 ドル
ボラティリティ =20%

図表6-10　コールまたはプットのガンマとボラティリティ

原資産価格 =100 ドル
残存日数 =60 日

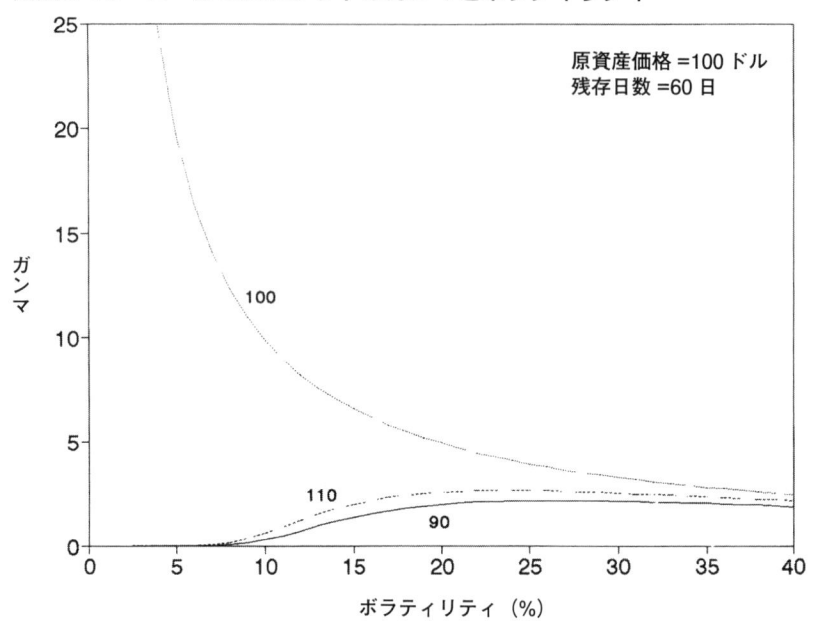

図表6-11　コールのデルタと残存期間

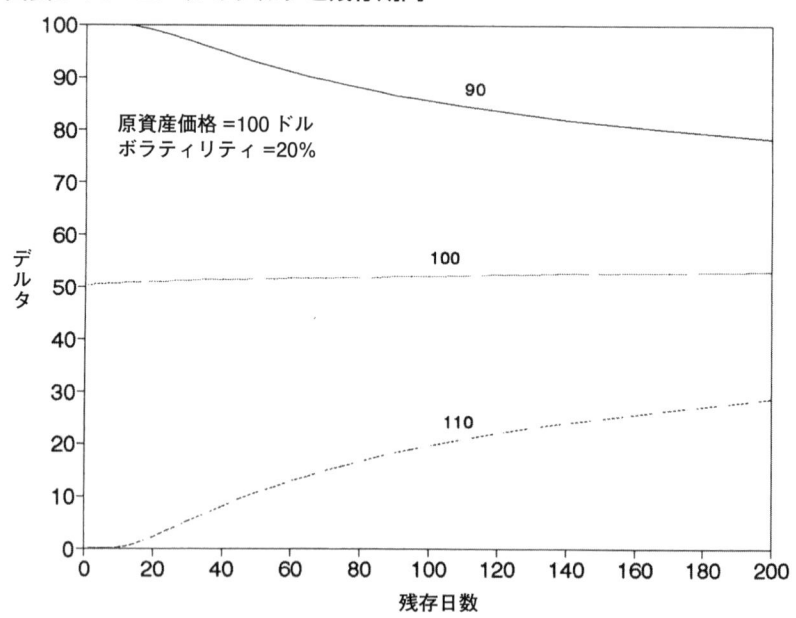

原資産価格 =100 ドル
ボラティリティ =20%

図表6-12　プットのデルタと残存期間

原資産価格＝100ドル
ボラティリティ＝20%

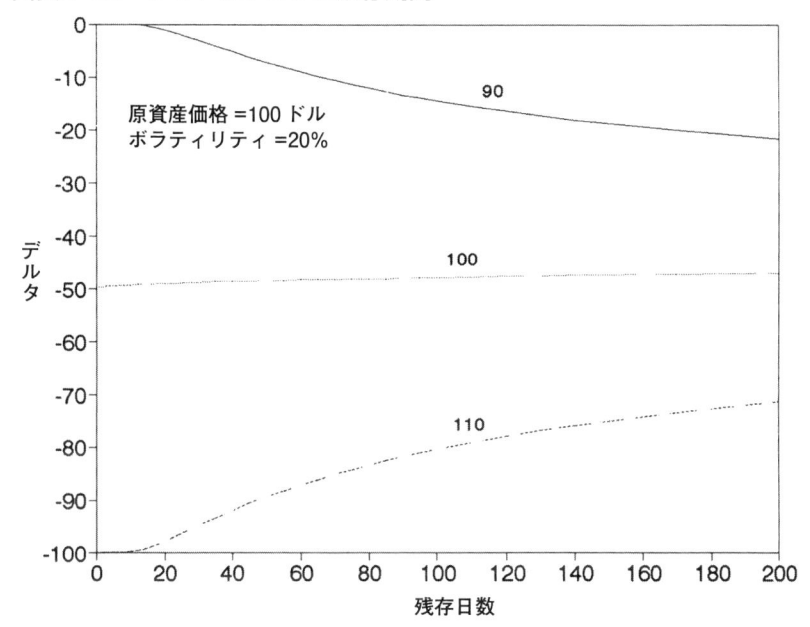

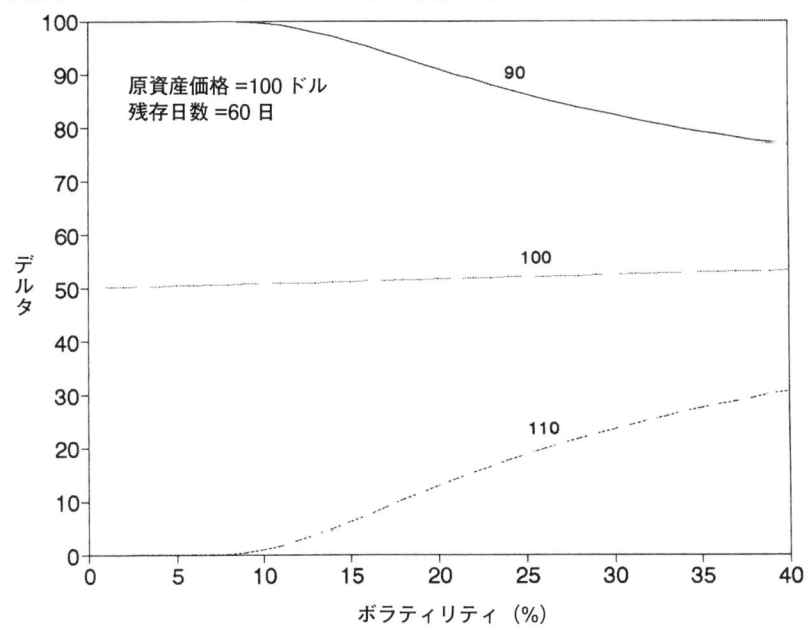

(縦軸：デルタ、横軸：残存日数)

図表6-13　コールのデルタとボラティリティ

原資産価格＝100ドル
残存日数＝60日

(縦軸：デルタ、横軸：ボラティリティ（%）)

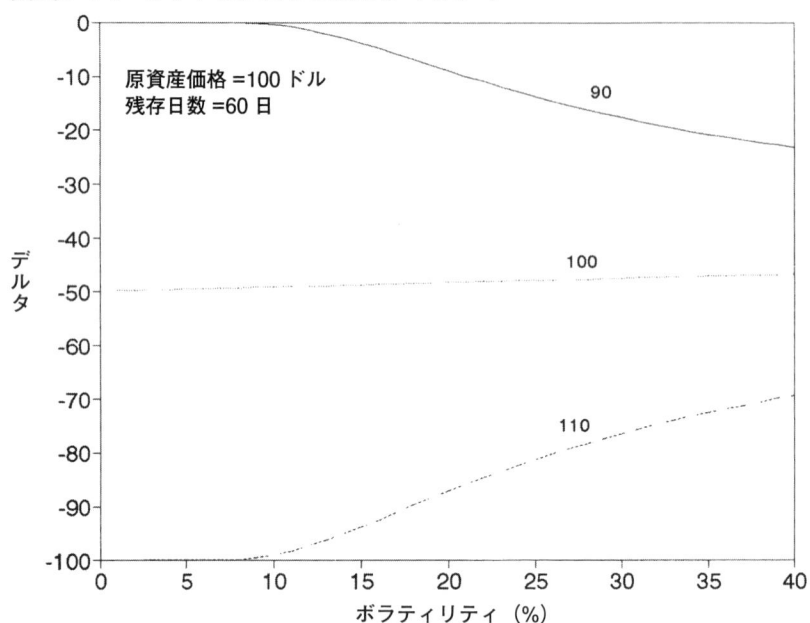

図表6-14　プットのデルタとボラティリティ

原資産価格 =100 ドル
残存日数 =60 日

はボラティリティの変化で急激に拡大する可能性がある。ポジションを常に監視してリスク特性が確実に許容範囲内にとどまるようにしなければならない。

おそらくデルタに変化をもたらす最大の要因がガンマであろう。しかし、デルタは原資産の値動き以外にも市況の変化から影響を受ける。**図表6-11**と**図表6-12**は、時間の経過によるコールとプットのデルタ値の変化を示している。**図表6-13**と**図表6-14**は、ボラティリティの変化によるデルタ値の変化を示している。

この4つのグラフがすべて同じ形であることに注目してほしい。残存日数を長くしたり、ボラティリティを大きくしたりすると、すべてのオプションは、よりアット・ザ・マネーになる傾向がある。コールのデルタは50に近づきプットのデルタは-50に近づく。逆に、残存日

数を短くしたり、ボラティリティを小さくしたりすると、すべてのオプションのデルタは50（プットは-50）から離れる。イン・ザ・マネーのオプションはさらにイン・ザ・マネーになり、アウト・オブ・ザ・マネーのオプションはさらにアウト・オブ・ザ・マネーになる。アット・ザ・マネーでデルタが50に近いオプションは、時間の経過やボラティリティの変化に関係なく、同じデルタ特性を維持する傾向がある。

この辺で「アット・ザ・マネー」の定義について述べておこう。トレーダーは「アット・ザ・マネーのオプションは権利行使価格が原資産の現在値におおよそ等しいオプションである」と考える傾向がある。この定義によって直感的にトレーダーは、アット・ザ・マネーのオプションすべてのデルタを50とする。しかし、理論価格決定モデルでは、アット・ザ・マネーのオプション（デルタが50のオプション）は、満期時の原資産価格に最も接近する権利行使価格のオプションであると解釈している。

年利12％で現物株が現在100ドルで売買されているとする。残存日数が5カ月のコールが2枚あり、権利行使価格がそれぞれ100ドルと105ドルだとすると、どちらのデルタが50により近いだろうか。

第4章で述べたように、分布の中央値は、ほとんどの理論価格決定モデルで原資産の将来価格（損益分岐価格）とされている。この例では、将来価格は現在の株価100ドルに5カ月の保有期間のキャリングコスト5ドルを加えたものとなる。したがって、アット・ザ・マネーでデルタが50であるとモデルが解釈するのは、権利行使価格105ドルのコールなのだ。このように原資産の種類、極端な金利条件、あるいは非常に長い残存期間によって、オプションのデルタが直感的に推測したものとまったく異なる値になる可能性がある。

デルタニュートラルのポジションが原資産の変動によって平衡を失うことがあるのと同じように、デルタもまた時間の経過あるいはボラティリティの変化によって平衡を失うことがある。どのトレーダーも

理論価格決定モデルのデータの正確さについて確信がないため、デルタニュートラルになっているか否か、正確には分からない。

デルタ値は、いろいろな要素のなかでもボラティリティの前提にとりわけ大きく影響される。しかも、ボラティリティはただの前提にすぎない。例えば、デルタ25のコールを4枚売り、原資産を1枚買うトレーダーは、デルタニュートラルであると思っているかもしれないが、コールのデルタを25にするために、理論価格決定モデルにボラティリティを入力しなければならない。その後、当初のボラティリティの前提は低すぎたと判断してそれを引き上げると、**図表6-13**で分かるように、このコールのデルタは50に向かって上昇する。

新たなボラティリティの想定を用いてコールのデルタは35になれば、今度はデルタニュートラルではなく、40デルタのショートになる。市況の前提を変えるだけで、デルタの平衡が失われたわけだ。

これからの解説でデルタニュートラルの概念を無効とするものはまったくない。依然として重要である。しかし、トレーダーが理解しなければならないのは、デルタニュートラルのポジションは今後の市況の評価次第であり、その評価が正しい保証はまったくないという点だ。市況についての前提が変われば、その新たな前提に合わせるために売買戦略を絶えず変えなければならない。デルタニュートラルはこの原則のひとつの側面にすぎない。

セータ

図表6-15と**図表6-16**に満期までの残存期間の変化がコールとプットの理論価格に与える影響を示した。すべてのオプションは、コールもプットも、満期が近づくと価値を失う。「セータ」、つまり「タイムディケイ」は、この時間の経過につれてオプション価格が下落する速度を指す。

タイムディケイは通常、ほかの状況が変わらないかぎり、1日当たりに失われるポイントで表される。セータ（θ）が0.05のオプションは、ほかの市況が変わらないかぎり、毎日0.05ポイントだけ価格が下がる。オプション価格が今日2.75ポイントだとすると、明日には2.70ポイントになり、明後日には2.65ポイントになるというわけだ。

時間は一方向にのみ流れるので、セータは理論的にプラス値である。しかし、便宜的な表記として、またセータは時間の経過によるオプション価格の下落を示すことを想起させるため、マイナス値として書くことがある。本書もこの慣例を踏襲し、1日当たり0.05失うオプションのセータは、−0.05と表記する。

したがって、オプションの買いポジションではセータは常にマイナスに働き、オプションの売りポジションではセータは常にプラスに働く。

これはガンマと正反対である点に注目してほしい。オプションの買いポジションでは、ガンマはプラスに働き、オプション売りのポジションでは、ガンマはマイナスに働く。

一般的な原則として、オプションのポジションではガンマとセータの記号が逆になる。さらに、ガンマとセータの相対的なサイズは相互に関連がある。大きなプラス値のガンマは、大きなマイナス値のセータと連動し、大きなマイナス値のガンマは大きなプラス値のセータと連動する。満期が近づくとアット・ザ・マネーのオプションのガンマはますます大きくなると述べた。同じことがセータにも当てはまる。満期が近づくとオプションのタイムディケイは加速し始める。オプションがぴったりアット・ザ・マネーである場合、そのセータは満期の瞬間には無限大になる。

つまり、オプションのポジションはすべて市場の変動とタイムディケイの二律背反がある。原資産の価格変動がトレーダーに有利である場合（ガンマがプラス値）、時間の経過は不利になる（セータがマイ

図表6-15 コールの理論価格と残存期間

原資産価格 =100 ドル
ボラティリティ =20%

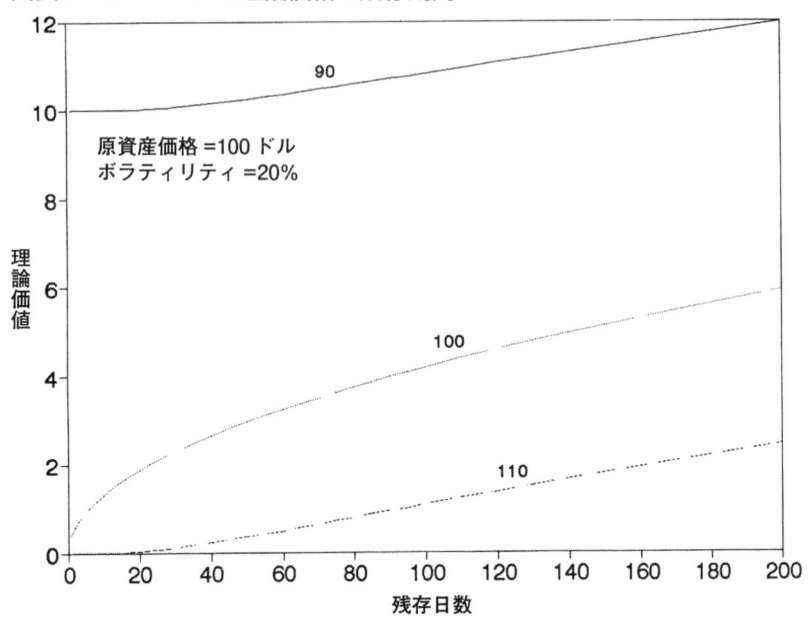

図表6-16 プットの理論価格と残存期間

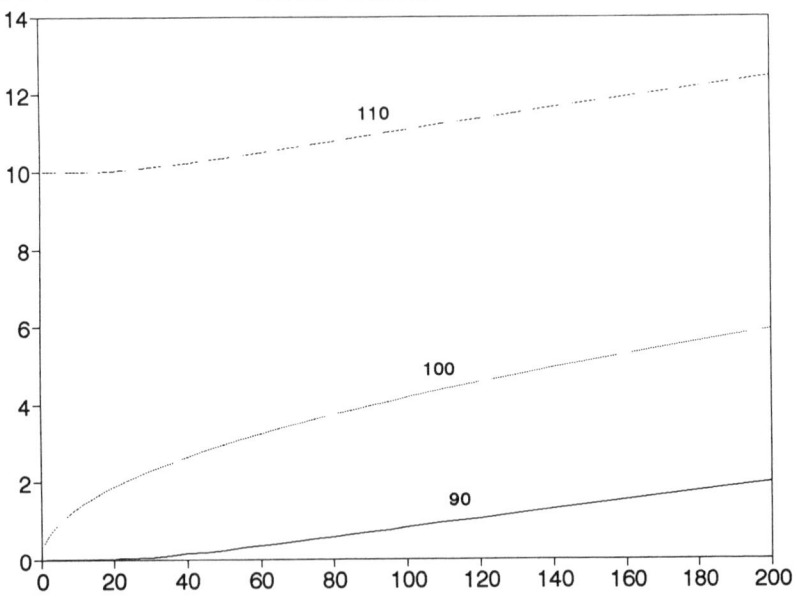

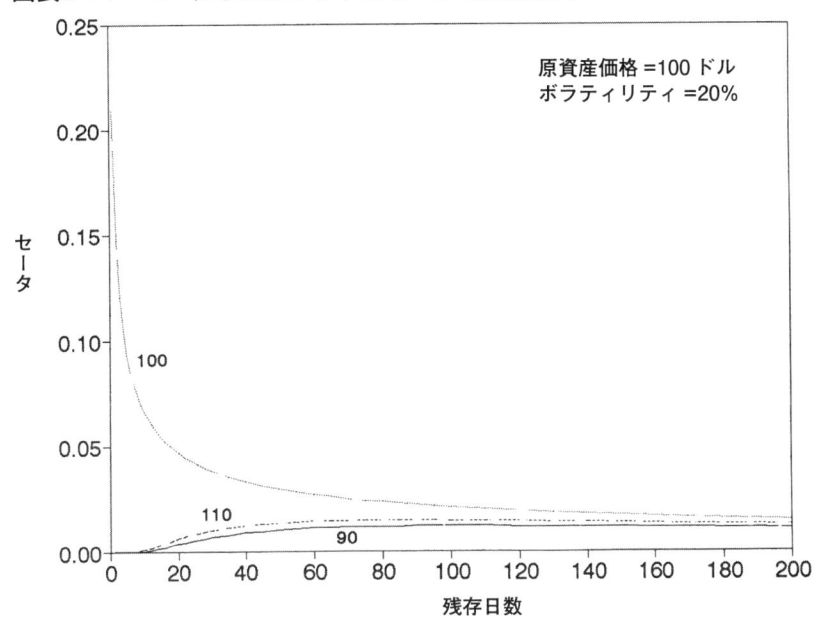

図表6-17　コールまたはプットのセータと残存期間

原資産価格 =100 ドル
ボラティリティ =20%

（グラフ：縦軸 セータ 0.00〜0.25、横軸 残存日数 0〜200。3本の曲線：100、110、90）

ナス値)。逆も同様だ。両者が同調することはない。市場の変動を望むか、静止を望むかである。

　この相反する関係は**図表6-9**（ガンマ対残存日数）と**図表6-17**（セータ対残存日数）で分かる。ガンマが加速するとセータも加速する。大きなマイナス値のガンマが市場の変動に関連する高いリスクを示すのとちょうど同じように、大きなマイナス値のセータは時間の経過に関連する高いリスクを示す。

　ところで、市況に何も変化なければ、買ったオプション価格が今日よりも明日高くなるようなセータがプラス値のポジションはあるだろうか。先物オプションが株式タイプの決済に準じる場合（米国では現在そうなっている）、ディープ・イン・ザ・マネーのオプションのキャリングコストがボラティリティの要素よりも大きくなることがある。

こうなると、そのオプションがヨーロピアンタイプ（期日前の権利行使が認められない）の場合、その価格は本質的価値を下回る。満期が近づくと、オプション価格はゆっくりと本質的価値に向けて上昇する。そのオプションのセータはプラス値だろう。

株式のプットも、そのプットがディープ・イン・ザ・マネーで期日前権利行使が許されていなければ、同様の影響を受ける。金利が十分に高い場合、ディープ・イン・ザ・マネーのプットの価格は本質的価値を下回り、満期が近づくにつれて本質的価値に向けて上昇する。

しかし、いずれの場合もヨーロピアンタイプでなければならない。アメリカンタイプでは期日前権利行使が可能なので、本質的価値を下回ることはあり得ないからだ。したがって、プラス値のセータもあり得ない（まもなく多額の配当が支払われる株式のプットもプラス値のセータになると言える。配当が中止になると株式はおおよそ配当相当額だけ下落するため、プットの価格は上昇する。本書の読者は、これがプラス値のセータを反映しているのか、あるいは実際は市況の変化の結果＝株の配当落ちなのか、独自に判断できるだろう）。

ヨーロピアンタイプもセータがプラス値になる条件はめったにない。したがって、「一般的にオプションは時間の経過によって価値を失う」と考えられる。

ベガ（カッパ）

オプション価格に原資産の変動が与える影響（デルタ）と時間の経過が与える影響（セータ）がいかに重要か説明した。それと同じぐらい重要なのが、ボラティリティの変化がオプション価格に与える影響だ。この影響を**図表6-18**と**図表6-19**に示した。

デルタ、ガンマ、セータという用語は、ほとんどのオプション教科書に共通して載っている。しかし、ボラティリティの変化に対するオ

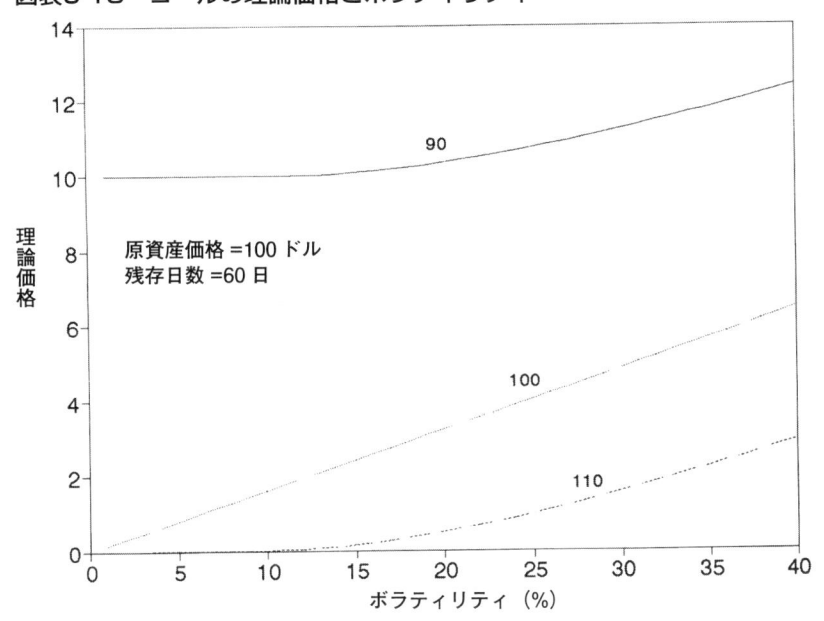

図表6-18　コールの理論価格とボラティリティ

（グラフ：原資産価格=100ドル、残存日数=60日。権利行使価格90、100、110のコール理論価格をボラティリティ（%）に対してプロット）

　プション理論価格の感応度を示す統一的用語はない。トレーダーたちが最もよく使っている用語は「ベガ」であり、本書でもこの用語を使う。ただし、これは一般的というわけではない。ベガはギリシャ文字ではないからだ。ギリシャ文字を好む学術的文献では、カッパ（K）がよく使われている。

　オプションのベガは、通常ボラティリティの1％単位の変化に対応する理論価格の変化をポイントで表している（セータとベガは、時間の経過またはボラティリティの変化によるオプション金額の変化を示すこともある。つまりドルやほかの通貨での表示だ）。

　すべてのオプションはボラティリティが上昇すると価格が上昇する。したがって、コールとプットのベガはポジティブになる。あるオプションのベガが0.15で、そのオプションのボラティリティが1％の増加

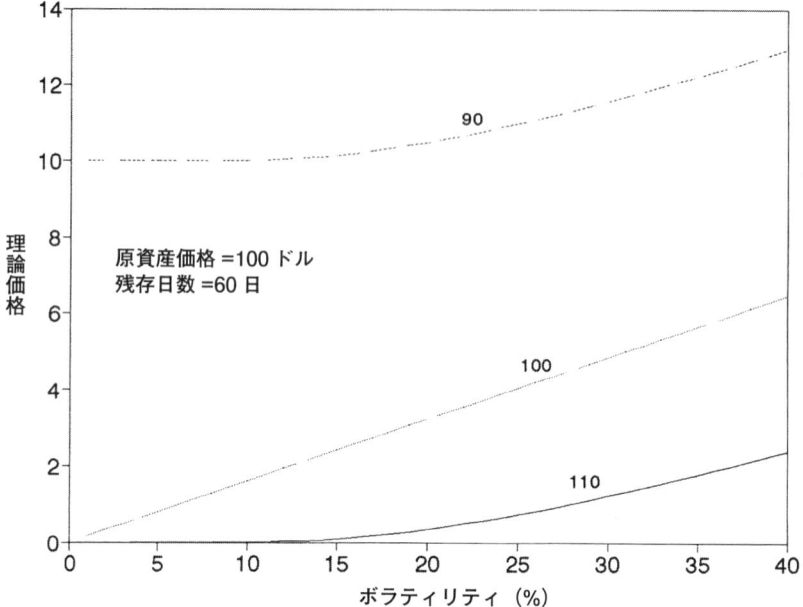

図表6-19 プットの理論価格とボラティリティ

(減少)した場合、このオプション価格は0.15ポイント増加(減少)する。よって、このオプションの理論価格がボラティリティ20％で3.25だとすると、ボラティリティ21％で理論価格は3.40、ボラティリティ19％で理論価格は3.10になる。

図表6-20で、アット・ザ・マネーのオプションは種類と残存日数が同じ場合、イン・ザ・マネーやアウト・オブ・ザ・マネーのオプションよりも常にベガが大きいことに注意してほしい。つまり、アット・ザ・マネーのオプションは増加ポイントで見れば、常にボラティリティの変化に最も敏感である。そして必然的にアウト・オブ・ザ・マネーのオプションは、増加率で見ればボラティリティの変化に対して常に最も敏感となる。

例えば、ボラティリティが15％でアット・ザ・マネーのオプション

とアウト・オブ・ザ・マネーのオプションの理論価格がそれぞれ2.00ドルと0.50ドルだとする。ボラティリティが20％になると、この2つのオプションの理論価格は3.00ドルと1.00ドルになる。したがって、増加ポイントで見ると1.00対0.50で、アット・ザ・マネーのオプションのほうが大きくなる。しかし、増加率で見ると50％対100％で、アウト・オブ・ザ・マネーのオプションのほうが大きくなる。

　通常、オプション戦略は異なる枚数のオプションを売買する。したがって、このアウト・オブ・ザ・マネーのオプションの増加率の特徴は、売買戦略を考えるときに重要になるだろう（そのことは**図表4-11**で確認できる）。

　また**図表6-20**で、すべてのオプションのベガは満期が近づくと減少することに注意してほしい。長期オプションは、その他の点では条件が同じ短期オプションより、常にボラティリティの変化に対して敏感になる。4カ月のオプションは1カ月のオプションよりもベガが大きく、ボラティリティの変化に対し、より敏感になる。

　この特性は、オプション評価の重要な原則である時間とボラティリティの密接な関連を明らかにしている。残存日数が長いほどボラティリティの影響は強くなるが、残存日数が短くなるとボラティリティにどんな変化があってもオプションには軽微な影響しか与えない。

　しかも、残存日数の変化とボラティリティの変化は、得てしてオプション価格に同様な影響を与える。減少するボラティリティは減少する残存日数に似ているのだ。時間の経過がポジションに与える影響を思い起こせないとき場合、代わりにボラティリティの影響を考えたらよいだろう。

　これは**図表6-16**と**図表6-18**（時間とボラティリティの変化に対する理論価格）、**図表6-11**と**図表6-13**（時間とボラティリティの変化に対するデルタ値）、そして**図表6-9**と**図表6-10**（時間とボラティリティに対するガンマ値）を比較することによって理解できる。いず

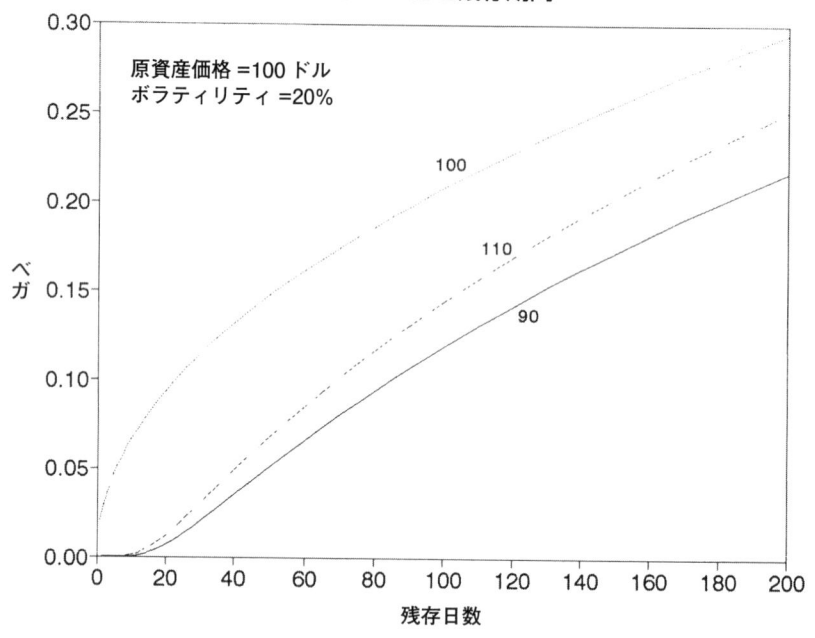

図表6-20 コールまたはプットのベガと残存期間

原資産価格＝100ドル
ボラティリティ＝20%

れの場合も、グラフの形は時間とボラティリティに同様の影響力があることを示している。

最後にアット・ザ・マネーのオプションのベガについて触れておこう。図表6-21を見てほしい。アット・ザ・マネーのオプションのベガはボラティリティの変化に関係なく、相対的に一定であると分かる。このおかげで、いろいろなボラティリティのシナリオがあっても、アット・ザ・マネーのオプションの理論価格の評価は容易になる。

ロー

金利の変化に対するオプションの理論価格の感応度を「ロー」で表す。ほかの感応度と違ってロー（P）について総括することはできな

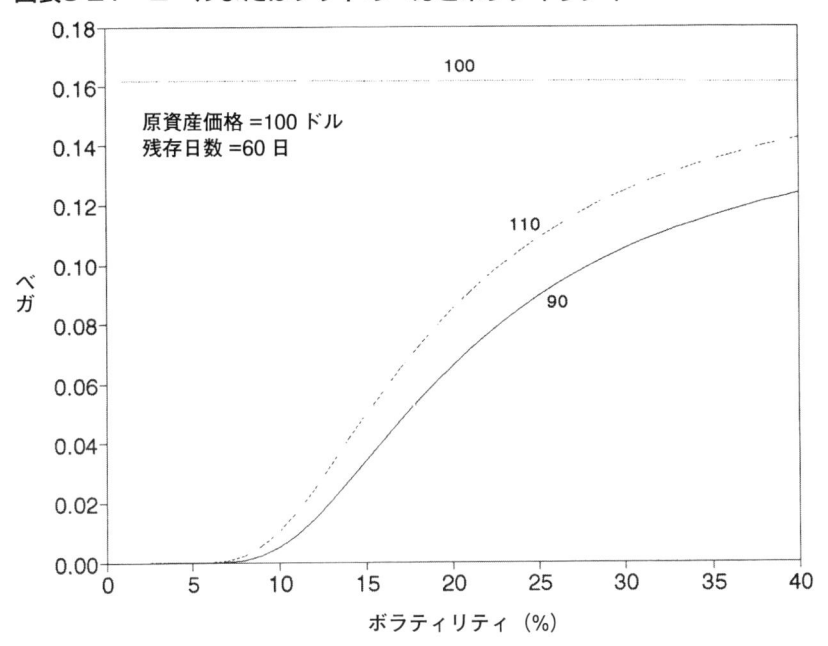

図表6-21　コールまたはプットのベガとボラティリティ

（グラフ：横軸 ボラティリティ（％）0〜40、縦軸 ベガ 0.00〜0.18、原資産価格=100ドル、残存日数=60日、曲線 100、110、90）

い。その特性は原資産の種類やオプションの決済方法にかかってくるからだ。一般的な影響はすでに**図表6-2**にまとめた。通貨オプションは、先物ではなく、その通貨の受け渡しが求められるため、国内外両方の金利の影響を受ける。したがって、このようなオプションは2つの金利感応度、ロー1（国内金利の感応度）とロー2（外貨金利の感応度）の影響を受ける。ロー2は、ギリシャ文字ファイ（ϕ）で表示されることがある。

　原資産とオプションの両方が先物タイプの決済に準じる場合、ローはゼロでなければならない。原資産やオプションの売買からも資金の流れはまったく生じないからだ。先物オプションが株式タイプの決済に準じるとき、コールとプットの両方にかかるローはネガティブになる。金利の上昇でオプションのキャリングコストが高くなるため、こ

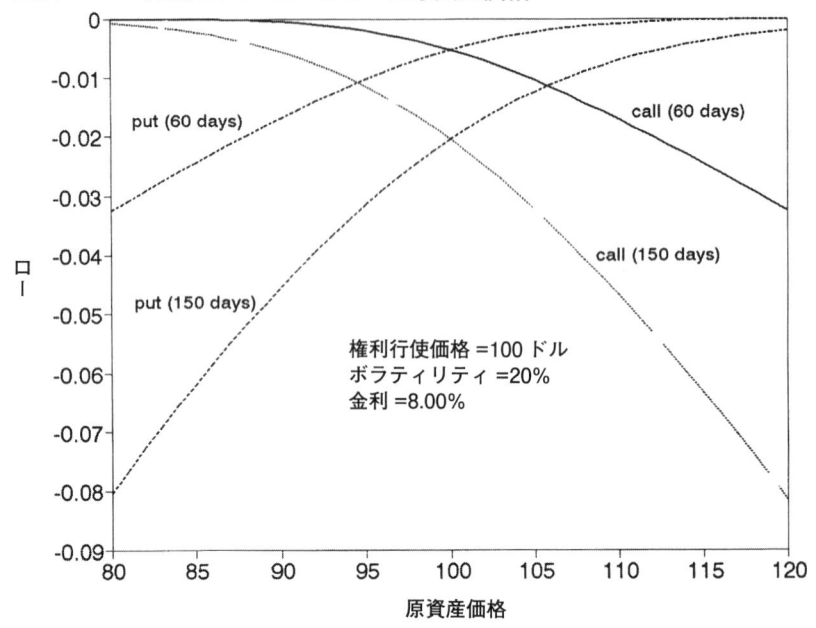

図表6-22　先物オプションのローと原資産価格

権利行使価格 =100 ドル
ボラティリティ =20%
金利 =8.00%

のようなオプションの価格は減少するからだ。

　株式オプションの場合、ローはコールの価格に有利に働く。金利の上昇でコールは株購入の代替手段として好ましくなるからだ。一方、プットの価格には不利に働く。金利の上昇でプットは株売却の代替手段として好ましくなくなるからだ。

　金利の変化がオプションの理論価格に影響を与える可能性はある。しかし通常、理論価格決定モデルのデータのなかで金利の重要性は最も低い。基本的にローはほかのもっと重要な感応度であるデルタ、ガンマ、セータに対して副次的なものになる。実際、ローに注意を払うトレーダーはほとんどいない。

　それでもローの特性をいくつか**図表6-22**（株式オプション）と**図表6-23**（先物オプション）にまとめたので確認はしておいてほしい。

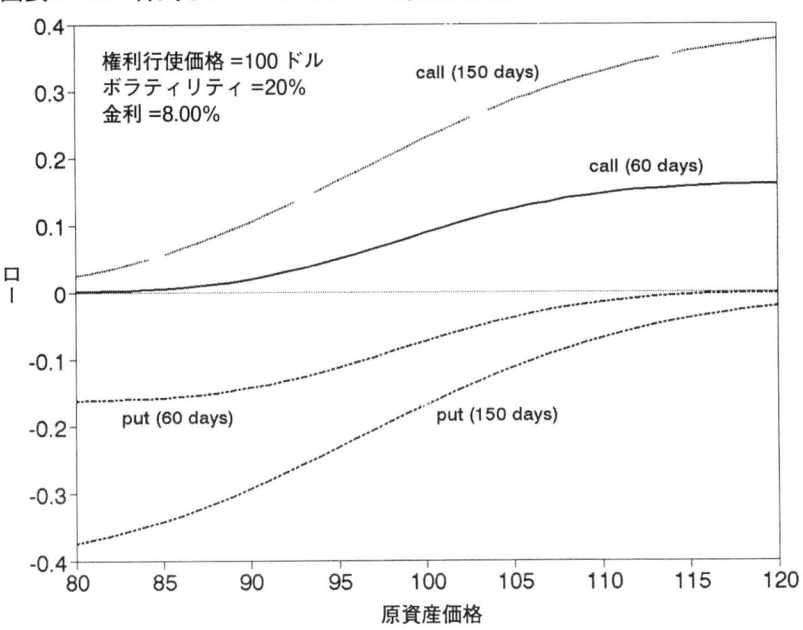

図表6-23　株式オプションのローと原資産価格

権利行使価格 =100 ドル
ボラティリティ =20%
金利 =8.00%

どちらの場合でもディープ・イン・ザ・マネーのローが最も高くなる。最も現金支出が必要になるからだ。そして、残存日数が長いほどオプションほどローは大きくなる。また、オプションは原資産商品のポジションの代用であることから、株式オプションのローの程度は、先物オプションのローよりもずっと大きいことに注意してほしい。株式の売買は先物の売買よりもずっと大きな資金の流れを生む。事実、図表6-23の縦軸の大きさは図表6-22の縦軸の大きさの約10倍である。それでもローは、比較的重要性が低いため、オプション戦略やリスク管理の分析で、たいてい無視される。

まとめ

　売買頻度の高いオプショントレーダーは、デルタ、ガンマ、セータ、そしてベガの性質に慣れることが重要である。売買戦略とリスク管理について迅速な決断が必要であり、その決断がトレーダーの投資結果を決めるからだ。これらの特性をまとめてみよう。

　デルタ　デルタのレンジは、ファー・アウト・オブ・ザ・マネーのコールのゼロからディープ・イン・ザ・マネーのコールの100まで、そしてファー・アウト・オブ・ザ・マネーのプットのゼロからディープ・イン・ザ・マネーのプットの−100まである。
　アット・ザ・マネーのコールのデルタはおよそ50、そしてアット・ザ・マネーのプットのデルタはおよそ−50である。
　時間の経過、あるいはボラティリティの数値を下げると、コールのデルタは50から離れ、プットのデルタは−50から離れる。ボラティリティの数値を上げると、コールのデルタは50に向けて、プットのデルタは−50に向けて動く。

　ガンマ　アット・ザ・マネーのオプションのガンマは、その他の点で条件が同じであれば、イン・ザ・マネーのオプションやアウト・オブ・ザ・マネーのオプションのガンマよりも大きくなる。
　ボラティリティの数値を上げると、イン・ザ・マネーのオプションやアウト・オブ・ザ・マネーのオプションのガンマは上昇するが、アット・ザ・マネーのオプションのガンマは下落する。逆にボラティリティの数値を下げると、あるいは残存日数が短くなると、イン・ザ・マネーのオプションやアウト・オブ・ザ・マネーのオプションのガンマは下落するが、アット・ザ・マネーのオプションのガンマは「ときには劇的に」上昇する。

セータ　アット・ザ・マネーのオプションのセータは、その他の点で条件が同じであれば、イン・ザ・マネーのオプションやアウト・オブ・ザ・マネーのオプションのセータよりも大きくなる。

　アット・ザ・マネーのオプションのセータは、満期が近づくと増大する。満期に近いアット・ザ・マネーのオプションは、満期まで長いアット・ザ・マネーのオプションよりも常に急速に価格が落ちる。

　ボラティリティの数値を上げる（下げる）と、オプションのセータは上昇（下落）する。ボラティリティが高くなると、そのオプションの時間価値が高くなる。逆に変動がまったくないときは、毎日の時間価値の減少も大きくなる。

　ベガ　アット・ザ・マネーのオプションのベガはその他の点で条件が同じであれば、イン・ザ・マネーのオプションやアウト・オブ・ザ・マネーのオプションよりも大きくなる。

　アウト・オブ・ザ・マネーのオプションは理論価格の上昇率として最大のベガになる。

　すべてのオプションのベガは、残存日数が短くなると減少する。満期まで長いオプションは、その他の点で条件が同じであれば、満期まで短いオプションよりも、ボラティリティの変化に対して常に敏感になる。

　アット・ザ・マネーのオプションのベガは、ボラティリティの変化に対して比較的一定だ。ボラティリティを高くしても低くしても、そのオプションのベガが著しく変化することはない。

　図表6-3に原資産株で配当の変化が株式オプション価格に与える一般的な影響についてまとめた。しかし、影響の「程度」については触れなかった。オプション価格は配当の変化に対して、どれほど敏感な

のだろうか。

　株が配当落ちになると、その株価は通常ほぼ配当額だけ下落する。配当の増額は株価の下落に類似し、配当の減額は株価の上昇に類似するわけだ。例えば、1株当たり0.75ドルの期待配当が1株当たり1.00ドルに増額されると、それは株価が0.25ドル下落するのと同じことになる。

　原資産価格の変化に対するオプションの感応度はデルタによって示される。したがって、配当の変化に対する感応度の近似値もデルタから得られる。配当が0.25ドル増額される場合、デルタ60のコールの価格は約0.15ドル減少する。そしてデルタ－40のプットの価格は約0.10ドル増大する。

　ただし、この近似値が適用されるのは、満期までの配当が1回の場合に限られる。オプションの残存期間中に複数の配当支払いが期待される場合、それがオプション価格に与える影響も当然大きくなる。事実、後ほど詳しく紹介するが、配当要素は裁定戦略と早期の権利行使で最大の役割を演じる。

　2つの代表的な評価表を**図表6-24**と**図表6-25**に掲載した。価格、インプライドボラティリティ、そして各感応度指標が表示されている。**図表6-24**は、CME（シカゴ・マーカンタイル取引所）に上場していた独マルク先物オプション9月限の1992年5月22日現在の評価表である（独マルクは現在、ユーロFXに姿を変えている）。その数値は想定ボラティリティ10.5％と想定金利4.50％に基づいている。

　図表6-25は、同年月のCBOE（シカゴ・オプション取引所）に上場するゼネラル・エレクトリック（GE）株オプションの評価表である。その数値は、3つの限月すべて（6月、9月、12月）について、想定ボラティリティ22％と想定金利4.50％に基づいている（これはボラティリティと金利が一様に単純化された例だ。状況によっては異なる満期日に対してボラティリティと金利の前提を変えた方が妥当な場合も

図表6-24

1992年5月22日（ブラック・モデル）
独マルク先物92年9月限=60.71ポイント
残存日数=105日
ボラティリティ=10.5%
金利=4.50%

コール

権利行使価格	価格	理論価格	デルタ	ガンマ	セータ	ベガ	IV
52	—	8.71*	99	.2	0	0	—
53	—	7.71*	98	.6	0	0	—
54	—	6.71*	97	1.3	0	0	—
55	—	5.71*	95	2.4	0	0	—
56	4.78	4.77	92	4.0	-.0016	.044	10.9
57	3.89	3.88	87	6.0	-.0028	.066	10.7
58	3.07	3.07	79	8.1	-.0041	.090	10.6
59	2.32	2.34	70	10.0	-.0053	.111	10.3
60	1.72	1.72	59	11.2	-.0060	.125	10.5
61	1.20	1.21	47	11.5	-.0063	.128	10.4
62	.83	.82	36	10.9	-.0059	.121	10.6
63	.56	.53	26	9.5	-.0052	.105	10.8
64	.34	.33	18	7.6	-.0042	.085	10.7
65	.21	.19	12	5.7	-.0032	.064	10.8
66	.13	.11	7	4.0	-.0022	.044	11.0
67	.08	.06	4	2.6	-.0015	.029	11.2
68	.06	.03	2	1.6	-.0009	.018	11.9

プット

	価格	理論価格	デルタ	ガンマ	セータ	ベガ	IV
	.01	.0	0	.2	0	.004	12.1
	.02	.01	-1	.6	-.0003	.009	11.8
	.04	.02	-2	1.3	-.0007	.017	11.6
	.07	.05	-4	2.4	-.0013	.030	11.2
	.13	.11	-7	4.0	-.0022	.044	10.9
	.23	.22	-12	6.0	-.0033	.066	10.7
	.40	.39	-20	8.1	-.0045	.090	10.6
	.64	.65	-29	10.0	-.0055	.111	10.4
	1.02	1.02	-40	11.2	-.0061	.125	10.5
	1.49	1.50	-52	11.5	-.0062	.128	10.4
	2.11	2.09	-63	10.9	-.0058	.121	10.7
	2.82	2.79	-73	9.5	-.0050	.105	10.8
	3.60	3.57	-81	7.6	-.0039	.085	10.8
	4.46	4.43	-87	5.7	-.0027	.064	11.0
	5.37	5.33	-92	4.0	-.0016	.044	11.3
		6.29*	-95	0	0	0	—
		7.29*	-97	0	0	0	—

* 未調整のブラックモデルを利用すると、オプション価格（理論価格）よりも低くなるだろう。これはヨーロピアンタイプよりもアメリカンタイプにその傾向が強く見られる。そのため、価格はボラティリティに上方修正されている。

193

図表6-25

1992年5月22日（コックス・ロス・ルーベンスタイン・モデル）
GE株=76 5/8ドル
残存日数=28日（6月限）、119日（9月限）、210日（12月限）
ボラティリティ=20.5%
金利=4.50%
配当=0.55（92年6月3日）、0.55（92年9月22日）、0.55（92年12月3日）

コール

権利行使価格	価格	理論価格	デルタ	ガンマ	セータ	ベガ	IV
6月限	16¾	16.69	100	0	.006	0	—
6月限	11¾	11.70	100	.1	.008	0	—
6月限	6⅞	6.72	98	3.2	.012	.009	28.3
6月限	2⅜	2.45	67	7.9	.037	.073	19.0
6月限	⅜	.47	20	6.3	.023	.060	18.3
6月限	1/16	.04	3	2.2	.005	.014	21.7
9月限	8¼	7.75	82	3.1	.017	.112	22.4
9月限	4⅝	4.38	62	4.2	.019	.168	20.2
9月限	2¼	2.15	40	4.2	.017	.166	19.7
9月限	⅞	.91	21	3.3	.011	.125	19.0
12月限	8⅞	8.67	77	2.7	.017	.171	21.1
12月限	6	5.58	61	3.4	.018	.216	21.9
12月限	3⅜	3.33	43	3.4	.015	.221	20.2
12月限	1¾	1.86	28	2.9	.013	.190	19.5

プット

価格	理論価格	デルタ	ガンマ	セータ	ベガ	IV
1/16	0	0	0	0	0	—
⅛	0	0	.4	0	.001	34.5
¼	.10	6	3.6	.008	.023	24.9
15/16	1.09	37	7.7	.026	.079	18.0
4⅛	4.20	81	6.1	.014	.056	18.6
8¾	8.84	99	2.0	0	.009	—
1¼	1.04	19	3.2	.008	.114	22.6
2 7/16	2.73	40	4.5	.011	.169	19.3
5¼	5.54	64	4.7	.019	.157	19.5
9	9.34	85	3.5	.003	.091	17.7
2 3/16	1.80	25	2.8	.006	.179	22.0
4	3.70	41	3.3	.006	.219	21.4
6⅜	6.44	58	3.5	.004	.219	19.8
9¾	9.97	74	3.3	.003	.177	19.0

ある)。

　GE株の期待配当とその支払日も前提に含まれている（株式オプションは期日前権利行使の可能性が大きい。引用したオプションもアメリカンタイプなので、**図表6-25**の計算は2項式モデルを用いている。そのほうが期日前権利行使のできるアメリカンタイプを正確に評価できるからだ。期日前権利行使の問題は第12章でさらに検討する）。

　先ほど指摘したように、デルタ、ガンマ、セータ、ベガは、ボラティリティの変化に敏感になる。状況によっては次のように自問してみるとよい。「オプションのインプライドボラティリティが正しい場合、そのデルタ、ガンマ、セータ、ベガはいくらになるか？」

　ここから出てくる数字はそれぞれ「インプライドデルタ」「インプライドガンマ」「インプライドセータ」「インプライドベガ」と呼ばれる。特にインプライドデルタとインプライドセータをコンピューターから出力するトレーダーは多い。インプライドデルタはデルタニュートラルを維持するのに役立つし、インプライドセータは市場価格の減少する速度のほうが理論価格が減少する速度よりも通常は役に立つからだ。

　ポジション全体のデルタ、ガンマ、セータ、そしてベガを知っておくと、そのポジションが市況の変化に対してどのように反応する可能性があるかあらかじめ決めるのに役立つ。これらのすべての数字は加算によるで、ポジション全体の感応度は個々のオプションの感応度を加算することによって計算できる。

　例えば、ガンマが2.5のオプションを5枚買い、ガンマが4.0のオプションを2枚売ると、ポジション全体のガンマは、（＋5×2.5）＋（－2×4.0）＝＋4.5になる。

　同様に、セータ－0.05のオプションを9枚買い、セータが－0.08のオプションを4枚売ると、ポジション全体のセータは、（＋9×－0.05）＋（－4×－0.08）＝－0.13になる。

　経験が浅いと、デルタ、ガンマ、セータ、ベガの数値がロングを意

味するのかショートを意味するのか分からなくなるときがある。**図表6-26**に各ポジションとそのデルタ、ガンマ、セータ、ベガの符号をまとめた。また**図表6-27**では、これらの符号が（その値の大きさだけ）市場のどのような変化によって、ポジションにとって有利か、不利に働くのか教えてくれる。

相場の変動がポジションに与える影響について、デルタ、ガンマ、セータ、ベガの性質を通じて分析できる。しかし、優先事項はそのポジションが市況に関する前提が正しい場合、利益になることだ。つまり、そのポジションに理論的優位性がなければならない。理論的優位性は、デルタ、ガンマ、セータ、そしてベガそれぞれの合計値と同じく計算ができる。個々のオプションそれぞれの理論的優位性（市場価格あるいは裁定価格と理論価格の差）に売買枚数を掛け、それらをすべて合計するだけでよい。ポジティブあるいはネガティブの理論的優位性の値は、そのポジションの潜在的損益を反映している。

図表6-28の上部にある先物オプションの理論評価を表示した。その表の下に可能性のあるいくつかのオプションのポジションが表示され、各ポジションの理論優位性、デルタ、ガンマ、セータ、ベガそれぞれの合計値が計算されている。各ポジションの計算を見て、それぞれに関連するリスク特性を考慮してほしい。理論評価に用いられた前提が正しければ、すべてのポジションが利益になるだろうか。それぞれのポジションは何に有利あるいは不利だろうか。

もうひとつ別のオプションの感応度指標がある。通常トレーダーは使わないが、オプションの学術書などで目にするかもしれない。それは、オプションの「イラスティシティー＝弾力性」で、ギリシャ文字のオメガ（Ω）あるいは稀にラムダ（λ）で表記されることがある。原資産価格の所定の変化率に対するオプション価値の相対的変化率である。

例えば、コールの理論価格が2.50ドルで原資産価格が50ドルだと仮

図表6-26

もし自分が…	デルタは	ガンマは	セータは	ベガは
原資産買いならば	プラス値	0	0	0
原資産売りならば	マイナス値	0	0	0
コール買いならば	プラス値	プラス値	マイナス値	プラス値
コール売りならば	マイナス値	マイナス値	プラス値	マイナス値
プット買いならば	マイナス値	プラス値	マイナス値	プラス値
プット売りならば	プラス値	マイナス値	プラス値	マイナス値

図表6-27

自分のポジションのデルタが…　　望ましい原資産の変動は
　プラス値ならば　　　　　　　　　価格の上昇である
　マイナス値ならば　　　　　　　　価格の下落である

自分のポジションのガンマが…　　望ましい原資産の変動は
　プラス値ならば　　　　　　　　　方向に関係なく急激に動く
　マイナス値ならば　　　　　　　　方向に関係なくゆっくり動く

自分のポジションのセータが…　　時間の経過は通常
　プラス値ならば　　　　　　　　　ポジションの価値を上げる
　マイナス値ならば　　　　　　　　ポジションの価値を下げる

自分のポジションのベガが…　　　望ましいボラティリティは
　プラス値ならば　　　　　　　　　上昇
　マイナス値ならば　　　　　　　　低下

自分のポジションのローが…　　　望ましい金利
　プラス値ならば　　　　　　　　　上昇
　マイナス値ならば　　　　　　　　低下

定する。コールのデルタが25ならば、原資産が1ポイント上昇して51ドルになるとコールは2.75ドルに上昇するはずだ。変化率にするとコールの価格の変化は原資産の5倍の速さになる。原資産は2％（1÷50）上昇したが、コールは10％（0.25÷2.50）上昇したからだ。このコールのイラスティシティーは5となる。

イラスティシティーはオプションのレバレッジ（テコの効果）と言われることもある。オプションのイラスティシティーが大きいほど、そのレバレッジは高くなる。
　オプションのイラスティシティーを簡単に計算する方法は、原資産の価格をオプションの理論価格で割り、それにオプションのデルタ（イラスティシティーの計算には小数点のデルタを使用）を掛けることだ。

　イラスティシティー＝原資産価格÷理論価格×デルタ

　今の例題では、イラスティシティーは5（＝50÷2.50×0.25）となる。
　最後にもうひとつ指摘しておく。この章で扱ったすべての数字、理論価格、デルタ、ガンマ、セータ、ベガ、ローは常に変化している。したがって、オプション戦略の採算性とリスクも常に変化する。リスク分析の重要性をいくら強調してもしすぎることはない。オプションで失敗するトレーダーの大多数が、リスクとリスク管理を十分に理解していないから失敗するのだ。
　しかし、一方で可能なかぎりリスクを分析しようとするトレーダーがいる。これでは「分析麻痺」に襲われ、売買判断が困難になるだけだ。過剰にリスクを心配してトレードを恐れていては、どれだけオプションを理解していても、利益は上げられない。多少のリスクは引き受ける決断をして市場に参加する。
　デルタ、ガンマ、ベガによってリスクを特定することはできる。しかし、リスクを除去するのではない。賢明なるトレーダーは「これらの数値を利用して受容できるリスクとできないリスクをあらかじめ決める」わけだ。

図表6-28

コール

権利行使価格	価格	理論価格	デルタ	ガンマ	セータ	ベガ
90	10.35	10.22	90	2.0	−.011	.07
95	6.26	6.18	74	3.9	−.021	.13
100	3.13	3.19	51	4.9	−.026	.16
105	1.38	1.38	28	4.1	−.022	.14
110	.55	.50	13	2.6	−.014	.08

ポジション	理論的優位性	ポジションのデルタ	ガンマ	セータ	ベガ
100コール20枚買い 先物10枚売り	20 ×+.06 0 +1.20	20 ×+51 −10.0 +100 +20			
95プット10枚買い 90プット25枚売り	10 ×−.09 25 ×−.11 +1.85	10 ×−25 −25 ×−9 −25			
95コール10枚買い 100プット15枚売り	10 ×+.08 15 ×−.07 −.25	−10 ×+74 −15 ×−48 −20			
105コール10枚買い 110コール10枚売り	10 ×0 10 ×+.05 +.50	10 ×+28 −10 ×+13 +150			
95コール10枚買い 100コール20枚買い 105コール10枚売り	10 ×+.08 20 ×+.06 10 ×0 +2.00	−10 ×+74 +20 ×+51 −10 ×+28 0			
90コール12枚買い 90プット12枚買い 95コール7枚売り 100コール10枚買い 105コール15枚売り 110コール8枚買い 110プット3枚売り 先物12枚買い	12 ×+.13 12 ×−.11 7 ×+.08 10 ×+.07 15 ×0 8 ×−.05 3 ×+.08 0 +1.34	−12 ×+90 +12 ×−9 −7 ×+74 +10 ×−48 +15 ×+28 +8 ×+13 −3 ×−86 +12 ×+100 −204			

プット

価格	理論価格	デルタ	ガンマ	セータ	ベガ
.46	.35	−9	2.0	−.011	.07
1.34	1.25	−25	3.9	−.021	.13
3.12	3.19	−48	4.9	−.026	.16
6.29	5.31	−70	4.1	−.021	.14
10.44	13.36	−86	2.6	−.012	.08

ポジションのガンマ	ポジションのセータ	ポジションのベガ
+20 ×4.9 0 +98.0	+20 ×−.026 0 −.520	+20 ×.16 0 +3.20
+10 ×3.9 −25 ×2.0 −11.0	+10 ×−.021 −25 ×−.011 +.065	+10 ×.13 −25 ×−.07 −.45
−10 ×3.9 −15 ×4.9 −112.5	−10 ×−.020 −15 ×−.026 +.590	−10 ×.13 −15 ×.16 −3.70
+10 ×4.1 −10 ×2.6 +15.0	+10 ×−.022 −10 ×−.014 −.080	+10 ×.14 −10 ×.08 +.60
−10 ×3.9 +20 ×4.9 −10 ×4.1 +18.0	−10 ×−.020 +20 ×−.026 −10 ×−.22 −.100	−10 ×.13 +20 ×.16 −10 ×.14 +.50
−12 ×2.0 +12 ×2.0 −7 ×3.9 +10 ×4.9 +15 ×4.1 +8 ×2.6 −3 ×2.6 0 +96.2	−12 ×−.009 +12 ×−.011 −7 ×−.020 +10 ×−.026 +15 ×−.022 +8 ×−.014 −3 ×−.012 0 −.550	−12 ×.07 +12 ×.07 −7 ×.13 +10 ×.16 +15 ×.14 +8 ×.08 −3 ×.08 0 +3.19

第7章
スプレッド売買入門
Introduction to Spreading

　オプション市場では、ほかのすべての市場と同様、有利にトレードする多くの方法がある。ひとつのタイプは、米国の取引所フロアにいるトレーダーたちがよく利用する戦略「スキャルピング」だ。理論価格とは無関係に、できるだけ買い気配値で買い、売り気配値で売り、気配値のサヤを取ろうとする。各トレードの利益は小さいかもしれない。しかし、毎日十分な回数でこれができるのなら、適度な利益を期待できる。

　ただし、スキャルピングは高い流動性の市場を必要とするが、オプション市場がこの種の売買を支えられるほど十分な流動性があることは、めったにない。

　また、原資産の変動方向に投機する種類の売買戦略がある。投機家が市場の方向を正しく予想して適切なポジションをとれば、この場合も利益を期待できる。しかし、たとえ市場が期待された方向に動いても、方向性を取るポジションが必ずしも有利になるわけではない。多くの異なった力が方向要素を超えてオプション価格に影響を与える。方向だけを考慮するなら原資産にポジションをとるほうが賢明だ。その場合、判断も間違っていなければ、確実に利益は出る。

　成功者はたいていスプレッド売買をする。オプションは確率の法則に基づいており、その確率の法則が安定して作用すると期待できるの

は長期にわたる場合だけなので、たいていポジションを長く保有しなければならない。残念ながら短期間でオプション価格が理論価格に近づくのを待っていても、市況がさまざまに変化して、収益性が脅かされるリスクにさらされるかもしれない。短期では、オプションが理論価格決定モデルに即した反応する保証はまったくないのだ。

理論的にミスプライスのオプションを巧みに利用し、同時に短期の市況の変化の影響を軽減し、安全に満期まで保有できるようにする方法、それが「スプレッド売買」だ。

スプレッド売買とは？

スプレッド売買は、異なる銘柄に同時に相反するポジションをとる戦略である。異なる銘柄間に特定の価格関係があり、市場の方向は不明でも、その価格関係は相対的に一定であると想定する。その関係が一時的にミスプライスだと思われるとき、割安にみえる銘柄で買いポジションをとり、割高にみえる銘柄で売りポジションをとる。そして、両銘柄の価格が予想される関係に戻るときに利益を見込む。

先物トレーダーの間で最も一般的なスプレッド売買は、同銘柄異限月の先物に相反するポジションをとるものである。例えば、ニューヨーク・マーカンタイル取引所（NYMEX）で原油先物10月限を買い、原油先物11月限を売る。または、CBOTでトウモロコシ11月限を買い、トウモロコシ7月限を売る。

この種の限月間スプレッドは、いろいろな要因によって決まる。通常最も重要な要因は、現物をひとつの限月から別の限月へ持ち越すコストである。COMEXで金2月限が1オンス当たり360ドルで売買されているとする。4月限の金はいくらで売買されているべきだろうか。2月に360ドルで受けた金を4月まで保有すると、360ドルを2カ月間借り入れたことになる。金利が9％の場合、2カ月間の調達コストは、

5.40ドル（＝ 9 ％× 2 ÷12×360ドル）となる。

　この5.40ドルの調達コストは、現物ではなく 4 月限先物を買うことによって節約できる。したがって、 4 月限は 2 月限よりも5.40ドル高い価格、つまり365.40ドルであるはずだ。ところが、 2 月限は360ドルで売買され、 4 月限は364ドルで売買されている場合、スプレッドは1.40ドルで割安となる。このミスプライスのスプレッドを 4 ドルで買う（ 4 月限を364ドルで買い、 2 月限を360ドルで売る）ことで、利益を上げられると考えるわけだ。もし、このスプレッドが予想される5.40ドルに戻れば、 2 月限を買い戻し、 4 月限を売却して、1.40ドルの利益を実現できる。

　上記のスプレッドは、 2 つの限月のスプレッドが予想される5.40ドルに戻るかぎり、金市場の全般的な方向には関係なく有利になる。 2 月限の金が370ドルまで上昇すると、このスプレッドは 2 月限で 6 ドルの損失となる。しかし、 4 月限が375.40ドルまで上昇すれば、 4 月限の利益は 2 月限の損失を埋めても余りがあり、1.40ドルの利益が出る。

　調達コスト以外の要素も同銘柄異限月の先物の価格関係に影響する可能性がある。商品によっては、限月間の保管と保険のコストを含んでいる。理論上、従来の商品（貴金属、農産物、家畜、エネルギーなど）の金融、保管、保険のコストは、プラスの数字でなければならず、期先が期近よりも高くなるはずだ。これを「コンタンゴ＝順ザヤ」と呼ぶ。これらのコストが高くなると先物価格も上昇するだろう。

　需給要因もまた異限月間のスプレッドの関係に影響する可能性がある。理論上、原油11月限は常に原油10月限よりも高く売買されるはずだ。ところが、現在原油の供給が少ない場合、製油業者は製油所への原油の仕入を確保するため、躊躇せずに10月限先物への手当てを増やすかもしれない。こうして期近が期先よりも価格が高くなる市場を「バックワーデイション＝逆ザヤ」と呼ぶ。原材料の需給が原因とな

り、商品市場ではよく逆ザヤが生じる。順ザヤと逆ザヤの市場の実例を**図表7-1**に掲載した。

　原資産でポジションを保有するときのキャリングコストは、先物スプレッドの関係に影響を与える多くの要因のひとつにすぎない。株価指数先物を買うトレーダーは、指数を構成する株式の所有に関する調達コストを節約し、同時に株式を実際に所有すれば受け取れる配当に対する権利をすべて放棄する。先物の価格は、調達コストの節約によって上がるが、配当を失うことで下がってしまう（株価指数先物とオプションについては金融市場において独特の重要性があるため、第15章で詳細に考察したい）。

　いろいろな金利が絡むとスプレッド関係の評価は、より複雑になる。米30年債先物の価格は、現物ではなく先物を買うことで節約されるキャリングコスト（短期金利）だけではなく、現物を所有しないことによって失われる金利（長期金利）にも左右される。長短金利差によって、米30年債先物市場の期先が期近よりも高くなったり安くなったりする。似たような状況は通貨先物市場でもある。この場合、決定要素は国内外の金利差である。外貨金利が国内金利に比較して低ければ期先は高くなり、外貨金利が高ければ期先は安くなる。

　異限月間のスプレッドの計算は複雑になることがあるため、先物を主題とした教科書では詳細に扱われている。ここで重要なことは、異限月間に理論上明確な価格関係があるはずだということだ。この関係が崩れたとき、割高なものを売り、割安なものを買うことで潜在的な利益を獲得する機会がある。

　スプレッド売買は、同銘柄異限月の関係に基づいたものだけでなく、異なる関連銘柄の間にも機会がある。CBOTで売買されているNOBスプレッド（米30年債利回りと米10年債利回りの差）は両者に特定の関係があるという前提に基づいている。この2つの先物価格のスプレッドが予想よりも大きい（小さい）と判断した場合、一方の金融商品

図表7-1

順ザヤ

限月	始値	高値	安値	終値 清算価格	前日比	一代高値	一代安値
1993年10月22日金曜日							
ココア (CSCE); 10 metric tons; $ per gallon (1 = $10.00)							
12月限	1163	1166	1125	1134	-21	1506	919
3月限 (94年)	1200	1203	1161	1174	-20	1495	835
5月限	1215	1215	1172	1183	-24	1518	841
7月限	1226	1226	1190	1200	-23	1530	845
9月限	1237	1237	1220	1220	-20	1536	878
3月限 (95年)	1239	1239	1239	1239	-20	1346	980
綿花 (CTN); 50,000 lbs.; ¢ per lb. (.01 = $5.00)							
12月限	57.74	57.94	57.20	57.55	-.19	64.25	54.60
3月限 (94年)	59.35	59.45	58.85	59.17	-.20	64.20	55.62
5月限	60.10	60.30	59.75	59.95	-.30	64.85	57.47
7月限	60.68	60.80	60.30	60.55	-.25	65.00	58.30
10月限	61.80	62.20	61.80	62.00	+.35	64.00	59.81
12月限	61.50	62.20	61.35	62.10	+.35	62.90	59.48
大豆ミール (CBT); 100 tons.; $ per ton. (.01 = $10.00)							
12月限	193.30	194.60	192.90	193.10	-.30	235.50	183.40
1月限	193.30	194.70	193.10	193.40	....	231.50	176.90
3月限	194.30	195.90	194.30	194.40	-.10	231.00	175.60
5月限	196.00	197.00	195.40	195.40	+.40	228.00	177.00
7月限	197.50	198.70	197.20	197.40	+.10	245.00	179.00
8月限	197.50	198.40	197.50	197.50	....	237.50	180.10

逆ザヤ

限月	始値	高値	安値	終値 清算価格	前日比	一代高値	一代安値
1993年12月10日月曜日							
キャトル (CME); 44,000 lbs.; ¢ per lb. (.01 = $4.40)							
12月限	79.97	80.75	79.97	80.70	+.78	79.77	71.00
2月限 (91年)	76.35	77.00	76.25	76.87	+.70	77.80	72.50
4月限	76.20	76.95	76.20	76.87	+.65	78.05	74.00
6月限	74.10	74.65	74.10	74.55	+.50	75.45	72.15
8月限	72.70	73.12	72.70	72.92	+.35	73.85	70.35
10月限	72.70	73.05	72.70	72.90	+.48	72.85	70.70
銅 (COMEX); 25,000 lbs.; ¢ per lb. (.01 = $2.50)							
1月限	110.00	110.85	109.60	110.80	+1.30	126.40	91.50
2月限	109.00	109.80	108.90	109.80	+1.60	115.80	99.50
3月限	106.40	108.40	106.30	108.00	+2.00	122.60	02.30
4月限	106.00	108.00	106.00	107.20	+2.00	115.50	99.85
5月限	105.15	106.70	105.00	106.40	+2.05	117.80	97.00
6月限	103.80	105.30	103.80	104.80	+2.10	110.50	95.50
ヒーティングオイル (NYMEX); 42,000 gallons; ¢ per gallon (.01 = $4.20)							
1月限	81.60	82.50	80.80	80.97	+1.80	107.25	52.95
2月限	79.00	79.20	77.60	77.76	+1.52	102.00	52.60
3月限	74.00	74.00	72.70	72.82	+.81	96.50	50.70
4月限	69.50	69.50	68.10	68.12	+.46	92.00	49.30
5月限	66.20	66.25	65.90	66.12	+.11	88.50	48.40
6月限	64.75	64.75	64.00	63.22	-.14	85.75	48.40

を売り、他方の金融商品を買う。

　例えば、米10年債が99-16ポイントで米30年債が96-00ポイントの場合、この２つの金融商品の間には3-16ポイントのスプレッドがある（米10年債と米30年債の価格はポイントと32分率の数字で表される。したがって、99-16が示す価格は99 16/32である）。

　金利分析に基づいて米10年債と米30年債のスプレッドが3-00ポイントのはずだと思えば、スプレッドを3-16ポイントで売る（つまり米10年債を99-16で売り、米30年債96-00で買う）。そしてスプレッドが期待値の3-00ポイントに戻れば、両者を手仕舞いして16/32の利益を実現できる。

　スプレッド売買はもっと複雑な関係を根拠にすることもある。例えば、COMEXの多くのトレーダーは金と銀の価格の関係を追っている。金が１オンス300～400ドルで銀が１オンス４～５ドルの場合（執筆時）を考えてみよう。通常、この関係はレシオ（比率）で表される。ここでは両者のスプレッドが80対1のレシオ（80オンスの銀に対して1オンスの金）になるとする。

　銀が4.50ドルで売買され、レシオが80対１の場合、金は4.50ドル×80＝360ドルで売買されているはずだ。ところが、もし金が375ドルであれば、１オンスの金を375ドルで売り、80オンスの銀を4.50ドルで買うだろう。そして、スプレッドが80対１のレシオに戻れば、貴金属の個別の価格傾向とは無関係に、15ドルの儲けが期待できる。貴金属相場が下落して、金が336ドルで銀が4.20ドル（期待レシオ80対１）になれば、損益計算は次のとおりになる。

　80×（4.20ドル－4.50ドル）＝－24ドル（銀）
　375ドル－336ドル＝＋39ドル（金）

　期待どおり、総額15ドルの利益が出る。

スプレッド売買はまた、ひとつの金融商品が別の金融商品よりもパフォーマンスが優れているという見解を反映することもある。ニューヨーク・ボード・オブ・トレード（NYBOT）に上場するNYSE（ニューヨーク証券取引所）総合指数先物は、NYSEで活発に売買されるおよそ1500銘柄の価格を示している。またCMEに上場するS&P500株価指数先物は、活発に売買される500銘柄の価格を示している。

この２つの指数の価格の比が９対５（９枚のNYSE指数＝５枚のS&P500指数）であると確信した場合、現在の価格がそれぞれ220ドルと396ドルであれば、価格関係は予想どおりに９対５（９×220ドル＝５×396ドル）になる。このスプレッドを売買する理由はまったくないように思える。しかし、S&P500の成績がNYSE指数の成績よりも伸び率で優れていると思えば、S&P500を５枚買って、NYSEを９枚売ることができる。もし伸び率でS&P500のほうが速く上昇し、あるいはゆっくりと下落するなら、所有する金融商品の優れた方のパフォーマンスから利益が出る。

スプレッド関係は２つの銘柄に制限される必要もない。３つ以上の銘柄でスプレッド関係を決めることもある。２月限の金は360ドルで金利は９％、２月限と４月限の金のスプレッドは5.40ドルのはずと計算した。しかし、金利が上がればキャリングコストも上がり、２月限と４月限のスプレッドは拡大する。ここで２月限を買い、４月限を売っている場合、ユーロドル金利はキャリングコストと密接に関連すると思えば、ユーロドル先物を売って金利の上昇に対処することができる。実際に金利が上がれば、２月限と４月限のスプレッドは損失になるが、これはユーロドル先物のポジションによる利益で相殺される。この場合、２月限と４月限の金価格とユーロドル金利による三つ巴のスプレッド関係が想定されていたわけだ。

デリバティブ市場で最も洗練されたトレードのほとんどはスプレッドを特定してそれに従う。スプレッドがミスプライスであると判断す

れば、単一商品を単純売買するようにスプレッドを売買することで利益が上がる可能性がある。

これまでの例題では、銘柄間の価格関係をポイントあるいはドル（通貨単位）で定義してきた。しかし、ほかの観点から定義したほうがもっと実用的な場合もある。第4章で理論価格決定モデルを用いてオプションのインプライドボラティリティを決定した。そして、インプライドボラティリティは、オプションのトレーダーにとっては、ドル価格よりも正確にオプション価格を反映するかもしれないと述べた。したがって、2つのオプション間のスプレッドをインプライドボラティリティ間のスプレッドで表してもよいのだ。

例えば、インプライドボラティリティが15％のオプションとインプライドボラティリティが17％のオプションのスプレッドは2ポイントで、ドルでの価格差とは関係がない。両者の原資産が同じであれば、インプライドボラティリティが15％のオプションを買って、インプライドボラティリティが17％のオプションを売り、インプライドボラティリティの間のスプレッドが縮小して利益が出ることを望むだろう。

後ほど解説するが、この例は単純だ。インプライドボラティリティの高低だけではオプションの売買はできない。インプライドボラティリティ間のスプレッドだけではなく、インプライドボラティリティの全般的なレベルも重要である。同じ2％ポイントのボラティリティスプレッドでも、インプライドボラティリティが6％と8％の場合と、26％と28％の場合では、意味が違ってくるだろう。しかも、ボラティリティ予測が困難であること、そしてモデル自体が不正確であり得ることに起因する重要なリスク要素もある。

しかし、こうしたいろいろな要素があるにもかかわらず、ボラティリティスプレッドはオプション売買戦略の最も重要な分野のひとつである。オプションのトレーダーを教育するとき、多くの部分がボラティリティについて学ぶことと、ミスプライスのボラティリティに基づ

いたスプレッドの作成方法を習うことに費やされている。

これまでの例では、スプレッド戦略は固定的でいったんスプレッドポジションを仕掛けたあとは、そのスプレッドが期待値に到達するのを待つだけでよいという考え方だった。しかし、スプレッドは動的で、ミスプライスから利益を得るためにはスプレッドの期間を通じての行動が求められることもある。これが第5章のミスプライスのオプションを巧みに利用する方法であった。オプションは原資産に対してスプレッドになっており、ポジションはオプションの残存日数を通じて調整されていた。満期における結果利益は、オプションが最初にミスプライスであった額にほぼ等しいものであった。

なぜ、スプレッドか？

第3章でも述べたように、ほとんどの理論価格決定モデルは確率の法則に基づいてオプションの価格を算出する。しかし、たとえ確率、つまりボラティリティを正しく推定しても、確率理論が有効になるのは出現回数が多い場合だけ、つまりオプションでは長期にわたる場合だけに限られることは分かっている。ミスプライスから利益を得るためにオプションのポジションを長期に保有しなければならないこともある。

残念なことに、ポジションを保有している間、ポジション損益の短期的には不利な変動に耐えなければならないことがある。変動が非常に深刻で資金需要が生じてポジションを維持できなくなるかもしれない。満期の前にポジションを清算せざるを得ない場合、価格決定モデルのデータをすべて正確に推定していても、オプションのミスプライスから利益を得る保証はまったくない。そこでスプレッド売買することで、確率の法則に基づくどんな投資にも付きものの「短期的な不運」の影響を軽減しようとするのだ。

スプレッド戦略は、オプションのポジションを長期に保有できるようにして確率の法則を巧みに利用するだけではなく、不正確に推定された理論価格決定モデルのデータからトレーダーを守る効果も発揮する。

　原資産の独マルク先物のボラティリティがオプションの残存日数を通じて13％であると推定したとしよう。そしてこの推定に基づいたコールの理論価格が1.75ドルであるのに、CMEでは実際には2.00ドルで売買されていることに気づいた。このコールのデルタが25であれば、コールを1枚当たり2.00ドルで4枚売り、先物を1枚買う。すると4×0.25＝1.00で、CMEの独マルク先物の1ポイントの実質変動額は1250ドルであるから、1250ドルの理論的優位性を得ることができる。

　もちろん、4対1スプレッドで1250ドル儲かるのなら、サイズを大きくして40対10にすれば1万2500ドルの儲けになる。かまうものかと、さらにサイズを400対100にすれば12万5000ドルの儲けになる。

　たとえ市場に十分な流動性があり、無限大の建玉を吸収できるとしても、これは妥当な売買方法だろうか。ひたすら理論的に有利な戦略を見つけ、それをできるだけ何回も行って潜在的利益を最大にすべきだろうか。賢明なるトレーダーは、ある時点で、潜在的利益だけではなく戦略に関連するリスクも考慮しなければならなくなる。

　結局、推定ボラティリティ13％は、ただの推定にすぎない。ボラティリティが実際にもっと高い数字、例えば15％か17％になったらどうなるだろうか。2ドルで売ったコールの価格は、17％のボラティリティで2.2ドルとなる。そして実際にボラティリティが17％になると、期待した12万5000ドルの利益（建玉規模が400対100の場合）が12万5000ドルの損失になってしまう。

　不正確な推定の影響を常に考慮してどの程度のリスクをとる用意があるのか決めなければならない。この例で15％以下のボラティリティ（つまり許容範囲2％ポイント）でないと生き残れないというなら、

スプレッドを40対10にしかできない。しかし、ボラティリティ19％（許容範囲6％ポイント）にまで損益分岐点を高める方法があるとすれば、実際にスプレッドを400対100にできるだろう。

　オプションのスプレッド戦略を用いれば、理論価格決定モデルのデータ推定の許容範囲を高めることができ、それによっていろいろな市況の下で収益機会を狙えるようになる。各データを100％正確に推定しないと生活できないようなトレーダーは、あまり長生きできないだろう。ベテランは、データの推定が不正確でも大きな許容範囲でリスクを甘受できる賢明なるスプレッド戦略を組み立てている。

リスク管理ツールとしてのスプレッド

　第3章で紹介した、期待報酬95セント（米国基準）のルーレットの賭けを1.00ドルで受け付けているカジノを思い出してほしい。カジノのオーナーは確率の法則に基づいて自分に5％の理論的優位性があることを承知している。

　ある日プレーヤーがカジノに入ってきてルーレットのテーブルの1個の番号に2000ドル賭けたとしよう。カジノのオーナーは、オッズは自分に有利で、2000ドルの賭け金を確保する可能性が非常に高いことを承知している。しかし、プレーヤーが勝つチャンス、つまり、プレーヤーの賭けた番号が出て、カジノが7万ドル（7万2000ドルの支払いから賭けのコスト2000ドルを差し引いたもの）失う可能性は常にある。

　今度は、ほかに2人のプレーヤーがカジノに入ってきて、それぞれルーレットのテーブルに1000ドル賭けたとしよう。しかし、2人はそれぞれ違う番号に賭けると決めていた。ひとりがどの番号に賭けても、もうひとりはどれか別の番号を選ぶ。この新しいシナリオでのカジノの利益も、どちらの賭けた番号も出ないときの2000ドルだ。しかし、

カジノ側のリスクは、今度は３万4000ドル（ひとりのプレーヤーが勝つときの３万6000ドルの支払いから賭けのコスト2000ドルを差し引いたもの）だけである。勝つ可能性があるのはひとりだけだから、この２つの賭けは「相互排除的」である。つまり、ひとりが勝てば、もうひとりは負けなければならない。

　ひとりのプレーヤーが１個の番号に2000ドルを賭ける場合、あるいはふたりのプレーヤーが違う番号にそれぞれ1000ドルを賭ける場合、この２つのシナリオで、カジノの理論的優位性はいくらになるだろうか。いずれの場合でもカジノの優位性は同じ５％だ。賭け金の額、あるいは個々の賭けの番号とは無関係に、カジノは確率の法則によって長期的にはルーレットのテーブルのあらゆる賭けの５％を確保するようになる。しかし、短期的にはカジノ側のリスクは２つの1000ドルの賭けによって大いに軽減される。この２つの賭けがテーブルに分散（スプレッド）するからだ。

　カジノは、ルーレットでもほかのカジノのゲームでも、プレーヤーがひとつの結果に多額の金を賭けることを好まない。オッズがカジノ側に有利であることは同じだ。しかし、賭け金が十分に大きくてプレーヤーの運が良ければ、短期的な不運がカジノを圧倒する可能性があるからだ。実際、プレーヤーがオッズの不利を承知のうえで最大の収益機会を得たい場合、最善の策はひとつの結果に最大限の額を賭けて短期的な幸運を期待することだ。プレーヤーが長期に賭けを続けると、最終的には確率の法則が作用してカジノがプレーヤーの金を確保することになる。

　カジノの観点から理想的なシナリオは、38人のプレーヤーがそれぞれ1000ドルをテーブルの38箇所すべての番号に賭けることだ。そうなると、カジノは完全なスプレッドのポジションを持つことになる。テーブルに３万8000ドルあるから、ひとりのプレーヤーが３万6000ドルを獲得しても、カジノは2000ドルの利益を確保する。

オプションのトレーダーは、カジノがテーブルに分散された賭けを好むのと同じ理由でスプレッド売買を好む。スプレッド売買は潜在的利益を維持する一方で短期リスクを軽減するからだ。カジノにあるような完全なスプレッドのポジションは、オプションのトレーダーにはない。しかし、賢明なるトレーダーは、短期的な不運の影響を最小限に抑えるため、できるだけ多様な方法でリスクを分散する術を習得する。

　素人はベテランが執行する建玉のサイズを聞いて驚くことがある。例えば、CBOTの米30年債先物オプションの立会場で自己売買をしているあるトレーダーは、１枚当たり2-00（2000ドル）で100枚のコールを買って20万ドル相当のポジションをとることがある。どうしてそんなことができるのか。たしかに、このトレーダーの資金はリスクを受容できるだけの能力がある。しかし、同様に重要なことは、リスクを分散する能力だ。ベテランのトレーダーは、ほかのオプション、先物、現物、あるいはこれらの金融商品を組み合わせたものを用いて、リスクを分散するいろいろな方法を知っている。

　それでも、リスクを完全に除去することはできないだろう。しかし、スプレッド売買の方法を知らない、あるいは限られた数のスプレッド戦略しか知らないずっと小規模なトレーダーよりも、リスクをもっと軽減できているのだ。

第8章
ボラティリティスプレッド
Volatility Spreads

　理論上ミスプライスになっているオプションを巧みに利用するために、相反するポジションを同時に取ることでオプションの売買をヘッジする必要がある。第5章の例では常に原資産で相反するポジションをとった。もちろん、理論的に原資産と同等なほかのオプションでオプションのポジションをヘッジすることも可能だ。
　例えば、デルタ50のコールが市場でミスプライスになっているとする。そのコールを10枚買うと全体のデルタポジションは＋500となり、そのポジションのヘッジは次のどの方法でも可能だ。

- 原資産を5枚売る
- デルタ合計が－500のプットを買う
- 買ったコールとは異なるデルタ合計＋500のコールを売る
- こうした戦略を組み合わせてデルタ合計を－500にする

　原資産のほかにも多様なコールやプットも利用できる場合、10枚のコールをヘッジする方法はいろいろある。どの方法を用いても各スプレッドに共通する次のような特徴がある。

- 各スプレッドは、ほぼニュートラルである

- ●各スプレッドは、原資産の価格変化に敏感である
- ●各スプレッドは、インプライドボラティリティの変化に敏感である
- ●各スプレッドは、時間の経過に敏感である

　これらの特徴を備えたスプレッドは「ボラティリティスプレッド」という総括的な項目に分類される。この章では、まずスプレッドの満期時の損益を調べ、次に各スプレッドに関連するデルタ、ガンマ、ベガ、ローを考慮することで、基本的な種類のボラティリティスプレッドを定義し、その特徴を考察する。

　主な種類のスプレッドを定義する前に、スプレッドの用語が一様ではないことに注意してほしい。同じスプレッドを指しているのに、いろいろな用語があったり、違うスプレッドを指しているのに同じ用語が使われたりしている。最も一般的な用語を使うように努めたが、別のスプレッドの定義が当てはまる場合もある。

バックスプレッド
(レシオバックスプレッドまたはロングレシオスプレッド)

　「バックスプレッド」はデルタをニュートラルにしたスプレッドである。オプションの買い玉ほうが同売り玉よりも多い構成になっており、すべてのオプションは同時に満期になる。このスプレッド売買を完成させるために、デルタの小さいオプションを買い、デルタの大きいオプションを売らなければならない。コールのバックスプレッドは、権利行使価格の高いコールの買いと権利行使価格の安いコールの売りで構成されている。プットのバックスプレッドは、権利行使価格の安いプットの買いと権利行使価格の高いプットの売りで構成されている。

　代表的なバックスプレッドとその満期時の損益を**図表8-1**と図表

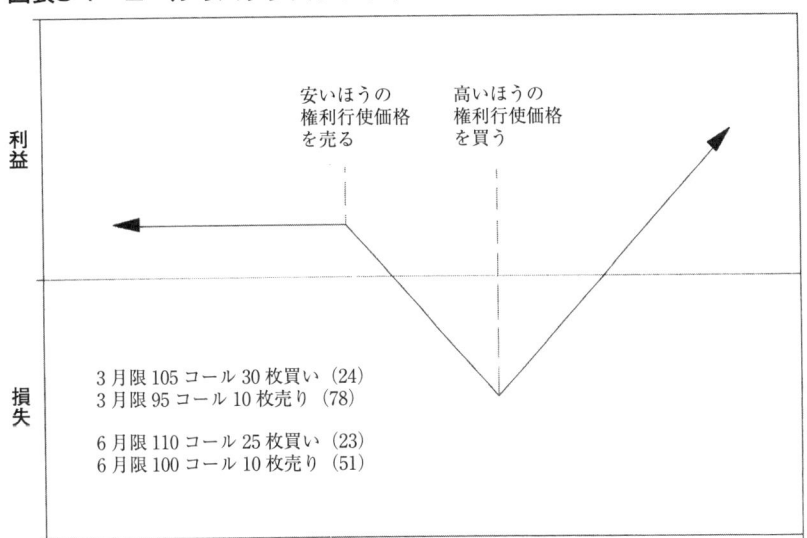

図表8-1　コールのバックスプレッド

利益／損失

安いほうの権利行使価格を売る
高いほうの権利行使価格を買う

3月限 105 コール 30 枚買い（24）
3月限 95 コール 10 枚売り（78）

6月限 110 コール 25 枚買い（23）
6月限 100 コール 10 枚売り（51）

8-2に示した（この章のスプレッド売買の例は、**図表8-20**のオプション評価表から引用している）。いずれの場合も、オプションの買い玉の権利行使価格からの価格変動がスプレッド売買の利益を増大させる。

バックスプレッドのタイプによって、より好ましい変動方向が異なる。コールのバックスプレッドでは上昇サイドの収益性が無限大になり、プットのバックスプレッドでは下落サイドの収益性が無限大になる。しかし、主に考えるべきは何かの変動が起こることである。まったく変動がなければ、バックスプレッドは負け戦となるだろう。

通常、バックスプレッドはクレジット（ネットでプレミアムの受け取り）で仕掛ける。つまり、オプションを売って得たプレミアムの額がオプションを買って支払ったプレミアムの額よりも大きい場合だ。

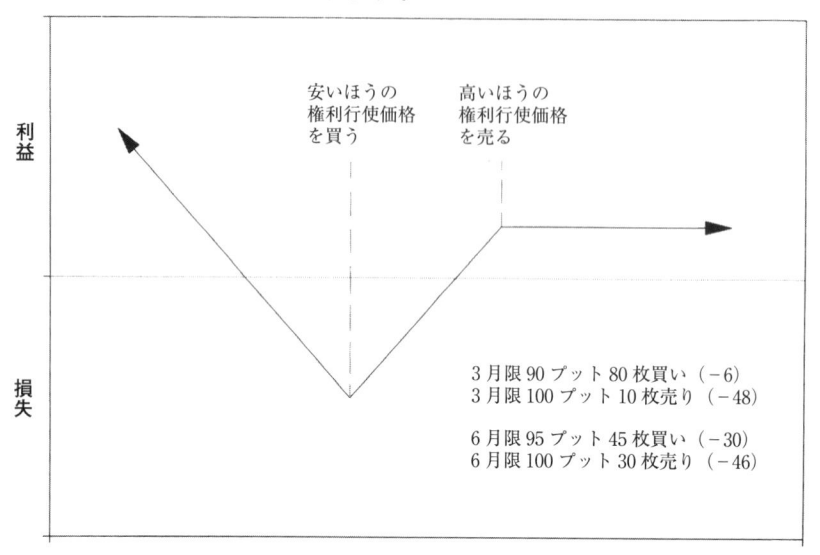

図表8-2　プットのバックスプレッド

利益／損失

安いほうの権利行使価格を買う
高いほうの権利行使価格を売る

3月限90プット80枚買い（−6）
3月限100プット10枚売り（−48）
6月限95プット45枚買い（−30）
6月限100プット30枚売り（−46）

　これで、市場がどちらかの方向に大きく変動すればバックスプレッドは利益になると分かる。コールのバックスプレッドの場合は市場の暴落、プットのバックスプレッドの場合は市場の暴騰によって、すべてのオプションが無価値になり、トレーダーは当初トレードしたときの売り玉のプレミアムを確保する。

　トレーダーは市場の方向性に関する自分の相場観を反映してバックスプレッドの種類を選択する傾向がある。市場が大きく上昇する可能性を予見する場合はコールのバックスプレッドを選択し、大きく下落する可能性を予見する場合はプットのバックスプレッドを選択することになる。動きのない市場ではバックスプレッドを避ける。原資産がいずれの方向にも大きく動きそうにはないからだ。

レシオバーティカルスプレッド
（レシオスプレッド、ショートレシオスプレッド、バーティカルスプレッド、フロントスプレッド）

　バックスプレッドの逆のポジションをとるトレードもまたデルタがニュートラルのスプレッドである。しかし、売りのほうが買いよりも多い。すべてのオプションは同時に満期になる。このようなスプレッドを「レシオスプレッド」あるいは「バーティカルスプレッド」と呼ぶ。しかし、これらの用語はほかのタイプのスプレッドにも適用できるため、あとの混乱を避けるために、バックスプレッドの逆は「レシオバーティカルスプレッド」と呼ぶことにする。

　代表的なレシオバーティカルスプレッドとその満期時の損益図を**図表8-3**と**図表8-4**に示した。これらのグラフから、レシオバーティカルスプレッドが満期時に最大利益を実現するのは、原資産が売ったオプションの権利行使価格で満期になるときであると分かる。レシオバーティカルスプレッドはバックスプレッドと逆のリスクを想定しているので、コールのレシオバーティカルスプレッドでは上昇サイドのリスクが無限大で、プットのレシオバーティカルスプレッドでは下落サイドのリスクが無限大になる。

　レシオバーティカルスプレッドは、市場が比較的安定を保つことを予想する。しかし、その予想が間違ったときの損失を限定するために、コールもしくはプットのレシオバーティカルスプレッドを選択することになる。市場の急騰が大きく懸念される場合はプットのレシオバーティカルスプレッドを選択し、市場の急落が大きく懸念される場合はコールのレシオバーティカルスプレッドを選択する。いずれも、市場が懸念どおりに大きく動いた場合、損失は限定される。市場が下落するとコールはゼロになるだけであり、市場が上昇するとプットがゼロになるだけだからだ。

図表8-3　コールのレシオ・バーティカル・スプレッド

3月限 95 コール 20 枚買い（78）
3月限 100 コール 30 枚売り（51）

6月限 95 コール 10 枚買い（67）
6月限 110 コール 30 枚売り（23）

利益／損失

低いほうの権利行使価格を買う
高いほうの権利行使価格を売る

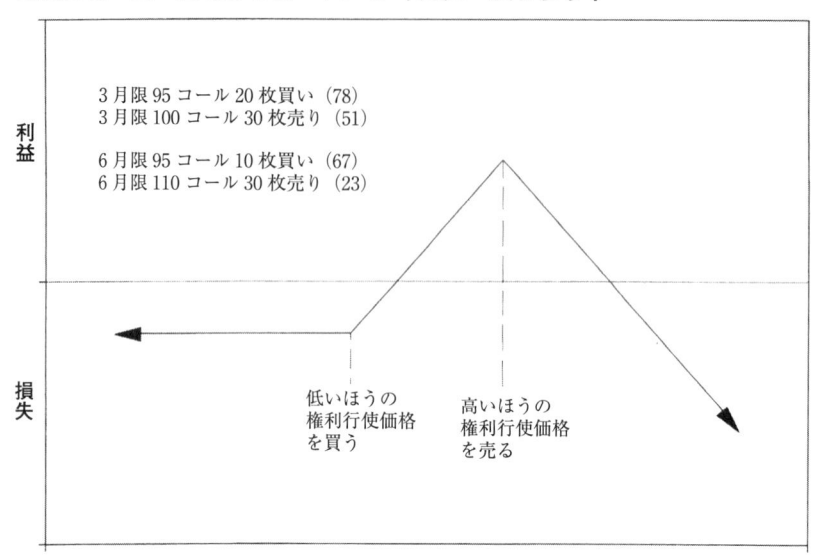

図表8-4　プットのレシオ・バーティカル・スプレッド

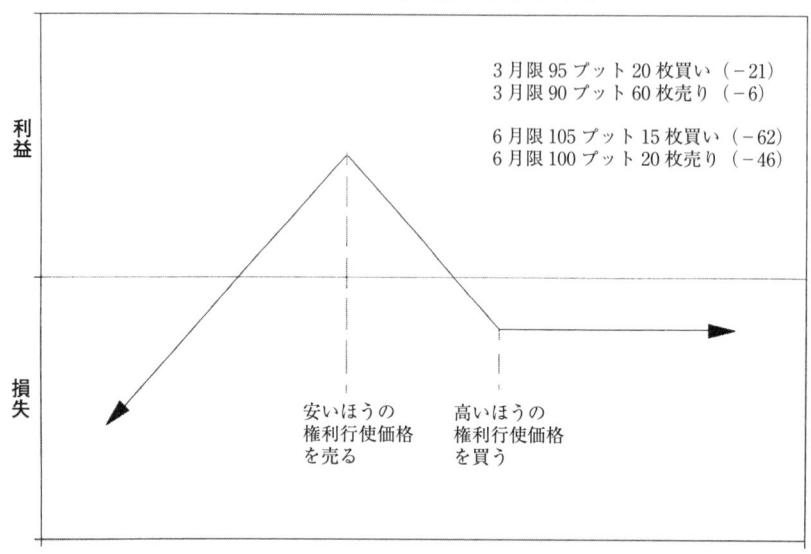

3月限 95 プット 20 枚買い（−21）
3月限 90 プット 60 枚売り（−6）

6月限 105 プット 15 枚買い（−62）
6月限 100 プット 20 枚売り（−46）

利益／損失

安いほうの権利行使価格を売る
高いほうの権利行使価格を買う

ストラドル

　ストラドルの構成は、コール買いとプット買い、あるいはコール売りとプット売りになっている。両方のオプションは権利行使価格も満期も同じだ。コールとプットの両方を買う場合は、ストラドルの買い（ロングストラドル）であり、両方のオプションを売る場合は、ストラドルの売り（ショートストラドル）である。代表的なストラドルとその満期時の損益図を**図表8-5**と**図表8-6**に示した。

　ほとんどのストラドルが1対1（1枚のプットに1枚のコールの比率）で執行される。しかし、これは必要条件ではない。レシオストラドル、つまり異なる枚数のコールとプットで実行することは可能だ。ロング（コール買いあるいはプット売り）とショート（コール売りあるいはプット買い）の枚数が異なるスプレッドは、すべて「レシオスプレッド」という。最も一般的なタイプのレシオスプレッドが、先ほど紹介したバックスプレッドとレシオバーティカルスプレッドだ。そして、ほかのスプレッドも、ストラドルも含め、レシオスプレッドになっている。これは常にスプレッドのデルタをニュートラルにするためである。

　ストラドルの買いはバックスプレッドと共通の特性を多く備えている。バックスプレッドと同様、リスクは限定され潜在的利益は無限大だ。しかし、ストラドルの買いの場合は、潜在的利益がいずれの方向においても無限大だ。市場が急騰あるいは急落すると、ストラドルは市場が同じ方向に動くかぎり増大し続ける利益を実現する。

　ストラドルの売りはレシオバーティカルスプレッドと共通の特性を多く備えている。このストラドルは、相場がコールとプットの権利行使価格近くにとどまれば、最大の利益を実現する。その収益性は限定され、相場がいずれかの方向に激しく動く場合、リスクは無限大になる。

　経験の浅いトレーダーは通常、ストラドルの買いに魅力を感じる。

図表8-5　ストラドルの買い

利益／損失

同じ権利行使価格の
コールとプットを買う

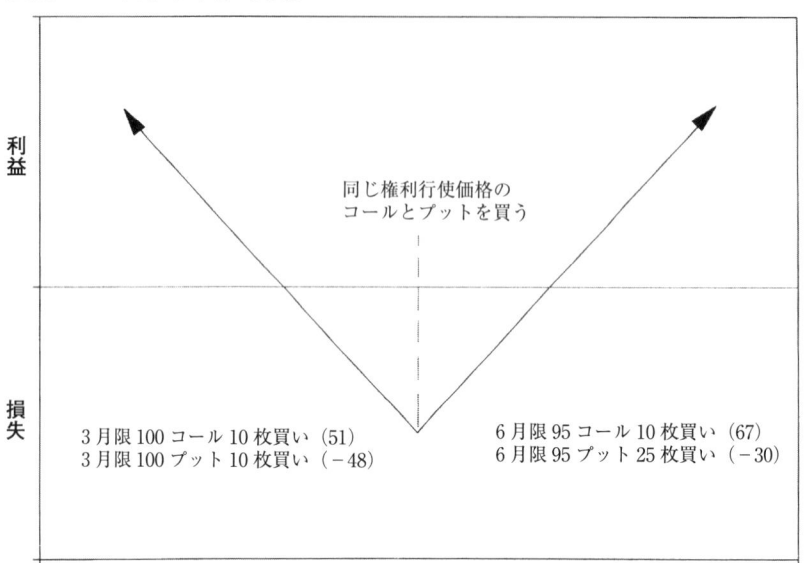

3月限100コール10枚買い（51）
3月限100プット10枚買い（-48）

6月限95コール10枚買い（67）
6月限95プット25枚買い（-30）

図表8-6　ストラドルの売り

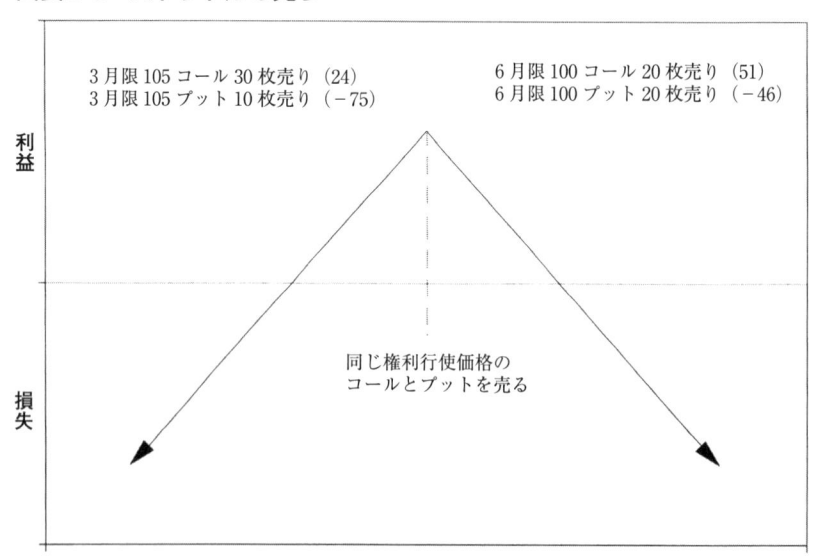

3月限105コール30枚売り（24）
3月限105プット10枚売り（-75）

6月限100コール20枚売り（51）
6月限100プット20枚売り（-46）

利益／損失

同じ権利行使価格の
コールとプットを売る

この戦略はリスクが限定され、収益性が無限大で、しかもいずれの方向に動いても利益が無限大になるからだ。しかし、期待された動きが実現しない場合、限定された額とはいえ資金は徐々に減少し、苦しい経験をすることがある。

買いまたは売り、どちらのストラドルも推薦しているわけではない。適切な状況の下では、どちらの戦略も有効だ。しかし、賢明なるトレーダーの大きな関心は全体の期待利益にある。期待利益が最大になる戦略に無限大のリスクが伴うとすれば、そのリスクをトレードの一環として受け入れなければならない。

ストラングル

ストラドルと同じように、ストラングルはコール買いとプット買い、あるいはコール売りとプット売りで構成されている。どちらのオプションも同時に満期になる。ただし、ストラングルではオプションの権利行使価格が異なる。両方のオプションを買う場合はストラドルの買い（ロングストラドル）であり、両方のオプションを売る場合はストラドルの売り（ショートストラドル）である。代表的なストラングルを**図表8-7**と**図表8-8**に掲載した。

ストラングルの特性はストラドルに類似している。したがってバックスプレッドとレシオバーティカルスプレッドにも似ている。ストラドルの買いのように、ストラングルの買いで利益が出るには、相場の変動が必要であり、変動があるときの収益性は無限大になる。ストラドルの売りのように、ストラングルの売りは相場がいずれの方向に動いてもリスクは無限大になる。しかし、原資産の相場が狭いレンジにとどまれば利益が出る。

ストラングルを判別する情報が限月と権利行使価格だけだとしたら、それを構成するオプションの識別に混乱が生じるだろう。6月限

図表8-7　ストラングルの買い

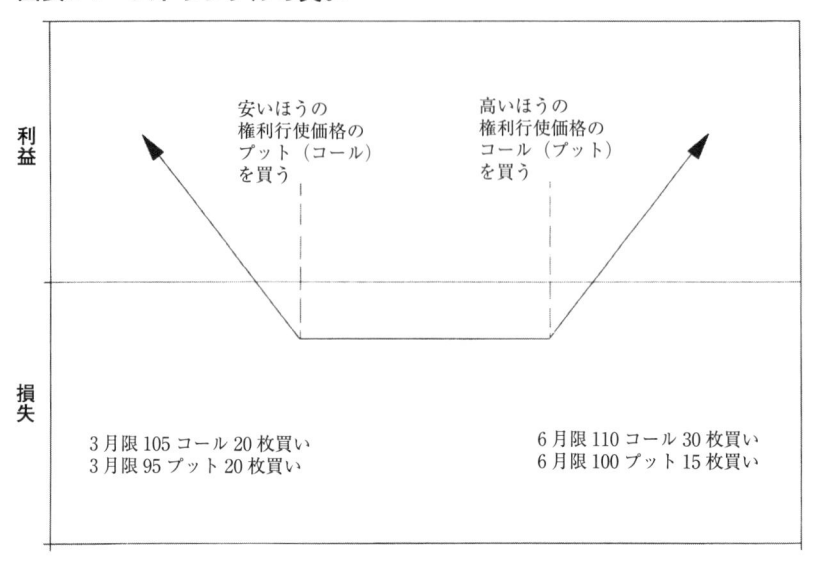

```
利益
         安いほうの              高いほうの
         権利行使価格の           権利行使価格の
         プット（コール）         コール（プット）
         を買う                   を買う


損失
       3月限105コール20枚買い         6月限110コール30枚買い
       3月限95プット20枚買い          6月限100プット15枚買い
```

　95／105ドルのストラングルの構成は、6月限95プットと6月限105コールかもしれないし、6月限95コールと6月限105プットかもしれない。この組み合わせはいずれもストラングルの定義に当てはまる。

　そこで混乱を避けるため「ストラングルは通常アウト・オブ・ザ・マネーのオプションで構成されている」とする。原資産の相場が現在100ドルで、6月限95／105ドルのストラングルを買う場合、6月限95プットと6月限105コールの買いとなる。両方のオプションがイン・ザ・マネーのとき、そのポジションは「ガッツ」と呼ばれることがある。

　ほかに特定の情報がなければ、ストラングルは通常、ストラドルと同じく1対1（1枚のプットに1枚のコールの比率）で執行される。しかし、ほかの比率でストラングルを執行してはいけないという規定はまったくない。コールのデルタが15でプットのデルタが−30のとき、

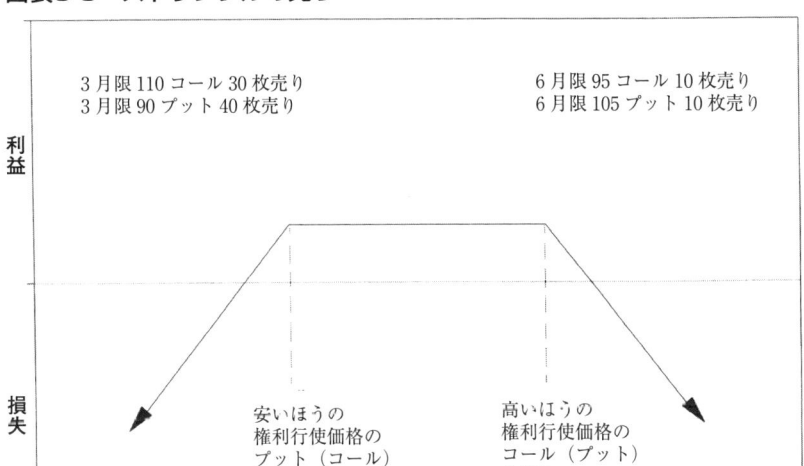

第8章 ボラティリティスプレッド

図表8-8　ストラングルの売り

```
3月限110コール30枚売り            6月限95コール10枚売り
3月限90プット40枚売り              6月限105プット10枚売り
```

利益／損失

安いほうの
権利行使価格の
プット（コール）
を売る

高いほうの
権利行使価格の
コール（プット）
を売る

　デルタをニュートラルにしたい場合、プット1枚に対し2枚のコールでトレードしてもまったく問題はない。

　バックスプレッド、ストラドルの買い、そしてストラングルの買いの、限定あるいは無限大のリスク・リワードの特性を無視するならば、これらのスプレッドの本質的な違いは、期待される相場変動の程度にある。利益が出るためにバックスプレッドでは変動が必要であり、ストラドルの買いではもっと変動が必要であり、ストラングルの買いではさらに大きな変動が必要となる。

　実際、ストラングルは最高度にレバレッジ（テコ効果）のあるオプション戦略とみなされている。アウト・オブ・ザ・マネーのオプションは比較的安いからだ。たいてい、1単位のストラドルの価格で数単位のストラングルを買える。このようなポジションで著しい変動が起

きる場合、その潜在利益は劇的に増大する可能性がある。しかし、二律背反がある。変動が起きなければ、そのポジションは時間の経過につれて急速に価値を失う。

　この変動の程度については、レシオバーティカルスプレッド、ストラドルの売り、ストラングルの売りにも当てはまる。これらはすべて、市場がじっとして動かないことを期待している。この場合も、ストラングルは最も高度にレバレッジのあるポジションとみなされる。数単位のストラングルを売って市場が変動しないとき、その利益は通常、1単位のストラドルを売るか、あるいは中規模のレシオバーティカルスプレッドを組んだ場合よりも大きくなる。しかし、期待に反して市場が大きく変動すると、ストラングルの売りは最大のリスクも伴う。すべてのオプションにリスクとリワードの二律背反がある。リワードが大きいとリスクも大きいし、リスクが小さければリワードも小さくなる。

　ストラドルの買いとストラングルの買いを、その類似した特性に基づいて「特種なバックスプレッド」として分類すると便利なときがある。これは、バックスプレッドの定義から論理的に帰結するものだ。すべてのオプションの限月が同じで、売り（ショート）よりも買い（ロング）のオプションが多いという定義である。ストラドルの買いやストラングルの買いはオプションの買い（コールの買いとプットの買い）だけで構成され、すべてのオプションは同時に満期になる。したがって、これらのポジションはバックスプレッドの一種である（プットの買いは原市場の売りポジションになるが、プットを「買った」のだから、そのプットはロングであると言える）。

　同様の論法で、ストラドルの売りとストラングルの売りを「特種なレシオバーティカルスプレッド」として分類する。ストラドルの売りとストラングルの売りはオプションの売りだけで構成され、すべてのオプションは同時に満期になる。したがって、これらのポジションは、

レシオバーティカルスプレッドの定義に一致する。

バタフライ

　ここまで考察してきたのは、2種類のオプションを売買するスプレッドである。しかし、二元的なスプレッドに限定する必要はない。3種類、4種類、あるいはそれ以上の種類のオプションで構成されるスプレッドを組むこともできる。

　「バタフライ」は3つの等間隔の権利行使価格のオプションで構成され、そのすべてのオプションは同じ種類（コールまたはプット）であり、同時に満期になる。バタフライの買い（ロングバタフライ）の場合、外側の権利行使価格（中央に位置する権利行使価格よりも高い権利行使価格と安い権利行使価格）の2種類を買い、中の権利行使価格（中央に位置する権利行使価格）のオプションを売る。バタフライの売り（ショートバタフライ）は、その逆だ。中央の権利行使価格はバタフライの「ボディー」、外側の権利行使価格は「ウイング」と言われることがある。

　また、バタフライのレシオ（比率）は変わらない。常に1×2×1で、中央の権利行使価格2枚と外側の権利行使価格1枚ずつでトレードする。レシオが1×2×1でなければ、もはやバタフライではない。代表的なバタフライの例を**図表8-9**と**図表8-10**に示した。

　バタフライは同じ枚数のオプション買いとオプション売りで構成されているので、バックスプレッドやバーティカルスプレッドの分類にはうまくはまらない。ただし、通常のトレードでは、バタフライの買いがレシオバーティカルスプレッドのように機能し、バタフライの売りがバックスプレッドのように機能する。その理由を理解するために、95／100／105コールバタフライ（権利行使価格95ドルのコールを1枚買い、権利行使価格100ドルのコールを2枚売り、権利行使価格105

ドルのコールを1枚買い）を買った場合を考えてみよう。

このポジションの満期の損益はいくらだろうか。原資産が満期時に95ドル未満の場合、すべてのコールは満期時に価値がなくなり、このポジションの利益はゼロになる。原資産が満期時に105ドルを超えた場合、95コールと105コールの損益は両方合わせて100コール2枚の損益と等しくなる。この場合も、バタフライの利益はゼロだ。

では今度は、原資産が満期時に95～105ドルの間、具体的にはちょうど中央の権利行使価格の100ドルだったとする。この場合、95コールの価格は5ポイントで、100コールと105コールは無価値になる。したがって、ポジション全体の最大利益は5ポイントだ。原資産が100ドルから離れるとバタフライの利益は減少するが、ゼロ未満に下落することはない。

満期時にバタフライの損益は、常にゼロから権利行使価格の差になる。満期時に原資産価格が下側の権利行使価格よりも安い、あるいは上側の権利行使価格よりも高い場合、買ったバタフライの価値はゼロになる。原資産がちょうど中央の権利行使価格にある場合、買ったバタフライの利益は最大になる。

バタフライの潜在利益はゼロから権利行使価格の差（この例題では5ポイント）になるため、このポジションにゼロから5の額を躊躇せずに支払うはずだ。正確な額は、原資産価格が満期時にちょうど中央の権利行使価格、あるいはその付近の価格になる可能性によって決まる。この可能性が高い場合、トレーダーはこのバタフライに4.25ポイントや4.50ポイントを躊躇せずに支払うだろう。満額の5ポイントに達することが十分あり得るからだ。しかし、この可能性が低い場合、つまり原資産が満期時に両側の権利行使価格を突破する可能性の高い場合は、躊躇せずにバタフライを買う額は0.5ポイントや0.75ポイントにすぎないだろう。全額失う可能性が高いからだ。

このことから、バタフライの買いがレシオバーティカルスプレッド

のように機能する理由が分かると思う。原資産が満期になるまで狭いレンジにとどまると思う場合は、中央の価格がアット・ザ・マネーになっているバタフライを買えばよい。予想どおり、さらに相場が中央の権利行使価格の近くにとどまれば、このバタフライの利益は最大値にまで拡大するだろう（**図表8-9**）。

　このようにバタフライの買いはレシオバーティカルスプレッドのように機能する。原資産価格が変動しないと利益が増えるからだ。

　逆に、バタフライの売りで期待するのは、原資産価格ができるだけ中央の権利行使価格から離れ、ポジションの満期時に原資産価格が下側の権利行使価格よりも安く、あるいは上側の権利行使価格よりも高くなることである。この場合、バタフライは満期で無価値になるため、バタフライを売ったときに受け取った資金を全額確保できるわけだ（**図表8-10**）。

　このことからバタフライの売りはバックスプレッドのように機能すると言える。原資産価格が変動するときに利益が増えるからだ。

　ではなぜ、**図表8-9**の戦略をバタフライの「買い」と呼び、**図表8-10**の戦略をバタフライの「売り」と呼ぶのだろうか。慣例として、正味の支払いを要するスプレッドは「買い」スプレッド（ロングスプレッド）と呼ぶからだ。

　外側の権利行使価格のオプションを買い、中央の権利行使価格を売って設定するバタフライの場合、満期時にそのポジションの評価はマイナスにならない。したがって、そのポジションを仕掛けるとき、いくらかの投資を期待している。資金を投資しているので、そのバタフライを買った（ロングした）ことになる。バタフライ買いを仕掛けて資金を受け取れるのであれば、許されるかぎり何回でも仕掛けるべきである。損になるはずがないからだ。

　一方、外側の権利行使価格のオプションを売って中央の権利行使価格のオプションを買うとき、いくらかの資金の受け取りが期待される。

図表8-9 バタフライの買い

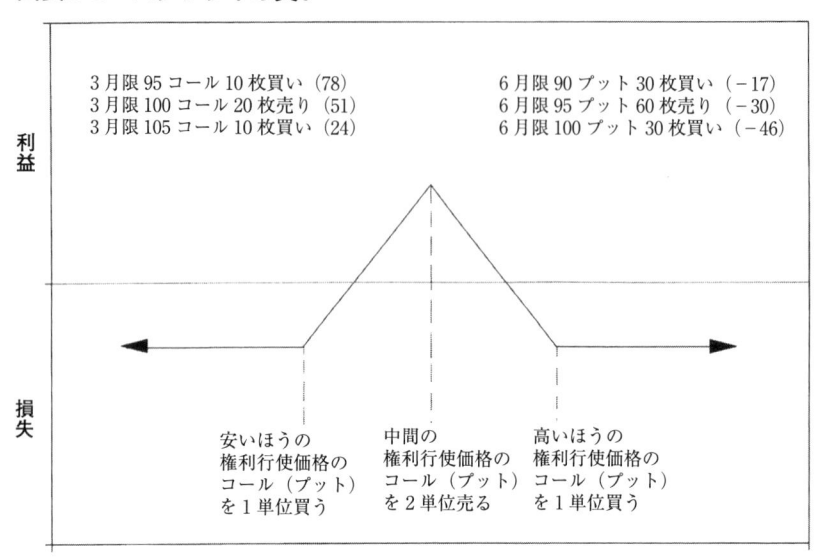

3月限95コール10枚買い (78)
3月限100コール20枚売り (51)
3月限105コール10枚買い (24)

6月限90プット30枚買い (-17)
6月限95プット60枚売り (-30)
6月限100プット30枚買い (-46)

安いほうの権利行使価格のコール（プット）を1単位買う

中間の権利行使価格のコール（プット）を2単位売る

高いほうの権利行使価格のコール（プット）を1単位買う

図表8-10 バタフライの売り

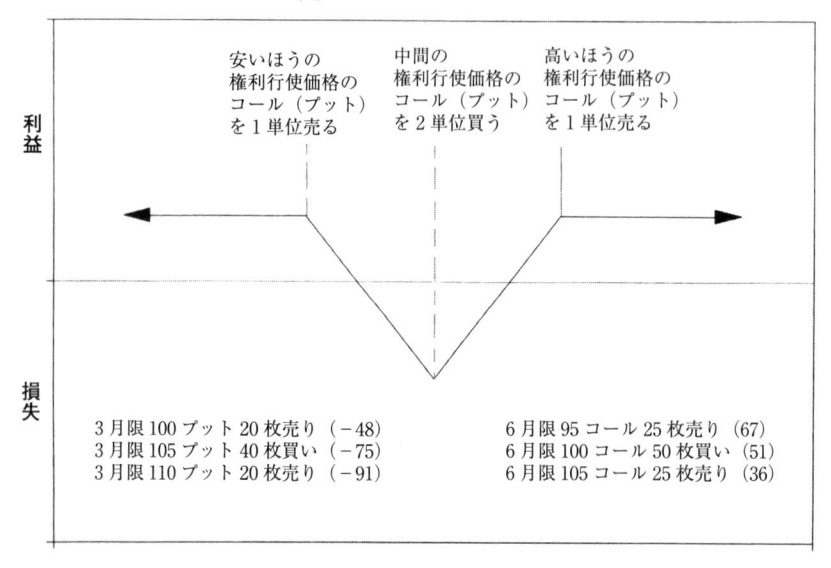

安いほうの権利行使価格のコール（プット）を1単位売る

中間の権利行使価格のコール（プット）を2単位買う

高いほうの権利行使価格のコール（プット）を1単位売る

3月限100プット20枚売り (-48)
3月限105プット40枚買い (-75)
3月限110プット20枚売り (-91)

6月限95コール25枚売り (67)
6月限100コール50枚買い (51)
6月限105コール25枚売り (36)

この場合はバタフライを売った（ショートした）ことになる。

すべてのバタフライの利益が最高額になるのは、原資産が満期時にちょうど中央の権利行使価格になるときだ。したがって、コールで作ったバタフライとプットで作ったバタフライは、権利行使価格と満期日が同じであれば、同じ結果を期待される。つまり、同じ関係である。

例えば、3月限95／100／105コールのバタフライとプットのバタフライは、利益が最高額になるのはともに原資産価格が満期時にちょうど100ドルになるときである。また、利益が最低額のゼロになるのは原資産価格が95ドル未満あるいは105ドルを超えたときだ。したがって、2つのバタフライが同じ価格で売買されていなければ、安いほうを買って高いほうを売ればよい。確実な収益機会となる（ただし、期日前権利行使の可能性があるアメリカンタイプオプションで構成されるスプレッドの場合は、必ずしも当てはまらない）。

静かな市場を予想するとき、なぜほかの種類の戦略、例えばストラドルの売りではなく、バタフライの買いを選択するのだろう。バタフライの重要な特性は、限定されたリスクである。相場が現在の価格から大きく離れて変動しそうにないと考えてバタフライの買いを設定した場合、その判断が間違っていても、損失は最大でバタフライを買ったときの支出額に限られる。

他方、もしストラドルを売って市場が大きく変動した場合、潜在リスクは無限大になる。理論的要素とは無関係に、無限大のリスクを警戒するトレーダーもいる。そうしたトレーダーがバタフライの買いとストラドルの売りのどちらかを選択するとなれば、バタフライの買いを選ぶだろう。

ストラドルのリスクはもちろん高い。しかし、潜在的利益も大きい。バタフライを買うつもりだが潜在利益はストラドルの売りと同じ大きさの額を望む場合、バタフライの建玉規模をずっと大きくしなければならない。25単位のストラドルの売りを考慮する代わりに、100セッ

トのバタフライ（100×200×100）を買うかもしれない。

100単位のスプレッドは25単位のスプレッドよりもリスクが高いと思うかもしれない。しかし、実際は100単位のバタフライのほうが、バタフライのリスク特性のため、25単位のストラドルよりも、ずっとリスクは低いだろう。建玉規模とリスクを混同してはならない。通常、リスクを決めるのは戦略の特性である。戦略が執行されるサイズではないのだ。

タイムスプレッド
（カレンダースプレッドあるいはホリゾンタルスプレッド）

スプレッドを構成するすべてのオプションが同時に満期になる場合、そのスプレッドの損失は単純に満期時の原資産の関数である。ところが、満期の異なるオプションでスプレッドが構成されている場合、スプレッドの損失は両方のオプションが満期になるまで決まらない。スプレッドの損失は、満期まで期間が短い「短期」のオプションが満期になるときの原資産市場の位置だけではなく、満期までの期間が長い「長期」のオプションが満期になるまでの間に起こることにも影響を受ける。

「タイムスプレッド」は、別名カレンダースプレッドあるいはホリゾンタルスプレッドとも言われ、限月の異なる相反するポジションで構成される（元来、取引所はオプション限月を水平＝ホリゾンタルに列挙して表示していた。これがホリゾンタルスプレッドという用語の由来だ）。

最も一般的なのは、権利行使価格が共通する２つの同じ種類のオプション（両方がコールあるいはプット）に相反するポジションをとるものだ。長期のオプションを買って短期のオプションを売るとき、タイムスプレッドの買い（ロングタイムスプレッド）となり、短期のオ

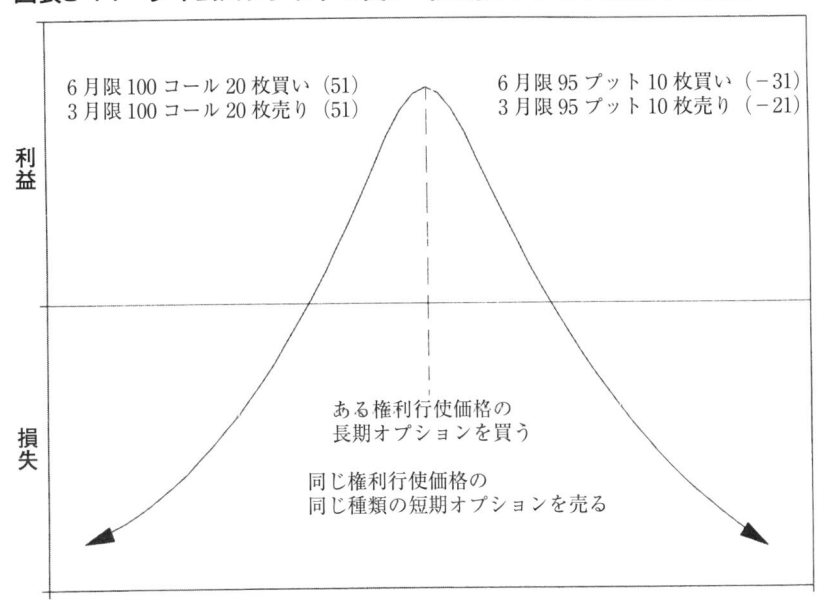

図表8-11　タイムスプレッドの買い（短期オプション満期時の損益）

6月限100コール20枚買い（51）
3月限100コール20枚売り（51）

6月限95プット10枚買い（-31）
3月限95プット10枚売り（-21）

利益

損失

ある権利行使価格の
長期オプションを買う

同じ権利行使価格の
同じ種類の短期オプションを売る

プションを買って長期のオプションを売るとき、タイムスプレッドの売り（ショートタイムスプレッド）になる。

　これは、長期のオプションのほうが時間価値は大きく、短期のオプションよりも価格が高いからだ。資金を投じて執行されるスプレッド売買はすべてロング（買い）であり、資金を受け取って執行されるスプレッド売買はショート（売り）である。

　タイムスプレッドは普通1対1（1単位の買いに対し、1単位の売り）で執行される。ただし、タイムスプレッドをレシオ（異なる比率）にして市場の強気、弱気、中立の心理を反映させることがある。代表的なタイムスプレッドを**図表8-11**と**図表8-12**に示した。

　タイムスプレッドは今までに検討したほかのスプレッド売買とは異なる特性を備えている。原資産市場の変動だけではなく、インプラ

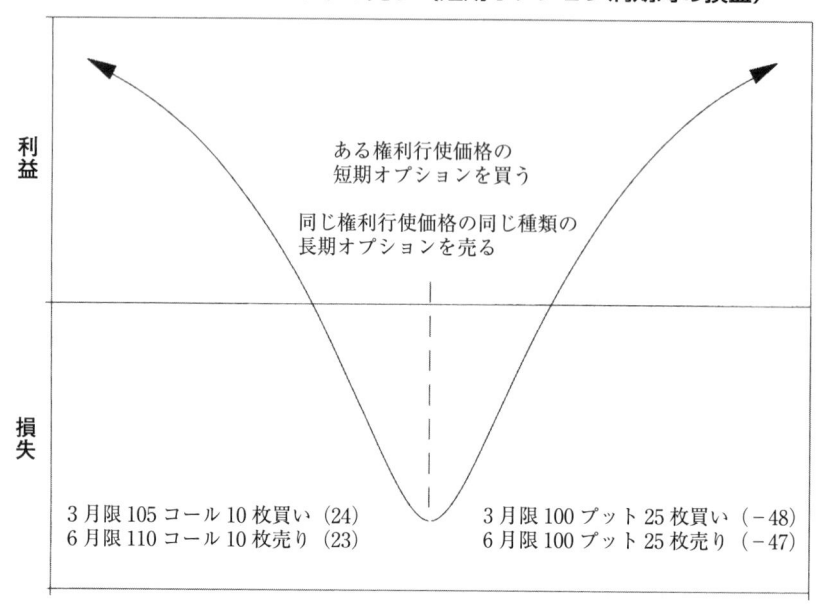

図表8-12　タイムスプレッドの売り（短期オプション満期時の損益）

```
利益／損失

ある権利行使価格の
短期オプションを買う

同じ権利行使価格の同じ種類の
長期オプションを売る

3月限105コール10枚買い（24）　　　3月限100プット25枚買い（−48）
6月限110コール10枚売り（23）　　　6月限100プット25枚売り（−47）
```

ドボラティリティが示す将来の市場動向についてのほかのトレーダーたちの期待もまた価格に影響を与えるからだ。タイムスプレッドを構成するオプションがだいたいアット・ザ・マネーだとすると、タイムスプレッドは2つの重要な特徴をもっている。

　タイムスプレッド買いは、常に原資産市場がじっとして動かないことを期待する。アット・ザ・マネーのセータ（タイムディケイ）の重要な特性は、満期が近づくとますます大きくなる傾向があることだ。時間が経過すると、短期のアット・ザ・マネーのオプションは、残存日数が少なくなり、長期のアット・ザ・マネーのオプションよりも大きな割合で価格が減少する（アット・ザ・マネーのオプションの損益は**図表6-13**と**図表6-14**、セータの価値は**図表6-15**を参照のこと）。この原則はタイムスプレッドの損益に重要な影響を与える。

例えば、2枚のアット・ザ・マネーのコールがあり、それぞれ残存日数は3カ月と6カ月で、それぞれの価格が6ポイントと7.5ポイントだとする。したがって、タイムスプレッドのサヤは1.5ポイントとなる。

1カ月が経過して原資産市場に変化がない場合、両オプションはどちらも価格が下がる。ただし、短期のオプションは、セータ値がより大きいので、より大きく価格が下がる。長期のオプションが0.25ポイント減少したとき、短期のオプションはまるまる1ポイント減少した。その結果、2枚のオプションはそれぞれ5ポイントと7.25ポイントになり、スプレッドは2.25ポイントになる。

さらに1カ月が経過して市場にまだ動きがなければ、どちらのオプションもさらに価格が下がり続ける。しかし、やはり短期のオプションは、残存日数が少なくなったことで、より高い速度で価格が下がっている。長期のオプションが0.5ポイントを失ったのに対し、短期のオプションは2ポイント失った。その結果、2枚のオプションはそれぞれ3ポイントと6.75ポイントになり、スプレッドは3.75ポイントに増える。

最後に、満期になっても市場に動きがなければ、短期のオプションは、まだアット・ザ・マネーであり、3ポイントだった価格はゼロになる。長期のオプションは減少を続けるが、その減少速度は比較的遅い。長期のオプションの減少が0.75ポイントであれば、その価格は6ポイントになり、スプレッドは6ポイントになる（**図表8-13**）。

それでは、原資産市場が大きく上昇したらどうなるだろうか。再度、両オプションがアット・ザ・マネーで価格がそれぞれ6ポイントと7.5ポイントだとする。原資産市場が上昇し、オプションがディープ・イン・ザ・マネーになると、オプションは時間価値を失い始める。動きが十分大きい場合、短期のオプションの残存日数がまだ3カ月あることは重要ではなくなる。どちらのオプションも結局はすべての時間

図表8-13　時間の経過がタイムスプレッドに与える影響

満期までの期間
長期オプション	6カ月	5カ月	4カ月	3カ月
短期オプション	3カ月	2カ月	1カ月	なし

オプション価格
長期オプション	7½	7¼	6¾	6
短期オプション	6	5	3	0
スプレッド	1½	2¼	3¾	6

価値を失う（**図表6-15**と**図表6-16参照**）。

　タイムスプレッドを構成する両方のコールの権利行使価格が100ドルで、原資産価格が100ドルから150ドルに動く場合、どちらのオプションも50ポイントの本質的価値を持つ。スプレッドはその後、ゼロになる。長期のオプションが0.25ポイントを維持していても、スプレッドは0.25ポイントに急落しているだろう。

　原資産市場が大きく下落した場合はどうなるだろうか。その状況は上昇する場合とほとんど同じだ。オプションがファー・アウト・オブ・ザ・マネーになるとき、その時間価値もまた縮小し始める。ただし、この例ではいずれのオプションにも本質的価値はまったくなく、市場が大きく下落すると両オプションとも結局は価格が下がる。そうなると、スプレッドもゼロになる。先ほどのように長期のオプションが0.25ポイントを保持していても、スプレッドは0.25ポイントに急落する。

　短期のアット・ザ・マネーのオプションは、コールであろうとプットであろうと、常に長期のアット・ザ・マネーのオプションよりも速く価格が下がるため、コールによるタイムスプレッドの買い（ロングコール・タイムスプレッド）もプットによるタイムスプレッドの買い（ロングプット・タイムスプレッド）も、原資産市場がじっとして

動かないことを期待している。どちらのスプレッドにとっても理想的なのは、短期のオプションがちょうどアット・ザ・マネーで満期になることで無価値になり、長期のオプションが最大限の価格を維持していることである。

タイムスプレッドの買いが動かない市場を期待するのであれば、論理的には、タイムスプレッドの売りは動く市場を期待している。したがって、バックスプレッドやレシオバーティカルスプレッドの場合と同様、タイムスプレッドを売りか買いか判断するときに重要となる要素は、原資産市場の変動の可能性である。またタイムスプレッドは、原資産価格の変動に対して敏感であることは確かだが、インプライドボラティリティの変化に対しても敏感である。

「タイムスプレッドの買いは常にインプライドボラティリティの増大に恩恵がある」。ここは重要なので、**図表6-18**で再度オプションのベガ（ボラティリティの変化に対する感応度）と残存日数の関係について調べてみよう。残存日数が長くなると、オプションのベガは増大する。つまり、長期のオプションは、常に同じ権利行使価格の短期のオプションよりも全般的にボラティリティの変化に敏感である。

先ほどの例で考えてみよう。権利行使価格100ドルのコールによるスプレッドが1.5ポイントだとする（長期のオプションと短期のオプションの価格がそれぞれ7.5ポイントと6ポイント）。さらに、そのスプレッドは20％のボラティリティに基づいているとする。

このボラティリティを25％にしたら、スプレッドはどうなるだろう。ボラティリティが増大するとすべてのオプションの価格が上昇するので、両オプションの価格は大きくなる。しかし、長期のオプションは、残存日数が長いためにベガが大きく、ボラティリティが増大して得る価格も大きくなる。短期のオプションが0.5ポイント上がるとき、期先のオプションはまるまる1ポイント上昇した。その結果、オプションの価格はそれぞれ8.5ポイントと6.5ポイントとなり、スプレッドは

図表8-14　ボラティリティがタイムスプレッドに与える影響

ボラティリティ	15%	20%	25%
オプション価格			
長期オプション	6½	7½	8½
短期オプション	5½	6	6½
スプレッド	1	1½	2

1.5ポイントから2ポイントに拡大する（**図表8-14**）。

　逆に、ボラティリティの評価を15％に下げたら、両オプションは価格が下がる。ただし、長期オプションは、残存日数が長く、ボラティリティの変化に対し、より敏感なため、失う額はより大きくなる。オプションの価格はそれぞれ6.5ポイントと5.5ポイントになり、その結果スプレッドは縮小して1ポイントになった。

　ボラティリティがタイムスプレッドに与える影響が特に顕著になるのはオプション市場でインプライドボラティリティが変化するときだ。インプライドボラティリティが上昇するときにスプレッドは拡大し、インプライドボラティリティが下落するときにスプレッドは縮小する傾向がある。この影響は得てして非常に大きく、原資産市場の有利な動きや不利な動きを相殺する。

　タイムスプレッドを買うトレーダーは、原資産市場がいずれかの方向に急速に変動すると損になることが分かっている。つまり、オプションがイン・ザ・マネーあるいはアウト・オブ・ザ・マネーになるとスプレッドが急落し始めることを承知しているわけだ。しかし、この動きによってインプライドボラティリティが十分に上昇すると、実際のところ、インプライドボラティリティの上昇に起因するスプレッド

の増大が市場の変動に起因する損失よりも大きくなるだろう。その場合、スプレッドが実際には拡大したように見えるかもしれない。

逆に、市場がじっとして動かなければ、短期のオプションのより大きなタイムディケイによってスプレッドが拡大すると予想する。しかし、同時にインプライドボラティリティが急落すれば、インプライドボラティリティの低下によるスプレッドの減少は時間の経過によるスプレッドの増大を相殺して余りあるものになるだろう。そうなると、スプレッドが結局のところ縮小したように見えるかもしれない。

この2つの影響力、つまり時間の経過によるオプション価格の低下とボラティリティの変化によるオプション価格の変化は、タイムスプレッドに独特の特性をもたらす。このスプレッドを売買するとき、原資産市場の変動を予想するだけではなく、インプライドボラティリティの変化も予想しようとする。両方のデータを正確に予想したいわけだが、たいていの場合、ひとつのデータを誤っても、もうひとつの正しいデータ予測で相殺される。

理想的なのは、タイムスプレッドを買うトレーダーは、2つの明らかに相反する状況を期待している。まず原資産市場が動かず、その結果、タイムディケイがスプレッドに有利な影響を与えることを期待する。まただれもが市場は変動すると思い、その結果、インプライドボラティリティが上昇することを期待する。

「相場が変動しないのに、だれもが変動すると思っている」。このシナリオはありえないように思うだろう。しかし、実際はごく普通にある。原資産市場にすぐには影響を与えないが、あとになって影響すると考えられることがあり得るからだ。

「主要先進国の財務大臣が為替レートについて会議する」という発表があったとする。会議の結果がだれにも分からないとすれば、その発表があっても市場に著しい変動があるとは思えない。他方、すべての市場参加者が会議の結果、為替レートが大幅に変更されるだろうと

考えるかもしれない。この可能性があれば、通貨オプション市場のインプライドボラティリティは上昇する。原資産市場に変動がなくてインプライドボラティリティが上昇すると、タイムスプレッドは拡大する。

仮に、会議の結果、財務大臣たちが現状維持を決定したとする。そうなると、大幅な為替レート変更の期待は薄くなり、インプライドボラティリティは低下し、その結果、タイムスプレッドは縮小する。

似たような結果をもたらすシナリオは、金利オプション市場でも起こる。例えば、FRB（連邦準備制度理事会）の政策声明が予想されるときだ。株式オプション市場でも、会社の業績発表が予定されているときがそうだ。これらは事前に原資産市場に影響しそうにないが、事後には著しい影響を与えることがある。

タイムスプレッドは、今まで紹介してきたほかのスプレッドと異なる形でインプライドボラティリティの影響を受ける。バックスプレッド（ストラドルの買い、ストラングルの買い、バタフライの売りを含む）そしてレシオバーティカルスプレッド（ストラドルの売り、ストラングルの売り、バタフライの買いを含む）は、真のボラティリティ（原資産市場の価格変動）とインプライドボラティリティ（原資産市場における将来の価格変動に関する期待を反映したもの）が上昇または下落することを期待している。

原資産市場の急速な変動やインプライドボラティリティの上昇は、バックスプレッドを有利にする。また穏やかな相場やインプライドボラティリティの低下は、レシオバーティカルスプレッドを有利にする。しかし、タイムスプレッドの場合、真のボラティリティとインプライドボラティリティは逆の影響を与える。原資産市場の大きな変動やインプライドボラティリティの低下はタイムスプレッドの売りを有利にする。一方、穏やかな相場やインプライドボラティリティの上昇は、タイムスプレッドの買いを有利にする。この逆の影響こそ、タイ

ムスプレッドに独特の特性をもたらしているのだ。

これまでに述べたタイムスプレッドの特性は、株式であれ先物であれ、すべてのオプション市場に当てはまる。しかし、原資産市場の特徴に基づくほかの要因もある。先ほどの例では、短期オプションも長期オプションも原資産の価格は同じだった。これは株式オプション市場では常にそのとおりである。どの満期であっても、原資産は同じ株式だからだ。すべてのIBM株オプションの原資産は、限月とは無関係に常にIBM株である。そして、IBM株はどの時点においても価格はただひとつである。

一方、先物オプションの原資産は決まった先物限月である。この状況をCMEに上場するユーロドル金利先物とユーロドル金利先物オプションで考えてみよう。

ユーロドル金利先物３月限＝93.90ポイント
ユーロドル金利先物６月限＝93.75ポイント

タイムスプレッドの買いを仕掛ける。

６月限94.00コールを10枚買い
３月限94.00コールを10枚売り

ユーロドル金利オプション３月限の原資産は、ユーロドル先物３月限であり、ユーロドル金利オプション６月限の原資産は、ユーロドル先物６月限である。ユーロドル先物の３月限と６月限は関連しているが同一ではない。どちらかの先物が上昇し、どちらかの先物が下落することもあり得る。その結果、ユーロドル金利オプション６月限／３月限コールによるタイムスプレッドを買うトレーダーは、ボラティリティ要因に加えて、３月限先物が上昇している間に６月限先物が下落

するリスクも心配しなければならない。このリスクを相殺する方法は何かあるだろうか。

この例で、現在0.15ポイントの先物3月限と6月限のスプレッドが拡大し始めると、このオプションのスプレッドはボラティリティ要因とは無関係に縮小する。しかし、このオプションのスプレッドを仕掛けるときに、3月限先物を買い6月限先物を売ることで先物のスプレッドも執行すれば、そのポジションは先物のスプレッドの拡大に起因するオプションスプレッドの損失を相殺することになる。

では、何単位の先物のスプレッドを執行すべきだろうか。デルタニュートラルに必要な枚数の先物でスプレッドを作ればよい。いずれのオプションのデルタも40で、そのオプションスプレッドを10単位で執行していれば、6月限コールは400デルタの買いで、3月限コールは400デルタの売りとなる。つまり、先物3月限を4枚買い、先物6月限を4枚売る。したがって、スプレッド全体は次のようになる（括弧は1枚当たりのデルタ値）。

6月限94.00コールを10枚買い（40）
先物6月限を4枚売り（100）
3月限94.00コールを10枚売り（40）
先物3月限を4枚買い（100）

この種のバランスは株式オプションでは必要ないし、そもそもできない。原資産が同じ現物だからだ。IBM株3月限やIBM株6月限といったものはない。

変動する金利と配当の影響

これまでは、原資産価格の変化とボラティリティの変化が各種ボラ

ティリティスプレッドに与える影響についてのみ考慮してきた。では、金利の変化や現物株の配当の変化についてはどうだろうか。

先物にはキャリングコストがないため、金利が先物オプションに与える影響は軽微であり、先物オプションがボラティリティスプレッドに与える影響も無視できる程度である（当然、金利は異限月の先物の相対的な価格に影響を与える。しかし、先ほど述べたように、このリスクは先物スプレッドと先物オプションのタイムスプレッドをトレードして相殺できる）。

一方、株式の場合、金利が変わると株の将来価格（現在の株価プラス満期までの株式のキャリングコスト）が変わる。バックスプレッドやレシオバーティカルスプレッドのように、すべてのオプションが同時に満期になるときは、いずれのオプションの将来価格も変化しない。したがって金利の変化が与える影響は無視できる程度である。しかし、満期が異なる株式オプションを考えるときは、2つの異なる将来価格を考慮しなければならない。この2つの将来価格は、金利の変化に対して一様に敏感ではないかもしれない。

例えば、次のような状況を考えてみよう。

株価＝100ドル　金利＝12％　配当＝0
タイムスプレッドの買いを設定した。
6月限100コールを10枚買い
3月限100コールを10枚売り

3月限の残存日数が3カ月あり、6月限の残存日数が6カ月ある場合、3月限と6月限の株の将来価格はそれぞれ103ドルと106ドルである。金利が8％に低下すれば、3月限の将来価格は102ドル、6月限の将来価格は104ドルになる。残存日数がもっと長ければ、6月限の将来価格は金利の変動にもっと敏感になるだろう。

両オプションのデルタがほとんど等しいと仮定すると、６月限オプションが金利の低下によって全体のポイントに受ける影響は３月限オプションよりも大きい。したがって、スプレッドは縮小する。同様に、金利が上昇するとスプレッドは拡大する。６月限の将来価格が３月限の将来価格よりも急速に上昇するからだ。したがって、株式オプションのタイムスプレッド買いのローはポジティブになり、タイムスプレッド売りのローはネガティブになるはずだ。

　金利の変動は、株式オプションのプットには正反対の影響を与える。今の例で金利が12％から８％に低下すれば、３月限の将来価格は103ドルから102ドルに下落し、６月限の将来価格は106ドルから104ドルに下落する。再度、両オプションのデルタがほぼ同じだとすると、プットのデルタはマイナスになることから、６月限プットは３月限プットよりも価値を増大させる。したがって、プットのタイムスプレッドは拡大する。

　同様に、金利が上昇すれば、プットのタイムスプレッドは縮小する。したがって、株式プットによるタイムスプレッドの買いでは、ローはネガティブになり、株式プットによるタイムスプレッドの売りでは、ローはポジティブになる。

　株式オプションのタイムスプレッドが金利の変動から受ける影響の程度は、主に満期日までの期間の差によって決まる。例えば、満期日に６カ月の差（３月限と９月限など）がある場合、１カ月しか差がない（３月限と４月限など）場合よりも影響はずっと大きくなる。

　配当の変動も株式オプションのタイムスプレッドの価値に影響をもたらす。しかし、配当は金利の変動とは逆の影響を株式オプションに与える（第３章参照）。配当の増加（削減）によって将来株価は下落（上昇）する。

　ボラティリティスプレッドを構成するすべてのオプションが同時に満期になる場合（バックスプレッドやレシオバーティカルスプレッ

ド)、どの株式オプションについても将来株価は同一で、配当がスプレッドに与える影響は無視できる程度である。しかし、タイムスプレッドで、短期と長期のオプションの限月の間に配当の支払いが期待される場合、長期のオプションは下落した将来株価の影響を受ける。

したがって、限月間に少なくと1回の配当支払いが期待される場合、配当の増加はコールのタイムスプレッドの縮小とプットのタイムスプレッドの拡大を引き起こすことになる。また配当の削減は逆に影響する。コールのタイムスプレッドは拡大し、プットのタイムスプレッドは縮小する。金利と配当の変動が株式オプションのタイムスプレッドに与える影響を**図表8-15**に示した。

両オプションがディープ・イン・ザ・マネーであっても、株式コールのタイムスプレッドは常にゼロを超えるはずだ。ボラティリティが非常に低い場合でも、スプレッドは最低限、限月間の株のキャリングコストになるからだ。しかし、これが当てはまるのは現物株の空売りを限月間に持ち越すことができる場合に限られる。株を借りることがまったくできないような状況になると、タイムスプレッドを保有するトレーダーは長期のオプションの権利行使を余儀なくされ、その結果、そのオプションに対応する時間価値を失う。

例えば、2月にある会社の株式が70ドルで売買されているとき、発行済み株式の一部を1株80ドルで買う株式公開買い付けがあったとしよう。この株の6月限／3月限70コールのタイムスプレッドを買っていた場合、3月限70コールの権利行使を受けるだろう。そのコールの購入者が自分の株を差し出して80ドルで売却したいと思うからだ。そこで株を空売りにして6月限70コールを買ったままにする。6月限のコールはまだ時間価値があるはずだ。6月の満期までの金利がつくからだ。

しかし、株の売りポジションを持つため、3月限70コールの権利行使者にその株を渡さなければならない。株を渡すためにはだれかに株

図表8-15

金利の変化が株式オプションのタイムスプレッドに与える影響

株価 =100 ドル　ボラティリティ =20%　配当 =0
3月限の満期まで =6 週
6月限の満期まで =19 週

もし金利が X% ならば…	0%	3%	6%	9%	12%
6月限 100 コール	4.81	5.35	5.92	6.52	7.15
3月限 100 コール	2.71	2.88	3.05	3.24	3.43
コールのスプレッド	2.10	2.47	2.87	3.28	3.72
6月限 100 プット	4.81	4.26	3.76	3.30	2.88
3月限 100 プット	2.71	2.53	2.37	2.21	2.06
プットのスプレッド	2.10	1.73	1.39	1.09	.82

配当の変化が株式オプションのタイム・スプレッドに与える影響

株価 =100 ドル　ボラティリティ =20%　金利 =6.00%
3月限の満期まで =6 週
6月限の満期まで =19 週

もし四半期配当が…	0	1.00	2.00	3.00	4.00
6月限 100 コール	5.92	4.81	3.82	2.97	2.26
3月限 100 コール	3.05	2.53	2.07	1.66	1.31
コールのスプレッド	2.87	2.28	1.75	1.31	.95
6月限 100 プット	3.76	4.62	5.62	6.75	8.01
3月限 100 プット	2.37	2.84	3.37	3.96	4.62
プットのスプレッド	1.39	1.78	2.25	2.79	3.39

を借りなければならない。残念ながら、だれも株を貸してくれない。だれもが買い付け価格の80ドルで株を売却したいと思うからだ。

　買い付け価格の80ドルで株を市場から調達したくないのならば、自分の6月限70コールの権利行使を余儀なくされる。これこそが、3月限70コールの権利行使者に引き渡す株を調達する唯一の方法である。6月限70コールは理論的に時間価値があるはずだ。しかし、その時間価値を放棄して受け渡しの義務を果たさざるを得ない。

　この「ショートスクイーズ」と言われるような状況では、いくらかの時間価値を残したままのコールの権利行使を余儀なくされる。株を

借りて株式の売りポジションを持つことができないからだ。6月限／3月限70コールのタイムスプレッドを買うだれもが6月限70コールの権利行使を余儀なくされ、そのスプレッドはゼロになる。

　この状況は、企業の全株がひとつの価格で買い占められる買収とは異なることに注意してほしい。株式公開買い付けが80ドルで実施されたが、その対象は一部の発行済み株式だけであった。買い付けが完了したあと、残りの株の売買はおそらく買い付け前の価格の70ドルで続行されるだろう。

ダイアゴナルスプレッド

　「ダイアゴナルスプレッド」は、オプションの権利行使価格が共通ではないことを除いて、タイムスプレッドと似ている。基本的にダイアゴナルスプレッドは1対1（短期オプション1枚に対し長期オプション1枚）で執行される。しかし、買いと売りの枚数に1：1以外のレシオをつけて執行することも可能だ。

　ダイアゴナルスプレッドは非常に多様であるため、バックスプレッド、レシオバーティカルスプレッド、そしてタイムスプレッドの場合と異なり、その特性を総括することはほとんど不可能である。通常はコンピューターを用いて個別に分析し、それぞれのリスク・リワードを判断しなければならない。

　しかし、一般化できる種類のダイアゴナルスプレッドがひとつある。ダイアゴナルスプレッドが1対1で執行され、どちらのオプションも同じ種類で、デルタもだいたい同じであれば、そのダイアゴナルスプレッドは普通のタイムスプレッドに極めて近い機能をみせる。このような例を**図表8-12**に示した。

さまざまなスプレッド売買

これまで定義してきたスプレッド売買は、市場でごく普通に執行されている主要なボラティリティスプレッドである。しかし、読者の方に役立つであろう「応用」スプレッド売買はほかにも存在する。

「クリスマスツリー」または「ラダー」という用語が適用されているスプレッド売買がある。通常３種類の権利行使価格で構成され、すべて同種のオプションで、同時に満期になる。

コールによるクリスマスツリーの買い（売り）の場合、最も安い権利行使価格でコールを１枚買い（売り）、残り２つの高いほうの権利行使価格のコールを１枚ずつ売る（買う）。またプットによるクリスマスツリーの買い（売り）の場合、最も高い権利行使価格でプットを１枚買い（売り）、残り２つの安いほうの権利行使価格のプットを１枚ずつ売る（買う）。

クリスマスツリーは通常、デルタニュートラルだ。しかし、そうした制限があってもスプレッド売買の執行には多くの方法がある。クリスマスツリーの例をいくつか**図表8-16**に示した。

クリスマスツリーの買いは、デルタニュートラルで実行される場合、特別なレシオバーティカルスプレッドと考えられる。したがって、このようなスプレッド売買は原資産市場がじっとして動かないか、非常にゆっくり動く場合に利益になる。一方、クリスマスツリーの売りは、特別なバックスプレッドとして考えられる。したがって原資産市場の動きが大きい場合に利益になる。

ストラドルをストラングルの権利行使価格間の半ばの権利行使価格で作った場合、ストラドル（ストラングル）を買い、ストラングル（ストラドル）を売ることで、バタフライと同じ特性を備えたスプレッドを組み立てることができる。すべてのオプションは同時に満期にならなければならない。

図表8-16
　　　クリスマスツリーの買い　　　　　クリスマスツリーの売り
　　　3月限95コール10枚買い（78）　　6月限90コール5枚売り（81）
　　　3月限100コール10枚売り（51）　 6月限100コール5枚買い（51）
　　　3月限105コール10枚売り（24）　 6月限105コール5枚買い（36）

　　　6月限110プット25枚買い（-75）　3月限110プット50枚売り（-91）
　　　6月限100プット25枚売り（-47）　3月限105プット50枚買い（-75）
　　　6月限95プット25枚売り（-31）　 3月限95プット50枚買い（-21）

　このポジションはバタフライと同じ結果を期待するので「アイアンバタフライ」として知られている。本来のバタフライと同様、満期時にアイアンバタフライの価値は最悪の場合はゼロになり、最高の場合は権利行使価格間の額になる。

　ストラドルを買い、ストラングルを売る場合、プレミアムを支払うポジションになることに注意してほしい（アイアンバタフライの買い）。このようなポジションの利益が満期で最大になるのは、満期時に原市場が外側の（ストラングルの）権利行使価格を超えている場合である。したがってアイアンバタフライの買いは、ショートバタフライに等しくなる。

　ストラドルを売り、ストラングルを買う場合、プレミアムを支払うポジションになる（アイアンバタフライの売り）。このようなポジションの利益が満期時に最大になるのは、原市場がちょうど内側（ストラドル）の権利行使価格にある場合だ。アイアンバタフライの売りは、したがってバタフライの買いに等しくなる。アイアンバタフライの例を**図表8-17**に示した。

　バタフライのもうひとつの発展形は「コンドル」として知られている。内側の権利行使価格を分割することで組み立てることができる。このポジションは権利行使価格の連続した4つのオプションで構成さ

図表8-17

アイアンバタフライの買い
3月限100コール10枚買い (51)
3月限100プット10枚買い (-48)
3月限105コール10枚売り (24)
3月限95プット10枚売り (-21)

6月限100コール50枚買い (51)
6月限100プット50枚買い (-47)
6月限110コール50枚売り (23)
6月限90プット50枚売り (-17)

アイアンバタフライの売り
6月限100コール15枚売り (51)
6月限100プット15枚売り (-47)
6月限105コール15枚買い (36)
6月限95プット15枚買い (-31)

3月限105コール25枚売り (24)
3月限105プット25枚売り (-75)
3月限110コール25枚買い (8)
3月限100プット25枚買い (-48)

れており、2つの外側の権利行使価格のオプションを買い、2つの内側の権利行使価格のオプションを売る場合（コンドルの買い）、あるいは2つの内側の権利行使価格のオプションを買い、2つの外側の権利行使価格のオプションを売る場合（コンドルの売り）がある。バタフライと同じく、すべてのオプションがコールもしくはプットで構成されており、同時に満期にならなければならない。

満期時にコンドルの利益が最大になり、連続する権利行使価格間の額に等しくなるのは、原資産価格が2つの内側の権利行使価格か、その間にあるときだ。コンドルは満期時に原資産価格が両極の権利行使価格よりも外側にある場合、無価値になる。コンドルがもっと広い原資産価格のレンジで価値を最大にする点を別にして、これはバタフライに非常に似ている。

バタフライが満期時に最大の利益を達成するのは、原資産価格がただひとつの価格、つまりちょうど中央の権利行使価格にあるときだけだ。このため、コンドルは通常ほぼ同じ権利行使価格のバタフライよりも利益が大きくなる。コンドルの例を**図表8-18**に示した。

図表8-18

コンドルの買い	コンドルの売り
3月限90コール10枚買い（93）	3月限105プット25枚売り（-21）
3月限95コール10枚売り（78）	3月限105プット25枚買い（-48）
3月限100コール10枚売り（51）	3月限110プット25枚買い（-75）
3月限105コール10枚買い（24）	3月限100プット25枚売り（-91）
6月限95プット25枚買い（-31）	6月限90コール5枚売り（81）
6月限100プット25枚売り（-47）	6月限95コール5枚買い（67）
6月限105プット25枚売り（-62）	6月限100コール5枚買い（51）
6月限110プット25枚買い（-75）	6月限105コール5枚売り（36）

スプレッドの感応度

　個々のオプションにそれぞれ独自のデルタ、ガンマ、セータ、ベガがあるのとちょうど同じように、スプレッドのポジションにもそれぞれ独自の感応度がある。感応度の数字は、変動する市場がいかにスプレッドに影響しそうであるかを事前に判断するときに役立つ。さらに検討を進める前に、読者の方にはぜひ**図表6-27**にまとめてあるオプション感応度のさまざまな指標を見直してほしいと思う。

　ボラティリティスプレッドを設定するトレーダーの主な関心事は、原資産の動きの「大きさ」である。動きの「方向は副次的なものにすぎない」。したがって、すべてのボラティリティスプレッドは、ほとんどがデルタニュートラルになる（つまりデルタの合計値がゼロになる）。

　一方向への動きを期待するボラティリティスプレッドもあるが、主な要素はとにかく動きがあるか否かである。プラスにしろマイナスにしろデルタ値があまりにも大きくて、方向的要素がボラティリティ要素よりも重要になるなら、そのポジションはもはやボラティリティスプレッドとは考えられない。

原資産が動くと有利になるスプレッド売買は、すべてガンマがプラス値（ポジティブガンマ）になる。このようなスプレッド売買には、バックスプレッド、ストラドルの買い、ストラングルの買い、バタフライの売り、タイムスプレッドの売りがある。原資産市場が動くと不利になるスプレッド売買はすべてガンマがマイナス値（ネガティブガンマ）になる。このようなスプレッド売買には、レシオバーティカルスプレッド、ストラドルの売り、ストラングルの売り、バタフライの買い、タイムスプレッドの買いがある。

ガンマがプラスのトレーダーは「ロングプレミアム」と呼ばれることがある。市場が不安定で、原資産が大きく動くことを期待している。ガンマがマイナスのトレーダーは「ショートプレミアム」と呼ばれることがある。市場が平穏で、原資産が少ししか動かないことを期待している。

市場の変動の影響とタイムディケイの影響は、常に反対の方向に作用する。したがって、ガンマ値がプラスのスプレッド売買は、常にセータがマイナスになる（ネガティブセータ）。ガンマがマイナス値のスプレッドは、常にセータがプラス値になる（ポジティブセータ）。市場が動いて有利になるなら、時間の経過は不利になる。市場が動いて不利になるなら、時間の経過は有利になる。オプションに両立は不可能だ。

ボラティリティが上昇して有利になるスプレッド売買は、ベガがプラスになる。このようなスプレッド売買にはバックスプレッド、ストラドルの買い、ストラングルの買い、バタフライの売り、タイムスプレッドの買いがある。

逆にボラティリティが下降して有利になるスプレッド売買は、ベガがマイナスになる。このようなスプレッドにはレシオバーティカルスプレッド、ストラドルの売り、バタフライの買い、タイムスプレッドの売りがある。

図表8-19　ボラティリティスプレッドの特性

スプレッド売買種類	デルタ	ガンマ	セータ	ベガ
バックスプレッド	0	+	−	+
ストラドルの買い	0	+	−	+
ストラングルの買い	0	+	−	+
バタフライの売り	0	+	−	+
レシオ・バーティカル・スプレッド	0	−	+	−
ストラドルの売り	0	−	+	−
ストラングルの売り	0	−	+	−
バタフライの買い	0	−	+	−
タイムスプレッドの買い	0	−	+	+
タイムスプレッドの売り	0	+	−	−

　理論上、ベガとはオプション期間内の原資産のボラティリティ変化に対する理論価格の感応度のことである。しかし実際のところ、トレーダーはベガをインプライドボラティリティの変化に対するオプション価格の感応度に結びつける傾向がある。プラス指向のベガのスプレッド売買は、インプライドボラティリティが上昇（下降）するほど有利（不利）になる。マイナス指向のベガのスプレッドは、インプライドボラティリティが下降（上昇）するほど有利（不利）になる。

　主要なスプレッド売買に対応するデルタ、ガンマ、セータ、そしてベガのタイプを**図表8-19**にまとめた。ボラティリティスプレッドのデルタはだいたいゼロだと考えられ、セータとガンマは常に符号は逆だが同じ大きさである。したがって、あらゆるボラティリティスプレッドはそれに対応するガンマとベガの符号に基づき、下記の４つのカテゴリーに分類できる。

分類	ガンマ	ベガ
バックスプレッド	+	+

レシオバーティカルスプレッド	−	−
タイムスプレッドの買い	−	+
タイムスプレッドの売り	+	−

　ほぼデルタがニュートラルの場合、ポジションがいかに複雑で、たとえ種類の違う、さまざまな権利行使価格の、そして満期日も異なるオプションを含んでいても、ガンマとベガに基づいて見れば、そのポジションは常にこれら４つのカテゴリーのどこかに入れられる。

　この４つのうちのひとつを追求する程度は、ガンマとベガの大きさ次第である。ガンマが−100でベガが＋200の場合、そのポジションはタイムスプレッドの買いだと言えるだろう。しかし、ガンマが−1500でベガが＋300のポジションほどではない。

　図表8-20は数種類のオプションの理論価格、デルタ、ガンマ、セータ、そしてベガの評価表である。この表のあとに、本章で検討したタイプのボラティリティスプレッドの例と、そのデルタ、ガンマ、セータ、ベガの集計値を示してある（**図表8-20**の例は、先物オプションに基づいている。しかし、スプレッドの特性は株式オプションについても等しく有効である）。

　図表8-19にまとめたそれぞれのスプレッドがたしかにプラスかマイナス感応度を持つことが分かるだろう。また、ボラティリティスプレッドは正確にデルタニュートラルである必要はないことにも注意してほしい（第６章で述べたように、自分がデルタニュートラルか否かについて確信のあるトレーダーはいない）。デルタの実用的な基準は、ボラティリティの要素が方向性の要素よりも重要になるほどゼロに近いというものだ。

　図表8-20のオプションにはいかなる価格も与えられていない。そのため、どのスプレッドについても理論的優位性はまったく計算できないことに注意してほしい。スプレッド売買を執行した価格が良かっ

図表8-20 ボラティリティスプレッドの例

1993年2月5日
先物3月限＝100.00ドル*　満期まで＝6週　ボラティリティ＝20.0%　金利＝6.00%

権利行使

価格	理論価格	デルタ	ガンマ	セータ	ベガ
3月限90	10.10	93	1.7	-.0069	.040
3月限95	5.82	78	4.3	-.0221	.100
3月限100	2.69	51	5.8	-.0313	.134
3月限105	.95	24	4.6	-.0250	.107
3月限110	.26	8	2.3	-.0124	.055

先物6月限＝100.00ドル*　満期まで＝19週　ボラティリティ＝20.0%　金利＝6.00%

権利行使

価格	理論価格	デルタ	ガンマ	セータ	ベガ
6月限90	10.97	81	2.1	-.0090	.154
6月限95	7.45	67	2.9	-.0140	.209
6月限100	4.71	51	3.2	-.0166	.234
6月限105	2.77	36	3.0	-.0160	.221
6月限110	1.52	23	2.5	-.0132	.182

価格	理論価格	デルタ	ガンマ	セータ	ベガ
	.17	-6	1.7	-.0090	.040
	.85	-21	4.3	-.0232	.100
	2.68	-48	5.8	-.0313	.134
	5.92	-75	4.6	-.0240	.107
	10.16	-91	2.3	-.0103	.055

価格	理論価格	デルタ	ガンマ	セータ	ベガ
	1.18	-17	2.1	-.0111	.154
	2.55	-31	2.9	-.0151	.209
	4.71	-47	3.2	-.0166	.234
	7.66	-62	3.0	-.0149	.221
	11.30	-75	2.5	-.0111	.182

＊説明を単純にするため、どちらの先物価格も同じ価格で売買されているとする

図表8-20 ボラティリティスプレッドの例(続)

コールのバックスプレッド(売りよりも多くのコールを買い、すべてのコールが同じ満期である)

	デルタ	ガンマ	セータ	ベガ
3月限 105 コール 30 枚買い	+30 × 24	+30 × 4.6	+30 × −.0250	+30 × .107
3月限 95 コール 10 枚売り	−10 × 78	−10 × 4.3	−10 × −.0221	−10 × .100
	−60	+95.0	−.9710	+2.210
6月限 110 コール 25 枚買い	+25 × 23	+25 × 2.5	+25 × −.0132	+25 × .182
6月限 100 コール 10 枚売	−10 × 51	−10 × 3.2	−10 × −.0166	−10 × .234
	+65	+30.5	−.1640	+2.210

プットのバックスプレッド(売りよりも多くのプットを買い、すべてのプットが同じ満期である)

	デルタ	ガンマ	セータ	ベガ
3月限 90 プット 80 枚買い	+80 × −6	+80 × 1.7	+80 × −.0090	+80 × .040
3月限 100 プット 10 枚売り	−10 × −48	−10 × 5.8	−10 × −.0313	−10 × .134
	0	+78.0	−.4070	+1.860
6月限 95 プット 45 枚買い	+45 × −31	+45 × 2.9	+45 × −.0151	+45 × .209
6月限 100 プット 30 枚売り	−30 × −47	−30 × 3.2	−30 × −.0166	−30 × .234
	+15	+34.5	−.1815	+2.385

コールのレシオ・バーティカル・スプレッド(買いよりも多くのコールを売り、すべてのコールが同じ満期である)

	デルタ	ガンマ	セータ	ベガ
3月限 95 コール 20 枚買い	+20 × 78	+20 × 4.3	+20 × −.0221	+20 × .100
3月限 100 コール 30 枚売り	−30 × 51	−30 × 5.8	−30 × −.0313	−30 × .134
	+30	−88.0	+.4970	−2.020
6月限 90 コール 10 枚買い	+10 × 81	+10 × 2.1	+10 × −.0090	+10 × .154
6月限 105 コール 20 枚売り	−20 × 36	−20 × 3.0	−20 × −.0160	−20 × .221
	+90	−39.0	+.2300	−2.880

プットのレシオ・バーティカル・スプレッド(買いよりも多くのプットを売り、すべてのプットが同じ満期である)

	デルタ	ガンマ	セータ	ベガ
3月限 95 プット 20 枚買い	+20 × −21	+20 × 4.3	+20 × −.0232	+20 × .100
3月限 90 プット 60 枚売り	−60 × −6	−60 × 1.7	−60 × −.0090	−60 × .040
	−60	−16.0	+.0760	−.400
6月限 105 プット 15 枚買い	+15 × −62	+15 × 3.0	+15 × −.0149	+15 × .221
6月限 100 プット 20 枚売り	−20 × −47	−20 × 3.2	−20 × −.0166	−20 × .234
	+10	−19.0	+.1085	−1.365

図表8-20　ボラティリティスプレッドの例（続）

ストラドルの買い（同じ満期と権利行使価格のコールとプットを買う）

	デルタ	ガンマ	セータ	ベガ
3月限100コール10枚買い	+10×+51	+10×5.8	+10×-.0313	+10×.134
3月限100プット10枚買い	+10×-48	+10×5.8	+10×-.0313	+10×.134
	+30	+116.0	-.6260	+2.680
6月限95コール10枚買い	+10×+67	+10×2.9	+10×-.0140	+10×.209
6月限95プット25枚買い	+25×-31	+25×2.9	+25×-.0151	+25×.209
	-105	+101.5	-.5175	+7.315

ストラドルの売り（同じ満期と権利行使価格のコールとプットを売る）

	デルタ	ガンマ	セータ	ベガ
3月限105コール30枚売り	-30×+24	-30×4.6	-30×-.0250	-30×.107
3月限105プット10枚売り	-10×-75	-10×4.6	-10×-.0240	-10×.107
	+30	-184.0	+.9900	-4.280
6月限100コール20枚売り	-20×+51	-20×3.2	-20×-.0166	-20×.234
6月限100プット20枚売り	-20×-47	-20×3.2	-20×-.0166	-20×.234
	-80	-128.0	+.6640	+9.36

ストラングルの買い（同じ満期だが権利行使価格の異なるコールとプットを買う）

	デルタ	ガンマ	セータ	ベガ
3月限105コール20枚買い	+20×+24	+20×4.6	+20×-.0250	+20×.107
3月限95プット20枚買い	+20×-21	+20×4.3	+20×-.0232	+20×.100
	+60	+178.0	-.9640	+4.140
6月限110コール30枚買い	+30×+23	+30×2.5	+30×-.0132	+30×.182
6月限100プット15枚買い	+15×-47	+15×3.2	+15×-.0166	+15×.234
	-15	+123.0	-.6450	+8.970

ストラングルの売り（同じ満期だが権利行使価格の異なるコールとプットを売る）

	デルタ	ガンマ	セータ	ベガ
3月限110コール30枚売り	-30×+8	-30×2.3	-30×-.0124	-30×.055
3月限90プット40枚売り	-40×-6	-40×1.7	-40×-.0090	-40×.040
	0	-137.0	+.7320	-3.250
6月限95コール10枚売り	-10×+67	-10×2.9	-10×-.0140	-10×.209
6月限105プット10枚売り	-10×-62	-10×3.0	-10×-.0149	-10×.221
	-50	59.0	+.2890	-4.300

図表8-20 ボラティリティスプレッドの例（続）

バタフライの買い（同じ権利行使価格のオプションを2単位売り、即座にそれより高い権利行使価格のオプションと、それより低い権利行使価格のオプションを1単位買う。オプションはすべて同じ満期で同じ種類である）

	デルタ	ガンマ	セータ	ベガ
3月限 95 コール 10 枚買い	+10 × 78	+10 × 4.3	+10 × –.0221	+10 × .100
3月限 100 コール 20 枚売り	–20 × 51	–20 × 5.8	–20 × –.0313	–20 × .134
3月限 105 コール 10 枚買い	+10 × 24	+10 × 4.6	+10 × –.0250	+10 × .107
	0	–27.0	+.1550	–.610
6月限 90 プット 30 枚買い	+30 × –17	+30 × 2.1	+30 × –.0111	+30 × .154
6月限 95 プット 60 枚売り	–60 × –31	–60 × 2.9	–60 × –.0151	–60 × .209
6月限 100 プット 30 枚買い	+30 × –47	+30 × 3.2	–30 × –.0166	+30 × .234
	–60	–15.0	+.0750	–.900

バタフライの売り（同じ権利行使価格のオプションを2単位買い、即座にそれより高い権利行使価格のオプションと、それより低い権利行使価格のオプションを1単位売る。オプションはすべて同じ満期で同じ種類である）

	デルタ	ガンマ	セータ	ベガ
3月限 100 プット 20 枚売り	–20 × –48	–20 × 5.8	–20 × –.0313	–20 × .134
3月限 105 プット 40 枚買い	+40 × –75	+40 × 4.6	+40 × –.0240	+40 × .107
3月限 110 プット 20 枚売り	–20 × –91	–20 × 2.3	–20 × –.0103	–20 × .055
	–220*	+22.0	–.1280	+.500
6月限 95 コール 25 枚売り	–25 × 67	–25 × 2.9	–25 × –.0140	–25 × .209
6月限 100 コール 50 枚買い	+50 × 51	+50 × 3.2	+50 × –.0166	+50 × .234
6月限 105 コール 25 枚売り	–25 × 36	–25 × 3.0	–25 × –.0160	–25 × .221
	–25	+12.5	–.0800	+.950

タイムスプレッドの買い（長期オプションを買い、短期オプションを売る。オプションはすべて同じ権利行使価格で同じ種類である）

	デルタ	ガンマ	セータ	ベガ
6月限 100 コール 20 枚買い	+20 × 51	+20 × 3.2	+20 × –.0166	+20 × .234
3月限 100 コール 20 枚売り	–20 × 51	–20 × 5.8	–20 × –.0313	–20 × .134
	0	–52.0	+.2940	+2.000
6月限 95 プット 10 枚買い	+10 × –31	+10 × 2.9	+10 × –.0151	+10 × .209
3月限 95 プット 10 枚売り	–10 × –21	–10 × 4.3	–10 × –.0232	–10 × .100
	–100	–14.0	+.0810	+1.090

図表8-20　ボラティリティスプレッドの例（続）
タイムスプレッドの売り（長期オプションを売り、短期オプションを買う。オプションはすべて同じ権利行使価格で同じ種類である）

	デルタ	ガンマ	セータ	ベガ
3月限100プット25枚買い	+25×−48	+25×5.8	+25×−.0313	+25×.134
6月限100プット25枚売り	−25×−47	−25×3.2	−25×−.0166	−25×.234
	−25	+65.0	−.3675	−2.500
3月限105コール10枚買い*	+10×24	+10×4.6	+10×−.0250	+10×.107
6月限110コール10枚売り	−10×23	−10×2.5	−10×−.0132	−10×.182
	+10	+21.0	−.1180	−.750

* これは技術的にはダイアゴナルスプレッドである。しかし、オプションのデルタが
ほとんど等しいため、タイムスプレッドのように作用する傾向がある）

たかもしれないし、悪かったかもしれない。その結果、スタートが良かったり悪かったりはあるだろう。

しかし、いったんスプレッド売買を仕掛けると、有利あるいは不利な状況を決めるのは、スプレッドの種類であり、その当初の価格ではない。あらゆるトレーダーに当てはまることだが、オプショントレーダーも以前の売買行為が現在の「判断」に影響しないよう注意しなければならない。トレーダーが持つべき大きな関心事は、昨日起きたことなどではない。現在の状況を極力利用し、今日何ができるのかということだ。つまり潜在的利益を最大にすること、あるいは潜在的損失を最小にすることである。

適切な戦略の選択

利用できるスプレッド売買戦略の数があまりにも多い状況で、どうしたら最適な戦略を判断できるだろうか。まず何よりも理論的優位性を備えたスプレッド売買戦略を選択し、状況判断さえ正しければ利益が出るという確信を持ちたい。理想は割安のオプションを買い、割高

図表8-21

インプライドボラティリティ=17%
先物3月限=100.00ドル　満期まで=6週　ボラティリティ=20.0%　金利=6.00%

権利行使価格	コール			プット		
	価格	理論価格	デルタ	価格	理論価格	デルタ
90	10.00	10.10	93	.07	.17	-6
95	5.54	5.82	78	.57	.85	-21
100	2.28	2.69	51	2.28	2.68	-48
105	.65	.95	24	5.62	5.92	-75
110	.12	.26	8	10.05	10.16	-91

先物6月限=100.00ドル　満期まで=13週　ボラティリティ=20.0%　金利=6.00%

権利行使価格	コール			プット		
	価格	理論価格	デルタ	価格	理論価格	デルタ
90	10.54	10.97	81	.75	1.18	-17
95	6.83	7.45	67	1.94	2.55	-31
100	4.00	4.71	51	4.00	4.71	-47
105	2.11	2.77	36	7.01	7.66	-62
110	1.00	1.52	23	10.79	11.30	-75

図表8-22

インプライドボラティリティ=23%
先物3月限=100.00ドル　満期まで=6週　ボラティリティ=20.0%　金利=6.00%

権利行使価格	コール			プット		
	価格	理論価格	デルタ	価格	理論価格	デルタ
90	10.23	10.10	93	.30	.17	-6
95	6.12	5.82	78	1.16	.85	-21
100	3.09	2.69	51	3.09	2.68	-48
105	1.28	.95	24	6.25	5.92	-75
110	.44	.26	8	10.37	10.16	-91

先物6月限=100.00ドル　満期まで=13週　ボラティリティ=20.0%　金利=6.00%

権利行使価格	コール			プット		
	価格	理論価格	デルタ	価格	理論価格	デルタ
90	11.45	10.97	81	1.66	1.18	-17
95	8.08	7.45	67	3.19	2.55	-31
100	5.42	4.71	51	5.42	4.71	-47
105	3.44	2.77	36	8.34	7.66	-62
110	2.08	1.52	23	11.87	11.30	-75

のオプションを売ってスプレッドを組み立てることだ。これができればそのスプレッド売買はタイプの別なく好スタートとなる。

　しかし、ボラティリティに関してはたいていの場合、すべてのオプションが一方的に割安かあるいは割高に見えてしまう。そうなると、割安のオプションを買うことも割高のオプションを売ることもできなくなる。このような市場は、自分のボラティリティ評価とオプション市場のインプライドボラティリティを比較することで、簡単に特定できる。もしインプライドボラティリティが自分のボラティリティ評価よりも総体的に低ければ、すべてのオプションが割安に見える。もしインプライドボラティリティが自分の評価よりも総体的に高ければ、すべてのオプションが割高に見える。

　そこで「オプションが総体的に割安（低いインプライドボラティリティ）に見える場合、ベガがプラスのスプレッド売買戦略を探してみる」。バックスプレッドかタイムスプレッド買いのカテゴリーに入る戦略だ。そして「オプションが総体的に割高（高いインプライドボラティリティ）に見える場合、ベガがマイナスのスプレッドを探してみる」。これはレシオバーティカルスプレッドかタイムスプレッド売りのカテゴリーに入る戦略である。

　見てのとおり、すべてのオプションが割安な市場であれば、有効な戦略はストラドルの買いとストラングルの買いであり、割高な市場であれば、有効な戦略はストラドルの売りとストラングルの売りである。このような戦略によって、スプレッドの両翼に理論的優位性のあるポジションを取ることができる。ストラドルとストラングルは、すべてのオプションがあまりに安いか高いときに確実に利用できる戦略だ。

　第9章で詳述するが、ストラドルとストラングルはたいていの場合で大きな理論的優位性がある反面、オプションで最も危険な戦略になる可能性もある。このため通常は、割高オプションの買いや割安オプションの売りをいくらか含むときも、バックスプレッドあるいはバー

ティカルスプレッドのカテゴリーでほかのスプレッド売買戦略を考慮する。

　図表8-20の理論価格とデルタは、**図表8-21**と**図表8-22**に再現されているが、価格も含まれており、ボラティリティデータの20％とは異なるインプライドボラティリティを反映している。**図表8-21**の価格が反映しているインプライドボラティリティは17％だ。この場合、読者の方は、次に挙げたベガがプラスのスプレッド売買戦略だけが好ましいと分かるだろう。

　コールもしくはプットによるバックスプレッド
　ストラドルの買いもしくはストラングルの買い
　バタフライの売り
　タイムスプレッドの買い

　図表8-22の価格は、23％のボラティリティを反映している。ここでは、ベガがマイナスのスプレッド売買戦略だけが好ましいと分かるだろう。

　コールもしくはプットによるレシオバーティカルスプレッド
　ストラドルの売りもしくはストラングルの売り
　バタフライの買い
　タイムスプレッドの売り

　ほとんどの理論価格決定モデルにおける重要な想定は、ボラティリティがオプション期間を通じて不変であることだ。モデルに入力するボラティリティデータは、オプション期間を通じて原資産の価格変動を最もよく示す唯一のボラティリティであると想定されている。すべてのオプションが同時に満期になるとき、まさにそのボラティリティ

がスプレッド売買の妥当性を決定する。

　しかし、実際のところボラティリティは、その期間に上下するだろう。ほとんどの場合、インプライドボラティリティも上下する。タイムスプレッドはとりわけインプライドボラティリティの変化に敏感で、ボラティリティの上昇あるいは下降がタイムスプレッドの妥当性に影響を与える可能性がある。したがって、必然的に次のことをスプレッド売買の指針に追加することができる。つまり、タイムスプレッドの買いは、低いインプライドボラティリティが上昇すると期待されるときに儲かる可能性が高く、タイムスプレッドの売りは、高いインプライドボラティリティが下落すると期待されるときに儲かる可能性が高いということだ。

　ただし、これは一般的な指針にすぎない。ベテランは、インプライドボラティリティが原資産のボラティリティに連動しないと思える理由がある場合、指針を反故にすることがある。タイムスプレッドの買いが高いインプライドボラティリティの市場でまだ妥当かもしれない。ある状況下でインプライドボラティリティがいかに変化するか予測する必要がある。

　市場が停滞して原資産にまったく動きがないのにインプライドボラティリティが高止まりすると感じるならば、タイムスプレッドの買いは有効な戦略になる。短期のオプションの価値が減少しても、長期のオプションは価値を維持すると考えられるからだ。同様に、たとえ原資産価格は大きく変動しても、インプライドボラティリティは相応して上昇しない可能性が高いと感じるならば、タイムスプレッドの売りはインプライドボラティリティの低い市場でもまだ妥当かもしれない。

調整

　ボラティリティスプレッドが当初デルタニュートラルであっても、

原資産価格が上昇あるいは下落すれば、そのポジションのデルタは変化する可能性が高くなる。今日はデルタニュートラルであっても、そしてほかの状況が変わらなくても、明日はデルタニュートラルでなくなるかもしれない。理論価格決定モデルを最も適切に利用するため、スプレッド期間を通じてデルタニュートラルを一貫して維持しなければならない。

とはいえ、断えず調整するのは現実的に不可能だ。そこでポジションを調整する方法も考えておく必要がある。基本的に次の3つの可能性を考慮できる。

①定期的に調整する

理論上、調整プロセスは不断であると想定している。なぜなら、ボラティリティは市場スピードの不断の尺度としているからだ。しかし、実際のところボラティリティは定期的に測定されるため、妥当な方法はポジションを同様に定期的に調整することである。ボラティリティ評価が日足の価格変化に基づいているとすれば、毎日調整するだろう。評価が週足の価格変化に基づいているとすれば、毎週調整するだろう。これが理論価格決定モデルに組み込まれた前提に沿った最適な方法である。

②ポジションのデルタ値が既定の数字に達したときに調整する

常にデルタニュートラルであると断言できるトレーダーはほとんどいないだろう。大半のトレーダーは、それは現実的ではないと分かっている。なぜなら、不断の調整は物理的に不可能であり、理論価格決定モデルに入力してデルタを計算する前提やデータがすべて正しいとは確信できないからだ。デルタ計算がすべて正しいと確信できても、なお多少の方向性リスクは躊躇せずに引き受けるだろう。

しかし、どれだけのリスクなら許容する用意があるのか明確にして

おくべきである。デルタニュートラルを追求するつもりであっても、デルタ値が500まで膨れても（プラスであれマイナスであれ）困らないのであれば、その限度に達したときにポジション調整をすればよい。定期的な調整とは異なり、規定のデルタ値に基づいて調整すると、ポジション調整の必要回数は確実には分からない。非常に頻繁に調整しなければならない場合もあるだろうし、長い間調整なしで済ます場合もあるだろう。

　調整ポイントとしてトレーダーが独自に選ぶデルタの数字は、ポジションと投資の規模による。デルタ200でも具合が悪いと思う個人トレーダーがいるだろう。一方、大手投資会社は、デルタが数千単位のポジションでも一応デルタニュートラルだと考えるだろう。

③勘で調整する

　これはふざけて言っているわけではない。優れた勘を持つトレーダーは実際に存在する。このような人は、原市場がどちらの方向に動こうとしているのか勘で分かるのだ。こうした能力があるのならば、それを生かさない理由はない。

　例えば、原資産価格が50.00ドルで、ガンマが－200のデルタニュートラルのポジションを持っているとする。原資産価格が48.00ドルまで下落すれば、およそ400デルタの増加だと分かる。400デルタが躊躇なく許容できるリスクの限度であれば、この時点で調整を決めるかもしれない。しかし、48.00ドルが強い支持を示していると気づくと、原市場は支持線から反発する可能性が高いと考え、調整を控えるだろう。

　この判断が正しければ収益性のない調整を避けたことになる。判断が間違いで原市場が支持線を割ってさらに下落すれば、調整をしなかったことに悔いが残るのは当然だ。しかし、自分の勘がたいていの場合は正しいとすれば、その能力を生かさない手はない。

スプレッド売買の注文

　発達したオプション市場では、スプレッド自体がひとつの単独の銘柄であるかのように売買される。つまり独自の気配値がつくのだ。例えば、あるストラドルの買いに興味があり、マーケットメーカー（値付け業者）が3.45／3.55ポイントで気配値を出していたとする。そのストラドルを売りたい場合は3.45ポイント（買い気配値）で売らなければならないし、そのストラドルを買いたい場合は3.55ポイント（売り気配値）で買わなければならない。

　躊躇せずに3.55ポイントを支払う場合、コールに1.75ポイントを支払ってプットに1.80ポイントを支払うのか、あるいはコールに1.55ポイントを支払ってプットに2.00ポイントを支払うのか、あるいはコールとプットの価格のほかの組み合わせで支払うのかについては、だれも興味がない。唯一考慮されるのは、コールとプットの合計が3.55ポイントになることだ。

　マーケットメーカーは常にスプレッド全体に対して気配値を提示しようとする。スプレッドが普通のタイプ、例えばストラドル、ストラングル、バタフライ、あるいはタイムスプレッドの場合、気配値はすぐさま提示される。マーケットメーカーも当然人間なので、スプレッドが非常に複雑で数種のオプションが特異なレシオで含まれる場合、スプレッド価格を計算するのに数分かかる。しかし、スプレッドの複雑さとは無関係に、マーケットメーカーは最良の気配値がつく市場になるよう努力している。

　スプレッド売買の注文は、個々のオプションの注文のように、特定の指示を添えて出すことができる。最も一般的なタイプは成り行き（マーケットオーダー＝現在の市場価格で約定する注文）と指値（リミットオーダー＝指定の価格で約定するオーダー）である。ほかにも注文の執行方法を特定する条件注文がいろいろとある。次に挙げる条件付

図表8-23a

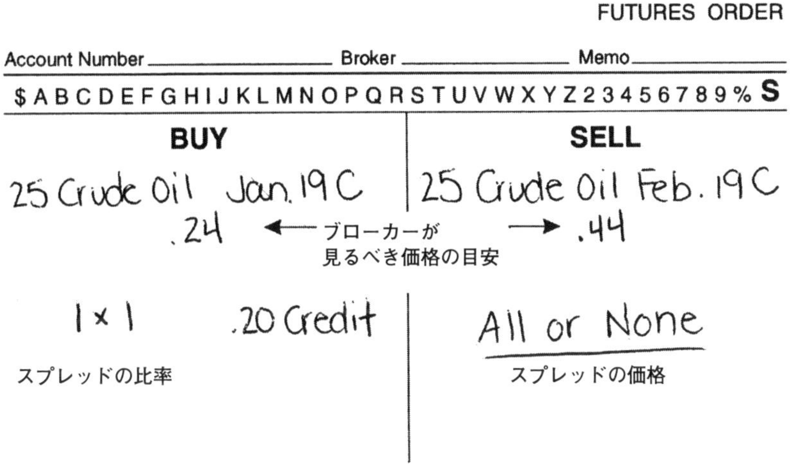

FUTURES ORDER

Account Number _____ Broker _____ Memo_____

$ A B C D E F G H I J K L M N O P Q R S T U V W X Y Z 2 3 4 5 6 7 8 9 % S

BUY	SELL
25 Crude Oil Jan. 19 C .24	25 Crude Oil Feb. 19 C .44

← ブローカーが見るべき価格の目安 →

1 × 1　　　.20 Credit　　　All or None

スプレッドの比率　　　　　　　スプレッドの価格

き注文はオプション市場でよく用いられている（**付録Aですべて定義してある**）。

　　All Or None　（オール・オア・ナン）
　　Fill Or Kill　（フィル・オア・キル）
　　Immediate Or Cancel　（イミディエイト・オア・キャンセル）
　　Market If Touched　（マーケット・イフ・タッチド）
　　Market On Close　（マーケット・オン・クローズ）
　　Not Held　（ノット・ヘルド）
　　One Cancels The Other　（ワン・キャンセルズ・ジ・アザー）
　　Stop Limit Order　（ストップ・リミット・オーダー）
　　Stop Loss Order　（ストップ・ロス・オーダー）

代表的なスプレッドの注文で執行方法の指示を添えて出されたものを２つ、**図表8-23a**と**図表8-23b**に掲載した。

図表8-23b

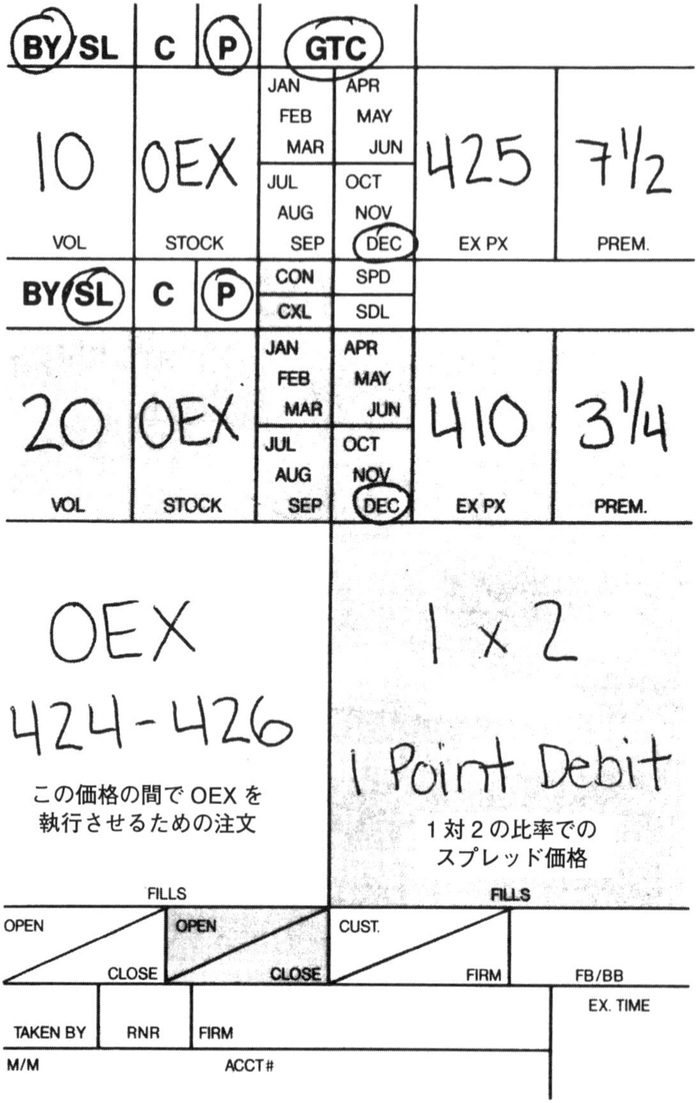

BY/SL	C	P	GTC			
10	OEX	JAN FEB MAR JUL AUG SEP	APR MAY JUN OCT NOV DEC	425	7 1/2
VOL	STOCK			EX PX	PREM.

(BY/SL, P, DEC 丸で囲み)

BY/SL	C	P	CON CXL	SPD SDL		
20	OEX	JAN FEB MAR JUL AUG SEP	APR MAY JUN OCT NOV DEC	410	3 1/4
VOL	STOCK			EX PX	PREM.

OEX
424-426

この価格の間で OEX を
執行させるための注文

1 × 2

1 Point Debit

1対2の比率での
スプレッド価格

FILLS: OPEN / CLOSE / OPEN / CLOSE / CUST. / FIRM

FILLS: FB/BB / EX. TIME

TAKEN BY　RNR　FIRM
M/M　　　　ACCT #

スプレッド売買を執行するブローカーは、その注文に添えられた個別の指示のすべてに従う責任がある。トレーダーが現在の状況を正確に知らない場合、あるいは注文を扱うブローカーをあまり信頼していない場合、適切なのは常に約定条件について個別に指示を出すことである。

また、スプレッドの注文を出すときに伝えなければならないすべての情報（限月、権利行使価格、オプションの種類、注文の売りと買いの区別、レシオ）を考えると、注文指示に誤った情報を入れてしまっても不思議ではない。したがって、注文はすべて再チェックしてから実行したほうがよい。注文の指示間違いでさらに問題を作らなくても、オプション売買は十分難しい。

第9章
リスク要因
Risk Considerations

　図表9-1に示された市場価格と理論価格について考えてみよう。このような状況下では、どのカテゴリーのボラティリティスプレッドが有利だろうか。
　価格と理論価格を比較すること、あるいは各オプションのインプライドボラティリティとボラティリティ15％を比較することで、すべてのオプションが割高であると分かる。前章の一般指針を思い起こして、この状況下では次のようなベガをマイナスにしたスプレッド売買を考慮するだろう。

　　コールもしくはプットのレシオバーティカルスプレッド
　　ストラドルの売りもしくはストラングルの売り
　　バタフライの買い
　　タイムスプレッドの売り

　どのカテゴリーのスプレッドが最適だろうか。さらに、各カテゴリーのなかではどのスプレッドが最適だろうか。

図表9-1

先物 5 月限 =49.50 ドル　残存日数 =56 日　ボラティリティ =15%　金利 =8.00%

権利行使価格	コール								プット						
	価格	理論価格	デルタ	ガンマ	セータ	ベガ	IV		価格	理論価格	デルタ	ガンマ	セータ	ベガ	IV
48	2.19	2.02	70	11.6	-.0083	.066	17.53		.72	.54	-29	11.6	-.0087	.066	17.70
49	1.56	1.40	57	13.3	-.0097	.075	17.08		1.05	.91	-42	13.3	-.0098	.075	16.87
50	1.07	.92	44	13.4	-.0099	.076	16.96		1.59	1.42	-55	13.4	-.0098	.076	17.30
51	.77	.57	31	12.1	-.0090	.068	17.89		2.22	2.06	-68	12.1	-.0087	.068	17.44
52	.53	.33	21	9.8	-.0073	.055	18.39		2.99	2.80	-78	9.8	-.0068	.055	18.24

先物 7 月限 =50.11 ドル　残存日数 =112 日　ボラティリティ =15%　金利 =8.00%

権利行使価格	コール								プット						
	価格	理論価格	デルタ	ガンマ	セータ	ベガ	IV		価格	理論価格	デルタ	ガンマ	セータ	ベガ	IV
48	3.03	2.82	70	8.0	-.0056	.092	17.20		1.00	.76	-28	8.0	-.0060	.092	17.50
49	2.40	2.20	61	8.9	-.0064	.103	16.92		1.34	1.12	-37	8.9	-.0066	.103	17.14
50	1.88	1.67	52	9.3	-.0069	.108	16.92		1.78	1.57	-46	9.3	-.0069	.108	16.98
51	1.46	1.24	42	9.2	-.0069	.106	17.09		2.33	2.11	-56	9.2	-.0067	.106	17.11
52	1.12	.89	34	8.6	-.0065	.100	17.28		2.98	2.73	-64	8.6	-.0061	.100	17.44

図表9-2

		ポジションのデルタ	理論的優位性
スプレッド1	5月限50コールを1.07ドルで10枚売り	−10 × +44	10 × +.15
	5月限50プットを1.59ドルで8枚売り	−8 × −55	8 × +.17
		0	+2.86
スプレッド2	5月限51コールを0.77ドルで10枚買い	+10 × +44	10 × +.15
	5月限52コールを0.53ドルで15枚売り	−15 × +21	15 × .20
		−5	+1.00
スプレッド3	5月限49プットを1.05ドルで10枚買い	+10 × −42	10 × −.14
	5月限50プットを1.59ドルで20枚売り	−20 × −55	20 × +.17
	5月限51プットを2.22ドルで10枚買い	+10 × −68	10 × −.16
		0	+.40

最適なスプレッド売買戦略の選択

とりあえず5月限オプションのみ注目してみよう。これでタイムスプレッドの可能性は除外される。レシオバーティカルのカテゴリー（マイナスのガンマ、マイナスのベガ）からスプレッド売買戦略を探さなければならない。10種類の5月限オプション（5つのコールと5つのプット）があるので、このカテゴリーに当てはまるスプレッドをいろいろと組むことができる。最適なスプレッドについて、どのようにすれば妥当な判断ができるだろうか。

3つの可能性あるスプレッド売買戦略を選択し、分析してみよう。選択した3つの戦略は、**図表9-2**にあるスプレッド売買1～3である。

この3つだけが可能なスプレッド売買戦略ではないことは確かだし、間違いなく最適なスプレッド売買戦略であるというわけでもない。しかし、理論上はそれぞれのスプレッド売買戦略がこの市場条件の下で採算性がある。なぜなら、どのスプレッドもレシオバーティカルスプレッドのカテゴリーに当てはまり、スプレッド売買1はストラドルの売り、スプレッド売買2はコールのレシオバーティカルスプレッド、

スプレッド売買3はプットのバタフライの買いだからである。各スプレッド売買戦略の相対的な利点はどのように評価できるだろうか。

スプレッド売買1が最大の理論的優位性を備えているので、とりあえず最適なように見える。ボラティリティ評価15%が正しいと判明すれば、スプレッド売買1の利益は2.86ポイントだが、スプレッド売買2の利益は1.00ポイントで、スプレッド売買3の利益は0.40ポイントにすぎない。

しかし、理論的優位性のみが唯一の関心事だろうか。もしそうだとしたらスプレッド売買のサイズをただ大きくして理論的優位性を心ゆくまで高くすればよいことになる。スプレッド売買2を10×15セットではなく、その5倍の50×75セットで実行するとする。そうするとスプレッド売買2の理論的優位性は5倍の5.00ポイントになり、表向きはスプレッド売買1や3よりも優れた戦略になる。理論的優位性が唯一の要因でないことは明らかだ。

理論的優位性は、市況についての判断が正しいことを前提にした期待利益を示すにすぎない。その判断が正しい保証はまったくないから、リスクの問題についても少なくとも同じぐらいの考慮が必要である。市況についての判断を誤った場合、どの程度の被害になるだろうか。

リスク要因に焦点を当てるために、スプレッド売買2とスプレッド売買3の規模を変えて理論的優位性がスプレッド売買1と同等になるようにしよう。これは、スプレッド売買2の規模を3倍の30×45セットにし、スプレッド売買3の規模を7倍の70×14×70セットにすることによって達成できる。この新たな規模のスプレッド売買をその理論的優位性の合計とリスク感応度とともに**図表9-3**に示した。

これで3つのスプレッド売買がほぼ同じ理論的優位性を持ち、各スプレッド売買に対応するリスクに焦点を当てることができるようになった。

あらゆるボラティリティスプレッドに当てはまることだが、リスク

図表9-3

		理論的優位性	デルタ	ガンマ	セータ	ベガ
スプレッド売買1	5月限50コールを1.07ドルで10枚売り 5月限50プットを1.59ドルで8枚売り	10×+.15 8×+.17 +2.86	−10×+44 −8×−55 0	−10×13.4 −8×13.4 −241.2	−10×−.0099 −8×−.0098 +.1774	−10×.076 −8×.076 −1.368
スプレッド売買2	5月限51コールを0.77ドルで10枚買い 5月限52コールを0.53ドルで15枚売り	30×−.20 45×+.20 +3.00	+30×+31 −45×+21 −15	+30×12.1 −45× 9.8 −78.0	+30×−.0090 −45×−.0073 +.0585	+30×.068 −45×.055 −.435
スプレッド売買3	5月限49プットを1.05ドルで10枚買い 5月限50プットを1.59ドルで20枚売り 5月限51プットを2.22ドルで10枚買い	70×−.14 140×+.17 70×−.16 +2.80	+70×−42 −140×−55 +70×−68 0	+70×13.3 −140×13.4 +70×12.1 −98.0	+70×−.0098 −140×−.0098 +70×−.0087 +.0770	+70×.075 −140×.076 +70×.068 −.630

図表9-4

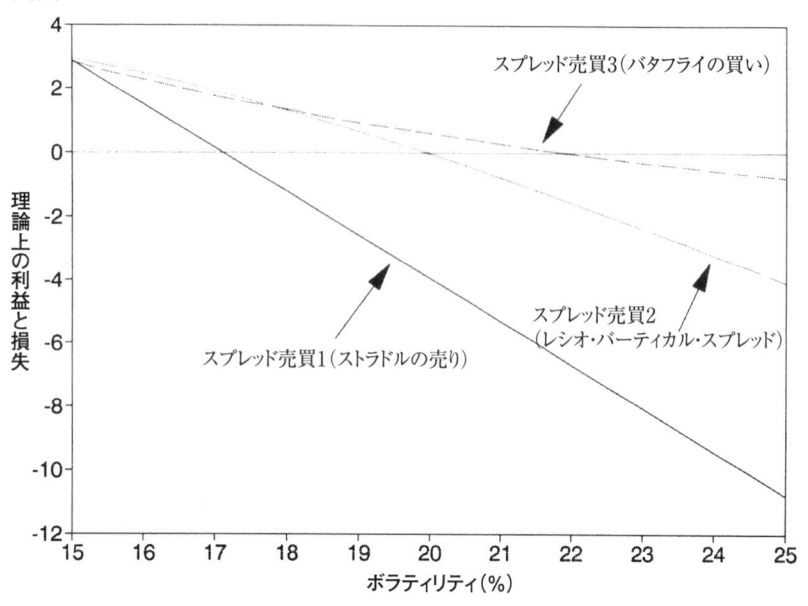

理論上の利益と損失（縦軸、4 から -12）
ボラティリティ(%)（横軸、15 から 25）

スプレッド売買3（バタフライの買い）
スプレッド売買2（レシオ・バーティカル・スプレッド）
スプレッド売買1（ストラドルの売り）

要素のひとつは、ボラティリティ評価が正しくない可能性である。各スプレッド売買戦略はベガがマイナス値になっているから、ボラティリティが15％未満になれば問題ない。その場合、各スプレッド売買は当初の期待を超える利益が出るだろう。しかし、ボラティリティが15％超になれば問題である。ボラティリティが17％、20％、あるいはもっと高くなればどうだろうか。各スプレッド売買戦略はベガがマイナス値であるために不利になるが、その度合いはそれぞれ異なる。

　各スプレッド売買戦略にかかるボラティリティのリスクを分析するひとつの方法は、理論価格決定モデルを用いて、漸増するボラティリティに対する各スプレッドの損益を検証することである。これらの価格からグラフを作成し、ボラティリティに対する各スプレッド売買戦

略の理論的優位性を表示させることができる。そのグラフが**図表9-4**である。

　建玉規模を調整したあとの各スプレッドポジションは、初期の理論的優位性がだいたい等しくなっている。よって、各スプレッドポジションにかかるボラティリティのリスクに焦点を当てられる。**図表9-4**を見ると、1～3のどのスプレッド売買もボラティリティが高くなると理論的優位性を失うことが分かる。しかし、スプレッド売買1は最も急な勾配になっており、ボラティリティが高くなるとスプレッド売買2とスプレッド売買3よりも、ずっと急速に価値を失っている。

　ボラティリティがどの程度高くなると各スプレッドポジションに損失が発生し始めるのか論理的に調べてみよう。損益が分岐するインプライドボラティリティをスプレッドのポジションで判断するのだ。これはインプライドボラティリティの一般的な定義を単に拡大するだけのことである。ひとつか、複数のオプションの残存期間中にポジションに損益が発生しない程度のボラティリティを見る。個々のオプションのインプライドボラティリティとちょうど同じように、スプレッドポジションのインプライドボラティリティを常に判断する。**図表9-3**を見ると、スプレッド売買1～3のインプライド（損益分岐となる）ボラティリティは、それぞれおよそ17％、20％、22％であった。

　スプレッド売買3は、ボラティリティの面で最適のリスク・リワード比を示している。それぞれのスプレッドポジションは、ある意味ボラティリティを売っていることになるから、できるだけ高い価格で売りたい。では、もともと15％（ボラティリティ評価）のものを17％（スプレッド売買1の損益分岐インプライドボラティリティ）、20％（スプレッド売買2の損益分岐インプライドボラティリティ）、あるいは22％（スプレッド売買3の損益分岐インプライドボラティリティ）で売ったほうがよいのだろうか。たしかにスプレッドのインプライドボラティリティが高いほどボラティリティ評価の許容範囲が大きくなる

図表9-5

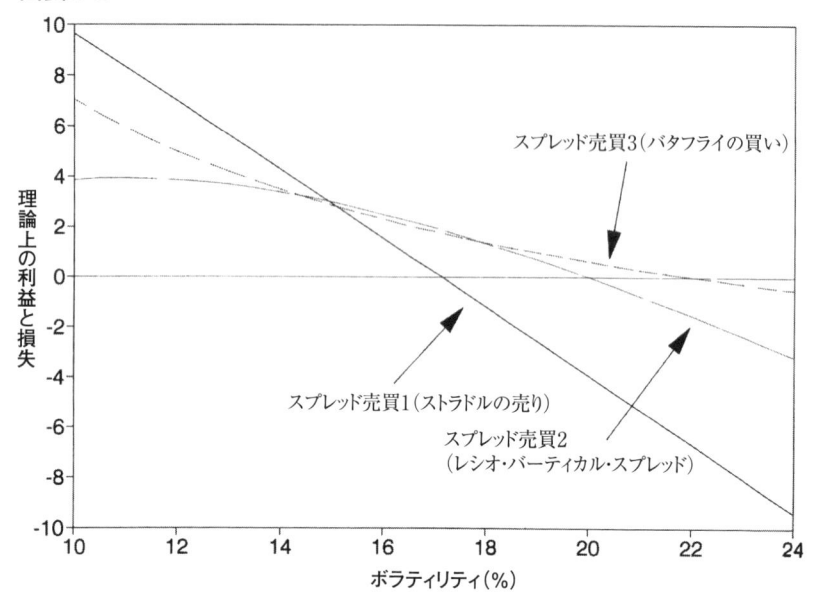

10
8
6　　　　　　　　　　　スプレッド売買3(バタフライの買い)
4
2
0
-2
-4　　　　スプレッド売買1(ストラドルの売り)
-6　　　　スプレッド売買2
-8　　　　　(レシオ・バーティカル・スプレッド)
-10
10　12　14　16　18　20　22　24
ボラティリティ(%)

理論上の利益と損失

から、利益を出す可能性が高くなる。スプレッド売買1の許容範囲は2％分にすぎないが、スプレッド売買3の許容誤差はその3倍を超えて7％分になる。スプレッド売買2の許容範囲はスプレッド売買1とスプレッド売買3の間になる。

　しかし、ボラティリティ評価の低さをなぜそんなに懸念するのだろうか。自分はボラティリティを過大評価したり過小評価したりすることがあると思うかもしれない。ではその場合、各スプレッド売買の潜在的な結果にどのような影響を与えるのか。

　仮に、スプレッド売買1を実行し、ボラティリティが18％になり、15％の評価よりも3％高くなったとする。**図表9-4**を見ると、この場合およそ1.21ポイントの損失になると分かる。しかし、仮にボラティ

リティが12％になる可能性も同程度にあるとすると、ボラティリティが12％の場合はおよそ6.95ポイントの利益になると分かる。**図表9-5**はボラティリティを10％にまで下げた損益図である。

さらに極端な場合はどうか。ボラティリティが20％になると3.95ポイントの損失になる。しかし、ボラティリティが10％になると9.64ポイントの利益になる。ボラティリティを過小評価して意外な損失を出すのと同じぐらい、ボラティリティを過大評価して意外な利益を出すこともあると考えられるかもしれない。こうしたすべての結果を最終的に平均すると、約2.86ポイントの利益になる。これはつまりボラティリティ評価が15％のスプレッドの予想利益である。

スプレッド売買1～3のどれを実行してもその平均結果がだいたい2.80の利益になると仮定する。各スプレッド売買の結果が同一だとしたら、どのスプレッド売買を選択しても違いはないのだろうか。最終結果はたしかに重要な理論的要素だが、その最終結果がどのように発生するのかというのも同様に重要で実際的な要因である。

だれもが利益を出すときもあれば損失を出すときもあることを承知している。常勝の人などいない。しかし、長期的に見れば、優れたトレーダーは損失を相殺して余りある利益を出している。例えば、期間の半分で7000ドルの利益を出し、残りの半分で5000ドルの損失を出す戦略を選択したとする。この場合、長期的には平均1000ドルの利益になる。しかし、最初にその戦略を実行するときに5000ドルの損失を出し、3000ドルしか資金が残っていないとしたらどうだろうか。幸いにも7000ドルの利益が出る期間なのに、トレードを全然続けられなくなってしまう。

どのトレーダーも、長期になって初めて運不運が平均することを承知している。ベテランは短期的な不運のためにトレードが不可能になるような戦略に手を出さない。ベテランのオプショントレーダーがスプレッド売買1を避けることが多いのは、こうした理由による。

どの財務担当者もキャッシュフローは動きが激しくなくて着実なほうがずっと管理しやすいことを承知している。オプショントレーダーも同じだ。いかにトレードが巧みであっても、必ず訪れる不運なときにも破産せずにすむように、賢明な資金管理を実行しなければならない。

オプショントレーダーが関心を持つべきリスク要素はボラティリティ評価だけではない。理論価格決定モデルに入力するデータは、正しくない場合はオプションの理論価格を変えてしまうことがあるから、すべてオプショントレーダーにとってリスクになる。こうしたリスクは、スプレッドポジションに対応するデルタ、ガンマ、セータ、ベガ、そしてローに反映されている。そのリスクを以下のようにまとめた。

デルタ（方向性）リスク 原資産市場が一方向にのみ動いてしまうリスクである。デルタニュートラルのポジションを作るときは、当初ポジションが原資産の変動方向に関して特定の選好をまったく持たないように努める。デルタニュートラルのポジションが必ずしも方向性リスクをすべて排除するわけではない。しかし、通常はそれを狭いレンジ内に限定する。

ガンマ（曲率）リスク 原資産が方向とは関係なく大きく変動するリスクである。ガンマ値はこのような大きな変動に対するポジションの感応度の尺度になる。ガンマがプラス値のポジションでは、原資産の変動で理論上はオプションの価格が上昇するため、実際にガンマリスクを持つわけではない。しかし、ガンマがマイナス値のポジションでは、原資産の大きな変動で急速に理論価格が下がる可能性がある。その影響度の強さから、いろいろなポジションの利点を比較分析するときに常に検討しなければならない要素である。

セータ（タイムディケイ）リスク　時間が経過しても原資産がまったく動かないリスクである。これはガンマリスクの裏返しになる。ガンマがプラス値のポジションは、原資産が大きく動くと評価が増える。しかし、変動で有利になっても時間の経過で不利になる。プラス値のガンマは常にマイナス値のセータと連動する。セータがマイナス値のポジションは常に「どれだけの時間が経過したらスプレッドポジションの潜在利益が消失するのか」という観点でリスクを考慮しなければならない。変動を必要とするこのポジションが次の日に、あるいは次の週に、あるいは次の月に変動がなくても理論上はまだ採算がとれるだろうか。

　ベガ（ボラティリティ）リスク　理論価格決定モデルに入力するボラティリティが正しくない場合のリスクである。正しくないボラティリティを入力すると、原資産価格の正しくない分布を想定することになる。ベガがプラス値のポジションはボラティリティが低下すると不利になる場合があり、ベガがマイナス値のポジションはボラティリティが上昇すると不利になる場合がある。したがって、どのポジションにとってもベガはリスクになる。ボラティリティがどれだけ不利に動いたらポジションの潜在利益は消失するのかを常に考慮しなければならない。

　ロー（金利）リスク　オプション期間中に金利が変動するリスクである。ローがプラス値のポジションは、金利が上昇（下落）すれば有利（不利）になり、ローがマイナス値のポジションは、ちょうど逆の特性を示す（もちろん、オプション評価に適用する金利のみを考えている。金利の変動は債券や株式といった原資産にも影響を与える。しかしそれはまた別の話である）。通常、金利は理論価格決定モデルに入力するデータのなかで比重が最も低いので、特別な場合を除いて、

図表9-6

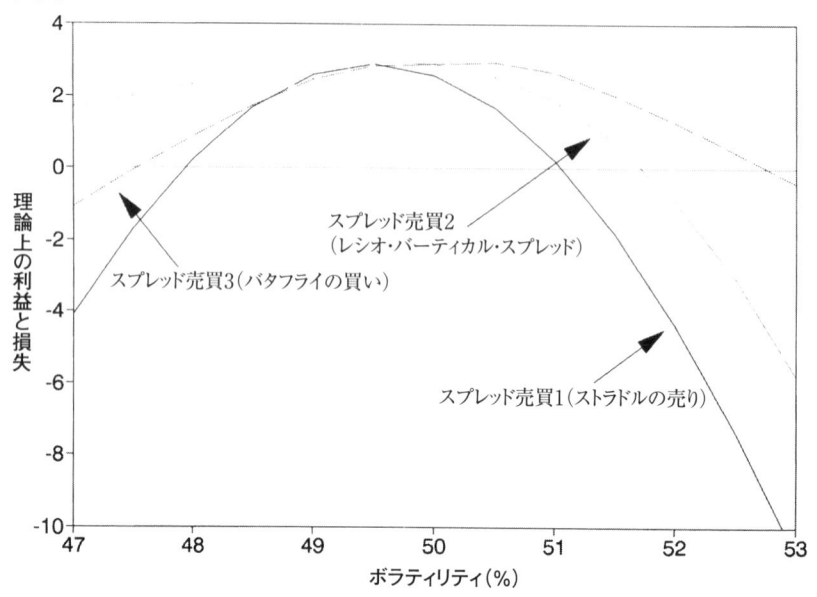

理論上の利益と損失 (縦軸)
ボラティリティ(%) (横軸)

スプレッド売買2（レシオ・バーティカル・スプレッド）
スプレッド売買3（バタフライの買い）
スプレッド売買1（ストラドルの売り）

ポジションに関連するローのリスクをあまり考慮しない。

　今まではスプレッド売買1〜3に対応するボラティリティリスクだけを比較してきた。ほかに関心を持つべきリスクは何かあるだろうか。例題のスプレッド売買はすべてガンマがマイナス値となるポジションだから、原資産に大きな動きがあると不利な影響を受ける。相対的なガンマリスクを比較するためにグラフを作成して、原資産の価格に対応するスプレッドの価格を示すことができる（**図表9-6**）。この場合、原資産の現在値が49.50ポイントという理論的前提の下で各スプレッドはほとんど同じ理論価格になると想定する。

　図表9-6を見ると原資産が大きく上昇した場合、スプレッド売買3の受ける影響が最も小さいことが分かる。原資産が上昇して52.75ポ

イントになるまで耐えて、理論的優位性を維持できる。スプレッド売買1とスプレッド売買2が耐えられる上昇は、それぞれ51.05ポイントと51.75ポイントにすぎない。

　原資産が下落した場合、スプレッド売買1は47.90ポイントでその理論的優位性をすべて失ってしまうから、やはり最もリスクが高い。スプレッド売買3のリスクは、47.50ポイントの下落まで耐えられるから、スプレッド売買1よりは低い。しかしスプレッド売買2は、理論的優位性をすべて失うことはないから、明らかに最もリスクが低い。スプレッド売買2の優位性が崩壊しほとんどゼロになるのは、市場が極度に下落した場合だ。

実践上の要因

　ベガとガンマのリスクを考慮すると、スプレッド売買3は最適のリスク特性を備えているように思える。スプレッド売買1やスプレッド売買2よりも、ボラティリティの面で大きな許容範囲を備えており、原資産価格の変動を基準にしてもほかの2つのスプレッドポジションよりも大きな上昇に耐えている。

　スプレッド3が最適のリスク特性を示さないのは、原資産価格が大きく下落する可能性を考慮するときのみである。この場合、スプレッド2が最適になる。その場合でもスプレッド売買3はスプレッド売買1よりは優れており、理論上、スプレッド売買1やスプレッド売買2よりもスプレッド売買3を優先して実行すべきであると考えられるだろう。

　しかし実際には、現実的要素が売買判断にかかわってくる。スプレッド売買3、つまりバタフライは3つのなかで最適の理論的選択であるように思えるが、執行の面でいくつか欠点もあるため、現実的な選択にはならないのだ。

スプレッド売買3は3面スプレッド売買であるのに対し、スプレッド売買1とスプレッド売買2は2面である。3面スプレッド売買は市場で執行するのがおそらくさらに困難で、全体の気配値の幅の面でコストがかさむ可能性も高い。スプレッド売買を普通に1回で完全に執行したい場合、目標の価格では不可能かもしれない。また、1回に1レッグ（スプレッドポジションを構成する個々のオプションはそのスプレッドポジションの「レッグ」と言われることがある）執行しようとすると、ほかのレッグを執行するまでに市場で不利な変化が起こるリスクがある。

さらに、市場流動性の問題もある。スプレッド売買1とスプレッド売買2に相応する理論的優位性を得るためには、バタフライのサイズを7倍の70×140×70セットにする必要があった。5月限49プット、50プット、51プットの流動性が不十分であれば、期待利益を達成するのに必要な建玉規模でバタフライを執行できないかもしれない。スプレッド売買の一部を有利な価格で執行できるとしても、規模を大きくすれば不満な価格になることもある。また規模が大きいと小口の投資家の売買コストは著しくかさんでしまうだろう。

こうした執行の問題のためにスプレッド売買3が現実的でなくなるとすれば、スプレッド売買1（ストラドル）とスプレッド売買2（レシオバーティカルスプレッド）から選択しなければならない。その場合、スプレッド売買2が明らかに勝っている。ボラティリティ（ベガのリスク）と原資産の価格変化（ガンマのリスク）の両面で許容誤差がずっと大きくなるからだ。どちらのスプレッド売買戦略を選ぶかとなれば、大多数のトレーダーはスプレッド売買2を選ぶだろう。

この例のように、選択すべきスプレッド売買戦略が常に明確であるとは限らない。少なくとも理論的見地から、スプレッド売買3の相対的優位性は明らかであった。しかし、あるスプレッドポジションがある種のリスクに関して優れているのに対し、別のスプレッドポジショ

第9章 リスク要因

図表9-7

		理論的優位性	デルタ	ガンマ	セータ	ベガ
スプレッド売買 4	7月限 50 コールを 20 枚買い	$20 \times -.21$	$+20 \times +52$	$+20 \times 9.3$	$+20 \times -.0069$	$+20 \times .108$
	7月限 52 コールを 30 枚売り	$\underline{30 \times +.23}$	$\underline{-30 \times +34}$	$\underline{-30 \times 8.6}$	$\underline{-30 \times -.0065}$	$\underline{-30 \times .100}$
		$+2.70$	$+20$	-72.0	$+.0570$	$-.840$
スプレッド売買 5	5月限 48 プットを 50 枚買い	$50 \times -.18$	$+50 \times -29$	$+50 \times 11.6$	$+50 \times -.0087$	$+50 \times .066$
	7月限 48 プットを 50 枚売り	$\underline{50 \times +.24}$	$\underline{-50 \times -28}$	$\underline{-50 \times 8.0}$	$\underline{-50 \times -.0060}$	$\underline{-50 \times .103}$
		$+3.00$	-50	$+180.0$	$-.1350$	-1.850
スプレッド売買 6	5月限 48 コールを 10 枚買い	$10 \times -.17$	$+10 \times +70$	$+10 \times 11.6$	$+10 \times -.0083$	$+10 \times .066$
	5月限 52 コールを 20 枚売り	$\underline{20 \times +.23}$	$\underline{-20 \times +34}$	$\underline{-20 \times 8.6}$	$\underline{-20 \times -.0065}$	$\underline{-20 \times .100}$
		$+2.90$	$+20$	-56.0	$+.0470$	-1.340

図表9-8

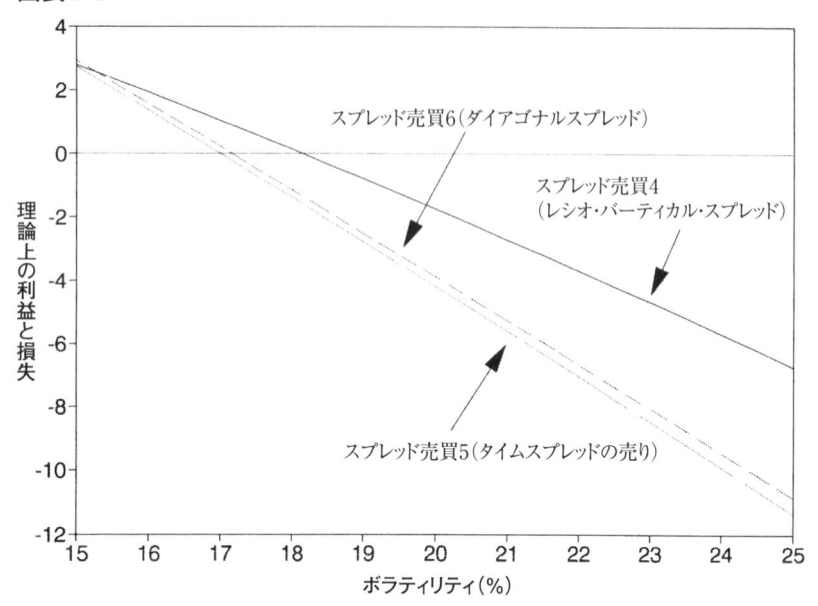

縦軸: 理論上の利益と損失
横軸: ボラティリティ(%)

- スプレッド売買6（ダイアゴナルスプレッド）
- スプレッド売買4（レシオ・バーティカル・スプレッド）
- スプレッド売買5（タイムスプレッドの売り）

ンが別のリスクに関して優れている場合もある。

　3つの新たなスプレッド売買戦略、スプレッド売買4（レシオバーティカルスプレッド）、スプレッド売買5（タイムスプレッドの売り）、スプレッド売買6（ダイアゴナルスプレッド）を考えてみよう。各スプレッド売買全体の理論的優位性をそのリスク感応度（**図表9-1**の理論評価表からすべて引用）とともに**図表9-7**に示した。各スプレッド売買に対応するリスクに再度焦点を当てるために、各スプレッド売買の建玉規模を調整して、ほぼ同じ理論的優位性が生じるようにしてある。

　各スプレッド売買はベガがマイナス値のポジションなので、ボラティリティが評価値の15％を超える場合、ボラティリティリスクを抱えることになる。漸増するボラティリティに対する各スプレッドポジシ

図表9-9

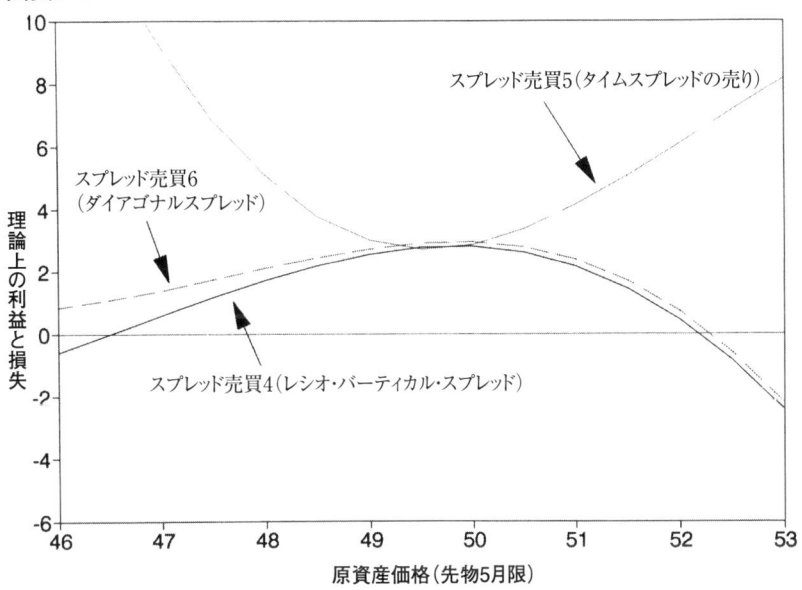

[図：原資産価格（先物5月限）を横軸（46〜53）、理論上の利益と損失を縦軸（-6〜10）にとったグラフ。スプレッド売買5（タイムスプレッドの売り）、スプレッド売買6（ダイアゴナルスプレッド）、スプレッド売買4（レシオ・バーティカル・スプレッド）の3本の曲線が描かれている。]

ョンの感応度を**図表9-8**に示した。

スプレッド売買4の損益分岐のインプライドボラティリティは18.1％付近、スプレッド売買5は17.0％付近、スプレッド6は17.2％付近であると分かる。ボラティリティの増大が主な関心事であるなら、スプレッド売買4（レシオバーティカルスプレッド）が最適なリスク特性を示しているように思える。

ボラティリティリスクに加えて、スプレッド売買4はガンマがマイナス値のポジションであるため、原資産に急に大きな動きがあると不利な影響を受けると分かる。このような動きの可能性が懸念される場合は、原資産価格の大きな動きがどのようにスプレッド価格に影響するか正確な判断をするつもりである。**図表9-9**は原資産価格の変化に対する4〜6の各スプレッドポジションの感応度を示している。

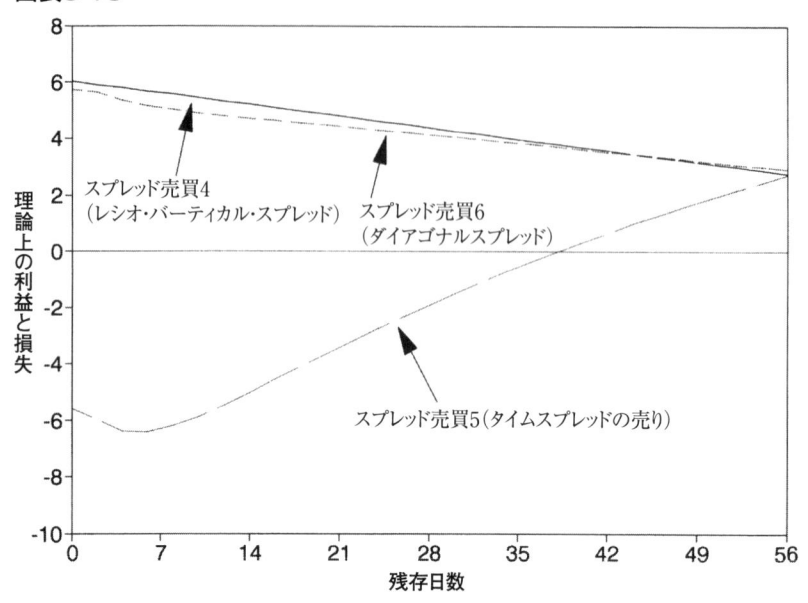

図表9-10

縦軸: 理論上の利益と損失
横軸: 残存日数

- スプレッド売買4（レシオ・バーティカル・スプレッド）
- スプレッド売買6（ダイアゴナルスプレッド）
- スプレッド売買5（タイムスプレッドの売り）

　スプレッド売買4は3つのスプレッドポジションのなかで利益レンジが最も狭く、理論上は、原市場が一気に46.50ポイントを下回るか52.20ポイントを上回るとすべての潜在利益を失う。他方、スプレッド売買6は下落リスクがほとんどないし、原市場が一気に上昇しておよそ52.30ポイントになっても、耐えることができる。

　原資産価格が急落する可能性を懸念する場合、スプレッド売買4がスプレッド売買6よりもボラティリティの許容幅がある（18.0％対17.2％）としても、それをあっさりあきらめ、スプレッド売買6の持つ下落への耐性を選ぶだろう。これは、スプレッド売買6のガンマのマイナス値がスプレッド売買4のそれに比較して小さいことを反映している（ここでは5月限と7月限の原資産は不変の近似関係を維持するものとする。つまり、$50.11 \div 49.50 = 1.0123$であるから、7月限は

常に５月限の1.0123倍になる。**図表9-9**の横軸は５月限の価格である）。

　最後に、スプレッド売買５は、ボラティリティのリスク面からは最も好ましくないが、ガンマがプラス値のポジションであることに注意しよう。これは、原資産に大きな動きがあるとスプレッドポジションの価格が上がることを意味している。原資産が急に大きく動く可能性は懸念されるが、ボラティリティの上昇があまり気にならない場合、スプレッド売買５のあまり好ましくないボラティリティリスクを躊躇なく許容して、ガンマがプラス値である特性を生かすだろう。

　スプレッド売買５はガンマがプラス値のポジションなのでガンマのリスクはまったくない。しかし、原資産が動かない場合はセータのリスクを抱えることになる。このリスクはどの程度大きいのだろうか。

　図表9-10は３つのスプレッドポジションの時間経過に対する感応度を示している。スプレッド売買４とスプレッド売買６はガンマがマイナス値のポジションなので、時間の経過とともに潜在利益が増えるだけである。他方、スプレッド売買５は日ごとに潜在利益を失う。このスプレッド売買５のグラフを見ると、原資産がまったく動かない場合、およそ18日間経過するとすべての理論的優位性を失うことが分かる。これが、ガンマがプラス値であるという特権に対して払わなければならない代償である。

　スプレッド売買４、スプレッド売買５、スプレッド売買６から選ばなければならないとしたら、どのスプレッド売買が最適だろうか。状況が明確ではないので、答えはたぶんトレーダーの市場経験次第で変わる。インプライドボラティリティの増大が最大のリスクを示すと思えば、たぶんスプレッド売買４を選ぶだろう。原資産の大きな動きが最大のリスクを示すと思えば、たぶんスプレッド売買５を選ぶだろう。ボラティリティと市場の変動に対する部分的なヘッジに甘んじる気があるなら、たぶんスプレッド売買６を選ぶだろう。

　もう明らかなように、スプレッド売買戦略の選択は単純な当不当の

問題ではない。売買判断の例に漏れず、それはリスク・リワードの問題である。オプショントレーダーが扱わざるを得ないリスクは多数あるが、どのリスクが最大の脅威になるのか、たいてい自問しなければならない。ひとつのリスクを避けるために別のリスクの受け入れを余儀なくされることもある。ある分野のリスクを進んで受け入れる場合でも、その程度を限定しようとすることもある。そのためにほかの分野で大きくなったリスクを受け入れなければならないかもしれない。

数種類のスプレッド売買戦略から選ぶ場合、これまでの例のようにコンピューターを使って各スプレッドポジションの特性を調べることができる。残念ながら、常に今回のように詳しく選択肢を分析できるとは限らない。コンピューターが動かなかったり、市況が激変したため決断が遅れてチャンスを逃してしまったりすることもある。詳細なグラフ分析などをしなくてもスプレッドを迅速に比較する方法はあるのか。

トレーダーがときどき使う方法のひとつは、各スプレッドポジションをリスクとリワードの二律背反(トレードオフ)と考えることである。この二律背反を分数、つまり「リスク÷リワード」として表してみよう。市場に参加するときは潜在利益を最大にしたいと思うと同時に潜在リスクを最小にしたいと思う。そこで、理想的なリスク÷リワードの分数は、$0÷\infty$(リスクゼロ、利益無限)になる。しかし$0÷\infty=0$だから、各スプレッドポジションのリスク・リワード比を分数のリスク÷リワードで表すと、ゼロに最も近い分数のスプレッドポジションほど理論上、最適のリスクとリワードの二律背反を備えているといえる。

スプレッド売買のリスク・リワードを表すため、どんな数字を用いるべきだろうか。リワードは市況の判断が正しい場合に期待するものである。これは純粋に理論的な優位性だから、その理論的優位性を分数の分母にすることができる。

では分子、つまりリスク要素はどうだろうか。この場合、オプションポジションは多様なリスクの影響を受けるので、いくつかの異なった数字を扱わなければならない。これらのリスクはいろいろなオプション感応度によって示される。実用的な方法は分数の分子を最も関心のある感応度で表すことである。

例えば、ボラティリティの変化が最大の関心事だとすればスプレッドポジションのベガを分子として用いることができる。数種類のスプレッドポジションから選ぶ場合、ベガ÷理論的優位性がゼロに最も近くなるスプレッドポジションが、最も好ましいリスク・リワードの特性を持つ。同様に、大きな価格変動が最大の関心事だとすればガンマ÷理論的優位性がゼロに最も近くなるスプレッドポジションが最も好ましいリスク・リワード比を持つ。

スプレッド売買4～6をこの方法を用いて分析してみよう。関心を持たざるを得ないリスクのひとつがボラティリティの変化する可能性である。ベガ÷理論的優位性を計算すると、結果は次のようになる。

スプレッド売買4　　-0.840÷2.70＝-0.311
スプレッド売買5　　-1.850÷3.00＝-0.617
スプレッド売買6　　-1.340÷2.90＝-0.462

この計算から、スプレッド売買4のベガ÷理論的優位性が最もゼロに近いので、最適のボラティリティ特性を持つことが分かる。これは**図表9-8**で得た結論と同じであるが、このように計算をすれば各スプレッド売買を詳細に検討しないで済む。

スプレッドポジションの感応度を理論価格で割ると、その結果はスプレッドポジションの建玉規模に無関係であると分かる。スプレッド売買4を2倍の大きさ（20×30セットではなくて40×60セット）で実行していれば、そのベガと理論的優位性も2倍になるが、その分数の

結果はやはり−0.311になるわけだ。

　原資産価格が大きく変動するリスクはどうだろうか。スプレッド売買5はガンマがプラス値のポジションであり、大きな変動があってもポジションの価値が増えるだけだから、大きな価格変動を懸念する必要はない。しかし、スプレッド4と6についてはガンマのリスクを比較したい。そこで、ガンマを理論的優位性で割ると次のようになる。

　　スプレッド売買4　　−72.0÷2.70＝−26.7
　　スプレッド売買6　　−56.0÷2.90＝−19.3

　スプレッド売買6の場合、その−19.3は−26.7よりもゼロに近いので、原資産価格の大きな変動によるリスクは、より小さくなることが分かる。これは**図表9-9**の結論の確認になる。

　スプレッド売買の相対的なリスク評価法について注意を促したいことがひとつある。それは、オプションの感応度が明確になるのは狭いレンジ内においてのみであるから、そのリスク感応度を理論的優位性で割って算出されるのはポジションの相対的なリスク評価にすぎないということである。

　例えば、スプレッド売買1〜3の相対的ボラティリティリスクを考えてみよう。ベガを各スプレッドポジションの理論的優位性で割ると結果は以下のようになる。

　　スプレッド売買1　　−1.368÷2.86＝−0.478
　　スプレッド売買2　　−0.435÷3.00＝−0.145
　　スプレッド売買3　　−0.630÷2.80＝−0.225

　この数字を見ると、スプレッド売買2は、その−0.145は−0.478や−0.225よりもゼロに近いので、ボラティリティに関しては最もリス

クが低いように見える。しかし、**図表9-4**に戻ってみると、スプレッド売買３が実は最高のインプライドボラティリティを持っており、したがってボラティリティリスクが最も低くなっている。それでもこの相対的なリスク評価法は、明らかにボラティリティリスクが最も高いスプレッド売買１だけは少なくとも敬遠するよう警告していたはずだ。

　迅速な決断を強く迫られるとき、いろいろなスプレッドポジションの相対的リスクを簡単に分析する時間さえないときもある。このような場合、普通は直感に頼って戦略を選択しなければならない。経験に代わるものはないが、トレーダーがすぐに体得する教訓があるだろう。それは、「ストラドルとストラングルは最も危険なスプレッド売買である」ということだ。

　この教訓は、戦略の売りと買いに関係なく当てはまる。初心者は、リスクが限定されているので、ストラドルとストラングルの買いは別に危険ではないと考えがちだ。しかし、ストラドルまたはストラングルを買って市場が動かずに日々損を眺めるのも、ストラドルを売った途端に市場が激動して突然同程度の損をするのも、苦痛に変わりはないだろう。

　もちろん、ボラティリティを正しく判断するトレーダーはストラドルとストラングルから大きな報酬を得ることができる。しかし、ベテランは、このような戦略の許容範囲は非常に小さいことを承知しており、もっと好ましいリスク水準を持つ戦略を選ぶのが通常である。

価格変動の許容範囲の程度

　よく初心者は、理論価格決定モデルに入力するデータ、特にボラティリティデータを評価するときに妥当な許容範囲の程度について疑問を持つ。通常、許容範囲の基準になるのはトレーダーの売買経験である。場合によっては、５％の価格変動は極めて大きな許容範囲であり、

このハードルに合格した戦略にかなりの確信を持つかもしれない。また別の場合には、5％の価格変動をほとんど許容できず、その戦略を尽きない心配の種だと思うかもしれない。

この疑問に取り組むには、許容範囲の程度を求めるよりも、所定の許容範囲でスプレッドを実行する正しいサイズを求める方がおそらく優れた考え方だろう。

実際の売買理由はさておき、トレーダーは常に最適のリスク・リワード比の特性を持つスプレッド売買戦略を選ぶべきである。しかし、最適のスプレッド売買が小さな許容範囲しか持たず、その結果として重大なリスクを抱えることがある場合、それでもトレードしたいのであれば、小さく建玉すべきである。しかし、非常に大きな許容範囲を持つスプレッドを執行できる場合は、ためらわずにもっと大きく執行すべきである。

例として、ある市場の最適のボラティリティを15％と評価したとしよう。インプライドボラティリティが15％を上回れば、ベガがマイナス値のポジションを探すだろう。探し出した最適のベガがマイナス値の戦略が1×2セットのレシオバーティカルスプレッドで、そのインプライドボラティリティが16.5％（許容範囲はわずか1.5％）だとすれば、戦略の規模を小さくしておくことはほぼ確実で、おそらく5倍（5×10）だけにして執行するだろう。

しかし、この同じスプレッドのインプライドボラティリティが25％（許容範囲は10％）で、そのように高いボラティリティを見たことがなかったとしたら、そのスプレッドをはるかに大きなサイズで、おそらく50×100セットで自信を持って執行するはずである（建玉規模は当然相対的で、資金の豊富なベテランであれば、50×100セットでさえ小さなトレードであろう）。

ポジションの規模はそのポジションのリスクを基準にすべきであり、リスクの基準はどの程度ポジションが悪化すると、戦略がトレーダー

図表9-11

株価=98 1/2
残存日数=3月限56日、6月限147日
ボラティリティ=3月限27%、6月限27%
金利=8.00%
期待配当=28日後と119日後に1.25

3月限	コール							プット						
権利行使価格	価格	理論価格	デルタ	ガンマ	セータ	ベガ	IV	価格	理論価格	デルタ	ガンマ	セータ	ベガ	IV
95	5	5.79	64	3.6	−.0436	.142	25.0	2¼	2.66	−36	3.6	−.0281	.142	24.1
100	2⅞	3.29	45	3.8	−.0430	.151	24.3	4¾	5.12	−55	3.8	−.0267	.151	24.6
105	1⅜	1.69	28	3.3	−.0350	.128	24.5	8⅛	8.47	−72	3.3	−.0180	.128	24.3

6月限	コール							プット						
権利行使価格	価格	理論価格	デルタ	ガンマ	セータ	ベガ	IV	価格	理論価格	デルタ	ガンマ	セータ	ベガ	IV
95	7⅝	8.22	61	2.3	−.0298	.233	24.4	4¼	4.93	−39	2.3	−.0145	.233	24.1
100	5	5.85	50	2.4	−.0292	.243	23.5	6½	7.43	−50	2.4	−.0132	.243	23.2
105	3¼	4.03	38	2.3	−.0268	.233	23.6	9¾	10.49	−62	2.3	−.0099	.232	23.8

図表9-12

		理論的優位性	デルタ	ガンマ	セータ	ベガ
スプレッド売買 7	6月限 95 プットを 25 枚買い 3月限 95 プットを 25 枚売り	$25 \times +.68$ $25 \times -.41$ $+6.75$	$+25 \times +39$ -25×-36 -75	$+25 \times 2.3$ -25×3.6 -32.5	$+25 \times -.0145$ $-25 \times -.0281$ $+.3400$	$+25 \times .233$ $-25 \times .142$ $+2.275$
スプレッド売買 8	6月限 100 コールを 15 枚買い 3月限 100 コールを 15 枚売り	$15 \times +.85$ $15 \times -.42$ $+6.45$	$+15 \times +50$ $-15 \times +45$ $+75$	$+15 \times 2.4$ -15×3.8 -21.0	$+15 \times -.0292$ $-15 \times -.0430$ $+.2070$	$+15 \times .243$ $-15 \times .151$ $+1.380$
スプレッド売買 9	6月限 95 プットを 15 枚買い 3月限 100 プットを 10 枚売り	$15 \times +.68$ $10 \times -.37$ $+6.50$	$+15 \times +39$ -10×-55 -35	$+15 \times 2.3$ -10×3.8 -3.5	$+15 \times -.0145$ $-10 \times -.0267$ $+.0495$	$+15 \times .233$ $-10 \times .151$ $+1.985$
スプレッド売買 10	6月限 105 コールを 18 枚買い 3月限 95 コールを 10 枚売り	$18 \times +.78$ $10 \times -.79$ $+6.14$	$+18 \times +38$ $-10 \times +64$ $+44$	$+18 \times 2.3$ -10×3.6 $+5.40$	$+18 \times -.0268$ $-10 \times -.0436$ $-.0464$	$+18 \times .233$ $-10 \times .142$ $+2.774$

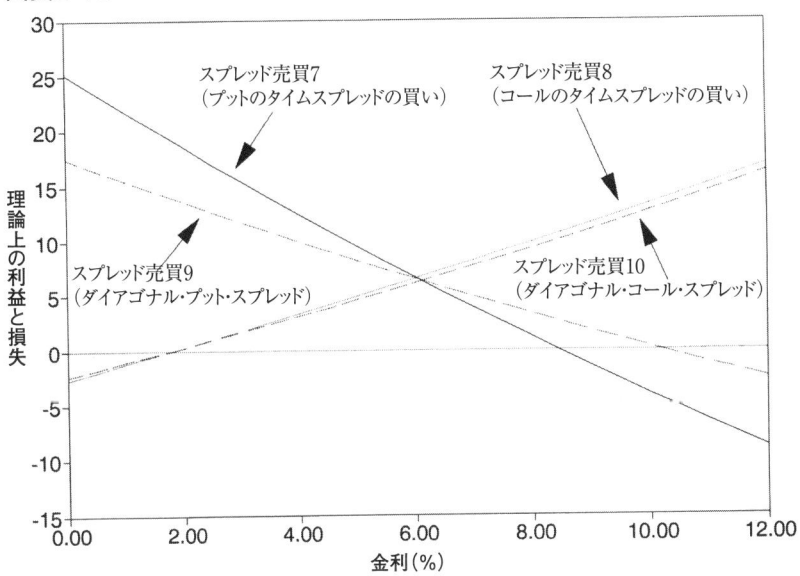

図表9-13

(グラフ: 横軸 金利(%) 0.00〜12.00、縦軸 理論上の利益と損失 -15〜30)
- スプレッド売買7（プットのタイムスプレッドの買い）
- スプレッド売買8（コールのタイムスプレッドの買い）
- スプレッド売買9（ダイアゴナル・プット・スプレッド）
- スプレッド売買10（ダイアゴナル・コール・スプレッド）

を裏切ることになるのかによる。

配当と金利

　デルタ、ガンマ、セータ、ベガのリスクは、どのトレーダーも考慮しなければならない。しかし、株式オプションのトレーダーは配当と金利の変動リスクも考慮しなければならない（先物オプションも金利の変動が原市場となる先物の将来価格に影響を与えるので、金利の変動に左右される。ただ株式と異なり、金利以外の要素、例えば短期の需要と供給もまた先物オプションに影響を与える）。これが特に当てはまるのはタイムスプレッドである。満期が異なるオプションはこれ

らのデータに異なった反応をするからだ。

図表9-11に示された株式オプションの評価表を見てほしい。インプライドボラティリティが27%で予想よりもかなり低い場合、ベガがプラス値のポジションを探すのが妥当である。仮に、**図表9-12**に示された4つのスプレッド売買に焦点を当ててみよう。スプレッド売買7とスプレッド売買8はタイムスプレッドの買いであるが、スプレッド売買9とスプレッド売買10はダイアゴナルスプレッドである。各スプレッドの相対的な利点は何か。

オプションスプレッド売買の例に漏れず、多様なリスクを考慮しなければならない。**図表9-11**の評価表で8％の金利を用いたことに注意しよう。仮に、金利が近いうちに急上昇する可能性が高いとしよう。これらのスプレッドポジションは上昇する金利にどのように反応するだろうか。

図表9-13を見ると、金利が上昇する場合にスプレッド売買7とスプレッド売買9は不利になり、スプレッド売買8とスプレッド売買10は有利になると分かる。金利の上昇が主要な関心事であるなら、スプレッド売買8とスプレッド売買10に焦点を当てればよい。スプレッド売買7とスプレッド売買9に対応するベガやガンマの特性がいかに好ましいものであっても関係がない。

スプレッド売買8とスプレッド売買10に焦点を当てるにしても、ボラティリティのリスクはやはり考慮したい。ベガを理論的優位性で割ることによって、このリスクを簡単に比較できる。計算の結果は次のとおりだった。

スプレッド売買8　　$1.380 \div 6.45 = 0.214$
スプレッド売買10　 $2.774 \div 6.14 = 0.452$

ボラティリティリスクが第二の関心事であれば、ベガを理論的優位

図表9-14

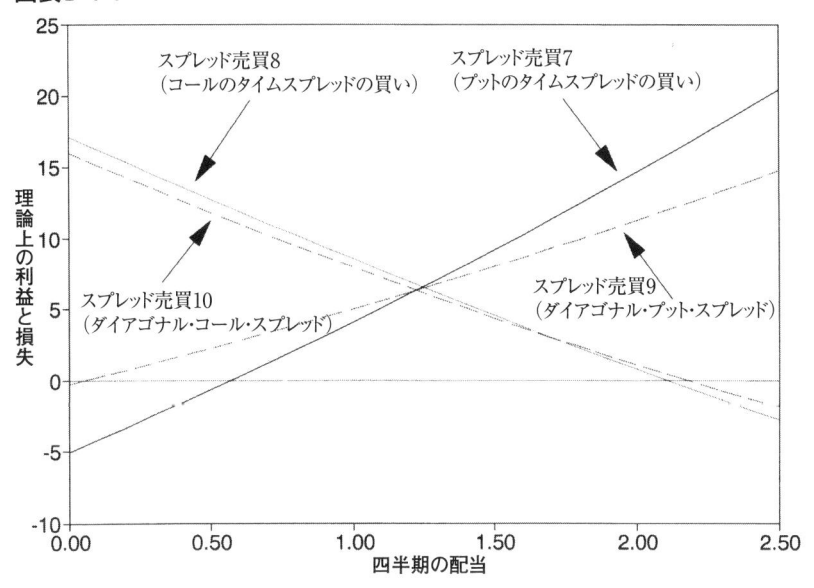

性で割るとスプレッド売買8がスプレッド売買10よりもずっと小さくなるので、おそらく最適だろう。

しかし、仮にボラティリティの減少よりも原資産株の大きな変動にもっと関心があるとしよう。その場合、スプレッド売買10が最適であることが分かる。そのポジションのガンマがプラス値だからだ。原資産である株価の大きな変動は有利になるだけである。戦略を選択するときは常に、どのリスクをどの程度受け入れる用意があるのか判断しなければならない。

最後に、配当の変化の面からスプレッド売買を見てみよう。評価表では四半期の配当を1.25ポイントに想定している。しかし、配当が増額される可能性が高いと考えた場合、4つのスプレッド売買にどのよ

うに影響するだろうか。**図表9-14**を見ると、スプレッド売買7とスプレッド売買9が配当の増額に対して適していると思われる。

では、ボラティリティと曲率リスクはどうだろうか。相対的なリスク評価は感応度を理論的優位性で割ると次のようになる。

	ベガリスク	ガンマリスク
スプレッド売買7	2.275÷6.75＝0.337	－32.5÷6.75＝－4.8
スプレッド売買9	1.985÷6.50＝0.305	－3.5÷6.50＝－0.5

ベガのリスクに関して違いはあまりないので、ガンマのリスクがずっと少ないスプレッド売買9を選べばよい。

しかし、配当の可能性が非常に高いと思うなら、**図表9-14**から、配当が増額される場合はスプレッド売買7が最大の潜在利益の増加を示すことが分かるので、スプレッド売買7を選べばよい。

優れたスプレッド売買とは？

オプショントレーダーも人間であるから、大失敗より大成功の話をしたがるものだ。トレーダーたちの話を立ち聞きすると、おそらくだれもトレードで失敗したことがないように思うだろう。大失敗はあるにしても自分には起こらないというわけだ。実際は、成功しているオプショントレーダーもそれぞれに大失敗を経験している。では、成功するトレーダーと失敗するトレーダーの違いは何か。それは、そんな事態を切り抜ける能力である。

理論的優位性に優れ、ほとんどすべてのリスクカテゴリーにおいて大きな許容範囲を持つスプレッドを設定したとしよう。それでも損になったとしたら、スプレッド売買の選択がまずかったということになるのだろうか。いや、むしろ同様のスプレッド売買で許容範囲がもっ

と小さい場合、さらに大きな損失、おそらく取り返しのつかないような損失を出しているだろう。

あらゆるリスクの可能性を考慮に入れることはできない。どんなリスクテストにも合格するようなスプレッドは、おそらく理論的優位性があまりにも小さくて、実行する価値がない。しかし、妥当な許容範囲を受け入れられるなら、たとえ損をしても破産することにはならないと分かるだろう。

優れたスプレッド売買は、成功しても最高の利益を出すとは限らないが、成功しなくても損失が最小に抑えられるスプレッドであるだろう。常に自重するトレードが勝利を収める。負けトレードが勝ちトレードの儲けをすべて食ってしまわないことも重要である。

調整

前章で、デルタニュートラルを維持するため、いつ調整すべきかという問題を考えた。またポジション全体のデルタを調整する方法はいろいろとある。したがって、どのような調整方法が最適かも考えなければならない。さらにはデルタを調整すれば方向性のリスクは減少するだろうが、同時にガンマ、セータ、あるいはベガのリスクを大きくし、うっかり違う種類のリスクを抱えて可能性もある。

原資産で行われるデルタ調整は、本質的にはリスクニュートラルの調整である。つまり、原資産でデルタ調整を調整すると、原資産に対応するガンマ、セータ、そしてベガはゼロなので、今まで検討してきたほかのいかなるリスクも変化させるものではない。したがって、デルタポジションは調整したいがポジションのほかの特性には影響を与えたくない場合、適切な数の原資産を売買すればよい。

オプションで調整すると、デルタのリスクを減少させるだろうが、そのポジションに対応するほかの特性も変化させてしまう。すべての

オプションには、デルタに加えて、ガンマも、セータも、ベガもある。これは初心者がときどき忘れてしまう点だ。

原資産が99.25ポイントで売買されているオプション市場を考えてみよう。すべてのオプションが割高だと思えるなら、権利行使価格95ポイントと105ポイントのストラングルの売り（95プットの売り、105コールの買い）をするだろう。そのプットとコールのデルタをそれぞれ－36と＋36とし、20枚のストラングルを売ることにしたとする。このポジションは当初、（－20×－36）＋（－20×＋36）＝0だから、デルタニュートラルである。

仮に、数日が経過して原市場が下落して97.00ポイントになり、95プットと105コールの新たなデルタ値がそれぞれ－41と＋30になったとする。調整がまったく行われていないことを想定すると、このトレーダーのポジションは今、（－20×－41）＋（－20×＋30）＝＋220である。

この時点でポジションを調整する場合、次の3つの基本的な選択肢のうち、どの方法が最適だろうか。

①原資産を売る
②コールを売る
③プットを買う

ほかのすべての要因が等しい場合、調整するときはいつでも、そのポジションのリスクとリワードの関係を改善するつもりでなければならない。プットを買ってデルタを調整しようと判断した場合、ほかのリスクも軽減することになる。なぜなら、プットの買いに対応するガンマ、セータ、ベガは、現行のストラングルの売りポジションに対応するガンマ、セータ、ベガと符号が逆になるからである。

残念ながら、ほかの要因がすべて等しいとは限らない。インプライドボラティリティは長期間にわたって高かったり低かったりするので、

ポジションを設定するときにすべてのオプションが割高だった場合、その後に調整をするときでもまだ割高である可能性は非常に高い。プットを買ってデルタニュートラルにするとほかのリスクは軽減されるが、こうした調整は理論的優位性を減らしてしまう効果もある。

他方、すべてのオプションが割高なので、さらにコールを売ってデルタを小さくしようと判断する場合、割高のコールを売ることで理論的優位性は大きくなる効果がある。理論的優位性を大きくすることが特に重要であると判断すれば、$(-20 \times -41) + (-27 \times +30) = +10$なので、105コールをさらに7枚売り、ほぼデルタニュートラルにするだろう。

ここで、さらに日数が経過して市場が101.50ポイントに戻り、95プットと105コールの新たなデルタ値がそれぞれ−26と+40だとする。このポジションのデルタは今、$(-20 \times -26) + (-27 \times +40) = -560$である。

再度調整したい場合、3つの選択肢がある。原資産の買い、コールの買い、プットの売りだ。すべてのオプションがまだ割高で、引き続き理論的優位性を大きくしたいと考えれば、トレーダーは95プットをさらに22枚売ろうと判断するだろう。そのポジション全体のデルタは、$(-42 \times -26) + (-27 \times +40) = +12$となる。

これらの調整の結果は明らかだ。すべてのオプションが依然として割高で常に理論的優位性を高めることに熱心であれば、割高のオプションを売り続けることで必要な調整なら何でも続けるだろう。この調整方法によって実際に最大の利益がトレーダーにもたらされるかもしれない。

しかし、今起こっていることに注目してみよう。このスプレッド売買は、当初は20セット売る用意をしていたものである。サイズが大きくなって42×27セットになっている。ここで市場がいずれかの方向に急激に動けば、マイナスが非常に拡大する。残念なことに、初心者は

いつも理論的優位性を大きくすることにとらわれて、ちょうどこんな状態にはまってしまうのが常である。

市場が急変すれば生き残れなくなる。オプション市場の機微に精通しているとは言えない初心者は、ポジションの規模が大きくなるような調整は避けるべきである。

調整がポジション全体のリスクに与える影響を無視する余裕のあるトレーダーなどいない。ガンマがプラス値（マイナス値）のポジションの場合、さらにオプションを売る（買う）とガンマのリスクは増大する。同様に、ベガがプラス値（マイナス値）のポジションになっている場合、さらにオプションを買う（売る）とベガのリスクは増大する。

際限なく割高のオプションを売り、あるいは割安のオプションを買う余裕はない。ある時点でスプレッドポジションの規模があまりに肥大化すると、リスク要素が重要になり、理論的優位性をそれ以上高めることは二の次にせざるを得なくなる。そうなると選択肢は２つしかない。スプレッドポジションの規模を小さくすること、あるいは原資産市場で調整することである。

自制心のあるトレーダーは、リスクを考慮して、たとえ理論的優位性をある程度あきらめてもスプレッドポジションの規模を小さくすることが最適の方針になる場合があることを承知している。特に手仕舞いをしなければならなくなり、安値で売ってしまったオプションを買い戻したり、高値でつかんだオプションを売却したりしなければならない場合、自尊心が傷つくかもしれない。しかし、場合によっては、潔くプライドを捨て、間違いを認めることがなければ、トレーダーとしての経歴は必ず短命に終わるだろう。

オプション市場でリスクを軽減するためにデルタを調整すると理論的優位性も低下することが分かり、しかも理論的優位性をあきらめる気にはなれないとしたら、唯一頼みにできるのは原資産市場で調整することである。原資産には、ガンマも、セータも、ベガもないから、

ポジションのリスクは本質的に不変である。

売買スタイルの問題

ほとんどのオプション価格決定モデルはランダムな原資産の変動を想定している。したがって、モデルで算出された理論価格だけを用いて売買するオプショントレーダーは、原資産市場の変動方向について予測すべきではない。

しかし実際のところ、オプショントレーダーの売買経験は、変動方向が主な要因である原資産市場でポジションをとることで始まるのが普通である。したがって、トレーダーが身につける売買スタイルは通常、原資産市場の変動方向の推測に基づいている。例えば、トレンドフォロワーとなって「トレンドは友なり」という哲学にこだわる。あるいは、逆張り投資家になって「人気が弱いときに買い、人気が強いときに売る」ことを好む。

トレーダーは通常、自らの売買スタイルをオプション戦略に組み込もうとする。ひとつの方法は、原資産市場が動き始めた場合に戦略によって必要になる調整を事前に考えておくことである。例えば、当初デルタがニュートラルになるようにストラドルを売ったとする。このようなスプレッドポジションのガンマはマイナス値であるから、市場が上昇するほどポジションのデルタはマイナス値になり、市場が下落するほどポジションのデルタはプラス値になる。

この場合、逆張りを好むトレーダーは、できるだけ調整を避けようとするだろう。ポジションが自動的に逆張りとなっているからだ。原市場がどちらに動こうが、ポジションは常にその押しや戻りを求めている。

他方、同じストラドルを売っているが順張りを好むトレーダーは、あらゆる機会で調整しようとする。デルタニュートラルを維持するた

めに、市場が上昇すれば原資産を買い、市場が下落すれば原資産を売らざるを得なくなる。

　ストラドルを買った場合はその逆だ。ポジションのガンマがプラス値だから、市場が上昇するほどデルタはロングポジションにより傾き、市場が下落するほどデルタはショートポジションにより傾く。それで、順張りを好むトレーダーは、市場は同じ方向に動き続ける可能性が高いと確信して、できるだけ調整を抑えたいと考える。しかし、逆張りを好むトレーダーは、できるだけ頻繁に調整したいと思う。あらゆる調整が、原市場が反転すれば、利益機会となるからだ。

　ガンマがマイナス値のトレーダーは、常に原資産のトレンドとともにポジションを調整している。ガンマがプラス値のトレーダーは、常にポジションを原資産のトレンドに反して調整している。

　順張りあるいは逆張りを好むトレーダーは、その好みに応じた戦略と調整プロセスを選ぶべきだ。順張りを好むトレーダーであれば、あまり調整のないガンマがプラス値となる戦略か、頻繁な調整を必要とするガンマがマイナス値の戦略のどちらかを選べるだろう。逆張りを好むトレーダーであれば、ガンマがマイナス値であまり調整を必要としない戦略か、頻繁な調整を必要とするガンマがプラス値の戦略を選べばよい。

　純粋に理論的なトレーダーの場合、トレンドといったものはまったく念頭にないのだから、こんなことを懸念する必要はない。しかし、ほとんどのトレーダーにとって、順張りあるいは逆張りなどの習慣は、なかなか抜けきらないものである。

流動性

　ポジションを取っているかぎり、リスクはある。たとえリスクが現在のオプション価値に限定されているとしても、ポジションを建てた

ことで、損失のリスクにさらされている。

　このリスクを取り除きたいのであれば、何か行動を起こして、このポジションを事実上手仕舞う必要がある。これは期日前に権利を行使すること、あるいは相反するポジションを利用して裁定取引を仕掛けることで可能になる場合もある。しかし通常は、建玉を手仕舞うために市場で反対売買をしなければならない。

　トレードに参加すべきか否か判断するときの重要な要素は、たいていの場合、そのトレードを容易に手仕舞えるかどうかである。流動性が高いオプション市場は、多数の買い方と売り方がおり、買い方と売り方がほとんどいない流動性が低い市場よりも、ずっとリスクが低い。

　同様に、流動性が十分なオプションで構成されているスプレッドポジションは、流動性が不十分なオプションが含まれているスプレッドポジションよりもずっとリスクが低い。流動性が不十分なオプションのスプレッド売買を仕掛けるなら、満期までそのポジションを維持する覚悟があるのか自問すべきである。市場が非常に流動性を欠く場合、満期が何とか妥当な価格でそのオプションから手を引くことができる唯一の機会かもしれない。

　例えば、スプレッドポジションが９カ月の長期オプションで構成されているならば、この先９カ月にわたって、幸か不幸か、病めるときも健やかなときも、そのポジションと結婚しているようなものだと思うかもしれない。資金を９カ月間そこに注ぎ込んでおくつもりがないなら、そのポジションは避けるべきである。

　短期投資よりも長期投資のほうがリスクは高いので、あえて長期オプションのポジションを取ろうとするトレーダーは、理論的優位性の高いポジションをとり、より大きな潜在利益を期待しなければならない。

　初心者はたいてい流動性のある市場で売買を始めるように忠告される。判断を誤ってトレードで損をしても、流動性の十分な市場であれ

図表9-15

1993年7月9日　S&P500指数オプション（CBOE）
S&P500指数=448.11ポイント

	7月限			8月限			9月限			10月限		
	買値	売値	出来高	買値	売値	出来高	買値	売値	出来高	買値	売値	出来高
420 コール	27 3/8	28 3/8	0	28 1/4	29 1/4	0	30	31	0	35 1/2	36 1/2	0
425 コール	22 1/2	23 1/2	0	24 1/2	25 1/8	0	25 1/2	26 1/2	10	29 5/8	30 5/8	0
430 コール	18	18 3/4	0	19 1/2	20 1/4	0	21 1/2	22 1/2	300	no listing		
435 コール	13 1/4	14	355	15 5/8	16	0	17 3/8	18 1/8	0	23 1/2	24 1/4	0
440 コール	8 5/8	8 7/8	2,532	11 1/8	11 5/8	2,465	13 3/4	14	1	no listing		
445 コール	4 5/8	4 3/4	397	7 3/4	8 1/4	50	10 5/8	11	16	no listing		
450 コール	1 1/2	1 5/8	1,013	5 1/8	5 3/8	766	7 3/8	7 7/8	27	14 1/8	14 7/8	50
455 コール	5/16	7/16	500	2 7/8	3 1/8	755	5	5 3/8	1	no listing		
460 コール	1/16	1/8	301	1 5/8	1 3/4	152	3 1/4	3 1/2	585	no listing		
465 コール		1/16	469	13/16	7/8	1,190	2	2 1/4	0	no listing		
470 コール		1/16	0	5/16	7/16	10	1	1 3/16	10	no listing		
420 プット		1/16	372	13/16	1	0	1 11/16	1 13/16	800	5 7/8	6 1/8	100
425 プット	1/16	1/8	2	1	1 3/16	50	2 3/8	2 5/8	520	6 3/8	6 3/4	22
430 プット	1/16	1/8	932	1 3/8	1 5/8	1,483	3	3 1/4	1	no listing		
435 プット	3/16	1/4	1,720	2 1/8	2 3/8	300	3 7/8	4	1,775	9 3/8	9 3/4	0
440 プット	3/8	1/2	2,736	3 1/2	3 3/8	935	5 1/4	5 3/4	126	no listing		
445 プット	1	1 1/16	1,438	4 1/2	4 5/8	610	6 7/8	7 3/8	8	no listing		
450 プット	2 7/8	3 1/8	1,327	6 5/8	7	130	8 1/2	9	7	14 1/4	14 3/4	80
455 プット	6 3/4	6 7/8	70	9 5/8	9 7/8	134	11	11 3/4	0	no listing		
460 プット	11 3/4	12 1/4	23	13 1/8	13 7/8	6	14 1/4	14 5/8	0	no listing		
465 プット	16 3/8	17 1/8	0	17 1/8	17 7/8	0	17 1/2	18 1/4	0	no listing		
470 プット	21 1/4	22	0	20 3/4	21 3/4	0	21 1/4	22 1/4	0	no listing		

ば、比較的容易にトレードから抜け出せるので、損失を最小限に食い止めることができる。

　他方、大半のベテラン（特にマーケットメーカー）は、流動性の低い市場でのトレードを好む。このような市場で活発なトレードはないだろうが、気配値の差はずっと大幅で、結果としてトレードを重ねるほど理論的優位性が大きくなる。もちろん、長くトレードをしていればミスで問題を抱えることもあるだろう。しかし、ベテランは間違いを最小限に抑えられるはずだ。

　あらゆる市場で最も流動性の高いオプションは、短期のアット・ザ・マネーもしくはややアウト・オブ・ザ・マネーのオプションである。このようなオプションは買いと売りの気配値の差が小幅で、普通は大量に売買される。長期オプション、あるいはもっとディープ・イン・ザ・マネーのオプションは、気配値の差が広がり始め、こうしたオプションに興味のあるトレーダーはどんどん少なくなる。アット・ザ・マネーで短期のオプションは絶えず売買されているが、ディープ・イン・ザ・マネーで長期のオプションは何週間も売買がないこともある。

　オプション市場の流動性に加えて、原資産市場の流動性も考えなければならない。オプションポジションを保有していて調整したくても、オプション市場が流動性に乏しければ調整は困難だと分かるだろう。それでも原資産市場に流動性があれば、少なくともその市場では比較的容易に調整ができる。

　トレードをするに当たって最も危険な市場は、オプションも原資産も売買が閑散な市場だ。経験も知識も極めて豊かなトレーダーでなければ、そんな市場には参加できない。

　図表9-15に、CBOEで1993年7月9日に売買されたS&P500指数オプションの当日の出来高と気配値の差を示した。出来高が小さく、気配値の差が広い期近のディープ・イン・ザ・マネーのオプションと、期先のアット・ザ・マネーとアウト・オブ・ザ・マネーのオプション

に注目してほしい。

第10章
ブル・ベア・スプレッド
Bull and Bear Spreads

　デルタニュートラル戦略は活発にオプションを売買するトレーダーの間では最もよく知られている。しかし、多くのトレーダーは原資産に対してブル（強気）あるいはベア（弱気）の相場観を持って売買するのを好む。

　原資産の方向性を狙いたいトレーダーが持つ選択肢は、先物や株式そのものを売買すること、あるいはそのオプション市場にそのようなポジションを取ることである。オプション市場には、オプション価格決定理論をブルあるいはベアの戦略に組み入れ、理論的にミスプライスのオプションを利用する機会がある。

ネイキッドポジション

　コールの買いやプットの売りは、ポジションのデルタがプラス値になり、コールの売りやプットの買いは、ポジションのデルタがマイナス値になる。したがって、コールまたはプットで適切な「ネイキッド（ヘッジ玉のない）」ポジションを取り、常に原市場の方向性を狙うポジションにできる。

　すべてのオプションが割高（高いインプライドボラティリティ）な場合、プットを売ってブルのポジションにするか、コールを売ってベ

アのポジションにすればよい。一方、すべてのオプションが割安（低いインプライドボラティリティ）な場合、コールを買ってブルのポジションにするか、プットを買ってベアのポジションにすればよい。

この方法の難点は、ヘッジされていないオプションの例に漏れず、許容範囲がほとんどないことである。オプション買いの場合、市場が思惑と逆に動くだけでなく、思惑どおりに動いても十分には有利に動かなければ、減少する時間価値を相殺できず、資金を失ってしまうだろう。オプション売りの場合、市場が思惑とは逆に急変すると、予測されるリスクは無限大になってしまう。

ベテランは、ポジションのリスク・リワードの関係を改善する方法を探し、できるかぎり最大の許容範囲のあるポジションを探る。この考えは、ボラティリティ戦略と同様に、方向性をとらえる戦略にも適用できる。方向性戦略においてもボラティリティ戦略の場合と同様、通常は適切なスプレッドを見つけることでリスク・リワードの関係を改善することができる。

ブル・ベア・レシオスプレッド

インプライドボラティリティが高すぎると確信したとしよう。妥当な戦略はレシオバーティカルスプレッドである。原資産が100ドルで、仮に6月限100コールのデルタが50で6月限110コールのデルタが25であるとする。デルタをニュートラルにするには次のようなポジションが考えられる。

6月限100コール（50）を1枚買い
6月限110コール（25）を2枚売り

このスプレッドのデルタはニュートラルなので、原資産の上昇また

は下落のいずれに対しても特定の選好はない。

　今度は、このレシオバーティカルスプレッドが妥当な戦略だと確信し、また相場に関してはブルであるとしよう。こうなるとデルタがニュートラルでこのスプレッドを実行する必要がない。ブルの相場観をこのスプレッドに反映させたい場合、レシオを以下のように変更できる。

　6月限100コール（50）を2枚買い
　6月限110コール（25）を3枚売り

　これで本質的には同じレシオバーティカルスプレッドだが、ブル偏重となる。それはポジション全体のデルタが＋25であることから分かる。

　しかし、この種のレシオ戦略を用いてブルやベアのポジションを作るには重要な限界がある。今の例では当初ブルであるが、ポジションはまだレシオバーティカルスプレッドである。したがって、ガンマはマイナス値になっている。

　ボラティリティを過小評価しているとき、原資産があまり急速に上昇すると、スプレッドのデルタがプラス値からマイナス値に反転する可能性がある。市場が十分に上放れして130ドルや140ドルになれば、結局すべてのオプションがディープ・イン・ザ・マネーになり、6月限100コールと6月限110コール両方のデルタが100に接近する。結果的にポジションのデルタは－100になってしまう。

　相場観は正しかったのに、本来ボラティリティスプレッドのポジションだったために、結局そのボラティリティ特性が市場方向のいかなる要因をも凌駕したわけだ。

　デルタはバックスプレッドでも反転する可能性がある。原資産の急速な価格変動によって反転が引き起こされるガンマがマイナス値のポ

ジションとは異なり、バックスプレッドのデルタは、市場が期待されたほど動かないときに反転する。

例えば、原資産が100ドルで、ボラティリティが低すぎると確信したとしよう。そして次のようなデルタがニュートラルなバックスプレッドを作ったとする。

6月限110コール（25）を2枚買い
6月限100コール（50）を1枚売り

しかし、相場に関してブルの場合、先ほどの例のようにレシオを変え、次のようにブルの相場観を反映させたポジションを作ることができる。

6月限110コール（25）を3枚買い
6月限100コール（50）を1枚売り

これでポジションのデルタは＋25になり、ブル偏重を反映する。

時間の経過によって、あるいはボラティリティの低下によってすべてのデルタが50から離れることは分かっている。時間が経過しても原資産がまったく動かない場合、6月限100コールのデルタは50のままであるが、6月限110コールのデルタは低下し始める。もし、ある期間が経過して6月限100コールのデルタが低下して10になると、このポジションでのデルタはもはや＋25ではなく－20になる。

このスプレッドポジションはボラティリティスプレッドであるから、主な要因は先ほどと同じく市場のボラティリティである。市場方向に関する要因は二次的なものにすぎない。ボラティリティを過大評価して、しかも市場の動きが予想よりも遅い場合、当初デルタがプラス値であってもデルタがマイナス値に変わる可能性がある。

ブル・ベア・バタフライとタイムスプレッド

　バタフライと1対1の（レシオではない）タイムスプレッドもまた、ブルあるいはベアの相場観を反映させて選択できる。しかし、レシオスプレッドのように、そのデルタ値もまた市況が変化すると反転する可能性がある。

　原資産価格が100ドルで、デルタニュートラルとするため6月限95コール、100コール、105コールによるバタフライを買う（権利行使価格95ドルのコールを1単位買い、権利行使価格100ドルのコールを2単位売り、権利行使価格105ドルのコールを1単位買う）。

　このトレードは、市場が100ドルのまま動かず、満期にはバタフライの最大利益が5ポイントに拡大することを期待している。しかし、バタフライを買いたいけれど相場に関してはブルでもある場合、中央の権利行使価格が原資産の現在値を超えているバタフライを選択できる。例えば、原資産が現在100ドルであるなら、6月限105コール、110コール、115のコールによるバタフライを選べばよい。このポジションは、原資産市場が満期時に110ドルになることを期待している。現在100ドルだから「ブルバタフライ」である。これはポジションのデルタがプラス値であることを表している。

　残念ながら、原資産市場があまり急速に動いて例えば120ドルになると、このバタフライのデルタがプラス値からマイナス値に反転する可能性がある。バタフライは満期時に原資産がちょうど中央の権利行使価格にあるときに利益が最大になるので、相場が120ドルから100ドルに戻ることを期待している。原資産が110ドル未満だと、このポジションはブルになり、原資産が110を超えると、このポジションはベアになる。

　逆に相場観がベアである場合、中央の権利行使価格が原資産の現在値未満であるバタフライを選択できる。しかしこの場合でも、市場が

あまり急速に下落して中央の権利行使価格を割ってしまえば、ポジションのデルタはマイナス値からプラス値に逆転する。

同様に、相場観がブルかベアのタイムスプレッドを選択できる。タイムスプレッドの買いは常に、短期のオプションが満期時にちょうどアット・ザ・マネーになることを期待している。タイムスプレッドの買いは、そのタイムスプレッドの権利行使価格が原資産市場の現在値を超えていれば、当初はブルである（先物市場では、得てして異なる先物限月は異なる価格で売買されるので、状況が複雑になる可能性がある。両オプションに同じ権利行使価格の従来のタイムスプレッドを選択するのではなく、ブルの場合はポジションのデルタがプラス値、ベアの場合はデルタがマイナス値のダイアゴナルスプレッドを選択しなければならないこともある）。

原資産価格が100ドルで、6月限と3月限の権利行使価格110ドルのコールのタイムスプレッド（6月限110コールを買い、3月限110コールを売る）はブルである。原資産価格が上昇して3月の満期までに110ドルになることを期待しているからである。

一方、6月限と3月限の権利行使価格90ドルのコールのタイムスプレッド（6月限90コールを買い、3月限90コールを売る）はベアである。原資産価格が下落して3月の満期までに90ドルになることを期待するからである。

しかし、バタフライの買いのように、タイムスプレッドの買いはガンマがマイナス値になるので、原市場が権利行使価格を突破すればそのデルタは逆転する可能性がある。原市場が100ドルから120ドルに動けば、当初はブルであった6月限と3月限の権利行使価格110ドルのコールによるタイムスプレッドが、ベアになる。原市場が100ドルから80ドルに動けば、当初ベアであった6月限と3月限の権利行使価格90ドルのコールによるタイムスプレッドが、ブルになる。

バーティカルスプレッド

　通常、トレーダーは適切なレシオスプレッド、バタフライ、あるいはタイムスプレッドを選んでブルまたはベアのポジションを取る。しかし、こうしたポジションでは依然として主要な関心事はボラティリティである。市場の方向性に関する判断が正しくてもボラティリティに関して間違っていれば、そのスプレッドポジションは原市場の方向性が相場観どおりだった優位性を維持できないかもしれない。

　当初から原資産の方向性に焦点を当てる場合、方向性が主な関心事でボラティリティは二の次になるようなスプレッド売買戦略を探すだろう。その場合、スプレッドポジションの当初のデルタがプラス値（ブル）であれば、どんな市況であってもそれを必ず維持したいと思う。スプレッドの当初のデルタがマイナス値（ベア）であれば、どんな市況であってもそれを維持したい。

　上記の要求を満たす類のスプレッドは「バーティカルスプレッド」として知られている。バーティカルスプレッドは常にオプション1単位の買いとオプション1単位の売りで構成され、どちらのオプションも同種類（いずれもコールかあるいはプット）で、同時に満期になる。ちがいは権利行使価格だけである。典型的なバーティカルスプレッドは次のようなものだ。

　6月限100コールを1枚買い
　6月限105コールを1枚売り
　または
　3月限105プットを1枚買い
　3月限95プットを1枚売り

　バーティカルスプレッドは当初にブルあるいはベアであるにとどま

らず、いかに市況が変化しても、そのブルあるいはベアを維持する。権利行使価格は異なるがほかの点では同一であるオプションのデルタが同じはずがない。最初の例では、買った6月限100コールのデルタが売った6月限105コールのデルタよりも常に大きい。どちらもディープ・イン・ザ・マネーあるいはファー・アウト・オブ・ザ・マネーになれば、デルタはほとんど同じになる。それでも、6月限100コールのデルタは、6月限105コールのデルタよりも少し大きい。2つ目の例では、市況がどんなに変化しても、3月限105プットのデルタは、3月限95プットのデルタよりも大きくなる。

満期時にバーティカルスプレッドの両オプションがアウト・オブ・ザ・マネーであれば、その価格は最小のゼロになる。両オプションがイン・ザ・マネーであれば利益最大になり、権利行使価格間の額となる。原資産が満期時に100ドル未満であれば、6月限100コールと6月限105コールのスプレッドポジションは、両オプションの価格がゼロになるので、無価値になる。原資産が105ドルを超えれば、スプレッド価格は5ポイントになる。6月限100コールの価格が6月限105コールの価格よりも5ポイントだけ高くなるからだ。

同様に、3月限95プットと3月限100プットのスプレッドポジションは、原資産価格が満期時に105ドルを超えていれば無価値になり、原資産価格が95ドル未満であれば10ポイントの利益になる。代表的なブルとベアのバーティカルスプレッドの満期時の損益を**図表10-1**と**図表10-2**に示した。

バーティカルスプレッドの満期時の損益は、常にゼロと2つの権利行使価格の差額との間になるので、スプレッドポジションがそのレンジのどこかにあることを期待している。例えば、100コールと105コールのバーティカルスプレッドの利益は、ゼロと5ポイントの間の額となり、95プットと105プットのバーティカルスプレッドの利益は、ゼロと10ポイントの間の額となる。

図表10-1

損失／利益

高いほうの権利行使価格でコール(プット)を売る

安いほうの権利行使価格でコール(プット)を買う

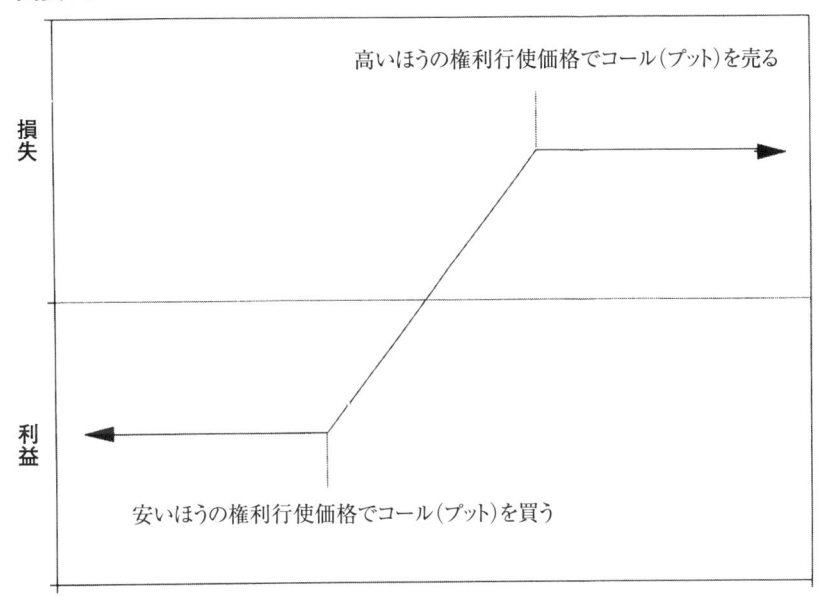

図表10-2

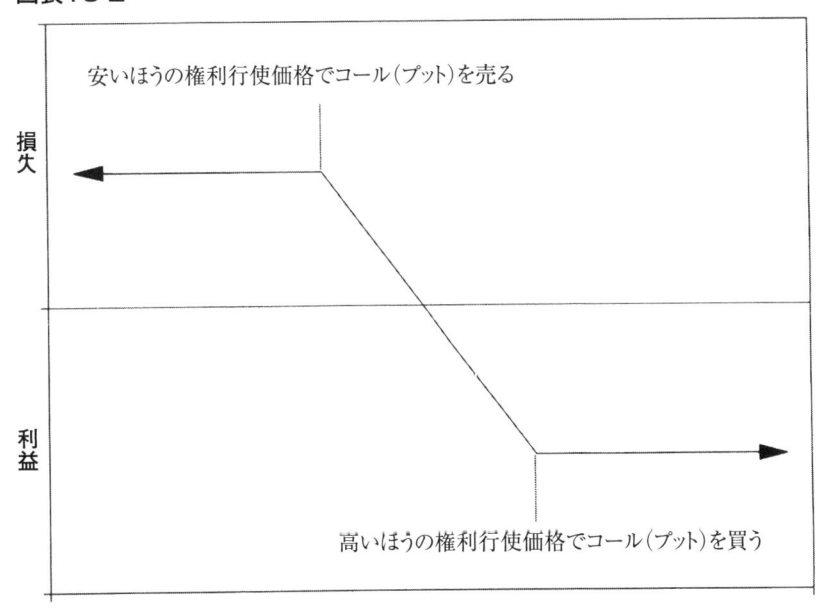

損失／利益

安いほうの権利行使価格でコール(プット)を売る

高いほうの権利行使価格でコール(プット)を買う

正確な損益は、原資産価格が満期時に安いほうの権利行使価格を下回るのか、高いほうの権利行使価格を超えているのか、あるいは2つの権利行使価格の間なのか、その可能性によって異なる。

原市場が現在80ドルで上昇する気配がほとんどなければ、100コールと105のコールのバーティカルスプレッドの利益はゼロに近くなるが、95プットと105プットのバーティカルスプレッドの利益は10ポイントに近くなる。また原市場が現在120ドルで下落する気配がほとんどなければ、100コールと105コールのバーティカルスプレッドの利益は5ポイントに近くなるが、95プットと105プットのバーティカルの利益はゼロに近くなる。

バーティカルスプレッドを実行したい場合、原則として次の4つの選択肢がある。

ブル・コールスプレッド	6月限100コールの買い
	6月限105コールの売り
ブル・プットスプレッド	6月限100プットの買い
	6月限105プットの売り
ベア・コールスプレッド	6月限100コールの売り
	6月限105コールの買い
ベア・プットスプレッド	6月限100プットの売り
	6月限105プットの買い

ブルであれば、100コールを買って105コールを売るか、あるいは100プットを買って105プットを売ることができる点に注意してほしい。またベアであれば、105コールを買って100コールを売るか、あるいは105プットを買って100プットを売ることができる。これは、プットで構成されるスプレッドに対し、コールで構成されているスプレッドとは逆の特性を期待してしまいがちなことから、直感に反しているよう

に思える。

　しかし、バーティカルスプレッドの構成がコールであってもプットであっても、安いほうの権利行使価格を買って、高いほうの権利行使価格を売る場合は、常にそのポジションはブルである。また、高いほうの権利行使価格を買って、安いほうの権利行使価格を売る場合は、常にそのポジションはベアである。同時に満期になり同じ権利行使価格で構成されているコールとプットのバーティカルスプレッドのデルタは、だいたい同じだ。したがって、ほぼ同じブルあるいはベアの特性を持つ（当面、すべてのオプションがヨーロピアンタイプであり、期日前権利行使の可能性はまったくないとする）。

　さまざまな権利行使価格と限月が利用できる場合、どのようにしたら予想する原市場の方向性をもっともよく反映し、その予想に応じて最大の収益機会を与えてくれるバーティカルスプレッドを選択できるだろうか。

　オプションは期間が限定され満期は固定されているので、オプションを用いて期待される市場変動を狙う場合、まず対象期間を決定しなければならない。変動の起きる可能性があるのは来月か、これから3カ月か、これから9カ月か。

　現在5月で、原市場の上昇を予測しているが、その動きが2カ月以内に起きる可能性は低いと確信している場合、6月限オプションでポジションを取ってもあまり意味がない。予測が長期であるなら、9月限あるいはさらに先の11月限のオプションでポジションを取るだろう。もちろん、期間が先になるほど市場の変動性が問題になる。これは考慮に入れなければならない要素である。

　次に、どの程度ブルあるいはベアなのか判断しなければならない。非常に確信があり、迷わずに非常に大きな方向性ポジションを取れるだろうか。あるいは、あまり確信がなくて限られたポジションだけにするだろうか。次の2つの要素がバーティカルスプレッドの全体的な

方向性を決めるだろう。

①特定のバーティカルスプレッドのデータ
②スプレッド売買が執行される規模

例えば、500デルタの買いポジション（5枚の原資産の買いと同等のポジション）を取りたい場合、デルタが＋50のバーティカルスプレッドを10回執行するか、あるいはデルタが＋25のバーティカルスプレッドを20回執行するかのいずれかを選択できる。どちらのポジションも500デルタの買いとなる。

バーティカルスプレッドのデルタ値は、多様な要因から決まる。残存日数、ボラティリティ、そして権利行使価格の差だ。トレーダーは期待される方向的変動の期間を選ぶ必要があり、その期間に最適なボラティリティ評価をしなければならない。したがって、実際のデルタは選択した権利行使価格での数値となる。権利行使価格95と100のブルスプレッドは権利行使価格100と105のブルスプレッドよりもブルである。これは**図表10-3**に示されている。

まず方向性ポジションを作る限月を決定すれば、次は最適なスプレッド売買を特定しなければならない。つまり、どの権利行使価格を用いるのかを決めるわけだ。通常は、アット・ザ・マネーのオプションに焦点を当てる。その場合、以下の選択肢がある。

ブル・コールスプレッド
イン・ザ・マネーのコールを買い、
アット・ザ・マネーのコールを売る
または
アット・ザ・マネーのコールを買い、
アウト・オブ・ザ・マネーのコールを売る

ベア・コールスプレッド
アット・ザ・マネーのコールを買い、
イン・ザ・マネーのコールを売る
または
アウト・オブ・ザ・マネーのコールを買い、
アット・ザ・マネーのコールを売る

ブル・プットスプレッド
アット・ザ・マネーのプットを買い、
イン・ザ・マネーのプットを売る
または
アウト・オブ・ザ・マネーのプットを買い、
アット・ザ・マネーのプットを売る

ベア・プットスプレッド
イン・ザ・マネーのプットを買い、
アット・ザ・マネーのプットを売る
または
アット・ザ・マネーのプットを買い、
アウト・オブ・ザ・マネーのプットを売る

4種類のブルスプレッドと4種類のベアスプレッドを利用できる場合、どのようにしたら最大の価値を示すスプレッドを選択できるだろうか。ひとつの方法は理論価格決定モデルを用いて数種のバーティカルスプレッドを評価することである。

図表10-4はその評価例だ。イン・ザ・マネー、アット・ザ・マネー、アウト・オブ・ザ・マネーのコールとプット各種オプションを評価し

図表10-3

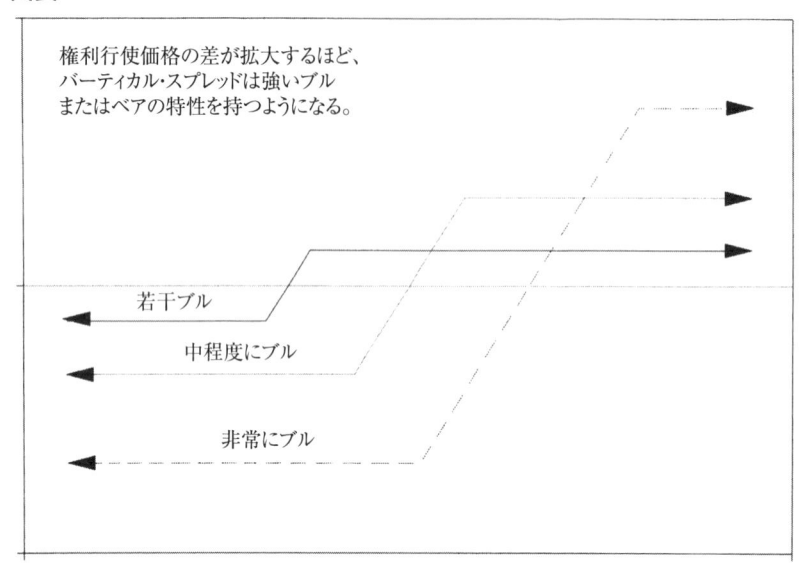

権利行使価格の差が拡大するほど、
バーティカル・スプレッドは強いブル
またはベアの特性を持つようになる。

若干ブル

中程度にブル

非常にブル

ている。原資産価格を100ドル、残存日数を12週、ボラティリティ評価を20％、そして金利を8％と想定した。

仮にブル・コールスプレッドに興味があるとしよう。2つの可能性がある。それは、95コールを買って100コールを売ること、あるいは100コールを買って105コールを売ることである。そのスプレッドと理論価格は下記のとおりである。

スプレッド	理論価格	デルタ
95／100コールスプレッド	2.87	＋20
100／105コールスプレッド	1.88	＋20

どちらのオプションもデルタが同じ＋20で、権利行使価格100ドル

図表10-4
先物価格=100ドル　期間=12週　ボラティリティ=20%　金利=8.00%

オプション	理論価格	デルタ	ガンマ	セータ	ベガ
95 call	6.63	71	3.4	−.017	.16
100 call	3.76	51	4.1	−.022	.19
105 call	1.88	31	3.7	−.020	.17
95 put	1.72	−27	3.4	−.019	.16
100 put	3.76	−47	4.1	−.022	.19
105 put	6.79	−67	3.7	−.019	.17

と105ドルのスプレッドのほうが高くないようなので優れているように思える。しかし、これがスプレッドを選択する唯一の判断基準だろうか。どのスプレッドでも、目的は割安な価格で買うか、割高な価格で売ることで理論的優位性を備えたポジションを作ることにある。この目的を達成するために、スプレッドの理論価格だけではなく、その市場価格も知る必要がある。

　オプショントレーダーの観点では、オプションの市場価格は常にインプライドボラティリティで比較される。20%のボラティリティデータに基づくスプレッドポジションの価格は分かっている。では、インプライドボラティリティがオプション市場で20%ではない数値になる場合、スプレッドポジションの価格はどうなるだろうか。理論価格決定モデルを用いれば、つまり原資産、残存日数、そして金利は同じだが、ボラティリティを20%未満あるいはそれを超える数値にすれば、この疑問に答えられる。

　ブル・コールスプレッドに戻り、インプライドボラティリティが20%未満の評価、例えば16%だとしよう。権利行使価格95ドルと100ドルのスプレッドポジションの価格は約3.01ポイントになる。そして権利行使価格100ドルと105ドルのスプレッドは約1.78ポイントになる。つまり、理論上2.87ポイントのスプレッドポジション（権利行使価格

95ドルと100ドル）に3.01ポイントを支払うこともできるし、理論上1.88ポイントの価格のスプレッドポジション（権利行使価格100ドルと105ドル）に1.78ポイントを支払うこともできる。

　2つの選択肢のうち明らかに、権利行使価格100ドルと105ドルのスプレッドポジションが好ましい。理論的優位性が＋0.10ポイントになるからだ。権利行使価格95ドルと100ドルのスプレッドを買えば、理論的優位性は－0.14ポイントになってしまう。

　今度は、インプライドボラティリティが20％の評価を超え、例えば24％だとしよう。権利行使価格95ドルと100ドルのスプレッドの価格は約2.77ポイントになり、権利行使価格100ドルと105ドルのスプレッドの価格は1.94ポイントになる。つまり、理論上2.87ポイントのスプレッド（権利行使価格95ドルと100ドル）に2.77ポイントを支払うこともできるし、理論上1.88ポイントのスプレッド（権利行使価格100ドルと105ドル）に1.94ポイントを支払うこともできる。

　今度は、権利行使価格95ドルと100ドルのスプレッドポジションのほうが、理論的優位性が＋0.10ポイントになるので好ましい。権利行使価格100ドルと105ドルのスプレッドポジションなら、理論的優位性が－0.06ポイントになってしまう。

　これはどういうことか。どちらのスプレッドも同じデルタ値であるのに、ある状況では権利行使価格95ドルと100ドルのスプレッドポジションが好ましく、ほかの状況では権利行使価格100ドルと105ドルのスプレッドオプションが好ましく見える。その理由は、第6章で紹介したオプション評価の特性のひとつを思い出せば明らかになる。

　「権利行使価格以外は同一であるイン・ザ・マネー、アット・ザ・マネー、そしてアウト・オブ・ザ・マネーの3つのオプションを考慮すれば、アット・ザ・マネーのオプションがボラティリティの変化に対し、全体のポイントで常に最も敏感である」

　つまり、インプライドボラティリティが高すぎると確信して、すべ

てのオプションが割高だと思えるときは、全体のポイントではアット・ザ・マネーのオプションが最も割高になる。インプライドボラティリティが低すぎると確信して、すべてのオプションが割安だと思えるときは、全体のポイントではアット・ザ・マネーのオプションが最も割安である。この特性からブルとベアのスプレッド売買を選択するときに非常に単純なルールが導き出される。

「インプライドボラティリティが低すぎるときは、バーティカルスプレッドではアット・ザ・マネーを買うことに注目すべきである。インプライドボラティリティが高すぎるときは、バーティカルスプレッドではアット・ザ・マネーのオプションを売ることに注目すべきである」

これでインプライドボラティリティが16%であれば、権利行使価格100ドルと105ドルのスプレッドポジションのほうがスプレッドは大きく、インプライドボラティリティが24%であれば権利行使価格95ドルと100ドルのスプレッドポジションのほうがスプレッドは大きいと分かる。インプライドボラティリティが低すぎる（16%）場合は、アット・ザ・マネーの100コールを買いたいと思う。となれば、ブルスプレッドを作成する選択肢はひとつだけになる。それは、アウト・オブ・ザ・マネーの105コールを売ることだ。インプライドボラティリティが高すぎる（24%）場合は、アット・ザ・マネーの100コールを売りたいと思う。となれば、ブルスプレッドを作成する選択肢はひとつだけになる。それは、イン・ザ・マネーの95コールを買うことである。

同じ原則がプットのバーティカルスプレッドにも当てはまる。常にアット・ザ・マネーのオプションに注目し、インプライドボラティリティが低すぎる場合はそれを買い、インプライドボラティリティが高すぎる場合はそれを売りたいと思う。例えば、低すぎるインプライドボラティリティでベア・プットスプレッドを実行したいとする。この場合はアット・ザ・マネーの100プットを買いたくなる。となると、

図表10-5

ボラティリティ	95コール	95/100 スプレッド	100コール	100/105 スプレッド	105コール
16%	6.02	3.01	3.01	1.78	1.23
20%	6.63 (71)	2.87 (20)	3.76 (51)	1.88 (20)	2.57 (31)
24%	7.28	2.77	4.51	1.94	2.57

ボラティリティ	95プット	95/100 スプレッド	100プット	100/105 スプレッド	105プット
16%	1.11	1.90	3.01	3.13	6.14
20%	1.72 (−27)	2.04 (20)	3.76 (−47)	3.03 (20)	6.79 (−67)
24%	2.37	2.14	4.51	2.97	7.48

アウト・オブ・ザ・マネーの95プットを売ってベアスプレッドを仕掛けざるを得なくなる。

　図表10-5から、そのスプレッド売買には1.90ポイント支払うが、その理論スプレッドは2.04ポイントであると分かる。結局、ポジションのデルタは−20で理論的優位性は＋0.14になる。

　もちろん、アット・ザ・マネーのオプションをいきなり売買してバーティカルスプレッドを執行する必要はない。このようなスプレッド売買には常に2つの選択肢があり、完全なスプレッド売買をひとつのトレードとして執行するか、あるいはまずは一方のオプションを約定してからスプレッドポジションを作ろうとするのか、そのいずれかを選択できる。

　後者の場合、まずイン・ザ・マネーのオプションかアウト・オブ・ザ・マネーオプションをトレードしてから、アット・ザ・マネーをトレードすることになる。このほうが市況と甘受できるリスクの額に基づいて売買判断するのに現実的だ。スプレッド売買の執行方法が何であれ、アット・ザ・マネーのオプションに注目し、インプライドボラティリティが低すぎる場合はそれを買い、高すぎる場合はそれを売るべきである。

実際には、あるオプションがちょうどアット・ザ・マネーになる可能性は低い。したがって、どのオプションを売買するか決めるのは困難だ。このような場合、通常はアット・ザ・マネーに最も近いオプションに焦点を当てるのが最適である。原資産価格が103ドルで、95コール、100コール、105コール、110コールを利用できる場合、アット・ザ・マネーに最も近い105コールに焦点を当てるのが論理的だ。そしてインプライドボラティリティが低すぎると105コールを買いたくなり、インプライドボラティリティが高すぎると105コールを売りたくなる。それから別のオプションをトレードして、ブルまたはベアのバーティカルスプレッドを作成できる。

　スプレッドの一部にアット・ザ・マネーに最も近いオプションを含める必要はない。原市場の方向に関して強い意見があれば、どちらも極めてファー・アウト・オブ・ザ・マネーのオプションか極めてディープ・イン・ザ・マネーのオプションによるバーティカルスプレッドを選択できる。このようなスプレッドのデルタ値は非常に低いが、各スプレッド売買を何回も執行することによって、かなりレバレッジ（テコ効果）の効いたポジションにすることができる。

　例えば、原資産価格が100ドルの場合、極めてブルなら権利行使価格115ドルと120ドル（こんな権利行使価格のオプションも利用できるとして）のコールのスプレッドポジションを買うだろう。満期時にスプレッドポジションが無価値になる可能性が非常に高いので、このスプレッドポジションのコストは非常に低くなるだろう。したがって、比較的低いコストで何回もこのスプレッド売買を執行できる。

　判断が正しくて原市場が上昇し、120ドルを超えれば、このスプレッドの価格は最大の5ポイントに拡大し、非常に大きな利益になる。しかし、どの権利行使価格を選んでも、アット・ザ・マネーに近いほうのオプションをインプライドボラティリティが低ければ買おうとするし、インプライドボラティリティが高ければ売ろうとする。

図表10-6

株価=99ドル　期間=6カ月　ボラティリティ=28%　金利=8.00%

オプション	理論価格	デルタ	ガンマ	セータ	ベガ
95 call	11.97	69	1.8	−.031	.24
105 call	6.96	50	2.0	−.030	.27
115 call	3.74	32	1.8	−.025	.25
95 put	4.25	−31	1.8	−.013	.22
105 put	9.20	−50	2.0	−.011	.26
115 put	15.68	−68	1.8	−.004	.24

　アット・ザ・マネーのオプションの選択は、株式オプションになるとやや違ってくる。アット・ザ・マネーのオプションをデルタが50に最も近いオプションとして定義する場合、株式オプションのアット・ザ・マネーは必ずしも権利行使価格が原資産の現在値に最も近いオプションとは限らない。これは、デルタが50に最も近いオプションは、その権利行使価格が原資産の将来価格に最も近いオプションだからである。

　株式オプションでの将来価格は、株の現在値にそのキャリングコストを加えて期待配当を差し引いた額である。**図表10-6**から、原資産株価が99ドル、残存日数6カ月、ボラティリティ28%、金利10%、そして無配当だとすると、105コールは現在の原資産価格よりも6ポイント高い権利行使価格だが、デルタが50なのでアット・ザ・マネーのオプションのように機能すると分かる。したがって、どのバーティカルスプレッドも105コール、あるいは105プットに焦点を当てるべきである。

　これらの株式オプションのインプライドボラティリティが23%と33%の場合のバーティカルスプレッドのおおよその価格を**図表10-7**に示した。

　もちろん、モデルに入力するデータ、特にボラティリティが正しい

図表10-7

ボラティリティ	95コール	95/105 スプレッド	105コール	105/115 スプレッド	115コール
23%	10.77	5.20	5.57	3.05	2.52
28%	11.97 (69)	5.01 (19)	6.96 (50)	3.22 (18)	3.74 (32)
33%	13.21	4.85	8.36	3.34	5.02

ボラティリティ	95プット	95/105 スプレッド	105プット	105/115 スプレッド	115プット
23%	3.05	4.41	7.46	6.56	14.02
28%	4.25 (−31)	4.60 (19)	8.85 (−50)	6.39 (19)	15.24 (−68)
33%	5.49	4.76	10.25	6.27	16.52

のかまったく分からない。したがって、スプレッドのデルタ値について確信があるわけではない。ボラティリティが評価値よりも低いと分かれば、デルタは50から離れる。ボラティリティが評価値よりも高いことが分かれば、デルタは50に向けて動く。これでスプレッドのデルタ値が変化する。

　しかし、アット・ザ・マネー周辺のオプションの場合、権利行使価格の間がだいたい同じ額のスプレッドはだいたい同じデルタ値になる。ここで大きな関心事は、インプライドボラティリティが高すぎるのか低すぎるのかを判断することである。

　注意したいのは、先物オプションでも株式オプションでも、低いボラティリティを用いても高いボラティリティを用いても、スプレッドのひとつのレッグがアット・ザ・マネーのオプションを含む場合、イン・ザ・マネーのオプションを含むバーティカルスプレッドのほうが、アウト・オブ・ザ・マネーのオプションを含むバーティカルスプレッドよりも常に高い価格になることである。

　初心者は、どちらのスプレッドもほぼ同じデルタ値なので、安いほうのスプレッドを買うか、あるいは高いほうのスプレッドを売れば常に有効だと考えがちだ。

　しかし、この考え方はオプション評価の目的を無視している。つま

り、戦略の初期コストだけを考えるのではなく、それを戦略の期待報酬と比較しなければならない。今の先物オプションの例では、常に100／105コールのスプレッドポジションよりも95／100コールのスプレッドポジションに多くの額を支払わなければならない。ところが、インプライドボラティリティが高すぎる場合、95／100のスプレッドポジションのほうが大きな報酬をトレーダーにもたらすのである。

その理由を理解するために、95／100コールのブルスプレッドと100／105コールのブルスプレッドのどちらかを選ぶとして、3つの可能性について考えてみよう。ひとつは、トレーダーの判断が正しくて市場が100ドルから110ドルに上昇する場合である。そうなると、どちらのスプレッドもそろって価格が最大の5ポイントに拡大するので、勝利となる。では次に、判断が間違っていて市場が下落した場合はどうか。そうなれば、どちらのスプレッドも利益がなくなるので、負けになる。

それでは3つ目に、判断が間違っていて、原資産市場が上昇しなかったが、ひどい間違いをしたわけではなく、市場は下落もしなかった場合を考えてみよう。単に100ドルにとどまっただけだ。そうなると、100／105コールのスプレッドポジションはゼロになるが、95／100コールのスプレッドポジションはそれでも価格が拡大して最大の5ポイントになる。

95／100コールのスプレッドポジションは常に時間が味方になるので、100／105コールのスプレッドポジションよりも潜在利益が大きくなる。100／105コールのスプレッドポジションは、原市場が上昇しないと利益が出ない。95／100コールのスプレッドポジションは、原市場が上昇しなくても下落さえしなければそれでいい。

これは、**図表10-5**のスプレッドポジションのガンマとセータの数値を計算すれば確認できる。100／105コールのスプレッドポジションはガンマがプラス値でセータがマイナス値なのに対し、95／100コ

ールのスプレッドポジションはガンマがプラス値でセータがマイナス値である。

ブル・バーティカルスプレッドを考えているとして、原市場が上昇する可能性はどの程度だろうか。それは、トレーダーの相場方向の予測能力にかかっている。同時に、市場が動く可能性の程度も自問しなければならない。つまり、ボラティリティの予測能力にかかっている。

市場が動く可能性が高く（高ボラティリティ）、またその動きは上昇方向である（方向に関してブル）と確信するなら、100／105コールのスプレッドを買うことは当然である。他方、市場がかなり大きく動く可能性は低く（低ボラティリティ）、またどんな動きがあるにしてもそれは上昇方向（やはりブル）になる可能性が強いと確信するなら、95／100コールのスプレッドを買うことは当然である。いずれの場合も、自分の判断が正しければ投資のリワードを最大にし、その判断が間違っていても損失は最小にしようとしている。

市場方向について相場観があるのに、なぜ原資産で単純に買ったり売ったりするよりも、バーティカルスプレッドを好むのだろうか。ひとつは、バーティカルスプレッドは単なる原資産の売り買いよりもずっとリスクが低いからである。500デルタの買いポジションにしたいと思えば、5枚の原資産を買うのも、デルタ20のバーティカルコールスプレッドを25セット買うのも、いずれも可能である。25セットのバーティカルスプレッドのほうが5枚の原資産よりもリスクが高いとは言えない。原資産のポジションのリスクは無限大であるが、バーティカルスプレッドのリスクは限定されているからだ。

もちろん、リスクが大きいほどリワードも大きい。原資産に買いや売りのポジションを持ち、市場が大きく有利に動けば、巨大なリワードが手に入るだろう。しかし、対照的にバーティカルスプレッドの利益は限定されているが、市場が思惑とは逆の方向に動いてもその悲惨さはかなり軽減される面もある。

ベテランは、自分が人間であり、したがって方向の予測を間違う場合があることを認めている。そうなると、バーティカルスプレッドは、原資産市場でただ売り買いのポジションを持つよりも明らかに有利である。理詰めにボラティリティを評価すれば、オプショントレーダーは時間を味方にしたいのか敵にしたいのか判断できる。時間を味方にすると（セータがプラス値）、原資産での単なる売り買いがトントンか損になる場合でも、利益を出せることがある。一方、時間を敵にすると（ガンマがプラス値）、市場方向の判断を誤った場合の損失は、原資産の単なる売り買いによる損失よりも通常は小さい。

第11章
オプション裁定取引
Option Arbitrage

　オプションの重要な特性のひとつが、ほかのオプションまたは原資産と組み合わせて、ほかの金融商品あるいは金融商品の組み合わせとほぼ同じ特性を持つポジションを作成できることである。この種の複製によって、オプション市場ならではの新たなカテゴリーの売買戦略が生まれる。

合成ポジション

　次のようなポジションを保有し、すべてのオプションがヨーロピアンタイプ（期日前権利行使はない）とする。

　6月限100コールの買い
　6月限100プットの売り

　このポジションは満期時にどうなるだろうか。この疑問に答えるため、満期時の原資産価格を知る必要があるように思える。驚いたことに、原資産価格は結果にまったく影響を与えない。原資産が満期時に100ドルを超えた場合、プットは無価値になるが、100コールの権利を行使して原資産を100ドルで買うことになる。逆に、原資産が満期時

に100ドルを割った場合、コールは無価値になるが、権利行使された100プットの割り当てを受ける。この結果、原資産を100ドルで買うことになる。

　原資産がちょうど100ドルになるまれな場合はしばらく無視すると、上記のポジションでは6月の満期時に必ず原資産を100ドルで買うことになる。自主的に買うか（原資産が100ドルを超えて100コールの権利を行使する）、強制されるか（原資産が100ドルを割って権利行使された100プットの割り当てを受ける）のいずれかである。このポジションを「合成原資産の買い」と言う。原資産ポジションと同じ特性を持つが、実際に原資産ポジションになるのは満期のときである。

　逆に6月限100コールを売り、6月限100プットを買う場合、「合成原資産の売り」になる。このポジションでは常に原資産を権利行使価格の100ドルで売ることになる。自主的に売るか（原資産が100ドル未満で、100プットの権利を行使する）、強制されて売るか（原資産が100ドルを超えて、権利行使された100コールの割り当てを受ける）のいずれかである。

　これまでの関係は次のように記述できる（すべてのオプションの満期と権利行使価格は同じである）。

　合成原資産の買い＝コールの買い＋プットの売り
　合成原資産の売り＝コールの売り＋プットの買い

　合成ポジションは原資産ポジションと同じ作用をする。原資産が1ポイント上昇すると、合成買いのポジションの価格は約1ポイント増加し、合成売りのポジションは価格が約1ポイント減少する。これで導かれる正しい結論は、合成原資産ポジションのデルタは約100だということである。6月限100コールのデルタが75であれば、6月限100プットのデルタはおよそ−25になる。6月限100プットのデルタが−

60であれば、6月限100コールのデルタはおよそ40になる。

　コールに対応するプラスの符号とプットに対応するマイナスの符号を無視すると、原資産、満期日、そして権利行使価格が同じコールとプットのデルタは、合計するとだいたい100になる。後ほど解説するが、金利と期日前権利行使の可能性によって、合成原資産ポジションのデルタがわずかに100を下回るか、または上回ることがある。しかし、ほとんどの場合、現実的な計算では合成原資産ポジションを見て頭のなかでデルタを100にするのが普通である。

　合成原資産ポジションの要素を再構成するとて、ほかの4つの合成関係を次のように作成できる。

　　合成コールの買い＝原資産の買い＋プットの買い
　　合成コールの売り＝原資産の売り＋プットの売り

　　合成プットの買い＝原資産の売り＋コールの買い
　　合成プットの売り＝原資産を買い＋コールの売り

　再度、すべてのオプションの満期と権利行使価格は同じである。それぞれの合成ポジションは元のポジションに等しいデルタを持つ。したがって、元のポジションとだいたい同率で損益が増減する。

　例の原資産が6月限先物である場合、6つの合成ポジションを次のように作成できる。

　　合成6月限先物買い＝6月限100コール買い＋6月限100プット売り
　　合成6月限先物売り＝6月限100コール売り＋6月限100プット買い

　　合成6月限100コール買い＝6月限先物買い＋6月限100プット買い
　　合成6月限100コール売り＝6月限先物売り＋6月限100プット売り

合成6月限100プット買い＝6月限先物売り＋6月限100コール買い
合成6月限100プット売り＝6月限先物買い＋6月限100コール売り

合成ポジションを作成するときに100ドルの権利行使価格を用いる必要はない。利用できる権利行使価格はどれでも選択できる。6月限110コール買い＋6月限110プット売りは、やはり合成6月限先物買いである。ただし、6月の満期に6月限先物を110ドルで買うことになる。6月限95コール売り＋6月限95プット買いは、やはり合成6月限先物売りである。ただし、満期には6月限先物を95ドルで売ることになる。

仮に、原資産が102ドルで買いポジションを取りたいとする。もちろん、原資産を102.00ドルで買うだけでもよい。しかし、さらに選択肢がある。同じ権利行使価格で6月限コールを買い、6月限プットを売ることで、合成買いポジションを取れるのである。

どちらの戦略が適切だろうか。オプション戦略の例では常に、その判断はオプションの市場価格次第である。例えば、6月限100コールが5.00ドルで、6月限100プットが3.00ドルで売買されているとする。6月限100コールを5.00ドルで買い、6月限100プットを3.00ドルで売れば、直ちに2.00ドルの支払いとなる。

満期に原資産が110ドルであれば、6月限100コールを権利行使すると10ドルの受け取りになり、全体の利益は8.00ドルになる。金利要因を無視すると、これは原資産を102ドルで買った場合に実現したであろう利益と同一である。このことは**図表11-1**に示されている。

では、原資産はやはり102.00ドルで売買されているが、今度は6月限100コールが4.90ドルで、6月限100プットが3.05ドルで売買されているとしよう。6月限100コールを買い、6月限100プットを売ることで、合成原資産買いポジションを取れば、1.85ドルの支払いになる。それで原資産が満期に110.00ドルになれば、全体の利益は8.15ドル（オ

図表11-1

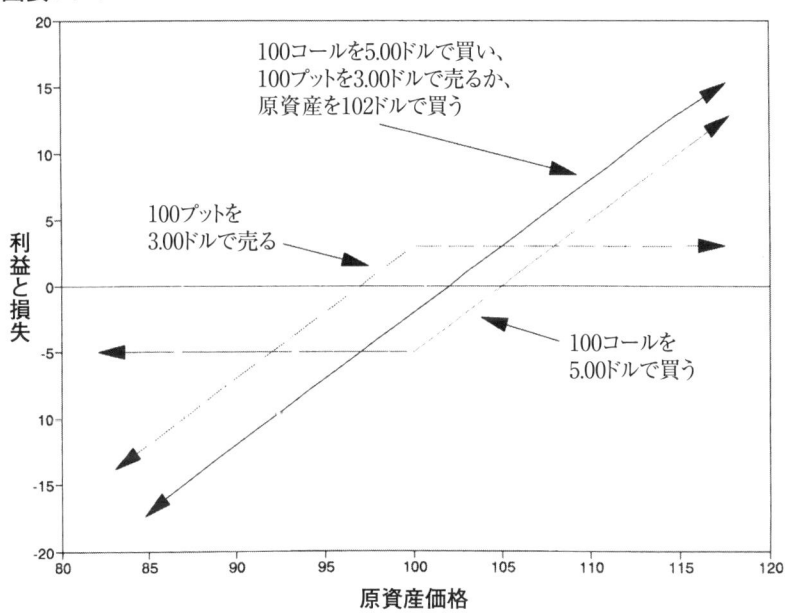

```
                                    100コールを5.00ドルで買い、
                                    100プットを3.00ドルで売るか、
                                    原資産を102ドルで買う

        100プットを
        3.00ドルで売る

                                            100コールを
                                            5.00ドルで買う
```

(縦軸：利益と損失、横軸：原資産価格)

プション売買による支払い1.85ドル＋100コールの権利を行使したときの利益10ドル）になる。この利益は、原資産に102.00ドルで買いポジションを取る場合よりも0.15ドル大きい。

　6月限100コールの価格が6月限100プットの価格よりも、ちょうど2ポイントだけ高いかぎり、合成ポジションの損益は、102.00ドルの価格で原資産にポジションを持つ場合と同じである。コールとプットの価格差は通常「シンセティックマーケット＝合成市場」と言われる。金利あるいは配当の要因がまったくない場合、合成市場の価格は次のように表すことができる。

　　コール価格－プット価格＝原資産価格－権利行使価格

この公式が成立するなら、原資産にポジションを取っても、オプション市場で合成ポジションを取っても、まったく違いはない。6月限100コールが5.00ドルで6月限100プットが3.00ドルの場合は、次のように表すことができる。

5.00 − 3.00 ＝ 102.00 − 100.00
2.00 ＝ 2.00

　したがって、合成ポジションと原資産ポジションの間にはまったく違いがない。しかし、6月限100コールが4.90ドルで6月限100プットが3.05ドルの場合は、次のようになる。

4.95 − 3.05 ＜ 102.00 − 100.00
1.90 ＜ 2.00

　この場合は合成ポジションのほうが安く、したがってコールを売りプットを買うことで合成原資産の買いポジションを選ぶ。
　今度は、6月限100コールの価格が5.15ドル、6月限100プットの価格は2.90ドルで、原資産がやはり102.00ドルで売買されているとする。この場合は次のようになる。

5.15 − 2.90 ＞ 102.00 − 100.00
2.25 ＞ 2.00

　この場合は原資産のほうが安く、したがって原資産を買うことで買いポジションを取るほうを選ぶ。他方、原資産で売りポジションを取りたい場合は、コールを売り、プットを買うことで原資産を合成して

売るほうを選ぶ。こうすると、理論上2.00ドルの価格のポジションを2.25ドルで売ることができる。

読者の方は、合成市場（原資産価格－権利行使価格）と原資産市場は、コールとプットの時間価値が同一である場合、同じであることに気づいたかもしれない。今の例では、6月限100コールと100プットがともに同じ時間価値を持つとき、合成市場と原資産市場は同一になる。これが真実でなければ、常に原資産ポジションに対して割安あるいは割高の合成ポジションがあることになる。

コールとプットと原資産の3元関係は、これらのどのポジションでも、その価値はほかの2つを用いて必ず次のように説明できることを示している。

原資産価格＝コール価格－プット価格＋権利行使価格
コール価格＝原資産価格＋プット価格－権利行使価格
プット価格＝コール価格－原資産価格＋権利行使価格

この3元関係は「プット・コール・パリティー」と言われることがある。

コンバージョンとリバーサル

合成買いまたは合成売りのポジションを取る場合、主要な関心事は、原資産のポジションの場合と同様、市場の方向である。市場が有利に動けば利益が出ることを予想し、市場が不利に動けば損失になることを予想する。合成ポジションを有利な価格で執行すれば利益が大きくなるか、損失が小さくなるかもしれないが、第一の関心事は市場の方向にある。

先ほどの例のように、原資産が102.00ドルで売買されていて、6月限100コールが5.10ドルで、6月限100プットが2.85ドルで売買されて

いるとする。その合成市場（原資産価格－権利行使価格）は2.00ドルになるはずであるが、実際は2.25ドルである。原資産で売りポジションを取りたいのであれば、合成する（コールを売ってプットを買う）ほうを選択するだろう。

ここで方向性ポジションを取ることには興味がないとする。それでは、原資産市場と合成市場の価格差から利益を得る方法があるだろうか。

異なる価格で売買されている2つの金融商品が、本質的には同じであるとはっきりしている場合、裁定取引を執行して安いほうの金融商品を買い、高いほうの金融商品を売るのが自然である。合成ポジションとその原資産ポジションは本質的に同じであるが、異なる価格（2.25対2.00）で売買されているので、安いほう（原資産）を買って、高いほう（合成ポジション）を売ればよい。つまり、原資産を102.00ドルで買って、同時にコールを5.10ドルで売り、プットを2.85ドルで買う。この売買のキャッシュフローは次のようになる。

トレード	キャッシュフロー
原資産の買い	－102.00
コールの売り	＋5.10
プットの買い	－2.85
満期時の権利行使または割り当て	＋100.00
合計	**＋0.25**

原資産市場がどうなろうと、原資産ポジションの利益のほうが合成ポジションの利益よりも、ちょうど0.25ドルだけ大きくなる。したがって、原資産市場の動きとは無関係に、ポジション全体の利益は0.25ドルになる。これを**図表11-2**に示した。

これまでのポジションは、原資産の買いは合成ポジションの売りで

図表11-2

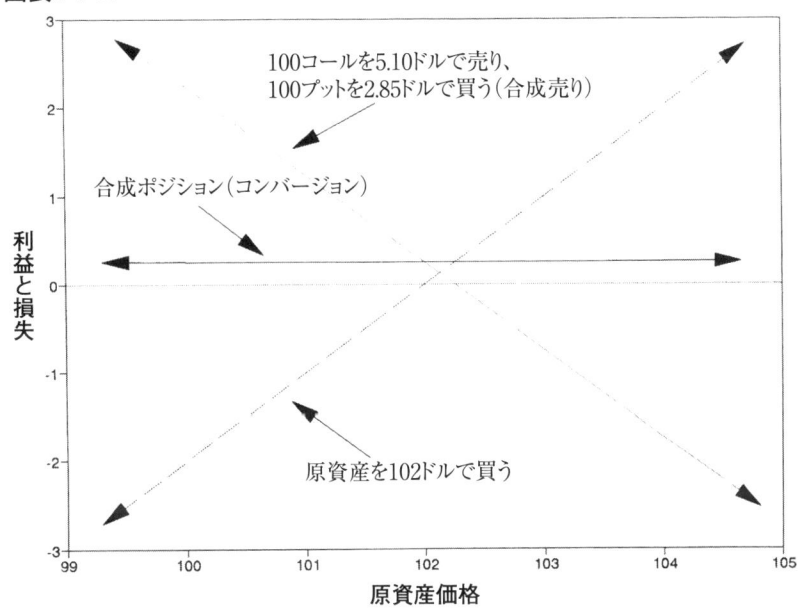

グラフ内ラベル:
- 100コールを5.10ドルで売り、100プットを2.85ドルで買う（合成売り）
- 合成ポジション（コンバージョン）
- 原資産を102ドルで買う
- 縦軸: 利益と損失
- 横軸: 原資産価格

相殺される。これは「コンバージョン」として知られている。逆のポジション、つまり原資産の売りは合成ポジションの買いで相殺される。これは逆コンバージョン、もっと一般的には「リバーサル」として知られている。

　リバーサルが利益になるのは、原資産が102.00ドルで売買されていて6月限100コールと6月限100プットの価格差が2.00ドル未満の場合である。例えば、6月限100コールが4.90ドルで6月限100プットが3.05ドルだったとすると、合成の価格は1.85ドルである。この合成を1.85ドル（コールを4.90ドルで買い、プットを3.05ドルで売る）で買って、原資産を102.00ドルで売ることによって、この逆コンバージョンは0.15の利益を確定する。これを**図表11-3**に示している。

343

図表11-3

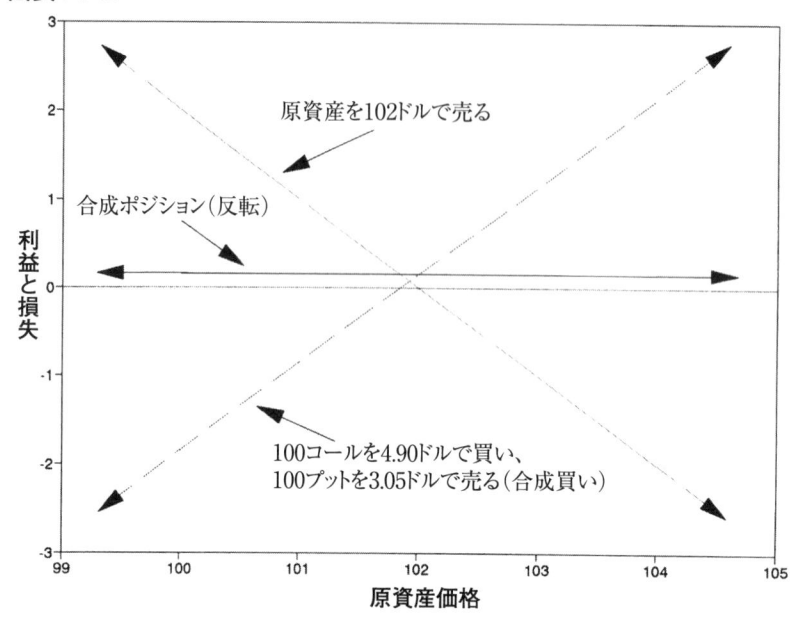

原資産を102ドルで売る

合成ポジション（反転）

100コールを4.90ドルで買い、
100プットを3.05ドルで売る（合成買い）

原資産価格

要約すると次のようになる。

コンバージョン ＝原資産買い＋合成ポジション売り
　　　　　　　＝原資産買い＋コール売り＋プット買い
リバーサル　　 ＝原資産売り＋合成ポジション買い
　　　　　　　＝原資産売り＋コール買い＋プット売り

　これまでの例と同じく、コールとプットは権利行使価格と満期日が同じとする。コンバージョンとリバーサルは、従来の裁定取引に似ているので「裁定戦略」として分類される。裁定業者（アービトラージャー）は、典型的には、同じものを異なる市場で同時に売買して、そ

の２つの市場の価格差を利用しようとする。

　例えば、ニューヨーク市場で金を１オンス389ドルで買い、ロンドン市場でそれを１オンス392ドルで売る。この３ドルの利益幅は小さくとも確実である。なぜなら、ひとつの市場におけるリスクが、別の市場における同一の、しかし逆のトレードによってほとんど同時に相殺されるからである。数少ないトレードで大きな利益を期待する投機家とは違って、裁定業者は数多くトレードして小さい利益を期待する。リスクがずっと小さいので、裁定業者は投機家よりもずっと大きな規模でトレードをする。

　従来の裁定取引のように、コンバージョンとリバーサルは同じものを異なる市場で売買する。株式であれ商品であれ、コンバージョンでは原資産市場で原資産を買って、オプション市場で原資産を合成して売る。反転は、原資産市場で原資産を売って、オプション市場で原資産を合成して買う。これらの戦略の採算性は、合成価格と原資産価格の関係によって決まる。

　合成ポジションは通常、コンバージョンとリバーサルを執行するために用いられるので、合成市場のことをコンバージョン・リバーサル市場と表現するトレーダーもいる。

　ベテランは合成ポジションと原資産の価格関係に精通しているので、コンバージョン・リバーサル市場のどんな不均衡でも長くは続かない。合成が割高であれば、だれもがコンバージョン（原資産を買って、コール売り＋プット買い）を執行したいと思う。合成が割安であれば、だれもがリバーサル（原資産を売って、コール買い＋プット売り）を執行したいと思う。だれもが同じことをしようとするので、合成市場が速やかに均衡に戻ることを強いる結果になる。

　実際のところ、コンバージョン・リバーサル市場の不均衡は小さいので、数秒も持続しないのが一般的である。不均衡が実在するとき、トレーダーは迷わずにコンバージョンやリバーサルを（かかるリスク

が低い戦略なので）非常に大きな規模で執行する。

　先ほど指摘したように、合成ポジションを構成要素のキャッシュフローに分解して、合成と原資産の基本的な関係を次のように特定することができるようになった。

　　コール価格－プット価格＝原資産価格－権利行使価格

　しかし、構成要素の入出金がいつ、どのように起きるかによって、その関係が変わる可能性はある。原資産やオプションの種類が異なると決済方法も異なることがあるので、合成ポジションの正確な価格を計算するためには、決済方法がどのように基本的な合成関係に影響するのか考慮する必要がある。

先物オプション市場

　オプション売買と原資産売買のそれぞれから生じる入出金が同一なら、その合成関係は単純に次のようになる。

　　コール価格－プット価格＝原資産価格－権利行使価格

　これは、金利がゼロの場合、あるいは、原資産もそのオプションも先物タイプの決済に従う先物市場の場合に当てはまる。後者の場合、先物とそのオプションが売買されるときに現金のやりとりがまったくないので、金利要因は何もない。これは、米国以外の多くの取引所における現行の方法である。
　オプションが株式（現物）タイプの決済に準じる先物市場では、先物の売買では現金のやりとりはまったくないが、オプションの売買では現金がやりとりされる。したがって、合成ポジションの価格を計算

するときには、入金または出金の金利が考慮されることになる。

前の例題を用いて、6月限先物が102ドル、6月限100コールが5.00ドル、そして6月限100プットが3.00ドルの場合は次のようになる。

コール価格 − プット価格 = 原資産価格 − 権利行使価格
5.00 − 3.00 = 102.00 − 100.00
2.00 = 2.00

上記の価格では、コンバージョンからもリバーサルからもまったく利益の機会がないように思える。この2つの戦略をどちらも実行する場合、等式の両辺からの入出金は互いにきれいに相殺される。

しかし、ここで反転を実行して原資産先物を2ポイント（原資産価格 − 権利行使価格）で売り、合成ポジションを2ポイント（コール価格 − プット価格）で買うことにしたとしよう。また、オプションが米国の先物市場で通常行われているように、株式タイプ（現物）の決済に準じるとする。このオプションの売買で2ポイントを支払うが、その資金が戻ってくるのは、元来102ドルで売った原資産先物を満期時に100ドルで買うときである。

現在の金利が年8％で、残存日数が3カ月だとすると、オプションで生じる2ポイントの支出のキャリングコストは2％になる。単純な合成関係に基づいて、コンバージョンでは損益が等しくなる予想をしていた。しかし実際には、満期まで支出のキャリングコストがかかるので、2％×2.00ドル、つまり0.04ドルの損失になる。

本当に損益が等しくなるようにしたいのであれば、この金利コストの0.04ドルを相殺する何かの方法を見つけなければならない。例えば、コールを0.04ドルだけ安く（つまり4.96ドルで）買うか、あるいはプットを0.04ドルだけ高く（つまり3.04ドルで）売るか、または先物を0.04ドルだけ高く（つまり102.04ドルで）売ればよい。その結果、0.04

ドルの節約となり、オプションで生じる支払いのキャリングコストに等しい額になる。

すべてのオプションがヨーロピアンタイプ（期日前権利行使が許されない）とすると、今度はオプションが現物式に決済される先物市場の合成関係を次のように表現できる。

コール価格 − プット価格
＝先物価格 − 権利行使価格 − キャリングコスト

この場合、キャリングコストは先物価格と権利行使価格の差、またはコール価格とプット価格の差に基づいて計算される。が、その両方共に同じである。今の例題で、コールが4.98ドル、プットが3.01ドル、先物が102.01ドルで売場されているなら、合成市場は次のようになるので、ちょうど均衡する。

$4.98 - 3.01 = 102.01 - 100.00 - 0.04$
$1.97 = 1.97$

プット・コール・パリティーを用いると常にコール、プット、原資産先物の価格は、この3つのうちのどれでも2つが分かれば、それぞれ計算できる。例えば、6月限先物が102.00ドルで6月限100プットが2.75ドルであれば、コール価格は次のようになる。

コール価格
＝先物価格 − 権利行使価格 ＋ プット価格 − キャリングコスト
＝ 102.00 − 100.00 ＋ 2.75 − 0.04
＝ 4.71

6月限100コールが5.35ドルで6月原先物が101.90ドルであれば、プット価格は次のようになる。

プット価格
＝コール価格＋権利行使価格－先物価格＋キャリングコスト
＝5.35＋100.00－101.90＋0.04
＝3.49

　最後に、6月限100コールが3.25ドルで6月限100プットが1.25ドルであれば、先物価格は次のようになる。

先物価格
＝コール価格－プット価格＋権利行使価格＋キャリングコスト
＝3.25－1.25＋100.00＋0.04
＝102.04

株式オプション市場

　株式が103ドル、6月限100コールが6ドル、6月限100プットが3ドルで売買されている場合を考えてみよう。金利、あるいは配当の要因がまったくない場合、合成市場は次のようになるので、均衡すると思われる。

コール価格－プット価格＝株価－権利行使価格
6－3＝103－100
3＝3

　仮に、コンバージョンで株式を103ドルで買い、合成ポジションを

３ドル（コール価格－プット価格）で売ることにする。株式への支払いが103ドル、コールでの受け取りが６ドル、そしてプットでの支払いが３ドルである。このトレードは全体で100ドルの支払いになる。そしてそれを持ち越して、満期時にプットの権利行使あるいはコールの割り当てによって、株式を100ドルで売らなければならない。

現実の金利はゼロではないので、この支払いのキャリングコストがかかる。金利が年８％で残存日数が３カ月であれば、このトレードで生じる100ドルの支払いのキャリングコストは２％になる。単純な合成関係に基づいて、コンバージョンでは損益が等しくなる予想をしていた。しかし実際には、満期まで支払いにキャリングコストがかかるので、２％×100、つまり２ドルの損失になる。本当に損益が等しくなるようにしたいのであれば、この金利コストの２ドルを相殺する何かの方法を見つけなければならない。コールを２ドルだけ高く（つまり８ドルで）売るか、あるいはプットを２ドルだけ安く（つまり１ドルで）買うか、または株式を２ドルだけ安く（つまり101ドルで）買えばよい。

または、この３つのトレードを組み合わせて、例えばコールを７ドルで売り、プットを2.5ドルで買い、株を102.50ドルで買えばよい。その結果は２ドルの節約となり、トレードで生じる支払いのキャリングコストに等しい額になる。

金利要素を考慮に入れると、合成関係は次のように記述できる。

コール価格－プット価格
　＝株価－権利行使価格＋キャリングコスト

この場合、キャリングコストは権利行使価格に基づいて計算される（正確な価値は、権利行使価格の割引価格、あるいは現在値によって決まる）。今の例で、コールが７ドル、プットが2.5ドル、株価が

102.50ドルで売買されているとすれば、次のようになるので、ちょうど均衡する。

7 − 2.5 = 102.50 − 100 + 2
4.5 = 4.5

今度は、満期前に株式が1.5ドルの配当を支払うとする。コンバージョンを実行したときに株式は買ってあるので、配当が支払われるときには1.5ドル余分に受け取ることになる。この場合は、コンバージョンで1.5ドルだけ多く支払っても、なお損益が等しくなる余裕ができる。

例えば、コールを5.5ドルで売るか、あるいはプットを４ドルで買うか、または株式を104ドルで買うことができる。あるいは、この３つのトレードを組み合わせて、コールを６ドルで売り、プットを3.5ドルで買い、そして株を103.50ドルで買ってもよい。

すべてのオプションがヨーロピアンタイプ（期日前権利行使は許されていない）だとして金利も配当も考慮に入れると、株式オプション市場における合成関係の価格算出法は次のように表される。

コール価格−プット価格
＝株価−権利行使価格＋キャリングコスト−配当

この場合、キャリングコストは権利行使価格に基づいて計算され、配当は満期前に予想されている。プット・コール・パリティーを用いると常にコール、プット、原資産株の価格は、この３つのうちのどれか２つが分かれば算出できる。

例えば、株価が102ドルで６月限100プットが3.25ドルであれば、コール価格は次のようになる。

コール価格
＝株価－権利行使価格＋プット価格＋キャリングコスト－配当
＝102－100＋3.25＋2－1.5
＝5.75

6月限100コールが6.5ドルで株価が101.25ドルであれば、プット価格は次のようになる。

プット価格
＝コール価格＋権利行使価格－株価－キャリングコスト＋配当
＝6.5＋100－101.25－2＋1.5
＝4.75

最後に、6月限100コールが7ドルで6月限100プットが1.75ドルであれば、株価は次のようになる。

株価
＝コール価格－プット価格＋権利行使価格－キャリングコスト＋配当
＝7－1.75＋100－2＋1.5
＝104.75

裁定取引のリスク

初心者は、リスクのない戦略だから専らコンバージョンとリバーサルを執行するようにと指導される。しかし、リスクのない戦略はあり得ないことに注意すべきである。リスクが大きいまたは小さい戦略があるだけなのだ。コンバージョンやリバーサルのリスクは、直ちに明

らかなものではなくてもやはり存在する。

金利リスク

　トレードに対応する入出金があるかぎり、トレードの価値は、受け取りにつく可能性のある金利、あるいは支払いを持ち越すためトレード期間中に支払う金利の影響を受ける。これは金利の関数であり、金利は不変なものではないので、金利要素は時間が経過すると変化する。
　トレードの期待利益の一部が受取金につく8％の金利によって決まる場合、金利が下がって6％になると確実に利益が減少し、損失になる場合さえあるかもしれない。トレードの期待利益の一部が支払いにつく7％の金利によって決まる場合、金利が上がって10％になるとやはり利益が減少する。
　実際のところ、オプションの残存期間に金利が大きく変動することは例外である（ここで述べているのは、主として期間が約9カ月までの上場オプションである。満期が数年になる長期オプションが金利の変動に対してはるかに敏感であることは明らかだ）。このため、コンバージョンやリバーサルに関連する金利リスクは比較的小さい。
　株式オプション市場の合成戦略は、先物オプション市場における同じ戦略よりも、はるかに金利に敏感である点にも注意しよう。株式オプションのコンバージョンあるいはリバーサルは、原資産での入出金を伴うが、先物オプション市場での同様なトレードには、このような入出金はまったくない。株価は常にオプション価格よりも大きいので、株式売買の入出金はオプション売買の入出金よりも大きくなる。

執行リスク

　基本的に資金を無駄にしたい市場参加者などいない。有利なコンバ

ージョンあるいはリバーサルの機会がすべてまとめて目の前にある可能性は低い。したがって戦略の1～2本のレッグを執行したあとで、最後のレッグの執行をあてにしなければならない。

　例えば、まず原資産とプットを買ったあとで、コールを売ってコンバージョンを完成させることを期待する。しかし、もし価格が下がり始めたら、そのコンバージョンを有利に完成させるのはまったく不可能になるだろう。取引所の立会場に立つプロでさえ、3つの売買価格をすべて知るのに好都合なところにいると思われるのに、失敗してしまう可能性がある。

　まず、適切だと思う価格でコールを買い、プットを売る（合成買いポジション）。しかし、原資産を売ってそのリバーサルを完成せさせようとするときに、原資産の価格が思ったよりもずっと低いことに気づくことがある。1本1本のレッグを執行するときは常に、その戦略が完成する前に価格が不利に変動するリスクがつきまとう。

ピンリスク

　合成ポジションの概念を紹介したときに前提となったのは、満期時に原資産市場が権利行使価格を超えていて、コールを権利行使できる場合か、あるいは権利行使価格を割っていて、プットを権利行使できる場合かのいずれかであった。しかし、原資産価格が満期時にちょうど権利行使価格と等しくなった場合、「ピン」と言うが、このケースはどう対処したらいいのだろう。

　6月限100ドルのコンバージョンを執行したとしよう。つまり、6月限100コールを売り、6月限100プットを買い、原資産を買う。原資産が満期に100ドルを超えるか、100ドルを割った場合、まったく問題はない。コールの割り当てを受けるか、あるいはプットの権利を行使することになる。いずれの場合も、原資産の買いポジションを相殺し

て、満期の翌日に市場にポジションはまったくなくなる。

では今度は、満期時に原資産価格がちょうど100ドルだとしよう。原資産のポジションを外したい。そこで、コールの割り当てを受けない場合はプットを権利行使するつもりであり、コールの割り当てを受ける場合はプットをそのまま満期まで放置する。いずれか決断するには、コールの権利が行使されるか否か知っておく必要がある。

ところが残念ながら、満期後に割り当て通知を受け取るかどうか判明するまで分からない。しかし、それではコールが満期になってしまうから遅すぎる。

満期時にちょうどアット・ザ・マネーになるオプションは、理論上は無価値なので、権利を行使されることはないように思える。しかし実際は、多くのアット・ザ・マネーのオプションが権利行使される。このようなオプションに理論上の価値はまったくないが、実践上の価値はあるのだ。例えば、満期でちょうどアット・ザ・マネーになるコールの所有者が原資産に買いポジションを取りたいとする。この人には２つの選択肢がある。コールの権利を行使すること、あるいは原資産を買うことである。

オプションを上場している取引所では、たいてい当初支払った売買コストだけで権利行使する権利を認めているので、通常はコールの権利を行使するほうが安くなる。権利行使に手数料を課す場合でも、原資産を売買するコストよりも安い。アット・ザ・マネーのオプションを所有していて満期時に買いや売りのポジションを選択するとき、原資産を売買するよりもオプションの権利を行使したほうが安上がりだと、だれでも気がつくだろう。

当然、満期時にアット・ザ・マネーのオプションを売っているトレーダーは問題を抱えている。どうしたらよいのか。

ひとつの方法は、割り当てを受けるか推測してみることである。最終立会日に市場が強気に思えるなら、満期の翌日も上昇し続けると考

えるだろう。コールの所有者も状況を同様に見ているとすれば、コールは権利行使されると考えるのが論理的である。よって、プットは権利行使しないことにする。あいにく推測を誤りコールの割り当てを受けなければ、持ちたくない原資産を買っている結果になってしまう。

逆に、最終立会日に市場が弱気に思えるなら、コールの割り当ては受けないと考えるだろう。したがって、プットを権利行使することになる。しかし、また推測を誤りコールの割り当て通知を受け取ることになれば、満期の翌日に、意に反して原資産を売る結果になってしまう。

コンバージョンとリバーサルはリスクが低いため、通常は大規模にトレードされる。そのため間違った推測をするリスクは増幅する。推測を誤ると、100枚どころではなく、数百枚の原資産をそのまま買いや売りにしてしまうことになる。

ピンリスクの問題に絶対的な解決策はない。おそらく数千枚ものオプションが建玉しており、アット・ザ・マネーのオプションにも権利を行使されるものとされないものがある。ポジションを運に任せて満期まで放置するのは運命のなすがままになることであり、賢明なるオプションのトレーダーなら避けるべきである。

現実的な解決策は、コンバージョンやリバーサルを実際にぴったり権利行使価格になる可能性がある満期まで持ち越さないようにすることだ。大量の６月限100ドルのコンバージョンまたはリバーサルのポジションを所有したままで満期が迫って原資産市場が100ドルに近い場合、妥当な解決策はポジションの規模を小さくし、ピンリスクを軽減することである。建玉規模を小さくしないと、最後になって大量の危険なポジションを処理するのに少なからぬ苦痛を被る羽目になる。

慎重なトレーダーでもアット・ザ・マネーの建玉をコンバージョンやリバーサルのポジションを満期が接近しても抱えてしまうことがある。まだ消えないピンリスクを除くひとつの方法は、優勢な市場価格でポジションを清算することだ。残念ながら、売り気配値で買ったり

買い気配値で売ったりして、それぞれ不利な価格でのトレードを余儀なくされて、負けポジションになる可能性もある。しかし、幸いにも通常は、このようなポジションを妥当な価格で一挙に処分できる。

コンバージョンやリバーサルはどのオプション市場でも一般的な戦略である。したがって、アット・ザ・マネーのコンバージョンを保有してピンリスクを懸念しているとすれば、市場にアット・ザ・マネーのリバーサルを保有してピンリスクを懸念しているトレーダーがいることもおおむね確信できる。コンバージョンのポジションを保有するトレーダーがリバーサルを保有するトレーダーを見つけ、ポジションを互いにクロスできれば、どちらのトレーダーもそれぞれのポジションにかかるピンリスクを取り除くことができる。

したがって、オプション取引所では、等価でコンバージョンまたはリバーサルをトレードしたいと思っているほかのトレーダーを探すのが一般的だ。これは明らかに、トレーダーが互いに妥当な価格でポジションを処分して、当事者全員がピンリスクを除去できるようにしたいと思っていることを意味している。コンバージョンまたはリバーサルからどのような利益を期待しているにせよ、それはおそらく最初のトレードからであり、最後のトレードからではない。

株価指数先物やユーロドル金利先物のような特定のオプションは、満期時に原資産の受け渡しではなく、現金で決済される。このようなオプションが満期になるとき、口座に出入りする資金の額は、オプションがイン・ザ・マネーになっている額、すなわち原資産価格とオプションの権利行使価格の差である。このように決済されるオプションの場合、権利行使または割り当てによって原資産のポジションが生じないので、関連するピンリスクはまったくない。

金利リスク、執行リスク、そしてピンリスクは、原資産が何であろうと、すべての市場に共通する。しかし、原資産の特性次第で、ある市場のみに固有のリスクもある。

先物市場の決済リスク

コンバージョンの元の例に戻り、6月限100コールを売り、6月限100プットを買い、原資産を買ったとしよう。原資産が6月限先物で、102ドルで売買されていたとする。6月の満期まで3カ月の残存日数で、金利が8％、そしてすべてのオプションが株式タイプの決済に準じる場合、6月限100ドルの合成市場（6月限100コールと6月限100プットの価格差）は、次のようになる。

先物価格 − 権利行使価格 − 2ドルに対する3カ月のキャリングコスト
= 102 − 100 − (2 × 3 ÷ 12 × 8％)
= 1.96

ここで、6月限100コールを5.00ドルで売り、6月限100プットを3.00ドルで買い、6月限先物を102ドルで売ることができたとする。金利が変動せず、ピンリスクの問題はない場合、満期には6月限100ドルのコンバージョンをその価値よりも0.04だけ高い価格で実行している。0.04ドルの利益が実現するはずだ。

では、このコンバージョンを執行した直後、6月限先物が下落して98.00ドルになったとしよう。このポジションの合成（売り）は、この場合4ドルの利益を出している。つまり、コールの売りとプットの買いを合わせて4ドルだけ評価が上がる。しかし、オプションが株式のように決済されるので、合成側の利益は含み益にすぎず、満期にならないと完全には実現しない。

他方、6月限先物を買っており、この先物は先物式の決済方法に従っているので、市場が4ドル下落すると直ちに4ドルの支払いになる。この4ドルの支払いをカバーするために、資金を借りるか金利がついている既存の口座から資金を引き出さなければならない。いずれの場

合も、金利損が発生し、この金利損はオプションポジションの含み益で相殺されることはない。

金利損が大きい場合、ポジションで元来期待した0.04ドルの利益で埋め合わせをしようとしても足りなくなる。さらに極端な場合は、先物ポジションにつぎ込む資金の当てがなくなり、ポジションの清算を余儀なくされることもある。言うまでもなく、清算を強制されで利益は出ない。

もちろん、これには両面がある。原資産先物の価格が上昇して106.00ドルになると合成売りで4ポイントの損失になる。つまりコールの売りとプットの買いで合わせて4ポイント分評価が減少する。しかし、合成売りの損失は含み損にすぎず、満期にならないと完全には実現しない。他方、先物価格の上昇は直ちに入金が発生し、この入金には金利がつく。この金利は元来の期待利益の0.04ドルに上乗せとなり、利益は増大する。

先物オプションのトレーダーは通常、コンバージョンとリバーサルをデルタニュートラルだと考えるが、実は必ずしもそうではない。原資産先物が102ドルの場合、今の例のデルタは次のようになる。

オプションポジション	デルタポジション
6月限100コールの売り	－60
6月限100プットの買い	－38
6月限先物の買い	＋100
合計	**＋2**

余分なデルタ＋2は、市場が下落せず、上昇して先物ポジションで口座に資金が入ることをトレーダーが期待している事実を反映している。この資金の流れにつく金利は臨時益である。逆に先物価格が下落する場合は臨時損となる。

デルタが＋2ではほとんどリスクにならないが、コンバージョンとリバーサルは低リスクであるため、通常は大きな規模で執行されることを思い起こすと、そうでもないと分かるだろう。500セットのコンバージョントレードのデルタは500×＋2＝＋1000に等しくなる。これは10枚の先物をそのまま買うのと同じことである。

　このリスクは、原資産先物の変動によって、金利がさらなる収入をもたらす可能性もあるが、金利がさらに支払いを増やす可能性もある。合成先物ポジションのデルタが100からどれだけ離れるかは、そのポジションに対応する金利リスクによって決まる。この金利リスクは2つの要因、金利の一般的水準と残存日数によって決まる。金利が高ければ高いほど、そして残存日数が多ければ多いほど、ますますリスクは大きくなる。金利が低ければ低いほど、そして残存日数が少なければ少ないほど、ますますリスクは小さくなる。

　金利が10％で残存日数が9カ月の場合のほうが、金利が4％で残存日数が1カ月の場合よりも、ずっとリスクが大きい。前者の場合、合成ポジションのデルタは合計で94になるが、後者の場合は合計で99になる。

　両方が同じ決済方法の場合、決済リスクはまったくないことに注意しよう。すべてが株式タイプの決済に従うのであれば、満期前の価格変動によって生じる入出金はない。すべてが先物タイプの決済方法に従うのであれば、原資産先物価格の変化の結果どんな入金または出金が生じても、オプション価格の変化の結果生じる等価だが逆の入出金によって相殺される。

株式市場の配当リスク

　株価が102.50ドル、6月限の残存日数が3カ月、金利が8％、そして満期前に1.5ドルの配当が期待される場合を考えてみよう。6月限

100の合成（100コールと100プットの差）は、次のようになる。

株価－権利行使価格＋満期まで100ドルを持ち越す金利コスト－期待配当
＝102.50－100＋（100×3÷12×8％）－1.5＝3

ここで6月限100コールを7.75ドルで売り、6月限100プットを4.5ドルで買い、株を102.50ドルで買うことができるとする。金利が変わらない場合、ピンリスクの問題がないとすると、満期には6月限100の転換を、その価値よりも0.25ドルだけ高い価格で実行しているので、0.25ドルの利益が実現するはずである。

現物株を所有しているので、株が配当落ちになるときに受け取ることを期待している1.5ポイントの配当は利益の一部となる。その配当が予想を超えた変化をすると、最終利益に影響をもたらす。例えば、会社の業績が振るわずに、配当を半額の0.75ドルにすると決定された場合、コンバージョンの利益は0.75ドル減少し、0.25ドルの利益は0.50ドルの損失に変わる。

もちろん、会社の業績が良くて配当を2ドルに増額することが決まれば、このコンバージョンの価格は0.50ドル上昇し、利益は0.25から0.75に増える。明らかに、期待配当が変化する可能性は、コンバージョンあるいはリバーサルに対するリスクを表している。さらに、戦略期間中に複数の配当が期待される場合、その会社の配当政策の影響度は非常に拡大する可能性がある。

ボックス

今まで述べてきたように、コンバージョンやリバーサルは、オプションの合成ポジションと原資産のポジションを組み合わせるので、リ

スクが伴う。リスクが生じるのは、オプションの合成ポジションと原資産のポジションが違った特性を持つことがあるからである。先物オプション市場の決済方法や、株式オプションの配当支払いのためだ。このリスクをどのように排除すればよいのか。

　このリスクを排除するひとつの方法は、原資産ポジションを替えることである。そこで、まず次のようなコンバージョンを考えてみる。

　　コール売り
　　プット買い
　　原資産買い

　このポジションを維持して、さらに原資産の保有に伴うリスクを排除したい場合、原資産の買いポジションを何かに置き換えればよい。原資産のように作用するが原資産ではないものだ。例えば、原資産の買いポジションをディープ・イン・ザ・マネーのコールに置き換えるのである。すると、そのポジションは次のようになる。

　　コール売り
　　プット買い
　　ディープ・イン・ザ・マネーのコール買い

　このディープ・イン・ザ・マネーのコールのデルタが100で、したがって原資産の買いのように作用すれば、ポジションはコンバージョンと同じ特性を持つ。
　同様に、原資産のポジションをディープ・イン・ザ・マネーのコールに置き換える代わりに、ディープ・イン・ザ・マネーのプットを売れる。そのポジションは次のようになる。

コール売り
プット買い
ディープ・イン・ザ・マネーのプット売り

　このディープ・イン・ザ・マネーのプットのデルタが−100で、したがって原資産買いのように作用すれば、ポジションはやはりコンバージョンと同じ性質を持つ。
　コンバージョンあるいはリバーサルを構成する原資産をディープ・イン・ザ・マネーのオプションに置き換えるこの種のポジションを「スリーウエー」と呼んでいる。ある程度のリスクはスリーウエーで排除されるが、独自の問題をかかえていないわけではない。ディープ・イン・ザ・マネーのオプションを売ってスリーウエーを完成させても、市場が権利行使価格を突破する危険がある。実際、原資産市場がディープ・イン・ザ・マネーの権利行使価格に近づけば近づくほど、オプションは原資産ポジションのように作用しなくなる。その組み合わせは本当のコンバージョンやリバーサルのように作用しなくなる。
　ほかにも原資産ではないのに原資産のように作用するものがないだろうか。合成ポジションは明らかにその目的にかなう。スリーウエーだけでなく、コンバージョンあるいはリバーサルを構成する原資産ポジションを合成ポジションに置き換えることも考慮できるわけだ。
　例えば、先ほどのコンバージョンポジションは権利行使価格100ドルで次のようになる。

６月限100コールの売り
６月限100プットの買い
原資産の買い

リバーサルを90で執行すると次のようになる。

6月限90コールの買い
6月限90プットの売り
原資産の売り
6月限100コールの売り
6月限100プットの買い
原資産の買い

原資産の買いと売りが相殺して、次のようになる。

6月限90コールの買い
6月限90プットの売り
6月限100コールの売り
6月限100プットの買い

　残ったのは権利行使価格90ドルの合成買いポジションと権利行使価格100ドルの合成売りポジションである。あるいはそれぞれをひとつの権利行使価格のリバーサルと別の権利行使価格のコンバージョンとして考えることができる。
　このポジションは「ボックス」として知られている。コンバージョンとリバーサルに類似するが、原資産ポジションが異なる権利行使価格の合成ポジションに置き換えられているので、原資産ポジションの保有に関連するリスクがすべて排除されている。低いほうの権利行使価格で合成買い（売り）で、高いほうの権利行使価格で合成売り（買い）の場合、ボックスの買い（売り）である。今の例のポジションは、6月限90／100ボックスの買いである。
　ボックスは満期時に、原資産の価格とは無関係に、ひとつの権利行使価格で原資産を買い、同時に別の権利行使価格で原資産を売る。し

たがって、満期時のボックスの価格は、ちょうど権利行使価格の差額になる。今の例では、満期時に6月限90／100ボックスの価格は、ちょうど10ドルになる。90ドルで原資産を買って、同時に100ドルで原資産を売ることになるからだ。

　満期時にボックスの価格10ドルであれば、現在値はいくらであろうか。オプションが株式の決済に準じる場合、今のボックスの価格は満期のボックスの価格からキャリングコストを差し引いたものである。10ポイントのボックスが3カ月で満期になり金利が8％の場合、現在値は以下のようになる。

$$10 - (10 \times 3 \div 12 \times 8\%) = 10 - 0.20 = 9.80$$

　ボックスは、原資産ポジションを持ち越すことにかかるリスクを排除するので、すでに低リスクのコンバージョンやリバーサルよりも、さらにリスクが低くなる。すべてのオプションがヨーロピアンタイプ（期日前権利行使のリスクがない）で、そのオプションが原資産の受け渡しではなく現金で決済される（ピンリスクがない）場合、ボックスの買いと売りは、オプション期間に資金を貸したり借りたりするのと同一である。

　今の例では、理論上10ドルのボックスを9.80ドルで売るのは、本質的にボックスの買い方から資金を金利8％で3カ月間借りたことになる。もっと高い金利でも資金を借りるつもりなら、ボックスをもっと安い価格で、例えば9.70ドルで売ればよい。これは金利12％で3カ月に相当する。

　ほかに方法がない場合、投資会社はボックス売りによって当座の資金を調達できるかもしれない。その投資会社は、たぶん理論価格よりも安い価格でボックスを売らなければならないから、借り入れコストがかさむことになる。さらに、オプションが期日前に権利行使される

可能性がある場合、あるいは満期にピンリスクの危険がある場合、この借り入れ方法自体にリスクがないわけではない。

　ボックスをまず、ひとつの権利行使価格でのコンバージョンと別の権利行使価格でのリバーサルとして紹介した。原資産の買いと売りのポジションは相殺されるので、2つの合成ポジションが残る。6月限90／100ボックスは、次のオプションで構成されている。

　　6月限90コールの買い　　　6月限100コールの売り
　　6月限90プットの売り　　　6月限100プットの買い

　このボックスの左側は権利行使価格90ドルの合成買いであり、右側は権利行使価格100ドルの合成売りである。このボックスを左右に分割する代わりに、上下に分割することも可能である。上側はブルのバーティカルコールスプレッド（6月限90コール買いと6月限100コール売り）で、下側はベアのバーティカルプットスプレッド（6月限100プット買いと6月限90プット売り）であることに注意しよう。

　つまり、ボックスは2つのバーティカルスプレッドの組み合わせである。したがって、このバーティカルスプレッドの組み合わせ価格を合計すればボックスの価格になるはずである。例えば、残存日数3カ月で金利8％であれば、例の6月限90／100ボックスの価値は9.80である。

　ここで6月限90／100バーティカルコールスプレッドが6ドルで売買されていると知ったとする。ほかに追加する情報が何もなければ、6月限90／100バーティカルプットスプレッドの妥当な市場価格を推定できる。90／100ボックスの価格は9.80ドルで、コールとプットのバーティカルスプレッドの価格を合計するとボックスの価格になることが分かっているからだ。プットスプレッドの価格は次のようになる。

9.80 － 6 ＝ 3.80

　コールのバーティカルスプレッドを6ポイントで売買できると確信していてプットのスプレッドの相場を聞かれたら、たぶん推定価格の3.80ドルぐらいの値を付けるだろう。例えば、買い気配値を3.50ドル、売り気配値を4.10ドルにすればよい。

　プットのバーティカルを3.50ドルで買えれば、コールのバーティカルを6.00ドルで買ってみることもできる。うまくゆけば、理論価格が9.80ドルのボックスに9.50ドルの支払いですむことになる。逆に、プットのバーティカルを4.10ドルで売ることができれば、コールのバーティカルを6.00ドルで売ってみることもできる。うまくゆけば、理論価格が9.80ドルのボックスを10.10ドルで売れることになる。

ジェリーロール

　原資産ポジションを排除するもうひとつの方法は、ボックスの場合のように異なる権利行使価格を用いるのではなく、異なる限月で合成ポジションを作ることである。
　例えば、次のようなリバーサルを執行したとする。

　6月限100コールの買い
　6月限100プットの売り
　原資産の売り

　今度は、次のようなコンバージョンを執行したとする。

　9月限100コールの売り
　9月限100プットの買い

原資産の買い

6月限と9月限の原資産が同一なら、相殺して次のようになる。

6月限100コールの買い
6月限100プットの売り
9月限100コールの売り
9月限100プットの買い

このように権利行使価格は同じだが、限月の異なるオプションの買いと売りの組み合わせたポジションを「ジェリーロール」または単に「ロール」と呼ぶ（この非常に非科学的な感じの用語はもともとCBOEのトレーダーたちが使っていたようだ）。この戦略は、両限月の原資産は同一である株式オプション市場で最も普及している。

株式オプション市場のロールの価格はいくらになるのか。例の6月限／9月限100ロールの売りの場合、6月の満期時に現物株を100ドルで買い、同じ株を9月の満期時に100ドルで売ることになる。このロールの価格は、株を6月から9月まで3カ月間保有するコストである。金利が8％であれば、保有コストは次のようになる。

$100 \times 3 \div 12 \times 8\% = 2.00$

したがって、このロールの価格は2ポイントになるはずである。別の表現にすると、6月限100オプションの合成（6月限100コール − 6月限100プット）と9月限100オプションの合成（9月限100コール − 9月限100プット）の差は、ちょうど2ポイントになるはずである。

今度は、株式が四半期の配当を0.75ポイント支払うとする。6月から9月まで株を所有するので、0.75ポイントの配当を受け取る。ロー

ルの価格は、2ポイントのキャリングコスト、−0.75ポイントの配当で、1.25ポイントになる。ロール全体の価格は次のようになる。

ジェリーロール
＝期先合成−期近合成
＝キャリングコスト−期待配当

この場合、キャリングコストは限月間の期間中の権利行使価格に基づいて計算される。

ボックスをふたつのバーティカルスプレッドの組み合わせとして評価したのと同様に、ジェリーロールも2つのタイムスプレッド間の差として評価することができる。

6月限100コールの買い　　9月限100コールの売り
6月限100プットの売り　　9月限100プットの買い

これは6月限と9月限の100コールのタイムスプレッドの売りと6月限と9月限の100プットのタイムスプレッドの買いにほかならない。ロールはコール（プット）のタイムスプレッドの売りとプット（コール）のタイムスプレッドの買いの組み合わせであるから、コールとプットのタイムスプレッドの価格の差が、ちょうどロールの価格になるはずである。

ロールの価格が1.25ドルであるなら、コールとプットのタイムスプレッドの差も1.25ドルになるはずである。コールのタイムスプレッドが3.25ドルで売買されているなら、プットのタイムスプレッドは2ドルで売買されているはずである。これは、ジェリーロールを次のように少し違う形で記述できることが分かれば、納得できる。

ジェリーロール
= 期先合成 − 期近合成
= (期先コール − 期先プット) − (期近コール − 期近プット)
= (期先コール − 期近コール) − (期先プット − 期近プット)
= キャリングコスト − 期待配当

したがって、コールとプットのタイムスプレッドの差は、権利行使価格のキャリングコストから期待配当を差し引いたものに等しくなるはずである。

ジェリーロールは、株式ポジションの保有を伴うので、コンバージョンとリバーサルに影響するリスクと似たリスクをかかえている。金利が上がるかあるいは配当が減額されると、ジェリーロールの価格は上昇する。金利が下がるかあるいは配当が増額されると、ジェリーロールの価格は減少する。

最後に、相反する権利行使価格と満期日が異なる合成ポジションを取ることで、次のようなタイムボックスを作成できる。

6月限90コールの買い　　9月限100コールの売り
6月限90プットの売り　　9月限100プットの買い

このポジションの価値は、6月限90／100ボックスの買いと6月限／9月限100ジェリーロールを組み合わせた価格である。6月限90／100ボックスの価格が9.75ドルで、6月限／9月限100ジェリーロールの価格が1.25ドルである場合、そのタイムボックスの価格は8.50ドルになるはずである。

ボラティリティスプレッドにおける合成の利用

　合成の利用を裁定戦略に限る必要はない。ボラティリティ戦略または方向性戦略も執行できる。次のような状況を考えてみよう。3月限先物が非常に活況で、100.00ドルで売買されており、先物オプション市場で次のようなバックスプレッドを1ドルの受け取りで執行したいと考えた。

　　3月限105コールを20枚買い
　　3月限100コールを10枚売り

　つまり、3月限100コールを1枚売って受け取る額から3月限105コール2枚に支払う額を差し引くと1ドルになるわけだ。これらのオプションの現在の相場が次のとおりであったとする。

オプション	買い気配値	売り気配値
3月限100コール	2.70	2.90
3月限105コール	0.85	0.95

　3月限100コールを売り気配値の2.90ドルで売ることができるなら、2.90 −（2×0.95）＝1.00なので、3月限105コールに売り気配値の0.95ドルを支払う気になるだろう。同様に、3月限105コールを買い気配値の0.85ドルで買うことができるなら、2.70 −（2×0.85）＝1.00なので、3月限100コールを買い気配値の2.70ドルで売る気になるだろう。
　ここで3月限105コールを0.85ドルで売るオファーが市場に出たとする。直ちにこれらのコールを買って、3月限100コールを2.70ドルで売ろうとするだろう。そのとき突如、3月限100プットに2.80ド

の買い気配値が出たとする。これがこのトレードにどう影響するだろうか。

　新たなビッドは３月限100「プット」に対するものであり、自分は３月限100「コール」の売りに興味があるのだから、プットに対するビッドは関係ないように思える。しかし、次のような合成関係を思い起こしてほしい。

　　合成コールの売り＝プットの売り＋原資産の売り

　先物市場では、コールの価格は次のようになる。

　　コール価格
　　＝プット価格＋先物価格－権利行使価格－キャリングコスト

　原資産の３月限先物が100ドルで売買されている場合、先物価格と権利行使価格の差はゼロなので、３月限100合成にかかるキャリングコストはまったくない。したがって、次のようになる。

　　３月限100コール＝３月限100プット＋100－100－0
　　３月限100コール＝３月限100プット

　言い換えると、３月限先物を100ドルで買える確信があるなら、100コールと100プットの価格は同一のはずである。元来は３月限100コールを2.70ドルで売って、バックスプレッドを完成させるつもりであった。しかし今は、３月限100コールを合成して2.80ドルで売る機会を与えられている。つまり、３月限100プットを2.80で売り、同時に３月限先物を100ドルで売れば、事実上３月限100コールを2.80ドルで売ったことになる。これは元来意図していた価格よりも0.10ドル高く売

れたことになる。

　戦略を考慮しているときは常に、戦略の一部を合成して執行するほうが得策なのか自問すべきである。たいてい合成にかかわる市場は非常に効率的なので通常はできないだろう。しかし、合成ポジションのほうが若干有利と分かる場合も多い。トレードを長く続けるには、たとえわずかな節約でも意味がある。

　合成ポジションを利用すると、ボラティリティスプレッドをもっとなじみのある形で記述し直すこともできる。例えば、権利行使価格が共通のコールとプットのバタフライは同一であると前に述べた。典型的なコールのバタフライを取り出して、それを合成ポジションの形で記述し直すと次のようになる。

　元々のポジション
　3月限95コールを1枚買い
　3月限100コールを2枚売り
　3月限105コールを1枚買い

　合成ポジション
　3月限95プットを1枚買いと原資産を1枚買い
　3月限100プットを2枚売りと原資産を2枚売り
　3月限105プットを1枚買いと原資産を1枚買い

　この合成ポジションでの原資産の買いと売りは相殺するので、残るはプットのバタフライである。

　3月限95プットを1枚買い
　3月限100プットを2枚売り
　3月限105プットを1枚買い

合成ポジションを利用すると、次の戦略もまた、もっとなじみのある形に記述できる。

　３月限100コールを２枚買い
　原資産を１枚売り

これは単なるストラドルの買いである。３月限100コールを１枚取り出して合成し、次のように記述し直すことができるからである。

　３月限100コールの買い＝３月限100プットの買い＋原資産の買い

したがって、

　３月限100コールを１枚買い
　原資産を１枚売り
　３月限100プットを１枚買い
　原資産を１枚買い

原資産の買いと売りは相殺されるので、残るは次のように典型的なストラドルの買いである。

　３月限100コールを１枚買い
　３月限100プットを１枚買い

理論価格を利用しない売買

合成にかかわるオプション価格の関連性のおかげで、通常は理論価格決定モデルで算出される理論価格の助けを借りずに論理的な売買判

断ができる。普通必要になる能力は、ポジションのキャリングコストを計算する能力、そして株の場合は、配当の支払いを判断する能力のみである。

　コンバージョン、リバーサル、ボックス、ジェリーロールのような裁定戦略ほど常に利益に確信が持てるわけではないが、オプションと原資産の間、あるいはオプションとほかのオプションの間には多くの論理的な関係があるので、理論価格決定モデルを用いずとも潜在的に有利な売買戦略を特定できる。

　原資産価格が101.50ドルとして、次のオプション価格を考えてみよう。

95コール	8.00
100コール	4.80
105コール	1.60

　これらの価格に何かズレはあるだろうか？

　95コールを１枚8.00ドルで買い、100コールを２枚4.80ドルで売り、105コール１枚1.60ドルで売ると、次のような計算になるので、95／100／105バタフライをゼロで買ったことになる。

$$(2 \times 4.80) - (8.00 + 1.60)$$
$$= 9.60 - 9.60$$
$$= 0$$

　バタフライが満期にゼロになることはないし、この場合は５ポイントにはなるだろう。したがって、このバタフライの買いはリスクのない売買になる。

　同じ結論に達する別の方法は、バタフライは２つの連続したバーテ

ィカルスプレッドで構成されていることを理解することである。今の例では、95／100／105バタフライの買いは、95／100コールのバーティカルスプレッドの買いと100／105コールのバーティカルスプレッドの売りで構成されている。

　市場が上昇するとコールのバーティカルスプレッドは、さらにディープ・イン・ザ・マネーになって価格が大きくなると分かっている。したがって、権利行使価格の差が同じであるかぎり、安いほうの権利行使価格のバーティカルコールスプレッドのほうが高いほうの権利行使価格のバーティカルコールスプレッドよりも常に価格が大きくなる。

　バーティカルプットスプレッドはその逆になる。高いほうの権利行使価格のものが安いほうの権利行使価格のものよりも常にスプレッド価格が大きくなる。2つのスプレッドがこの関係に沿っていない場合、その状況を利用して、もっと価格が大きいはずのスプレッドを買って、もっと価格が安いはずのスプレッドを売ることができる。

　例のバーティカルコールスプレッドは次のようになる。

95/100スプレッド＝8.00－4.80＝3.20
100/105スプレッド＝4.80－1.60＝3.20

　どちらのスプレッドも同じ価格で売買されているが、95／100スプレッドのほうが100／105スプレッドよりも価格が大きくなるはずと直感的に分かるはずだ。よって、95／100スプレッドを買って、100／105スプレッドを売ろうとする。うまくゆけば、このバタフライをゼロで買ったことになる。

　これが有利になる保証はまったくない。原資産が95ドル未満あるいは105ドルを超えて満期になる可能性がある。しかし、その戦略はリスクがまったくないから納得できる。

　違うタイプの関係を考えてみよう。原資産価格は99.75ドルで、金

利はゼロとする。

	95	100	105
コール	6.85	3.70	1.10
プット	2.10	3.95	6.35

まず、すべての合成関係が均衡しているか調べて確認する。均衡しているので、そこに利益のチャンスはない。

次に、バタフライを調べる。コールとプットのバタフライはどちらも0.55で売買されている。これは妥当な価格かもしれないし、そうではないかもしれない。理論価格決定モデルを用いない場合はなんとも言いがたい。しかし、少なくともバタフライはプラスの数字で売買されているのだから、有利な売買機会になるか、すぐには分からない。

ほかに何か論理的関係があるだろうか。次のようなストラドルの価格を見てみよう。

	95	100	105
コール＋プット	8.95	7.65	7.45

ストラドルは、原資産価格が権利行使価格から離れて、構成するコールあるいはプットのいずれかさらにディープ・イン・ザ・マネーになると、価格が大きくなることが分かっている。原資産価格が99.75ドルの場合、95オプションによるストラドルは、100オプションのストラドルよりも価格が高いはずであり、そのことはそれぞれの価格8.95ドルと7.65ドルに反映されている。

105オプションのストラドルも、99.75からはさらに離れており、権利行使価格100ドルのストラドルよりも価格が高いはずである。しかし、例を見ると、価格上昇の期待を反映していないようだ。105オプ

ションのストラドルは100オプションのストラドルよりも0.30安くなっている。

100オプションのストラドル、105オプションのストラドルの理論価格は分からない。しかし、105オプションのストラドルが100オプションのストラドルに比較して安すぎることは明らかである。したがって、機会があれば、105オプションのストラドルを7.45ドルで買って100オプションのストラドルを7.65ドルで売ろうとするだろう。

この戦略が有利になる保証はまったくない。原資産が105ドルを超えて満期になる可能性があり、その場合は100オプションのストラドルは105オプションのストラドルよりも5ポイントだけ価格が高くなる。しかし、変動はランダムだとすると、100オプションのストラドルを売って、105オプションのストラドルを買えば、確率の法則は有利に傾く。

最後に次のシナリオを考えてみよう。原資産価格は100.75ドルで、金利はゼロとする。

	95	100	105
3月限コール	7.50	3.85	2.35
6月限プット	9.65	5.70	3.30

この場合、明らかなミスプライスはあるだろうか。

まず、バタフライを見ることにする。3月限バタフライは（7.50＋2.35）−（2×3.85）＝2.15で売買されている。6月限バタフライは（9.65＋3.30）−（2×5.70）＝1.55で売買されている。どちらのバタフライもプラスの額で売買されているので、いずれを買うべきか売るべきかすぐには分からない。

しかし、6月限バタフライは、残存期間が長いので、もっと価格が高いはずだと思える。通常、オプション評価においては、期間が長け

れば価格が高いと考えるからだ。よって、論理的には３月限バタフライのほうが６月限バタフライよりも価格が大きくなる。

ほかに考慮すべき関係が何かあるだろうか。多様な権利行使価格のオプションを見ると必ずタイムスプレッドが頭に浮かぶ。

	95	100	105
６月限コール－３月限コール	8.95	7.65	7.45

これらの価格に何かズレがあるだろうか。タイムスプレッドは、原資産価格が権利行使価格と同値になるときにスプレッドが最大になる。100タイムスプレッドは、アット・ザ・マネーに近づくほど、105タイムスプレッドよりも高い価格で売買される。また100タイムスプレッドは90タイムスプレッドよりも価格が高いはずである。

ところがこの例では、95タイムスプレッドのほうが高い価格で売買されている。ここでも原資産のランダムな変動を前提とすると、明らかに論理に反する。理論価格決定モデルを用いない場合、各スプレッドの価格を確信することはできない。しかし、95コールのタイムスプレッドは、100コールのタイムスプレッドに比較して高すぎることは明らかである。つまり前者を売って後者を買えば、利益が確実というわけではないが、確率の法則が確実に味方になる。

各例において、次のような重要な前提があったことに注意してほしい。

「正確な理論価格とは無関係に、個々のオプション価格とスプレッド価格は、いずれも市場で一様に経過するはずである。しかし、一様に経過していない場合、その状況を利用して相対的に安いオプションまたはスプレッドを買い、相対的に高いオプションまたはスプレッドを売ることができる」

大多数のオプショントレーダーは理論価格を利用している。しかし、

初心者にとって良い習慣になるのは、市場でのオプション価格とスプレッドの関係を素早く調べ、明らかなミスプライスがないか確認することである。

　まずコンバージョンとリバーサルから始め、次にバーティカルスプレッドとバタフライを見て、最後にストラドルとタイムスプレッドを考慮すればよい。通常、明らかなミスプライスは皆無だろう。しかし、もしあれば、その状況を利用し、安いほうを買って、高いほうを売ることができる。**図表11-4**と**図表11-5**に掲載した2つの評価表は、株式オプション市場と先物オプション市場における典型的なオプション価格の連鎖を示している。

図表11-4

株価＝100ドル
残存期間＝3月限13週、5月限26週
ボラティリティー＝25%
金利＝8.00%
配当＝0

	80	85	90	95	100	105	110	115	120
3月限コール	21.58	17.04	12.74	9.00	5.97	3.72	2.17	1.19	.61
3月限プット	.11	.37	.97	2.13	4.00	6.65	10.00	13.92*	18.24*
3月限コールバーティカル	4.64	4.30	3.74	3.03	2.25	1.55	.98	.58	
3月限プットバーティカル	.26	.60	1.16	1.87	2.65	3.35	3.92	4.32	
3月限バタフライ		.34	.56	.71	.78	.70	.57	.40	
3月限ストラドル	21.79	17.41	13.71	11.13	9.97	10.37	12.17	15.11	18.85
6月限コール	23.57	19.30	15.40	11.95	9.02	6.63	4.74	3.30	2.25
6月限プット	.47	1.00	1.90	3.25	5.12	7.53	10.44	13.80*	17.55*
6月限コールバーティカル	4.27	3.90	3.45	2.93	2.39	1.89	1.44	1.05	
6月限プットバーティカル	.53	.90	1.35	1.87	2.41	2.91	3.36	3.75	
6月限バタフライ		.37	.45	.52	.54	.50	.45	.39	
6月限ストラドル	24.04	20.30	17.30	15.20	14.14	14.16	15.18	17.10	19.80*
コール・タイムスプレッド	1.89	2.26	2.66	2.95	3.05	2.91	2.57	2.11	1.64
プット・タイムスプレッド	.36	.63	.93	1.12	1.12	.83	.44	.12*	.69*

*すべてのオプションはヨーロピアンタイプで、期日前権利行使は許されていないとしている。したがって、理論価格はパリティ未満になることがあり、スプレットがマイナスの価格になることがある。期日前権利行使がスプレッドに与える影響については第12章で検討する。

図表11-5

先物価格=0.50ドル
残存期間=5月限4週、6月限12週
ボラティリティ=15%
金利=8%

	46	47	48	49	50	51	52	53	54
5月限コール	3.99*	3.04	2.16	1.41	.82	.43	.20	.08	.04
5月限プット	.03	.07	.18	.42	.82	1.42	2.18	3.05	4.00
5月限コール・バーティカル	.95	.88	.75	.59	.39	.23	.12	.04	
5月限プット・バーティカル	.04	.11	.24	.40	.60	.76	.87	.95	
5月限バタフライ		.07	.13	.16	.20	.16	.11	.08	.04
5月限ストラドル	4.02	2.11	2.34	1.83	1.64	1.85	2.38	3.13	4.04
7月限コール	4.13	3.32	2.58	1.94	1.41	.99	.67	.44	.27
7月限プット	.21	.38	.62	.96	1.41	1.97	2.63	3.38	4.19
7月限コール・バーティカル	.81	.74	.64	.53	.42	.32	.23	.17	
7月限プット・バーティカル	.17	.24	.34	.45	.56	.66	.75	.81	
7月限バタフライ		.07	.10	.11	.11	.10	.09	.06	
7月限ストラドル	4.34	3.70	3.20	2.90	2.82	2.96	3.30	3.82	4.46
コールのタイム・スプレッド	.14	.18	.42	.53	.59	.56	.47	.36	.23
プットのタイム・スプレッド	.18	.31	.44	.54	.59	.55	.45	.33	.19

* すべてのオプションはヨーロピアンタイプで、期日前権利行使は許されていないとしている。したがって、理論価格はパリティ未満になることがあり、スプレッドがマイナスの価格になることがある。期日前権利行使がスプレッドに与える影響については第12章で検討する。

第12章

アメリカンタイプの期日前権利行使
Early Exercise of American Options

　今までは、どのオプション戦略でもポジションを満期まで保有することが前提になっていた。しかし、取引所に上場する大多数のオプションはアメリカンタイプで、満期まで待たなくても期日前権利行使ができる。だからこそ、アメリカンタイプの特性を多少考慮しておく価値がある。特に、次の2つの疑問に答えられるようになりたい。

①どのような状況であれば満期前に権利を行使するのか？
②同等のヨーロピアンタイプと比較して、どれほど余分にアメリカンタイプに支払う用意をすべきなのか？

　期日前権利行使が好ましいのは、それによって収益が生じるときだ。その額はオプションの保険的価値よりも大きくなければならない。株式オプションの権利行使による収益は、先物オプションの権利行使による収益とはかなり異なる。そのため期日前権利行使が好ましくなる状況も違う。したがって、別々に検証してみよう。

先物オプション

　前に解説したように（第6章参照）、オプション評価ではオプショ

ンの価格を高くする要素と低くする要素がある。まずは先物オプションを考えてみよう。その価格に影響を与える要素は、次のように記述できる。

オプション価格＝本質的価値＋ボラティリティ値－金利値

本質的価値とボラティリティの要素は、ゼロ未満になり得ない。したがって、これらの要素は常にオプション価格を拡大させる。金利のマイナス効果がボラティリティのプラス効果よりも大きいと、オプションがヨーロピアンタイプであれば、オプション価格が本質的価値（パリティ）未満になる可能性はある（理論価格がパリティ未満のヨーロピアンタイプはセータ値がプラスになる。その価値は満期が近づくにつれて徐々に大きくなる）。このような場合、オプションがアメリカンタイプであれば、期日前権利行使の候補になる。

例えば、ある先物が100ドルで売買されているとしよう。また、2カ月で満期になる権利行使価格80ドルのコールを所有し、このオプションは株式タイプの決済に準じるとする。

このオプションを評価すると、理論価格が20ドルでデルタは100であることが分かる。つまり、このオプションは本質的には先物と同じ特性を備えている。このオプションがアメリカンタイプであれば、同じデルタを維持したいので、以下の３つの選択肢が考えられる。

１．オプションを保有する
２．オプションを権利行使する
３．オプションを売って先物を買う

この３つのうちどれが最適であろうか？
最初の選択肢を選んでそのポジションを保有する場合、口座にまっ

たく変化はない。持ち帰るポジションは次の立会日に始めるポジションと同一である。

2番目の選択肢を選んで80コールを権利行使する場合、あたかも先物市場で先物を80ドルで買ったようなものである。手にしているのは先物のポジションであるから、先物タイプの決済に従う。もし80ドルで買った先物が100ドルで清算されると、口座に20ドルの入金となり、これには金利がつく。どれだけの金利がつくのか。それは金利と残存日数によって決まる。金利が6％の場合、残存期間が2カ月で、金利収入は次のようになる。

$$20 \times 2 \div 12 \times 6\% = 0.20$$

オプションを期日前に権利行使することで、残存期間中に金利の0.20が追加される。追加される利益がいらないトレーダーなどいないから、オプションを期日前に権利行使することは、単にポジションを保有することより意義がある。

オプションを売って先物を買う3番目の選択肢はどうだろうか。80コールがちょうど本質的価値の20ポイントで売買されている場合、コールを権利行使しても、あるいはコールを売って先物を買っても同じである。どちらの戦略も20ポイントの収益になり、同じ金利の0.20がつく。

しかし、80コールが20ドルではない価格で売買されていたらどうか。例えば、19.50ドルで売買されているとする。これは、オプションがアメリカンタイプでいつでも権利行使が可能な市場では、明らかにあり得ない価格である。80コールを19.50ドルで買うのは、先物を99.50ドルで買うことに相当するからだ。先物が100ドルで売買されているとすれば、コールがパリティ未満で売買されていることを意味する。

これがまさに真実であるなら、こぞってコールを買って先物を売り、

385

直ちにコールの権利を行使するだろう。その結果、リスクのない0.50ドルの利益が生じる。オプションが期日前に権利行使できる市場では、どのオプションもパリティ未満で売買されるはずがない。

オプションがパリティを超えて、例えば20.50ドルで売買されているとしたらどうだろうか。80コールを20.50ドルで売って先物を100ドルで買えば、期日前に権利行使をした場合と同じ結果になる。しかし、今度は、20ドルではなく20.50ドルが口座に入る。オプションを売ることで0.50ドルの追加利益が実現し、わずかだがそれには金利も追加される。

先物オプションを早期に権利行使すると、オプションの本質的価値につく金利を得られる。この本質的価値が口座に入金されるのは、オプションが株式タイプの決済に準じるときのみである。オプションを権利行使すると、先物玉の清算で生じる変動証拠金を受ける。

しかし、大半の米国以外の取引所のように、先物オプションが先物タイプの決済に準じる場合は、オプションの権利を期日前に行使しても入出金が生じることはまったくない。80コールが20ドル、原資産先物が100ドルで売買されていて、オプションが権利行使のときに先物タイプの決済に従う場合、先物の清算によって20ポイントがトレーダーの口座に入金される。しかし同時に、20ポイントの価格のオプションが消滅するときに、20ポイントが口座から引き落とされる。キャッシュの入金と引き落としがきれいに相殺されて、追加の金利はまったくつかない。

オプションが先物タイプの清算に従う先物市場においては、期日前の権利行使は経済的に正当なことでもないし、最適な選択でもない。オプションは、期日前に権利行使するよりも、保有するかあるいは売る方が常に得策である。

株式オプション

配当目的のコールの期日前権利行使

　株式オプションは、先物オプションの場合と同様、いくつかの要素に分解できる。今度は配当要素が追加され、次のようになる。

コール価格＝本質的価値＋金利値＋ボラティリティ値－配当値

　本質的価値、金利、そしてボラティリティの要素はゼロ未満になることはない。したがって、これらの要素は常にコール価格を拡大させる。どれが上昇してもコール価格は上昇するわけだ。
　オプション価格にマイナスの影響を与えるのは配当要素だけだろう。配当が上昇すると、コール価格は下落する。原資産株がまったく配当を出さない場合、または満期前に配当がまったく期待されない場合は、コール価格がパリティ（時間価値がすべて消失する満期時のオプション理論価格）未満になることはあり得ない。ただし、配当のマイナス効果が金利とボラティリティのプラス効果よりも大きい場合、コールがヨーロピアンタイプであれば、パリティ未満になる可能性がある。
　例えば、ある株が100ドルで売買されていて、明日2ドルの配当落ちになるとする。また、2週間後に満期になる90コールが利用できるとする。そのオプションを評価してみると、理論価格が10ドルでデルタが100であることが分かる。つまり、このオプションは本質的には株式と同じ特性を備えている。このオプションがアメリカンで、同じデルタを維持したいのであれば、次の3つの選択肢がある。

1．オプションを保有する
2．オプションを権利行使する

3．オプションを売って株を買う

この3つのうちどれが最適であろうか。

オプションを単に保持するとする。たしかにポジションのデルタは維持できる。しかし、株が配当を中止したら明日はどうなるか。株は変わらずで寄り付いても、2ポイントの配当がその価格から差し引かれるので、配当落ちで98ドルの寄り付きになる（株が配当を中止する日に、すでに配当分を差し引いた価格になるのが普通である。したがって、2ドルの配当を突然中止した100ドルの株は、株価の2ドルの下落は投資家心理の変化ではなく、配当の支払いに起因するものであるから、翌日98ドルで寄り付いても不変だと考えられる）。

このオプション価格はパリティであるから、前日のパリティの10ドルではなく、今日のパリティの8ドルで寄り付く。つまり、オプションを保持すれば2ドルを失うことが確実である。

2番目を選択してオプションを権利行使したら少しでも得になるだろうか。90コールを権利行使すると、株式を100ドルで買うことになる。株が配当落ちになると翌日は2ドル安く寄り付いて、2ドルを失うが、今株を所有しているので、その配当は受け取れる。つまり、株価で2ドルを失っても、配当で受け取る2ドルで相殺されるので、損益はトントンになる。

3番目を選択して、オプションを売り、株を買ったらどうだろうか。これは期日前権利行使に非常に似ているように思える。いずれの場合もオプションを株に置き換えることになる。オプションがパリティで、今の場合10ドルで売買されているなら、オプションの権利を行使してもあるいはオプションを売って株を買っても同じである。

どちらの場合もキャッシュフローは同一で、株を所有して配当落ちになる。しかし、90コールが10ドルではない価格、例えば9.5ドルで売買されているとする。これはオプションがアメリカンタイプでいつ

でも権利を行使できる市場では、明らかにあり得ない価格である。

権利行使価格90ドルのコールを9.5ドルで買うことは、株を99.5ドルで買うことに相当する。株が100ドルで売買されているなら、コールがパリティ未満で売買されていることを意味する。これがまさに真実であるなら、トレーダーはこぞってコールを買って株を売り、直ちにコールを権利行使するだろう。その結果、リスクのない0.5ドルの利益が生じる。オプションが期日前に権利行使できる市場では、どのオプションもパリティ未満で売買されるはずがない。

90コールがパリティを超えて、例えば10.5ドルで売買されているとしたらどうだろう。この場合、オプションを売って株を買うと、株を所有することになるから、やはり配当を受け取る。しかし、コールを権利行使していたら得られなかった0.5ポイントを受け取る結果になる。したがって、3番目の「コールを売って株を買う」という選択肢が最適である。

株式コールの期日前権利行使を考慮する唯一の理由が配当を受け取ることであるなら、株式が配当をまったく出さなければ、コールを期日前に権利行使する理由はまったくなくなる。株式が現実に配当を出す場合、期日前権利行使を考慮すべき日は、株式が配当落ちになる前日だけである。株式オプションがその期間中に期日前権利行使の候補になる機会はほかにはない。

アメリカンタイプオプション市場では、オプションはパリティ未満で売買されるはずがないと分かった。ヨーロピアンタイプオプション市場でも同じことが当てはまるだろうか。今の例の90コールで株が100ドル、期待配当が2ドルの場合、コールの価格は株が配当落ちになると明らかに下落する。配当落ち日よりも前に権利行使で株に換えられない場合、オプションは明らかにその価値を失うことになる。時間価値がほとんどない場合、オプションの配当が中止されて失う額のためにオプションの価格がパリティ未満になる可能性がある。

今の例で、オプションが２週間で満期になり、金利が８％でボラティリティが20％であるなら、90コール（ヨーロピアンタイプ）の価格はおよそ8.25ドルである。これは1.75ドルだけパリティよりも低い。その理由は、どんなにディープ・イン・ザ・マネーであっても、コールが配当に対する権利を伴わないからである。株を所有してはじめてその権利がつくのだ。

金利目的のプットの期日前権利行使

　株式プットの価格は、株式コールの場合と同様、その要素に置き換えて、次のように記述することができる。

　プット価格＝本質的価値－金利値＋ボラティリティ値＋配当値

　プットの場合、その価値にマイナス効果を与える要素は金利要素だけである。金利のマイナス効果がボラティリティと配当のプラス効果よりも大きい場合、プットがヨーロピアンタイプであれば、パリティ未満の価格になる可能性がある。次のような状況を考えてみよう。

　株価＝100、残存日数＝８週、ボラティリティ＝20％、
　金利＝8.00％、配当＝０

　このような想定で、110コールの価格はだいたい0.70ドルである。プット・コール・パリティー関係を用いると、110プットの価格は次のようになる。

　プット価格＝コール価格＋権利行使価格－キャリングコスト

110プットのキャリングコストは、110×56÷365× 8 ％＝1.35となるので、ヨーロピアンタイププットの価格が次のように算出される。

0.70＋110－100－1.35＝9.35

110プットの価格は満期まで保有すると9.35ドルにすぎないが、今日それを権利行使すれば10ドルになる。したがって、このオプションは、権利不行使よりも権利行使のほうが明らかに利益が大きい。110プットの権利を行使すると株を110ドルで売れるようになり、この110ドルの入金に満期まで金利をつけることができる。

株式コールは株式配当落ち日前にのみ期日前権利行使の候補にすることができるにすぎない。しかし、株式プットは、権利行使価格で株を売れば稼げる金利が十分大きい場合、いつでも期日前権利行使の候補にすることができる。いつ権利行使すればよいのか正確に判断するのは難しい問題であるが、株式が配当を出す場合は、その株式の配当落ちの翌日が１番可能性の高いときである。

プットは株式の空売りポジションの代わりである。それを保有する利点のひとつは配当の支払いを避けられることだ。したがって、通常はプットを保有して配当落ち日を過ごしたいと思う。それで、金利要素が満足できるものであれば、プットの権利を行使する。

アメリカンタイプオプション市場では、どのプットもパリティ未満で売買されることはあり得ない。そうでなければ、直ちに裁定の機会を利用して株を買い、プットを買って、直ちにそのプットの権利を行使すればよい。その利益の分だけプットがパリティ未満で売買されることになる。

ただし、これはオプションを満期まで持ち越さなければならないヨーロピアンタイプの市場では、必ずしも当てはまらない。110プットの例では、その理論価格はコール価格（パリティが－0.65）に基づい

ていて、ヨーロピアンタイプ110プットの気配値は9.25／9.50になるだろう。マーケットメーカーはそのオプションを9.50(パリティが－0.50)で売るつもりである。株を売ってヘッジできるし、満期までは株の買い戻しを請求されないことを確信しているからである。満期まで株で稼げる金利は、プットをパリティ未満で売って損をする額を相殺して余りがある。

期日前権利行使の条件

　機会があればアメリカンタイプの権利を行使したいと思うときには、明らかな動機がある。先物オプションの場合、オプションが株式タイプの決済に準じ、本質的価値につく金利を得ようとするときである。また株式のコールの場合、株式が支払う配当を得ようとするときである。株式のプットの場合は、株式を権利行使価格で売って出る利益につく金利を得ようとするときである。
　この追加の利益を得るためにオプションの期日前権利行使を考えられる前提として、次の2つの条件を、今まで検討してきたことから推測するできる。

1．そのオプションはパリティで売買されなければならない
2．そのオプションのデルタは100に近くなければならない

　オプションがパリティを超えて売買されている場合、常にオプションを売って自ら原資産にポジションを取るほうがよい。オプションがパリティで売買されているかどうかは、単にそのオプションの気配値を調べれば判断できる。オプションが期日前権利行使の候補にできるほどディープ・イン・ザ・マネーであれば、買いと売りの気配値はかなり大きく開いているだろう。実際にはパリティで売買されている場

合がほとんどである。

なぜ、100に近いデルタでなければならないのか。オプションを期日前に権利行使すれば、オプションを断念して原資産にポジションを取ることになる。したがって、オプションと原資産が同じ特性を持つことを納得しておきたいからだ。言い換えれば、オプションに「追加的保険価値」がまったく残っておらず、早期に権利行使してもその保険価値を捨てることにはならないことを確信したいのである。

例えば、80コールがあって、原資産が100ドルで売買されているとする。買いポジションを取りたいのであれば、80コールまたは原資産を買えばよい。市場が満期前に80ドル未満に下落する可能性がまったくないと思えば、80コールを保有しても原資産を保有しても違いはない。

しかし、仮に、市場が80ドル未満に下落する可能性が多少あるとすれば、80コールを保有するほうを選択する。もし市場が80ドル未満に下落すれば、コールを保有していることがオプションのプレミアムの潜在的損失を限定することになるからだ。一方、原資産の買いポジションを保有していて市場が80ドル未満に下落すれば、潜在的損失は無限大になる。

「デルタはオプションが満期時にイン・ザ・マネーになる確率である」というデルタのひとつの解釈を思い起こしてみよう。デルタが100に近いということは、原資産が権利行使価格を突破する可能性はほとんどなく、したがって、オプションがアウト・オブ・ザ・マネーになる可能性もほとんどないことを意味する。

どの程度の確信があれば期日前権利行使の十分な根拠になるだろうか。デルタが100であれば必ず期日前権利行使を考えるだろう。では99、96、90はどうか。デルタが95を超えていれば、多くは期日前権利行使を少なくとも考慮する。期日前権利行使によって、どれだけの金利がつくのか、あるいはどれだけの配当が出るのか考える。

デルタが95以下であれば、おそらくリスクが大きすぎて期日前権利行使を考慮できないだろう。原資産が権利行使価格を突破する可能性が少なくとも5％はある。突破すれば、期日前権利行使によって得られる追加利益のいかんを問わず、行使したことを後悔することになる。

　デルタが100に近いことを確認することで、オプションにまだ残っているかもしれない保険価値を捨てるわけではないことも確認できる。オプションがかなりディープ・イン・ザ・マネーになると、その時間価値（保険価値）は消滅し始める。デルタが100であれば、理論上そのオプションには時間価値はまったく残っていない。

　しかし、デルタが小さくなると、時間価値は増大する。デルタが100からかなりかけ離れているようであれば、オプションはまだかなりの時間価値を保持しているだろう。このようなオプションを早期に権利行使すれば、この時間価値を捨ててしまうことになる。

　期日前権利行使の妥当性は、少なくともその一部としてオプションのデルタに基づいている。したがって、正確なデルタが重要になる。しかし、デルタに影響を与える要素は数多くあり、しかもそれらのどの要素についても評価を誤る可能性がある。

　正しいボラティリティが15％だと思っていれば、オプションのデルタは98になるかもしれない。しかし、ボラティリティの判断を引き上げて17％にすると、オプションのデルタは小さくなる。この状況ではデルタは93でしかないかもしれない。

　15％のデルタなら早期権利行使を考えるだろうが、17％のボラティリティでは考えないだろう。このため、低ボラティリティ市場のオプションは、高ボラティリティ市場のオプションよりも早期に権利行使される頻度がずっと高いのである。

　同様に、残存日数3カ月のオプションはデルタが92ぐらいで、したがって期日前権利行使の候補にはならないだろう。しかし、2カ月が経過して原資産価格が不変であれば、デルタは上昇して今度は99にな

るかもしれない。残存日数が３カ月あったときは期日前権利行使の候補にならなかったが、残存日数が１カ月になると候補になる。

　もちろん、そもそもなぜ期日前権利行使を考慮していたのか考えてみるべきである。多くの場合、オプション期間中の金利を稼ぐために権利行使する。１カ月間よりも３カ月間のほうが多くの金利を稼げるので、その観点からすると３カ月のオプションは１カ月のオプションよりも期日前権利行使の候補になる可能性が高い。数多くの要素が期日前権利行使の妥当性に影響を与え、これらの要素はいろいろな方向に引き合って、期日前権利行使を決定付けるものもあればそれを遠ざけるものもある。

　今までは、専ら期日前権利行使はいつ行えば妥当なのかという問題に取り組んできた。アメリカンタイプは期日前に権利行使できるので、ヨーロピアンタイプにはない付加価値があるはずである。今はだれも権利行使など考えないアウト・オブ・ザ・マネーのオプションであっても、やがて十分ディープ・イン・ザ・マネーになって期日前権利行使の候補になる可能性がある。この可能性があるので、アメリカンタイプは常にヨーロピアンタイプよりも価格が高いはずである。

　ほかの条件が同じとして、ヨーロピアンタイプよりどの程度多くをアメリカンタイプに支払えばよいのか。ブラック・ショールズ式モデルは、ヨーロピアンタイプの価格決定モデルなので、この問題にはまったく答えていない。

　多くのトレーダーは、算出された価格がアメリカンタイプでは多少不正確になってしまう事実があるにもかかわらず、同じくらい手軽にアメリカンタイプを評価するモデルがなかったので、ブラック・ショールズ式モデルを長年使い続けていた。期日前権利行使の付加価値の問題は、直感で、またはブラック・ショールズ式モデルで算出された価格を少し修正して対処したのである。例えば、株の配当支払いが期待されるとき、アメリカンタイプコールの価格は、ブラック・ショー

ルズ式モデルによるコールの価格を次のような2つの状況で比較することで、その近似を求めていた。

1. コールは株式が配当落ちになる前日に満期になる
2. コールは通例の日に満期になるが、コールを評価するために用いられる原資産価格は、現在の価格から期待配当を差し引いたものである

どちらか大きいほうをアメリカンタイプコールの「仮の価格」にしたわけだ。また先物オプション、あるいは株式のプットの場合、トレーダーはブラック・ショールズ式モデルで算出された価格を用いていたが、理論価格がパリティに満たないどのオプションもちょうどパリティまでに引き上げて計算した。

結局、アメリカンタイプをもっと正確に評価するモデルが開発された。最も広く使われているモデルは、ジョン・コックス、スティーブン・ロス、そしてマーク・ルーベンスタインによって開発された「コックス・ロス・ルーベンスタイン式モデル」と、ジョバンニ・バローネ・アデシとロバート・ウェイリーによって開発された「ウェイリー式モデル」である。

ブラック・ショールズ式モデルと違って、これらのモデルのいずれも閉形式ではない。つまり、単に数字を合計すれば正しい価格が出てくるわけではない。どちらのモデルもアルゴリズムあるいはループであって、ユーザーがループを抜けるごとにアメリカンタイプの真の価格に近づく。

コックス・ロス・ルーベンスタイン式モデルは直感的にも数学的にも非常に理解しやすい。しかし、何重にもループを抜けないと満足な価格を算出できない。他方、ウェイリー式モデルのほうは数学的には複雑だが、ずっと速く満足できる価格に収束する。コックス・ロス・

ルーベンスタイン式モデルであれば、40回または50回ループを抜けなければ得られない精度をウェイリー式モデルでは4回または5回抜けるだけで達成できる。

アメリカンタイプの評価に加え、どちらのモデルもオプションの期日前権利行使の妥当な時期も判断してくれる。先ほど解説したときはこの点に関していささかあいまいで、オプションのデルタが100に近くないかぎり期日前権利行使は妥当ではないと述べるにとどめた。しかし、真正のアメリカンタイプモデルを利用すれば、理論価値がちょうどパリティでデルタがちょうど100の最適な状態で、期日前に権利行使できるのである。

コックス・ロス・ルーベンスタイン式モデルとウェイリー式モデルはたいていの場合、同じような価格を算出する。しかし、結果を出すのが早いウェイリー式モデルを使うコンピューターサービスがどんどん増えている。一方、コックス・ロス・ルーベンスタイン式モデルは遅いがウェイリー式モデルにはない効果があるので、まだ非常に広く利用されている。

例えば、現実には配当は一括して支払われるが、ウェイリー式モデルは、株式の配当支払いをあたかもオプション期間中の連続した金利支払いのように処理する。一方、コックス・ロス・ルーベンスタイン式モデルはこの一括払いの影響を株式のコールにもっと正確に反映させるのである。

またウェイリー式モデルとは違って、コックス・ロス・ルーベンスタイン式モデルは、最近導入されたエキゾチックオプションをいくつか評価するのにも利用できる。このようなオプションは、その価格が満期時に原資産が届く可能性のある価格分布だけではなく、その分布を達成する過程で原資産がたどるいろいろな経路にも基づいているので「パスディペンダント＝経路依存型」オプションと呼ばれる。

どのモデルを選んでも、モデルによって算出される価格の精度は、

モデル自体の理論的正確さと少なくとも同程度に、モデルに入力されるデータに左右される。不正確なボラティリティ、不正確な金利、不正確な原資産価格を用いてアメリカンタイプを評価するなら、ヨーロピアンタイプモデルではなくアメリカンタイプモデルから価値を算出してもほとんど無意味になる可能性が高い。アメリカンタイプモデルの出す誤差は小さいかもしれないが、そんなことは不正確なデータのために大きな損失が発生すれば、ささいな慰めにすぎない。

アメリカンタイプの価格が最も重要になるのは、オプションのキャリングコストと原資産のキャリングコストの間に著しい差があるときである。両者のキャリングコストの差が大きければ大きいほど、ますます期日前権利行使の価格が高くなる。原資産が先物でそのオプションが先物タイプの決済に従う場合、いずれのポジションのキャリングコストも理論上はゼロである。これは実効金利をゼロに想定するのと同じである。ゼロ金利を用いるのであれば、ヨーロピアンタイプとアメリカンタイプのオプションの価格にまったく違いはない。

先物オプションが株式タイプの決済に準じる場合、オプションのキャリングコストと原資産のキャリングコストの間にはわずかな違いがある。オプションは株式タイプの決済に準じるが、オプション価格は原資産価格の小さな一部分にすぎない。したがって期日前権利行使の追加価値は小さく、しかもディープ・イン・ザ・マネーのオプションにのみ出現する。

この場合でさえ、ヨーロピアンタイプとアメリカンタイプの価格の差は、基本的に最小限の価格増加にも満たない。このような市場では、アメリカンタイプの価格決定モデルを用いているからといって、ヨーロピアンタイプの価格決定モデルを用いているトレーダーよりも大きな利益を得る可能性は低い。現実的な要因、例えばボラティリティ評価の精度、原資産市場の方向性トレンドを予測する能力、そして有効なスプレッド戦略によってリスクを抑制する能力のほうが、ヨーロピ

アンタイプモデルではなくアメリカンタイプモデルを用いることで得られる小さな優位性よりも、はるかに重要である。

　期日前権利行使の重要性が最も大きくなるのは、原資産が株式または現物通貨の場合である（期日前権利行使は、オプションが決済される国内通貨と権利行使のときに受け渡しのある外貨の金利が著しく異なる場合も重要である）。このような場合、オプションのキャリングコストと原資産のキャリングコストにはかなりの差が出る。

　この差は、期日前権利行使による利益で金利を稼げるので、ヨーロピアンタイプの価格とアメリカンタイプの価格との差に特に影響を与える。株式オプション市場でも現物通貨オプション市場でもトレーダーは、コックス・ロス・ルーベンスタイン式モデルやウェイリー式モデルのようなアメリカン型モデルによって、オプション評価の精度がさらに高くなることに実に価値があることを知るだろう。この差の大きさを**図表12-1**に示した。

期日前権利行使が売買戦略に与える影響

　アメリカンタイプのデルタは、同じ条件のヨーロピアンタイプのデルタよりも常に大きくなる。その違いの程度は、オプションがどれほどディープ・イン・ザ・マネーであるか、また期日前権利行使の結果生じる金利要素による。たいていの場合、アメリカンタイプのデルタはヨーロピアンタイプとわずかに違うだけなので、期日前権利行使の可能性がボラティリティあるいは方向性戦略に大きな影響を与えるとは思えない。前者の場合、デルタニュートラルをだいたい維持したいなら、売買数量の比率をわずかに調整しなければならない。後者の場合、ヨーロピアンタイプにも同じ戦略を用いているのであれば、思惑よりも数デルタだけ買いまたは売りになっていることが分かるだろう。

　オプションの期日前権利行使は自動的ではないので、だれかが誤っ

図表12-1
ヨーロピアンタイプとアメリカンタイプのプットの価格

株価 =100　ボラティリティ =25%　金利 =8.00%　配当 =0
残存期間 =4 週

	ブラック・ショールズ式の価格	ブラック・ショールズ式のデルタ	コックス・ロス式の価格	コックス・ロス式のデルタ
80 プット	.00	0	.00	0
90 プット	.15	−5.0	.15	−5.1
100 プット	2.46	−45.1	2.51	−46.4
110 プット	9.67	−89.5	10.03	−95.3
120 プット	19.28	−99.4	20.00	−100.0

残存期間 =13 週

	ブラック・ショールズ式の価格	ブラック・ショールズ式のデルタ	コックス・ロス式の価格	コックス・ロス式のデルタ
80 プット	.11	−2.2	.11	−2.3
90 プット	.97	−14.3	1.00	−14.9
100 プット	4.00	−41.2	4.20	−44.0
110 プット	10.00	−70.6	10.71	−78.2
120 プット	18.25	−89.2	20.00	−100.0

残存期間 =26 週

	ブラック・ショールズ式の価格	ブラック・ショールズ式のデルタ	コックス・ロス式の価格	コックス・ロス式のデルタ
80 プット	.46	−5.7	.50	−6.1
90 プット	1.89	−18.1	2.02	−19.6
100 プット	5.11	−37.7	5.55	−42.1
110 プット	10.43	−58.9	11.58	−68.8
120 プット	17.56	−76.4	20.04	−94.8

てオプションを期日前に権利行使するべきときにしないことを根拠にする戦略がある。例えば、株式オプショントレーダーは「配当プレー」を執行するだろう。この戦略では、株式の配当落ち日が接近しているときに株を買い、ディープ・イン・ザ・マネーのコールを売る。コールの割り当てを受けない場合、株は損益がトントンになる（株価は下落するが配当を受け取る）。同時に、売ったディープ・イン・ザ・マネーのコールが配当の額だけ下落すれば利益になる。もちろん、コー

ルの割り当てを受けたら（本来そのはずだが）、損益はトントンになるだけだ。

権利行使されなかったコールの配当額だけ利益になる配当プレーは、オプション売買の初期、市場が今ほど複雑ではなく、すべき権利行使がされなかったオプションが多くあったころに、はるかに一般的であった。今は市場がより効率的になったので、このような可能性を利用する余裕があるのは、極めて低いコストで売買できるプロのトレーダーだけである。それでもなお、売ったコールの大多数が割り当てられることになる。

株を売り同時にディープ・イン・ザ・マネーのプットを売ることで、同様なタイプの「金利プレー」を執行できる。今度は、配当額を利益にするのではなく、権利行使価格での金利を利益にする。この利益は、プットが権利行使されないままであるかぎり増え続ける。プットが権利行使されても、損益がトントンになるだけである。この場合も、この戦略を用いる可能性が高いのは、売買コストの低いプロのトレーダーだけである。

オプションが株式タイプの決済に準じる場合、先物オプション市場でも金利プレーを実行することが可能で、先物を買って同時にディープ・イン・ザ・マネーのコールを売るか、あるいは先物を売って同時にディープ・イン・ザ・マネーのプットを買えばよい。オプションが十分にディープ・イン・ザ・マネーであれば、期日前に権利行使されるはずだが、そのオプションの権利が行使されないままであれば、オプションを売った利益につく金利を稼ぎ続けることができる。

金利を稼ぐ元になる額は権利行使価格と先物価格の差であるから、この戦略は、権利行使価格を元に金利を稼ぐ株式市場の同様の戦略ほど有利ではない。それでも、売買コストが十分に低い場合は実行する価値があるだろう。

また配当プレーと金利プレーの応用形もディープ・イン・ザ・マネ

一のバーティカルスプレッドを用いて執行できる。例えば、現物株が100ドルで売買されていて、配当落ち日が近づいているとする。80コールと85コールが十分にディープ・イン・ザ・マネーになっていて早期権利行使の候補になり、80コールと85コールのバーティカルスプレッドを5ポイントで買ってみようと思う。つまり、80コールを権利行使して配当を受け取り、同時に85コールの割り当てがないことを期待しているわけだ。

おかしいことに、80コールと85コールが期日前権利行使の候補であるなら、また80コールと85コールのバーティカルを5ポイントで売る気になるはずである。それを実行する場合、80コールの権利を行使して配当を受け取り、同時に85コールの割り当てがないことを期待する。そこでプロはこのような状況で論理的に気配値をどちらも5ドルに付けてしまう。つまり、80コールと85コールのバーティカルを5ドルで買うあるいは売る気になっているのである。どちらのコールを買うにしても直ちに権利を行使するつもりであるが、売るコールについては割り当てがないことを期待している。

期日前権利行使の可能性は裁定取引にも影響を与える。例えば、株式オプショントレーダーが次のように逆転換を執行するとする。

コールを買う
プットを売る
株を売る

有利な価格だと確信してこの戦略を執行する場合、その利益の一部は株を売って期待する金利である。しかし、株が下落し始めたら、そしてさらに下落してプットの割り当てを受けたらどうなるか。これでは、株の買い戻しを要求されるので、金利の稼ぎはなくなる。もちろん、その場合でも、コールを売って多少の現金を受け取ることができ

る。しかし、コール価格が十分に高くなく金利損を相殺できなければ、この有利な反転も実際は不利になってしまう。

この例では、プットの割り当てを受けることを懸念している。市場が下落すれば割り当ての可能性は高くなるし、市場が上昇すれば割り当ての可能性は低くなる。このトレードでは市場の上昇を期待しているので、デルタはプラス値のはずである。それは次のようなデルタ値によって確認される。

株価＝100、残存日数＝3カ月、ボラティリティ＝25％、
金利－8％、配当＝0

オプション	ヨーロピアンタイプ		アメリカンタイプ	
	価値	デルタ	価値	デルタ
100コール	5.97	58.8	5.97	58.8
100プット	4.00	－41.2	4.20	－44.0

ヨーロピアンタイプの場合、リバーサルのポジション全体のデルタは、

＋58.8＋41.2－100＝0

しかし、アメリカンタイプであれば、全体のデルタは、

＋58.8＋44.0－100＝＋2.8

デルタのプラス値2.8は、市場が上昇して、プットの割り当てを受けないで済むわずかな期待を反映している。

同様な理由で、コンバージョンを執行する場合（コールを売りプッ

トを買って株を買う)、デルタは－2.8になる。株が下落してプットを期日前に権利行使し、株式買いポジションを持ち越す金利コストが不要になることを期待しているのである。

期日前権利行使の妥当性(可能性)は、原資産市場の上昇または下落によって増減するので、アメリカンタイプを利用するコンバージョンとリバーサルはデルタニュートラルではない。これらの戦略の偏りが2～3デルタにすぎなくても、執行される規模が大きいので無視できない追加リスクになる可能性がある。これは、コンバージョンとリバーサルの単なる組み合わせであるボックスとジェリーロールにも当てはまる。次のオプションの価値を考えてみよう。

株価＝100、ボラティリティ＝25％、金利＝8.00％、配当＝0
残存日数──3月限＝3カ月、6月限＝6カ月

オプション	ヨーロピアンタイプ		アメリカンタイプ	
	価格	デルタ	価格	デルタ
3月限95コール	9.00	73.7	9.00	73.7
3月限95プット	2.13	－26.3	2.24	－27.8
3月限100コール	5.97	58.8	5.97	58.8
3月限100プット	4.00	－41.2	4.20	－44.0
6月限95コール	11.96	72.7	11.96	72.7
6月限95プット	3.24	－27.3	3.49	－29.9
6月限100コール	9.03	62.3	9.03	62.3
6月限100プット	5.11	－37.7	5.55	－42.1

期日前権利行使の可能性がいろいろな裁定価格とデルタに与える影響は次のようになる。

戦略	ヨーロピアンタイプ 価格	デルタ	アメリカンタイプ 価格	デルタ
3月限95/100ボックス	4.90	0	4.99	−1.3
6月限95/100ボックス	4.80	0	4.99	−1.8
3／6月限95ジェリーロール	1.85	0	1.71	＋1.1
3／6月限100ジェリーロール	1.95	0	1.71	＋1.6

　ボックスの買いは、高いほうの権利行使価格のプットを所有しているので、アメリカンタイプを利用すると価格が高くなる。95／100ボックスの買いは、95コールと100プットを買って95プットと100コールを売ったことを意味している。

　買った100プットは95プットの前に期日前権利行使の候補になるので、アメリカンタイプボックスのほうが同じ条件のヨーロピアンタイプボックスよりも価格が高くなる。アメリカンタイプのボックスの所有者は、市場が下落して100プットの権利をできるだけ早く行使できるようになればよいと思っている。したがって、このボックスのデルタ値はマイナスになる。

　ジェリーロール買いは、長期プットを売っているため、アメリカンタイプオプションでは価格が低くなる。3月限と6月限の権利行使価格100ドルのジェリーロールを買うと、3月限100プットと6月限100コールの買い、3月限100コールと6月限100プットの売りとなる。

　6月限100プットは長期のオプションなので、3月限100プットよりも期日前権利行使の可能性が高い。したがって、ジェリーロールのデルタは、6月限100プットの割り当てを受ける危険性が高くなるのでプラス値になる。よって、ジェリーロールの所有者は、市場が上昇して6月限100プットの割り当てを受ける可能性が小さくなることを期

待する。

　ボックスの価格に影響する独特な期日前権利行使の状況は、会社の株式の一部に株式公開買い付けがあれば、株式オプション市場でも発生することがある。例えば、現株が100ドルで売買されている場合、100／105のボックスは約5ドルで売買されていると思うだろう。しかし、仮に、株式公開買い付けが行われ、発行済み株式の半分が110ドルの価格で買われることになったとする。

　100／105ボックスを買ったトレーダーは、100コールを権利行使して株を差し出せるようにする。1000株差し出す場合、その半分の500株が株式公開買い付け価格の110ドルで引き取られることを期待する。しかし、株式公開買い付けは発行済み株式の半分だけだから、それが完了したあと、株価は株式公開買い付け前の価格の100ドルに戻る。つまり、残りの500株はやはり100ドルで売買される。

　言い換えると、株式公開買い付け前には100コールの価格は10ドルであるが、その後の105プットの価格は最小限の5ドルになる。もちろん、ボックスの価格は、発行済み株式の半分が110ドルの価格になるだけだから、15ドルであるとは言えない。残り半分の価格は100ドルである。それでもなお、100／105ボックスは通常価格の5ドルよりもかなり高く売買される可能性が高い。

　期日前権利行使の可能性は先物オプション市場における裁定戦略にも影響を与えることがある。しかし、株式オプション市場では、ヨーロピアンタイプとアメリカンタイプの価格差は、先物オプションほどの金利要素はあまりないので、はるかに小さくなる。現実には、オプションが非常にイン・ザ・マネー、あるいは非常に長期でなければ、アメリカンタイプとヨーロピアンタイプの先物オプションの価格差は無視できる程度である。オプションと裁定価格の数例を以下に示した（すべてのオプションが株式タイプの決済に準じるという前提）。

　先物価格＝100、ボラティリティ＝25％、金利＝8.00％

第12章 アメリカンタイプの期日前権利行使

残存日数──3月限＝3カ月、6月限＝6カ月

オプション	ヨーロピアンタイプ 価格	デルタ	アメリカンタイプ 価格	デルタ
3月限95コール	7.60	66.9	7.67	67.5
3月限95プット	2.70	−31.2	2.73	−31.3
3月限100コール	4.88	51.5	4.88	51.8
3月限100プット	4.88	−46.6	4.88	−46.9
6月限95コール	9.27	62.2	9.34	63.5
6月限95プット	4.46	−33.9	4.48	−34.2
6月限100コール	6.76	51.4	6.80	52.2
6月限100プット	6.76	−44.7	6.80	−45.4

戦略	ヨーロピアンタイプ 価格	デルタ	アメリカンタイプ 価格	デルタ
3月限95コンバージョン	4.90	+1.9	4.94	+1.2
6月限95コンバージョン	4.81	+3.9	4.86	+2.3
3月限100コンバージョン	0	+1.9	0	+1.3
6月限100コンバージョン	0	+3.9	0	+2.4
3月限95/100ボックス	4.90	0	4.94	+0.1
6月限95/100ボックス	4.81	0	4.86	+0.1
3／6月限 95ジェリーロール	1.85	0	1.71	+1.1
3／6月限				

100ジェリーロール	1.95	0	1.71	+1.6

初心者の多くは、期日前権利行使の可能性をむやみに懸念しすぎる。「オプションを売って突然割り当てられたらどうしよう？」

なるほど期日前の割り当てで損失が生まれることもあるだろう。しかし、資金を失う原因は数多くあって、期日前権利行使はそのひとつにすぎない。期日前権利行使の可能性に備えなければならないのと同様、原資産価格が変動する可能性やボラティリティが変化する可能性に備えなければならない。

清算機関の設定する証拠金制度があるので、通常は十分な資金を口座に確保して期日前権利行使の可能性をカバーする必要がある。しかし、常にそうなるとは限らない。ディープ・イン・ザ・マネーのオプションを売っていれば、期日前権利行使の通知が資金を圧迫することがある。そうなれば、状況をカバーする十分な資金が必要になる。さもないと、一部またはすべての残っているポジションの清算を余儀なくされる。強制決済は常に計画の失敗を意味する。

ベテランなら期日前権利行使の可能性を予見できるはずである。次のように自問すれば済むことである。「もし自分がこのオプションを所有していたら、今権利行使するのが妥当なのか？」

その答えが「イエス」であれば、割り当てに備えるべきである。期日前権利行使が突然行われることは「めったにない」。突然であれば、割り当てられたトレーダーにとっては、おそらく良いことである。オプションが期日よりずっと前に権利行使される場合は、だれかが誤ってそのオプションの時間価値あるいはヘッジ特性を放棄してしまったのだ。そうなれば、割り当てられたトレーダーは棚からぼたもちになる。

第13章
オプションによるヘッジ
Hedging with Options

　オプションと先物が市場に導入された当初の根拠は、市場参加者が原資産のポジションを保有することにかかるリスクの一部またはすべてをひとりの当事者から別の当事者へ移転することであった。オプションと先物は保険契約として作用する。ただ、先物と違ってオプションは、リスクの一部だけをひとりの当事者から別の当事者へと移転する。この点で、先物よりもオプションのほうが従来の保険契約に似ている。

　オプションの元来の目的は保険契約として機能することであったが、オプション市場が進化して、たいていの市場でヘッジャー（現行のポジションをヘッジしたい人）は市場参加者の小さな部分を占めるだけになっている。ほかのトレーダーは、裁定業者も、投機家も、スプレッド取引者も含めて、通常は真のヘッジャーよりも数が多い。それにもかかわらず、ヘッジャーはやはり市場の重要な勢力であり、賢明なるトレーダーのだれもがヘッジャーがポジションをヘッジするために利用する戦略を意識しなければならない。

　多くのヘッジャーは、通常の商行為の過程で、何かの原資産価格の上昇あるいは下落によって利益を得る。商品（穀物、石油、貴金属）生産者はナチュラルロングといわれ、商品価格が上昇しているときに市場へ売りに行けば利益が増える。商品の消費者はナチュラルショー

トといわれ、商品価格が下落しているときに市場へそれを買いに行けば支払いが少なくて済む。

同様に、金融市場の貸し手と借り手は、金利面からすればそれぞれナチュラルロングとナチュラルショートである。金利が上がれば、貸し手に有利で、借り手に不利である。金利が下がれば反対の影響を与える。

ほかの潜在的ヘッジャーも市場に参加する。自己の買い（ロング）や売り（ショート）のポジションにあるリスクの一部またはすべてを転嫁したいと思っているからである。投機家は特定の金融商品に買いか売りのポジションを取ったとしても、そのポジションのリスクを一時的に軽減したいと思う。

例えば、通常ポートフォリオマネジャーは、報酬をもらってポートフォリオに入れる株式を選ぶ。したがって、買いである。そのマネジャーは、特定の株を保有し続けたいが短期的に株は下落するという確信がある場合、オプションか先物でヘッジするほうが株を売ってあとで買い戻すよりも安くつくことに気づくだろう。

保険と同様、ヘッジにもコストがかかる。そのコストは直ちに現金の支出が必要になり、すぐに明らかになることもある。しかし、コストはそればかりでなく、利益の機会を逸することや状況によっては追加のリスクが発生することなど、もっと把握しがたい場合もある。

そしてあらゆるヘッジの判断は二律背反（トレードオフ）になる。つまり、ある状況下で自分を守るためには、別の状況下では何かを犠牲にする必要があるわけだ。買いポジションのヘッジャーが下落リスクを避けたい場合、ほとんど確実に上昇サイドで何らかの犠牲が必要になる。また、売りポジションのヘッジャーが上昇リスクを避けたい場合、下落サイドでの犠牲が必要になる。

プロテクティブコールとプロテクティブプット

　オプションを用いて原資産ポジションをヘッジする一番簡単な方法は、コール買いによる売りポジションのヘッジ、あるいはプット買いによる買いポジションのヘッジである。たとえ市場が不利に動いても、ヘッジャーは権利行使価格を超えるいかなる損失からも免れることができる。権利行使価格と原資産の現在値の差は、保険の控除額に似ている。そしてオプションの価格は保険で支払わなければならない保険料（プレミアム）に似ている。

　例えば、米国の会社が100万独マルク相当の商品を6カ月後に受ける予定だとする。受け渡しのときに独マルクで支払う契約になっている場合、米会社は自動的に米ドルに対して独マルクで売りポジションを取ることになる。独マルクの対ドルレートが上昇すると商品のドル建てコストが大きくなり、独マルクが対ドルで下落すると商品のドル建てコストが小さくなる。独マルクが現在0.60ドル（1独マルク＝60セント）で売買されていてこの先6カ月そのままだとすれば、米会社のコストは60万ドルである。しかし、受け渡しのときに独マルクが上昇して0.70（1独マルク＝70セント）であれば、米会社のコストは70万ドルになってしまう。

　米会社は、被ったリスクを独マルクのコール、例えば権利行使価格0.64ドルのコールを買うことで相殺できる。会社が厳格なヘッジを要望する場合、原資産は100万独マルクで、オプションの満期は商品の受渡日になる。独マルクの価格が米ドルに対して上昇し始めたら、会社は6カ月後に商品の受け渡しを受けるときに予想を超える価格の支払いが必要になる。

　しかし、独マルクに支払わなければならない価格はけっして0.64ドルを超えることはない。独マルクの価格が満期で0.64ドルを超えれば、会社はそのコールの権利を行使して0.64ドルで独マルクを買うだけで

ある。独マルクの価格が満期で0.64ドル未満であれば、米会社は一般市場で独マルクを買うほうが安くつくので、オプションの権利行使をする必要がない。

　ヘッジャーがコールを買って売りポジションをヘッジしたり、プットを買って買いポジションをヘッジしたりする場合、そのリスクはオプションの権利行使価格に限定される。しかし、無限大の利益の可能性はそのままある。原資産市場がヘッジャーの有利に動けば、オプションは満了させて、評価額が増加したポジションを一般市場で利用すればよい。

　今の例では独マルクが下落して受け渡しのときに0.55ドルになれば、会社は0.64ドルのコールを権利行使しないで単に満了にしたらよいだけである。米会社は100万独マルクを55万ドルで買えれば、15万ドルが棚からぼたもちになる。

　「プロテクティブコール」あるいは「プロテクティブプット」の形で保険を買うと、いわゆるオプション価格というコストがかかる。保険コストはオプションによってヘッジされる額に比例する。6カ月0.64コールの価格が0.0075ドルの場合、米会社は何があろうと、7500ドル（0.0075×1,000,000）を余分に支払う。コールは権利行使価格が高いと安くなるが、追加控除の形でのヘッジ額は小さくなる。

　会社が0.0025ドルで売買されている0.66コールを選択すれば、この保険のコストは2500ドル（0.0025×1,000,000）にすぎない。しかし、会社は1独マルク＝0.66ドルまでのいかなる損失にも耐えなければならない。0.66ドルを超えてはじめて会社は完全にヘッジされる。同様に、権利行使価格が低いコールは追加ヘッジを提供するが価格は高い。0.62コールは0.62ドルを超えるとヘッジするが、そのコールの価格は0.015ドルで、このヘッジを買う場合は、余分に1万5000ドルが原価総額に上乗せされる。

　プロテクティブオプションを買うコストとその戦略によって提供さ

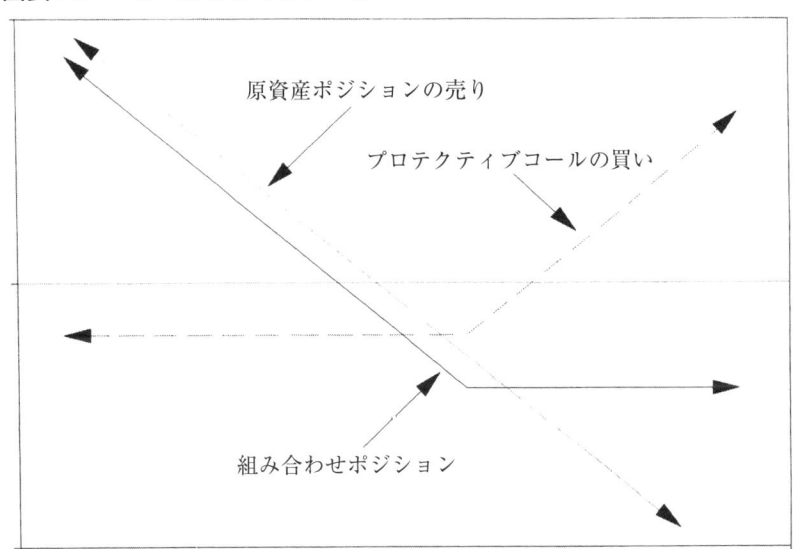

図表13-1　プロテクティブコール

原資産ポジションの売り

プロテクティブコールの買い

組み合わせポジション

れる保険は**図表13-1**（プロテクティブコール）と**図表13-2**（プロテクティブプット）に示されている。各戦略は原資産とオプションポジションの組み合わせであるから、第11章を思い起こせばプロテクティブポジションは次のような合成オプションになる。

　原資産売り＋コール買い＝プット買い
　原資産買い＋プット買い＝コール買い

　コールを買って原資産の売りポジションをヘッジするヘッジャーは、事実上、権利行使価格の同じプットを買ったことになる。プットを買って原資産の買いポジションをヘッジするヘッジャーは、事実上、権利行使価格の同じコールを買ったことになるわけだ。

図表13-2　プロテクティブプット

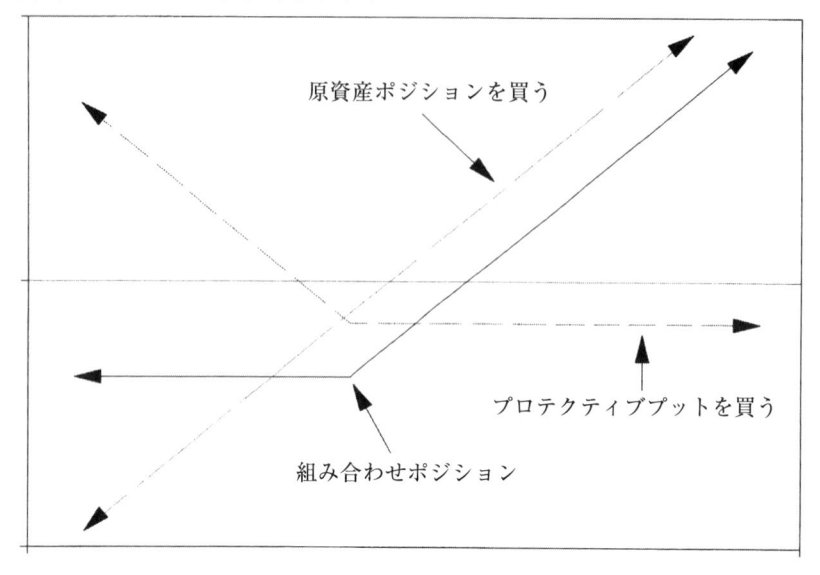

(図：原資産ポジションを買う／プロテクティブプットを買う／組み合わせポジション)

　今の例では、0.64コールを買って独マルクの売りポジションをヘッジする場合、その結果は0.64プットを所有することと同一である。では、ヘッジャーはどちらのプロテクティブオプションを買うべきか。それはヘッジャーが耐える用意のあるリスクの額次第である。それぞれの市場参加者が個々に判断すべきことである。ただ、ひとつ確実なことがある。プロテクティブオプションを買うには必ずコストがかかることだ。オプションの提供する保険のおかげでヘッジャーが金融ポジションをヘッジできるのであれば、そのコストには払うだけの価値があるだろう。

カバードライト

　プロテクティブオプションを買うと限定された既知のリスクになる。しかし、ヘッジャーはもっとリスクを受け入れ、何かほかの利点と引き換えにする用意があるかもしれない。つまり、オプションを買って現行のポジションをヘッジするのではなく、そのポジションに対してオプションの売り（ライティング）を考慮するのである。これを「カバードライト」と呼ぶ。

　この戦略は、プロテクティブオプションを買うことでもたらされる限定されたリスクを提供するわけではない。しかし、支払いではなく受け取りを発生させる。この受け取りは原資産市場の不利な動きに対してフル（全部）ヘッジではないがある程度のヘッジになる。

　ある株の買いポジションでポートフォリオを組んでいるファンドマネジャーのことを考えてみよう。マネジャーがある株の下落を懸念している場合、その株に対してコールの売りを選択すればよい。マネジャーが求めるヘッジの額と潜在的な上昇額が、どのコールを（イン・ザ・マネーでも、アット・ザ・マネーでも、アウト・オブ・ザ・マネーでも）売ればよいかの基準になる。イン・ザ・マネーのコールを売ると高度のヘッジになるが、上昇サイドの潜在利益をほとんど逃してしまう。アウト・オブ・ザ・マネーを売るとヘッジの程度は落ちるが、上昇サイドに大きな潜在利益の余地を残す。

　例えば、ある保有株が現在100ドルで売買されており、ファンドマネジャーがその株の95コールを売ったとする。95コールは6.5ドルで売買されており、コールを売れば株価の下落に対する高度なヘッジになる。株価の下落幅が6.5ドルを超え、つまり株価が93.5ドルを下回らないかぎり、悪くてトントンである。あいにく株価が上昇し始めたら、95コールの割り当てを受けると株は買い取られるので、株価上昇に伴う利益機会に参加することはない。しかし、株が上昇したときは、95

コールを売ったときに得た1.5ポイントの時間プレミアムを確保できる。

マネジャーが株の上昇サイドの動きに参加したいと思い、他方で下落サイドのヘッジの程度は低くてもかまわないと考える場合、権利行使価格105ドルのコールを売ればよい。105コールが2ドルで売買されている場合、このポジションを売っても株価は2ポイント下落の98ドルまでしかヘッジできない。しかし、株価が上昇し始めるとマネジャーはポイントごとに105ドルの価格まで利益が出る。株価が105ドルを超えると株は買い取られるはずだ。

マネジャーはどのオプションを売るべきか。それはここでもまた主観的な判断であり、根拠になるのはマネジャーが受け入れる用意のあるリスクの程度と株価上昇から得たい利益の額である。カバードライトプログラムの多くがアット・ザ・マネーのオプションの売りを含んでいる。このようなオプションが提供するヘッジはイン・ザ・マネーのコールよりも防御率（損失回避率）が低く、アウト・オブ・ザ・マネーのオプションよりも潜在利益が小さい。アット・ザ・マネーのオプションは時間プレミアムそのものである。市場がじっとして動かなければ、保有する原資産金融商品のポジションに対応して売ったアット・ザ・マネーのオプションポートフォリオの利益は最大になる。

典型的なカバードライトは「オーバーライト」とも呼ばれる。**図表13-3**（カバードコール）と**図表13-4**（カバードプット）に示した。原資産を買うと同時にそのポジションに対応するコールを売る場合、このカバードライトは「バイライト」とも言われる。プロテクティブオプションの買いと同様に、カバードライトは原資産ポジションとオプションで構成されている。したがってカバードライトは次のような合成ポジションとして表現できる。

原資産買い＋コール売り＝プット売り

図表13-3　カバードコール

組み合わせポジション

カバードコールの売り

原資産ポジションの買い

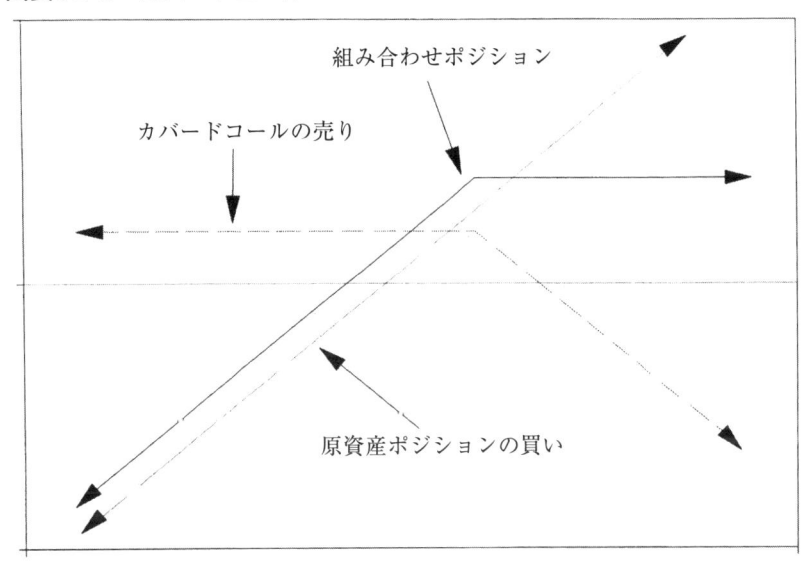

図表13-4　カバードプット

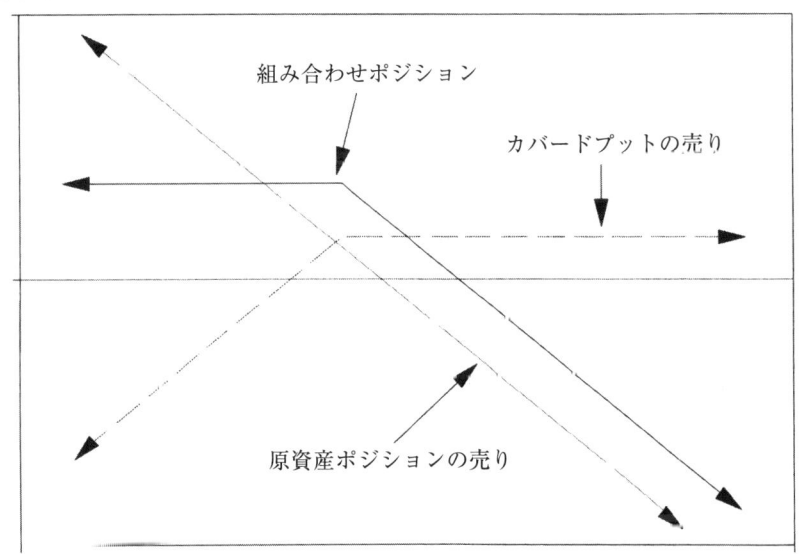

組み合わせポジション

カバードプットの売り

原資産ポジションの売り

原資産売り＋プット売り＝コール売り

コールを売って原資産の買いポジションをヘッジするヘッジャーは、事実上、同じ権利行使価格でプットを売ったことになる。プットを売って原資産の売りポジションをヘッジするヘッジャーは、事実上コールを売ったことになる。

今の例で、ポートフォリオマネジャーが100コールを売って株式の買いポジションをヘッジする場合、結果は100プットを売ることと同じである。

プロテクティブオプションの買いとカバードオプションの売りの2つは、オプションが絡む最も一般的なヘッジ戦略である。この2つの戦略のうち、ヘッジャーはどちらを選ぶべきか。理論上、ヘッジャーは普通のトレーダーと同じく基準（市場価格対理論価格）に基づいて判断すべきである。一般的に、オプションの市場価格がその価値よりも安い場合は、プロテクティブコールやプロテクティブプットを買うことが最も有効である。オプションの市場価格がその価値よりも高い場合は、カバードコールやカバードプットを売ることが最も有効である。

インプライドボラティリティと予想ボラティリティを比較することで、ヘッジャーはオプションを買いたいのか売りたいのかについて妥当な判断ができるはずである。もちろん、まだ権利行使価格の選択をしなければならない。その基準になるのは、ヘッジャーが予想する有利不利な動きの額、そして判断を誤った場合に受け入れる用意のあるリスクである。

ヘッジャーが判断するとき、理論的要因が役割を果たすことも多いが、実際的な要因もまた重要である。原資産が一定の価格を超えて動けば店じまいに追い込まれることが分かっている場合、プロテクティブオプションの買いは、そのオプションが理論的に割高であるか否かを問わず、最も妥当な戦略である（もちろん、オプションが極端に割

高である場合は、ヘッジャーはプロテクティブオプションを買うことをためらうかもしれない。しかし、その可能性は低い。オプションの価格が高いときは、通常それなりの理由がある）。

しかし、ほとんどのヘッジャーはオプションを買うことに心理的な抵抗を感じる。「おそらくプレミアムを失うことになるのになぜオプションに出費しなければならないのか？」。このヘッジャーの考えは正しい。ほとんどの場合、オプションは満期で無価値になるから、ほぼ間違いなくプレミアムを失ってしまう。

しかし、オプションを買って売買をヘッジしようとしない当のトレーダーが、家や家族には必ず保険をかけるのはなぜか。オプションと同様、保険もほとんどが補償を請求されないまま満期になる。家は消失しないし、人は生き続けるし、車は盗難に遭わない。だから保険会社は儲かる。

しかし、保険を買う人は保険会社が儲かることを抵抗なく受け入れている。儲けることを当然の目的にしている保険会社と違って、保険を買う人は儲けるためではなく、安心のために買うのだ。同じ原則をヘッジにも適用してオプションを買うべきである。ヘッジャーがオプションによって提供されるヘッジを必要とするなら、長期的には損になる可能性があっても、オプションを買うことは妥当である。

フェンス

仮に、ヘッジャーはプロテクティブオプションを買うことによってリスクは限定したいけれども、その戦略のために出費はしたくないとする。どうすればいいだろうか。よく利用される戦略が「フェンス」として知られている。プロテクティブオプションの買いとカバードオプションの売りを同時に組み合わせたものである。

例えば、原資産が50ドルのときに、買いポジションのヘッジャーは

55コールの売りと45プットの買いを同時に組み合わせることができる。それと併行して、55ドルに上昇するまで市場の動きに乗ることができたら、その時点でヘッジャーの原資産は買い取られることになる。

完全なヘッジのコストは45プットと55コールの価格次第である。2つの価格が同じであれば、ヘッジのコストはゼロとなる。55コールの価格が45プットの価格よりも大きい場合、ヘッジの設定は差し引き受け取りプレミアムになり、ヘッジャーは原資産の最終価格に関係なく、そのプレミアムを確保する。45プットと55コールの価格がそれぞれ1.25ドルと1.75ドルであるなら、ヘッジャーは0.50ドルを受け取る。この場合、原資産の損益分岐価格は49.50に下がる。

基本的な合成関係を思い起こすと、フェンスの買い（ロングフェンス＝原資産を買い、カバードコールを売り、プロテクティブプットを買う）は、合成して実行された明らかにブルバーティカルスプレッドである。今の例で、フェンスが45プット買いと55コール売りで構成されているとすれば、45プットを合成ポジションに置き換えて次のようになる。

45プット買い＝原資産売り＋45コール買い

45/55フェンス
＝原資産買い＋45プット買い＋55コール売り
＝原資産買い＋（原資産売り＋45コール買い）＋55コール売り
＝45コール買い＋55コール売り

フェンスの売り（ショートフェンス）は、原資産の売りポジションにプロテクティブコールの買いとカバードプットの売りを組み合わせたものである。あるオプションは常に合成ポジションに書き換えることができるので、これは、明らかにベアバーティカルスプレッドだと分かる。フェンス買いとフェンス売りは**図表13-5**と**図表13-6**に示

図表13-5　フェンス買い

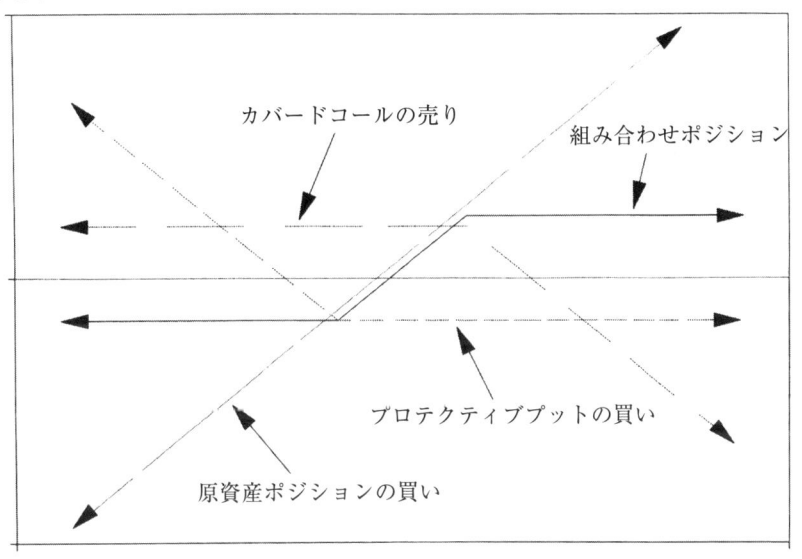

(図：カバードコールの売り／組み合わせポジション／プロテクティブプットの買い／原資産ポジションの買い)

した。

　フェンスは低コストでヘッジの程度が分かり、受け取りにさえあるので、人気のあるヘッジツールである。さらに、フェンスの場合、ヘッジャーは市場の有利な動きにも少なくとも部分的には乗ることができる。フェンスにはいろいろな名称があり、「レンジフォアーズ」「トンネルズ」「シリンダーズ」などと呼ばれるが、フロアトレーダーの間では「スプリット・プライス・コンバージョンズ・アンド・リバーサルズ」と言われることもある。

　資金の貸し借りがさらに広く行われるようになり、通常こうした活動は変動金利に基づいているため、オプションを利用して買いあるいは売りの金利ポジションをヘッジすることが特に一般化してきている。多様な金利で資金を借り入れる企業は、金利の売りポジションとみな

図表13-6　フェンス売り

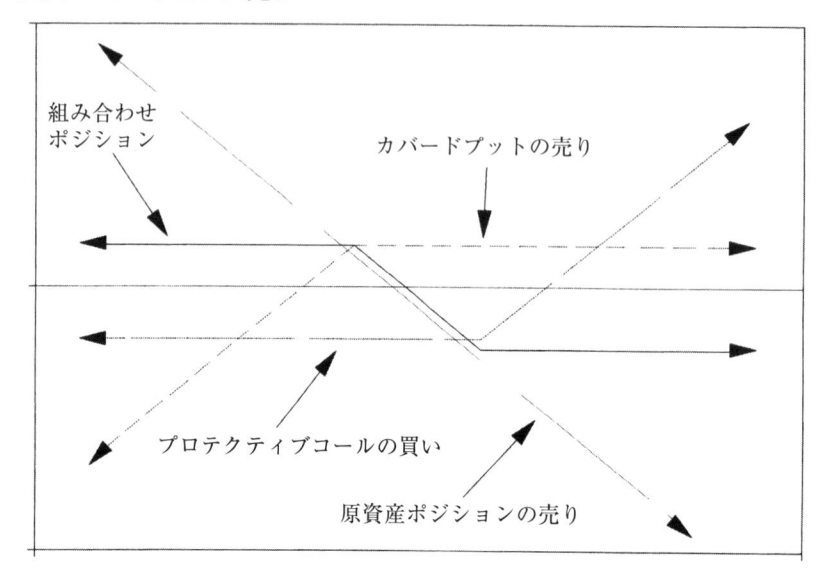

- 組み合わせポジション
- カバードプットの売り
- プロテクティブコールの買い
- 原資産ポジションの売り

すことができる。金利が下がれば借り入れコストは減少し、金利が上がれば借り入れコストは増大する。そこで企業は、上昇リスクの上限を決めるために、金利コールを買って、借り入れ資金に支払う最大対価を設定すればよい。どれだけ金利が上昇しても、借り手は上限の権利行使価格を超えた対価を支払う必要はない。

　多様な金利で資金を貸す金融機関は金利買いポジションとみなす。金利が上昇すれば利益が増大し、金利が下落すれば利益が減少する。金融機関は下落リスクの下限を決めるために、金利プットを買って、貸出資金で受け取る最小対価を設定すればよい。どれだけ金利が下落しても、貸し手が下限の権利行使価格に満たない対価を受け取ることはない。

　借り手（貸し手）が上限（下限）を買って同時に下限（上限）を売

る場合、ポジションに枠を設定したことになる。これは金利市場で実行されたフェンスにほかならない。

複雑なヘッジ戦略

通常ヘッジャーは１日中市場に張り付いているプロではない。オプション価格を慎重に分析する時間も意欲もなく、ひとつのオプションを売買するだけの単純なヘッジ戦略が最も広く利用されている。しかし、もっと詳細にオプションを分析する気があるなら、多様なヘッジ戦略を組み立て、ボラティリティ要素と方向性要素を取り入れることができる。

ただし、そのためにヘッジャーは、ボラティリティとそのオプション価格に与える影響について、また方向性リスクの基準になるデルタについてもよく知っておかなければならない。そうすれば、オプションの知識とヘッジの実際的な要素を組み合わせることができる。

戦略を選択する最初の段階として、ヘッジャーは次のようなことを考慮すればよい。

①最悪のシナリオに対してどれだけヘッジする必要があるか？
②現在の方向性リスクをヘッジでどの程度排除できるか？
③どの程度の追加リスクをヘッジャーは受け入れられるのか？

ヘッジャーが最悪のシナリオに対する災害保険を必要とするとき、できることは、オプションを選択して買うことだけである。その場合でも、権利行使価格とオプションの数量を決めなければならない。

例えば、ヘッジャーが特定の原資産に買いポジションを持っていて現在100ドルで売買されているとする。さらに、プットを買うことでリスクを固定した額に限定する必要があるとする。どのプットを買う

べきだろうか。

　ヘッジャーがオプションは概して割高（インプライドボラティリティが過大）だと判断したとする。どのオプションを買っても明らかにヘッジャーに不利だ。ヘッジャーの唯一の目的が、上昇サイドの潜在利益にこだわらずに下落リスクをヘッジすることであるなら、オプションは避け、先物市場や先渡し市場でヘッジすべきである。

　しかし、上昇サイドの潜在利益も期待するのであれば、どれくらいの買いポジションを保持したいのか確認しなければならない。例えば、現在の買いポジションの50％を保持するつもりだとしよう。その場合、全体のデルタが－50になるプットを買えばよい。そのためには、デルタが－50のアット・ザ・マネーのプットを1枚買うか、デルタが合計で－50になるアウト・オブ・ザ・マネーのプットを数枚買うかすればよい。

　ただし、インプライドボラティリティの高い市場においては、オプションをできるだけ買わず、できるだけ売ろうとするのが通常である（これはレシオバーティカルスプレッドに類似する）。したがって、デルタが－50のプットを1枚買うほうが、デルタが合計して－50になる数枚のオプションを買うよりも、理論的にはコストがかからない。ヘッジャーがこのような状況でさらに方向性リスクを、例えばその75％を排除したい場合、デルタが－75のプットを1枚買うのが得策である。

　「ほかの条件がすべて同じであれば、インプライドボラティリティの高い市場では、ヘッジャーはオプションをできるだけ買わず、できるだけ売るべきである。逆にインプライドボラティリティの低い市場では、ヘッジャーはできるだけ売らずにできるだけ買うべきである」

　つまり、すべてのオプションが割高（インプライドボラティリティが過大）で、カバードコールの売りに伴う無限大の下落リスクを受け入れる決断があれば、ヘッジャーは、理論上、できるだけ大量のコー

ルを売ってヘッジの目標を達成すべきである。原資産買いポジションの50％をヘッジしようとするなら、デルタが50のアット・ザ・マネーのコールを１枚売るのではなく、デルタの合計が50になる数枚のアウト・オブ・ザ・マネーのコールを売る「レシオライト」を実行すればよい。

１枚の原資産の買いポジションに対して数枚のコールを売る場合、余計な問題が発生する。ヘッジャーが今度はカバードコールポジションに伴う無限大の下落リスクに加え、原資産でカバーできる以上のコールを売ったことで無限大の上昇リスクも抱え込むことになる。市場がかなり上昇すれば、そのすべてのコールの割り当てを受けてしまう。

ほとんどのヘッジャーは、無限大のリスクをひとつの方向に限定したいと思う。原資産の買いポジションのヘッジャーは、無限大の下落リスクを受け入れる気になっても、無限大の上昇リスクは受け入れる気にならないであろう。原資産の売りポジションのヘッジャーは、無限大の上昇リスクを受け入れる気になっても、無限大の下落リスクは受け入れる気にならないであろう。

いずれの方向に対しても無限大のリスクが伴うポジションを組むヘッジャーは、おそらくボラティリティポジションを取っている。これには、ボラティリティ売買は非常に有利になる可能性があるから、何の問題もない。しかし、真のヘッジャーは最終的な目標、つまり現在保有するポジションをヘッジし、そのヘッジコストをできるだけ抑えることを見失ってはならない。

ヘッジャーは、満足な額のヘッジになるデルタを備えた１対１のボラティリティスプレッドを組むことでポジションをヘッジできる。例えば、原資産の売りポジションの50％をヘッジしたい場合、デルタが合計して＋50になるタイムスプレッドあるいはバタフライを売買すればよい。このようなスプレッドは、一定範囲内の部分的なヘッジを提供してくれる。このポジションにはまだ無限大の上昇リスクはあるが、

下落による無限大の潜在利益も保持している。

　こうしたボラティリティスプレッドは、ヘッジャーがボラティリティを買うかまたは売るかの選択をする機会にもなる。概してインプライドボラティリティが低く、原資産市場が現在100ドルの場合、ヘッジャーは110コールのタイムスプレッドを買えばよい（長期の110コールの買い、短期の110コールの売り）。このスプレッドはデルタがプラス値であり、同時にインプライドボラティリティが低いおかげで、比較的安くタイムスプレッドを買えるので、理論的に魅力がある。

　この110コールのタイムスプレッドのデルタが＋25の場合、方向性リスクの50％をヘッジするため、ヘッジャーは1単位の原資産ポジションに対して2単位のタイムスプレッドを買えばよい。逆にインプライドボラティリティが高ければ、ヘッジャーはタイムスプレッドの売りを考慮すればよい。今度は安い権利行使価格を選んでプラス値のデルタを達成しなければならない。90コールのタイムスプレッドを売れば（短期の90コールの買い、長期の90コールの売り）、プラス値のデルタと理論的優位性を備えたポジションになる。またポジションの75％をヘッジしたくて、スプレッドのデルタが＋25の場合、1単位の原資産ポジションに対して3セットのスプレッドを売ればよい。

　同様に、ヘッジャーはバーティカルスプレッドを売買して満足な額のヘッジを達成することもできる。オプションが概して割安なのか割高なのか（インプライドボラティリティの過小または過大）を基準に、ヘッジャーはアット・ザ・マネーのオプションを中心にバーティカルスプレッドを組む。

　原資産市場が現在100ドルで、買いポジションをヘッジしたいヘッジャーは、デルタがマイナス値になるようにバーティカルスプレッドを売ればよい（低めの権利行使価格のコールを売り、高めの権利行使価格のコールを買う）。インプライドボラティリティが高ければ、アット・ザ・マネーのオプションを売ってアウト・オブ・

図表13-7 ヘッジ戦略の要約

ポジション	ヘッジ戦略	長所	短所
原資産買い	プロテクティブプットの買い	下落時の限定的リスク／上昇時の無限大の利益	損失の可能性
	カバードコールの売り	潜在的な理論的優位性	下落時の無限大のリスク 損失の可能性
	フェンスの買い （プット買い、コール売り） レシオプット買い	コール価格がプット価格を超えれば潜在的デビット 上昇時の無限大の利益 潜在的な理論的優位性	上昇時の限定的利益 プット価格がコール価格を超えれば潜在的デビット 損失の可能性
	レシオコールの売り	潜在的な理論的優位性	下落時の無限大のリスク／上昇時の無限大のリスク 損失の可能性
	ベア・バーティカル・スプレッド	上昇時の無限大の利益 潜在的な理論的優位性	下落時の無限大のリスク 損失の可能性
	ベア・タイム・スプレッド	上昇時の無限大の利益 潜在的な理論的優位性	下落時の無限大のリスク 損失の可能性
	プロテクティブコールの買い	上昇時の限定的リスク／下落時の無限大の利益	損失の可能性
原資産売り	カバードプットの売り	上昇時の限定的リスク プット価格がコール価格を超えれば潜在的収益	上昇時の無限大のリスク 損失の可能性
	フェンスの売り （コール買い、プット売り） レシオ・コール買い	下落時の無限大の利益 潜在的な理論的優位性	コール価格がプット価格を超えれば潜在的デビット 損失の可能性
	レシオ・プットの売り	潜在的な理論的優位性	上昇時の無限大のリスク／下落時の無限大のリスク 損失の可能性
	ブル・バーティカル・スプレッド	下落時の無限大の利益 潜在的な理論的優位性	上昇時の無限大のリスク 損失の可能性
	ブル・タイムスプレッド	下落時の無限大の利益 潜在的な理論的優位性	上昇時の無限大のリスク 損失の可能性

ザ・マネーのオプションを買う方法を選ぶ。インプライドボラティリティが低ければ、イン・ザ・マネーのオプションを売ってアット・ザ・マネーのオプションを買う方法を選ぶ。どちらのスプレッドのデルタもマイナス値である。しかし、アット・ザ・マネーのオプションはボラティリティの変化に最も敏感であるため、理論的優位性も備えている。

　もちろん、オプションを利用してポジションをヘッジすることは、オプションを利用して売買戦略を組み立てる場合と同じように複雑になることがある。多くの要素が決断のプロセスに関与する。初心者が多数の実行可能なヘッジ戦略に直面すると、当然のことながら圧倒され、オプションを完全に放棄するに至る。このような場合、ヘッジャーまたはヘッジャーにアドバイスする人は、限られた数（たぶん4つか5つ）の妥当な戦略を提示して、その戦略の多様なリスク・リワード比を比較すべきだ。ヘッジャーの大局的な相場観と一定のリスクを受け入れる用意の有無を前提にすれば、賢明な判断が可能になるはずである。一般的なヘッジ戦略とそれぞれの長所と短所を要約した表を**図表13-7**に示した。

ポートフォリオインシュアランス

　ヘッジャーが、原資産の買いポジションをプットを売ることで市場の下落からヘッジしたいとする。ところが、あいにくオプション市場がまったくなかった。また、ほかのいかなる筋、例えばディーラーとの相対売買も利用できなかったとする。何とかしてプットを作成できないものだろうか。

　ヘッジャーがもしプットを買うことができれば、ポジションは次のようになるだろう。

原資産買い＋プット買い

　第11章の合成関係から、原資産買いとプット買いを合わせたものはコール買いに等しいと分かっている。したがって、実のところヘッジャーは、プットを使って同じ権利行使価格のコールを保有したいことになるわけだ。
　このコールの内容はどうか。理論価格決定モデルを利用すればコールを分析できる。そのためには、原資産の価格が分かって、モデルに入力するデータも決定しなければならない。原資産は先物で、次のようなデータを用いる計画であるとしよう。

権利行使価格100ドル
残存日数＝10週
原資産価格＝101.35ドル
金利＝8％
ボラティリティ＝18.3％

　これらのデータを理論価格決定モデルに入力すると、ヘッジャーが所有したいコールのデルタは57であると分かる。つまり、もしヘッジャーが実際にそのコールを所有すれば（原資産と権利行使価格100ドルのプットを合わせて所有することの代用）、理論上そのポジションはヘッジャーの資産の57％を所有することに等しくなる。したがって、原資産と100プットの組み合わせを複製したいなら、所有資産の43％を売ればよい。そうすれば、そのポジションは、理論上、権利行使価格100ドルのコールを所有することに等しくなる。
　ここで1週間経過して資産価格が102.26ドルに上昇したとしよう。ヘッジャーが所有したいと思う仮想100コールのデルタはどうなるだろうか。ここでもまた、すべてのデータを理論価格決定モデルに入力

すると、そのコールのデルタは62であると分かった。ヘッジャーがコール買いに等しいポジションが欲しいと思う場合、今所有する必要があるのは、元の保有資産の62%である。したがって元の保有資産の5%を買い戻さなければならない。

さらにもう1週間が経過して、資産価格が99.07ドルに下がったとする。新たな状況からすると、仮想100コールのデルタは今度は46になるだろう。このコールと同様のポジションを組むには、ヘッジャーはこの場合資産の16%を売却し、元の保有資産の46%のみを所有するようにしなければならない。

ヘッジャーの行為に注目しよう。周期的に元の保有資産をヘッジし直してコールと同じデルタ値を備えたポジションを作成している。これを10週間続けると、事実上10週のコールを権利行使価格100ドルで作成したことになる。

すでにお気づきの読者の方もいると思うが、これは**図表5-1**の例をわずかに違った形で繰り返しているにすぎない。あの例では、割安のコールを買い、継続して再ヘッジするプロセスを通じて同じコールの売りをレプリケート（原資産の保有率を変更することによってオプションと同じ効果を得ることを「レプリケート」という）した。今回の例でも継続して再ヘッジするプロセスを通じてコールをレプリケートしている。

しかし、今回はコールを売るのではなく買いたい。したがって、すべての調整は**図表5-1**と反対になっている。10週目（満期）には、**図表5-1**でしたようにポジションを清算するのではなく、残余資産を買い戻すことになる。満期には完全な資産を保持することを常に意図している。今回の例のレプリケートプロセスを**図表13-8**に示した。

コールをレプリケートするために、ヘッジャーは市場が上昇すれば資産の一部を買い戻し、市場が下落すれば資産の一部を売らなければならない。不利な調整（高く買い、安く売る）は、この再ヘッジする

図表13-8

週	資産価格	100コールのデルタ	レプリケートに必要な原資産の割合	必要な調整
0	101.35	57	57%	売り 43%
1	102.26	62	62%	買い 5%
2	99.07	46	46%	売り 16%
3	100.39	53	53%	買い 7%
4	100.76	56	56%	買い 3%
5	103.59	74	74%	買い 18%
6	99.26	45	45%	売り 29%
7	98.28	35	35%	売り 10%
8	99.98	50	50%	買い 15%
9	103.78	93	93%	買い 43%
10	102.54	100	100%	買い 7%

プロセスに関連してコストが発生することを示している。コストはいくらかかるのか。

　調整によって100プットの所有と同じヘッジを得られるのであれば、レプリケートの期待コストは10週の100プットの理論価格と同じであるべきだ。そして実際そうなった。先に列挙したデータを用いてブラック・ショールズ式モデルが算出する100プットの理論価格は2.55ドルである。これは**図表13-8**に記述された調整プロセスのコストと同じだ。

　「再ヘッジ」のプロセスは、オプションの自動的な再ヘッジをレプリケートしようとする試みである。原資産ポジションに対するヘッジとして、オプションは好ましい特性を備えている。市場が不利に動くときはそのヘッジの程度が大きくなり、市場が有利に動くときはそのヘッジの程度が小さくなるからだ。事実上、オプション自体が自動的に再ヘッジして、要求されるヘッジの額に合わせてくれるのである。

　これはガンマがオプションのデルタに与える影響による。ヘッジャーが自ら継続的に原資産を再ヘッジすることで、そのオプションを繰り返しレプリケートしようとするとき、それはオプションによる再ヘ

ッジ（ガンマ）特性をレプリケートしようとしていることにほかならない。

継続してデルタを計算しながら再ヘッジのプロセスを通じてオプションをレプリケートする必要があるので、このレプリケート手法には理論価格決定モデルの利用が欠かせない。したがって、理論価格決定モデルを用いてオプションを評価するとき必ず発生する問題に直面してしまう可能性は高い。モデル自体は正しいのか。正しいデータを持っているのか。しかしモデルの正否の問題はさておき、この方法を利用したいと思う場合、用意しなければならないのは「妥当」なボラティリティ評価である。ボラティリティ評価が高すぎたり低すぎたりした場合、オプションをレプリケートするコストは、元の予想を上回るかあるいは下回ることになる。

しかし、レプリケートコストは常に正しいコストであることに注意しよう。市場が予想以上に変動すれば、コストは必要な調整の観点からすれば大きくなる。しかし、そのオプションの価格もまた高かったはずである。高いボラティリティは高い理論価格を意味する。同様に、市場が予想したほど変動しなければ、コストは必要な調整の観点からすれば小さくなる。そのオプションの価格もまた低かったはずである。低いボラティリティは低い理論価格を意味する。

原資産ポジションを継続的に再ヘッジしてオプションのポジションをレプリケートするプロセスは、通常「ポートフォリオインシュアランス」と言われる。この方法は、いかなる買いまたは売りのポジションであっても不利な動きからヘッジできるが、もっとも一般的に利用しているのはファンドマネジャーたちで、その株式ポートフォリオの評価額低下に保険をかけたい人たちである。

例えば、マネジャーが現在評価額10億ドルの株式ポートフォリオを持っているとする。そのポートフォリオの額が9億ドル未満に低下することに対して保険をかけたい場合、9億ドルのプットを買うかある

いは9億ドルのコールの売りをレプリケートすればよい。9億ドルのプットを売る気がある人を見つけられない場合、9億ドルのコールの売りのリスク内容を評価して、そのコールのレプリケートに必要な額だけポートフォリオの一部を継続的に売買すればよい。これは、事実上、独自のプットを作成したことになる。

あいにく、大量の株式を半端な数量で売買するコストは非常に大きくなるかもしれない。ポートフォリオインシュアランスの概念は理論的見地からすれば魅力的であっても、売買コストがあまりに大きくて実用価値がなくなってしまう。ポートフォリオインシュアランスを用いてもなお売買コストを妥当な範囲に抑えることができる方法はあるのか。

ひとつの一般的な方法は、保有ポートフォリオの代わりに先物を利用することである。混成株式のポートフォリオが指数に近似しており、さらに指数先物が利用できるなら、マネジャーは先物を売買して保有ポートフォリオを増減させることで、ポートフォリオインシュアランスの結果に近似させることができる。

米国では数種類の指数先物が利用でき、最も人気があるのはS&P500株価指数先物でCMEに上場している。多くのファンドマネジャーがS&P500指数先物を利用してそのポートフォリオに保険をかけ、株式市場の不利な動きに対処している。もっともこの方法は、S&P500指数が所有ポートフォリオを正確にレプリケートする可能性は低いので、リスクがないわけではない。それでも、売買コストの軽減を考えれば、リスクは受容できるだろう。

たとえ原資産のオプションが利用できても、ヘッジャーは市場でオプションを買うよりも、ポートフォリオインシュアランス戦略を実行するかもしれない。ひとつの理由として、オプションは高価すぎると考える。オプションが理論的に割高だと確信したら、継続的にポートフォリオを再ヘッジするほうが、長期的には安くつく。別の理由とし

て、オプション市場の変動性が十分ではなく、ポジションをヘッジするのに必要な数のオプションを吸収できないと感じる場合も考えられる。

　最後に、利用できるオプションの満期がポジションをヘッジしたい期間とぴったり一致しないこともあるだろう。しかし、オプションは利用できるが満期が早すぎる場合であれば、ヘッジャーはまず市場でオプションを買うほうを選んで、オプション満期後の期間はポートフォリオインシュアランス戦略を実行すればよいだろう。

　こうしたいろいろな理由から、ポートフォリオインシュアランスは、原資産ポジションをヘッジする方法としてますます一般的になっている。

# 第14章
ボラティリティの再検討
Volatility Revisited

　ボラティリティには、さまざまな解釈がある。しかし、理論的にオプション価格の基準になるのはただひとつ、オプション期間中に発生する原資産のボラティリティである。もちろん、このボラティリティは将来のものだからトレーダーには分からない。それでも、理論価格決定モデルを用いるためには、オプション期間中のボラティリティについて、多少の予測をしなければならない。

　賢明な予測をすることは、特に初心者にとっては、困難でストレスのたまる課題であろう。テクニカル分析による方向的変動の予測は、トレードに関して非常に研究の進んだ分野であり、当てにできる情報源も多い。ところが残念なことに、ボラティリティははるかに新しい概念であり、トレーダーの指針になるものが比較的少ない。

　こうした難しさはあるが、オプショントレーダーは理論価格決定モデルを利用して賢明な売買判断をするため、なんとか努力して妥当なボラティリティデータを用意しなければならない。

ボラティリティの性質

　妥当なボラティリティ予測は、ボラティリティの基本性質のいくつかを理解することから始まる。まず、2つのグラフを比較してみよ

図表14-1　独マルク価格（1982～1991年）

う。**図表14-1**は1982〜1991年の独マルクの価格を示している。**図表14-2**は同時期における独マルクの50日足のボラティリティを示している。この2つのグラフから何か発見できるものがあるだろうか。

もちろん、価格とボラティリティは上昇するときもあれば下落するときもある。しかし、いずれの方向にも自由に動くように見える原資産の価格とは異なり、ボラティリティには常に回帰する均衡値があるように見える。

1985年初めから1987年末までの3年間、独マルクは29セントの安値から63セントの高値にまで上昇し、1987年以降は横ばい変動しているが、1980年代初めの安値圏には下落していない。経済的な圧力で独マルクが劇的に上下するかもしれないが、50年代や60年代の価格に回帰することはなかった。これは原資産価格に上限がないことを意味している。つまり前の価格水準に回帰しなければならない理由などまったくないわけだ。

ボラティリティの場合は違うように見える。10年間に独マルクのボラティリティは、低率の5％から高率の20％まで変動した。しかし、いかに変動しても、そのボラティリティは常にどこかの時点で自ら反転し、上下運動を繰り返しているように見える。

つまり、そこから上下にボラティリティ等しく変動する「均衡ボラティリティ」を探ってみればよい。独マルクの場合、この均衡ボラティリティはおよそ11〜12％のようだ。ボラティリティが12％を大きく上回り、11％を大きく下回ることもある。しかし、結局は常にこのエリアに回帰するように思える。

図表14-2の独マルクのボラティリティからボラティリティ特性について総括するとすれば、原資産は典型的に長期の平均値、つまり「平均ボラティリティ」を持つ可能性が高い、という推測が生まれる。そして、原資産のボラティリティは「平均値に回帰する傾向をもっている」ように見える。ボラティリティが平均値を超えているときは、結

局は平均値まで下がるだろうというかなり強い確信を持つことができるし、ボラティリティが平均値を下回っているときは、結局は平均値まで上がるだろうというかなり強い確信を持つことができる。この平均値を通過して上下する一貫した変動がある。

このボラティリティの平均回帰特性は、1982〜1991年の独マルクのボラティリティ分布を示す**図表14-3**でも観察できる。X軸（残存週数）の2のところ、つまりこの10年間での満期まで2週間のボラティリティの分布を見ると、20％（全体の10％以下と90％以上）で、ボラティリティが6.0％未満あるいは17.3％超になると分かる。また分布の50％（全体の25％以下と75％以上）で、ボラティリティが7.6％未満あるいは13.0％超になっている。そして満期まで2週間の平均ボラティリティは9.7％であった。

X軸の右端に目を移すと、満期まで50週間のボラティリティ分布の20％が、9.8％未満あるいは14％超であった。50週間の平均ボラティリティは約11.5％であった。

図表14-3は非常に確認しやすい構造になっている。時間の経過をたどると、％のラインは平均値に収束する傾向があり、平均値は安定するようになる。これは、ボラティリティが実際に平均回帰性をもつという想定を支援することになる。

このタイプのボラティリティグラフを「ボラティリティコーン」と呼ぶこともあり、原資産のボラティリティ特性を提示する有効な方法である。

ボラティリティについてほかにどんなことが指摘できるだろうか。**図表14-4**の詳細な独マルクのボラティリティチャートを見ると、ボラティリティは何らかの傾向特性を備えていると推測できるだろう。1989年7月から1990年6月までは、ボラティリティに下落傾向があった。1990年7月から1991年4月までは上昇傾向があった。そして1991年4月から1991年10月までは再び下落傾向があった。さらに、こうし

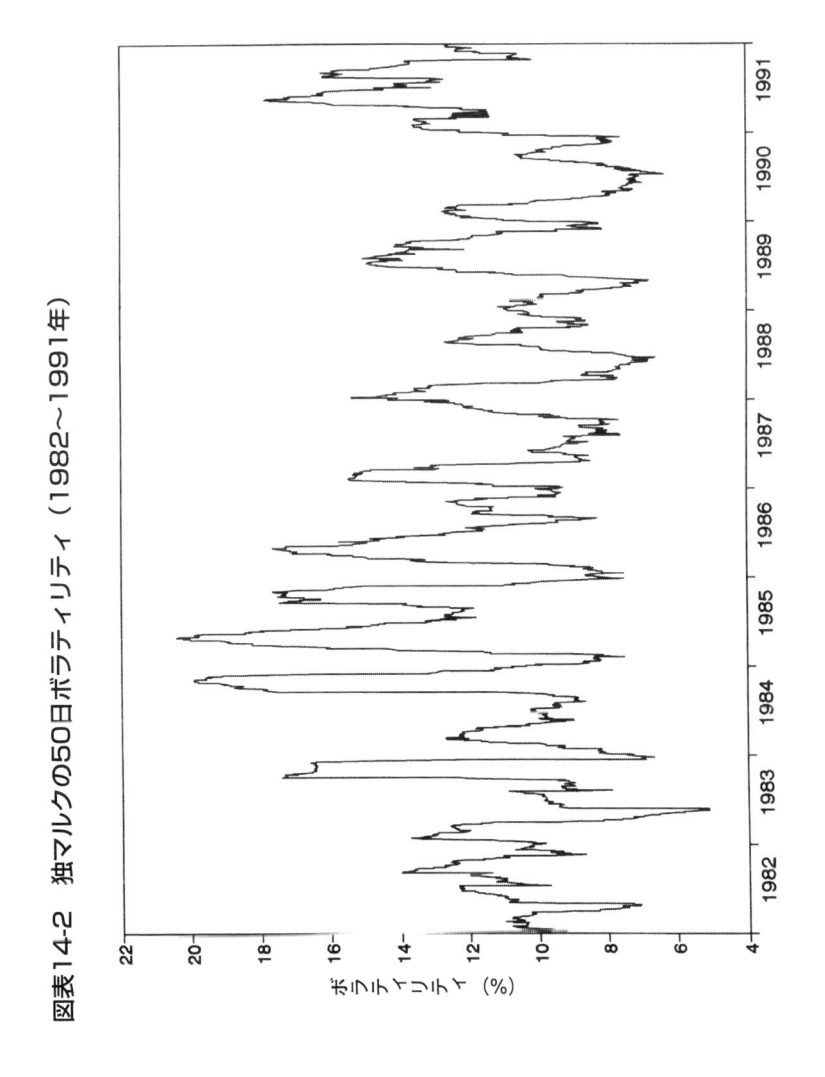

図表14-2 独マルクの50日ボラティリティ(1982～1991年)

図表14-3 独マルクのボラティリティ分布（1982〜1991年）

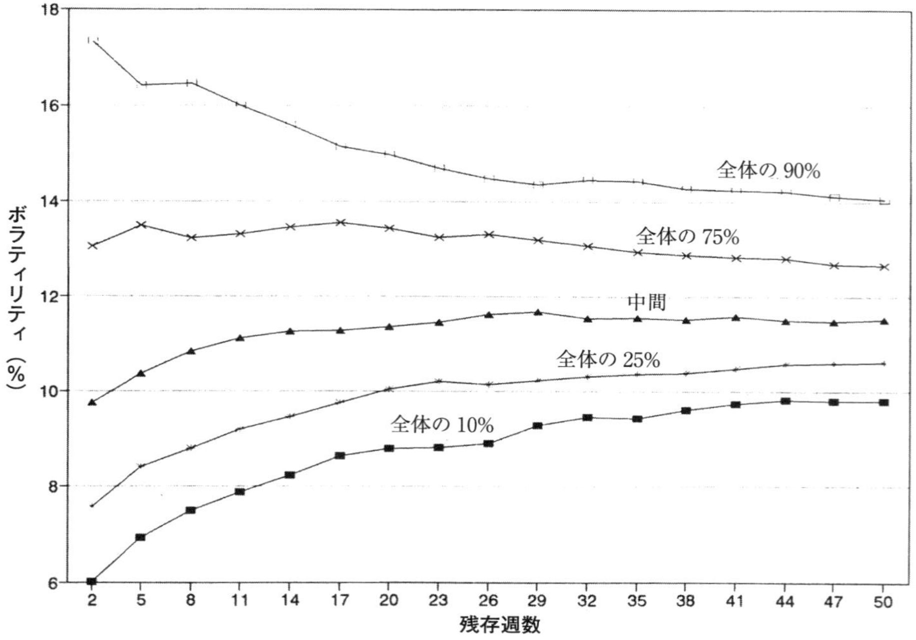

第14章 ボラティリティの再検討

図表14-4 独マルクの50日ボラティリティ（1989〜1991年）

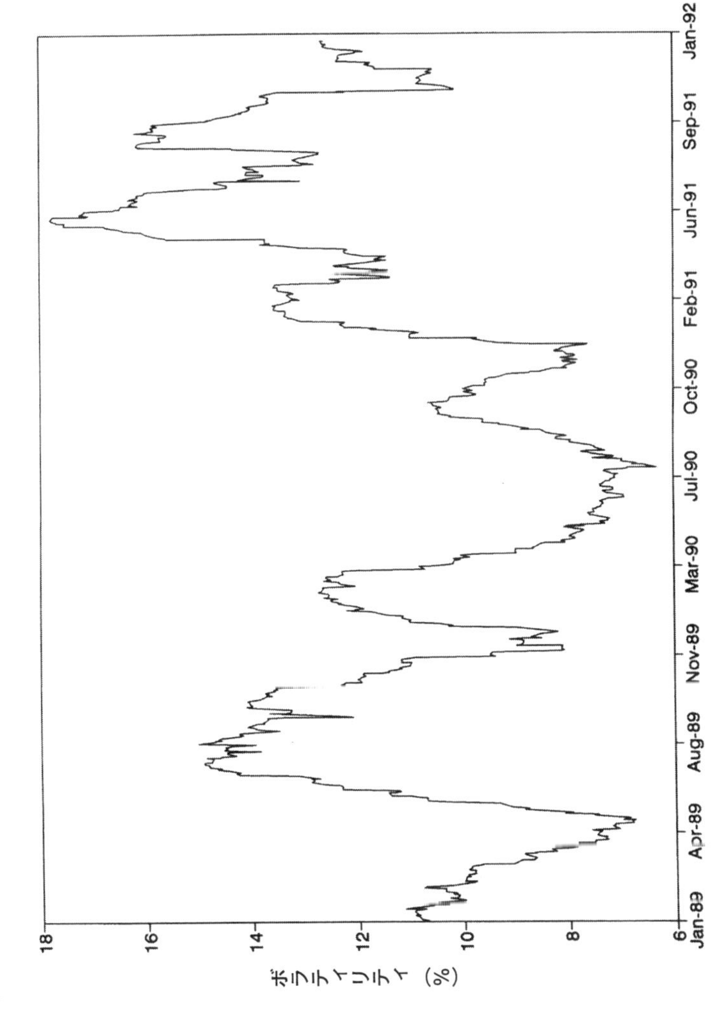

た大きな傾向のなかに小さな傾向が含まれており、ボラティリティが短期間に上下した。

　この点に関して、ボラティリティチャートは価格チャートといくつか同じ特性を示していると思える。テクニカル分析には、そのままボラティリティ分析に適用しても無理が手法もある。しかし、銘記すべき重要なことは、価格変化とボラティリティ変化は関連はあるが同じものではないということだ。テクニカル分析とそっくり同じルールをボラティリティ分析に適用しようとすれば、ある場合にはまったく妥当性を欠き、別の場合にはルールを修正してボラティリティ固有の特性を考慮に入れなければならなくなる可能性が高い。私はテクニカル分析の分野の専門家ではないので、この点に関しては読者独自の工夫に委ねたいと思う。

ボラティリティ予測

　先に特定したボラティリティの性質を念頭において、ボラティリティ予測はどのようにすべきだろうか。まず、データが必要である。仮に、特定の原資産について次のようなヒストリカルボラティリティデータがあるとする。

　過去30日　　24％
　過去60日　　20％
　過去120日　18％
　過去250日　18％

　たしかに、ボラティリティのデータはできるだけ欲しい。しかし、手に入るデータがこれだけとしたら、それをどのように利用して予測すればよいだろうか。ひとつの方法は、単に今手元にある期間の平均

第14章　ボラティリティの再検討

ボラティリティを取ることである。それは次のようになる。

$$(24\% + 20\% + 18\% + 18\%) \div 4 = 20\%$$

　この方法を用いると、各データに同一の比重が与えられる。では、データによって比重が違うと考えたらどうなるだろうか。例えば、新しいデータほど重要だと思うかもしれない。過去30日間の24％のボラティリティは、明らかにほかのボラティリティのデータよりも現状に近いので、24％はおそらくボラティリティ予測で大きな役割を演じるはずだと考える。過去30日間のデータにはかのデータの倍の比重をかけた場合、次のようになる。

$$(40\% \times 24\%) + (20\% \times 20\%) + (20\% \times 18\%) + (20\% \times 18\%)$$
$$= 20.8\%$$

　予測値は、新しいデータへの比重を高くしたので、わずかに上昇した。
　もちろん、過去30日間の新しいボラティリティがほかのデータよりも重要なら、過去60日間のボラティリティは過去120日間と250日間のボラティリティよりも重要になるはずである。また、過去120日間のボラティリティは過去250日間のボラティリティよりも重要であるに違いない。こうして比重を逆進的に高くする。そうすれば、古いデータになるほど予測への比重が徐々に低下することになる。例えば、次のような計算になるだろう。

$$(40\% \times 24\%) + (30\% \times 20\%) + (20\% \times 18\%) + (10\% \times 18\%)$$
$$= 21.0\%$$

　この場合、30日間のボラティリティには40％、60日間のボラティリ

ティには30％、120日間のボラティリティには20％、250日間のボラティリティには10％の比重をかけてある。

さて、データは新しいほど重要であるという前提は、常に真実であろうか。短期のオプションに関心がある場合、たしかに短期間のデータが最も重要であろう。しかし、超長期のオプションの評価に関心があるとすればどうだろうか。長期間に見ればボラティリティの短期的変動は、ボラティリティの平均回帰特性のため、比重が低くなると考えられる。

実際、非常に長期間になると、最も妥当なボラティリティ予測は、その金融商品の長期の平均ボラティリティにすぎなくなる。したがって、いろいろなボラティリティのデータにかける比重の基準は、焦点となるオプションの残存日数である。

ある意味、自由に利用できるヒストリカルボラティリティのデータは、すべて現在のデータであり、カバーする期間が異なるにすぎない。最も重要なデータをどのように識別すればよいのか。

平均回帰特性に加えて、ボラティリティには「系列相関」を示す傾向もある。ボラティリティはどの期間を取っても（両期間の幅が同じであることを前提にすると）その前の期間のボラティリティに影響を受けるかあるいは関連している可能性が高いのだ。例えば、過去４週間のボラティリティが15％であった場合、次の４週間のボラティリティは15％から離れるよりも15％付近にある可能性が高いわけだ。

ここでも第４章で用いた天気予報の比喩を活用できる。昨日の最高気温が25度であった場合、今日の最高気温を推定しなければならないとすれば、30度という推定は、50度という推定よりも妥当であると考えられる。この点を考慮すれば、焦点となるオプションの期間に最も近い期間をカバーするボラティリティのデータに最大の比重を与えることが合理的だと言える。

つまり、非常に長期のオプションを売買している場合、その長期の

データが最も重要となる。非常に短期のオプションを売買している場合、その短期のデータが最も重要となる。そして、中期のオプションを売買している場合、その中期のデータが最も重要となるわけだ。

仮に、6カ月のオプションの評価に関心があるとする。どのようにデータに比重をかけるべきだろうか。120立会日が6カ月に最も近いので、120日のデータに最大の比重をかけ、ほかのデータには相応に低めの比重をかけると次のようになる。

（15％×24％）＋（25％×20％）＋（35％×18％）＋（25％×18％）
＝19.4％

代わりに、残り10週のオプションに関心があるなら、60日間のボラティリティのデータに最大の比重をかけて次のようになる。

（25％×24％）＋（35％×20％）＋（25％×18％）＋（15％×18％）
＝20.2％

今までの例で用いたボラティリティは4つだけだった。しかし、利用できるデータが多くなるほど、ボラティリティが正確になる可能性は高くなる。データが多くなれば、カバーする期間も多様になり、原資産のボラティリティの推移や特徴についての概観も明らかになる。しかも、ヒストリカルボラティリティをいろいろな残存日数にさらに厳密に合わせることが可能になるわけだ。

今の例では、過去60日間と120日間のヒストリカルボラティリティを用いて、残り6カ月と10週間のオプションのボラティリティを予測する近似値とした。しかし、正確に6カ月と10週間をカバーするデータがあれば理想的である。

ここまでの例で検討した方法を通常トレーダーは直感的に用いてい

る。この方法の前提になるのは、その典型的な特徴を確認したうえで、ボラティリティを予測期間に反映させることである。理論家も本質的に同じ手法でボラティリティを予測しようとしており、自動回帰条件付不等分散性（ARCH）ボラティリティモデルや汎用自動回帰条件付不等分散性（GARCH）ボラティリティモデルなどが開発されている。

　このようなモデルは、数学的に複雑であり、トレーダーが通常利用するモデルでもないので、詳細な解説については本書の範囲を逸脱する。しかし、これらのモデルが実際に存在し、ボラティリティの平均回帰と系列相関の性質をボラティリティの予測に適用しようとしていることを知っておくべきである。

　ここまでは、原資産のヒストリカルボラティリティの特徴のみに焦点を当て、ボラティリティを予測しようとしてきた。ほかに有用な情報はあるだろうか。原資産の価格変化に影響を与えるものすべてを知ろうとするのは無理がある。おそらく将来ボラティリティに影響を与える要素があるだろうが、トレーダーはそれに気づかない。このような情報が原資産の価格に織り込まれている可能性が高いと確信するのであれば、さらなるボラティリティ情報を洗い出すひとつの方法は、オプションの価格を見ることであるといえる。つまり、市場のインプライドボラティリティを見て、市場が同意するボラティリティを引き出すのである。そしてその情報を利用して、自在に必要なボラティリティを予測をすればよい。

　どの程度の比重をインプライドボラティリティに与えるべきなのか。一部のトレーダーは、効率的な市場原則の見地から、インプライドボラティリティは手元の情報をすべて織り込んでおり、常に最適なボラティリティ予測であると確信している。しかし、大半のトレーダーはインプライドボラティリティを重要視しながらも、それがすべててはないという考えだ。一般的には25～75％の比重をインプライドボラティリティに与えてボラティリティを予測している。

ボラティリティを予測するトレーダーの確信にヒストリカルボラティリティデータがどの程度寄与しているかがカギとなる。非常に確信を持って予測する場合、インプライドボラティリティにかける比重は25％にすぎない。しかし、あまり確信がない場合は、75％もの比重をインプライドボラティリティにかける。もちろん、その確信の水準はトレーダーの経験次第でもあるし、過去データがどれだけ決定的かによっても違ってくる。

　例えば、過去データに基づいてボラティリティを20％と予測し、そのインプライドボラティリティが現在24％だとする。トレーダーの判断でインプライドボラティリティに75％の比重をかける場合、最終的な予測は次のようになる。

$$(75\% \times 24\%) + (25\% \times 20\%) = 23\%$$

　また、トレーダーの判断でインプライドボラティリティに25％の比重をかける場合、最終的な予測は次のようになる。

$$(25\% \times 24\%) + (75\% \times 20\%) = 21\%$$

　最後に、トレーダーの判断でインプライドボラティリティに50％の比重をかける場合、最終的な予測は次のようになる。

$$(50\% \times 24\%) + (50\% \times 20\%) = 22\%$$

実践上の手法

　いかにトレーダーが綿密な方法を用いても、そのボラティリティ予測は多くの場合、外れてしまう。ときには大きく外れてしまうことに

気づく可能性が高い。

　この問題を念頭に、もっと一般的な手法を取るほうが容易であると思うトレーダーが多い。つまり、正確なボラティリティを予測しようとするのではなく、現在のボラティリティ状況に最適な戦略を求めるのである。そのためには次のような要素を考慮すればよい。

①原資産の長期の平均ボラティリティは？
②平均ボラティリティと比較して最近のヒストリカルボラティリティは？
③最近のヒストリカルボラティリティの傾向はどうか？
④インプライドボラティリティはどの程度で、その傾向はどうか？
⑤扱っているオプションは長期なのか短期なのか？
⑥ボラティリティの安定度の傾向はどうか？

　例えば、満期まで10週（約50立会日）あり、適切なボラティリティ戦略を判断しようとしているとする。その判断のためには、50日のヒストリカルボラティリティ（残存日数に一致するヒストリカルボラティリティ）を見て、それと長期の平均ボラティリティを比較し、そして当然ながらインプライドボラティリティを見ればよい。それから**図表14-5a**に示された状況に気づいたとする。結論はどうなるだろうか。

　明らかに、高ボラティリティの時期を抜けて低下しているように思える。最近の50日のヒストリカルボラティリティ（約20.6％）はまだ長期の平均ボラティリティ（約18.7％）を超えているので、ボラティリティが引き続き低下すると確信する根拠になる。インプライドボラティリティも低下しているが、まだ50日のヒストリカルボラティリティよりも1.5％ほど高い（22.1％）。

　ボラティリティの状況はすべて同じ方向に向いているようだ。ヒストリカルボラティリティは平均を超えているが低下しているし、ヒス

トリカルボラティリティの上にあるインプライドボラティリティも、やはり低下している。ボラティリティ売り（ガンマとベガがマイナス値）のポジションを強く示唆している。

　もちろんいろいろなボラティリティ売り戦略を利用できる。最適の戦略は、トレーダーの市場経験と、甘受できるリスクの額によって異なる。

　さらなるボラティリティのデータ（**図表14-3**のようなボラティリティコーン）によると、50日のボラティリティが10％は容易に変化する可能性があるとする。まだボラティリティを売りたいと思うが、この安定を欠く状況とインプライドボラティリティが22.2％でほんのわずかに50日ヒストリカルボラティリティを超えている事実から考えて、たぶん最も賢明な選択は、バタフライの買いのようなリスクの少ない戦略である。もっとリスクの高い戦略を選ぶのであれば、小規模で実行すべきである。

　他方、インプライドボラティリティが現在25％で、ボラティリティがかなり安定してどの50日間をとってみても5～6％程度しか変化しない場合、ずっとリスクの高いポジションを取って、おそらくストラドルかストランドルを売ろうとするだろう。

　現実の状況が**図表14-5a**のように単純になることはまれである。例えば、**図表14-5b**を考えてみよう。ヒストリカルボラティリティは過去の平均ボラティリティよりも上のところで下降しているが、今度はインプライドボラティリティがすでにヒストリカルボラティリティに先行して下降している。こうなると、ボラティリティ売りのポジションを選ぶにしても先ほどと同程度の確信は持てない。実際、状況はもっと混乱しているだろう。

　ヒストリカルボラティリティが長期の平均を超えており、しかも増大しているとする（**図表14-5c**）。あるいはインプライドボラティリティがヒストリカルボラティリティと逆方向に動いているとする（**図**

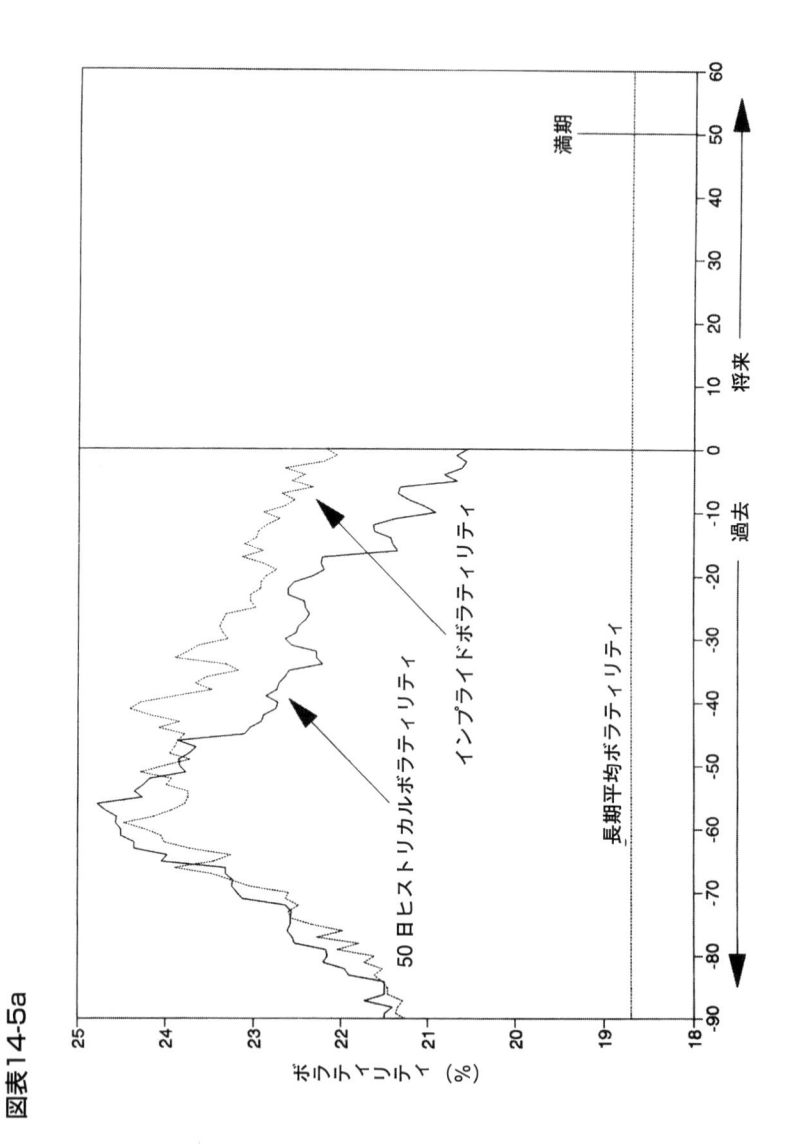

図表14-5a

(Figure: ボラティリティ(%) vs 過去/将来(日数) showing 50日ヒストリカルボラティリティ, インプライドボラティリティ, 長期平均ボラティリティ, 満期)

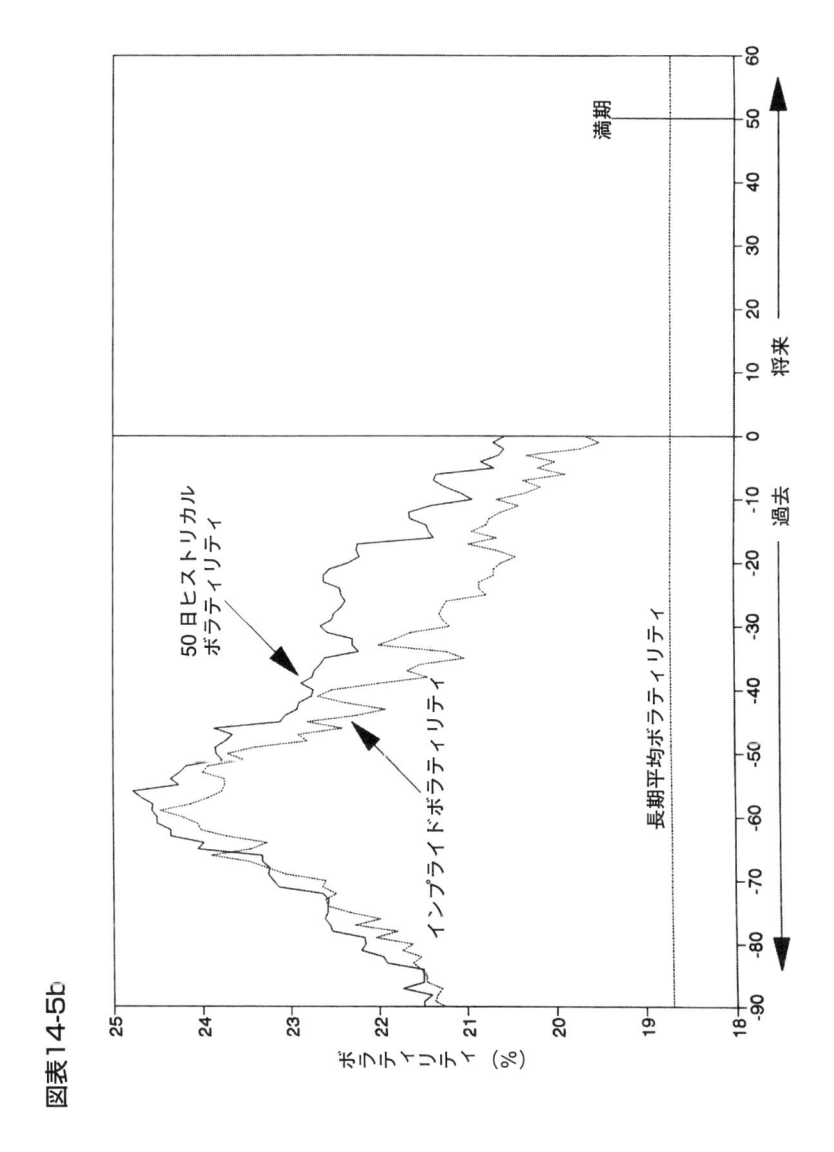

第14章 ボラティリティの再検討

図表14-5b

図表14-5c

ボラティリティ (%)

インプライドボラティリティ
50日ヒストリカルボラティリティ
長期平均ボラティリティ
満期
過去　将来

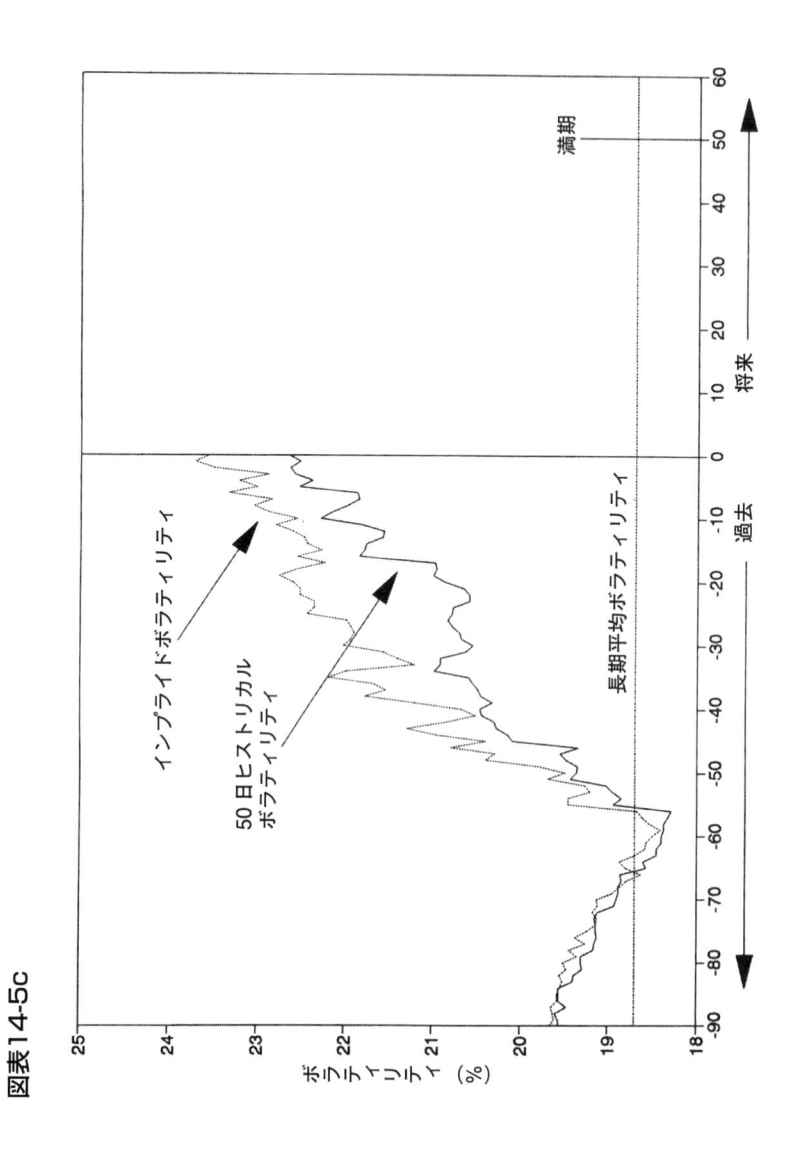

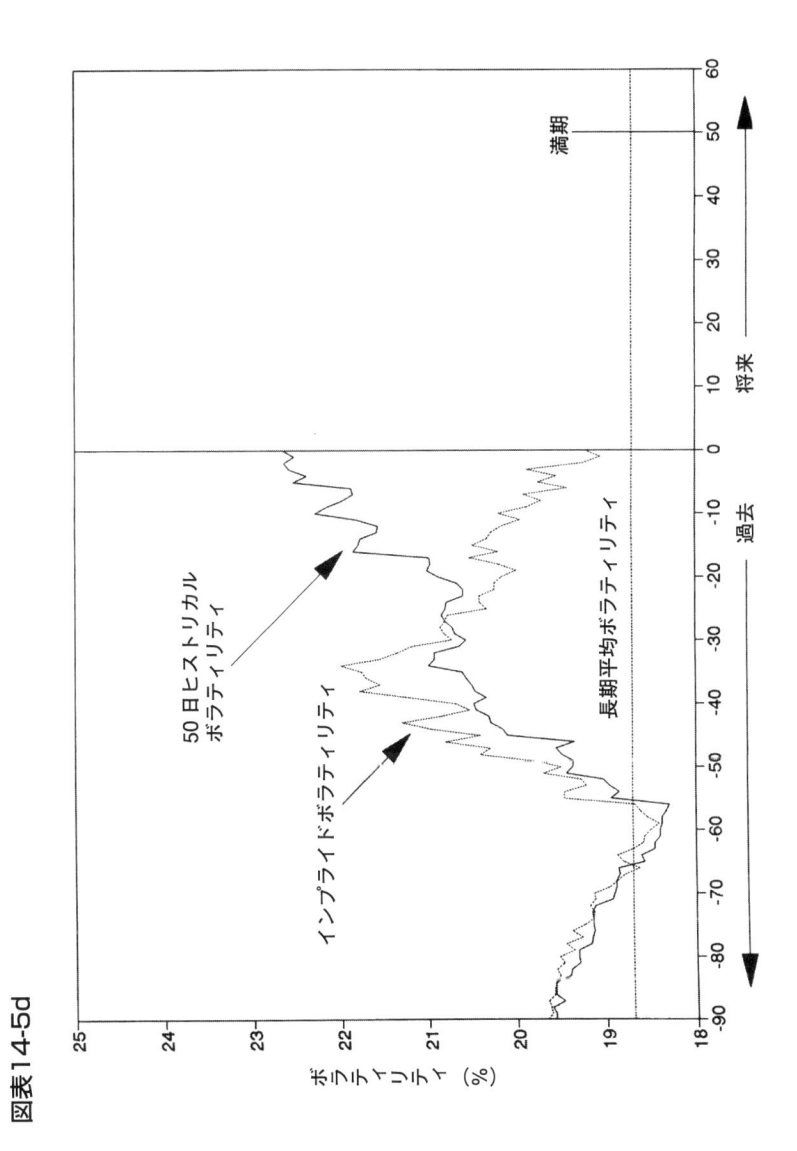

図表14-5d

ボラティリティ (%)

50日ヒストリカルボラティリティ
インプライドボラティリティ
長期平均ボラティリティ
満期
過去 / 将来

表14-5d）。どちらも、ボラティリティが示唆するポジションが異なる。

図表14-6aで残り6週（約30立会日）のオプションでポジションを取る場合を考えてみよう。30日ヒストリカルボラティリティは現在15.8％で、長期平均の11.2％をかなり超えている。ところが、ボラティリティはさらに上昇傾向のようで、どれくらいたてばボラティリティが反転して平均の11.2％に回帰するのかまったく分からない。

現在のインプライドボラティリティは14.6％でやはり長期の平均ボラティリティをかなり超えているが、30日ヒストリカルボラティリティよりは低い。ヒストリカルボラティリティの上昇傾向に対応して、インプライドボラティリティも上昇しているようである。相反する兆候があまりに多くて、ボラティリティを買うべきか売るべきか確固たる考えを持てそうにない。この場合、ポジションはまったく取らずに、明確な兆候が現れるのを待つほうがよいかもしれない。

今度は、残り6週のオプションに加え、残り19週（約95立会日）のオプションも利用できるとする。このオプションのボラティリティのデータを**図表14-6b**に示した。

この場合、残り6週のオプションだけではポジションを取りたくなくても、残り19週のオプションを組み合わせる場合はもっと受け入れやすいリスク特性を備えた戦略を組み立てられる。今度は95日ヒストリカルボラティリティが12.6％で、平均ボラティリティ11.2％を上回っている。さらに、残り19週のオプションの現在のインプライドボラティリティが14.5％で、95日のヒストリカルボラティリティと長期の平均ボラティリティの両方をはるかに上回っている。ボラティリティが平均に向かって反転する可能性は6週間の場合よりも19週間の場合のほうがずっと大きいので、残り19週のオプションでボラティリティ売りポジションを取るほうが残り6週のオプションで取るよりもはるかに根拠がある。

もっとも、ヒストリカルボラティリティとインプライドボラティリ

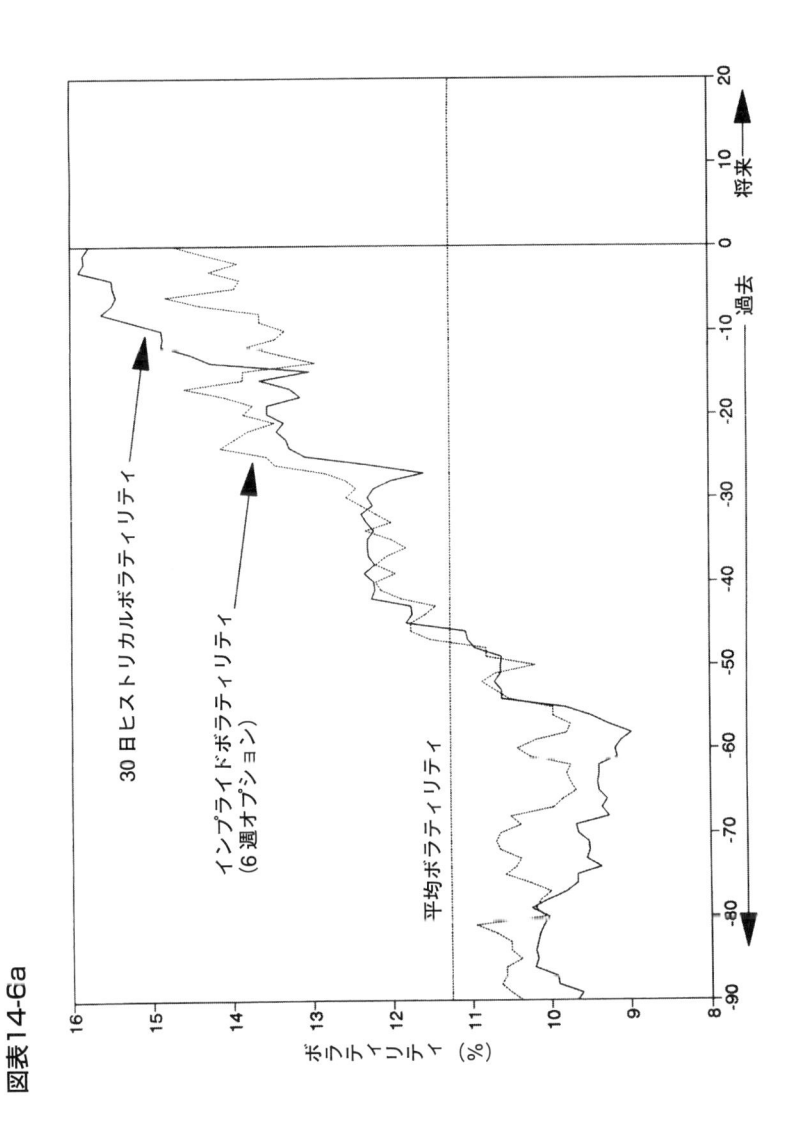

第14章 ボラティリティの再検討

図表14-6a

図表14-6b

グラフ縦軸: ボラティリティ (%) 8〜16
グラフ横軸: -90〜20 ← 過去 / 将来 →

- インプライドボラティリティ (19週オプション)
- 95日ヒストリカルボラティリティ
- 平均ボラティリティ

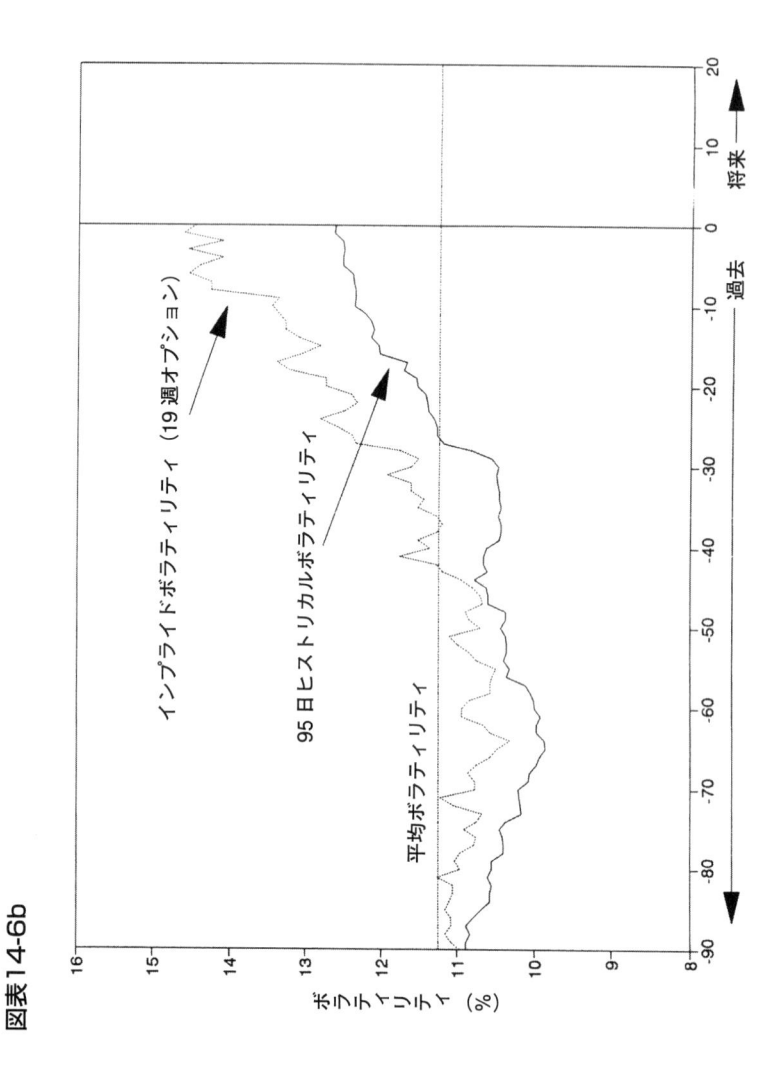

ティがどちらも上昇傾向にあることは、実際にボラティリティ売りポジションを取る場合の懸念材料である。しかし、同時に残り6週のオプションでボラティリティ買いポジションを取れば、少なくとも、それから6週間にわたって原資産のボラティリティが上昇を続ける場合のヘッジになる。タイムスプレッドの売り（6週のオプションの買いと19週のオプションの売り）を作ることで、ボラティリティ状況に基づく有利なポジションを取れるはずだ。もちろん、判断を誤った場合は甘受できる程度のリスクも背負うことになる。

　タイムスプレッドの売りがすべてのリスクを排除するわけではない。市場が突如急に静穏になりヒストリカルボラティリティが急速に低下して、その長期の平均に達するかあるいはそれ未満にさえなるかもしれない。同時にインプライドボラティリティは比較的高いままで推移する。このような状況になるとタイムスプレッドの売りの痛手が最も大きくなる。それでも、インプライドボラティリティはヒストリカルボラティリティに追随する傾向があると確信するならば、ヒストリカルボラティリティが低下しているのにインプライドボラティリティが高止まりする可能性は低いと判断できるだろう。

　トレーダーは常に、方向的なものであれボラティリティであれ、市況に関する自分の思惑に最もよく当てはまる戦略を選ぼうとする。市況が非常に多様であることを考えると、最大数の戦略に通じているトレーダーが生き残り、成功する可能性がもっとも高くなるだろう。なぜなら、最適のリスク・リワード比を備え、うまくいけば利益になり、間違ってもすべての利益を吐き出すことがないような戦略を選んでポジションを取れる態勢ができているからである。この能力の裏づけになるのは、オプション評価や理論に加え、現実の市場で発生することに関する実用的な知識である。

インプライドボラティリティについて

　多くのオプション戦略がインプライドボラティリティに敏感に反応し、そのインプライドボラティリティは得てして原資産のボラティリティを予測する役割を担う。したがって、インプライドボラティリティの特性について多少考察する価値があると思う。

インプライドボラティリティ対ヒストリカルボラティリティ

　インプライドボラティリティは、オプションの残存期間にわたる原資産価格の期待変動額に関する市場参加者全員のコンセンサスと考えることができる。個々のトレーダーがヒストリカルボラティリティの変化に応じてボラティリティ予測を変える可能性が高いのと同様、市場全体もヒストリカルボラティリティの変化に応じて「コンセンサスボラティリティ」を変えると考えるのは当然である。

　市場が活発になるほどインプライドボラティリティは上昇すると予測され、市場が活発でなくなるとインプライドボラティリティは低下すると予測される。市場参加者は当然過去の出来事が将来の出来事の優れた指標になると考えている。

　ヒストリカルボラティリティがインプライドボラティリティに与える影響は**図表14-7**に見ることができる。これはCBOTに上場する米30年債先物の1989年から1991年までの20日ヒストリカルボラティリティとインプライドボラティリティである。1989年末と、再度1991年半ばに、米30年債先物のヒストリカルボラティリティが低下し、それに応じてインプライドボラティリティも低下した。1990年8月から1991年1月（イラクのクウェート侵略の期間）を通じて先物のボラティリティが数度にわたって急騰し、インプライドボラティリティにも同様な上昇が並行して発生した。明らかに、市場はインプライドボラティ

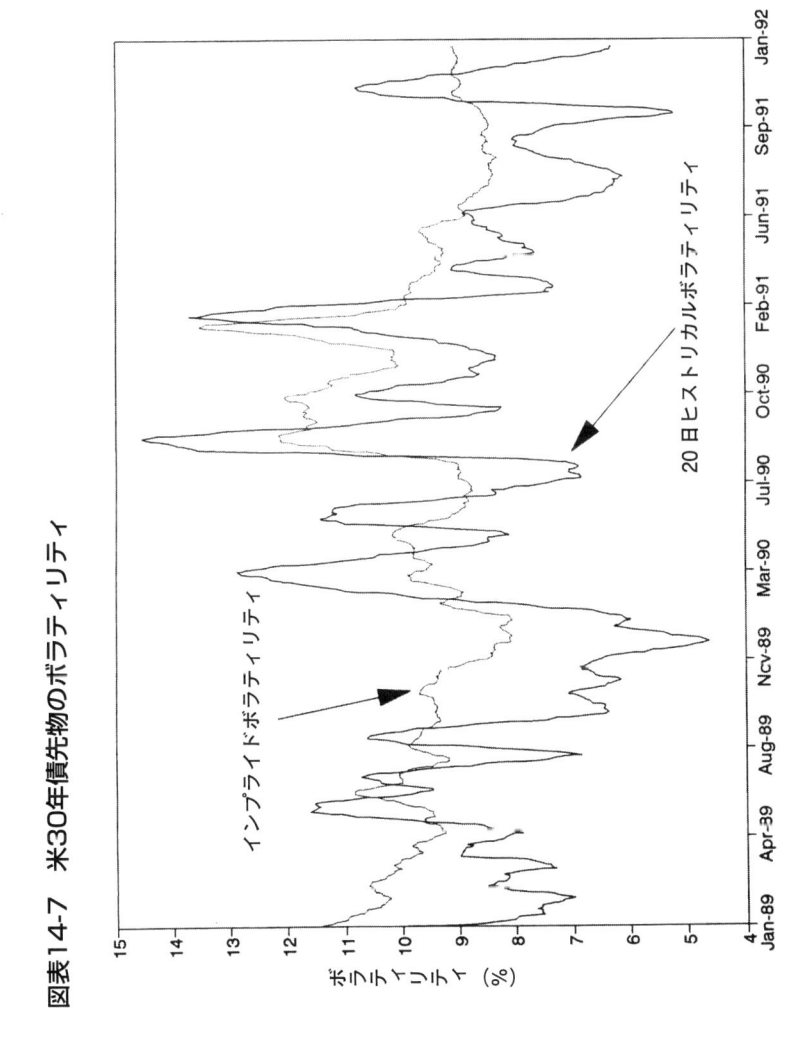

第14章 ボラティリティの再検討

図表14-7 米30年債先物のボラティリティ

リティの変化という形で原資産のヒストリカルボラティリティの変化に対応していたのである。

　しかし、インプライドボラティリティの変動は通常ヒストリカルボラティリティの変動よりも小さい。ヒストリカルボラティリティが低下するときにインプライドボラティリティも等しい数値で低下することはまれである。またヒストリカルボラティリティが上昇するときにインプライドボラティリティも等しい数値で上昇することもまれである。ボラティリティは平均値に向かって反転する傾向があるので、ヒストリカルボラティリティがその平均を超えているときは低下する可能性が高く、平均を割っているときは上昇する可能性が高い。

　さらに、時間が経過すればするほど、原資産のボラティリティが平均値に回帰する可能性がますます大きくなる（**図表14-3**を再度参照）。その結果、長期オプションのインプライドボラティリティは、短期オプションのインプライドボラティリティよりも原資産の平均ボラティリティのさらに近くにとどまる傾向がある。ヒストリカルボラティリティが上昇すると、すべてのオプションのインプライドボラティリティが上昇する可能性が高いとはいえ、ボラティリティの平均回帰特性は長期になるほど強くなり、長期オプションのインプライドボラティリティは短期オプションのインプライドボラティリティほど上昇しない傾向がある。

　またヒストリカルボラティリティが低下すると、すべてのオプションのインプライドボラティリティは低下する可能性が高いとはいえ、長期オプションのインプライドボラティリティは短期オプションのインプライドボラティリティほど低下しない傾向がある。これは、**図表14-8**の1990年9月から1991年5月までのいくつかの限月の米30年債先物オプションのインプライドボラティリティから見てとれる。

　1991年1月中のインプライドボラティリティの上昇に注目してほしい。しかし、短期オプション（3月限）のインプライドボラティリ

第14章 ボラティリティの再検討

図表14-8 米30年債先物のインプライドボラティリティ

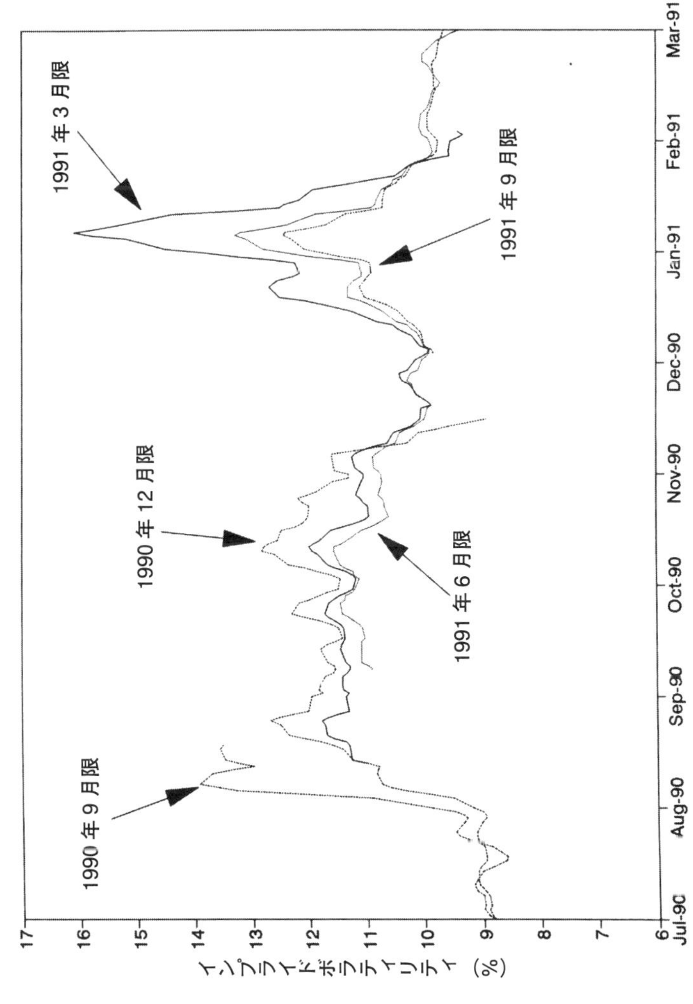

ィは、中期オプション（6月限）のインプライドボラティリティよりもはるかに大きく上昇した。また中期オプションのインプライドボラティリティは、長期オプション（9月限）よりも大きく上昇した。

ところが、インプライドボラティリティが1991年1月末に低下し始めたとき、その役割は逆転した。3月限が最も急速に低下し、次に6月限、それから9月限であった。これが、ボラティリティ環境の変動に対応してインプライドボラティリティが変化する典型的な形である。

長期の場合、原資産のヒストリカルボラティリティはインプライドボラティリティに影響を与える支配的な要素になる。しかし、短期の場合はほかの要因も重要な（おそらく支配的とさえ言える）役割を担う。市場が原資産をさらに活性化しそうな事象を予測する場合、こうした事象を期待して、インプライドボラティリティがヒストリカルボラティリティとは必ずしも呼応しない変化を見せるかもしれない。

例えば、定期的に発表される政府の経済報告は、金利や外国為替市場に関するサプライズ（予想外の発表）を含むことでよく知られる。このサプライズの可能性のために市場に不安が生じ、原資産のヒストリカルボラティリティが低い局面であっても、その不安を反映してインプライドボラティリティが上昇することが多い。

市場の不安を増幅する要因は政府の経済報告だけではない。将来に予期せぬ結果をもたらすかもしれない出来事はすべてインプライドボラティリティに影響を与える可能性がある。通貨市場では先進国の財務大臣会議が、あるいはエネルギー市場では次回のOPEC（石油輸出国機構）の会議がインプライドボラティリティを上昇させることが多い。株式オプション市場では、業績発表、新製品の評判、あるいは（最も劇的には）企業買収など、すべて現物株のヒストリカルボラティリティとは無関係に、インプライドボラティリティを上昇させる可能性がある。

同様に、予期し得る将来に何も重要なことは発生しないという確信

が市場にあれば、不安は市場から除去されている。このような場合、たとえ実際のヒストリカルボラティリティが比較的高くても、インプライドボラティリティは低下し始めることがある。原資産が大きく動いた直後にインプライドボラティリティが低下するときがあるのはそのためだ。大きな事象が発生したあとは、すべての不安が市場から排除されたという認識が生まれる可能性はある。

インプライドボラティリティの短期変動はさておき、依然として重要なことは、原資産のボラティリティが結局はインプライドボラティリティの動きに支配的影響を与えるとトレーダーが確認することである。例えば、次のような状況を考えてみよう。

先物価格＝97.73ドル
残存日数＝60日
金利＝6％
インプライドボラティリティ＝20％

この状況で、権利行使価格100ドルのコールは2.17ドルで売買され、そのデルタは40とする。仮に、デルタニュートラルのポジションを作るために100コールを2.17ドルで10枚買い、先物を97.73ドルで4枚売るとする。インプライドボラティリティが22％に上昇したら、このポジションはどうなるだろうか。

インプライドボラティリティがすぐに22％に上昇したら、100コールの新たな価格は2.47ドルになり、次のような利益になる。

$10 \times (2.47 - 2.17) = +3.00$

では、インプライドボラティリティが20日間非常に緩やかに上昇し、その間の原資産先物の価格が97.73ドルにとどまったとしたらどうか。

インプライドボラティリティが20％から22％に上昇しても、100コールの価格はわずか1.87ドルになる。その場合、今のポジションは次のような損失になる。

$$10 \times (1.87 - 2.17) = -3.00$$

インプライドボラティリティは上昇したが、原資産先物がさほど動かなかったためにオプション価格が低下したわけだ。

今度は、ポジションは同じだが（100コールを10枚買い、先物を4枚売り）、インプライドボラティリティが22％に上昇するのではなく、18％に低下したとする。ポジションはどんな影響を受けるだろうか。

インプライドボラティリティが一気に18％に低下したら、100コールの新たな価格は1.86ドルになり、次のような損失になる。

$$10 \times (1.86 - 2.17) = -3.10$$

しかし、原資産の急速な動きとともにインプライドボラティリティが低下した場合、具体的には原資産が93.00ドルに下落し、インプライドボラティリティが18％に下落すると、100コールの価格は0.59ドルになり、次のような利益になる。

$$4 \times (97.73 - 93.00) - 10 \times (2.17 - 0.59) = +3.12$$

他方、原資産が102.50ドルに上昇し、インプライドボラティリティが18％に低下すれば、100コールの価格は4.32ドルになり、次のような利益になる。

$$4 \times (97.73 - 102.50) + 10 \times (4.32 - 2.17) = +2.42$$

いずれの場合も、インプライドボラティリティの低下でどんなにオプション価格が下落しても、原資産の動きはそれを相殺して余りある。

ここまでの例はもちろん単純化されている。市況が変化すると、活発なトレーダーは当然ポジションを調整してデルタニュートラルを維持する。その場合、現実の損益はこの調節のプロセスで生じる入出金の影響を受ける。

重要なことは、原資産のボラティリティが時間を経て動いても、じっとして動かなくても、結局インプライドボラティリティのどんな動きも圧倒してしまうということである。だからと言ってインプライドボラティリティを軽視するわけではない。原資産価格は常に売買判断に欠かせない要素である。しかし賢明な売買をするためには、価格のほかに価値も知る必要がある。オプションの価値は、オプションの期間中の原資産のボラティリティによって決定される。

インプライドボラティリティ対フューチャーボラティリティ

多くのトレーダーが信じているように、市場における価格がオプション価格に影響を与えるあらゆる利用できる情報を反映しているとすれば、フューチャーボラティリティを最もよく予測しているのはインプライドボラティリティのはずである。では、インプライドボラティリティはどの程度フューチャーボラティリティを予測しているのだろうか。

この疑問に決定的な答えを出すのは、長期にわたって多くの市場を詳細に調べる必要があるので不可能であろう。しかし、限られた事例でも詳細に調べることで、多少の洞察は得られるかもしれない。

もちろん、フューチャーボラティリティはだれにも分からない。しかし、オプション期間中、毎日のインプライドボラティリティを記録し、満期時の原資産から現実のボラティリティ（フューチャーボラテ

ィリティ）を計算し、比較できる。

図表14-9a、**図表14-9b**、**図表14-9c**を見てほしい。これはそれぞれ米30年債先物の1992年6月限オプション、1993年3月限オプション、1993年12月限オプションのインプライドボラティリティと現実のボラティリティである。このように限られたデータから総括するのはたしかに危険ではあるが、それを踏まえたうえで、これらのグラフから何が結論づけられるだろうか。

満期までの期間が大変長い場合、原資産のフューチャーボラティリティ（実線）は比較的安定している。しかし、満期に近づくにつれてフューチャーボラティリティはかなり不安定になる。もちろんこれは、ボラティリティの平均回帰特性が、短期の場合は長期の場合ほど顕著ではないことを思い出せば当然の展開である。満期まで数日しかないときに原資産が1回大きく動くと、ボラティリティは満期に跳ね上がる（**図表14-9c**参照）。他方、原資産がオプションの期間最後の数日間に比較的静穏になると、ボラティリティは満期に崩落する（**図表14-9b**参照）。

このようなボラティリティ特性に対し、市場はどのように反応するか。残存期間が長い場合、フューチャーボラティリティは比較的安定している。したがって、インプライドボラティリティも比較的安定すると予測される。逆に、残存期間が短い場合、フューチャーボラティリティは非常に不安定になる可能性があり、したがってインプライドボラティリティも不安定になると予測される。こうした結論は**図表14-9a**、**図表14-9b**、そして**図表14-9c**のインプライドボラティリティ（点線）から引き出される。

長期間にわたって市場はいろいろな事象に反応する。これは、短期間に市場が直面する限られた数の事象に反応するよりも容易である。市場には、確率の法則が少数の事象よりも多数の事象に対して安定して機能するという了解があるからだ。

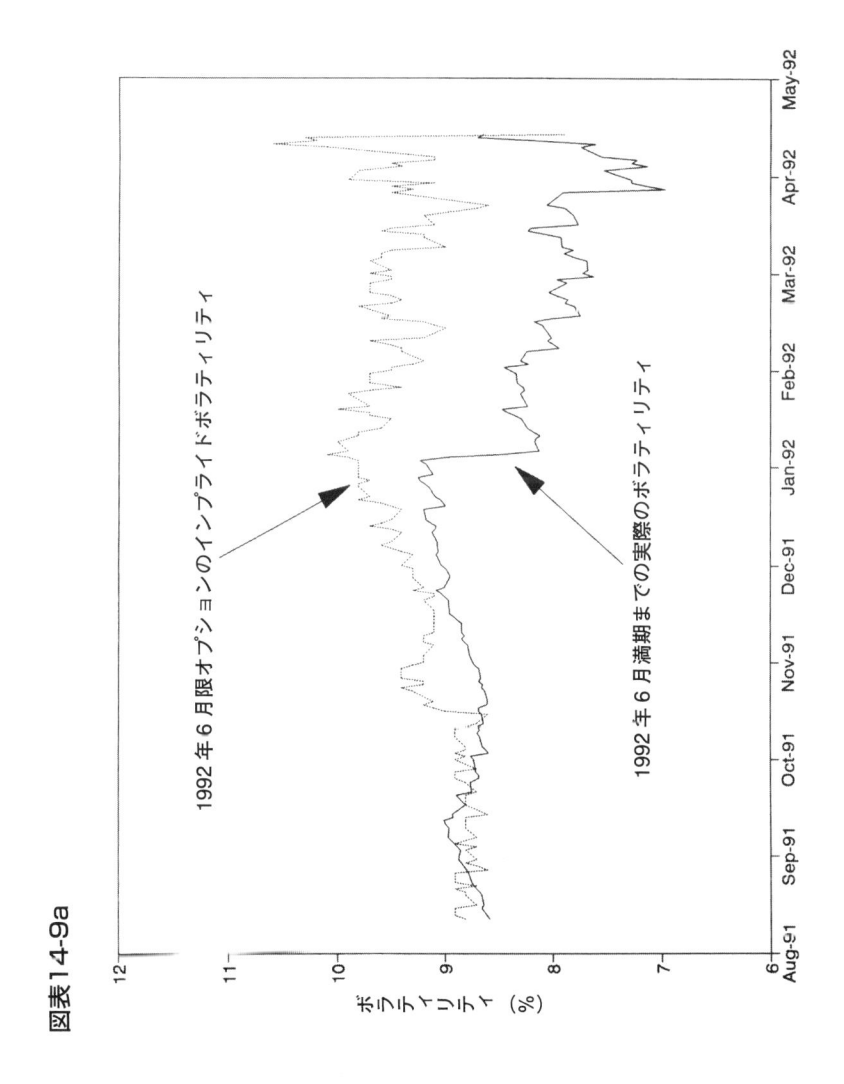

第14章 ボラティリティの再検討

図表14-9a

1992年6月限オプションのインプライドボラティリティ

1992年6月満期までの実際のボラティリティ

ボラティリティ (%)

467

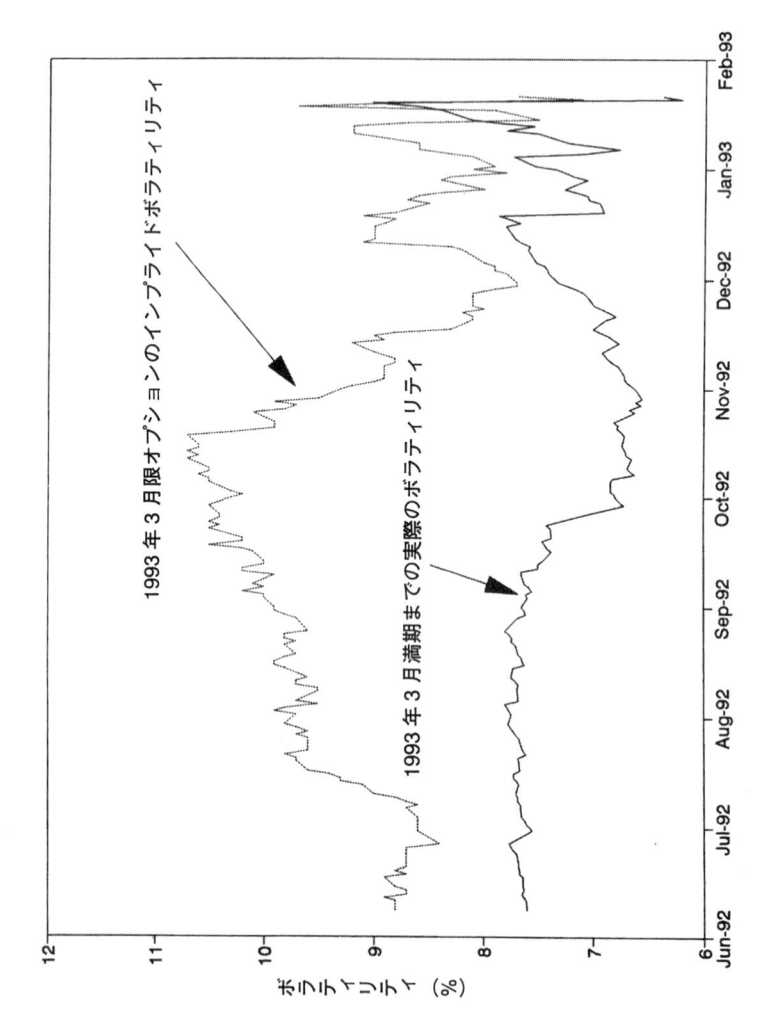

図表14-9b

ボラティリティ (%)

1993年3月限オプションのインプライドボラティリティ

1993年3月満期までの実際のボラティリティ

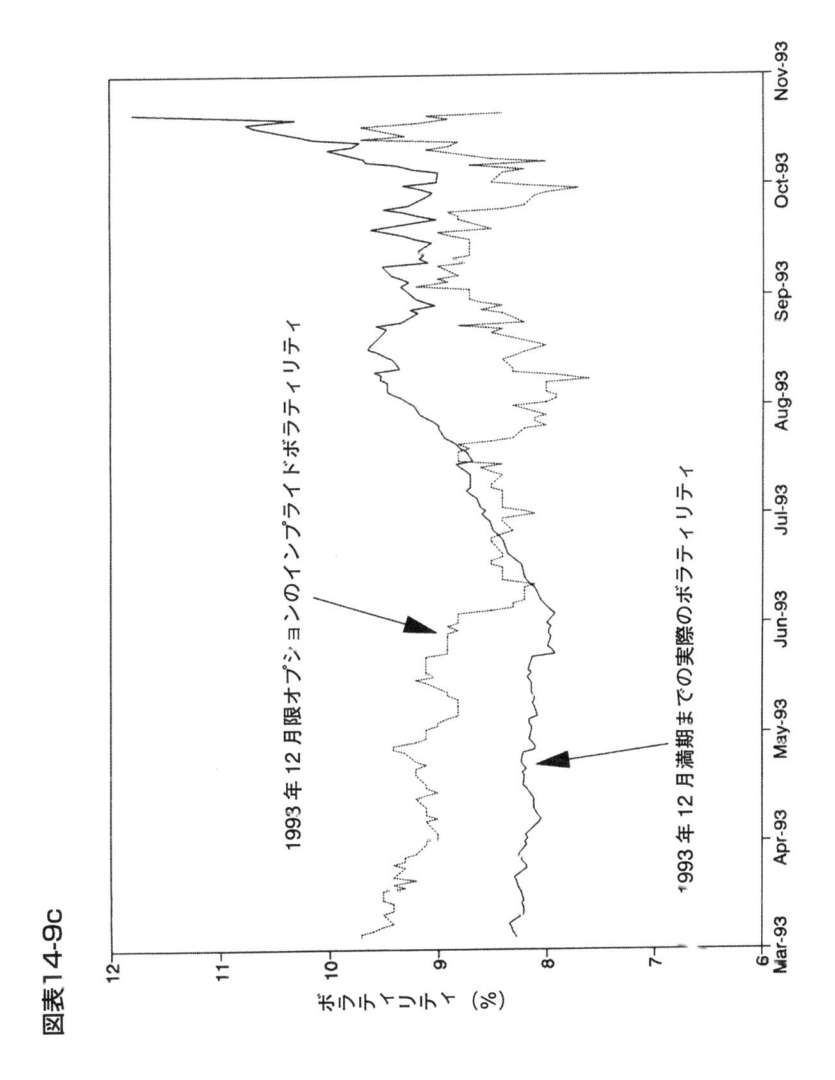

図表14-9c

ボラティリティ（％）

1993年12月限オプションのインプライドボラティリティ

1993年12月満期までの実際のボラティリティ

また、市場のインプライドボラティリティは正しいという保証はまったくないことにも注意しよう。インプライドボラティリティはあくまで推測であり、推測にはエラーの可能性がある。そのエラーが非常に大きくなることもある。

　図表14-9bで、インプライドボラティリティはオプション期間のほとんどを通じてかなり過大評価で推移した。プレミアムをどの時点で売っても利益が出たはずである。1992年10月中に、1993年3月限オプションのインプライドボラティリティと1993年3月限先物のフューチャーボラティリティの差が極大に達して、その差は約4％となった。

　図表14-9cでは、インプライドボラティリティがオプション期間の初期に過大評価となり、後半には過小評価となった。満期までたった数週間のころにはインプライドボラティリティが3％も過小評価となった。また**図表14-9a**では、インプライドボラティリティはオプション期間初期を通じて比較的正確であったが、後半は過大になった。

　もう明らかなように、ボラティリティを扱うのは困難な作業である。売買判断を促すために、ボラティリティの特性をある程度総括しようとしてきた。それでも、市場に参加する段になると、どの戦略が妥当なのかまったく分からなくなるかもしれない。検証してきた例の数が限られているので、その総括はなおさら信頼性を欠いてしまう。

　また、それぞれの市場が独自の特性を備えているので、金利、外国通貨、株式、商品など、特定の市場のボラティリティ特性を知ることが、ボラティリティの技術的特性を知るのと少なくとも同じぐらい重要である。この知識は個別市場の入念な研究と、実際の売買経験が相まってはじめて獲得できるのである。

第15章
株価指数の先物とオプション
Stock Index Futures and Options

　株価指数の先物とオプションは、1980年代初期に取引所に上場して以来、驚異的な成長を遂げており、さまざまな分野の人々が多く参加している。

　個人投資家と機関投資家は、こうした金融商品のおかげで一括した投資ができるようになり、個々の株式に投資する面倒な作業を排除できるようになった。ポートフォリオマネジャーは、指数商品を利用していろいろなリスク・リワードに基づいたシナリオを立案し、大型で多様な株式ポートフォリオを作成した。

　また、プロの裁定取引業者は、指数市場が非常に流動的でおおむね効率的であるにもかかわらず価格差が頻繁に発生するため、周到に監視する価値のある市場だと気づいた。価格差が明らかにある場合、ほかの株価指数や株式バスケットに対して、ミスプライスの指数でヘッジして裁定取引を執行した。このような裁定戦略を一般に「指数裁定」と呼んでいる。

　こうした事情から、オプションの関連書も少なくとも指数オプションについては触れる必要がある。しかし、指数先物と指数オプションは非常に緊密に関連し、どちらも膨大な数の戦略で利用されているので、ひとつずつ個別に検討することはまず不可能である。したがって、2つの金融商品を同時に扱うことにする。

指数とは何か？

　指数はある分野の総合価格を示す数値である。株価指数の場合、ある分野での複数銘柄全体としての株価となる。その複数銘柄全体の株価は、市場における個々の構成銘柄の株価で計算される。指数を構成する銘柄の株価が上昇すると、指数も上昇し、株式の価値が増大したことを反映する。構成銘柄の株価が下落すると、指数も下落し、株式の価値が減少したことを反映する。

　指数を構成する銘柄の一部で株価が上昇したとしても、ほかが下落してしまえば、全体としての株価の変化は相殺され、指数自体に変化は生じない。指数は、常にその指数を構成する株式の総合的な価値を反映する。

指数価値の計算

　株価指数を算出する方法はいくつかある。ただし、最も一般的な方法は、株価平均型と時価総額加重型である。これらの方法を理解するために、次の4銘柄で構成される指数を考えてみよう。

銘柄	株価	発行済株式総数	時価総額
1	125	10,000	1,250,000
2	80	5,000	400,000
3	52	25,000	1,300,000
4	17	40,000	680,000

　「株価平均」の場合、各銘柄の株価が指数に直接反映される。この場合、全体の値は、指数を構成する各銘柄の株価の合計にほかならない。

$125 + 80 + 52 + 17 = 274$

したがって、各銘柄の全体に対する比重は次のようになる。

銘柄1　　125 ÷ 274 ＝ 45.6％
銘柄2　　 80 ÷ 274 ＝ 29.2％
銘柄3　　 52 ÷ 274 ＝ 19.0％
銘柄4　　 17 ÷ 274 ＝ 　6.2％
　　　　　　　　計100.0％

　各銘柄の比重は、その価格に直接比例する。つまり、値嵩株の動きは、低位株が同じ割合で動いたときよりも大きな影響を全体にもたらすわけだ。したがって、単純平均の指数を監視するなら、値嵩株の動きを追うのが賢明となる。

　一方、「時価総額加重平均」の場合、構成銘柄の株価の合計ではなく、時価総額の合計になる。時価総額とは、各銘柄の株価に各銘柄の発行済株数を掛けた額だ。先ほどの例の場合、構成4銘柄の時価総額は次のようになる。

$(125 \times 10{,}000) + (80 \times 5{,}000) + (52 \times 25{,}000) + (17 \times 40{,}000)$
$= 1{,}250{,}000 + 400{,}000 + 1{,}300{,}000 + 680{,}000$
$= 3{,}630{,}000$

したがって、各銘柄の時価総額における比重は次のようになる。

銘柄1　　1,250,000 ÷ 3,630,000 ＝ 34.5％
銘柄2　　　400,000 ÷ 3,630,000 ＝ 11.0％
銘柄3　　1,300,000 ÷ 3,630,000 ＝ 35.8％

銘柄4　　680,000 ÷ 3,630,000 = 18.7%
計100.0%

　よって、時価総額加重平均の場合、指数に最大の影響を与えるのは、最大の資産価値を持つ株式である。株価が最高ではないにしても、広く保有されている銘柄だ。

　便宜上、指数を最初に導入するとき、その指数価値をある概数、たいていの場合は100ポイントに等しくなるように設定する。この数値を作るため、実際の値は、何かの数値で掛け算や割り算をしなければならない。

　例えば、先ほどの例にある4銘柄の株価を合計すると274であった。この値を100ポイントに転換するために、次のような計算をする。

274 ÷ X = 100
X = 2.74

　この2.74を「除数」と言い、あとのすべての指数計算に用いる。指数の新たな値を計算するときはいつでも、その値を2.74で割り算して正式な指数値を算出する。

　同様に時価総額加重平均の値を100に設定するため、次のような計算をした。

363,0000 ÷ X
X = 36,300

　この場合、除数は36,300である。

　除数は一定ではなく、指数の時価総額が変化すると変わることがある。指数を構成する銘柄が分割するか、あるいは特別配当を発表した

り、買収、清算、破産などでほかの銘柄に変更したりする場合、指数を構成する銘柄の株価が変わらなくても、指数値は変化する。

　この影響を相殺するため、構成銘柄の時価総額にいかなる変化があっても、除数を変えることで指数の相対的な価値を反映させ、指数値が確実に市場の価格変化の実態を示すようにしている。

　各構成銘柄の価格は、指数の計算方法とは無関係に、決定されなければならない。株式がただひとつの取引所に上場されている場合、株価について何の疑念もない。それは直近の約定値にほかならない。しかし、株式が複数の取引所に上場されていたらどうか。ある取引所の直近の約定値が52ドルで、別の取引所の直近の約定値が52.5ドルである場合、どの価格を指数の計算に使えばよいのか。

　その答えは通常、指数の説明書に明記されており、最も一般的にはその銘柄が最も活発に売買されている市場の価格である。大半の米国株は（常に当てはまるとは限らないが）、ニューヨーク証券取引所やNASDAQ（店頭取引市場）を主要市場とする。とはいえ、アメリカン、シカゴ、パシフィック、フィラデルフィアの各証券取引所で主に売買されている銘柄もある。指数に興味のある人は、その指数の計算に使われる株価の出所にも常に配慮すべきである。

指数を反映した株式ポートフォリオ

　指数の値を正確に反映した銘柄群（現物株バスケット）を新たに保有したいとする。何をすべきか。

　例の4銘柄による単純平均の1ポイントの値がちょうど1ドルであれば、指数全体の値は274ドルになる。したがって、各銘柄を1株ずつ買うだけで指数を正確に反映したポートフォリオを作成できる。

　しかし、普通は1ポイントが1ドルということはない。例えば、指数の1ポイントに100ドルの価値が与えられ、指数全体のドルベース

の値は次のようになる。

274×100ドル＝27,400ドル

この指数を正確に反映した現物株式ポートフォリオを作成製するためには、各銘柄を100株ずつ買わなければならない。すると保有株の値は次のようになる。

(125＋80＋52＋17)×100＝27,400ドル

また、指数の1ポイントの値だけでなく、除数が指数に与える影響も考慮する必要がある。例えば、先ほどの指数が274ではなく、除数の2.74を用いて100ポイントに設定されているとする。指数の1ポイントの値がやはり100ドルであれば、指数全体の値は次のようになる。

100.00（指数値）×100ドル（1ポイント当たりの値）
＝10,000ドル

この場合、各銘柄を100株買うと、保有株のドル額（2万7400ドル）は指数のドルベースの値（1万ドル）を大きく上回ってしまう。明らかに、この保有株は指数を反映していない。

ここで、指数値の1万ドルは株式評価額を2.74で割ったものであることに注意しよう。つまり、100株を2.74で割ると指数値に等しい株式数を出すことができる。したがって、100÷2.74、つまり各銘柄をだいたい36.5株買う必要がある。そうすれば、次のようになるので、保有株の評価額は指数の値を反映したことになる（当然、小数以下の株の売買はできない。この指数を現実に反映させ、株式ポートフォリオを作成しようとすれば、各株を36株または37株買わなければならな

い)。

$$(125 + 80 + 52 + 17) \times 36.5 = 10{,}000 \text{ドル}$$

　同様に時価総額加重平均の指数を反映して株式ポートフォリオを作成しようとする場合は、手順が少し複雑になる。さきほどの時価総額加重平均指数の例にあった除数36,300で考えてみよう。指数の1ポイントの値が500ドルで、指数のドルベースの値が次のようになるとする。

100.00（指数値）×500ドル（1ポイント当たりの値）
＝50,000ドル

　指数値が5万ドルの場合、時価総額加重平均の保有株はどのようにして作成できるか。
　単純平均の例では、除数で割り算したポイント値に等しい株数の株を買った。時価総額加重平均の場合でも同じ手法を採用できるが、ひとつだけ重要な変更がある。つまり、算出した数値に発行済株式総数を掛けなければならない。時価総額加重平均指数を反映させて株式ポートフォリオを作成するために必要となる各銘柄の適切な株式数は次のようになる。

	発行済株式数		ポイント値		除数		必要株数
銘柄1	10,000	×	500	÷	36,300	=	137.7
銘柄2	5,000	×	500	÷	36,300	=	68.9
銘柄3	25,000	×	500	÷	36,300	=	344.4
銘柄4	40,000	×	500	÷	36,300	=	551.0

　これは、次のような計算から、5万ドルの指数を反映させて株式ポ

ートフォリオを作成できると分かる。

$$(137.7 \times 125) + (68.9 \times 80) + (344.4 \times 52) + (551.0 \times 17)$$
$$= 50,000$$

指数を反映させて株式ポートフォリオを作成するのに必要な各銘柄の株数をまとめると次のようになる。

株価加重平均指数の場合　ポイント値÷除数
時価総額加重平均指数の場合　発行済株式総数×ポイント値÷除数

株価指数先物

　理論上、株価指数の先物を作るのは可能であり、その方法は従来の商品先物の場合とまったく変わらない。満期に株価指数先物の買い方は指数を構成するすべての銘柄を正しい割合で受ける必要がある。また売り方はその株式を渡す必要がある。
　もっとも、現実には現物株の受け渡しで決済されることはない。このようなプロセスでは、多くの銘柄の株式を正しい株数で受け渡す必要があり、ほとんどの清算機関の手には負えないからである。このような決済手続きでは完全な公平を確保するために小数点以下の株数の受け渡しも必要になるだろうが、それは不可能だ。
　こうした事情から、取引所は株価指数先物を現金で決済するようにしている。先物は毎日現金で清算されるので、株価指数先物の買い方と売り方の間の最終的な現金の移転は、満期時の指数の価値とその前日の清算価格の差額に等しくなる。
　例えば、満期時の指数の価値が462.50ドルで、その前日の価格が461ドルだったとする。指数の１ポイントの価値が100ドルであれば、

買いポジションの保有者は（462.50 − 461.00）×100ドル＝150ドルとなるので、最終的に150ドルの受け取りになる。売りポジションの保有者は同額の支払いになる。

では、株価指数先物の適正価格はいくらであるべきか。

第1章で述べた先物と株式の重要な違いは決済方法であるということを思い起こしてみよう。株式を買うときは買い方が実際に現金を支払う必要がある。しかし、先物を買うときは当初証拠金を差し入れるだけでよい。株式に支払われた現金には金利損が発生するが、証拠金を差し入れても金利損は発生しない。

また、株取引による損益は、その株式ポジションが決済されるまで単なる含み損益にすぎない。しかし、米国の先物市場では、先物価格が変動すれば、ポジションを手仕舞うか否かに関係なく、それだけ損益が発生する。こうした損益は典型的には先物の清算価格から毎日計算される。このような損益から変動証拠金（日々の価格変動に基づいてトレーダーの口座で入出金される額）が生じる。

変動証拠金と委託証拠金は異なる。委託証拠金には理論上キャリングコストを伴うことはない。しかし、日々の変動証拠金による入出金では、金利を稼ぐ（入金の場合）、あるいは失う（出金の場合）ことになる。

指数先物の買いには構成銘柄を買う場合にはない明確かつ重要な利点がある。それは、先物を買っても代金の支払いがまったく必要ないことだ。つまり、指数の全構成銘柄を買う資金の借り入れコストに等しいだけの金利が節約されるわけだ。

指数の現物株を買わずに株価指数先物を買うことで節約される金額は、現在の指数価値に無リスクの金利を掛け、その数値に先物の残存日数を掛けて計算できる。その算出された数字を指数価値に加算することで、先物の適正価値はキャリングコストから求めることができる。

例えば、例の4銘柄の指数が274.00ポイントで先物の残存日数が3

カ月だとする。この期間の無リスクの金利が8％の場合、指数のキャリングコストはいくらになるか次のように求められる（簡単にするため単利払いとした。複利払いを想定すれば、より正確になる。

$$8\% \times 3 \div 12 \times 274.00 = 2\% \times 274.00 = 5.48$$

キャリングコストが唯一の要素であるなら、先物の適正価格は、指数の値の274.00ポイントに満期までのキャリングコストの5.48ポイントを加えたもの、つまり279.48ポイントになる。

しかし、ほかにも先物の保有に関する長所や短所がある。

指数先物を買うと、構成銘柄の非常に優れた代用になるが、現実に株式を所有しているわけではない。株式の所有権は配当を受けるときに必要であり、指数先物の買いでは構成銘柄が支払うであろう配当をすべて放棄しなければならない。

構成銘柄が無配当か、あるいは先物の満期前に配当を支払わない場合は、これ以上計算する必要はない。適正価格は現在の指数値に満期までのキャリングコストを加えたものとなる。しかし、通常は構成銘柄の一部もしくは全部が先物の満期前に配当を支払う。その場合、先物の適正価値は、先物ポジションを保有することで失われる配当額を差し引かなければならない。

例の4銘柄が先物の満期前に次のような配当を支払うと予想されるとする。

銘柄	株価	期待配当
1	125	1.80ドル
2	80	0
3	52	0.90ドル
4	17	0.35ドル

構成4銘柄をそれぞれ1株ずつ買うと、先物の満期前に受け取る配当総額は次のようになる。

1.80 ＋ 0.90 ＋ 0.35 ＝ 3.05

現物を買わずに先物を買えばこの3.05ドルを逃すことになる。したがって、先物の適正価格を3.05ドルだけ安くしたい。先ほどキャリングコストを考慮に入れ、指数が274.00ポイントの場合、先物の適正価格は279.48ポイントであることを示した。そこから配当を差し引くと、次のようになる。

274.00（指数値）＋ 5.48（キャリングコスト）− 3.05（予想配当）＝ 276.43

指数の構成銘柄を所有している場合、その配当を受け取れるだけでなく、その配当資金にも金利が乗る。例えば、銘柄1を所有しているならば、配当落ち日に1.80ドルの配当を受け取り、理論上この額には先物の満期まで金利がつく。配当が満期の2カ月前に出て金利が8％の場合、金利所得は次のようになる。

1.80 × 2 ÷ 12 × 8％ ≒ 0.02

厳密には、正確な先物価格を計算するのに配当を差し引くだけでなく、この配当支払いによる金利所得も引かなければならない。これはかなり複雑な作業になるだろう。しかし、現実には配当につく金利は実際の指数に比較して非常に少額なため、大半のトレーダーは指数価値から配当自体を差し引くだけで付随する金利は無視している。

指数が単純平均の場合、その指数を反映させた株式ポートフォリオ

するためには各株式が等しい株数で必要になる。したがって、全体の配当支払いはすべての配当の合計である。しかし、指数が時価総額加重平均の場合、その指数を反映させた株式ポートフォリオするために各株式が違った株数で必要になる。その場合、全体の配当支払いは、各株式の配当支払いに同株式ポートフォリオ作成に必要な株数を掛けたものになる。

　これは明らかに複雑な計算となるため、先物の正確な適正価格を判断するのは難しい作業のように思われる。しかし、実際のところコンピューターを利用して、素早く継続的に最も広く売買される株価指数先物の評価価格を計算するトレーダーたちが多くいる。

　正確な適正価格を計算できなくても、多くの場合、指数にキャリングコストを加え配当支払いを差し引くことで、ほぼ妥当な価格を推定することができなくはないと分かる。例えば、株価指数先物の残存日数が9週間（63日）で原資産指数が現在425.00ポイントだとする。年利8％で指数を構成する株式の平均年間配当が6％の場合、次のような計算になる。

$$(8\% - 6\%) \times 63 \div 365 \times 425.00 = 1.47$$

　したがって、先物のだいたいの適正価格は425.00＋1.47＝426.47ポイントである。しかし、これは推定値にすぎないと注意すべきだ。もし多数の株式がこの9週間の期間に定期配当を出さなかったら、あるいは配当が異例に多額であったら、この推定値はとても正確とは言えなくなるだろう。

　1993年3月から1993年6月の満期までの四半期のS&P500株価指数構成銘柄の配当を**図表15-1**に示した。4月中の額よりも5月初めに支払われた額のほうが多いことに注目してほしい。この配当の蓄積を6月満期までの予想配当総額の観点から示したのが**図表15-2**である。

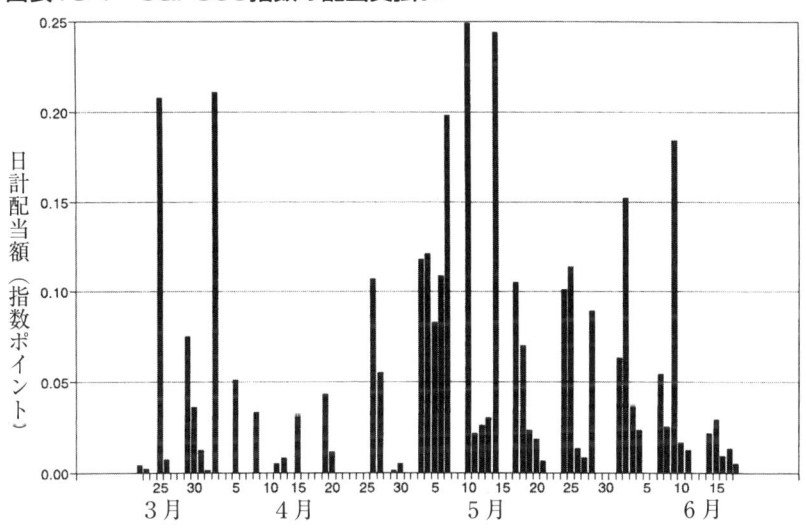

図表15-1　S&P500指数の配当支払い

　折れ線グラフは４月中、ゆるやかに下降していたが、５月初旬の２週間は急角度に下降した。多額の配当の直前か直後に何らかの裁定戦略を計画していた場合、S&P500先物の概算適正価格では済まされない変化があったであろう。正確な配当を知っていなければ、有利であったはずの戦略もまったく不利になってしまったかもしれない。

　計算を逆転して、実際の先物価格から現物指数の適正価格を求めることも可能だ。例えば、先物価格が432.70ポイントで、それが先物の適正価格で売買されているとすると、残存日数が６週間（42日）で、金利が６％、予想配当が2.23ポイントの場合、指数価格はいくらになるか。まず配当の2.23ポイントを先物価格432.70ポイントに加算すると434.93ポイントになる。それから、次の６週間にわたってこの額にかかるキャリングコストを差し引く。キャリングコストの計算は次の

483

図表15-2　S&P500指数の満期までの配当

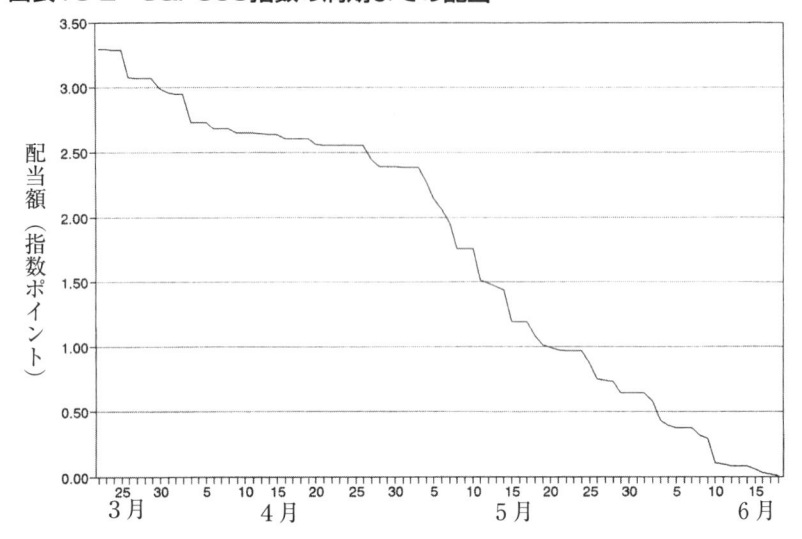

ようになる。

$439.93 \times 42 \div 365 \times 6\% = 3.00$

したがって「インプライド指数値」は434.93 − 3.00 = 431.93ポイントになる。

指数裁定取引

理論上、先物価格が常に反映するのは、指数の構成銘柄ではなく、先物の適正価格である。しかし、市場が常に100％効率的なわけではない。先物価格がその適正価格を反映していなければ、現物との裁定

取引を執行し（サヤを取り）、現物株バスケット、または先物の割安を買い、割高を売ればよい。

例えば、株価指数先物の適正価格は386.75ポイントだと確信して、実際の先物が387.40ポイントで売買されていると分かったとき、すべての構成株を正確な割合で買い、同時にその先物を売ろうとするだろう。それが成功して、先物のポイント価値が500ドルであれば、先物1枚当たりの利益は次のようになる。

（387.40 − 386.75）×500ドル＝0.65×500ドル＝325ドル

もちろん、この利益が完全に実現するのは満期で、その時の先物は自動的に指数値で清算される。同時に、トレーダーは保有株を決済しなければならない。そのためには、大引け注文を出して、指数値を最終的に決定する各株式の最終売買価格が保有株式の決済価格になるようにすればよい。

株価指数先物の適正価格が386.75ポイントなのに、先物が実際に385.95ポイントで売買されていたらどうか。今度はまったく逆のポジションを取り、割安の先物を買って、現物株バスケットを売る。その理論上の利益は次のようになる。

（386.75 − 385.95）×500ドル＝0.80×500ドル＝400ドル

残念なことに、この戦略の実効性を損なうかもしれない現実がある。自分の所有していない株を空売りしたい場合、株を借りなければならない。手に入る株がなければ、または自由な空売りが許されていなければ、先物がいかにミスプライスであっても、裁定取引を執行できない。株の空売りによる逆日歩で金利を完全に稼げないこともあるだろう。また、実際の金利が先物の適正価格を計算するのに用いられた金

利よりも低ければ、先物の適正価格は、想定適正価格の386.75ポイントに満たないかもしれない。

このタイプの売買戦略は、ミスプライスの株価指数先物をトレードして、その逆のポジションを原資産株に取るもので、指数裁定取引のひとつのタイプである。先物の適正価格の計算は通常コンピューターにプログラムされているため、このような売買を「プログラム売買」とも呼んでいる。買いプログラムは株式の買いと先物の売りで構成され、売りプログラムは株式の売りと先物の買いで構成される。

先物と現物の裁定の根拠となるミスプライスはどれほどあればよいだろうか。市場にまったく「摩擦」がなければ、どんなに小さくても、とにかくミスプライスがあるかぎり、裁定取引を執行しようとするだろう。

残念なことに、市場には常にいくらかの摩擦がある。先物がミスプライスで理論上は有利である裁定取引であっても、売買コストを含めれば不利になることがある。裁定に必要な売買をすべて執行するのにおよそ0.50ポイントのコストがかかると判断するなら、先物が少なくとも0.50ポイント割高あるいは割安にならないかぎり、プログラム売買をしないはずだ。また株の空売りにかかる問題も考慮すれば、先物が0.75割安にならなければ、現物売りプログラムを開始しないだろう。そして先物の適正価格が386.75ポイントであれば、先物価格が386.75－0.75＝386.00ポイント未満か、386.75＋0.50＝387.26ポイント超となって、初めてプログラム売買を開始するわけだ。

たとえ指数の気配値が386.75ポイントで、先物が387.25ポイント超もしくは386.00ポイント未満であっても、収益機会があるという確信は持てない。

しかも裁定取引を執行するためには、全構成銘柄を指数価値の386.75ポイントと整合する価格で売買する必要がある。ところが、各株式には買い気配値と売り気配値があり、指数の株式によって最終売

買価格が買い気配値になったり、売り気配値になったり、その間になったりする。買いプログラムを執行したい場合、指数の株式をすべて売り気配値で買わなければならず、その価格は優に指数の気配値を超えるであろう。

さらに、引け値は市場の実情を正しく反映していない可能性もある。指数自体の引け値は386.75ポイントであるが、それは指数のすべての株式の売買価格を示しているだろうか。おそらく、ニュース待ちで売買が中断されている株式もあるだろう。

あるいは、ひとつまたは複数の株式の現在の気配値が直近の約定値からかけ離れていることもあるだろう。ある株式の直近の約定値が38.25ポイントだったとしても、その株の相場が急速に下落し、現在の売り気配値が37.75ポイントになっているかもしれない。指数値が最終価格の38.25ポイントに基づいていても、実際の価格は高くても37.75ポイントであり、おそらくもっと低いであろう。つまり、ミスプライスの指数先物で儲けたい場合、指数構成銘柄の真の相場を知らなければならないわけだ。

では、買いと売りのすべてを理論上有利な価格で執行できるとして、株価指数先物に対応する株式で構成されるプログラム売買に何か不都合はあるだろうか。例えば、割安の先物を買って、同時に原資産株を売るとする。指数が下落し始めて先物も追随する場合、株取引では利益になって先物取引では損失になり、おそらくこれら２つの要素は相殺しあうことになる。

ところが、あいにく株取引は株式タイプの決済に従うので含み益が発生するだけであるが、先物取引は先物タイプの清算に従うので損金が発生する。指数がずっと下落して、先物の追証を差し入れるのに借り入れが必要な場合、金利が高いため、元は有利に見えた裁定取引が実際は損になってしまうかもしれないのだ。これは第11章で述べた先物オプション市場でのコンバージョンとリバーサルの決済リスクと同

様である。

　ここから分かることは、プログラム売買では市場が先物の方向に動き、口座に資金が流入することが常に期待されることである。そうなれば、先物の建玉期間を通じてそのキャッシュで金利を稼げるので、潜在利益が増大する。この点で、オプションに適用したデルタの概念を同様に先物に適用できる。デルタは、原資産の動きに対応して理論価格が変わる割合である。

　例えば、株価指数の気配値が300.00ポイントだとする。残存日数が３カ月で、金利８％、予想配当4.50ポイントの場合、先物のおおよその適正価格は次のようになる。

$$300.00 + (300.00 \times 3 \div 12 \times 0.08) - 4.50 = 301.50$$

　指数が一気に10％上昇して330.00ポイントになったとする。新たな先物の適正価格は次のようになる。

$$330.00 + (330.00 \times 3 \div 12 \times 0.08) - 4.50 = 332.10$$

　指数は30.00ポイント上昇し、先物は30.60ポイント上昇した。したがって、先物のデルタは、30.60÷30.00＝1.02だから、102になる。先物価格は、原資産の動きの102％の割合で変化したわけだ。

　配当が不変だとすると、先物のデルタは金利の関数にほかならない。先物に対応する追加の２デルタが金利の８％と３カ月の残存日数から発生する。３÷12×0.08＝0.02になるからである。残存日数が変化すると、あるいは金利が変化すると、先物のデルタもまた変化する。

　そしてプログラム売買がアンバランスになっている額をデルタで記述することができる。先物を50枚買って、それぞれのデルタが102で、相応な額の現物株を売る場合、全体のデルタポジションは次のように

なる。

$$(50 \times 102) - (50 \times 100) = +100$$

　したがって、このトレードでは指数1単位に相応する株を買っているかのように買いポジションになっている。正確なデルタニュートラルにしたいなら、指数1単位に整合するバスケット株を売らなければならない。

　金利の変動は先物のデルタに影響を与えるだけではなく、プログラム売買の採算性にも影響を与える。買いプログラム（株式を買い、先物を売る）を実行する場合、株を買うために事実上資金を借り入れていることになる。資金コストが変動金利に連動するなら、金利が上昇すればポジションは不利になり、低下すれば有利になる。売りプログラム（株式を売り、先物を買う）を実行する場合、事実上資金を貸していることになる。今度は金利が上昇すればポジションは有利になり、低下すれば不利になる。

　金利の変動がかなり大きい場合、元は有利であったプログラム売買が不利になることがある。これは特に、非常に長期の先物で構成されているプログラム売買に当てはまる。長期にわたる資金の貸借コストが大きくなるために、金利の要素が増幅されるからだ。したがって、短期の先物で構成されるプログラム売買は、金利の要素が軽減されるため、金利の変動が与える影響力は低い。

　これまで、指数を構成する全銘柄の配当は不変であるとしてきたが、これは必ずしも事実ではない。企業は業績が良いときもあれば悪いときもあり、配当方針もしかるべく変化する。買いプログラム（現物バスケットを買い、指数先物を売る）の場合、配当が増えたらそのポジションは有利になり、配当が減少したら不利になる。売りプログラム（現物株バスケットを売り、指数先物を買う）の場合、その影響は正

反対である。

　数百銘柄で構成される範囲の広い指数においては、1社か、数社の配当方針の変化がプログラム売買の採算性に重大な影響を与えるとは思えない。しかし、少ない銘柄で構成される範囲の狭い指数では、1社の予想配当の変化だけでもトレードの収益性を変えてしまう可能性がある。したがって、指数を構成する銘柄の配当変化の可能性をあらかじめ慎重に考慮しなければならない。

指数オプション

　株価指数オプションには、株価指数「先物」が原資産の場合と「現物」指数「自体」が原資産の場合の2種類がある。両者は類似点も多いが、それぞれ異なる独自の特性も備えている。このため、それぞれの市場を個別に考察する。

株価指数先物オプション

　株価指数先物オプションの評価は、たいていの場合、従来の先物オプションと同じである。したがって、この市場のトレーダーは先物オプションの評価で通常発生する問題をすべて抱えることになる。

　トレーダーは、適切な価格決定モデルを選別し、正しいデータを判断してそのモデルに入力し、妥当な戦略を選定し、そうした戦略に伴うリスクを考慮しなければならない。先物オプションの権利行使、あるいは割り当てによって、株価指数先物に買いや売りのポジションを取るので、必然的に先物の現在値を原資産価格のデータとして理論価格決定モデルに入力することになる。

　しかし、先物オプションのトレーダーは多くの場合、新たな問題に直面する。先物が明らかにミスプライスで適正価格とは異なる価格で

売買されている場合でも、先物の現在値を価格データとして用いるべきか悩むわけだ。

例えば、株価指数先物は424.00ポイントで売買されているが、自分はその適正価格が425.00ポイントであると信じている場合、どちらの値を理論価格決定モデルに入力すればよいか。先物は425.00ポイントで売買されるべきであり、理論価格決定モデルの根拠になっているすべての前提が有効であると確信するなら、当然、425.00ポイントを原資産価格としてモデルに用いるだろう。そして、割安だと思うオプションを買い、割高だと思うオプションを売ればよい。

しかし、先物が424.00ポイントであれば、オプションのポジションをヘッジするために先物を使う場合、425.00ポイントを入力データとするわけにはいかない。もしそうすれば、オプションの売買で達成される理論的な収益性は、先物の売買で発生する損失の可能性により、すべて自動的に相殺されてしまうからだ。それは、先物オプションの基本的な合成関係を第11章から思い起こせば明らかである。つまり、次のようになる。

コール価格－プット価格＝先物価格－権利行使価格

原資産先物は425.00ポイントのはずであると判断しているなら、425コールと425プットは同一価格で売買されるはずだとも確信することになる。先物の想定価格と権利行使価格の差はゼロだから、コール価格とプット価格の差もゼロとなるはずだからだ。

しかし、原資産先物市場が実際には424.00ポイントで売買されている場合、コール価格は約1.00ポイントだけプット価格よりも安くなる。425コールが8.50ポイントで売買されており、425プットが9.50ポイントで売買されている場合、コールは安すぎ、プットは高すぎるように思える。

しかし、残念ながらコールを8.50ポイントで買ってプットを9.50ポイントで売るだけで、想定利益の1.00ポイントを確定できるわけではない。逆のコンバージョン（コール買い、プット売り、原資産売り）を完成させようとすれば、先物を424.00ドルで売らなければならないのだ。それはオプションで得た利益を先物で返してしまうことになる。

単にボラティリティスプレッドまたは方向性スプレッドを原資産の想定価格425.00ポイントに基づいて執行したいだけなら、その価格を理論価格決定モデルに入力するデータとして用いるのも当然である。しかし、プロは大半の売買戦略で裁定関係に強く依存している。実際の原資産価格とは異なる価格を用いれば、こうした裁定関係はもはや有効ではない。

原資産価格の選択はトレーダーによって異なるため、多くのオプション情報会社は実際の先物価格か、あるいは先物の理論価格のいずれかを選択肢として提供し、理論評価の根拠にしている。

原資産価格について最終的に判断するのはトレーダーである。しかし、株価指数先物オプション市場で気配値とは異なる株価指数先物価格を用いることについては非常に慎重になるべきである。すでに述べたように、株価指数先物の理論価格は常に利用できるわけではない情報に基づいている。個々の株価が真の相場を反映しないために指数の実際の売買価格について判断を誤ると、そのトレーダーが評価する先物の価格は不正確になる。

ほとんどのトレーダーが、株価指数先物の明らかなミスプライスは通常は錯覚であるか、あるいは少なくとも見かけほど大きくないことを経験を通して知っている。

現物指数オプション

株式オプションの権利行使や割り当ての場合、買い方や売り方は原

資産の受け渡しをしなければならない。株価指数オプションの権利行使や割り当てもまた、理論上同様に扱えない理由はまったくない。もし、このようなオプションを権利行使する場合、指数のオプションすべてについて、正しい割合で、指数値に等しい価格で、受け渡しをすることになる。

　これは当然のように思えるが、現実には、すべての株式を現物で引き渡して株価指数先物を決済する場合と同じ問題がある。多数の銘柄を適切な量（おそらく小数点以下の株数も含めて）で受け渡しするとなると、清算機関は大変なことになってしまうだろう。先物の場合、一般的な解決策は、現物の受け渡しではなく、現金で決済することである。

　440コールを保有しており指数が450ポイントのときに権利行使すると、10ポイントに等しい額の現金を受け取る。1ポイントの値が100ドルの場合、その口座には1000ドルの入金があるわけだ。逆に同じコールで割り当てを受けた場合、1000ドルの支払いとなる。また475プットを現物指数が450ポイントのときに権利行使すると、2500ドルの受け取りとなる。逆に割り当てを受ければ2500ドルの支払いになる。

　理論上、指数オプションがアメリカンタイプで期日前権利行使の権利があれば、現金決済はオプションを権利行使するときの指数値に基づくはずである。しかし、これは現実的ではない。権利行使は瞬時の売買ではないからだ。

　権利行使の通知は、トレーダーが記入し、ブローカーに提出され、それから清算機関に提出される。もしオプションの権利行使の時期を明確に特定できても、正確な指数値を確認するのは困難であろう。こうした事情から、指数オプションの権利行使や割り当ては、立会日の最終指数で計算される（ただし、満期日に株価指数の裁定取引を解消するための大量の注文があり、個々の株式に注文の不均衡が生じやすいため、満期日の指数値で株価指数のオプションや先物の決済をする

493

ことにした取引所もある。この始値は、指数構成銘柄の当日の始値で算出される。各銘柄の寄り付き時間が異なる可能性があるので、その指数値は同時間のものではない場合もある)。

権利行使の通知が10時であっても15時であっても、売り方も買い方も、その日の大引けの指数値と権利行使価格の差金で決済される(通常、指数オプションには権利行使の中断時間帯がある。米国では大引けで指数が確定してから1時間以内である)。

現物指数オプションの評価

株価指数の現物オプションを評価する最も一般的な方法の根拠になっているのは、現物指数オプションの原資産は現物株バスケットであり、それは一体となり、ひとつの個別の株式としての特徴を備えているという想定である。したがって、必然的に従来の株式オプションのモデル、つまりヨーロピアンタイプについてはブラック・ショールズ式モデル、アメリカンタイプについてはコックス・ロス・ルービンシュタイン式モデルを利用して指数オプションを評価することになる。

いずれにせよ定番のデータ、つまり残存日数、権利行使価格、原資産価格、金利、ボラティリティ、そして配当をモデルに入力しなければならない。残念ながら配当には株価指数先物を検討したときに述べた問題がある。オプションがヨーロピアンタイプの場合、期日前権利行使の可能性はないので、満期までに期待される配当総額を利用して理論価格を評価できる。

しかし、アメリカンタイプの場合、期日前権利行使の可能性があるので、配当支払いの正確な日を知る必要がある。各銘柄が配当を出す時期はばらばらだ。アメリカンタイプを正確に評価するために、配当日と配当額のマトリクスを作成し、それを理論価格決定モデルに入力する必要がある。株価指数オプションを正確に評価したい場合、正確

な配当計算が可能なソフトが必要になる。

　さほど正確ではないが、多くのトレーダーの実用に耐えられる方法は、一定の配当を想定することである。各株式配当の平均（％）を出して、それを金利要因から差し引いた結果を金利データとして使えばよい。例えば、配当が平均４％で金利が６％の場合、トレーダーは配当データを無視して２％の金利だけを使えばよい。金利と配当のデータを個別に入力してアメリカンタイプの価格を計算できるモデルもある。しかし、いずれの場合も、株式オプションのコールはたいてい配当直前に権利行使され、プットはたいてい配当直後に権利行使されるので、期日前権利行使の価値は歪められたものになる。

　配当の確定日がまったくモデルに入力されていない場合、最適の早期権利行使は計算できない。指数の多くの株式がたまたま多額の配当を同じ日に出すか、あるいは長期にわたってまったくない場合、この歪みが非常に大きくなることがある。**図表15-1**はS&P500でそれが頻繁に起きていることを示している。

ファントム変数

　その日の株価指数の引け値が確定したあとも、現物株、先物、オプションが売買されている市場がある。米国では、ニューヨーク証券取引所で売買が終了する米東部時間16時に、ほとんどの株価指数が確定する。しかし、指数の構成銘柄の多くは地方の取引所で引き続き売買され、指数の先物とオプションも引け後しばらくは売買が続行される。原資産となる現物指数は確定したのにそのオプションと先物の売買が続行される結果、期日前権利行使に関して異常が生じる。

　主要取引所の立会が16時に終了、自分の所有している株が50ドルで決済されたとしよう。また、その株を決済価格の50ドルでだれかに売る権利をその夜の午前零時まで持っているとする。このトレーダーが

その株を保有し続けるつもりなら、これを権利行使する理由はまったくない。しかし、その株に関する悪材料が16時30分に発表され、ある地方取引所では48ドルでまだ売買が継続中だと知った。どうするか。

悪材料が出たから売りたいと判断するなら、50ドルで売る権利を行使する。その株の所有権を保持したい場合でも、50ドルで売る権利を行使して48ドルで買い戻せば利幅が2ドルになるとすぐに分かるだろう。実際、そうしなければ2ドルの儲けをみすみす捨ててしまうわけだから、バカげている。

期日前権利行使が可能で、指数が大引けで確定したあとでも売買が続いているとすれば、同様の状況は株価指数オプションでも生じる。まず非常に単純な例で考えてみよう。証券取引所が売買を終了する16時に400.00ポイントでその日の指数が確定してからのオプション市場を考えてみよう。残存日数が30日で、インプライドボラティリティが14％、金利は6％で、予想配当がない場合、オプション価格とインプライドデルタは次のようになる。

指数＝400ポイント
6月限残存日数＝30日　　インプライドボラティリティ14％
金利＝6％　　配当＝0

権利行使価格	コール価格	コールデルタ	プット価格	プットデルタ
380	22.44	92	0.59	－8
390	13.98	78	2.12	－23
400	7.42	56	5.62	－46
410	3.24	32	11.71	－72
420	1.14	14	20.12	－94

16時5分に非常に悪い経済ニュースが出たとする。まだ開場している地方取引所では株が下落し始め、16時を過ぎても指数先物と指数オプションの売買が続いている市場では、トレーダーがいっせいに反応し、まるで翌朝には10ポイントも安く寄り付くかのような状況である。もしオプションが翌日実際に390.00ポイントで寄り付けば、オプション価格とデルタは次のようになる。

指数＝390.00ポイント
6月限残存日数＝29日　　インプライドボラティリティ14％
金利＝6％　　配当＝0

権利行使価格	コール価格	コールデルタ	プット価格	プットデルタ
380	13.70	79	1.95	－22
390	7.10	55	5.40	－46
400	2.98	31	11.55	－73
410	0.98	13	20.08	－95
420	0.25	4	30.00	－100

仮に、もともと380コールを10枚所有していたとする。悪いニュースが市場を襲ったらどうすべきか。市場が実際に390.00ポイントで寄り付けば、そのコールは13.70ポイントで売買される。1枚当たり8.74ポイント（＝22.44－13.70）の損失になる。しかし、今日コールを権利行使すれば、権利行使価格380ポイントと今日の指数の清算値400ポイントの差額である20.00ポイントを受け取れる。つまり、権利行使をすれば、1枚当たり2.44ポイント（＝22.44－20.00）の損失で済むわけだ。権利行使ができなければ、自動的にさらに6.30ポイントの損失になる。

その日の指数が確定したあとは、翌日の理論価格がパリティ未満に

なると分かった場合、指数オプションを保有するよりも権利行使したほうが賢明である。このシナリオでは、390コールも期日前権利行使の候補になる。もっとも、その貢献度は380コールほど大きくはない。

そのニュースに先立ち、390コールは13.98ポイントで売買されていた。しかし翌朝に市場が390.00ポイントに下落すれば、390コールはわずか7.10ポイントで売買される。権利行使をしなければ、1枚当たり6.88ポイント（＝13.98－7.10）の損失になる。実際に権利を行使すれば、損失は3.98（＝13.98－10.0）にすぎない。期日前権利行使によって1枚当たり2.90ポイント軽減される。

もっとも、市場がこんなに激しく下落すればインプライドボラティリティは増大するだろう。しかし、インプライドボラティリティが18％に跳ね上がったとしても、380コールと390コールの価格は、それぞれ翌朝に15.06ポイントと8.84ポイントになるにすぎない。これは依然としてパリティ未満なので、やはり期日前に権利行使したいと思うだろう。

株価指数市場は好材料よりも悪材料に敏感であるように思えるが、プットもまた、非常に強気のニュースで市場が跳ね上がる場合には、期日前権利行使の候補になる。例えば、先ほどの例で、市場が翌朝は10ポイント高の410.00ポイントで寄り付くという認識があれば、オプション価格は次のようになるだろう。

指数＝410.00ポイント
6月限残存日数＝29日　　インプライドボラティリティ14％
金利＝6％　　配当＝0

権利行使価格	コール価格	コールデルタ	プット価格	プットデルタ
380	31.92	98	0.12	－2

390	22.45	92	0.61	−8
400	14.01	78	2.16	−23
410	7.46	55	5.67	−46
420	3.28	32	11.75	−72

　今度は、410プットと420プットが期日前権利行使の候補になった。指数の引け値である400.00ポイントに基づいて、そのパリティは10.00と20.00である。しかし、翌日の指数が410.00ポイントと認知されておりその価格はわずか5.67ポイントと11.75ポイントである。インプライドボラティリティが18％になったとしても、その価格はそれぞれ7.49ポイントと13.37ポイントにすぎない。これは依然としてパリティ未満である。したがって、プットを保有するよりも権利行使をしたいと思うだろう。

　期日前権利行使の可能性がある市場では、オプションはパリティ未満で買われるはずがない。株価指数オプション市場がその日の指数が確定してからも開いている場合（米国では15分間）、市場があたかも翌朝にその日の指数の引け値とは非常に異なる価格で寄り付くかのようにオプションを売買し始めても、オプションは少なくともパリティで売買されるはずである。そうでなければ、裁定取引のチャンスとなる。

　悪材料が発表された結果、390コールが本当に7.04ポイントで売買されていれば、できるだけ大量にコールを買って、直ちに権利行使を通知し、その過程で1枚当たり10ポイントを手にするだろう。そして1枚当たり2.96ポイントの利益を直ちに実現するだろう。

　翌朝の市場の寄り付きについて市場が判断を誤ればどうなるのか。仮に、市場は翌朝10ポイント安く寄り付くと確信していたが、現実は市場が変わらず、むしろ数ポイント高になって寄り付いたとする。それでも380コールや390コールの権利行使をしたら、自分の行動を後悔するだろうか。翌朝に何が起ころうと、権利行使の影響を相殺する行

動を取るかぎり、権利行使するのは常に賢明である。

例えば、悪いニュースが市場に達する前に、次のようなデルタニュートラルのレシオスプレッドを始めたとする。

　6月限390コールを13.98で10枚買い　　デルタ＝78
　6月限410コールを3.24で25枚売り　　デルタ＝32

このポジションを390コールを含んで保有して市場が翌朝390ポイントで寄り付いた場合、次のようになるので、12.30ポイントの損失になる。

　$-10 \times (13.98 - 7.10) + 25 \times (3.24 - 0.98) = -12.30$

しかし、390コールの権利行使を決めたとする。この場合でもコールを権利行使するときに消滅する780デルタを取り入れてデルタポジションを均衡させる必要がある。これを行うひとつの方法は、410コールを新たな価格0.98ポイントで買い戻して、スプレッドポジションをあっさりと手仕舞うことである。そうすれば、次のようになるので、トレーダーは16.70ポイントの利益になる。

　$-10 \times (13.98 - 10.00) + 25 \times (3.24 - 0.98) = +16.70$

410コールの売りポジションを手仕舞いしたくない場合、780デルタを解消する別の方法を探せばよい。ほかの株式取引所がまだ開いており、指数の構成銘柄を新たに、より安い価格で正しい割合で買うことができるなら、8枚の指数に等しい株式を買って、780デルタの消滅を埋め合わせることを考慮すればよい。

あるいは、指数の先物が利用できて、先物市場が悪材料に反応して

今10ポイント下落しているのであれば、各指数はだいたい100デルタであるから、先物を8枚買えばよい（話を単純にするため、原資産指数の変動の結果、スプレッドを保有するトレーダーがデルタを調整する可能性を無視した）。

　奇妙に思うかもしれないが、実際のところ、指数の翌朝の寄り付きが高くても、安くても、変わらずでも、どうでもよいのである。重要なことは、相場が変化してすべてがそれに応じた価格になると市場が確信することである。その場合、原資産価格の変化を認知して今や価値がパリティ未満になっているオプションを権利行使し、パリティに制約されないほかのオプションに乗り換えなければならない。

　現物指数オプションの期日前権利行使には明らかに付加価値がある。これは状況によって指数オプションの権利行使をしてさらに有利な価格でほかのオプションに乗り換えることができるからだ。この置き換えの価値はいくらになるのか。その答えの基準になるのは、指数の確定する時間とその指数に関連するほかの金融商品（株式、先物、オプション）の売買が終了する時間の間に、何か重大な事象が発生する確率である。その確率を数値で表す方法を知っている人がいるとは思えないので、重大な出来事が発生する確率を「ファントム変数」と呼ぶことにしよう。その評価法はだれにも分からないが、それが存在することに異議を唱える人はいない。

　そのファントム変数から生じる権利行使の付加価値は、指数オプション市場でのボックス戦略で最も明白になる。420／430のボックス買い（420コールと430プットを買い、420プットと430コールを売る）に興味があるとする。ボックスがヨーロピアンタイプで構成されており、期日前権利行使の可能性がない場合、そのボックスの価格は、権利行使価格差の10ポイントから、満期まで10ポイントに掛かるキャリングコストを差し引いたものにほかならない。残存日数が4週間で金利が6％であれば、ボックスの価格はだいたい次のようになる。

$$10.00 - (28 \div 365 \times 6\% \times 10.00) = 9.95$$

　これらがアメリカンタイプであれば、配当と金利要素があるので、期日前権利行使に多少の付加価値がある。付加価値が最大になるのは420コールと430プットで、ボックスの価格は9.95ポイントよりも若干大きくなる。期待理論価格を上回る価格は、指数が確定したあとで、市場が期日前権利行使の可能性に付加するプレミアムである。

　期日前権利行使が株価指数オプションの保有者にとって利益が増える可能性があるとしたら、このようなオプションの売り方にとってはリスクの増加を意味するはずである。実際、株価指数オプションの売り方のリスクは、買い方のリワードよりもさらに大きいように見える。売り方は権利行使の時期に関して買い方の言いなりになるどころか、ヘッジ措置を取る余裕もなく割り当てを受けることさえあるかもしれない。

　売り方にとって問題になるのは、株価指数オプションが現金で決済され、その現金はデルタ値を持たないことである。普通の株式オプション市場で割り当てを受ける場合は、配当または金利コストの面で損失になるが、少なくともそのデルタが覆ることはない。株式オプションが権利行使されるほど十分にディープ・イン・ザ・マネーであれば、おそらくそのデルタは100に非常に近くなっている。そのオプションが権利行使されると、オプションに対応している100デルタはなくなるが、その現物株に対応する100デルタによって直ちに置き換えられる。

　しかし、イン・ザ・マネーの株価指数オプションで割り当てを受けると、マイナスのキャッシュフローが発生するだけではなく、割り当てられたオプションに対応するデルタも完全になくなる。自分が割り当てを受けたとすぐに分かれば、デルタを再度均衡させる措置を取ることができるだろうが、あいにく権利行使通知は夜間に処理されるた

め、割り当てを受けたことを知るのは翌立会日になる。

ディープ・イン・ザ・マネーの株価指数オプションで割り当てを受けた場合、翌日になって、デルタがおそらく思惑をはるかに超える大変なプラス値あるいはマイナス値になっていることに気づくだろう。市場が寄り付きでかなり動いていると、すでにひどい損失を出しており、防衛措置を取るチャンスはもうなくなっているのである。

合成関係

現物株が100ドルで売買されているとする。残存日数が2カ月、金利が6％で、満期前に予想される配当がない場合、100コールと100プットの関係はどうなるだろうか。

期日前権利行使の可能性を無視すれば、第11章の「合成関係」から、コールの価格は、おおよそキャリングコストの額だけプットの価格よりも高くなるはずである。つまり、次のようになる。

コール価格－プット価格＝権利行使価格－株価＋キャリングコスト

したがって、権利行使価格のキャリングコストは1.00ドル（＝100×6％×2÷12）となり、コールは1.00ドルだけプットより高いはずである。プットが4.00ドルで売買されているならコールは5.00ドルで売買されているはずである。

では、現物株が100ドルで、そのプットが4.00ドルで、しかしそのコールが実は4.25ドルで売買されているとする。どうすべきか。

ボラティリティに関する思惑は何であれ、コールがプットに比較して0.75ドルだけ安すぎることは明らかだ。合成関係に精通していれば、この相対的なミスプライスを利用して、コールを4.25ドルで買い、プットを4.00ドルで売り、株を100ドルで売って逆コンバージョンを執

503

行するだろう。これで満期にプットを権利行使するか、またはコールの割り当てを受けることでポジションを手仕舞い、0.75ドルの利益になる。

　明確で自由に売買される原資産があるオプション市場で、真の裁定関係が破綻する可能性は低い。このような関係が破綻する場合、常に原資産を売買してミスプライスの裁定関係に対応し、実質上ミスプライスの額に等しい利益を確定することができる。トレーダーがこぞってミスプライスから利益を得ようとする集積効果でミスプライスは急速に消滅する。

　今度は、オプションが現金決済される株価指数オプション市場で同様なミスプライスに遭遇した場合を考えてみよう。指数が400ポイントで、400コールは合成関係によると3.00ポイントだけ400プットよりも高いはずだとする。

　400プットが6.00ポイントで売買されている場合、400コールは9.00ポイントで売買されていると期待される。とろこが400コールが実は7.50ポイントで売買されていることに気づいた場合、どうすべきか。

　個々の株式でオプションを扱うのと同様な措置を取って、コールを7.50ポイントで買い、プットを6.00ポイントで売って、株価指数を400.00ポイントで売りたいと思う。それで1.50ポイントの利益が出るはずである。これはコールとプットが相互にミスプライスになっている。これは株価指数オプションで実効性のある戦略だろうか。

　400コールを買って400プットを売ることは、たしかに可能である。しかし、指数を売るのは容易ではないと気づくだろう。指数の構成銘柄の範囲の広さによっては、数百の銘柄をいろいろな割合で売らなければならないことがある。それは可能であるにしても、ひとつの銘柄を売るほど簡単でないことは明らかだ。

　たとえ指数の構成銘柄をすべて正しい割合で売ることができたとしても、真の逆コンバージョンを執行したことになるだろうか。

真の逆コンバージョンは、コールを買い、プットを売り、原資産を売ることで成立し、そのときの原資産とはオプションが権利行使されたときに受ける現物や先物のことである。株式バスケットが原資産であれば、400コールか400プットが権利行使された場合、その株式バスケットを渡すか受ける義務がある。しかし、それは株価指数市場には当てはまらない。コールの権利を行使するか、あるいはプットの割り当てを受けると、現金の受け渡しがある。ところが依然としてバスケット株を保有したままである。

　指数は現金で決済されるという事情があるので、コンバージョンまたはリバーサルを実行することは、株価指数オプション市場の場合のほうが、特にオプションがアメリカンタイプであれば、個々の株式オプション市場の場合よりもはるかにリスクの高い戦略になる。さらに、裁定戦略はサヤが小さいために通常は大規模にトレードされる。トレーダーがこのような戦略を執行して夜中に割り当てられると、そのポジションはひどく不均衡になる。翌日、指数が不利な方向に少し動くだけで悲惨なことになりかねない。

　指数の株式をすべて執行できて満期までそのポジションを保有する確信があっても、株式ポジションはやはり物理的に清算しなければならない。満期時のオプション価格は指数の引け値によって決まり、その指数の引け値は個々の各株式の最終売買によって決まるので、個々の株式ポジションのそれぞれを引け値で手仕舞って、その価格を基準に指数が計算されるようにしなければならない。

　これを達成するには、多くの場合、各株式にMOC（引け成り注文）を出せばよい。しかし、非常に慎重にしなければならない。各株式ポジションを適切な価格で手仕舞うことができなければ、その裁定で当初期待した利益は出ないかもしれない。

　指数オプション市場でのミスプライスの合成関係は、ほかのオプション市場でのものほど利用しやすいものではない。株式バスケットを

完全に、そして正しい割合で売買することは容易ではないし、執行した裁定取引には期日前権利行使のリスクも付加されているからだ。このようなミスプライスは、指数オプション市場において頻繁に発生するだけではなく、長期間続く可能性もある。

指数の代用

　指数の裁定取引が困難であるとはいえ、合成関係から十分にミスプライスだと思える場合、たとえリスクが追加されるとしてもその状況を利用する戦略を探す。つまり、原資産の構成銘柄を売買しようとするか、あるいはバスケットの代用になるものを探す。

　指数の範囲が狭く、20～30銘柄だけの場合、構成銘柄をひとつずつ完全に売買するのも納得できる。しかし、指数の範囲がもっと広くて数百銘柄に及ぶ場合、各株式を正しい数量で執行することは困難だ。したがって、完全な株式バスケットの執行は現実的ではない。

　このような場合、完全な株式バスケットが目的を達するのに本当に必要なのか疑問に思うかもしれない。ほとんどの指数で、各株式が同じ比重を持つとは限らないからだ。指数の基盤が広い場合、非常に小さな銘柄の価格が変化しても指数にほとんど影響しない。こうした銘柄を排除しても株式バスケットの指数はほぼ変わらないのである。

　そこで、執行の容易さと指数との相関関係の妥協点を求め、「擬似バスケット」で実験することにする。つまり、売買が容易にできて、市況の変化に対して実際の指数とほぼ同一の反応を示す株式群の選択をするわけだ。そこで次の疑問は、相関関係となるだろう。どの程度の相関関係があれば目的にかなうのか。100％か、99％か、95％なのか。

　擬似バスケットと指数に99％の相関関係があれば、十分に思える。しかし、指数が400.00ポイントで合成市場のミスプライスが1.0ポイントの場合、コンバージョンを執行すれば99％の相関関係だから400.00

の１％、つまり4.00ポイントの違いになる。状況次第では、1.00ポイントの期待利益が3.00ポイントの損失になるわけだ。

　もちろん、確率の法則では、擬似バスケットの真の指数に対する偏差がトレーダーの有利に作用しており、1.00ポイントを超える利益が出る可能性もある。しかし、裁定取引は、非常にリスクの低い戦略だと考えられているので、大規模に実行される傾向がある。実際の指数の代わりに擬似バスケットで多数のコンバージョンや逆コンバージョンを執行すると、相関リスクが予想以上に大きな影響を持つことに気づくだろう。

　もうひとつ指数の代用になり得るのは、現物オプションと原資産が同じ指数先物である。このような先物を利用できる場合、それを原資産バスケットの代わりに裁定戦略で用いることができる。先物は株式バスケットよりも容易に執行できて売買コストも低い。しかも先物と現物には100％の相関関係がある。先物と指数が同時に満期になる場合、先物とオプションの価格は満期には同じ価格に収束する。さらに、オプションまたは先物のポジションの清算について心配する必要がない。清算機関がすべてを満期に自動的に現金で決済してくれる。

　先物とオプションが同時に満期になる場合、現物オプションの原資産である指数の先物がバスケットの完全な代用になる。実際、オプションがヨーロピアンタイプで期日前権利行使の可能性がまったくない場合、先物とオプションの裁定取引には事実上リスクがない。一旦裁定が完結したら、先物と指数は完全に相関して満期に収束する。

　米国では、CBOE（シカゴ・オプション取引所）にあるS&P500株価指数オプションのトレーダーたちが、CME（シカゴ・マーカンタイル取引所）にあるS&P500株価指数先物で裁定取引することが多い

　（CMEにはS&P500「先物」オプションが上場されている。先物オプションには期日前権利行使のプレミアムがほとんどない。CBOEで売買されるS&P500現物オプションはヨーロピアンタイプであるため、

先物オプション市場と現物オプション市場は、ほぼ同一になる）。

　アジアやヨーロッパの取引所でも同様の手法を取っている。指数先物が現物バスケットの適当な代用手段になる場合、裁定取引を執行できる価格が問題になる。先物の売買は容易であっても、コンバージョンあるいは逆コンバージョンが儲かる価格で売買できるのか。合成相場が指数オプション市場で1.00ポイントだけミスプライスになり、先物をちょうど評価額で売買できるのであれば、まったく問題はない。しかし、そんなことがあり得るのか。もしそうなら、だれもが列を成してオプション市場で合成ポジションを売買し、先物で逆ポジションを取るだろう。こうした行動の結果、市場はやむなく適正価格に戻り、裁定機会は完全かつ急速に消滅することになる。

　ひとつの指数市場でミスプライスになっている場合、たいていほかの指数市場でも同じ額だけミスプライスになっていることに気づく。合成ポジション（コール買いとプット売り）がオプション市場で1.00ポイント割安なとき、通常はその先物も1.00ポイント割安である。そうでなければ、だれもがその状況を利用して合成あるいは先物の安いほうを買って高いほうを売るだろう。この点で、市場はたいてい非常に効率的だ。ひとつの市場でミスプライスがあれば、ほかのすべての関連市場でもミスプライスがあるということになる。

　正しい価格で売買できるなら、指数の先物はおそらくオプショントレーダーが求め得る最適の代用手段である。このような先物が利用できない場合、同じではないけれども類似の指数を代わりに考慮すればよい。例えば、米国最大の株価指数オプション市場は、CBOEのS&P100（OEX）である。この市場のトレーダーは常に株式バスケット100銘柄の妥当な代用手段を求めている。この指数の先物があれば理想的だが、あいにく存在しない（1980年代初期にCMEはS&P100の先物を上場したが、出来高不足のため上場廃止になった）。しかし、S&P100指数とS&P500指数には強い相関関係があり、S&P500指数の

先物はCMEで活発に売買されている。

別の指数先物を実際の現物指数の代わりに用いると、問題がいくつか生じる。まず相関関係だ。擬似バスケットが正確に相関しないのとちょうど同じように、たとえ共通の銘柄が多い場合でも、すべての指数が正確に相関するとはかぎらない。

図表15-3は、高度に相関する指数であるS&P500とS&P100の1992年から1993年にわたるスプレッドを示している。この期間にわたるスプレッドがほぼ20ポイントの幅で展開していることに注意しよう。さらに、スプレッドが数週間で5ポイント変化することが普通にあった。このことではっきりするのは、ひとつの指数を別の指数の代用として利用するときに生じるかもしれないリスクである。

その.うえ、指数がすべて同時に満期になるとは限らない。S&P100指数オプションは最終売買日の構成銘柄の引け値で決済されるのに対し、S&P500指数先物は同じ日の構成銘柄の始値から決済される。このため、S&P100オプション対S&P500先物ポジションを満期まで保有することは、かなり大きな、また大半のトレーダーにとって受け入れ難いリスクになる。S&P500先物をS&P100オプションのヘッジとして使うトレーダーは、ポジションをほぼ確実に満期前に閉じることになる。S&P500をS&P100オプションのヘッジとして使うことは、せいぜい短期的処方であることを承知しているからだ。

ほとんどの指数オプションにとって最適の処方は、代用指数の利用を可能なかぎり避け、すべての指数を同じオプション市場内で執行しようと試みることである。裁定トレーダーにとって、これはつまりボックス、ジェリーロール、タイムスプレッド、バーティカルスプレッド、そしてそうした戦略が組み立てられているバタフライに焦点を当てることである。例えば、コールのタイムスプレッドを買ってから、対になるプットのタイムスプレッドを売って、ジェリーロールを完成させればよい。あるいは、ブル・バーティカル・コール・スプレッドを買

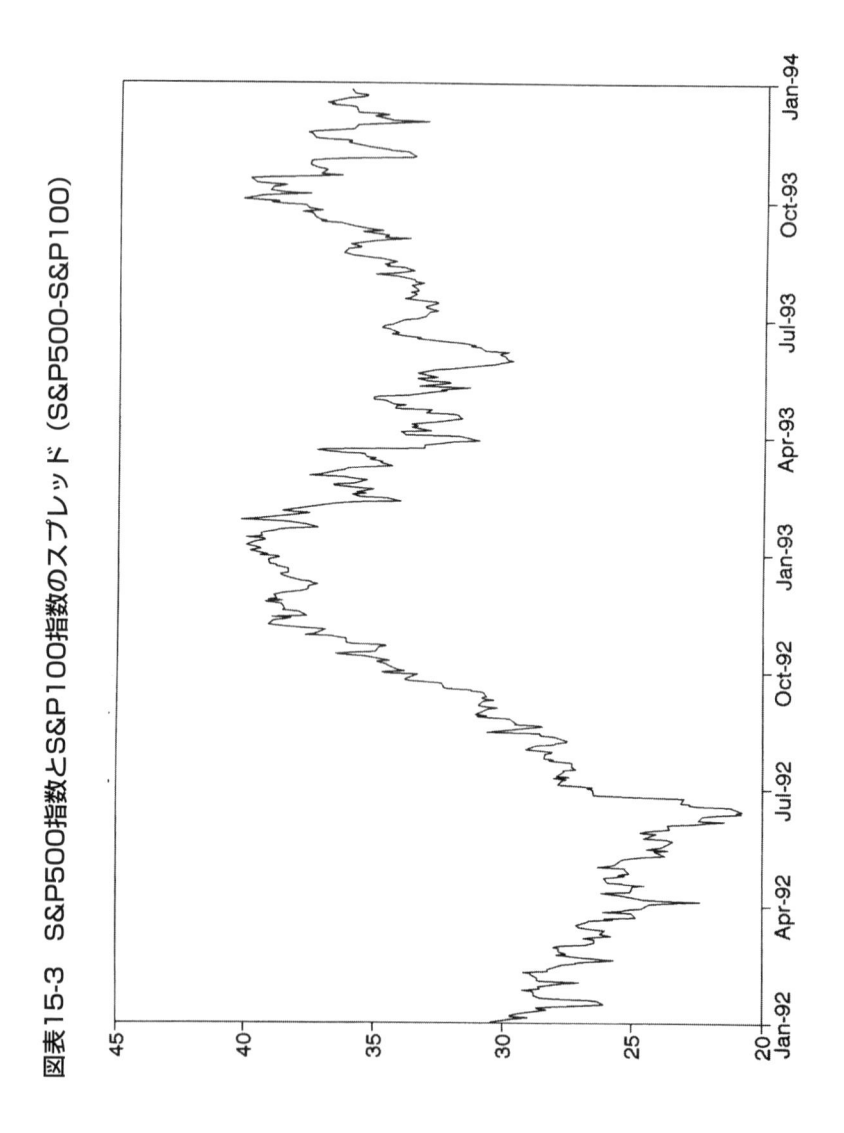

図表15-3　S&P500指数とS&P100指数のスプレッド（S&P500-S&P100）

ってから、対になるベア・バーティカル・プット・スプレッドを買って、ボックスを完成させればよい。もしくは、ミスプライスだと確信するバタフライを探し、その後それらをほかのバタフライと組み合わせて相対的に低リスクの戦略を作成し、裁定に似た作用を持たせればよい。

しかし、ボックスやジェリーロールであっても問題はある。どちらも期日前権利行使のリスクが伴うのである。さらに、ジェリーロールを執行しても、満期が近ければ短期の合成ポジションをどうするのか判断しなければならない。例えば、次のように３月限／６月限410ジェリーロールを買ったとする。

３月限410コールの売り　　６月限410コールの買い
３月限410プットの買い　　６月限410プットの売り

３月限の満期にその合成ポジションは現金決済され、６月限の合成ポジションが残る。そのポジションを保有して逆コンバージョンを組みたい場合、その原資産バスケットか適切な代用手段を売らなければならない。そうしようとすると、すでに述べてきたような問題にぶつかる。つまり、ジェリーロールの２つの限月の合成関係が、どちらもミスプライスになる可能性がある。３月限410の合成が1.00ポイント割安なのに対し、６月限410の合成が1.50ポイント割安な場合、３月限／６月限410のジェリーロールは0.50ポイント割安ということになる。

しかし、このミスプライスを利用するには原資産指数を３月限から６月限の満期まで持ち越すことができなければならないので、理論上だけのことである。しかし、利用できる真の原資産は通常はまったくない。あるのは、ほどほどの代用手段だけである。

指数市場の偏向

　指数市場では、特に早期権利行使が可能でオプションが現物の決済に従うところでは、広範なミスプライスの合成関係があり得る。しかし、このミスプライスはランダムで、合成市場は理論価格に比較して高すぎる場合もあるし、安すぎる場合もあると考えられる。しかし実際のところ、合成市場は常に圧力を受けているようだ。つまり、合成市場は理論価格未満で売買される傾向があるわけだ。例えば、合成市場（コール価格とその対になるプット価格の差）の価格が1.00ポイントの場合、実際の市場価格は通常1.00ポイント未満になるようだ。なぜこのような合成の下方偏向が生じるのか。

　指数市場は、非常に変動性が高いため、すべてのオプション市場で最も人気がある。方向性、ボラティリティ、裁定、あらゆる種類の売買ができるからだ。また、個々の株式では影響しそうな独特の要因がなく、一般的な市況に基づいて判断できる。真偽はともかく、一般市場は個々の株式ほど相場操作の影響を受けないため、指数オプション市場は起伏の小さな競技場であると考えられている。

　指数市場で最も活発な参加者の一角を占めるのはポートフォリオマネジャーである。ポートフォリオマネジャーの使命は、市場に参加して資金を投下し、最小のリスクで最大のリワードを稼ぎ出すことである。歴史的にポートフォリオマネジャーは、市場平均を凌ぐと信じられる株式ポートフォリオを維持することによって、株式市場でこの使命を果たしてきた。マネジャーは、その基準を満たす株式を特定してポートフォリオに追加し、同時に業績目標を達成した株、あるいは予想したほどの業績を上げなくなった株を売却している。

　株式ポートフォリオを持つマネジャーは、当然オプション市場を利用して保有株をヘッジしたいと考える。例えば、プットを買ってポートフォリオの保有株をヘッジしたり、あるいはコールを売ってポート

フォリオの成績を上げたりしたいと思うだろう。

　指数オプションが導入されるまでは、マネジャーは個々の株式のヘッジ戦略を個別株オプションで執行しなければならなかった。40銘柄を所有していてそのポートフォリオのヘッジ戦略を一様に執行したい場合、40銘柄それぞれのオプション市場に参加して、ヘッジ戦略を個別に執行しなければならなかったわけだ。これは時間がかかるだけでなく、売買コストがかさみ、ヘッジで期待される恩恵を小さくしがちであった。

　広範囲の銘柄でポートフォリオを構成するマネジャーは、指数オプションの導入によって、自分の保有株がデリバティブを利用できる指数と近似していることに気がついた。ポートフォリオの特性が指数に十分に似ていると思えば、指数オプションを利用してポートフォリオの株式をヘッジする道が開け、時間とコストをかけてヘッジ戦略を個別に執行する必要がなくなったのである。

　しかし、株価指数デリバティブによるポートフォリオヘッジ戦略の影響は一方的である。トレーダーが市況に応じて原資産に買いや売りのポジションを取るのに対し、大多数の株式ポートフォリオマネジャーは株式に買いポジションを取るだけである。

　マネジャーは、ある銘柄は市場平均以下だと思っても、空売り（所有していない株を売る）をその投資計画の一環とすることはめったにないようである。ほとんど常に買いポジションを市場でヘッジしようとしている。つまり、マネジャーはプロテクティブプットを買うか、カバードコールを売るか、あるいはこうした戦略のコンビネーションを実行するかのいずれかなのだ。その結果、コールには売り圧力がかかり、プットには買い圧力がかかる。

　この下方「偏向」は株式指数先物市場でも明らかで、ポートフォリオマネジャーはポートフォリオ保険のようなダイナミックなヘッジ戦略を実行して先物を売り、不利な市場の動きに対して自分の所有株式

をヘッジできる。その影響はオプション市場の場合と同じで、市場には常に下方圧力がかかる。

　市場におけるこの下方偏向によって利益を出す確かな方法があるなら、裁定業者は原資産指数に逆のポジションを取るだろう。しかし、正確なバスケットを執行することが常に可能であるとは限らないことを指摘してきた。さらに、ポートフォリオマネジャーがコールを売り、プットを買い、あるいは先物を売ることで株式の買いポジションをヘッジするとき、マーケットメーカーまたは裁定取引業者は結局、それとは逆のポジションを取る。つまり、コールを買い、プットを売り、先物を買うのである。

　原資産のバスケットでポジションをヘッジしたければ、株を空売りしなければならない。しかし、株の空売りは株を買うほど容易ではない。米国で全面的に禁止されているわけではないが、空売りはアップティックルールの制約を受ける（第5章参照）。また、アップティックが数百の銘柄は言うまでもなくひとつの銘柄でさえ発生する保証はまったくない。

　さらに、大半のトレーダーは借り入れと貸し出しで異なる金利に従わなければならない。バスケット株をすべて空売りできるとしても、その金利収入は株を買うときの金利コストと同じでないかもしれない。

　こうしたすべての要因を考えると、株価指数市場は均整のとれた市場ではない。つまり、合成や先物に下方圧力を生じる要因のほうが、上方圧力を生じる要因よりも、はるかに多いように思える。たしかにコールがプットに比較して予想以上に高く売買される場合もあるし、先物が評価額よりも高く売買されることもある。しかし、それは例外で、世界の株価指数市場で、先物には下方圧力がかかる傾向がある。

　最後に、指数オプション市場におけるプレミアムレベルにも不変の偏向が生じる傾向がある。これは**図表15-4**で分かる。1989年から1992年の間の30日足のOEXのヒストリカルボラティリティとインプ

第15章 株価指数の先物とオプション

図表15-4 OEX30日ヒストリカルボラティリティとOEXインプライドボラティリティ指数（VIX）

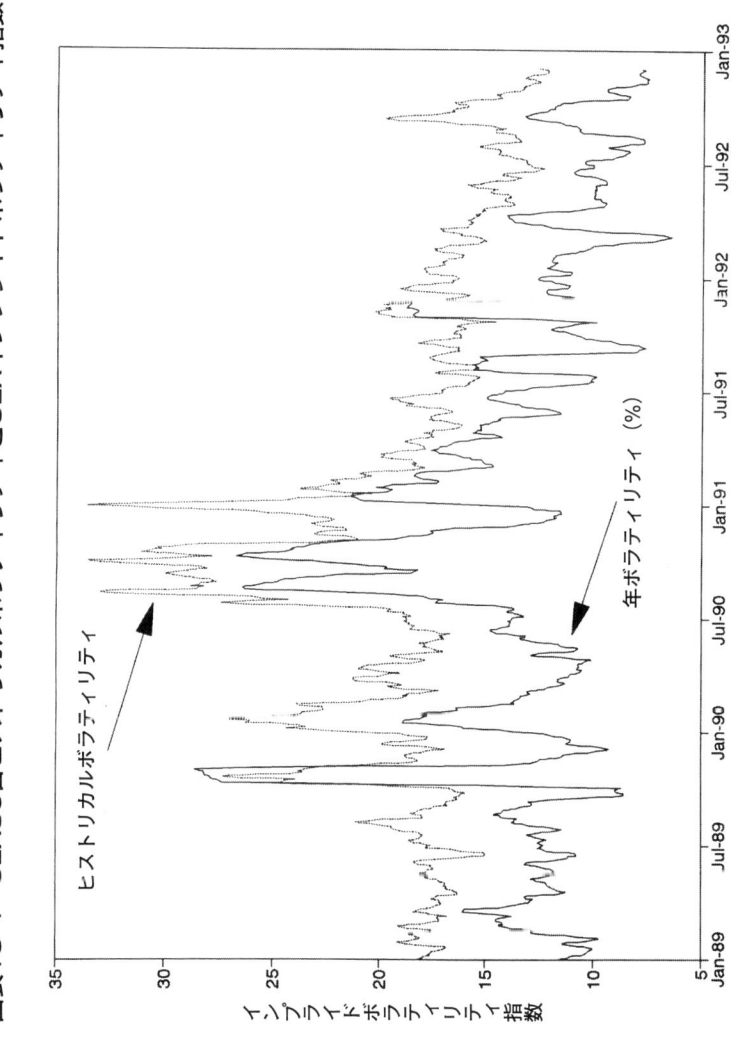

515

ライドボラティリティ指数の比較だ（OEXのインプライドボラティリティ指数は、CBOEで普及し、理論的に残存日数が30日のアット・ザ・マネーのOEXオプションのインプライドボラティリティを示している）。

インプライドボラティリティがほとんど常にヒストリカルボラティリティよりも大きいことに注意しよう。従来の理論価格決定モデルが十分に正確だという確信があるなら、指数オプションを買う人が常に過分な支払いをしていることは明らかである。

プロのトレーダーがオプションに常に理論価格以上の支払いをしたらあまり成功するとは思えない。しかし、このような手法はヘッジャーにとっては必ずしも納得しがたいことではない。オプションを保険によるヘッジだと考えるなら、オプションを所有する恩恵は明白である。特に、オプションの所有者はリスクが限定され期待利益が無限大である。ヘッジャーは、理論価格とは無関係に、こうした恩恵に対してためらわずに過分の支払いをする。

このことを理解するために、保険を買って家族をヘッジする住宅所有者のことを考えてみよう。保険会社は儲けるために営業しているので、住宅所有者は保険の理論価格を超えるプレミアムが課されていることを承知している。それにもかかわらず、住宅所有者は家族が災害からヘッジされていることが分かるという恩恵に対してためらわずに過分のプレミアムを支払うのである。同様に、ポートフォリオマネジャーは、自分の選択した銘柄が市場の平均を超えていると確信する場合、ためらわずに理論価格を超える支払いをして、市場が不利に動くときにポートフォリオの評価額の低下をヘッジする。自分のポートフォリオがオプションのコスト以上に値上がりするという確信があれば、オプションにヘッジされることに加えて長期的には儲かるので、マネジャーはためらわずに過分に支払うのである。

第16章
市場間スプレッド売買
Intermarket Spreading

　ほとんどのスプレッド売買は、ひとつの原資産株、ひとつの商品、ひとつの指数の先物やオプションの限月間で行われる（限月間スプレッド売買）。しかし、このように狭い競技場に自らを限定する必要はない。2種類の市場間の関係を特定することができ、その金融商品が互いにミスプライスであることに気づいたら、ひとつの金融商品やその派生商品と別の金融商品やその派生商品の間のスプレッドをトレードできる（市場間スプレッド売買）。

　例えば、2つの金融商品ABCとXYZに注目して、この先数カ月はABCのほうがXYZよりも強いという判断をしたとする。この評価に基づいてスプレッドを作成してABCを買いXYZを売る。

　ABCを現在値の50ポイントで買い、XYZを現在値の100ポイントで売るとしよう。ABCが上昇して53ポイントになり、XYZが下落して98ポイントになれば、元は50ポイントで売ったスプレッドを45ポイントで買い戻せるので、5ポイントの利益になる。

　しかし、ABCが上昇してXYZが下落する必要もないことに注意しよう。ABCが上昇して60ポイントになり、XYZが上昇して105ポイントになれば、やはり5ポイントの利益を実現する。またABCが下落して47ポイントになりXYZが下落して92ポイントになれば、同じく5ポイントの利益を実現する。つまり、唯一必要なことは、総合ポイ

ントでABCがXYZよりも強いか（弱くならないか）である。

　スプレッドを開始してからABCが上昇して60ポイントになり、XYZが上昇して115ポイントになったとする。スプレッドは50ポイントから55ポイントに拡大したので、不利になったように思える。ポイントでみれば、XYZがABCよりも5ポイント強いので、判断違いであった。

　しかし、多くのトレーダーは、同じ期間にABCが20％（10÷50）上昇したのに対し、XYZは15％（15÷100）上昇しただけだから、依然としてABCがXYZよりも強いと主張するだろう。変動をパーセントで測定することにするなら、単にABCを買ってXYZを売るだけでは済まなくなる。価格変動の比率（％）を等しくするために、等しい数のポイントでスプレッドを売買しなければならない。

　これを達成するために、100ポイントのXYZをひとつ売るごとに50ポイントのABCを2枚買わなければならない。ABCが上昇して60ポイント（20％上昇）になり、XYZが上昇して115ポイント（15％上昇）になれば、トレーダーの利益は、次のようになる。

$$2 \times (60-50) - 1 \times (115-100) = 5$$

　ABCが6％下落して47ポイントになり、XYZが10％下落して90ポイントになれば、やはり利益を実現して次のようになる。

$$-2 \times (50-47) + 1 \times (100-90) = 4$$

　つまり、利益を出すためには、ABCがXYZよりも変動の比率を基準にして強い（あるいは弱くはない）ことが必要になるだけである。

　今の例では、スプレッドの両サイドで必ず同じ数のポイントを売買しようとした。しかし、取引対象のポイント値が等しくないとすれば

状況はもっと複雑になる可能性がある。

例えば、ABCの1ポイント値が400ドルで、XYZの1ポイント値が100ドルだとする。それで、ABCを2枚買い、XYZを1枚売って、ポイント値を等しくすると、ABCポジションのドル額は400ドル×2×50＝40,000ドルになるが、XYZポジションのドル額は100ドル×1×100＝10,000ドルになる。ABCが6％下落して47ポイントになり、XYZが10％下落して90ポイントになると、結果は次のようになる。

［－2×(50－47)×400ドル］＋［1×(100－90)×100］
＝　2,400ドル

ABCは変動の比率ではXYZを凌いだが、それでも、1ポイントのドル価値が異なるので、結果は損失になった。

トレードの最終目的は、スプレッドの両側のドル額を等しくすることである。それを達成するためには、必ず次のようになる必要がある。

（ABCの枚数）×（ABCの価格）×（ABCのポイント値）
＝（XYZの枚数）×（XYZの価格）×（XYZのポイント値）

したがって、ABCを1枚買うたびにXYZを2枚売らなければならない。なぜなら、次のようになるからである。

1×50×400ドル＝2×100×100ドル

少し形を変えて、バランスの取れたスプレッドになるよう、ABCに対するXYZの比率を表示する。

（ABC価格÷XYZ価格）×（ABCポイント値÷XYZポイント値）

$= (50 \div 100) \times (40 \div 10) = 2$（2対1の比率）

　今度は、原資産のABCとXYZを用いてスプレッドを作成するのではなく、オプションでスプレッドを作ることにしたとしよう。つまり、適切な枚数のオプションを売買して、ABCを買ってXYZを売るポジションを作りたい。論理的には、各スプレッドのデルタポジションをまず考慮すればよい。

　従来の観点からすれば、原資産のデルタは100だから、ABCを1枚買ってXYZを1枚売れば、ニュートラルスプレッドになるように思える。しかしこの場合、2つの金融商品の価格とポイント値は異なる。市場間スプレッドが目的である場合、役立つのは各取引対象の「ドルデルタ」を考慮する。これは取引対象全体のドル額を100で割ったものだ。

　　ドルデルタ＝（取引対象の価格×ポイント値）÷100

　ドルデルタは、原資産価格の1％の変化に対するドル額の変化として解釈すればよい。これは従来のデルタ解釈（原資産価格の1％の変化に対するオプション価格の変化）とやや異なる。ともかく、ドルデルタを利用することで、異なる価格とポイント額で売買される取引対象間でもデルタポジションを容易に作成し、評価できるようになる。

　ドルデルタの計算で、ABCのドルデルタは50×400ドル÷100＝200ドル、XYZのドルデルタは100×100ドル÷100＝100ドルになる。デルタ計算が目的の場合、ABC 1単位のデルタはXYZ 2単位のデルタに値することが分かる。したがって、バランスの取れたスプレッドにするためには、ABC 1枚を買う（売る）ごとにXYZを2枚売る（買う）必要がある。これはバランスの取れたスプレッドに求められる原資産の適切な比率を表示する、もうひとつの方法である。

原資産のドルデルタにそのオプションのデルタを掛け算することでオプションのドルデルタも出すことができる。そのときに注意すべきことは、通常デルタは便宜上整数で表示されるが、実は百分率（％）あるいは分数を示しているということである。

オプションのドルデルタ
＝原資産のドルデルタ×オプションのデルタ

　オプションのドルデルタは、原資産価格の1％の変化に対する理論価格のドルの変化を示す。例えば、デルタ80であるABCコールのドルデルタは、160ドル（＝200ドル×0.80）となる。またデルタ－30であるXYZプットのドルデルタは、－30ドル（＝100ドル×－0.30）である。
　ドルデルタの関係を前提に、ABC買いXYZ売りのスプレッドの両足を同額のリスクにしたい場合、ドルデルタを等しくする必要がある。つまり、ドルデルタ・ニュートラルポジションでは、「ABCの枚数×オプションのデルタ×ABCのドルデルタ」は「XYZの枚数×オプションのデルタ×XYZのドルデルタ」と等しくならなければならない。
　では、ABCとXYZは先物で、そのオプションが次のようになっているとしよう。

ABC			XYZ		
権利行使価格	コールデルタ	プットデルタ	権利行使価格	コールデルタ	プットデルタ
45	80	－20	95	70	－30
50	50	－50	100	50	－50
55	20	－80	105	30	－70

　代表的なデルタニュートラルスプレッドは次のとおり。

ABC先物10枚買いとXYZ100コール40枚売り
ABC45コール10枚買いとXYZ先物16枚売り
ABC50コール10枚買いとXYZ100プット20枚買い
ABC45プット30枚売りとXYZ95プット40枚買い
ABC55コール35枚買いとXYZ95プット20枚売り

これらのスプレッド売買は、ABCオプションのデルタがそれとは逆のXYZのデルタときれいに相殺されるので、本質的にバランスが取れている。常にABCのデルタは買いであり、XYZのデルタは売りであるから、原資産が小さく動いても、ABCの動きがXYZよりも強いかぎり、これらのスプレッド売買は収益性がある。

なぜ原資産ではなく、オプションのポジションを考えるのか。

オプションの理論価格を考慮するとき、それはある意味、オプション価格と原資産価格を比較している。だからこそオプションの理論価値を正しく利用するため、原資産に対するヘッジを設定することが必要になる。オプションの市場価格が理論価格に対して割安であれば、オプションを買いたいと思うが、原資産に同等のポジションを取りたいとは思わないし、オプションの市場価格が理論価格に対し割高であれば、オプションを売りたいと思うが、原資産に同等のポジションを取りたいとは思わない。

トレーダーの観点からすれば、オプションが割安か割高かの根拠になるのは、ボラティリティについての見解である。インプライドボラティリティがトレーダーの予測よりも低い場合、オプションは割安であり、インプライドボラティリティがトレーダーの予測よりも高い場合、オプションは割高である。オプショントレーダーが原資産ではなくオプション市場にポジションを取ろうとするのは、インプライドボラティリティが低すぎるかあるいは高すぎると思うからだ。

今の例で、ABCとXYZの両オプションのインプライドボラティリティについて異存がないのであれば、オプションにポジションを取って得られるものは何もない。しかし、仮にABCオプションのインプライドボラティリティは22％になっているが、24％がもっと妥当なボラティリティだと思うとする。つまりオプションは割安だ。スプレッドの一環としてABCに買いポジションを取ろうと考えていれば、ABCコールを買うのが賢明である。これによって市場間スプレッドを持つだけではなく、同時に理論的優位性を備えたポジションを作成していることにもなる。

　また、ABCオプションの妥当なボラティリティは20％だと思うがインプライドボラティリティが22％になっている場合、ABCプットを売るのが賢明である。割高のプットを売れば、ABC市場で買いポジションを作ったことになり同時に理論的優位性を得たことにもなる。

　他方、XYZ市場でも同じ手法を取ることができる。市場間スプレッドの一環としてXYZに売りポジションを取りたいと思い、XYZのインプライドボラティリティが適正だと考えるなら、原資産のXYZを売ればよい。また、インプライドボラティリティが低すぎると思うならプットを買えばよいし、インプライドボラティリティが高すぎると考えるならコールを売ればよい。

　では、どのような市場が市場間スプレッドに適しているのか。

　市場間スプレッドに参加するトレーダーは、その市場相互に関係があると仮定しているので、重要な問題はその関係の程度である。市場間スプレッドを組み立てる可能性は、明らかな類似性が何もない市場よりも、類似した特性を持つ市場、または同じ勢力によって動かされている市場のほうがはるかに高い。

　例えば、トウモロコシと独マルクに関係を確認するのは困難だと思っても、トウモロコシと大豆、あるいは独マルクとスイスフランの間には当然関係を見いだすだろう。同様に、金とGM株の間に関係を見

いだすことはなくても、金と銀、あるいはGM株とフォード株には関係を見いだすだろう。明らかに、それぞれの市場や銘柄に密接な関係のものもあれば、そうでもないものもある。関係が密接であるほど、その市場（銘柄）は市場間スプレッド売買に適している。

市場間ヘッジ

　市場間スプレッド売買は密接に関係する市場で非常に普及している。特に普及しているのは、ある製品がほかの製品から派生している市場である。例えば、ガソリンとヒーティングオイルは原油から派生するので、これら３つの市場は、密接に関係している。ガソリンやヒーティングオイルの需要が増えると、これらの製品の価格が上昇し、原油の価格もまた上昇する可能性が高い。同様に、原油の供給に支障が出て価格が上昇すると、ガソリンとヒーティングオイルの価格も上昇する可能性が高い。
　原油を購入してガソリンやヒーティングオイルに精製する製油業者は、たいてい原油とその派生製品のスプレッド「クラックスプレッド」の価格に敏感である。例えば、原油を購入してガソリンに精製する製油業者は、原油価格が上昇することとガソリン価格が下落することを懸念する。
　原油が１バレル当たり19.00ドルでガソリンが１ガロン当たり0.5400ドルであれば、原油とガソリンの単純なクラックスプレッドは、（0.54ドル×42）－19.00ドル＝3.68ドルとなる（ガソリンとヒーティングオイルは１ガロン当たりセント表示で、１バレルは42ガロンであるので、ガソリンやヒーティングオイルの価格は、42を掛けてバレル当たりの価格を計算しなければならない）。
　製油業者は、3.68ドルの利ザヤで満足なら、そのポジションをヘッジするために原油先物を19.00ドルで買って、同等の枚数のガソリン

先物を0.5400ドルで売ればよい（これは原油のリスクはガソリンのリスクと額面的に等しくないので、ドルデルタニュートラルではない。しかし、ひとつの市場が別の市場とのスプレッドになっているので、やはり市場間スプレッドである）。

しかし、製油業者が原油かガソリンのボラティリティについて見解を持っており、その見解がオプション市場のインプライドボラティリティと異なるなら、オプションのポジションを取ることが考えられる。原油のインプライドボラティリティが異常に低い（高い）と感じるなら、コールを買う（プットを売る）ことで原資産買いポジションを取ればよい。ガソリンのインプライドボラティリティが異常に低い（高い）と感じるなら、プットを買う（コールを売る）ことによって原資産売りポジションを取ればよい。

ほとんどの市場間スプレッド売買は2種類の市場における相反するポジションで構成されている。だが、市場間スプレッドをさらに拡大してはならない理由は何もない。例えば、原油からガソリンとヒーティングオイルの両者が生産されることから、3市場のクラックスプレッドを組むことができる。

代表的な組み合わせは3：2：1で、製油業者がこの組み合わせを購入するとき、原油3バレル当たり2バレルのガソリンと1バレルのヒーティングオイルの生産を期待している。原油が1バレル当たり19.00ドル、ガソリンが1ガロン当たり0.5400ドル、そしてヒーティングオイルが1ガロン当たり0.5800ドルの場合、3：2：1のクラックスプレッドの価格は、次のようになる。

[（2×42×0.5400ドル）+（1×42×0.5800ドル）-（3×19.00ドル）]
÷3＝4.24ドル

この場合も、製油業者は4.24ドルの利ザヤで満足であれば、3：2：

1の比率で、原油先物を買って、ガソリン先物を売り、ヒーティングオイル先物を売るだけでよい。しかし、製油業者がこれらの商品のボラティリティについて見解を持っている場合、先物市場ではなく、オプション市場で買いか売りのポジションを取るほうが有利であると気づくだろう。

ボラティリティの関係

市場間の密接な価格関係は、またそれらの市場が類似した特性を備えていることも意味する。このため、いずれの市場についても正確なボラティリティを探らずとも、ミスプライスのオプションを特定できる。銘柄ABCと銘柄XYZの話に戻り、ABCがXYZよりも強いと考えて、ABCに買いポジションを取り、XYZに売りポジションを取りたいと考えたとしよう。

ABCのインプライドボラティリティが20％でXYZのインプライドボラティリティが24％なら、今度は原資産にではなく、オプションにポジションを取るだろう。もし市場が上昇すれば、ABCはXYZよりも強いと考えているので、ABCのほうがXYZよりも速く上昇することを期待する。自分の評価では、ABCのボラティリティのほうが大きいはずである。

ところが、インプライドボラティリティは逆の見解を示している。市場はABCとXYZの価格がともに上昇する場合、XYZ（インプライドボラティリティが24％）はABC（インプライドボラティリティが20％）よりも急速に上昇すると思っているようだ。明らかに、市場価格は自分の相場観を反映していない。この状況を利用して、ABCコールを買いXYZコールを売ればよい。

注意してほしいのは、ABCやXYZのボラティリティを正確に予測しようとしているわけではないということだ。単に市場のインプライ

ドボラティリティが自分の相場観を反映していないと思ったにすぎない。

ドルデルタニュートラルのスプレッドを組みたいのであれば、やはり関連オプションのデルタを決定しなければならない。ドルデルタもすべてのデルタのようにボラティリティの変化に敏感なので、ドルデルタを計算するために特定のボラティリティが必要であるように思える。

この問題を避けるために、アット・ザ・マネーのオプションを利用すればよい。ボラティリティが何であれ、アット・ザ・マネーのオプションのデルタはおよそ50であると分かっている。ABCが50ドルで売買され、XYZが100ドルで売買されている場合、ABCの50コールをインプライドボラティリティ20％で買って、XYZの100コールをインプライドボラティリティ24％で売ればよい。

残存日数が70日あって、金利が6％場合、ABCの50コールの価格は1.73ポイント（ドル額面で692ドル）で、XYZの100コールの価格は4.14ポイント（ドル価格は414ドル）になる。ABCのドルデルタは200ドルでXYZのドルデルタは100ドルだから、典型的なデルタニュートラルスプレッドは、ABCの50コールの10枚買いとXYZの50コールの20枚売りで構成される。このようなスプレッドポジションの満期時の損益を**図表16-1**に示した。

図表16-1では、思惑どおりABCがXYZよりも強い場合、ABCがXYZを凌ぎ続けるほど、スプレッドポジションの利益は増える。ABCとXYZがともに下落しても、あるいはABCとXYZが同率で上昇しても利益は出ることに注意しよう。これは、XYZオプションを売ったときに受け取った額が、ABCオプションを買って支払った額よりも大きかったためである。市場が下落してすべてのポジションが満期時に無価値になる場合、あるいはABCとXYZが同率で上昇する場合、収益はXYZオプションの超過価格に相当する。ただひと

図表16-1　ABC50コール10枚買いとXYZ100コール20枚売り

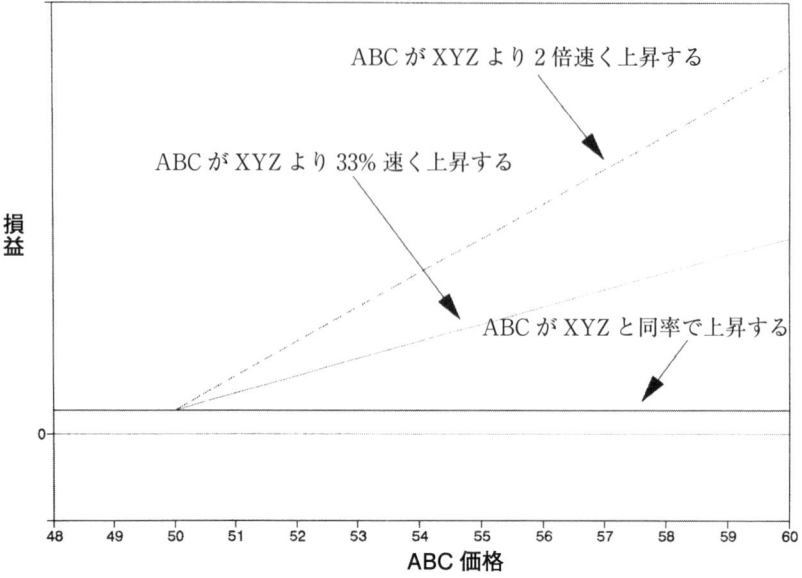

```
              ABCがXYZより2倍速く上昇する
              ABCがXYZより33%速く上昇する
              ABCがXYZと同率で上昇する
損益
 0
   48  49  50  51  52  53  54  55  56  57  58  59  60
                        ABC価格
```

つ、このスプレッド売買に不利な状況は、ABCとXYZがともに上昇し、XYZがABCを上回る場合である。

逆にABCのインプライドボラティリティが24％でXYZのインプライドボラティリティが20％であれば、どのような行動をとればよいか。この場合、ABCとXYZが共に上昇すれば、市場はABCがXYZを上回ると考える。これはまた自分も考えていることだから、機会はまったくないように思える。

しかし、ABCのコールを買いXYZのコールを売るのではなく、ABCの買いポジションとしてプットを売り、XYZの売りポジションとしてプットを買うことにしたとする。この場合も、デルタがおよそ−50であると分かっているアット・ザ・マネーのプットを用いる。ドルデルタ・ニュートラルポジションを作成して、ABCの50プットを

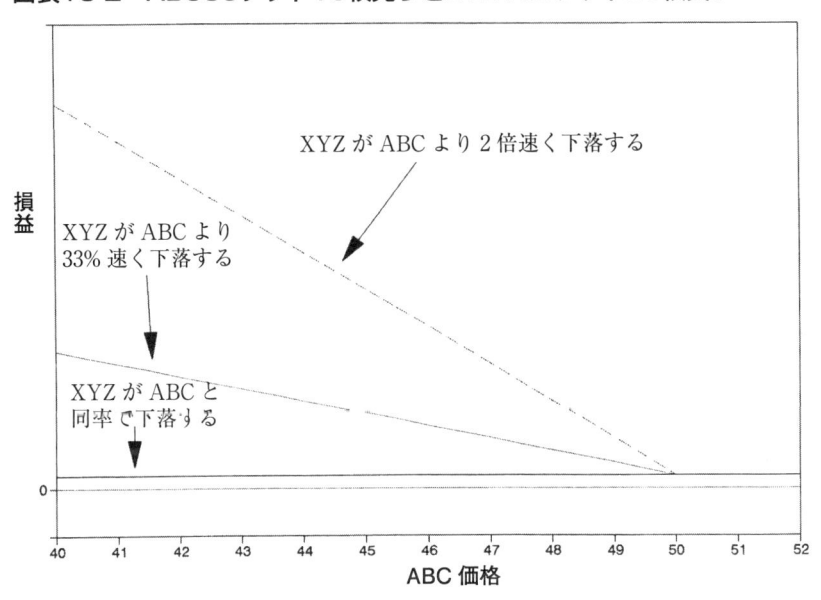

図表16-2　ABC50プット10枚売りとXYZ100プット20枚買い

[グラフ：縦軸「損益」、横軸「ABC価格」（40〜52）。3本の線が示されている。
- XYZがABCより2倍速く下落する
- XYZがABCより33%速く下落する
- XYZがABCと同率で下落する]

10枚売り、XYZの100プットを20枚買った。市場が上昇してABCがXYZよりも強い場合は、オプションはすべてゼロになる。収益は、ABCの50プットをインプライドボラティリティ24％で売り、XYZ100プットをインプライドボラティリティ20％で買ったときのネットの受取額に相当する。

市場が下落すると、ABCはXYZよりも強いという仮定に基づいて、XYZはABCよりも急落すると予測する。したがって、XYZのプットはABCのプットよりも急騰し、利益はますます増える。この戦略の損益を**図表16-2**に示した。

今までの例では、デルタが50だと分かっているアット・ザ・マネーのオプションを利用した。では、イン・ザ・マネーのオプションやアウト・オブ・ザ・マネーのオプションを利用したらどうだろうか。そ

うすると状況はもっと複雑になる。アット・ザ・マネーのオプションを利用する場合にただ必要なことは、ABCとXYZのインプライドボラティリティが相対的にミスプライスになっていることの判断である。しかし、オプションの権利行使価格が違ってくると、ABCとXYZのオプションが相対的にミスプライスになっていることだけではなく、それぞれのインプライドボラティリティが高すぎるのか低すぎるのかも判断しなければならない。

インプライドボラティリティが自分のボラティリティ予測よりも低いのでオプションが安いと思えるときは常に、アウト・オブ・ザ・マネーのオプション（デルタがより低いオプション）を買おうとする。インプライドボラティリティが自分のボラティリティ予測より高いのでオプションが高いと思えるときは常に、アウト・オブ・ザ・マネーのオプションを売ろうとする。

例えば、ABCオプションがXYZオプションに比較して安すぎると思えるだけではなく、自分のABCのボラティリティ予測と比較しても安すぎると思えるときは、デルタが小さめのABCオプションを買い、デルタが大きめのXYZオプションを売ろうとする。

具体的には、ABC買い／XYZ売りの方針であれば、ABCの55コールを買い、XYZの100コールを売ればよい。あるいはABCの50コールを買い、XYZの95コールを売ればよい。市場間コールバックスプレッドを組み、デルタが低めのオプションを買い、デルタが高めのオプションを売る。

同様に、ABCオプションがXYZオプションに比較して高すぎで、自分のボラティリティ予測と比較しても高すぎると思える場合、買いポジションであるABCでは、デルタが低めのプットを売り、売りポジションのXYZでは、デルタが高めのプットを買えばよい。これで市場間プット・レシオ・バーティカル・スプレッドを組むことになる。

市場間コールバックスプレッドと市場間プット・レシオ・バーティ

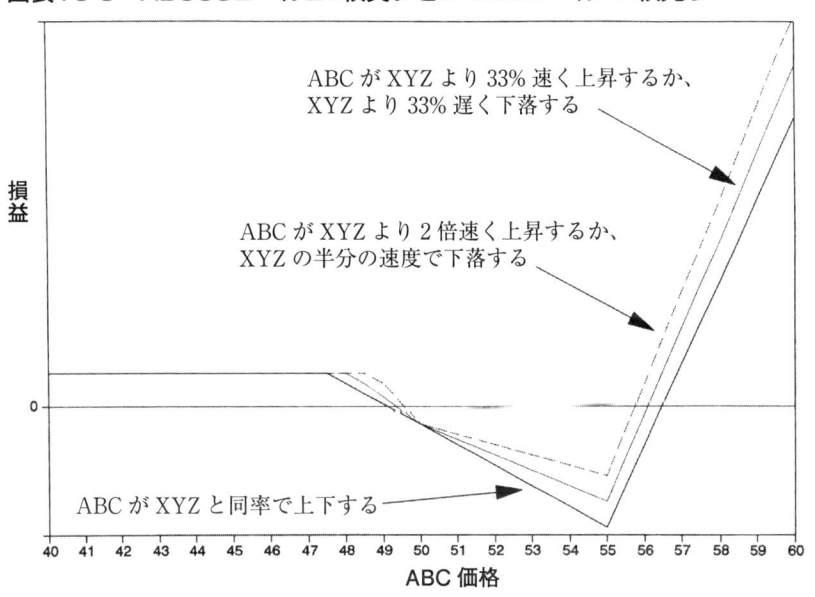

図表16-3 ABC55コール21枚買いとXYZ95コール12枚売り

(グラフ：ABC価格40〜60に対する損益。注釈「ABCがXYZより33%速く上昇するか、XYZより33%遅く下落する」「ABCがXYZより2倍速く上昇するか、XYZの半分の速度で下落する」「ABCがXYZと同率で上下する」)

　カル・スプレッドの損益を**図表16-3**と**図表16-4**に示した。このようなスプレッドポジションは、ABCとXYZの間のボラティリティ関係に対してだけではなく、ボラティリティの一般的な水準に対しても敏感であることに注意してほしい。バックスプレッドは市場のボラティリティが高くなることを期待し、レシオバーティカルスプレッドは市場のボラティリティが低くなることを期待している。

市場間ボラティリティスプレッド売買

　ABCとXYZは非常に類似したボラティリティを持つはずだと判断したが、ABCオプションのインプライドボラティリティが20％でXYZのインプライドボラティリティが25％であると気づいたとする。

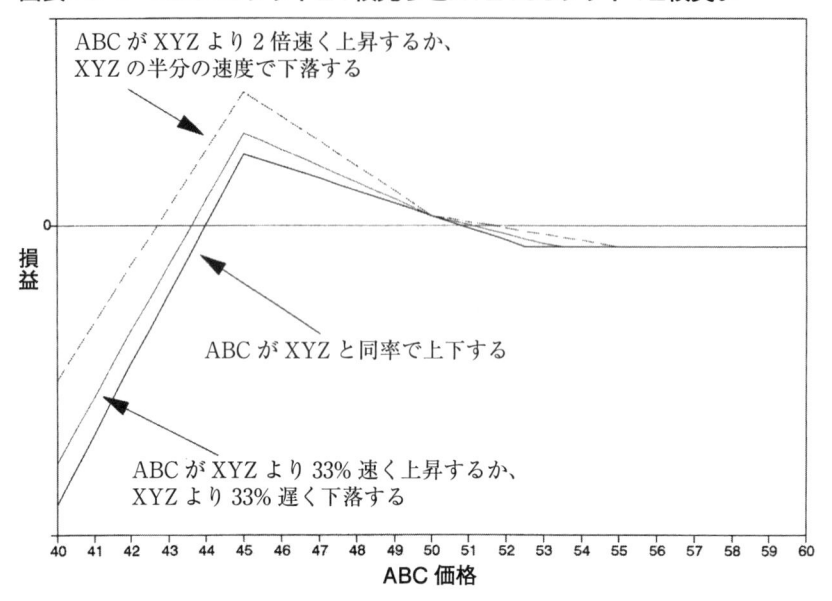

図表16-4　ABC45プット21枚売りとXYZ105プット12枚買い

（図：縦軸＝損益、横軸＝ABC価格40～60）

- ABCがXYZより2倍速く上昇するか、XYZの半分の速度で下落する
- ABCがXYZと同率で上下する
- ABCがXYZより33％速く上昇するか、XYZより33％遅く下落する

　一方の市場が他方の市場を凌ぐと思うなら、一方の市場でコール（プット）を買い、他方の市場でコール（プット）を売るポジションを取ればよい。

　しかし、2つの市場の強弱関係について何の見解も持っておらず、ただ一方の市場のオプションが他方の市場のオプションと比較して安すぎるということだけが分かっていたとする。つまり、一方の市場ではボラティリティ買いでありたいと思い、他方の市場ではボラティリティ売りでありたいと思う。その場合、どうすればよいか。

　ABCのコールを買い、XYZのコールを売れば、自分のボラティリティ判断が正しく、両市場が同じ方向に動いたとき、多少の利益が出る。ただし、その利益が最大になるのはABCとXYZの価格が上昇するときだ。同様に、ABCのプットを買い、XYZのプットを売れば、

常に多少の利益は出る(**図表16-2**)。ただし、その利益が最大になるのはABCとXYZの価格が下落するときである。

ボラティリティについてのみ相場観を持っている場合、今述べた戦略を組み合わせて２つの市場間のミスプライスのボラティリティ関係だけに基づいた市場間スプレッドポジションを組むことができる。つまり、一方の市場でストラドルかストラングルを買い、他方の市場でストラドルかストラングルを売るのである。

ABCやXYZの正確なボラティリティに対してではなく、２市場間の相対的なボラティリティに対してポジションを取っている。したがって、それらのオプションの正確なデルタは判断できない。この問題を解決する最も容易な方法は、アット・ザ・マネーのストラドルに焦点を当てることだ。アット・ザ・マネーのオプションは、ボラティリティを知らずとも、だいたい50のデルタを持つことが分かっている。

ABCの50ストラドルを20枚買うことしたとする。２市場間のボラティリティ関係だけでポジション全体の損益が決まるようにしたい場合、XYZの100ストラドルを何枚売ればよいだろうか。

ポジションは、ABCとXYZのコールスプレッドとABCとXYZのプットスプレッドを組み合わせたものと考えられる。ABCのドルデルタは200ドルだから、ABCの50コールのポジション全体のドルデルタは2000ドルとなる(＝20×200ドル×0.50)。

一方、XYZのドルデルタは100ドルなので、XYZのコールのドルデルタは50ドルである(－100ドル×0.50)。したがって、XYZコールを売る正しい枚数は、40枚(＝2000ドル÷50ドル)となる。

プットの場合も、デルタは－50で、計算は本質的に同じである。ABCの50プットを10枚買う場合、そのデルタポジションは、－2000ドルとなる(10×200ドル×－0.50)。

XYZの100プットのドルデルタが－50の場合、XYZの100プットを40枚売れば、買ったABCの50プット20枚とバランスが取れる。まと

図表16-5　ABC50コール20枚買いとABC50プット20枚買い、
　　　　　XYZ100コール40枚売りとXYZ100プット40枚売り

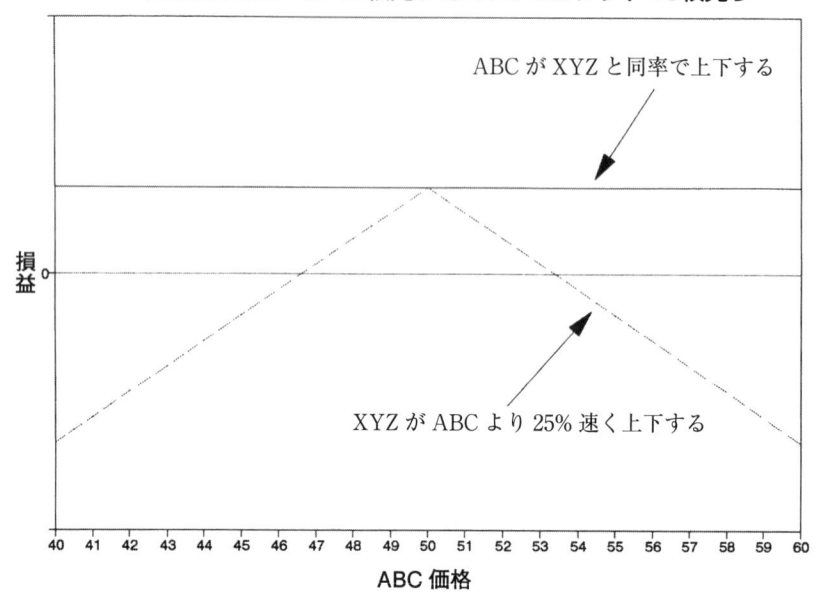

めると次のようなポジションになる。

ABC50コール20枚買い	XYZ100コール40枚売り
ABC50プット20枚買い	XYZ100プット40枚売り

このポジションの満期時の損益は**図表16-5**に示されている。

　図表16-5においてABCとXYZが同率で動けば、そのポジションは常に利益を出す。その利益は、ABCオプション（インプライドボラティリティ20%）に支払ったプレミアムに対してXYZ（インプライドボラティリティ25%）でネットで受け取ったプレミアムに相当する。

　ABCのインプライドボラティリティ20%とXYZのインプライドボ

第16章 市場間スプレッド売買

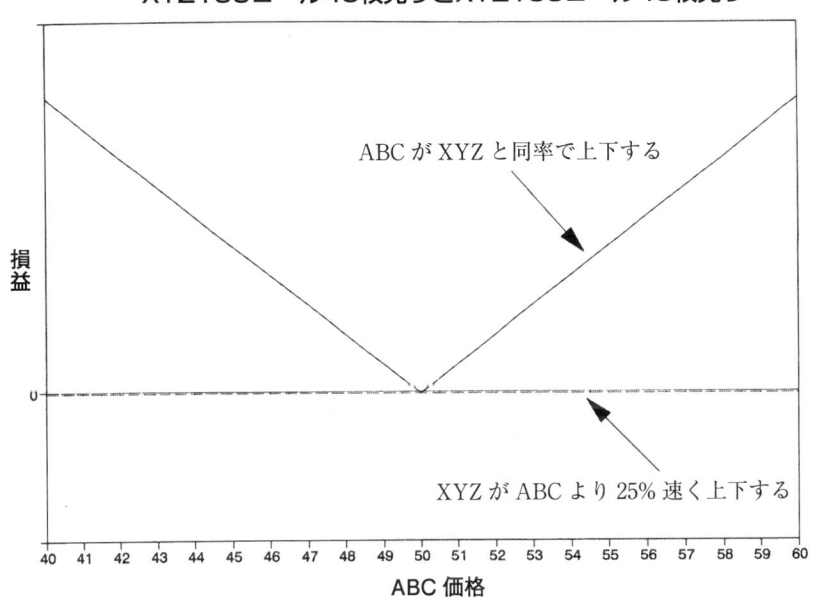

図表16-6 ABC50コール25枚買いとABC50プット25枚買い、XYZ100コール40枚売りとXYZ100コール40枚売り

（グラフ：縦軸「損益」、横軸「ABC価格」40～60。V字型のラインに「ABCがXYZと同率で上下する」の注釈、水平な0のラインに「XYZがABCより25%速く上下する」の注釈）

ラティリティ25%が結局正しかったとする。つまり、25÷20＝1.25なので、XYZはABCよりも25%速く動く。この場合、**図表16-5**にあるように、スプレッドはストラドルの売りのように作用し、最大の利益を示すのは市場がじっとして動かない場合であり、損失を示すのは市場が大きく動く場合であることが分かる。

インプライドボラティリティが示すように、XYZがABCよりも25%速く動くと思う場合、その売買比率を変えればよい。ABCストラドルを当初よりも25%だけ多く買う、つまり20枚ではなく25枚買えばよいわけだ。スプレッド売買をこの新たな比率にすると**図表16-6**になる。

図表16-6から、新たなサイズの25対40では、実際にXYZがABCよ

りも25%速く動くとスプレッドポジションの損益がトントンになることが分かる。しかし、このポジションは、ABCとXYZが「同率で動くと」ストラドルの買いのように作用する。ここでは、両者のボラティリティの差が正確な比率を決定する要因になった。

当初、次の関係に基づいてスプレッドポジションのバランスを取った。

ABCの枚数×ABCのドルデルタ×ABCのオプションデルタは、
XYZの枚数×XYZのドルデルタ×XYZのオプションデルタと
等しくなければならない。

しかし、両者のボラティリティの差を考慮すると、スプレッドのバランスが取れるのは次の場合である。

ABCの枚数×ABCのドルデルタ×ABCのオプションデルタ×ABCのボラティリティは、
XYZの枚数×XYZのドルデルタ×XYZのオプションデルタ×XYZのボラティリティと
等しい。

XYZのコールポジションは500ドルである（＝40×100ドル×0.50×0.25）。ボラティリティを考慮に入れると、ABCのコールのドルデルタは、20ドル（＝200ドル×0.50×0.20）となる。したがって、スプレッドのバランスを取るために必要なABCの枚数は500÷20＝25枚となる。これでスプレッドは完全にバランスが取れる。

25×200ドル×0.50×0.20＝40×100ドル×0.50×0.25

両者のボラティリティ関係は、市場間ボラティリティスプレッド売買の適切な売買比率を判断する重要な要因になると分かる。ひとつの原資産でさえ正確なボラティリティを予測することが困難な作業なのに、2種類の原資産のボラティリティを正しく判断できる可能性は、どの程度になるのか。

　市場間スプレッド売買の重要な要因は、必ずしもそれぞれのボラティリティではない。両者のボラティリティ関係である。その関係を判断できれば、実際のボラティリティは重要ではない。例えば、XYZはABCよりも常に25％ボラティリティが高いと判断すれば、ABCとXYZの実際のボラティリティはあまり重要ではなくなる。その比率は、ABCが20％でXYZが25％でも、ABCが12％でXYZが15％でも、ABCが28％でXYZが35％でも、同じだからだ。いずれにせよXYZはABCよりも25％ボラティリティが高く、XYZのABCに対する比率は変わらない。

　ボラティリティ関係の明確な市場を特定できるだろうか。絶対的な答えは何もないが、一部の市場は非常に密接に関係しており、そのボラティリティは明確な関係を示す。

　例えば、米国の株式市場の実績に沿って動く指数がいくつかある。これらの指数は、少なくとも長期的にはそろって上下し、同様のボラティリティ特性を持つと予想される。具体的に、S&P100（OEX）とニューヨーク証券取引所総合指数（NYA）のボラティリティを**図表16-7**に示した。

　これらの指数のボラティリティには明らかに多少の関係がある。では、どの程度密接な関係だろうか。この疑問に答え易くするため、**図表16-8**にOEXボラティリティに対するNYAボラティリティの比率を示した。通常NYAボラティリティはOEXボラティリティの80～90％の間の値になっている。概算すると、NYAボラティリティは平均でOEXボラティリティのだいたい87％だと判断できる。

図表16-7　OEXとNYAのヒストリカルボラティリティ

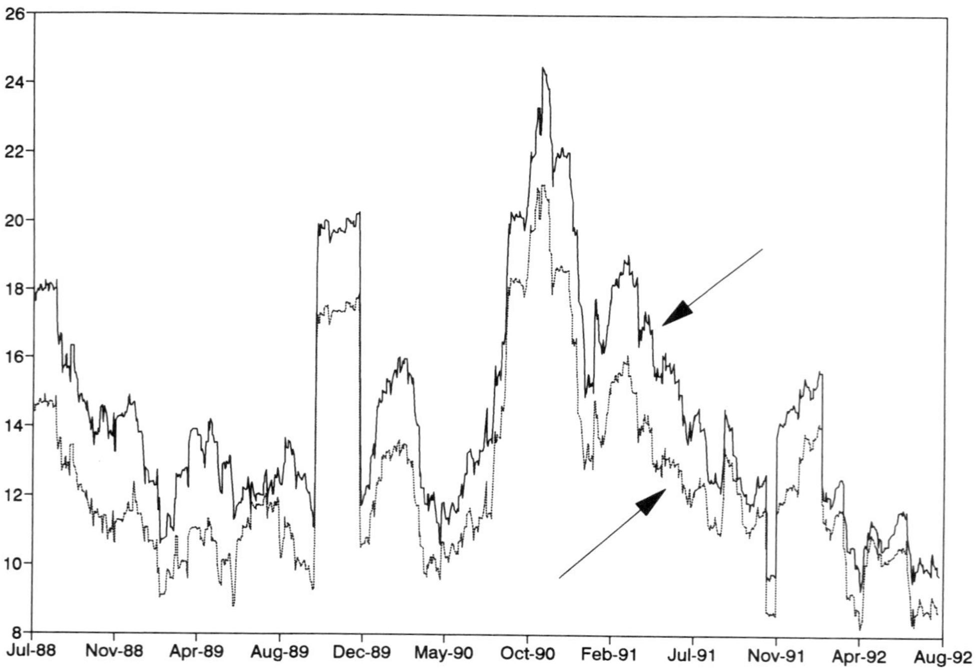

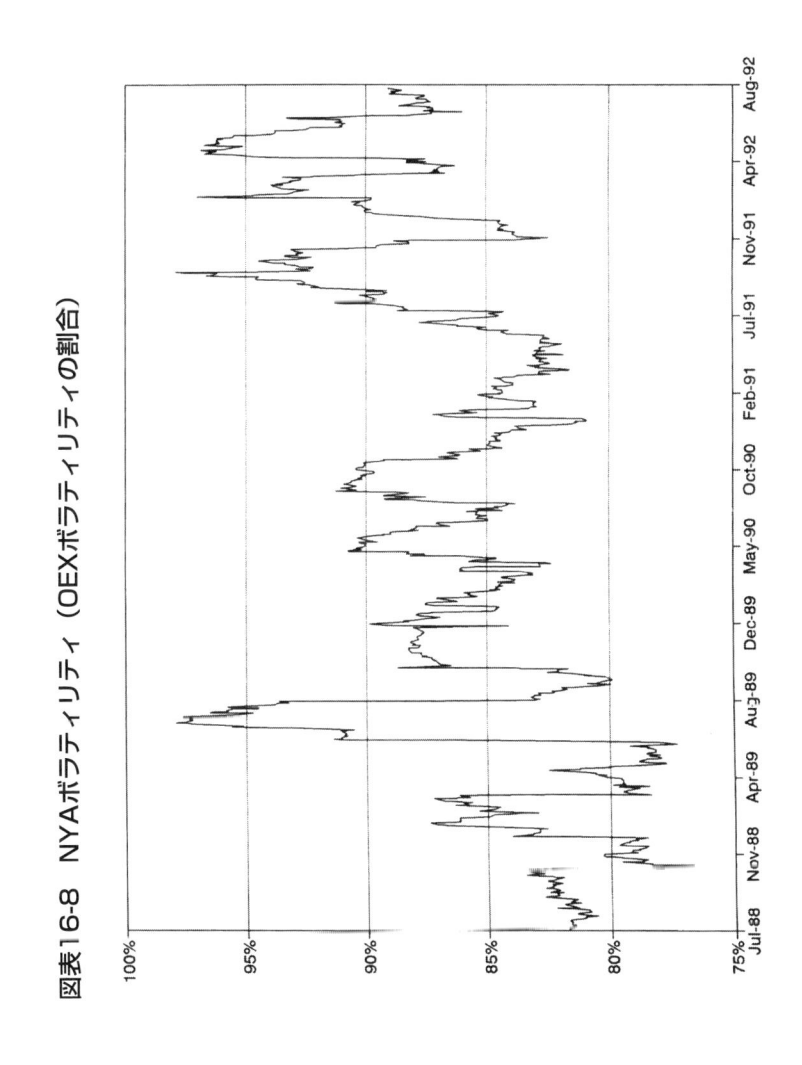

図表16-8　NYAボラティリティ（OEXボラティリティの割合）

OEXオプションとNYAオプションがだいたい同じインプライドボラティリティで売買されているとする。NYAはOEXよりも約13％ボラティリティが低いと予想されるから、どのように戦略を組めば、このOEXオプションとNYAオプションの間の明らかなミスプライスを利用できるだろうか。

アット・ザ・マネーのOEXストラドルを買い、アット・ザ・マネーのNYAストラドルを売り、さらに両市場の相対的なボラティリティも考慮に入れる。すると、バランスの取れたスプレッドは次のようになると分かる。

OEXストラドルの数×OEXのドルデルタ×0.87は、
NYAストラドルの数×NYAのドルデルタと
等しくなければならない。

仮に、OEXが440ポイントでNYAが260ポイントだとする。どちらもポイントの価値は同じ100ドルで、両者のドルデルタは次のようになる。

OEXのドルデルタ＝440×100ドル÷100＝440ドル
NYAのドルデルタ＝260×100ドル÷100＝260ドル

NYAストラドルを1セット売るごとに、0.87×260÷440、つまりだいたい0.510セットのOEXストラドルを買わなければならない。OEXの440ストラドルを20枚買うとすれば、バランスの取れた市場間ボラティリティスプレッドにするために、39×0.51＝20だから、NYAの260スプレッドを39枚ほど売る必要がある。よって、スプレッドポジションの構成は、次のようになる。

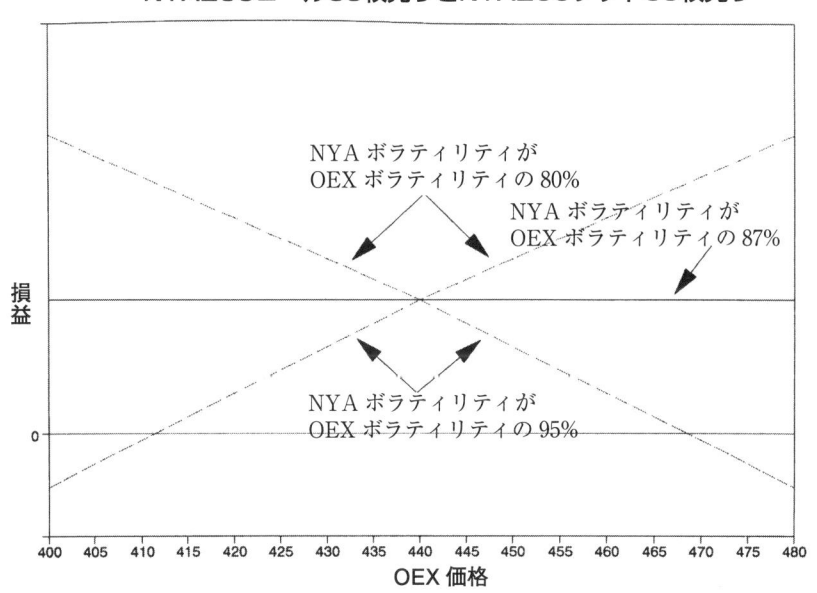

図表16-9　OEX440コール20枚買いとOEX440プット20枚買い、NYA260コール39枚売りとNYA260プット39枚売り

[図：OEX価格を横軸（400〜480）、損益を縦軸とするグラフ。
「NYAボラティリティがOEXボラティリティの80%」「NYAボラティリティがOEXボラティリティの87%」「NYAボラティリティがOEXボラティリティの95%」の3本の線が示されている]

OEX440コールを20枚買い、OEX440プットを20枚買い
NYA260コールを39枚売り、NYA260コールを39枚売り

　同じインプライドボラティリティでOEXストラドルが買われ、NYAストラドルが売られる場合、このポジションの満期時の損益は**図表16-9**に示されている。

　両方とも同じ方向に動き、NYAのボラティリティが予想どおりOEXボラティリティの87％になる場合、このポジションは、ボラティリティの13％の差に相当する一定の利益を出す。ボラティリティが２倍や３倍になろうが、このポジションの利益は、NYAボラティリティがOEXボラティリティの87％であるかぎり同一である。

図表16-8から、NYAボラティリティは、必ずしもOEXボラティリティの87％であるわけではないと分かる。NYAボラティリティがOEXボラティリティの上限近くの約95％、あるいはOEXボラティリティの下限近くの約80％の場合、このポジションはどのようになるだろうか。

こうした可能性も**図表16-9**に示されている。前者の場合、ポジションはストラドルの売りのように機能し始めて、ボラティリティが少しでも増大するとポジションの利益は減少する。後者の場合、ポジションはストラドルの買いのように機能し始めて、ボラティリティが少しでも増大するとポジションの利益も増大する。

ポジションのリスクに焦点を当てれば、そのリスクは明らかにNYAボラティリティがOEXボラティリティに比例して増大することである。このようなリスクがあっても、許容範囲がかなり広いので、このスプレッド売買はやはり非常に魅力的に見える。

代表的なボラティリティスプレッドの場合、通常スプレッドのポジション全体のデルタ、ガンマ、セータ、ベガの特性に焦点を当てる。これらの感応度を市場間スプレッド売買についても考慮したいと思う。

ドルデルタを使えば異なる市場を比較するのに便利であると解説したのと同じように、「ドルガンマ」「ドルセータ」「ドルベガ」を計算すると便利である。その定義と解釈は次のようになる。

ドルガンマ
＝原資産価格の１％の変化に対応するオプションのドルデルタの変化の値
＝原資産ドルデルタ×オプションのガンマ×原資産１ポイントの額 ÷100

ドルセータ
＝オプションの理論価格の毎日のドル変化
＝原資産1ポイントの額×オプションのセータ

ドルベガ
＝ボラティリティ1％の変化に対するオプションの理論価格のドル的変化
＝原資産1ポイントの額×オプションのベガ

11％のインプライドボラティリティと5％の金利を使って、残存日数が70日だとすると、いくつかのOEXとNYAのオプションのドル感応度は、だいたい次のようになる（数字は近似値のみ。期日前権利行使はコックス・ロス・ルーベンスタイン式モデルを用いて考慮してあるが、配当はまったく入れていない。さらに、数字は便宜上四捨五入されている）。

OEX＝440.00ポイント　残存日数＝70日
ボラティリティ＝11％　金利＝5％

NYA＝260.00ポイント　残存日数＝70日
ボラティリティ＝11％　金利＝5％

オプシコン	$デルタ	$ガンマ	$セータ	$ベガ
OEX425コール	364	23	−8.57	49
OEX440コール	259	36	−9.29	75
OEX455コール	140	33	−6.87	69
OEX425プット	−81	25	−3.09	51

オプション				
OEX440プット	−196	42	−4.00	74
OEX455プット	−339	43	−2.36	54
NYA250コール	221	13	−4.93	27
NYA260コール	152	21	−5.49	44
NYA270コール	75	18	−4.05	39
NYA250プット	−41	13	−1.85	28
NYA260プット	−117	24	−2.36	44
NYA270プット	−211	26	−1.26	28

例のポジション全体のドル感応度は次のようになる。

オプション	$デルタ	$ガンマ	$セータ	$ベガ
OEX440コール20枚買い	5180	720	−185.80	1500
OEX440プット20枚買い	−3920	840	−80.00	1480
NYA260コール39枚売り	−5928	−819	214.11	−1716
NYA260プット39枚売り	4563	−936	92.04	−1716
合計	**−105**	**−195**	**+40.35**	**−452**

これらの感応度をどのように解釈すればよいか。ドルデルタの−105は、原市場の上昇ではなく下落が好ましいことを示している。しかし、これは非常に弱い傾向にすぎない。実際、ほとんどのトレーダーは、このポジションを本質的にはドルデルタニュートラルだと判断するだろう。相対的に見ると、このポジションのドルデルタの−105は、OEX（ドルデルタは440）の約24％程度、あるいはNYA（ドルデルタは260）の約40％程度の売りになることを示している（完全にバランスの取れた市場間スプレッドでは、ポジション全体のドルデルタ、ド

ルガンマ、ドルセータ、ドルベガは加算すればぴったりゼロになる)。

しかし、なぜこのポジションは、マイナス値のガンマ、プラス値のセータ、そしてマイナス値のベガを持つのだろうか。

ポジション全体のガンマが−195であることは、原資産が動くとポジションが不利になることを示唆している。**図表16-9**から、もしOEXとNYAが同率で動けば実際に不利になることが分かる。しかし、OEXとNYAが同率で動くのではなく、NYAがOEXの87％の割合で動くと予想している。NYAのドルガンマ・ポジションに0.87を掛けて、それをOEXのドルガンマ・ポジションに加算すると、全体のドルガンマは次のようになってゼロに非常に近づく。

$$(720+840)-0.87\times(819+936)\doteqdot 33$$

これは、NYAがOEXの87％の割合で動くかぎり、ポジションは両市場の動きに対して相対的に鈍感であることを示している。

同じ推理はドルベガにも当てはまる。ポジション全体のベガの−452は、ボラティリティが増大するとポジションが不利になることを示唆している。もしOEXとNYAのボラティリティが同量で増大すれば、実際に不利になる。しかし、ボラティリティが増大する場合、NYAのボラティリティはOEXのボラティリティのわずか87％の割合で増大することが予想される。NYAのドルベガに0.87を掛けて、それをOEXのドルベガに加算すると、全体のドルベガは次のようになり、だいたいゼロになる。

$$(1500+1480)-0.87\times(1716+1716)\doteqdot -6$$

NYAのボラティリティがOEXのボラティリティの87％の割合で動くかぎり、ポジションはボラティリティの変化に対して鈍感であるこ

とを示している。

　これらの例から、実際のポジション全体のドルガンマ、ドルセータ、そしてドルベガは、両市場の相対的なボラティリティを反映すると分かる。例えば、次のようなドルデルタニュートラルのポジションを作ることができる。

　全体のドルガンマ
　＝OEXのドルガンマ＋(NYAのドルガンマ×[NYAのボラティリティ÷OEXのボラティリティ])

　全体のドルセータ
　＝OEXのドルセータ＋(NYAのドルセータ×[NYAのボラティリティ／OEXのボラティリティ])

　全体のドルベガ
　＝OEXのドルベガ＋(NYAのドルベガ×[NYAのボラティリティ÷OEXのボラティリティ])

　これで「NYAがOEXの87％の割合で動く」かぎり、この例の市場間スプレッドは、価格変化、時間経過、そしてボラティリティの変化に対して鈍感であると分かる。
　では、アット・ザ・マネーのOEXストラドルの買いを相殺するのにアット・ザ・マネーのNYAストラドルの売りではなく、NYAの「ストラングル」を売った場合どうなるか。例えば、次のようなドルデルタ・ニュートラルポジションを作成したとする。

　OEX440コール20枚買い　　NYA270コール69枚売り
　OEX440プット20枚買い　　NYA250プット96枚売り

OEX440コールのドルデルタは259で、NYA270コールのドルデルタは75なので、OEX440コールを1セット買うごとに、259÷75＝約3.45セットのNYA270コールを売らなければならない。同様に、1セットのOEX440プットのドルデルタは－196で、1セットのNYA250プットのデルタは－41なので、OEX440プットを1セット買うごとに、196÷41＝約4.78セットのNYA250プットを売らなければならない。

OEX440コールを20枚買った場合、ドルデルタニュートラルの市場間スプレッドを作るために、NYA270コール69枚とNYA250プット96枚を売らなければならない。

このポジションの各感応度は次のようになる。

オプション	$デルタ	$ガンマ	$セータ	$ベガ
OEX440コール20枚買い	5180	720	－185.80	1500
OEX440プット20枚買い	－3920	840	－80.00	1480
NYA260コール39枚売り	－5175	－1242	279.45	－2691
NYA260プット39枚売り	4563	－1248	177.60	－2688

NYAのドルガンマ、ドルセータ、そしてドルベガに対する倍率0.87を考慮すると、スプレッドポジション全体の感応度は次のようになる。

ドルデルタ＝5180－3920－5175＋3936＝＋21
ドルガンマ＝720＋840－0.87×(1242＋1248)＝－606
ドルセータ＝－185.80－80.00＋0.87×(279.45＋177.60)＝＋131.83
ドルベガ＝1500＋1480－0.87×(2691＋2688)＝－1700

ドルデルタポジションはだいたいニュートラルであるが、ドルガンマがマイナス値、ドルセータがプラス値、ドルベガがマイナス値であることから、スプレッドポジションがストラドルの売りのように作用

することを示唆している。つまり、原資産の大きな動きやボラティリティの増大はポジションに対して不利になり、時間の経過やボラティリティの低下はポジションに対して有利になるわけだ。

このようなスプレッドを実行すると、両市場の相対的なボラティリティに対してポジションを取っているだけではなく、その両市場のインプライドボラティリティが高すぎることに対してもポジションを取っていることになる。

もし相対的なボラティリティが正しくなくて、同時にインプライドボラティリティが低すぎると感じたら、どのようなポジションを作るだろうか。

この場合は、全体のドルガンマがプラス値で、セータがマイナス値で、ベガがプラス値のポジションを作成しようとする。例えば、次のようにOEX425／455ストラングルを買い、NYA260ストラドルを売ればよい。

OEX425コール20枚買い　NYA260コール18枚売り
OEX455プット20枚買い　NYA260プット14枚売り

OEX455コールのドルデルタは140で、NYA260コールのドルデルタは152なので、OEX455コールを1枚買うごとに、140÷152＝約0.92枚のNYA260コールを売ることになる。同様に、OEX425プットの1枚のドルデルタは−81で、NYA260プットのドルデルタは−117なので、OEX455プットを1枚買うごとに、81÷117＝約0.69枚のNYA260プットを売ることになる。

OEX425／455ストラングルを20枚買った場合、ドルデルタニュートラルの市場間スプレッドを設定するためには、だいたいNYA260コールを18枚、NYA260プットを14枚売らなければならない。

このポジションの各感応度は次のようになる。

オプション	$デルタ	$ガンマ	$セータ	$ベガ
OEX455コール20枚買い	2800	660	−137.40	1380
OEX425プット20枚買い	−2736	500	−61.80	1020
NYA260コール39枚売り	−1620	−378	98.82	−792
NYA260プット39枚売り	4563	−336	33.04	−616

　NYAのドルガンマ、ドルセータ、ドルベガに対する倍率0.87を考慮すると、スプレッドポジション全体の感応度は次のようになる。

ドルデルタ＝2800−2736−1620+1638＝＋82

ドルガンマ＝660+500−0.87×（378+336）＝−1781

ドルセータ＝−137.40−61.80+0.87×（98.82+33.04）＝＋84.48

ドルベガ＝1380+1020−0.87×（792+616）＝−1175

　ドルガンマがプラス値、ドルセータがマイナス値、ドルベガがプラス値であることから、スプレッドポジションはストラドルの買いのように機能することを示唆している。つまり、原資産の大きな動きやボラティリティの増大はポジションに有利となり、時間の経過やボラティリティの低下はポジションに不利となる。このようなスプレッド売買を実行すると、両市場の相対的なボラティリティに対してポジションを取っているだけではなく、その2市場のインプライドボラティリティが低すぎることに対してもポジションを取っていることになる。

　ここまで、市場間ボラティリティスプレッド売買を仕掛けるきっかけは、2市場の相対的なボラティリティについての見解であった。しかし、このようなスプレッド売買をさらに一歩前進させることができる。

　インプライドボラティリティが互に不正確であると思える場合、相対的に安い市場でストラドルを買い、相対的に高い市場でストラドル

を売るだけでよい。しかし、2市場のインプライドボラティリティについても概して高すぎる（あるいは安すぎる）という見解を持っている場合、適切なドルガンマとドルベガのポジションを作り、やはりこのミスプライスを利用するボラティリティスプレッドを組めばよい。

自分の見解次第で、次の4つの基本的なタイプのボラティリティスプレッドのポジションどれかが考えられる。

①ドルガンマがプラス値で、ドルベガがプラス値（バックスプレッド）
②ドルガンマがマイナス値で、ドルベガがマイナス値（レシオバーティカルスプレッド）
③ドルガンマがマイナス値で、ドルベガがプラス値（ロングタイムスプレッド）
④ドルガンマがプラス値で、ドルベガがマイナス値（ショートタイムスプレッド）

ボラティリティスプレッドとその特性に関するさらに詳細な解説は第8章を参照してほしい。

権利行使価格の差を利用したスプレッド売買

もうひとつ、紹介しておきたい市場間スプレッド売買がある。それは、満期時の価格が2種類の原資産のスプレッドに応じるオプションである。つまり市場間スプレッドのオプションだ。取引所には現在上場されていないが、自分で組むことができる。

例えば、2つの原資産、ABCとXYZがそれぞれ175ポイントと150ポイントで売買されているとする。したがって、ABCとXYZのスプレッドは25ポイントとなる。このスプレッドが60ポイントまで拡大す

ると考えれば、60ポイント未満の権利行使価格のオプションを買う。権利行使価格25ポイントのスプレッドを買い、満期時にそのスプレッドが60ポイントまで拡大すれば、35ポイント（60ポイントのスプレッドと25ポイントの権利行使価格の差）を受け取ることになる。

このようなスプレッドは、案外珍しいことでもない。時間が経過してスプレッドが拡大、あるいは縮小すると思えるような状況が多くあるからだ。

ポートフォリオマネジャーは、一方の国の株式市場が他方の国の株式市場を上回ると考えるかもしれない。このようなオプションが利用できるなら、そのマネジャーは「両国の株式指数間スプレッド」のコールオプションを買えばよい。スプレッドが拡大して買ったコールの権利行使価格を上回れば、そのコールはイン・ザ・マネーになり、無限大の潜在利益を持つようになる。スプレッドが拡大も縮小もしなければ、そのコールはアウト・オブ・ザ・マネーで終わり、マネジャーの損失はそのコールに支払った額に限定される（もちろん、このようなオプションは関連通貨の相対的な価値によって複雑になるだろう。オプションの買い方は通貨リスクを相殺する方法を工夫しなければならない）。

オプションの原資産価格のスプレッドは、マイナスの値を示すかもしれない点に注意しよう。ABCとXYZのスプレッドは、ABCが175ポイントでXYZが150ポイントの場合、25ポイントになる。しかし、ABCが上昇して185ポイントになり、XYZが上昇して200ポイントになる場合、スプレッドは-15ポイントになる。

非常に旧式の理論価格決定モデルは、対数正規分布が前提なので、原資産のマイナス価格を許容しない。もしスプレッドのオプションを評価する価格決定モデルが作れるなら、正規分布がより現実的な仮定になって、マイナスの価格を実際に受け入れるようになるだろう。そうしたブラック・ショールズ式モデルの発展形は、ダレル・ウィルコ

ックスの論文に示唆されている。

第17章
ポジション分析
Position Analysis

　トレーダーが最初にオプション市場に参加するとき、まず関心を持つのは、売買する根拠になるだけの潜在利益のある戦略を見つけることである。そして、オプション戦略に活発にかかわるようになるにつれ、ますます多くの時間を保有ポジションの分析に費やしていることに気づくだろう。ポジションのリスクは何か。リワードはどれほどか。市況が有利（あるいは不利）に変化するとき、どんな行動を取ればよいのか。

　単純なボラティリティスプレッド、ディレクショナルスプレッド、裁定戦略は、相対的に分析が容易である。しかし、ポジションがもっと複雑になると、そのポジションに関連するリスクをあまり簡単には特定できないかもしれない。

　ポジション分析の第一歩は、ポジションが変動する市況にどのように反応するか判断することである。これを達成するひとつの方法はポジション全体のリスク感応度（デルタ、ガンマ、セータ、ベガ、ロー）を調べることである。

　ところが、リスク感応度が信頼できるのは狭く定義された条件の下においてのみである。基本的にトレーダーが懸念すべきは状況の劇的な変化であるから、ただリスク感応度を調べるだけではポジションに関連するリスクを十分に把握できることはまずない。

ほとんどのトレーダーは、一連の数字よりも、グラフにした情報のほうが解釈しやすいと思う。多様な条件下におけるポジションの価値をグラフにすると便利な場合が多い。

簡単な事例

簡単なポジションから始めよう（本章の分析では、株式オプションの場合ブラック・ショールズ式モデルを、先物オプションの場合ブラック式モデルを用いて実行した）。

株価＝99.00ドル　残存日数＝7週
ボラティリティ＝20％　金利＝6％　配当＝0

ポジション	価格	理論価格	デルタ	IV
6月限95コール10枚買い	6.25	5.82	76	23.7
6月限105コール30枚売り	1.63	1.08	26	24.5

このポジションは典型的なレシオバーティカルスプレッドで、この場合のようにインプライドボラティリティ（IV）が高すぎると思えるときに取る。ポジション全体の理論価格は、次のようになる。

$$-10 \times (6.25 - 5.82) + 30 \times (1.63 - 1.08) = +12.20$$

ポジションは現在、デルタニュートラルである。だが、ポジションの性格上、ガンマはマイナス値、セータはプラス値、ベガはマイナス値を持つと分かっている。ポジションのガンマ、デルタ、そしてベガの感応度は次のように確認された。

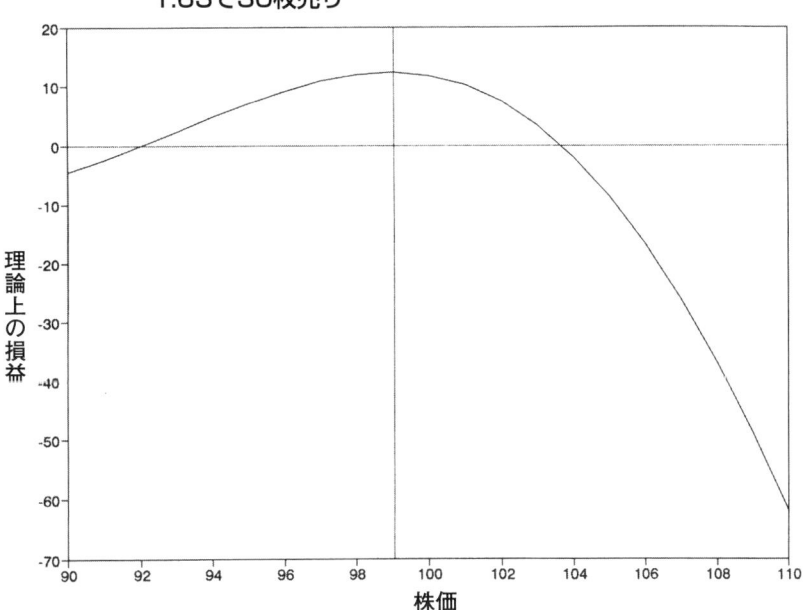

図表17-1a 6月限95コールを6.25で10枚買い、6月限105コールを1.63で30枚売り

オプション	ガンマ	セータ	ベガ
6月限95コール	4.3	−0.0344	0.113
6月限105コール	4.4	−0.0278	0.117
ポジション全体	−89.0	+0.4900	−2.380

ガンマのマイナス値は、原資産が大きく動くとポジションの不利になることを示している。これは**図表17-1a**からも分かる。

株価が下落し始めてデルタニュートラルを維持したい場合、株価1ポイントの下落に対し、現物株を89株ほど売る（あるいは同様のデルタのマイナス分の行動をする）必要がある。逆に株価が上昇し始めれば、株価1ポイントの上昇に対し、現物株を89株ほど買う必要がある。

図表17-1b　6月限95コールを6.25で10枚買い、6月限105コールを1.63で30枚売り

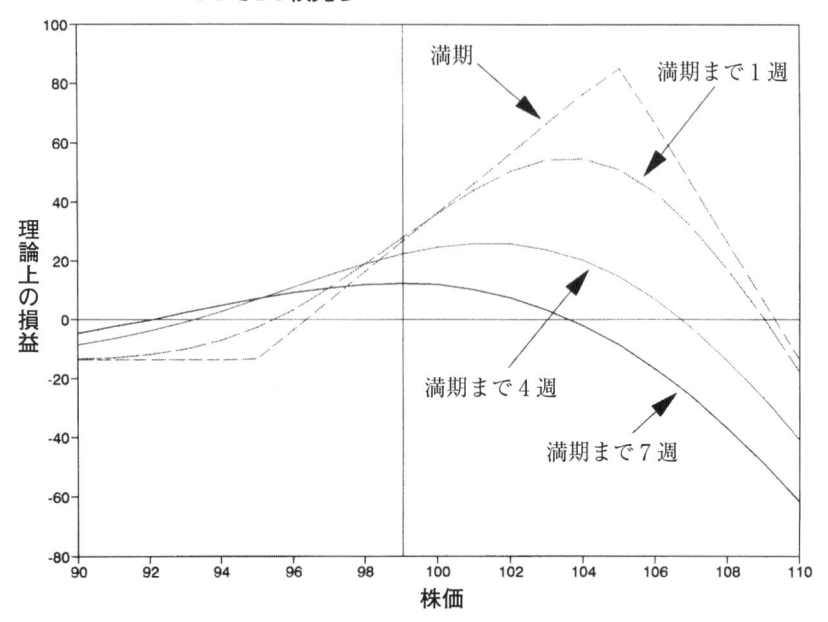

　レシオバーティカルスプレッドのセータはプラス値なので、時間の経過はポジションに有利に働く。**図表17-1b**で確認してほしい。ポジションの価値は短くなる残存日数に沿って示されている。

　時間の経過によってポジションの潜在利益が変化するだけでなく、ポジションに関連するリスクも変化することに注意しよう。時間が経過すると、オプションのデルタが50から離れ、イン・ザ・マネーのオプションのデルタが100に向けて動き、アウト・オブ・ザ・マネーのオプションのデルタがゼロに向けて動く傾向がある。その正味の影響は、株価が105ドル未満の場合、デルタは時間が経過するとさらに買い指向になることである。

　しかし、株価が上昇して105ドルを超えると、95コールと105コール

はイン・ザ・マネーになり、両オプションのデルタは100に向けて動く。この結果、デルタは時間が経過するとさらに売り指向になる。この傾向は**図表17-1b**にも示されており、105ドルを超えて時間が経過するとグラフの下方傾斜はさらに顕著になる。

　時間が経過するとガンマも変化する。アット・ザ・マネーのオプションは常に最高のガンマを持ち、満期が接近すると急速に増大する可能性がある。時間が経過して、株価が105ドルの辺りで、ポジションの曲率がいかに急になっていくかに注意しよう。もし株が上昇して105ドルになり、そのままで満期が接近すると、ポジションのガンマリスクはますます大きくなる。

　レシオバーティカルスプレッドのベガはマイナス値である。したがって、ボラティリティが上昇すればポジションに不利になり、下落すれば有利になる。多様なボラティリティでのポジションの理論価格は**図表17-1c**に示されている。現在の条件下では、ポジションのインプライドボラティリティがおよそ25％のところで、損益が分岐する（ポジションのインプライドボラティリティの近似値は、全体の理論的優位性12.20をベガの2.38で割り、その結果を今使用中のボラティリティ20％に加算することでも求められる）。

　もし株価が変化すると、ポジションのインプライドボラティリティも変化する。株価が104ドルの場合、ポジションのインプライドボラティリティは約20％になる。株価が106ドルの場合、ポジションのインプライドボラティリティは約15％になる。株価が上昇すると、ボラティリティの急低下が期待される。

　デルタは、ボラティリティが低下すると50から離れ、ボラティリティが上昇すると50に向かう。したがって、ボラティリティの変化がデルタのリスクとなる。ボラティリティが低下するとポジションのデルタはプラス値になり、ボラティリティが上昇するとポジションのデルタはマイナス値になる。これは株式の現在値99ドルでのグラフの勾配

図表17-1c　6月限95コールを6.25で10枚買い、6月限105コールを1.63で30枚売り

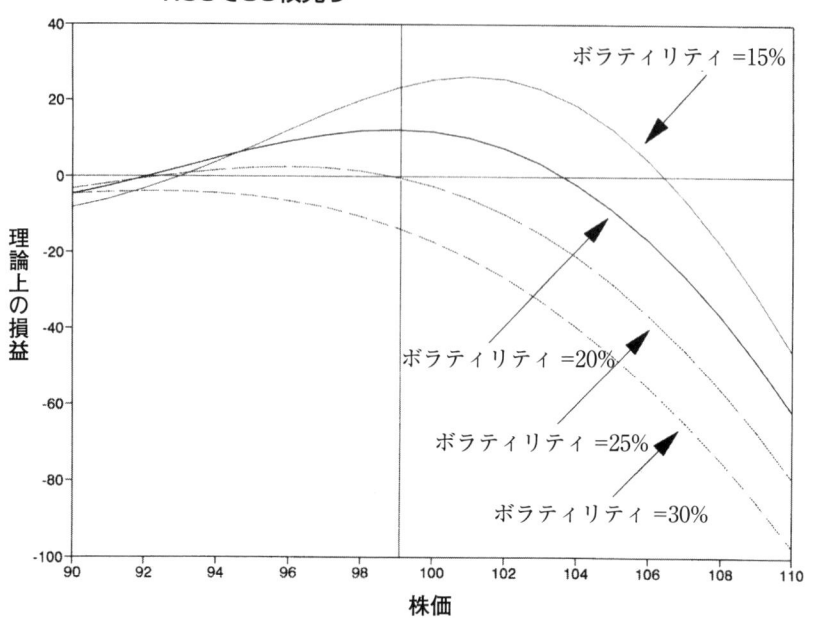

を見れば分かる。ボラティリティが20%未満では、グラフの勾配は上向きとなり、ボラティリティが20%を超えるとグラフの勾配は下向きとなる。

別のポジションを見てみよう。

株価＝100.00ドル
残存日数――6月限＝7週　9月限＝20週
ボラティリティ＝20%　金利＝6%　配当＝0

ポジション	価格	理論価格	デルタ	IV
6月限105コール20枚買い	1.88	1.35	30	24.0

9月限110コール20枚売り	3.13	2.22	30	24.1

このポジションは、ダイアゴナルスプレッドである。どちらのオプションも等しいデルタを持ち、タイムスプレッド売りのように機能する。全体の理論的優位性は次のとおり。

$$-20 \times (1.88 - 1.35) + 20 \times (3.13 - 2.22) = 7.60$$

タイムスプレッドの売りポジションのガンマはプラス値、セータはマイナス値、ベガはマイナス値であると分かっている。このスプレッドのガンマ、セータ、ベガの感応度は次のようになる。

オプション	ガンマ	セータ	ベガ
6月限105コール	4.3	-0.0308	0.128
9月限110コール	2.8	-0.0200	0.216
ポジション全体	+30.0	-0.2160	-0.760

図表17-2aに示されているように、ガンマがプラス値であることは、原資産価格の動きが有利に作用することを意味する。デルタは株価が上昇するほど買い指向になり、株価が下落するほど売り指向になる。デルタニュートラルを維持したい場合、株価が上昇すれば現物株を売り、株価が下落すれば現物株を買う必要がある。

ガンマのプラス値は常にセータのマイナス値を伴う。したがって、**図表17-2b**が示すように時間の経過は不利に作用する。現在の条件下で、原資産価格がまったく動かずに1日が経過するとポジションは0.216ほどマイナスになる。

また、株価が105ドル未満の場合、グラフの勾配は、時間の経過につれて下向きとなり、ポジションがさらに売り指向になる事実を反映

図表17-2a 6月限105コールを1.88で20枚買い、9月限110コールを3.13で20枚売り

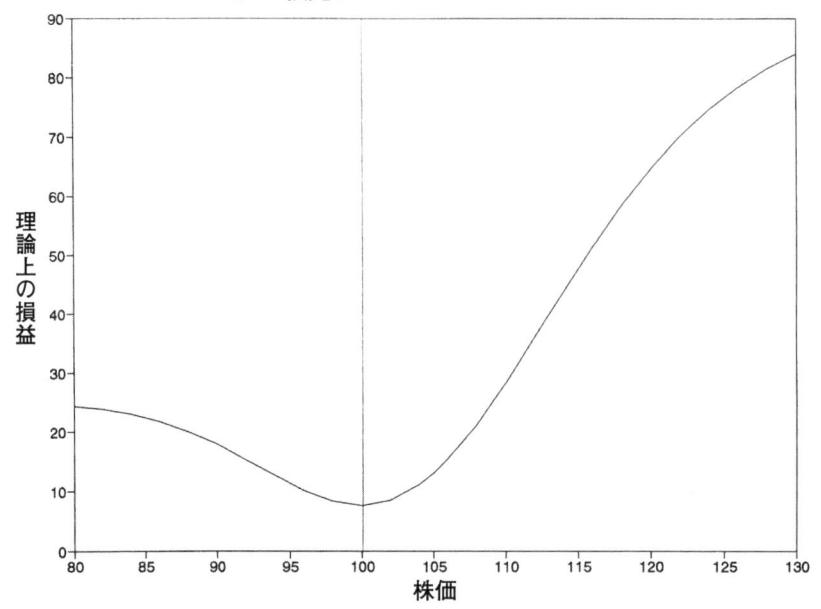

することも分かる。株価が105ドルを超えると、デルタは時間の経過につれてより買い指向になる。いずれにせよ、6月の満期には株ができるだけ105ドルから離れていることが望ましい。

株価が105ドルに向かうほど、ポジションの曲率もまた急になる。これはアット・ザ・マネーのオプションのガンマが時間の経過につれて増大する事実を反映している。

図表17-2cで、ポジションの価値はボラティリティの増大（減少）によって減少（増大）すると分かる。変動するボラティリティがポジションのデルタとガンマに影響を与える可能性はあるが、このスプレッドの場合、そのデルタとガンマはあまりボラティリティの変化の影響を受けないことが分かる。

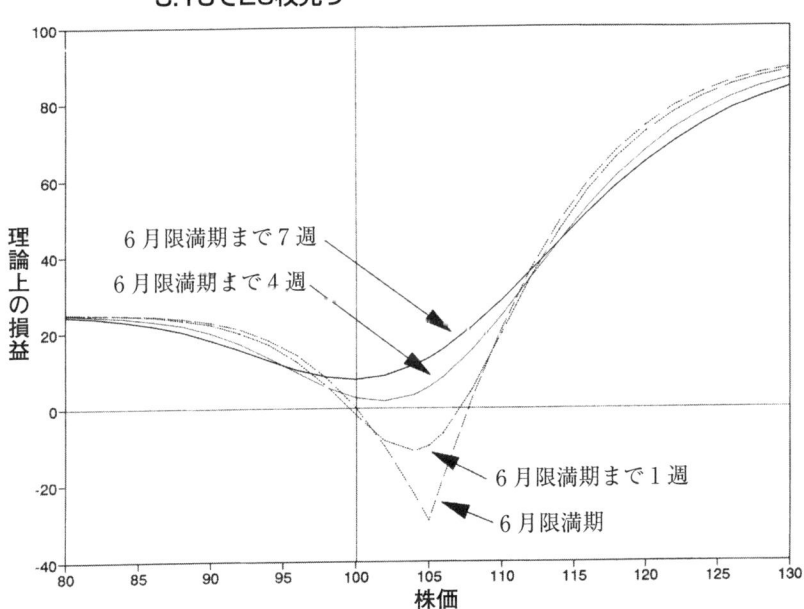

図表17-2b　6月限105コールを1.88で20枚買い、9月限110コールを3.13で20枚売り

（グラフ：縦軸「理論上の損益」、横軸「株価」。6月限満期まで7週、6月限満期まで4週、6月限満期まで1週、6月限満期）

　ボラティリティとは無関係に、デルタポジションは現在の株価100ドルではニュートラルのままである。そして100ドル未満になるほど売り指向になり、100ドルを超えるほど買い指向になる。さらに、すべてのグラフは概して同じ形であり、このことからポジションのガンマは、ボラティリティの変化に特に敏感でもない事実を反映している。

ポジションのグラフ

　トレーダーは、自分のポジションのグラフの形と、少なくとも大まかなポジションの特性を知っておくべきである。コンピューターを利用してグラフを作成できない場合、頭のなかでグラフをイメージしな

図表17-2c　6月限105コールを1.88で20枚買い、9月限110コールを3.13で20枚売り

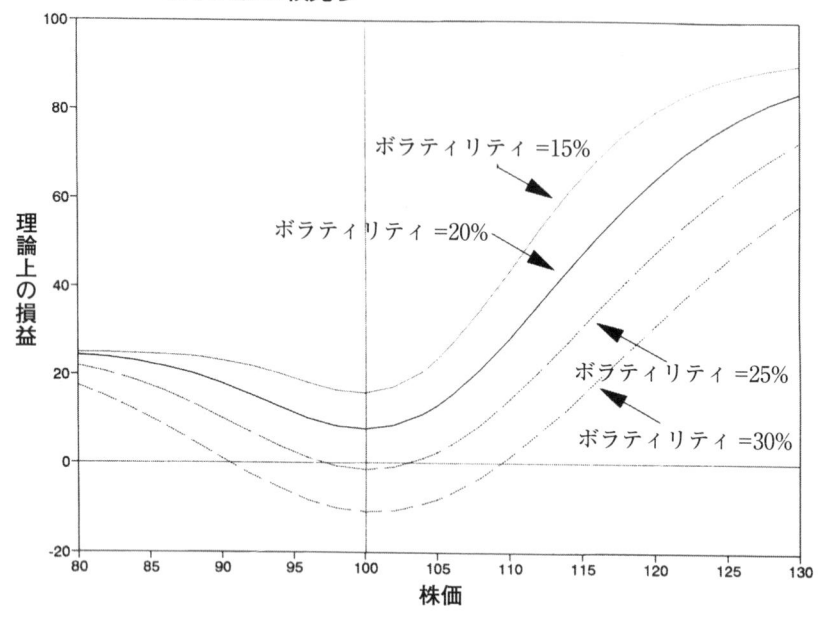

ければならない。このためには、いくつかのルールを今までの事例から策定すればよいだろう。

　①**理論的優位性**　理論的優位性を持つポジションは、グラフ上の原資産の現在値では、損益分岐点よりも上のところにあるはずだ。まずこのことを探るべきである。条件の判断が正しければ自分のポジションがどのように有利なのか知っておかなければならない。

　②**デルタ（図表17-3a）**　デルタがプラス値であれば、理論的に原資産の買いポジションに等しい。このようなポジションのグラフは、原資産の現在値では右上がりの角度になっている。デルタがマイナス値

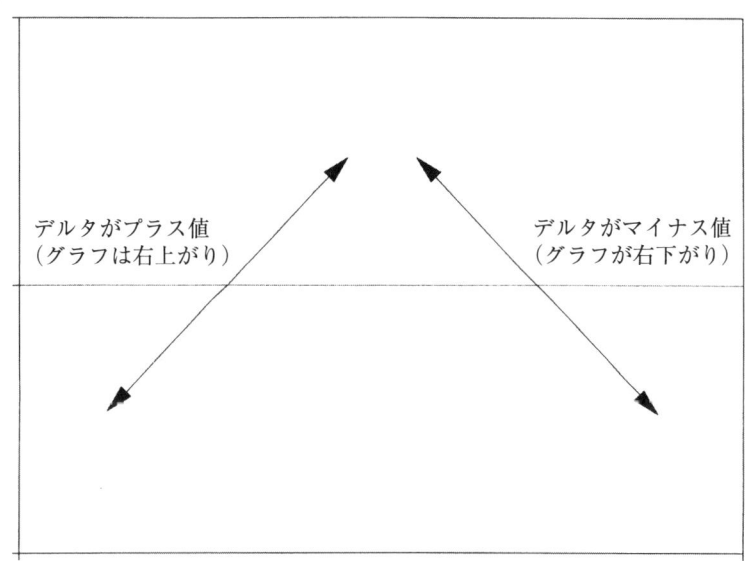

図表17-3a　デルタのプラスとマイナス（勾配）

デルタがプラス値
（グラフは右上がり）

デルタがマイナス値
（グラフが右下がり）

であれば、理論的に原資産の売りポジションに等しい。このようなポジションのグラフは、原資産価格の現在値では右下がりの角度になっている。

　原資産の現在値での正確なグラフの勾配は、デルタの大きさによって決まる。デルタが大きくなるほど、勾配は急になり、デルタが小さくなるほど、勾配はゆるやかになる。デルタニュートラルポジションのグラフは、原資産の現在値では完全に水平になる。

　③ガンマ（図表17-3b）　ポジションのガンマがプラス値のときは、原資産価格が現在値からいずれの方向にでも離れるときに上向きに曲がり始める。これは、ガンマのプラス値が原資産の動きを好むことを示している。このようなポジションは、だいたい凹状の形（スマイル）

図表17-3b　ガンマのプラスとマイナス（曲率）

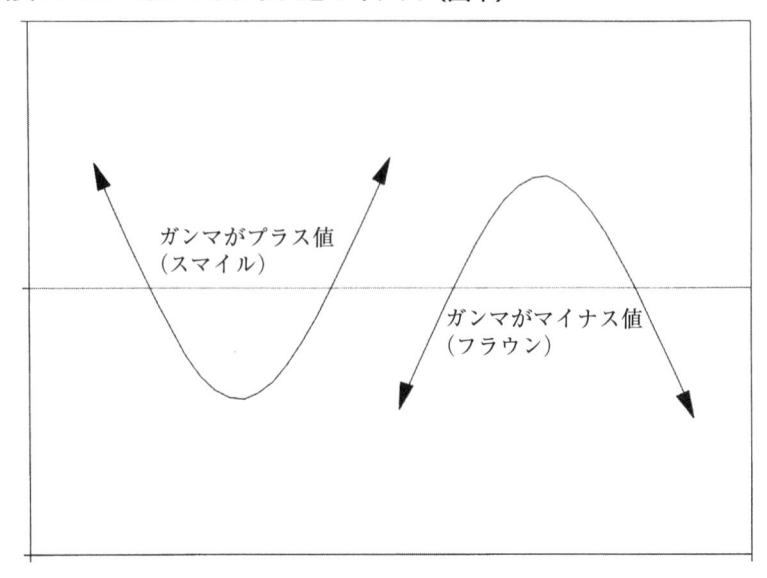

［ガンマがプラス値（スマイル）／ガンマがマイナス値（フラウン）］

を取る。

　ポジションのガンマがマイナス値のときは、原資産価格が現在値からいずれの方向にでも離れるときに下向きに曲がり始める。これは、ガンマのマイナス値は市場がじっとして動かない方を好むことを示している。このようなポジションは、だいたい凸状の形（フラウン）を取る。
　グラフを完成させるために必要な情報がもうひとつある。原資産が急騰してコールはすべてイン・ザ・マネーに、プットはすべてアウト・オブ・ザ・マネーになったとする。あるいは原資産が急落してプットはすべてイン・ザ・マネーに、コールはすべてアウト・オブ・ザ・マネーになったとする。つまり、ポジションのグラフは左右両端でどの

ような形になるのだろうか。

　これは枚数（株数）を加算して判断できる。これは、原資産が大きく変動してすべてのコールやプットが原資産のように作用する場合、ポジションがどれだけネイキッドの買いまたは売りになるかの尺度である。

　上昇サイド（右端）では、プットはすべて崩落してゼロになり、コールは最終的に原資産買いのように作用する。コールをネット（売り買い差し引き）で買っているポジションは、右上方向に角度をつけて無限に伸びる（上昇サイドに無限大の利益）。コールをネットで売っているポジションは、右下方向に角度をつけて無限に伸びる（上昇再度に無限大のリスク）。コールの買いと売りの枚数が等しい場合、あるいはポジションがプットのみで構成されている場合、ポジションは水平になる（上昇サイドのリスク・リワード比は限定）。

　下降サイド（左端）では、コールはすべて崩落してゼロになり、プットは最終的に原資産売りのように作用する。プットをネットで買っているポジションは、左上方向に角度をつけて無限に伸びる（下降サイドに無限大の利益）。プットをネットで売っているポジションは、左下方向に角度をつけて無限に伸びる（下降サイドに無限大のリスク）。プットの買いと売りの数が等しい場合、あるいはポジションがコールのみで構成されている場合、ポジションは水平になる（下降サイドのリスク・リワード比は限定）。

　ポジションの損益も、時間が経過してあるいはボラティリティ状況が変化して変わるかもしれない。その変化はポジションに対応するセータとベガによって決まる。

　④セータ（図表17-3c）　ポジションのセータがプラス値のときは、時間が経過すると価値が増大し、このようなポジションのグラフは上方向に移動する。ポジションのセータがマイナス値のときは、時間が

図表17-3c　セータのプラスとマイナス（タイムディケイ）

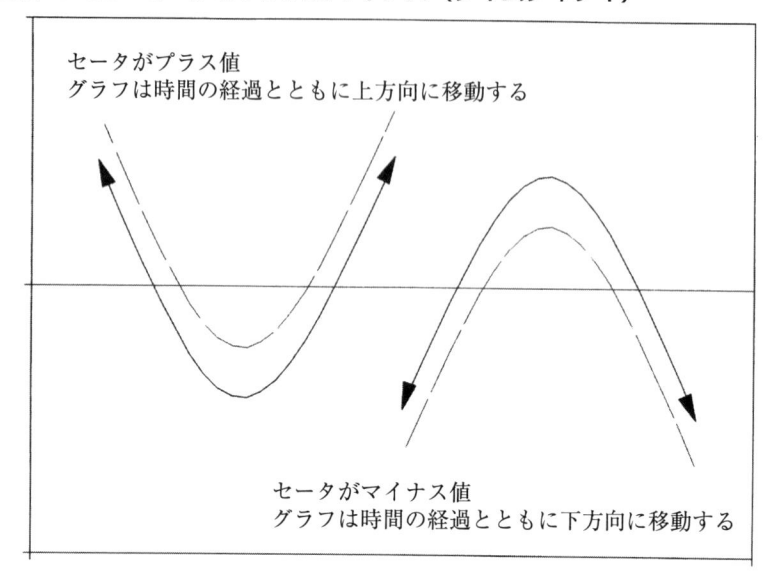

セータがプラス値
グラフは時間の経過とともに上方向に移動する

セータがマイナス値
グラフは時間の経過とともに下方向に移動する

経過すると価格が減少し、そのグラフは下方向に移動する。

⑤**ベガ**（**図表17-3d**）　ベガがプラス値のとき、ボラティリティの増大はポジションに有利となり、ボラティリティの減少はポジションに不利となる。このようなポジションのグラフは、ボラティリティが増大すると上方向に移動し、ボラティリティが減少すると下方向に移動する。

ベガがマイナス値のとき、ボラティリティの増大はポジションに不利となり、ボラティリティの減少はポジションに有利となる。このようなポジションのグラフは、ボラティリティが増大すると下方向に移動し、ボラティリティが減少すると上方向に移動する。

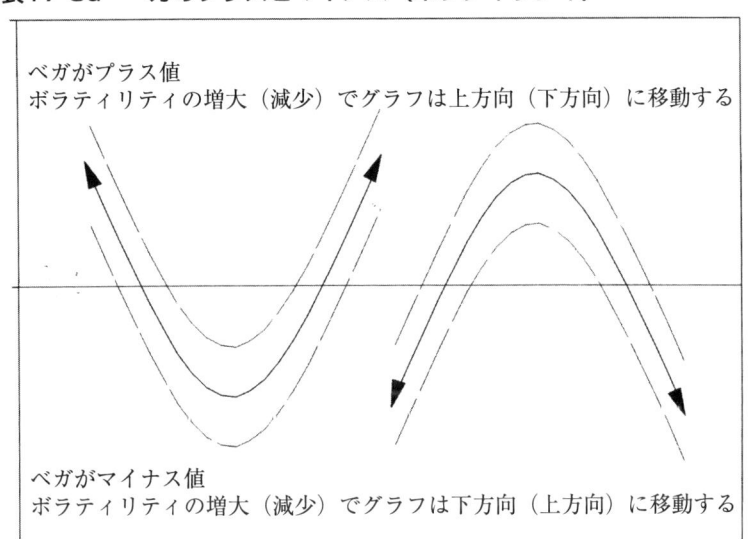

図表17-3d　ベガのプラスとマイナス（ボラティリティ）

ベガがプラス値
ボラティリティの増大（減少）でグラフは上方向（下方向）に移動する

ベガがマイナス値
ボラティリティの増大（減少）でグラフは下方向（上方向）に移動する

　時間とボラティリティがオプションのポジションに同様の影響を与えている点に注意しよう。ただし、時間は一方向に限って動くが、ボラティリティは上下する。ポジションのガンマがプラス（マイナス）値のとき、そのセータはマイナス（プラス）である。心配しなければならないのは、どちらかひとつ、ガンマかセータである。

　しかし、ガンマがプラス値であろうがマイナス値であろうが、ボラティリティに影響を受ける場合がある。ガンマがプラス値でもボラティリティが上昇すれば不利になり（例えば、タイムスプレッドの売り）、ガンマがマイナス値でもボラティリティが減少すれば不利になる（例えば、タイムスプレッドの買い）からである。

　これらのグラフの原則を考え合わせて、ポジション分析をしてみよう（原資産株の単位株数は市場によって異なるので、原資産は口数で

表示するにとどめた。米国では、オプション1枚は通常100株の株式を束ねるので、このポジションは1000株を空売りする)。

株価＝98.75ドル　6月満期までの残存日数＝7週
ボラティリティ＝20%　金利＝6%　配当＝0

ポジション	価格	理論価値	デルタ	IV
6月限105コール20枚買い	0.75	1.02	25	17.6
6月限95プット20枚売り	1.38	1.12	−25	22.1
株式10口売り				

このポジションはデルタニュートラルである。しかし、どのカテゴリーに入るのかすぐには分からない。コールは割安でプットは割高であり、このポジションはその両オプションを組み合わせて売買する。全体の理論的優位性は、次のようになる。

$$20 \times (1.02 - 0.75) + 20 \times (1.38 - 1.12) = +10.60$$

そしてポジションの感応度は次のようになる。

ポジション	ガンマ	セータ	ベガ
6月限105コール	4.3	−0.0270	0.114
6月限95プット	4.4	−0.0192	0.115
ポジション全体	−2.0	−0.1560	−0.020

まず、ポジションのグラフはどんな形になるのかイメージしなければならない。ポジションの理論的優位性は10.60なので、株価が現在値98.75ドルにあるとき、グラフは損益分岐点よりも上の10.60ドルに

ある。ポジションはデルタニュートラルなので、グラフはこの時点では完全に水平である。また、この時点ではほぼガンマニュートラルなので、グラフはまったく曲率を持たない。つまり、上向き（凸）にも下向き（凹）にも曲がらない。

グラフを完成させるには、下降サイドと上昇サイドでのポジションが必要である。市場が大きく上昇すれば、プットは最終的にすべて崩落してゼロになり、コールは原資産買いのように作用する。この例ではコール20枚買いは、株式20口買いのように作用する。

これらのコール買いは原資産の10口売りによって部分的に相殺される。しかし、まだ上昇指向のポジションであり、10枚買いである。市場が十分に上昇すれば、ポジションの勾配は＋10になる。株価が1ポイント上昇するごとに、ポジションは10ポイントの価値を得る。

市場が大きく下落すれば、コールは最終的にすべて崩落してゼロになり、プットは原資産売りのように作用する。プット売りは原市場買いポジションなので、プット20枚売りは株式20口買いのように作用する。これらのプット10枚売りは原資産株売りによって部分的に相殺される。しかし、まだ下げに弱いのポジションで、原資産10枚分の買いポジションである。市場が十分に下落すればポジションの勾配は＋10になる。株価が1ポイント下落するごとに、ポジションは10ポイントを失う。

このスプレッドポジションの当初の損益に関係するリスク要因は、**図表17-4a**に示されている。

条件が変化するとポジションの損益に関係するリスク要因が変わる可能性が高いと分かっている。このポジションは時間の経過によって、どのように変わるだろうか。

時間が経過するとデルタは50から離れるから、原資産株に動きがまったくない場合、95プットと105コールのデルタ（現在は－25と＋25）はゼロに向かって動く。これは、このポジションがますます10枚のネ

図表17-4a　6月限105コールを0.75で20枚買い、6月限95プットを1.38で20枚売り、株式を98.75で10枚売り

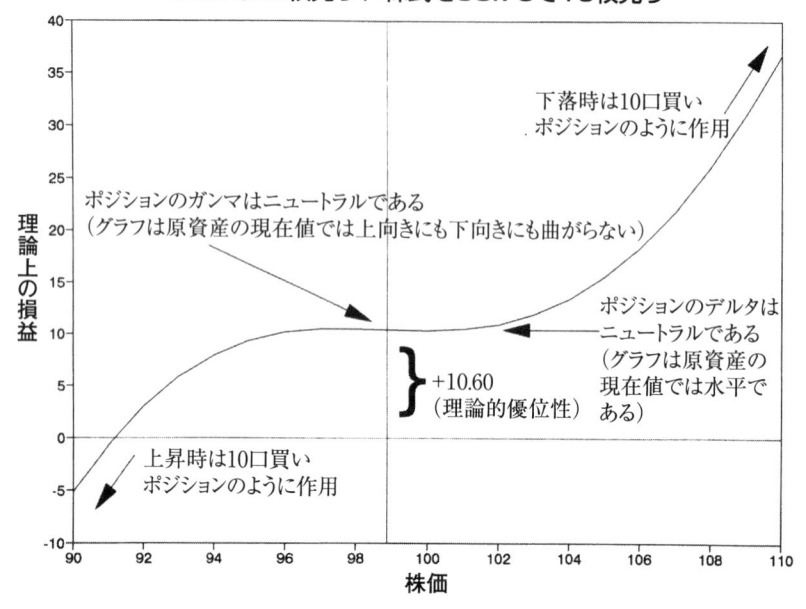

グラフ内のラベル：
- ポジションのガンマはニュートラルである（グラフは原資産の現在値では上向きにも下向きにも曲がらない）
- 下落時は10口買いポジションのように作用
- ポジションのデルタはニュートラルである（グラフは原資産の現在値では水平である）
- +10.60（理論的優位性）
- 上昇時は10口買いポジションのように作用

軸：理論上の損益／株価

イキッドの株式売りポジションのように作用することを意味する。したがって、時間が経過するとグラフの勾配は95ドルと105ドルの間で、ますます右下向きになっていく（**図表17-4b**）。

　株価変動に対するガンマの変化はどうだろうか。株価が現在値の98.75ドル付近のままであれば、ポジションのガンマ（曲率）はゼロの近くにとどまる。株価が95ドルあるいは105ドルの権利行使価格に向けて動くと、ポジションは時間が経過するほど大きなガンマ値を示す。株が95ドルに接近するとポジションはストラドルの売り（ガンマはマイナス値）のように作用し始めて、105ドルに接近するとストラドルの買い（ガンマはプラス値）のように作用し始める。

　このポジションのガンマは現在値の98.75ドルではほとんどゼロで

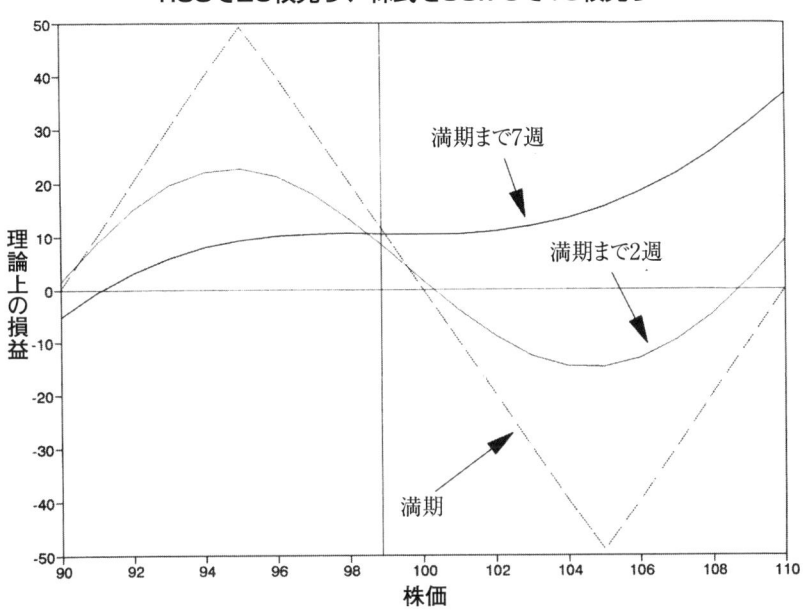

図表17-4b　6月限105コールを0.75で20枚買い、6月限95プットを1.38で20枚売り、株式を98.75で10枚売り

ある。セータもほとんどゼロだと思うかもしれない。しかしこの場合、セータは−0.1560である。このポジションの評価は毎日減少しているわけだ。これは現物株を売ることで、金利を稼げる現金が入金されてきたからである。時間が経過すると期待金利の額が減少し、期待利益もまた減少する。

　これは原市場が先物の場合は当てはまらない。なぜなら、先物を売っても現金の入金はないため、金利収入はまったくないからである。したがって、このようなポジションのセータはゼロに近い。

　ボラティリティの変化はポジションの損益にも影響を与える。ボラティリティが低下すると、すべてのデルタが50から離れ、ポジション全体のデルタは現在値98.75ドル付近でよりベアになる。時間の経過

図表17-4c　6月限105コールを0.75で20枚買い、6月限95プットを1.38で20枚売り、株式を98.75で10枚売り

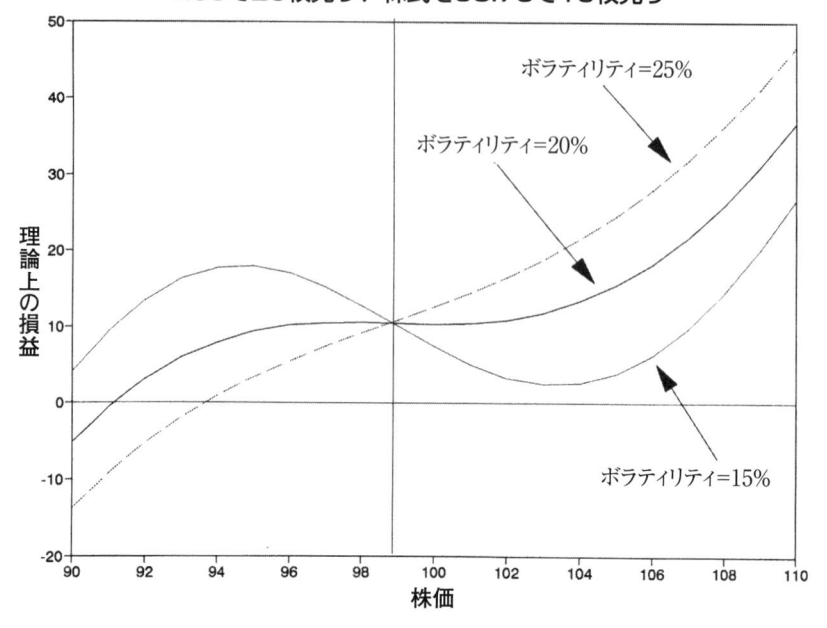

に類似している。一方、ボラティリティが上昇すると、すべてのデルタは50に向けて動き、全体のデルタポジションはよりブルになる。ボラティリティが上昇（下落）するにつれて、ポジションはますます10枚のネイキッドの買い（売り）株式ポジションのように見えてくる（**図表17-4c**）。

　ボラティリティの変化にかかわりなく、ガンマは中間価格の100ドル付近でゼロ近くにとどまる。しかし、95ドルあるいは105ドルに向けて動くとガンマは上昇し始め、95コールあるいは105コールはますますアット・ザ・マネーになる。同時にアット・ザ・マネーのオプションのガンマは、ボラティリティが上昇すると下落し、ボラティリティが下落すると上昇する。その結果、低ボラティリティ市場において

は100ドルから離れると必ずガンマは急速に増大して、株価が95ドルに向かうとマイナス値になり株価が105に向かうとプラス値になる。

最後に、コントラクトポジションは時間の経過あるいはボラティリティの変化にかかわりなく変わらないままである。市場が大きく動いて105ドルをはるかに超えても、あるいは95ドルをはるかに下回っても、コントラクトポジションは＋10で変わらない（原市場で10口の買い）。

この最後の例は、スプレッドの重要な側面を明らかにしている。多くのトレーダーは、デルタニュートラル戦略に焦点を当てることに加えて、ガンマニュートラルやベガニュートラルにもなるポジションを組もうとする。

このような戦略は原市場の動きやボラティリティの変化に関心があるなら納得がいくだろう。しかし、デルタニュートラル、ガンマニュートラル、そしてベガニュートラルであれば何も問題は発生しない、という想定をすべきではない。たとえポジションが理論的優位性を持ち、リスク感応度がすべて小さくても、利益は必ずしも確実ではない。

ポジションがデルタニュートラル、ガンマニュートラル、あるいはベガニュートラルになるのは、理論価格決定モデル自体が正しく、しかも自分が評価モデルに入力した情報がすべて正しい場合のみである。これらの前提のどれひとつも正しくない場合は、理論価格決定モデルで算出された価格もまた正しくない可能性が高い。その結果、当初はリスク感応度に関してニュートラルに思えたポジションが実はまったくニュートラルではないことに気づくかもしれない。

複雑なポジション

これまでの例は２種類のオプションだけで構成されていた。では、複数の権利行使価格のオプションで構成されているもっと複雑なポジ

図表17-5

株価＝202.50
6月限満期までの残存期間＝6週
ボラティリティ＝24.0%
金利＝6%
配当＝0

6月限 ポジション	価格	理論価格	デルタ	ガンマ	セータ	ベガ	IV
190 コール	15.50	15.50	82	1.6	−.077	.18	24.0
195 コール −23	11.63	11.80	72	2.0	−.088	.23	23.3
200 コール +55	8.25	8.63	61	2.3	−.094	.26	22.6
205 コール −35	5.75	6.06	49	2.4	−.094	.27	22.9
210 コール −20	4.00	4.08	37	2.3	−.086	.26	23.7
215 コール +41	2.63	2.63	27	2.0	−.074	.23	24.0
190 プット −42	1.63	1.70	−18	1.6	−.046	.18	23.6
195 プット +85	2.75	2.95	−28	2.0	−.056	.23	23.1
200 プット +8	4.5	4.76	−39	2.3	−.062	.26	23.0
205 プット −18	6.88	7.15	−51	2.4	−.060	.27	23.0
210 プット	10.00	10.13	−63	2.3	−.052	.26	23.5
215 プット −30	13.75	13.65	−73	2.0	−.039	.23	24.5
株式 −18			100				

	株式	コール	プット	デルタ	ガンマ	セータ	ベガ	損益
合計	−18	+18	+3	−277	+50.5 株価	−2.244	+6.10	+18.82

ションはどうだろうか。**図表17-5**のオプションを考えてみよう。

全体のポジションを見るだけでこのポジションの多くの損益に関係するリスク要因を判断できる。全体のガンマはプラス値、セータはマイナス値、ベガはプラス値になっているから、当初はバックスプレッドのように作用する。さらに、相場の下落を狙うポジションの数量がネット21枚の売り（株式18口売り、プット3枚買い）であるのに対し、相場の上昇を狙うポジションの数量はゼロ（株式18口売り、コール18枚買い）であると分かる。

ポジションは、無限大の下落サイドのリワードと、限定された上昇サイドのリスクを持つ。これらの特性に基づき、ポジションは本質的にはプットバックスプレッドであると言える。ポジションの現在の状

図表17-5a

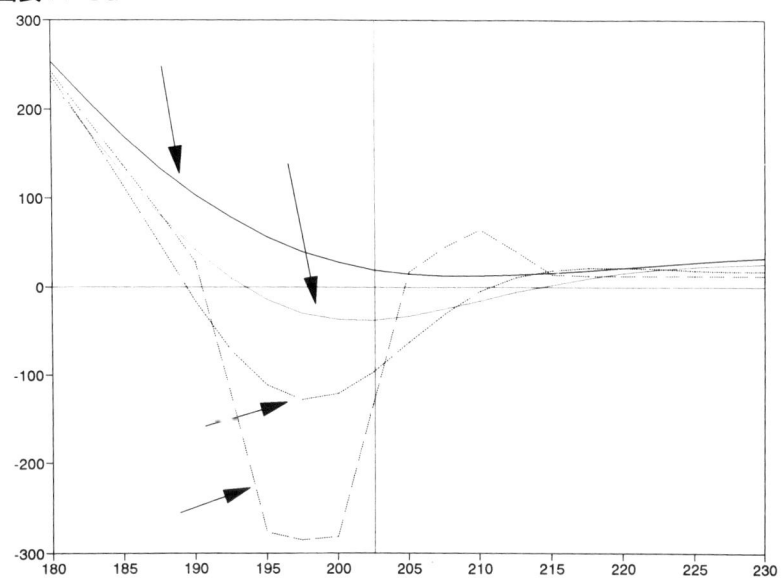

況下における理論上の損益図が**図表17-5a**に示されている。

図表17-5aでは、このポジションが時間の経過でどのように変化するのかも分かる。多数の6月限195プットと6月限200コールを買っているので、満期が近づくとポジションは、ますます6月限195／200ストラングル買いのように作用する。ポジションは、今はわずかにデルタがマイナス値であるが、株価が現在値の202.50ドルの場合、6月限200コールが支配的になる傾向があり、そのためデルタは時間が経過するとますます買いに傾く。

株価が195ドル未満に下落すれば、6月限195プットが支配的になる傾向があり、デルタは時間が経過するとますます売りに傾く。したがって、時間が経過すると株価が195ドルと200ドルの間の場合ポジショ

図表17-5b

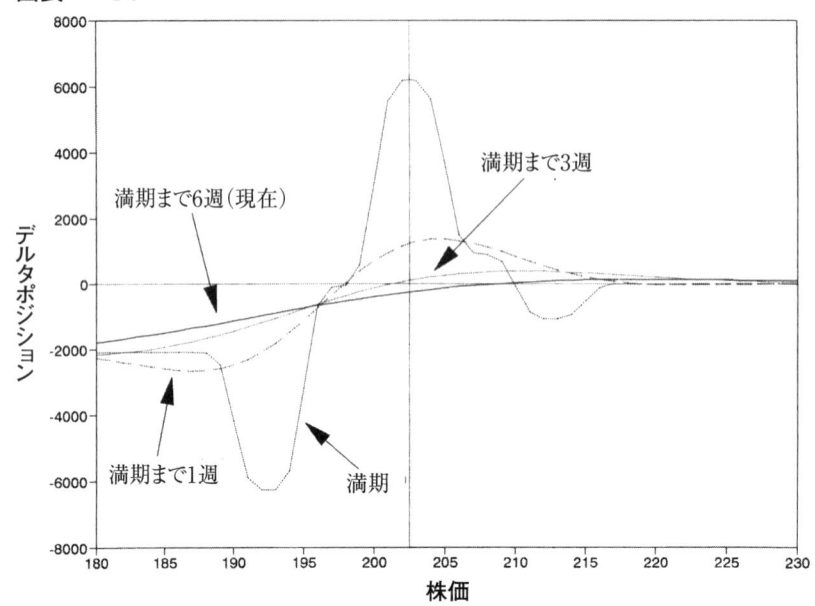

図表17-5c

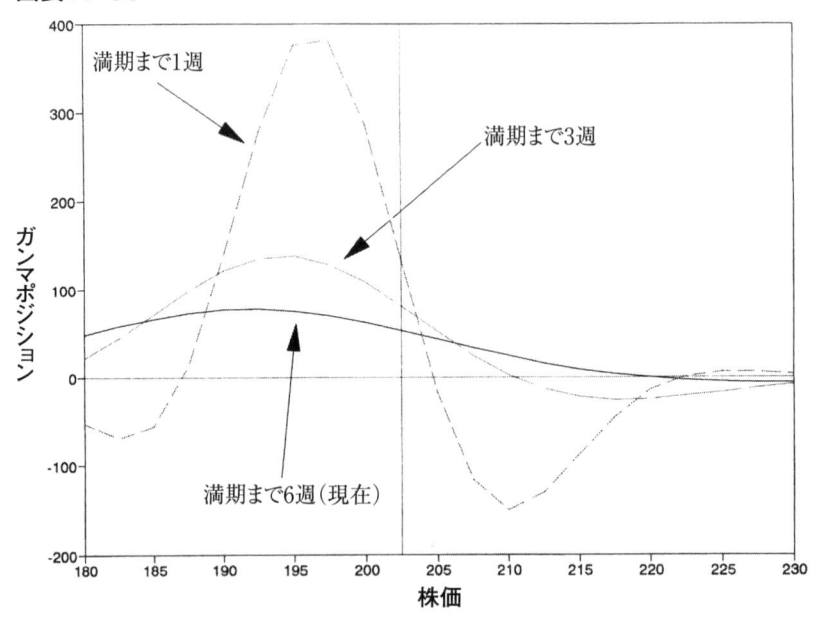

図表17-5d

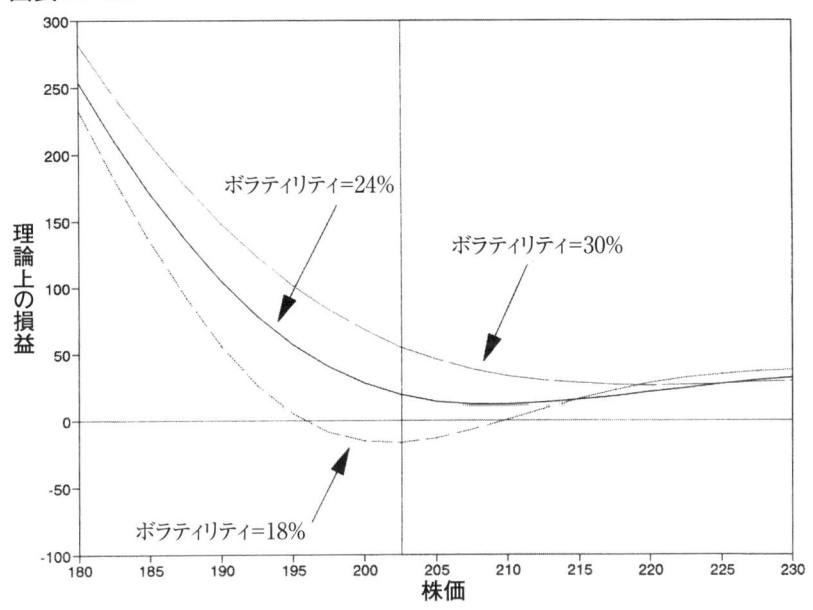

[図表17-5d: 株価(180～230)に対する理論上の損益を、ボラティリティ=18%、24%、30%の3本の曲線で示したグラフ]

　ンのガンマが非常に大きくなる。時間の経過に対応するポジション全体のデルタとガンマは**図表17-5b**と**図表17-5c**に示されている。

　図表17-5dはボラティリティ変化に対するポジションの感応度を示している。予想どおり、ボラティリティが増大するとポジションに有利になり、ボラティリティが減少するとポジションに不利になる。ボラティリティを20%、30%に増加させたり、18%に低下させたりしても、ポジションの形は本質的には変わらないままである。

　デルタとガンマは、ボラティリティが変化すれば変わるが、時間の経過に対するほど敏感ではない。ボラティリティの変化に対応するポジション全体のデルタとガンマを**図表17-5e**と**図表17-5f**に示した。

　このポジションでは、ボラティリティの著しい減少に関心を持たなければならない。時間とともに市場がゆっくり下落することがリスク

図表17-5e

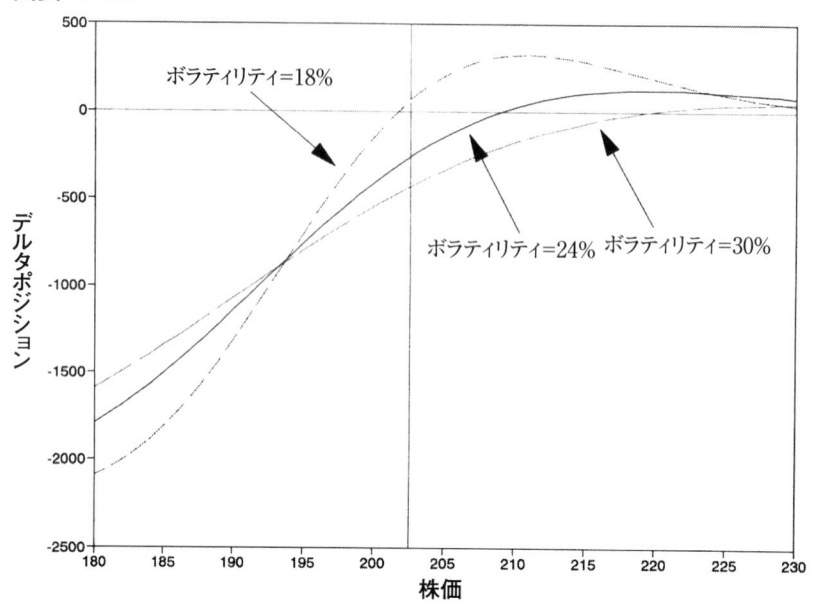

図表17-5f

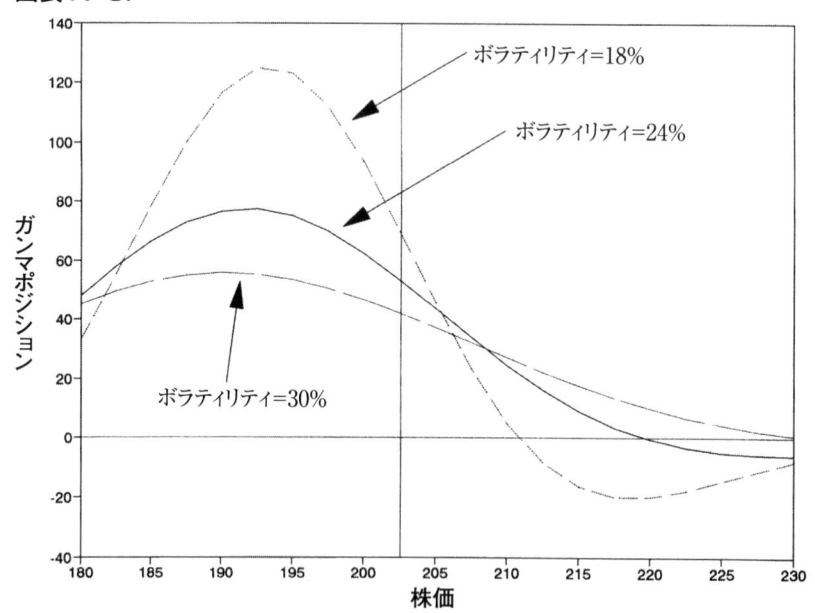

となる。1日経過するたびに潜在利益で2.244(セータ)のコストがかかり、この数字は時間が経過するほど加速する。もし株価がほとんど動かないまま数週間が経過すると、セータの圧力が大きくなる。

何かヘッジ措置を取るのであれば、一部のオプション(つまりコールかプット)を売るべきだ。市場に大きな動きがあるかもしれないと考えれば、コールを売りたくないだろう。コールを売ると上昇サイドでネットの売りとなるからだ。この場合は、おそらく買っているプット(195あるいは200プット)を一部売却することになるだろう。

ここまでは金利変動のリスク、あるいは株式オプションの場合なら配当変化のリスクを考慮してこなかった。これらのリスクはほかのリスクに比べて通常は小さい。しかし、ポジションが十分大きい場合は、金利あるいは配当の変化がどのようにポジションに影響するのか考慮したほうがよい。

18口の株式を売却すると現金で入金され、それに金利が付き、利益の一部になる。変動金利に則していれば、金利が上昇するとさらに金利収入で有利になり、金利が低下すれば金利収入が減少するので不利になる。現在の株価で満期まで稼げる金利を計算することで、金利1%の変化がポジションに与える影響を次のように評価できる。

$$1\% \times 42 \div 365 \times 202.50 = 0.233$$

株式を18口売っているから、金利1%の影響は全体で次のようになる。

$$0.233 \times 18 = 4.19$$

金利が1%高くなるとポジション潜在利益はだいたい4.19ドル増大し、金利が1%低下するとポジション潜在利益はだいたい4.19ドル減

少する。金利が直ちに6％から4％に低下すれば、ポジションの潜在利益はおよそ8.38ドル下落する。

　このポジションの原市場となる株は、現在まったく配当を支払っていない。しかし、企業が配当の支払い開始を決定する可能性を考慮してもよい。6月の満期よりも前に配当支払いを決定すれば、株の借り手として株の貸し手にその配当額を支払わなければならなくなる。株式10口売りだから配当が1ポイント増えると、その配当の18倍だけ潜在利益を失う。会社が2.00ドルの配当支払いを決めると、ポジションの潜在利益はおよそ36.00ドル減少する。

　6月の満期より前に配当を実際に決定すると思うのであれば、あるいは金利が著しく低下すると感じるのであれば、リスクを軽減する何らかの措置を取ればよい。リスクは株式売りポジションから発生するので、売っている株式18口を除去すれば、ほとんどのリスクを排除できる。

　デルタを維持したいと仮定して、それを達成するためには、売っている株式を買い戻して、そしてディープ・イン・ザ・マネーのオプションにする（ディープ・イン・ザ・マネーのプットを買うかディープ・イン・ザ・マネーのコールを売る）か、合成株式オプションを売れば（同じ権利行使価格でコールを売ってプットを買う）よい。前者の戦略はスリーウエーを執行するのと同じであり、後者の戦略はコンバージョンを執行するのと同じである。

　金利と配当に対するポジションの感応度を**図表17-5g**と**図表17-5h**に示しておいた。

先物オプションのポジション

　これまでのオプションはすべて株式オプションで構成されていた。だが、デルタ、ガンマ、ベガの特性は、株式オプション売買でも先物

図表17-5g

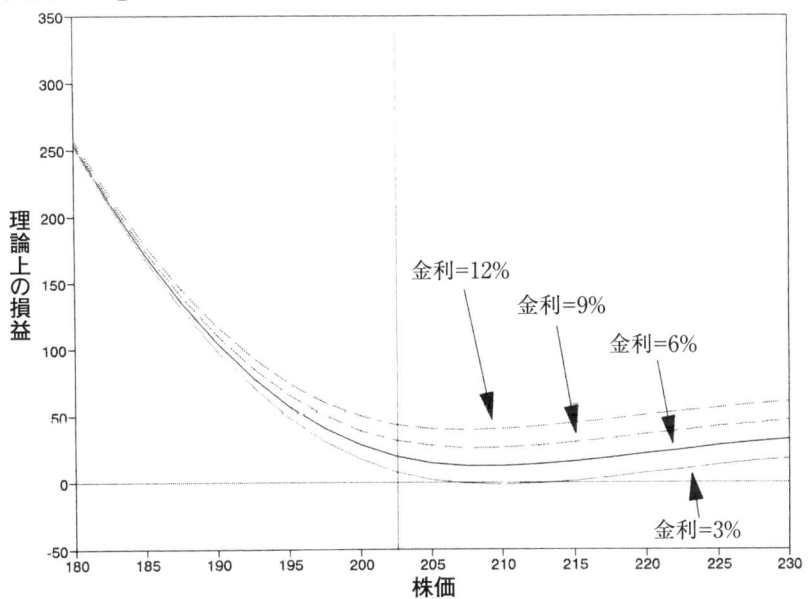

図表17-5h

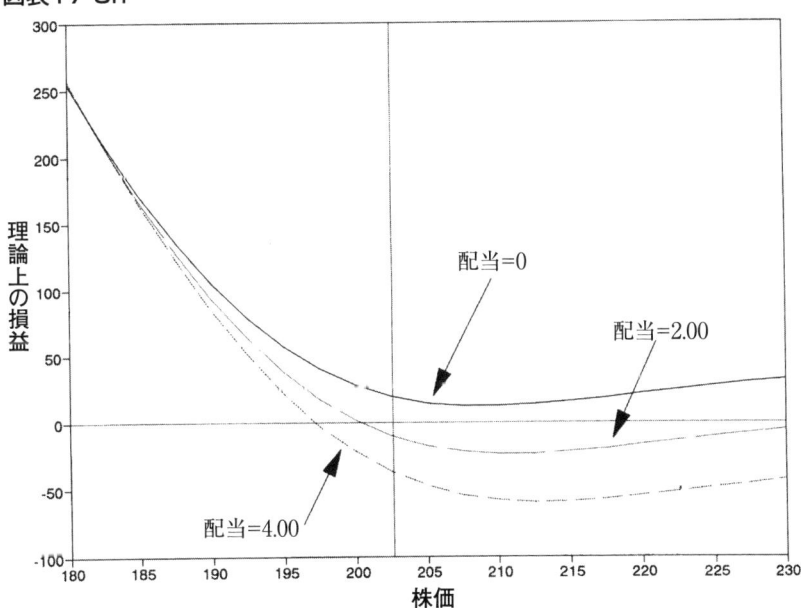

図表17-6

先物5月限=49.40　残存期間=5週　ボラティリティ=15.0%　金利=6.00%

オプション	ポジション	価格	理論価格	デルタ	ガンマ	セータ	ベガ	IV	インプライド デルタ
46コール	-28	3.46	3.44	93.5	5.1	-.0033	.018	16.03	92.3
47コール		2.56	2.55	85.8	9.5	-.0067	.033	15.37	85.3
48コール	-39	1.76	1.76	73.5	14.1	-.0103	.049	15.01	73.5
49コール	+36	1.10	1.12	57.5	17.0	-.0126	.059	14.68	57.7
50コール	+156	.62	.65	40.4	16.8	-.0126	.059	14.53	40.1
51コール	-135	.32	.34	25.2	13.9	-.0104	.049	14.61	24.6
52コール	-15	.15	.16	13.9	9.6	-.0072	.034	14.72	13.4
53コール	-60	.07	.07	6.8	5.7	-.0043	.020	15.15	7.0
54コール		.03	.03	2.9	2.88	-.0022	.010	15.46	3.3
46プット		.08	.06	-5.9	5.1	-.0039	.018	16.05	-7.2
47プット	-114	.17	.16	-13.6	9.5	-.0071	.033	15.26	-14.0
48プット	+41	.36	.37	-25.9	14.1	-.0105	.049	14.84	-25.7
49プット	-93	.70	.72	-41.9	17.0	-.0126	.059	14.64	-41.8
50プット	+36	1.21	1.24	-59.0	16.8	-.0124	.059	14.42	-59.5
51プット		1.91	1.93	-74.2	13.9	-.0101	.049	14.59	-74.8
52プット	-24	2.74	2.74	-85.5	9.6	-.0068	.034	14.87	-85.7
53プット		3.65	3.65	-92.7	5.7	-.0037	.020	15.18	-92.4
54プット		4.61	4.60	-96.5	2.8	-.0014	.010	15.99	-95.6
先物	-28			100.0					

第17章 ポジション分析

先物7月限=40.85　残存期間=13週　ボラティリティ=16.0%　金利=6.00%

オプション	ポジション	価格	理論価格	デルタ	ガンマ	セータ	ベガ	IV	インプライドデルタ
46コール		4.10	4.10	84.0	5.7	-.0043	.057	15.94	84.0
47コール		3.29	3.32	77.0	7.3	-.0058	.072	15.60	77.5
48コール	+15	2.56	2.62	68.6	8.7	-.0071	.086	15.35	69.2
49コール		1.93	2.01	59.2	9.6	-.0080	.095	15.20	59.5
50コール		1.40	1.49	49.3	9.9	-.0084	.098	15.03	49.2
51コール	-35	.99	1.08	39.7	9.6	-.0082	.095	15.05	38.9
52コール	90	.67	.76	30.8	8.8	-.0075	.087	14.98	29.5
53コール	-45	.45	.52	23.0	7.6	-.0065	.075	15.12	21.6
54コール	+111	.30	.34	16.6	6.2	-.0054	.062	15.34	15.5
46プット		.31	.31	-14.6	5.7	-.0049	.057	15.99	-14.5
47プット		.48	.51	-21.5	7.3	-.0063	.072	15.57	-21.0
48プット	-66	.74	.79	-29.9	8.7	-.0074	.086	15.38	-29.3
49プット	+174	1.09	1.17	-39.3	9.6	-.0081	.095	15.17	-39.0
50プット	+8	1.55	1.64	-49.2	9.9	-.0083	.098	15.05	-49.4
51プット	+28	2.12	2.21	-58.8	9.6	-.0080	.095	15.02	-59.6
52プット	-21	2.79	2.88	-67.7	8.8	-.0072	.087	15.00	-69.0
53プット	-30	3.55	3.62	-75.5	7.6	-.0060	.075	15.07	-77.0
54プット	+15	4.38	4.43	-81.9	6.2	-.0047	.062	15.20	83.3
先物	+6			100.0					

	先物	コール	プット	デルタ	ガンマ	セータ	ベガ	理論上の損益	インプライドデルタ
合計									
5月限	-28	-85	-154	+382.5	-1526.2	+1.1205	-5.357	+3.54	+484.4
7月限	+6	+136	+108	-635.5	+2052.5	-1.7545	+20.346	+17.34	-726.7
両限月*	-22	+51	-46	-253.0	+526.3	-.6341	+14.989	+20.89	+242.3

*合計は四捨五入

オプション売買でも同じである。たしかに先物オプションは配当要因には制約されないし、金利の変動に対しても株式オプションほど敏感ではない。だが、金利と配当の影響を除けば、ポジション分析は先物オプションの場合も本質的には同じである。

先物の限月間の関係は株式オプションの場合と比較して通常は不明確なので、先物オプションのポジション分析には新たな側面もある。例えば、**図表17-6**のポジションを考えてみよう。

これは活発なトレーダーがたいてい「はまる」典型的なタイプのポジションである。見たところオプションと原資産をばらばらに集めたもので容易には分類できない。しかし、ポジションのリスク指標から環境が変われば発生するかもしれないリスクを認識できる。

今は2種類の限月を含むポジションを分析しているのだから、この2つの先物の関係について、いくつか仮定をしなければならない。最も簡単な関係は、一定のキャリングコストに基づいている。5月限と7月限の間の現在のスプレッド0.45ポイント（＝49.85－49.40）はこの関係に基づいている。なぜなら、次のようになるからである。

$$50 \div 365 \times 6\% \times 49.40 \fallingdotseq 0.45$$

スプレッド売買を実行するの理由がキャリングコストだけに基づき、金利が6％で一定であるなら、7月限先物は常に0.92％（56÷365×6％）だけ5月限先物よりも価格が大きくなる。あいにく、多くの市場は、特にエネルギーと農業産品は、需要と供給の強い影響を受けるため、先物限月間のキャリングコストの関係がゆがむ場合が多い。このため通常は、固定されたスプレッド関係を仮定し、数個の異なる限月を含むオプションポジションを分析する。今の例の場合、5月限先物と7月限先物のスプレッドは常に0.45だと仮定する。

さらに、変動性は5月限先物（15％）よりも7月限先物（16％）が

わずかに高いと仮定した。このボラティリティの仮定は市場のインプライドボラティリティよりもわずかに高いと思えるが、5月限と7月限の間のボラティリティ関係は、7月限のインプライドボラティリティが5月限のインプライドボラティリティよりもわずかに高いように思える市場の思惑と一致している。

　図表17-6aから**図表17-6f**は、ポジションの現在の特性と異なる時間とボラティリティを仮定した場合の特性を示している。現在の原資産価格（5月限＝49.40ドル、7月限＝49.85ドル）では、時間の経過あるいはボラティリティの低下は、ポジションの不利になる（セータがマイナス値で、ベガがプラス値）。しかし、もし原資産が数ポイント低下あるいは上昇すれば、時間の経過はポジションの有利になり始める（**図表17-6a**）。

　数ポイントの動きによってセータがプラス値になっても、このポジションのベガは常にプラス値のままである（**図表17-6b**）。

　原資産価格とは無関係に、ボラティリティの上昇（低下）は必ずポジションの有利（不利）になる。ポジションは原資産が50ドルに近くなるとストラドルの買いのように作用するが、原資産が46ドルあるいは53ドルに近くなるとタイムスプレッド買いのように作用する。これは、複雑なポジションを分類するのが困難になる典型的な場合である。ポジションが十分に大きい場合、条件の小さな変化でもそのポジションの損益に関係するリスク要因を劇的に変えてしまう可能性がある。

　デルタとガンマを見ているだけでは（デルタがマイナス値、ガンマがプラス値なので）、このトレードに最も好都合なことは原資産市場が急速に下落することであるように見える。しかし注意してほしい。原市場があまりに激しく5～6ドルも下落すると、正味のトレード枚数を考慮しなければならなくなる。コールはすべて崩落してゼロになるが、総計46枚になるプット売りは、先物買いのように作用し始めるのだ。

図表17-6a

図表17-6a のグラフ

- 5月限満期
- 5月限満期まで5週(現在)
- 5月限満期まで2週

縦軸：理論上の損益
横軸：5月限先物価格

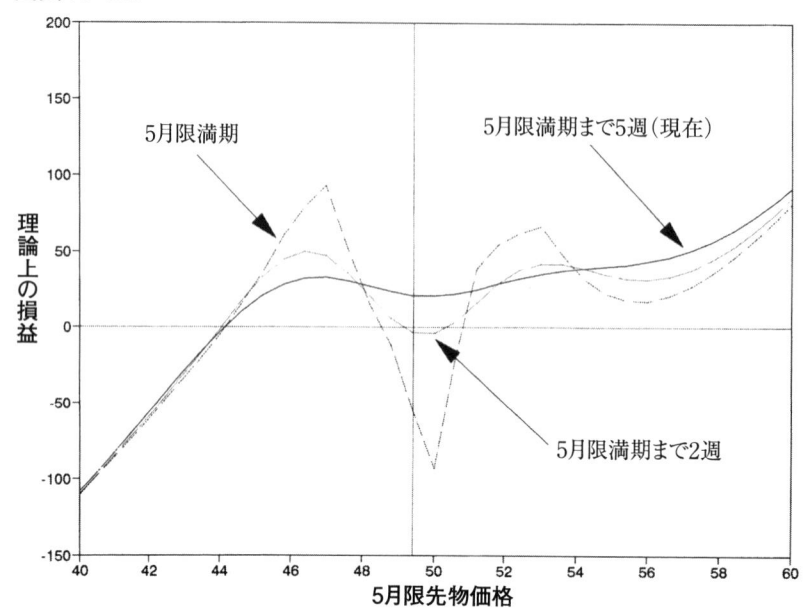

図表17-6b

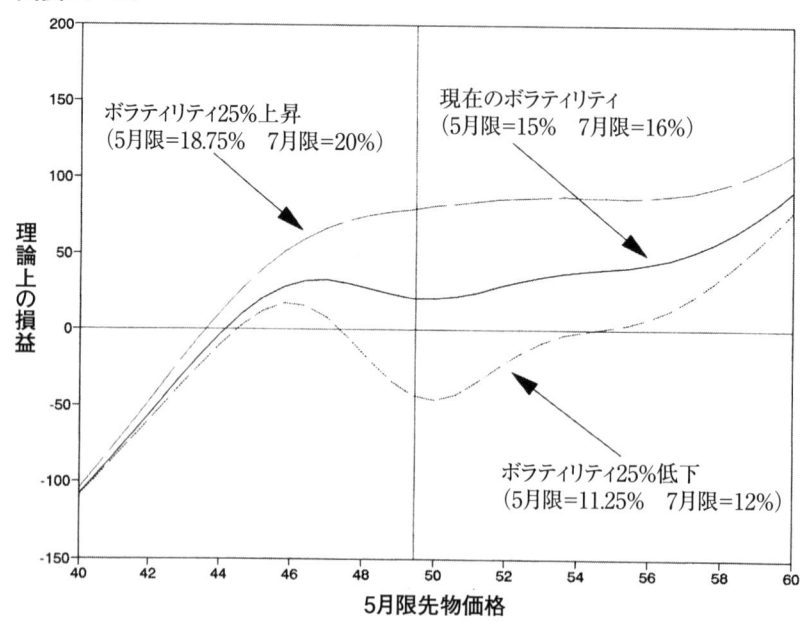

図表17-6b のグラフ

- ボラティリティ25%上昇（5月限=18.75%　7月限=20%）
- 現在のボラティリティ（5月限=15%　7月限=16%）
- ボラティリティ25%低下（5月限=11.25%　7月限=12%）

縦軸：理論上の損益
横軸：5月限先物価格

図表17-6c

デルタポジション（単位100）

5月限満期
5月限満期まで5週（現在）
5月限満期まで2週

5月限先物価格

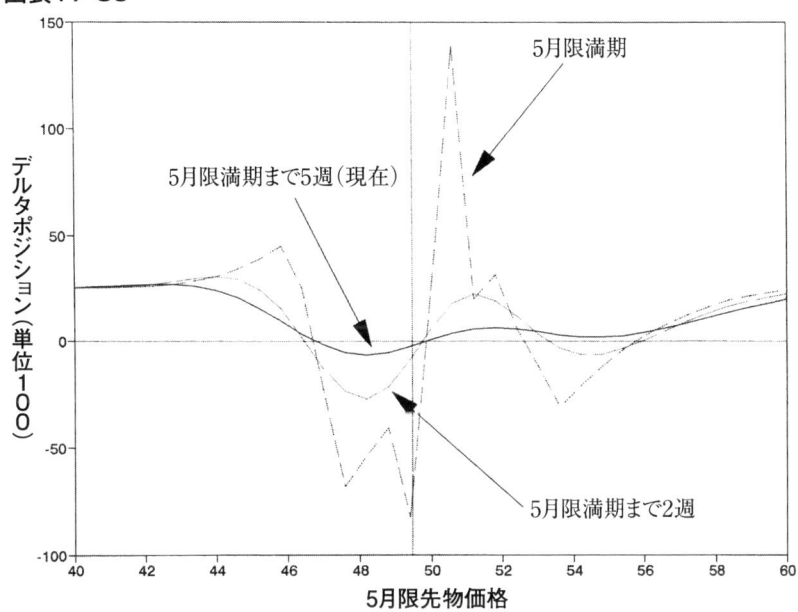

図表17-6d

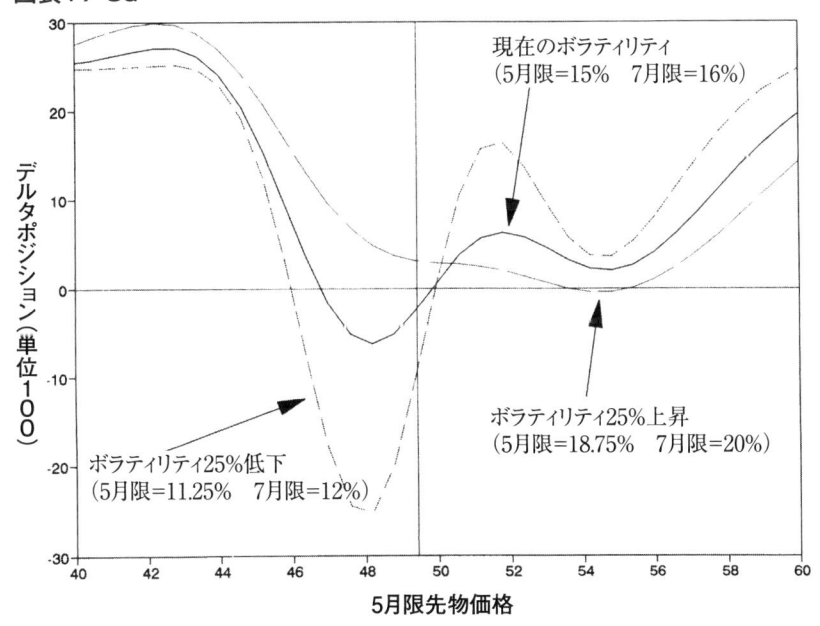

デルタポジション（単位100）

現在のボラティリティ
（5月限=15%　7月限=16%）

ボラティリティ25%上昇
（5月限=18.75%　7月限=20%）

ボラティリティ25%低下
（5月限=11.25%　7月限=12%）

5月限先物価格

図表17-6e

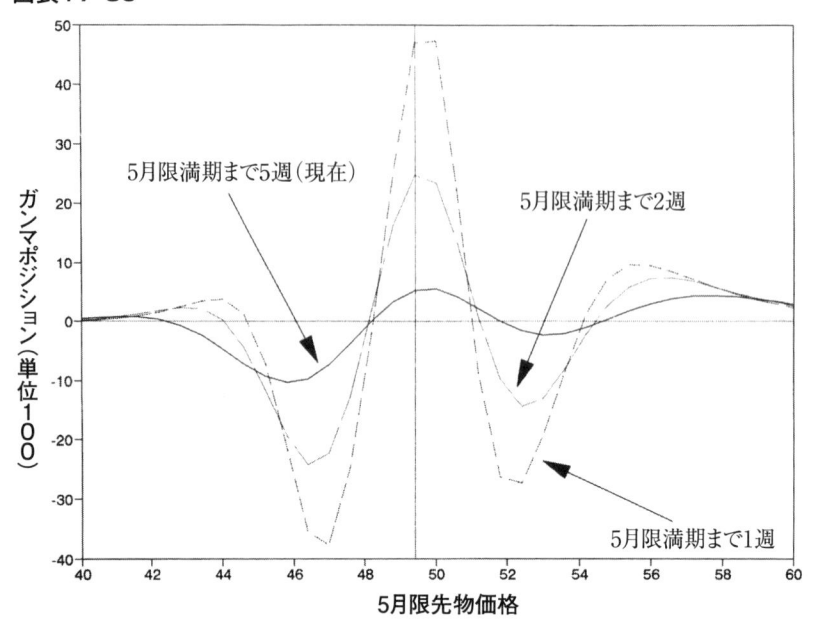

5月限満期まで5週(現在)

5月限満期まで2週

5月限満期まで1週

縦軸: ガンマポジション(単位100)
横軸: 5月限先物価格

図表17-6f

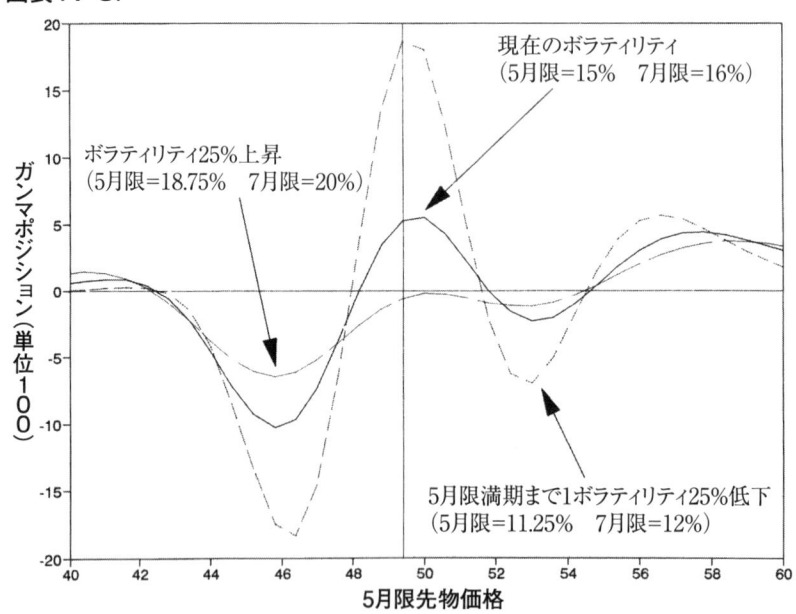

ボラティリティ25%上昇
(5月限=18.75%　7月限=20%)

現在のボラティリティ
(5月限=15%　7月限=16%)

5月限満期まで1ボラティリティ25%低下
(5月限=11.25%　7月限=12%)

縦軸: ガンマポジション(単位100)
横軸: 5月限先物価格

これは22枚の先物売りによって部分的に相殺される。しかし、結局は正味24枚の買いポジションになり、下落サイドのリスクは無限大になる。もちろん、激しい上昇サイドの動きは、ネット29枚の買い（コール51枚買い、先物22枚売り）となるので、問題はない。

図表17-6bは、個々のオプションとポジション全体のインプライドデルタ（オプションのインプライドボラティリティから計算したデルタ）も示している。これは、現在の条件を考慮に入れてポジションのヘッジの仕方を決める際に有効な数字になり得る。この例では、トレードの前提したデルタ（－253）とインプライドデルタ（－242）の間にほとんど差はない。しかし、これが常に当てはまるわけではない。トレードの前提条件が市場のインプライドボラティリティと非常に食い違っていれば、想定デルタとインプライドデルタは著しく異なるかもしれない。

正しいボラティリティはだれにも正確には分からないので、どのトレーダーも自分のデルタ計算は正しいという確信はない。このように不明確な状況で自分自身のデルタとインプライドデルタの間でポジションをヘッジすることはよくある。例えば、自分のデルタを＋600と計算するが、インプライドデルタは＋200だと気づけば、そのポジションのデルタが＋400であるかのように扱うわけだ。そしてデルタニュートラルにしたい場合は、4枚の原資産を売ればよい。

7月限先物と5月限先物のスプレッドは常に一定の0.45ポイントであると仮定した。このスプレッドが拡大あるいは縮小し始めたらどうなるか。

全体のデルタ－252は、このポジションが市場の下落を好むことを示している。7月限のデルタが－635で、5月限のデルタが＋382の場合、7月限が5月限よりも速く下落することを好む。理想的には7月限先物が下落して同時に5月限先物が上昇することであるが、7月限と5月限のスプレッドが少しでも縮小すれば、ポジションに有利とな

るはずである。先物に換算すると、このポジションは７月限／５月限のスプレッドのおよそ３枚売りで、さらに７月限が2.5枚分の売りとなる。

　最後に、直接関係はないが同様な特性を持つオプションで構成されるポジションを分析してみよう。例えば、本章の最初に示した次のようなレシオバーティカル・コールスプレッドを持ったとする。

ABC株価＝99.00ドル　６月の満期までの残存期間＝７週
ボラティリティ＝20％　金利＝６％　配当＝0

ポジション	オプション価格	理論価格	デルタ	IV
６月限95コール10枚買い	6.25	5.82	76	23.7
６月限105コール30枚売り	1.63	1.08	26	24.5

同時に、次のように別の株でストラドルの買いも持ったとする。

XYZ株価＝62.00ドル　７月の満期までの残存期間＝11週
ボラティリティ＝23％　金利＝６％　配当＝８週間後に0.50ドル

ポジション	オプション価格	理論価格	デルタ	IV
７月限65コール20枚買い	1.38	1.52	36	21.6
７月限60コール20枚買い	1.50	1.57	−34	22.3

　この２つのポジションを組み合わせた場合、全体のリスクをどのように分析したらよいか。
　ひとつの実行可能な方法は、原市場の１ポイント動きに対する２つ

図表17-7a

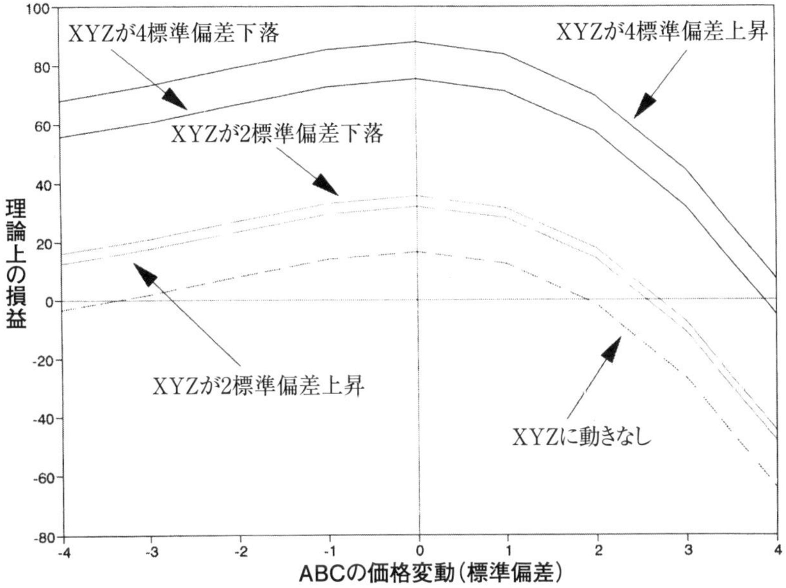
XYZが4標準偏差下落
XYZが4標準偏差上昇
XYZが2標準偏差下落
XYZが2標準偏差上昇
XYZに動きなし
理論上の損益
ABCの価格変動（標準偏差）
100
80
60
40
20
0
-20
-40
-60
-80
-4
-3
-2
-1
0
1
2
3
4

のポジションの損益の変化をみることである。しかし、２つの株式は異なった価格で売買され、異なるボラティリティを持つと予想される。ABCの１ポイントの動きがXYZの１ポイントの動きと一致する可能性は低い。

ABCの動きとXYZの動きを同一基準に合わせるためには、標準偏差で価格変化を見るほうが、より有効だろう。例えば、各銘柄の週間標準偏差を概算するには、次のように、年率ボラティリティをルート52で割り、それに株価を掛ければよい。

ABC　20％÷7.2×99＝2.75

XYZ　23％÷7.2×62＝1.98

この2つの数字からグラフを作成し、各原市場の多様な標準偏差の価格変化におけるポジションの損益を示すことができる。それが**図表17-7a**である。

　ABC株はレシオバーティカルスプレッドでXYZ株式はストラドルの買いであるから、ABCがじっとして動かずXYZが大きく動くときにポジションが最大の理論利益を示してもまったく不思議ではない。

　分析を完成させるためにはポジションのデルタ、ガンマ、セータ、そしてベガを見るのがよい。しかし、この場合も株価が違うのでABCオプションの感応度とXYZオプションの感応度を同等に見るのは困難である。ポジション全体は市場間スプレッドだから、ポジションのデルタ、ガンマ、セータ、ベガではなく、第16章で紹介したドルデルタ、ドルガンマ、ドルセータ、ドルベガの感応度を見ればよい。これらの感応度は**図表17-7b**から**図表17-7e**に示されている（**図表17-7b**から**図表17-7e**で1ポイント=100ドルとした）。

　なぜドルガンマ、ドルベガ、ドルセータがそのように変化しているのか把握するのは、最初は困難かもしれない。ガンマ、セータ、ベガは、アット・ザ・マネーのオプションで常に最大になることを思い起こせば、ポジションは、ABCが95ドルに近く（ポジションはABC95コールの買い）XYZが60ドルあるいは65ドルに近い（ポジションはXYZ60プットとXYZ65コールの買い）とき、最大のプラス値のドルガンマ、マイナス値のドルセータ、プラス値のドルベガを示すはずである。

　またポジションは、ABCが105ドルに近く（ポジションはABC105コールの売り）、XYZが60ドルと65ドルからできるだけ離れているときに、最大のマイナス値のドルガンマ、プラス値のドルセータ、マイナス値のドルベガを示すはずである。

　図表17-7aから**図表17-7e**の価格変動は標準偏差で表されている。したがって、グラフを読み取るためには権利行使価格を標準偏差で

第17章 ポジション分析

図表17-7b

縦軸: 全体のドル・デルタポジション
横軸: ABCの価格変動（標準偏差）

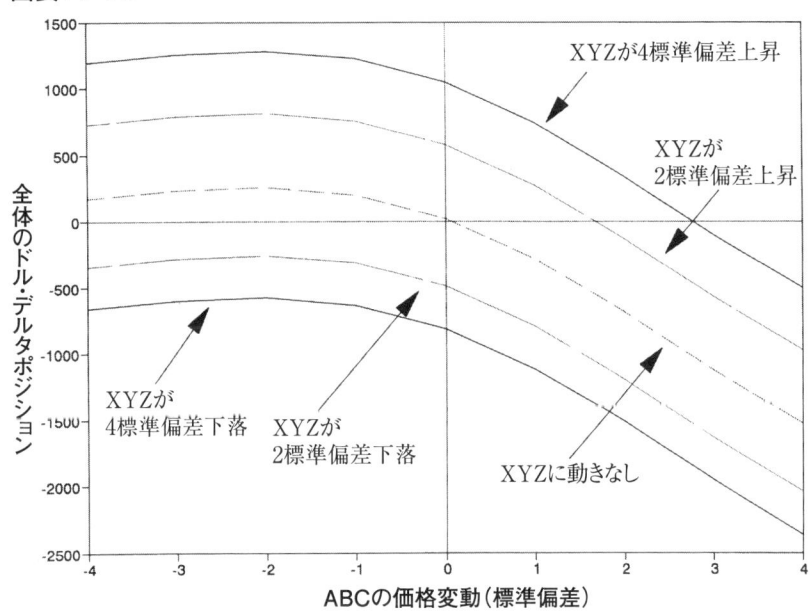

- XYZが4標準偏差上昇
- XYZが2標準偏差上昇
- XYZに動きなし
- XYZが2標準偏差下落
- XYZが4標準偏差下落

図表17-7c

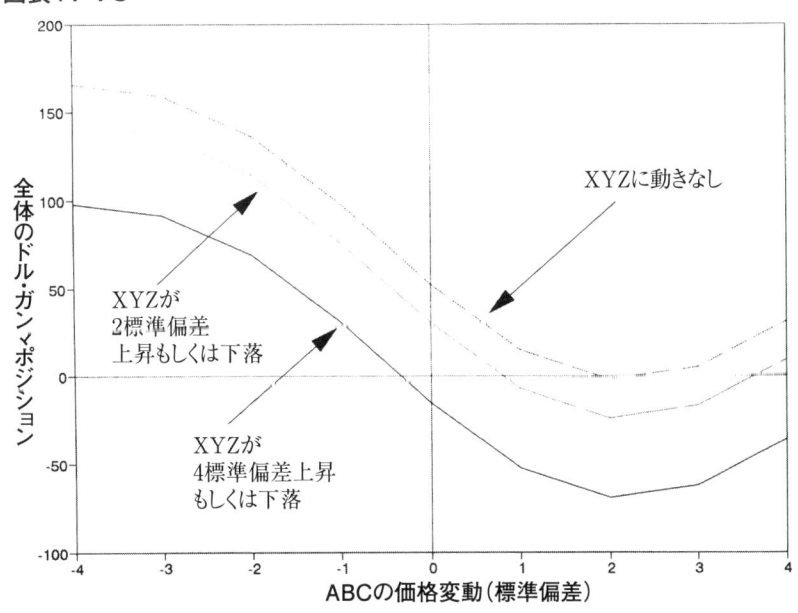

縦軸: 全体のドル・ガンマポジション
横軸: ABCの価格変動（標準偏差）

- XYZに動きなし
- XYZが2標準偏差上昇もしくは下落
- XYZが4標準偏差上昇もしくは下落

593

図表17-7d

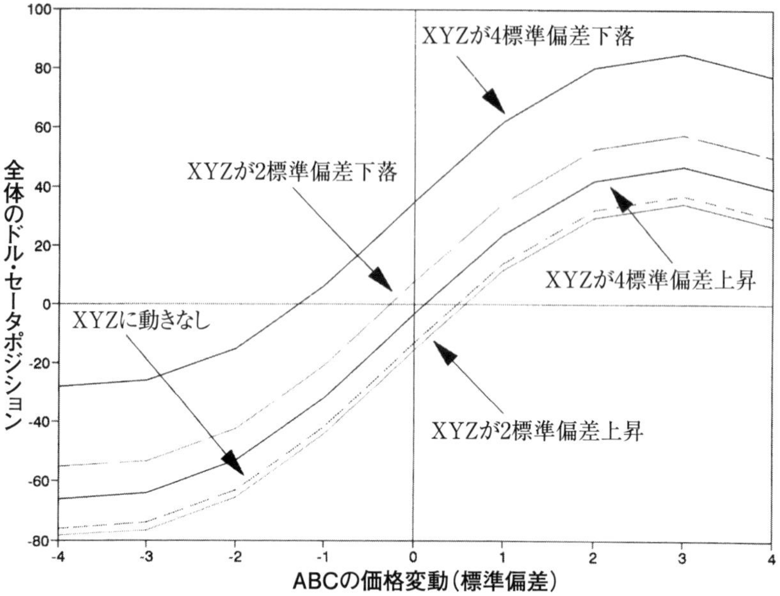

XYZが4標準偏差下落
XYZが2標準偏差下落
XYZが4標準偏差上昇
XYZに動きなし
XYZが2標準偏差上昇
全体のドル・セータポジション
ABCの価格変動（標準偏差）
100
80
60
40
20
0
-20
-40
-60
-80
-4
-3
-2
-1
0
1
2
3
4

図表17-7e

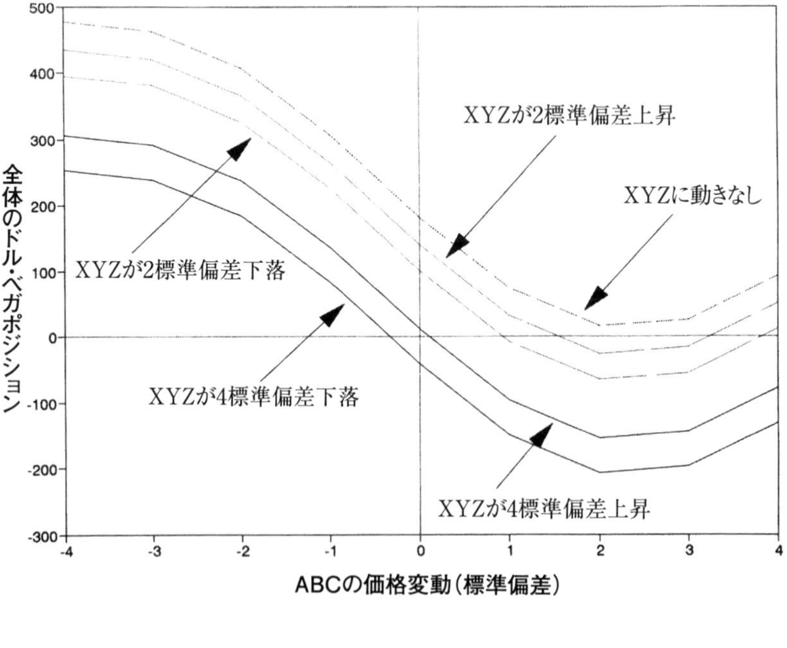

XYZが2標準偏差上昇
XYZに動きなし
XYZが2標準偏差下落
XYZが4標準偏差下落
XYZが4標準偏差上昇
全体のドル・ベガポジション
ABCの価格変動（標準偏差）
500
400
300
200
100
0
-100
-200
-300
-4
-3
-2
-1
0
1
2
3
4

知る必要がある。ABCが99ドルで１標準偏差の価格変化が2.75の場合、ABCの権利行使価格は標準偏差では次のようになる。

95コール　（95－99）÷2.75≒－1.5標準偏差
105コール　（105－99）÷2.75≒＋2.2標準偏差

またXYZが62ドルで１標準偏差の価格変化が1.98の場合、XYZの権利行使価格は標準偏差では次のようになる。

60プット　（60－62）÷1.98≒－1標準偏差
65コール　（65－62）÷1.98≒＋1.5標準偏差

これらを念頭に置いて、ある程度時間をかけてグラフを調べ、ポジションのドルデルタ、ドルガンマ、ドルセータ、ドルベガが実際にオプション評価の原則と一致していることを確認するとよい。

これまでの例では２銘柄の原市場だけのポジションで構成されていた。もし数銘柄の原市場のオプションでポジションを持っていれば、ポジション全体の詳細な分析には、多次元のグラフが必要になる。そのようなグラフを作成できるとしても、あまりにも複雑でほとんどのトレーダーは読み取れないだろう。こうした状況下でひとつだけ有効な解決策は、ポジションを原市場で分離し、各市場で個々に分析することである。

第18章

モデルと現実の世界
Models and the Real World

　理論価格決定モデルで算出される価格の正確さは次の2点にかかっている。モデルの基礎になる前提の正確さとモデルに入力されるデータの正確さである。

　これまでは、どちらかというと2つ目のデータの正確さに焦点を当ててきた。ポジションの感応度（デルタ、ガンマ、セータ、ベガ、ロー）に注目すれば、自分のポジションに対して最大のリスクになるデータを特定し、具合が悪くなったときにヘッジ措置を取る準備をすることができる。モデルに入力するデータはすべてリスクを示すが、特に重視してきたのがボラティリティであった。ボラティリティは市場で直接には観察できないデータだからだ。

　しかし、活発なオプションのトレーダーは、最初の部分、つまりモデルの基礎を形成する前提が不正確であったり、非現実的であったりする可能性を無視する余裕はない。これらの前提のなかには市場の売買方法に関係するものもあるし、オプション価格決定の数学に関連するものもある。

　まず、従来の価格決定モデルに組み込まれている最も重要な前提を次のように列挙してみよう（「従来の価格決定モデル」とは、最も普及しているモデル、つまりブラック・ショールズ式モデル、コックス・ロス・ルービンシュタイン式モデル、あるいはウェイリー式モデルのこ

とである)。

①マーケットに摩擦はない
　a．原市場は自由に売買できて、制約はない
　b．売買に関連する税の要素はまったくない
　c．だれもが自由に資金を貸し借りできて、ひとつの金利がすべての売買に適用される
　d．売買コストはまったくない
②金利はオプションの期間中一定である
③ボラティリティはオプション期間を通じて一定である
④売買は継続的で原資産金融商品の価格変化にギャップはまったくない
⑤ボラティリティは原資産価格の影響を受けない
⑥短期間の原資産価格の％変化は正規分布であり、したがって満期の原資産価格は対数正規分布になる

読者はこうした前提の確度についてすでに見解を持っているかもしれない。しかし、ここではひとつひとつ考えてみよう。

マーケットに摩擦はない

第5章で、市場に摩擦が「ないことはない」という当然の結論に達した。原市場は常に自由に売買できるわけではなく、ときには税の要素もあり、自由に資金を貸し借りできるわけでもない。金利がひとつでもなく、売買コストは常にかかる。

先物市場では取引所がストップ幅を設け、その価格を超えて先物の売買ができないようにすることもある。その制限に達すると売買は市場がその制限内に戻るまで中断する。制限に張り付いた場合は、売買

は翌取引日まで再開しない。

　値幅制限まで売買され取引不能の状態の（＝"ロックされた"）先物市場が深刻な影響を与えることは通常はなく、その問題を回避する方法もいくつかある。先物市場で売買する代わりに現物市場で売買できるかもしれない。あるいは、他方がロックされていない先物スプレッドを売買することで原市場の売買ができるかもしれない。

　例えば、ストップ高（安）に達している6月限先物を買いたいとする。3月限先物がまだストップに達しておらず、売買されている場合、6月限／3月限スプレッドを買って（6月限買い、3月限売り）から3月限先物を買い戻せばよい。これで6月限先物で買い一本になり、望んでいた結果になる。

　さらには、原市場はロックされているがオプション市場はロックされていないとすれば、合成の買いや売りで先物を売買すればよい。

　株式市場では、実際に所有していない株の売りを禁止している場合がある。あるいは、空売りが許されている場合にその機会を制限することがある。自由に株を売ることができないと、プット価格がコール価格に比較して膨れ上がり、コンバージョンとリバーサルはことごとくその理論価格のわりにはミスプライスであるように思える。

　空売りが制限されると、多くの株式オプションのトレーダーは、株の買いをいくらか持ち越して必要が生じたらいつでも株を売れる態勢を取ろうとする。また、第5章でタイムスプレッドについて述べたとき、そして第12章でボックスについて述べたとき、株式公開買い付けがこれらのポジションの利益の潜在性をゆがめる可能性があることを理解した。タイムスプレッドの場合、売りポジションを持ち越すための株をまったく借りることができないため、まだ時間価値のあるコールの権利行使を余儀なくされることがある。ボックスは、部分的な株式公開買い付けが行われて期日前権利行使の可能性がある場合、理論価格を上回って売買されることがある。

税の要素も時にはあるが、ほとんどの市場参加者にとってそれは通常は軽微なものである。戦略を考えているときに、トレーダーが「この売買で損益が出るとき、税金はどうなるだろう？」などと自問することはまずない。税効果の違い、あるいは変化する税効果が戦略の優劣を決めることはほとんどない（だからと言って税効果が常に軽微だとは限らない。税の要素はポートフォリオ管理の一角を占める可能性がある。また、株式オプションの戦略でもその一端を担うことがある。それは、配当に適用される税法規が、株式やオプションの損益に適用される法規と違う場合である）。

　トレーダーが常に自由に資金を貸し借りできるという前提は、価格決定モデルのもっと深刻な弱点である。売買を開始するのに十分な資金を持っているとしても、後日になって委託証拠金の積み増しの形で追加資金を用意しなければならなくなるかもしれない（先物オプション市場のトレーダーがオプションポジションを設定したあとに証拠金に対して変動証拠金も用意しなければならなくなる可能性は、ほとんどのモデルに組み込まれている。したがって、先物オプションのコンバージョンあるいはリバーサルはデルタニュートラルでない場合がある）。

　資金が自由に調達できれば証拠金はまったく問題ではなく、いつでも証拠金を借りて、それを清算機関に供託できる。貸借金利は同じだと仮定されており米国の清算機関は理論上、証拠金に金利を支払うので、それに関連するコストもまったく発生しない。

　現実にはトレーダーに無限の借入能力はない。トレーダーは委託証拠金を満たせなければ、満期よりも前にポジションを決済しなければならなくなる。すべてのモデルが、たとえ期日前権利行使を考慮に入れたモデルであっても、常に満期までポジションを保有することができるという前提なので、委託証拠金を満たすことができないこと、そのためにポジションを維持することができないことは、理論価格決定

モデルが算出した価格の信頼性を損ねる可能性がある。

ベテランは、ポジションのリスクを考慮するとき、うまくいかない場合の損失額だけでなく、オプションの期間を通じてポジションを維持するために必要になるかもしれない証拠金の額も勘案するようになる。トレーダーは追加証拠金を満たすに足る資金を常に用意しておくべきなのだ。

たとえトレーダーに無限の借り入れ能力があっても、貸借金利が大半のトレーダーにとって同じではないという事実もまた、モデルが算出した価格を根拠に立てた戦略にとっては問題となる可能性がある。証拠金を清算機関に供託して受け取る金利は、その証拠金を借りて支払う金利よりも低いことはほぼ間違いない。この金利差はトレーダーの損失になるが、モデルはそのことを考慮していない。貸借金利の差が大きくなるほど、モデルの算出する価格の信頼性が落ちる。

摩擦のない市場という仮説の最も重大な欠陥は、売買コストはまったくかからないという前提である。戦略が税や金利の影響を受けないこともあるが、売買コストは必ずかかる。これらのコストは、委託手数料、清算手数料、取引所会費などである。

多くの市場参加者にとって売買コストはあまりにも大きいので、モデル算出価格からすれば妥当に思える戦略でも売買コストを考慮すると実行に値しなくなる可能性がある。さらに売買コストは、戦略を仕掛けるときや手仕舞うときだけでなく、ポジション調整をするときもその都度増える。戦略のガンマ値が高い場合、デルタニュートラルを維持しようとすると頻繁な調整が必要になり、売買コストが特に大きな影響をモデル算出価格に与える可能性がある。

金利はオプションの期間中一定である

理論価格決定モデルの前提となる金利要素は、オプション期間を通

じてリスクのない金利である。オプション売買に関連するすべての入出金に対して、オプション期間に応じてリスクが最小になる金利が適用される。ほとんどの市場において最小リスクの金利は、国債の金利である。

米国のオプション市場で3カ月のコールとプットで構成されるストラドルを売った場合、その受取金は3カ月物の米短期債（Tビル）に投資したものとみなされる。そのポジションと米短期債が共に満期まで保有される場合、事実上ひとつの金利（米短期債の金利）がオプションの期間を通じて確定されることになる。

現実には、オプション売買の利益を米国債に実際に投資するトレーダーはほとんどいない。その受取金を取引口座に置く頻度のほうが高く、その場合は変動金利が適用される。

さらに、トレーダーは国債を買って政府に資金を貸し付けることはできるが、同じ金利で逆に政府から資金を借りることはできない。借りたい場合は銀行に赴かなければならず、その借り入れコストは変動金利の適用を受ける。こうした市場の現実を受けて、ほとんどのトレーダーの売買は、固定でリスクのない金利ではなく不断に変動する金利が前提となる。これは懸念要素となるだろうか。

変動金利はポジションの潜在利益を変化させる原因になるが、金利はたいていの場合、少なくとも短期的には、オプション価格に大きな影響を与えるほど変動しない。変動金利の影響は残存日数の関数であり、ほとんどの上場オプションの期間は9カ月未満であるから、金利は、極めてディープ・イン・ザ・マネーの場合を除いて、余程激しく変動しないかぎり、オプションに影響を与えることはない。オプション価格は原市場の価格変化あるいはボラティリティの変化に、はるかに敏感であることを考えると、変動金利に対する関心はなおさら小さくなる。

もちろん、変動金利の可能性をまったく無視していいわけではない。

第8章で見たように、変動金利は株式オプション市場でタイムスプレッドに影響を与える可能性がある。ただ、その場合でも、金利は短期間に数％も変化しないかぎり、重大な影響を持つことはない（**図表8-15**参照）。

　LEAPS（長期株式オプション）の導入によって、変動金利の影響はおそらくより大きな関心を引くようになるだろう。ブラック・ショールズ式モデルを用いて、２年物株式オプション価格は金利に小さな変動があるだけで著しく変化することが**図表18-1**から分かる（カッコはデルタ値）。

　特に120プットがいかに速くパリティの20ポイント未満に下落するかに注意しよう。高金利環境で、長期のイン・ザ・マネーのアメリカンタイプのプットは急速に期日前権利行使の候補になる。だれもがプットを権利行使して株式売却利益につく金利を稼ごうとするからである。

ボラティリティはオプション期間を通じて一定である

　ボラティリティを理論価格決定モデルに入力するとき、オプションの期間中に出現する価格変化の程度をモデルに指示することになる。正規分布の特徴を前提に、モデルはそのボラティリティを用いて１、２、３、あるいはそれ以上の標準偏差の価格変化を推定する。さらにモデルは、それぞれの程度の価格変化がオプション期間を通じて均等に分布して出現することを前提にしている。２標準偏差の価格変化が１標準偏差の価格変化の中に均等に分布し、３標準偏差の価格変化が１標準偏差と２標準偏差の価格変化の中に均等に分布し、というように以下同様の分布になる。

　図表18-2aと**図表18-2b**を見てみよう。これは、あるオプション

図表18-1

株価=100　残存期間=2年　ボラティリティ=20%　配当=0

金利	2%	4%	6%	8%	10%	12%	14%
80コール	25.48 (86)	27.90 (89)	30.34 (91)	32.77 (93)	35.17 (95)	37.54 (96)	39.87 (97)
80プット	2.34 (−14)	1.75 (−11)	1.29 (−9)	.94 (−7)	.67 (−5)	.47 (−4)	.33 (−3)
100コール	13.10 (61)	15.08 (66)	17.20 (71)	19.42 (76)	21.72 (80)	24.09 (84)	26.50 (87)
100プット	9.17 (−39)	7.39 (−34)	5.89 (−29)	4.63 (−24)	3.59 (−20)	2.75 (−16)	2.08 (−13)
120コール	5.95 (36)	7.22 (41)	9.00 (47)	10.28 (52)	12.05 (58)	13.96 (64)	16.00 (69)
120プット	21.24 (−64)	18.00 (−59)	15.10 (−53)	12.54 (−48)	10.29 (−42)	8.35 (−36)	6.70 (−31)

第18章　モデルと現実の世界

図表18-2a

図表18-2b

の期間中の原市場の日足である。いずれの日足も当該期間中、まったく同じボラティリティ16.7%を示していた。しかし、そのボラティリティの出現する順序がまったく異なっていることは明らかである。

図表18-2aでは大きな価格変化はすべてオプション期間の初期に出現しているのに対し、**図表18-2b**では大きな価格変化はすべてオプション期間の後半に出現していた。現実の価格変化はこのように出現するのが通常であり、モデルが前提とするような均等な分布にはならない。

ありがちなのは、2標準偏差と3標準偏差の価格変化がすべて集中しているように思える高ボラティリティの期間である。あるいは、1標準偏差の価格変化がすべて集中しているように思える低ボラティリティの期間である。ヒストリカルボラティリティのグラフは直線にはならない（好例として**図表14-2**参照）。

しかし、理論価格決定モデルはこの2つの事例を区別できない。モデルは、単に16.7%のボラティリティを見るだけで、価格変化はオプション期間を通じて、そのボラティリティに合わせてすべて均等に分布するという前提である。

例えば、105ストラドルを買ってボラティリティは16.7%だと正しく仮定したとする。オプション期間中にデルタニュートラルを維持するため原市場で売り買いした場合、ボラティリティは一定の16.7%という前提なので、モデルは損益がどちらの事例も同一になると示すことになる。実際にそうなるだろうか。

原市場がオプション期間の最初でも最後でも105ドルを突破して動くことに注意しよう。したがって105コールと105プットは、こうした期間にアット・ザ・マネーになると考えられる。アット・ザ・マネーのオプションは最高のガンマを持つので、105ストラドルのポジションはスプレッド期間の初期と後半に比較的高いガンマ値となる。

しかも、満期まで短いアット・ザ・マネーのオプションは、満期ま

で長いアット・ザ・マネーのオプションよりも常に大きなガンマを持つので、**図表18-2b**のようにオプション期間の後半でボラティリティが少しでも上昇すると、**図表18-2a**のようなオプション期間初期のボラティリティよりもはるかに大きな影響をポジションに与える。

ポジションのガンマが調整の程度と頻度を決定するので、105ストラドルは、**図表18-2b**に示される動きのほうが、はるかに大きな利益の潜在性を持つ。権利行使価格を越して上下するオプション期間後半の動きによって、ますます大きな調整が必要になる。その調整が105ストラドルの保有者に有利になる。

図表18-2aの事例でもポジション調整は必要である。しかし、この場合の調整は、原資産の動きがはるかに穏やかなので、相対的に小さくなる。

経験を重ねると、ボラティリティの出現する順序が重要であると考えるようになる。特にアット・ザ・マネーのオプションは最大のガンマを持つので重要だ。満期近くで出現するいかなる期間の高ボラティリティも、オプションにかなり残存日数があるときに出現する同じ高ボラティリティに比較して、より大きな影響をアット・ザ・マネーのオプションに与える。その結果、オプション期間中の実際のボラティリティが分かっていたとしても、モデルは、ボラティリティが増加する市場でのアット・ザ・マネーのオプションを過小評価し、ボラティリティが低下する市場におけるアット・ザ・マネーのオプションを過大評価する傾向がある。

ここではボラティリティが増加するか低下するか二者択一のシナリオだけを考えてきた。しかし、ボラティリティがオプション期間中にたどる道筋は無数にある。事実、ボラティリティ自体がランダムでそれを予測することはいかなる精度であっても不可能という前提で「確率的ボラティリティ」を仮定するモデルが存在する。状況によってはそのほうが従来の価格決定モデルよりも適切かもしれない。ただし、

このようなモデルはトレードに別次元の複雑さを加えることにもなる。

　時間の経過によってボラティリティの特性が変化する性質を元から備えている場合もある。金利商品は特にそのカテゴリーに入る。債券は満期に近づくとその価格は容赦なく額面価格に向けて動き、金利に関係なく決まった既知の値になる。債券価格が時間の経過でランダムに展開すると仮定するのは明らかに不可能だ。

　たとえ金利はランダムに変動し、そして金利のボラティリティは一定であると仮定しても、満期の異なる金融商品は金利の変動に対して違った感応度を持つので、金利商品はボラティリティを変えることになるだろう。満期が異なる場合も金利が多様になる事実を考慮すると、従来のブラック・ショールズ式モデルは、このような商品の評価には明らかに適性を欠く。このために、金利商品を評価する特別のモデルが開発されている。

売買は継続的である

　理論家が理論価格決定モデルで用いる現実的な価格分布を開発しようとしてまず求めるのは、原資産価格がどのように経時変化するかということである。原資産価格がすべて同様に変化するわけではない。例えば、ある価格変化は「拡散過程」となる（**図表18-3参照**）。

　この場合、価格はひとつの価格から別の価格へなめらかに継続的に変化して、その間にギャップはまったくない。さらに、計測期間が長くなるほど価格の拡散は大きくなる。

　典型的な拡散過程の例は、特定地点での気温である。急速に変わるがギャップはまったくない。あるときの気温が15度で、それから18度になったとして、その間のある時点では、たとえ非常に短期間にせよ、16度も17度もあったはずである。そして、6日間よりも6週間のほうが温度の変化は大きくなる可能性が高い。

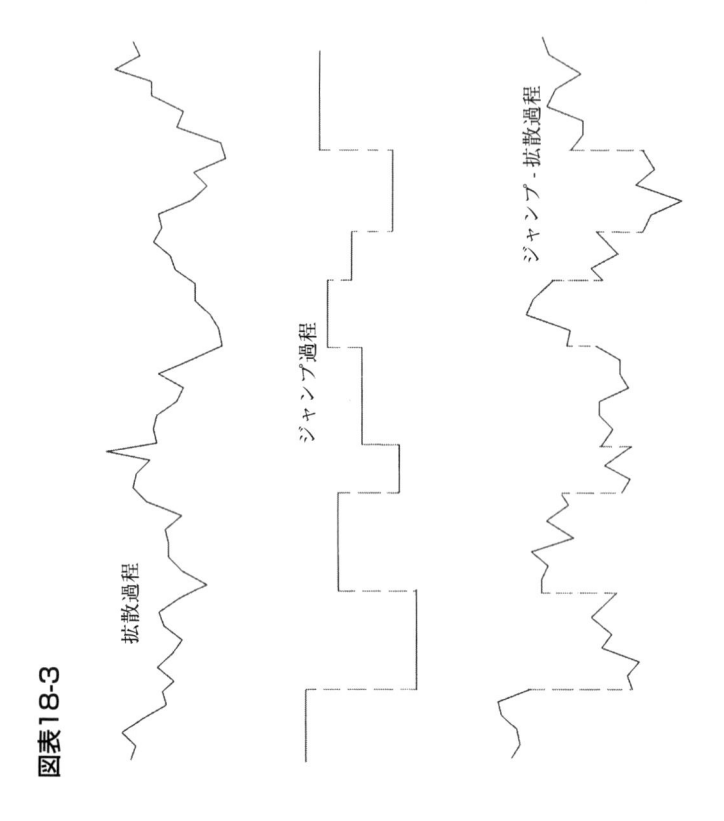

図表18-3

拡散過程

ジャンプ過程

ジャンプ-拡散過程

価格が「ジャンプ過程」をたどる場合もある。完全なジャンプ過程では、価格はある期間一定で、瞬時に新たな価格にジャンプして、そこでまたある期間そのままにとどまる。中央銀行が金利を設定する方法はまさにジャンプ過程である。

　米国ではFRB（連邦準備制度理事会）が金利を設定すると新たな金利を決めるまで、その金利のままである。新しい金利もFRBが再び変更を発表するまでそのままになる。ジャンプ過程は固定した価格と瞬時のジャンプの組み合わせである。

　大半の理論価格決定モデルは原資産売買は拡散過程をたどるという前提である。つまり売買は、1日24時間、1週7日間、間断なくあるという前提だ。原資産価格にギャップはまったくあり得ない。原資産が46.05ドルで売買されて、その後46.08ドルで売買されているとすれば、その間のある時点で、たとえ非常に短期間にせよ、46.06ドルと46.07ドルでも売買されていたはずである。拡散過程で価格変化のグラフを描けば、鉛筆が紙から離れることはない。

　拡散過程は、現実の価格変化について、明らかに不正確に表している。取引所で売買される場合、取引所が毎日24時間開いていないので、完全な普及過程をたどる可能性はない。立会日の最後にひとつの価格で引けてその翌日に別の価格で寄り付くのが通常である。これは拡散過程ではあり得ない価格のギャップを生む。日中の立会時間であっても拡散過程をたどらない可能性がある。大きなニュースが市場を襲ったら、その影響はほとんど瞬時に現れ、ギャップアップやギャップダウンが起こるだろう。

　理論価格決定モデルで価格が拡散過程をたどるという前提で、実際にはそうならないとき、モデルの算出価格にどのような影響が出るだろうか。

　原資産が100ドルで売買されており、オプションのインプライドボラティリティは高すぎると感じていたとしよう。オプションがすべ

て割高なので、100ストラドルを売ることにする。あいにく、そのストラドルを売った直後に市場がギャップアップして105ドルになった。このギャップはトレーダーのポジションにどのような影響を与えるだろうか。

ストラドルを売っているトレーダーは、市場のギャップを見たいとは思わない。では、実際にギャップがあった場合、どれだけの痛みがあるだろうか。軽症か重症か。

オプションが比較的長期で、例えば満期まで９カ月の場合、原資産価格のギャップで破滅に至ることはまずない。満期まで９カ月あれば原市場が結局は100ドルに戻る可能性はある。ギャップはたしかに不利ではあったが、おそらく致命的なものではない（簡便にするため、ギャップ後のインプライドボラティリティはまったく変わらないと仮定する。もちろん、これは事実ではない）。

しかし、残存日数がほとんどないときに、例えば１日しかないときにギャップが出現すると、今度は本当に瀬戸際に立たされる。残存日数が１日しかなければ、市場が元に戻る時間がそもそもない。ストラドルの売りの一環としてトレーダーが売った100コールは、先物売りのように作用する。当初、ほぼデルタニュートラルであったスプレッドが、ギャップ後はデルタ100のディープ・イン・ザ・マネーのコールをネイキッドで売っていることになってしまう。**図表18-4**は、残存日数が９カ月の場合と１日の場合で価格がどのように変わるかを示している。

残存日数が９カ月の場合、100ストラドルの潜在利益はだいたい７％増えた（14.04÷13.18＝1.07）。しかし、残存日数が１日の場合、100ストラドルの潜在利益は495％増える（5.00÷0.84＝5.95）。ギャップは残存日数が９カ月の場合は苦痛に「すぎなかった」が、残存日数が１日の場合は致命的であった。

ギャップが１日でストラドルにこんなに劇的な変化を引き起こす理

図表18-4

IV=20%　金利=6%

	満期まで9カ月		満期まで1日	
	先物価格 100ドルのとき	先物価格 105ドルのとき	先物価格 100ドルのとき	先物価格 105ドルのとき
100コール価格	6.59	9.41	.42	5.00
100プット価格	6.59	4.63	.42	0
100ストラドル価格	13.18	14.04	.84	5.00

由は、100ストラドルのデルタが原市場の変化に対して、非常に敏感だったからだ。残存日数が9カ月の場合、100コールと100プットのガンマは2.2にすぎない。しかし、残存日数1日の場合、そのガンマは38.1にも及ぶ。後者の状況でガンマのマイナス値がこれだけ高いと、原資産価格の変動はとてつもない苦痛になる。

　市場が上昇しているときに先物を買ってポジションを調整することができるなら、打撃をいくらか軽減できるだろう。しかし、ギャップは瞬時の動きであり、調整の機会はまったくない。非常に高いガンマは、調整が不可能なことと相俟って、かくも破滅的なものになる。

　オプションには独特の特性があり、自動的に自ら再ヘッジを行い、デルタを変化させて原資産価格の変動に対応する。この特性に対してオプションの買い手は代価を支払うのである。理論価格決定モデルを使うトレーダーは、ミスプライスのオプションを利用して原資産に対してデルタニュートラルヘッジを設定し、オプションの期間を通じて再ヘッジを実行する。これが第5章の例の前提であった。

　あるモデルが（ほとんどのモデルがそうだが）価格は拡散過程をたどるという前提の場合、そのモデルはデルタニュートラルヘッジを継続して維持できると前提していることになる。しかし、市場にギャップが出現すると、その前提は崩壊する。その結果、モデルによって算出された価格は無効になってしまう。

これは、原市場で継続的に再ヘッジすることでオプションの利益とリスク要因の関係を継続的に調節しようとすると常に問題となる。ポートフォリオインシュアランスの支持者は、1987年10月19日と20日に市場で数回大きなギャップが出現したとき、かつてない大きな打撃を受けた。そのギャップのため、ポジションに対する継続的なデルタ調節が不可能になったからだ。その結果、ポートフォリオインシュアランスによるヘッジのコストが予想をはるかに超えて巨額になってしまった。

　従来の価格決定モデルが価格の変化の仕方について非現実的な前提をしているので、もっと現実的な前提を置けるモデルがあれば、おそらくもっと正確な理論価格を算出できるだろう。理論家は、原資産はほとんどの市場で拡散過程とジャンプ過程を組み合わせた動きをするということに異論がないようである。価格はたいていの場合はなめらかに継続的に変化して、ギャップはない。しかし、ギャップはときどき出現して、価格は瞬時に新たなレベルに達する。そのレベルから価格は再度なめらかな拡散過程をたどり、やがて別のギャップが出現する。このようなジャンプ過程と拡散過程に起因する原市場価格分布を作成し、それを理論価格決定モデルに入力できたら、そのモデルはもっと正確な価値を算出できるはずである。

　実際、原資産がジャンプ過程と拡散過程をたどることを仮定したブラック・ショールズ式モデルの修正版が開発されている。正しく利用すれば、そのジャンプ過程と拡散モデルは、従来のブラック・ショールズ式モデルよりもおそらく正確に価格を算出するはずである。

　あいにく、そのモデルは従来のブラック・ショールズ式モデルよりも数学的にさらに複雑である。そのうえ、通例の５つのデータに加えて、２つの新たなデータ（原資産市場の平均的なジャンプの大きさとジャンプの出現する可能性のある頻度）が必要になる。ユーザーがこの新たなデータを正確に評価できないと、ジャンプ過程と拡散モデル

の算出する価格は、従来のモデルの算出する価格よりも、むしろ不正確になるだろう。

　大半のトレーダーは、従来のモデルにどのような弱点があるにせよ、それを巧みに補えると考えている。より複雑なジャンプ過程と拡散モデルを利用しなくても、実際の売買経験に基づいて賢明な決断を下すことができると考えているからだ。

　市場のギャップで最大の影響をくらうのが、ガンマ値の高いオプションであり、最高のガンマを持つのは満期に近いアット・ザ・マネーのオプションである。したがって、継続的な拡散過程を前提にする従来の理論価格決定モデルがミスプライスを出す可能性の高いのは、そのようなオプションだ。満期に近づくほど、モデル算出値は疑わしくなる。

　したがって、ベテランは満期が接近するとますますモデル算出値に注意を払わなくなる。米国のオプション取引所フロアのトレーダーたちは、立会場に理論価格リストを持ち込み、理論価格モデルに対応したマーケットメークをするのが慣例だ。しかし、満期が近づくと、リストの理論価格の信頼性が薄くなるので、そのリストを捨てることがことが多くなる。満期まで１～２日だけになると、ほとんどのトレーダーが経験と直感で判断する。おそらく科学的ではないが、正しくないと分かっていながらモデル算出値で売買するよりはマシな場合もある。

　実際、ギャップは出現する。普及過程を前提とした従来モデルに基づき満期に近いアット・ザ・マネーのオプションを評価すると、過小評価をしてしまう傾向があるようだ。これは極めて危険である。満期に近いアット・ザ・マネーのオプションを大量に売ってしまい、原資産にギャップが発生すると、破滅的な結果となってしまう可能性が高いからである。

　初心者は特に、こうしたポジションを避けるのが賢明である。リス

ク管理者として、たとえベテランのトレードでも、満期間近に大量にアット・ザ・マネーのオプションを売る行為は理解できないだろう。

満期直前のストラドルの買い戦略

　満期間近のアット・ザ・マネーのオプションを売ることが危険だとしたら、逆に満期近いアット・ザ・マネーのオプションを買えば有効ではないだろうか。これは「アット・ザ・マネーのオプションはその急速なタイムディケイを利用して売るべきである」という一般的なオプションの考え方に反するように思える。

　しかし、リスク・リワードの間には必ず二律背反があることを忘れないでほしい。アット・ザ・マネーのオプションを売る場合、そのリワードは市場が動かないときに利益が加速的に増えることである(高いプラス値のセータ)。一方、そのリスクは市場が動くときにその損失が増大することである(高いマイナス値のガンマ)。

　モデルは原資産のギャップの可能性を関知しないので、この場合は通常、リスクがリワードよりも大きい。ときどき出現するギャップが増大するタイムディケイからの利益を吹き飛ばして余りある結果をもたらすことがある。したがって、ベテランは通常の考え方とは逆の行為をする。状況が許せば、満期近くのアット・ザ・マネーのオプションを買うのだ。

　だからと言って、満期が近づけば何が何でもアット・ザ・マネーのオプションを買うべきだと勧めているわけではない。どの戦略でも同じだが、戦略を魅力的にするのは相場状況である。しかし、満期が近づくとあまりにも多くのトレーダーがタイムプレミアムを売ることに余念がないので、安いアット・ザ・マネーのオプションの見つかる場合が多い。

　例えば、残存日数が3日でブラック・ショールズ式モデルの算出す

るアット・ザ・マネーのコールの価格が0.50ポイントだが、0.45ポイントで売買されているとする。このコールの場合はどうだろう。

　正確には分からないが、市場でギャップが出現する可能性は常にあるので、このコールの価格が0.50ポイントを超えそうであることは確かである。コールが0.45ポイントで売買されていて0.50ポイントを超える可能性があるなら、明らかにお買い得である。

　ボラティリティに基づく戦略の例に漏れず、こうしたコールを買うトレーダーは、デルタニュートラルを設定しようとする。合成関係のため、コールが割安のときは権利行使価格が同じプットもまた割安になる。よって論理的な戦略はアット・ザ・マネーのストラドルの買いである。そうすれば、割安のコールとプットを買い、原市場がギャップアップあるいはギャップダウンすれば利益を得ることができる。

　理論上、ボラティリティ戦略はすべて、この「満期直前のストラドルの買い戦略」も含めて、周期的に調整してデルタニュートラルを維持するはずである。しかし、残存日数がほとんどなくなると、モデルの理論価格が信頼できないだけではなく、デルタも信頼できなくなる。正しいデルタを指摘することは不可能なので、正しいポジション調整も不可能である。

　このため、満期ストラドルを開始する場合、得てして満期までポジションを放置する。理論的にはボラティリティポジションを扱う正しい方法ではないだろう。しかし、満期が接近しているときの理論評価に関するあらゆる不確定な要素を考えると、現実的な選択だと考えられる。

　慎重に満期ストラドルを選んでも、得てして何も原市場でギャップが現れないまま時間が過ぎていく。どのような場合であれ、利益よりも損失を出す可能性が高い。しかし、トレーダー最大の関心事は単一の売買での損益ではなく、長期的な見通しであることを思い起こしてほしい。

第3章のルーレットの例を振り返ると、ルーレットの番号に賭ける人が勝ちを期待できるのは38回中1回にすぎない。しかし、賭けの理論価格が95セントで、その賭けを95セント未満で買うことができる場合、長期的には勝者になると期待する。

　賭け金が非常に低く、例えば50セントを支払う場合でも、38回のうち37回は負ける。しかし、たとえ38回のうち1回しか勝てなくても、負けるたびに被る小さな損失を相殺して余りある利益がある。だからこそ、その賭けが非常に魅力的に見えるわけだ。

　同じ論理が満期直前のストラドルの買い戦略にも当てはまる。何連敗かするかもしれない。しかし、一度勝てば、それまでの損失を相殺して余りある報酬を期待できる。

　勝ちよりも負けのほうがはるかに多いことは最初から分かっている。したがって、失う覚悟のある額だけを満期直前のストラドルの買い戦略に投資すべきである。ただし、状況が整えばその投資を躊躇せずに続ける。そうすれば連敗があっても、長期的にはその戦略の採算が十分取れる回数で、市場のギャップあるいはボラティリティの突然の上昇に遭遇することになる。

ボラティリティは原資産価格の影響を受けないか？

　ボラティリティを理論価格決定モデルに入力するとき、そのボラティリティがオプション期間中のいかなるときでも1標準偏差の価格変化を決定する。原市場がたまたま上昇していても下落していても関係がない。原市場が現在100ドルで、ボラティリティを20％と想定するなら、1標準偏差の価格変化は、常にこの20％のボラティリティを基準にする。あとでオプション期間中に原資産が上昇して150ドルになろうが下落して50ドルになろうが、依然20％はボラティリティの前提として有効である。

残念ながら、この前提はトレーダーの経験とは相いれない。株式指数や債券のトレーダーにその市場のボラティリティが高いのは上昇する場合か下落する場合か尋ねたら、おそらく下落する場合のほうが高いと答えるだろう。一方、農産物や貴金属のトレーダーに同じ質問をしたら、ほぼ確実に逆の答えをするだろう。こうした市場のボラティリティは、上昇時に高くなる傾向がある。

つまり、ボラティリティは原市場価格の影響を受けないはずがないのである。それどころか、ボラティリティは時間が経過すれば原市場の動向次第で変化するように思える。市場が下落基調のときにボラティリティが高くなることを予想し、上昇基調のときは低くなることを予想する場合もあるし、上昇基調のときに高くなって下落基調のときに低くなることを予想する場合もある。

ボラティリティは実際に原資産価格の影響を受けるように見えることから、ブラック・ショールズ式モデルにさらなる修正が計画されてきた。CEV（可変弾力性定数）式モデルは、ボラティリティと原資産価格レベルの仮定の関係に基づいている。

この関係を基準にして、各時点での多様な価格変動の確率が決まる。価格の変動はCEV条件下でもランダムであるが、そのランダムさが原資産の価格によって多様になる。

ジャンプ―普及モデルと同様、CEV式モデルは数学的に複雑で、ボラティリティと原市場の価格変動の間の数学的な関係について追加のデータが必要になる。こうした難点があるので、CEVモデルはトレーダーの間であまり利用されていない。

正規分布に従う短期の価格変化率と対数正規分布に従う満期時の価格

現実の世界は対数正規分布になるだろうか。この問いに答えるひと

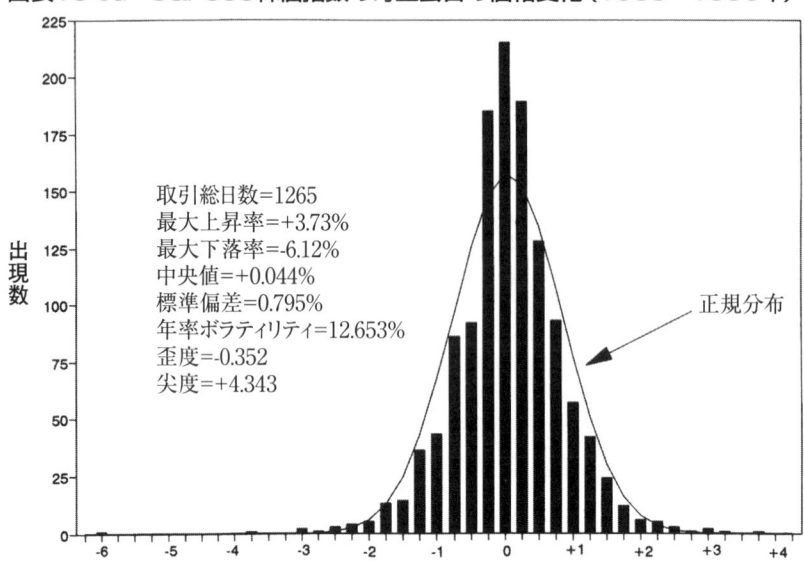

図表18-5a　S&P500株価指数の毎立会日の価格変化（1989〜1993年）

取引総日数=1265
最大上昇率=+3.73%
最大下落率=-6.12%
中央値=+0.044%
標準偏差=0.795%
年率ボラティリティ=12.653%
歪度=-0.352
尖度=+4.343

正規分布

　つの方法は、価格の変化率が短期間でどのような分布になるのかを調べることである。この分布が正規であれば、満期時の価格は対数正規分布になる可能性が高い。

　図表18-5aはS&P500株価指数の1989年から1993年に至る毎立会日の価格変化の頻度分布である。棒グラフは約0.25％ごとの価格変化（横軸）の出現数を示している。予想どおり、ほとんどは相対的に小さな価格変化でゼロに近い。いずれの方向にでもゼロから離れるほど、出現数は少なくなる。たしかに正規分布の特性を備えているように思える。しかし、ほんとうに正規分布なのか。もし違うとしたら正規分布とどのように違うのか。

　頻度分布が正規分布と正確に一致するなら、棒の頂点が真の正規分

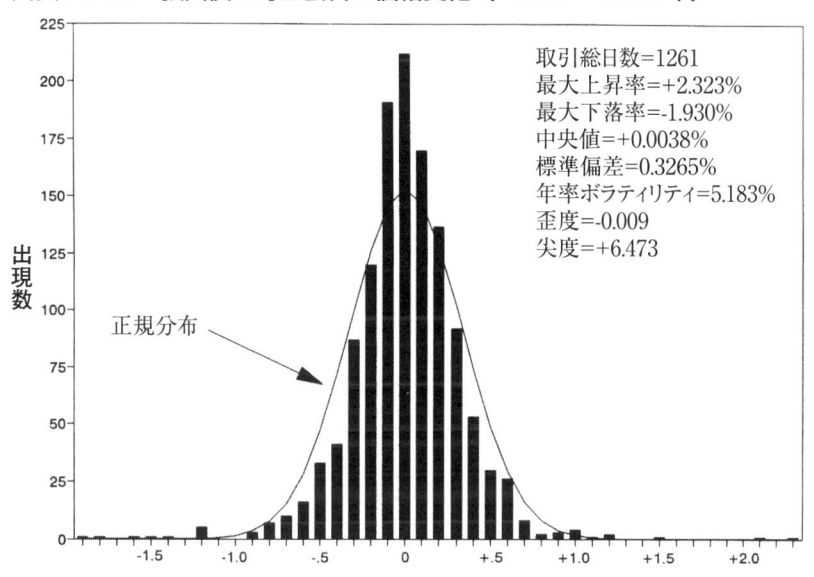

図表18-5b　独国債の毎立会日の価格変化（1989～1993年）

取引総日数=1261
最大上昇率=+2.323%
最大下落率=-1.930%
中央値=+0.0038%
標準偏差=0.3265%
年率ボラティリティ=5.183%
歪度=-0.009
尖度=+6.473

布と正確に一致するはずである。この場合、中央値（+0.044%）と標準偏差（0.795%）が、5年間1265立会日の価格変化から計算されている。これらの数字から、理論的に正確な正規分布を頻度図に重ねてみた。

　実際の頻度分布は正規分布に類似しているが、明らかな違いがいくつかあることに注意しよう。まず、小さな価格変化を示す棒グラフが正規分布曲線を超えて伸びている。真の正規分布で予想する以上に小さな価格変化が多数あるように見える。また、大きな価格変化（アウトライヤー）も、正規分布の裾野の両端を越えて伸びている。一方、分布の頂点と裾野の両端の中間部分では、予想よりも少ない出現数になっている。

　まず考えなければならないのは、**図表18-5a**のような頻度分布と

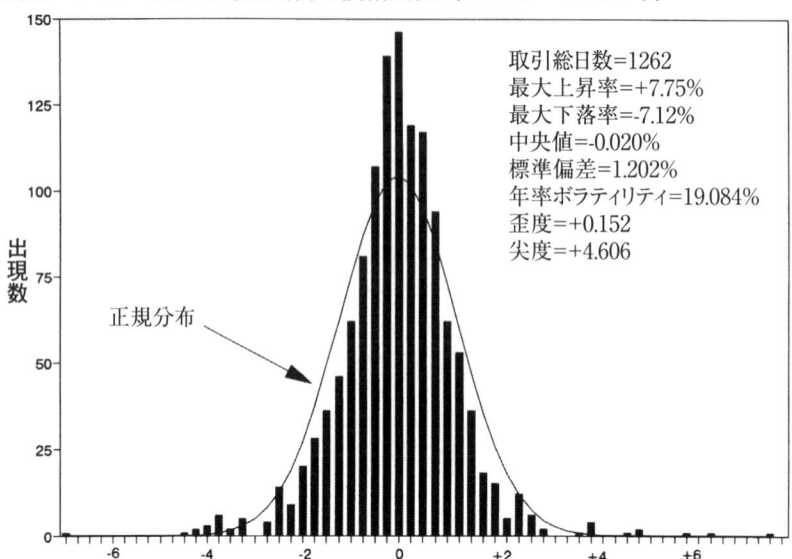

図表18-5c　大豆の毎立会日の価格変化（1989～1993年）

取引総日数=1262
最大上昇率=+7.75%
最大下落率=-7.12%
中央値=-0.020%
標準偏差=1.202%
年率ボラティリティ=19.084%
歪度=+0.152
尖度=+4.606

正規分布

真の正規分布の相違は、S&P500独自のものか、あるいは問題の5年間が例外であったのか、ということである。実際のところ、ほとんどすべての原資産の価格分布がこのS&P500の分布に極めて近い特徴を示すことが判明している。

通常は、真の正規分布よりも、小さく変動する日数が多く、大きく変動する日数も多く、なかほどの変動の日数が少ない。こうした現実の世界と理論分布の相違点は、**図表18-5b**（独国債）と**図表18-5c**（大豆）の同じ5年間の価格変化分布からも見ることができる。

歪度と尖度

図表18-5a、**図表18-5b**、**図表18-5c**の分布は、ほぼ正規であるが、

図表18-6a　歪度

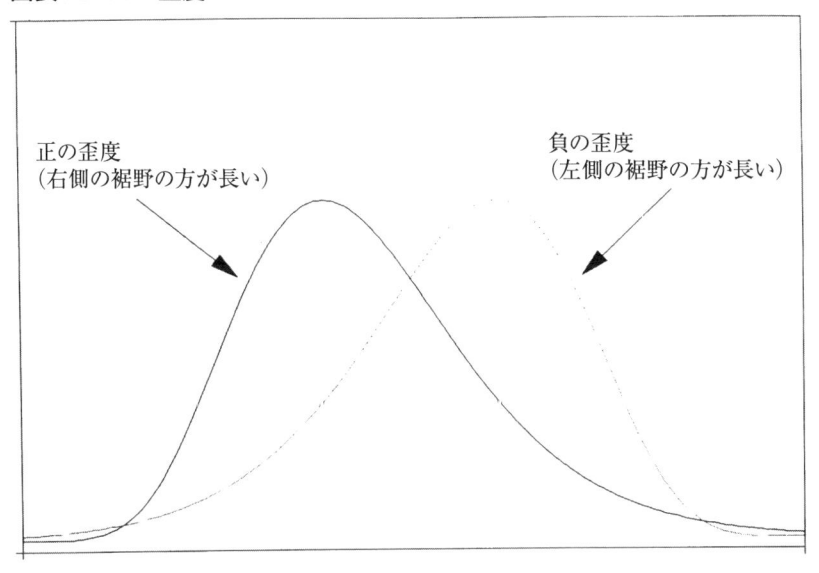

[正の歪度（右側の裾野の方が長い）／負の歪度（左側の裾野の方が長い）を示す分布図]

　真の正規分布とはやはり違う。分布の特性に基づいて判断しようとするなら、実際の分布が正規分布とどのように違っているか分かれば便利である。完全な正規分布はその平均値と標準偏差で十分に表示できる。しかし、実際の頻度分布と真の正規分布の違いの程度を表示するのに多くの場合用いられるのは、ほかの2つの数字「歪度＝スキュー」と「尖度」である。

　分布の歪度（**図表18-6a**）は分布の偏り、つまり一方の裾野が他方の裾野よりも長くなる度合いと考えられる。分布が正の歪度であるなら、右側の裾野が左側の裾野よりも長い。分布が負の歪度であるなら、左側の裾野が右側の裾野よりも長い。真の正規分布の歪度はゼロである。**図表18-5a**（S&P500）と**図表18-5b**（ドイツ国債）と**図表18-5c**（大豆）はわずかに正の歪度である。

図表18-6b　尖度

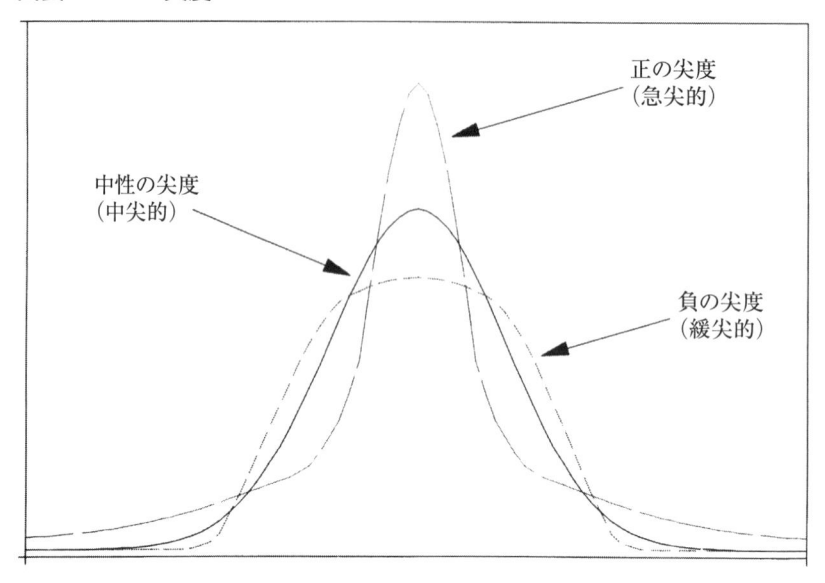

　分布の尖度（**図表18-6b**）は分布の山頂が異常に高く尖っている度合い、あるいは低く平らになる度合いである。正の尖度ほど分布は高くて尖った「急尖的」山を持つのに対し、負の尖度ほど分布は低くて平らな「緩尖的」山を持つ。完全な正規分布はゼロ「中尖的」尖度を持つ。

　小さい標準偏差の分布も、ちょうど正の尖度の分布のように、尖った山を持つ。しかし、小さい標準偏差の分布は裾野が狭いのに対し、正の尖度の分布は裾野は広い。また正の尖度の分布は、頂点と左右の裾野の間の中間部分が狭く、内側に押し込まれた形になっている。

　図表18-5a、**図表18-5b**、**図表18-5c**の頻度分布は、ほとんどすべての原資産市場と同じ正の尖度を示している。つまり、真の正規分布で予想されるよりも、頂点が高く（小さな変動の日数が多く）、裾

野も長く(大きな変動の日数も多く)、中間部分は狭い(なかほどの変動の日数が少ない)。

ボラティリティスキュー(歪度)

　従来の理論価格決定モデルの利用に関連していろいろな問題が実際にあることは明らかである。市場に摩擦がないことはなく、価格は常に普及過程をたどるとは限らず、ボラティリティはオプション期間中に変化するかもしれず、現実の世界は対数正規分布ではないかもしれない。

　理論価格決定モデルはこうした弱点を抱えて、いったい実用的な価値はあるのか疑問に思うだろう。しかし、大半のトレーダーが価格決定モデルはたしかに完全ではないがオプション市場での判断には欠かせない重要な道具だと考えている。モデルは常に完全に機能するわけではないが、ほかのどんなオプション評価法と比較しても、はるかに優れていると分かっているわけだ。

　ただし、可能なかぎり適切な判断をしたいと考えるトレーダーは、理論価格決定モデルに関連する問題を無視していない。こうした弱点に起因する潜在的なミスを軽減する方法を探している。とりあえず最初は、改良された理論価格決定モデルを探すだろう。そんなモデルがあれば、旧モデルを新モデルに替えるだけの価値はたしかにある。

　ただし「改良」は比較用語である。やや正確さを増した理論価格を算出するという意味で、モデルは改良されているだろう。しかし、そのモデルが極めて複雑で使いにくいとしたら、あるいは必ずしも確信を持てないデータの追加が必要だとしたら、そのモデルは一難去ってまた一難にすぎなくなる。大半のトレーダーが理論家ではない事実を前提にすると、より現実的な解決法は、簡便なモデルを利用し、ともかく微調整を加えて市場の現実に一致させることである。

価格決定モデルの弱点を補おうと、市場は自分と同じモデルを利用していると仮定して、その弱点に対する市場の対処法を調べる。これは、インプライドボラティリティの計算法に似ている。だれもが同じモデルを利用し、オプションの価格は分かっており、ボラティリティ以外のデータについてはだれも異論がないと仮定して、市場が原資産にみているボラティリティを計算しているからだ。

では、市場はどのような弱点をモデルに示しているのか。これはさらに困難な問題である。

図表18-7は、かつてロンドン国際金融先物取引所（LIFFE＝現ユーロネクストLIFFE）で売買されていた独国債（ブンド）12月限オプションの1992年7月17日の決済価格とインプライドボラティリティである。LIFFEのオプションは先物のように決済されるので、理論計算の実効金利はゼロとなる。その結果、期日前権利行使に経済的価値はまったくなく、インプライドボラティリティはブラック・ショールズ式モデルを利用してすべて計算できる。

ほとんどの基準から見て、独国債は非常にボラティリティが低い。それでも、その数字は多くのオプション市場に見られる特性を反映していた。権利行使価格が同じコールとプットのインプライドボラティリティは常に同じであることに注意しよう。もしそうでなかったら、その価格は裁定の機会を示すことになる。コールがプットに比較して割高であればコンバージョンを執行して利益が出るし、プットがコールに比較して割高であれば逆コンバージョンを執行して利益が出る。

コールとプットのインプライドボラティリティがすべて同じであることは、裁定関係の面で非常に効率的な市場であることを示している（**図表18-7**で決済価格を使うのは、裁定関係の面で効率的な市場を反映する意味がある。日中では各オプションの買い気配値と売り気配値に開きがあるし、売買がすべて同時に発生するわけではないので、市場の効率は落ちるかもしれない）。

図表18-7

1992年7月27日　独国債（ブンズ）先物
先物12月限=87.86　残存日数=119日　金利=0%

権利行使価格	コール価格	コールの IV	プット価格	プットの IV
84.50	3.40	3.98	.04	3.98
85.00	2.92	3.82	.06	3.82
85.50	2.46	3.76	.10	3.76
86.00	2.02	3.68	.16	3.68
86.50	1.61	3.62	.25	3.62
87.00	1.25	3.62	.39	3.62
87.50	.93	3.58	.57	3.58
88.00	.67	3.58	.81	3.58
88.50	.46	3.56	1.10	3.56
89.00	.31	3.60	1.45	3.60
89.50	.20	3.62	1.84	3.62
90.00	.13	3.69	2.27	3.69
90.50	.08	3.73	2.72	3.73
91.00	.05	3.81	3.19	3.81
91.50	.03	3.87	3.67	3.87

あいにく、インプライドボラティリティは権利行使価格によって異なる。これはブラック・ショールズ式モデルが100％有効であると思っている人にとっては問題になる。85コールや85プットを売買するトレーダーが12月限先物のボラティリティは3.82だと信じているのに、89コールや89プットを売買するトレーダーは、同じ12月限先物のボラティリティが3.60だと本当に信じられるだろうか。

権利行使価格、残存日数、原資産価格、そして金利が分かっているとすると、ブラック・ショールズ式の世界でオプションの理論価格を決めるのは、オプション期間中の原資産のボラティリティだけである。この期間にあるボラティリティはただひとつだけだ。

そのボラティリティは、将来の満期まで分からないことは確かである。しかし、12月限独国債先物がその期間中に持ち得るボラティリティはひとつしかない。12月限独国債オプションの原資産はすべて共通

だから、すべての権利行使価格のインプライドボラティリティが異なることは理解できない。ブラック・ショールズ式モデルの真の信奉者なら、ボラティリティを見事に推測して割高に思えるオプションを売り、割安に思えるオプションを買うだろう。

市場をひとつの大きなトレーダーだとみなせばよい。原資産の動きが、ブラック・ショールズ式モデルの有効性をこぞって信じた結果だとすれば、割高のオプションを売って割安のオプションを買うことが原因になって、すべてのオプションのインプライドボラティリティは結局ぴったり同じになる。しかし、そんなことは、どの市場でもまず起こらない。

市場は、すべての個々のトレーダーと同様、できるだけ有効なオプション評価をあらゆる情報を前提にして試みている。市場は効率的かどうかはさておき、少なくとも効率的であろうと努めていることは確かだ。ほとんどすべての市場で見出せる幅広いボラティリティから、当然、市場はブラック・ショールズ式モデルを100％有効であるとは考えていないと推測できる。

残念ながら、モデルが有効ではない原因を特定することは不可能だろう。市場に摩擦が「ないことはない」こと、価格は必ずしも拡散過程をたどらないこと、ボラティリティはオプション期間中に変化すること、あるいは現実の世界が対数正規分布には見えないことに関係しているかもしれない。しかし、理由は何であれ、たまたまモデル算出値とは異なることがあっても、市場はオプションの価格を常に効率的に決めると信じられている。

理論価格決定モデルを利用するトレーダーは、価格を通常そのインプライドボラティリティで表示する。このインプライドボラティリティの分布状況に注目し、追加情報とすれば、理論価格決定モデルを使い続けられるかもしれない。そこでまず、各権利行使価格のインプライドボラティリティを記入して、それからデータポイントに一致する

図表18-8a

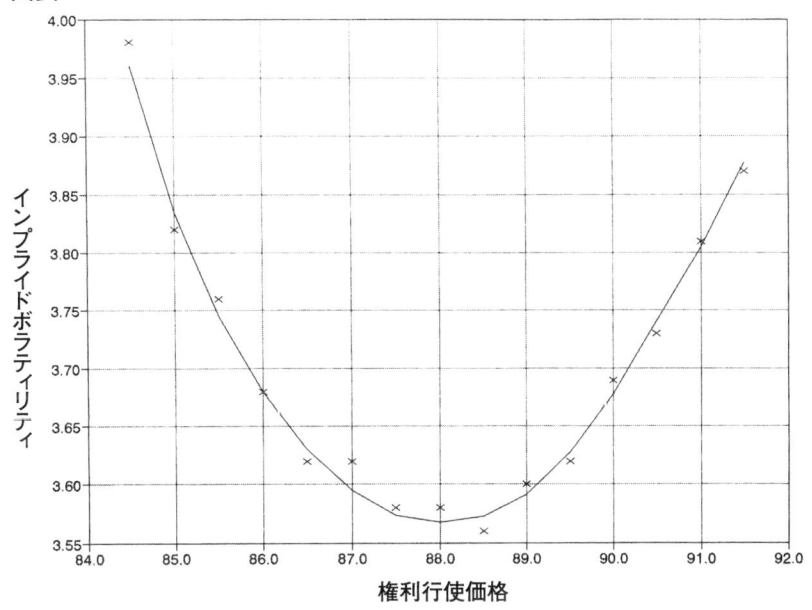

グラフを描く。これを**図表18-8a**の12月限独国債オプションでしてみた。

このグラフは、通常は「ボラティリティスキュー（歪度）」と言われ、明確な形を持つ。グラフの低点は原資産価格（87.86ドル）に近く、グラフの左右両端は、権利行使価格が原資産価格から離れるに連れて上昇する。たいていのトレーダーがこの形から引き出す推測は「価格が大きく変動する可能性は、現実にはブラック・ショールズ式モデルの予測よりも高いと市場が信じているようだ」ということである。

これは、**図表18-5a**、**図表18-5b**、**図表18-5c**をもう一度見たら納得できる。アウトライヤーは、大きな変動が現実には正規分布による予測よりも頻繁に発生することを示しているようである。こうした大きな変動の可能性が、オプション価格が膨れ上がってファー・アウ

ト・オブ・ザ・マネーあるいはディープ・イン・ザ・マネーになる原因である。

　また、隣のオプションに比較して高すぎるあるいは安すぎることが明らかなオプションがあることも分かる。88.50コールの価格が正確には分からなくても、それは88コールと89コールに比較して明らかに安すぎることが分かる。同様に、87プットの価格は正確には分からないだろう。しかし、それは86.50プットと87.50プットよりも明らかに高すぎる。前者の場合、88.50／89.00／89.50のバタフライを売ればよい。後者の場合は、86.50／87.00／87.50のバタフライを買えばよい。歪度がどうであっても、インプライドボラティリティはひとつの権利行使価格から次の権利行使価格へなめらかに推移するはずである。

　ブラック・ショールズ式モデルを利用するトレーダーは、ボラティリティ歪度は有益な情報を含んでおり、それを意思決定プロセスに組み込むことができるという見方をする。オプションは一般に割高あるいは割安だと考えるが、ボラティリティ歪度はオプションの相対的な価値を反映するものという考え方だ。したがって、歪度の利用法をオプションを評価する方法の一環として考えるわけだ。

　あいにく、ボラティリティ歪度を扱うことは、指標として利用する方式がないので、問題になる可能性がある。さらに、各トレーダーは、歪度を自分の究極の目標に最も役立つように利用する傾向がある。マーケットメーカーは歪度をある方法で扱い、投機家やヘッジャーはまた違う方法で扱う。また各トレーダーは、歪度に反映されている情報の総体的な精度を判断しなければならない。歪度に異論があれば、戦略によって魅力が違うと思うようになる。

　例えば、独国債オプション市場の活発なトレーダーがボラティリティ歪度を自分の理論価格決定モデルに組み込む簡便な方法を探している場合を考えてみよう。このトレーダーは自分の理論価格を歪度と一致させたいし、また、ボラティリティに関する見解も持っている。こ

図表18-8b

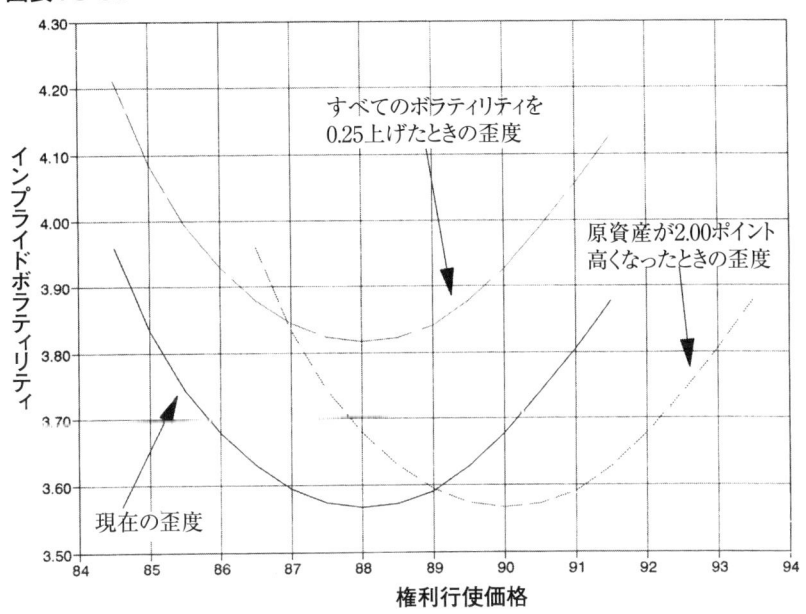

グラフ内ラベル:
- 縦軸: インプライドボラティリティ
- 横軸: 権利行使価格
- 現在の歪度
- すべてのボラティリティを0.25上げたときの歪度
- 原資産が2.00ポイント高くなったときの歪度

のトレーダーはどうしたらよいか。

図表18-7に戻ると、独国債オプション市場でのアット・ザ・マネーのインプライドボラティリティは、約3.85だと分かる。しかし、インプライドボラティリティは低すぎで、もっと妥当なボラティリティは0.25％高い3.83だと思うとする。歪度はオプションの総体的な評価を示すと信じられるのであれば、全体の歪度を0.25ボラティリティポイント引き上げ、新たなボラティリティを用いてオプションを多様な権利行使価格で評価すればよい。そうすれば、ボラティリティは低すぎるという自分の見解が反映されるし、歪度が示すオプションの総体的な価格も考慮に入る。

同じように、原資産価格の変化に応じて歪度を左右にシフトできる。もし原資産が数週間あとで2.00ポイント上昇したら、歪度は形を一定

に維持して全体的に2ポイント移動すればよい。同時に、アット・ザ・マネーのオプションを基準点にして歪度を上げるか下げるかすることによって、インプライドボラティリティが高すぎるあるいは低すぎるという自分の見解を反映させることができる。その歪度を再度利用してオプションを多様な権利行使価格で評価し、その情報を勘案して戦略を判断すればよい。歪度を上下、左右にシフトした結果は**図表18-8b**に示されている。

全体の歪度をシフトさせることは、変化する条件にもかかわらず歪度は一定にとどまると考えているならば、妥当な手法であろう。しかし、果たしてそうなのか。

多様な権利行使価格のボラティリティは、市場が原資産市場の大きく動く可能性をどのように見ているかによって決まることが多い。しかし、すべての変動は原資産と時間の両方に対して相対的である。相対的には、原資産が80ポイントのときの原資産の4ポイントの動き（5％の変動）は、原資産が100ポイントのときの4ポイントの動き（4％の変動）よりも大きい。相対的には、2週間で4ポイント動くほうが2カ月で4ポイント動くよりも大きい。

図表18-8cで、ボラティリティ歪度は変化する条件で変わる可能性が高いという事実は分かる。歪度は時間の経過でその形が変化し、通常はより鋭くなる。歪度はまた原資産価格とインプライドボラティリティが変化すると位置が変わる。これは、ボラティリティ歪度を理論価格決定モデルに組み入れようとしているトレーダーにとって問題になる。

価格決定モデルは、現在の状況下でオプションを評価するために利用されるだけではない。変化する条件の下でリスクを評価するためにも利用される。歪度を十分に自分のモデルに組み込みたいのであれば、歪度は条件の変化に連れてどのように変化するのか知る必要がある。

原資産の変動は、原資産の現在値と残存日数の両方に対して相対的

図表18-8c

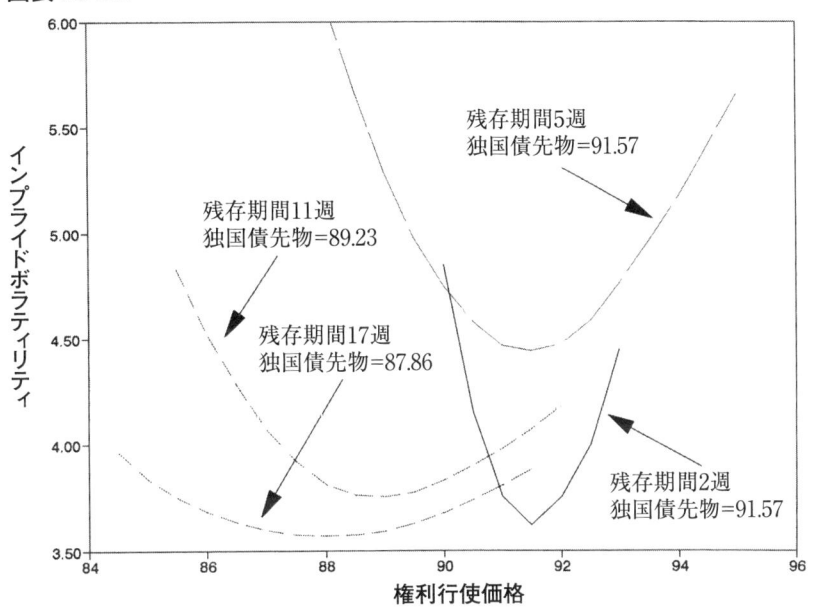

であると述べた。理論価格決定モデルを利用する場合、モデルは原資産の変動をどのように表示するのか調べたらよい。それが分かれば、そのモデルが原資産価格と多様な権利行使価格の関係をどのように表示するのか判断できる。そうすれば、歪度がどのように変化するのか判断できるようになる。

ブラック・ショールズ式モデルでは、原資産の変動は対数目盛りで測定される。またオプションの権利行使価格と原資産の現在値の関係は、権利行使価格を原資産価格で割ったものの対数で表示する。

また、時間の経過による変動は平方根関係に支配される。したがって、権利行使価格に到達するために必要な相対的変動額を完全に表示するには、ブラック・ショールズ式モデルでは次のようになる（時間は年で表示される）。

［自然対数（権利行使価格÷原資産価格）］÷平方根（時間）

ブラック・ショールズ式モデルを利用して多様なオプションのインプライドボラティリティを計算し、そしてブラック・ショールズ式モデルは権利行使価格を今説明した様式で表示するので、その歪度を同じように表示することは意味があるだろう。そうしたのが**図表18-8d**である。

この新たなX軸の測定によって、歪度は非常に類似してくる。しかし、各歪度は多様なボラティリティを示すため、占める位置が異なることを考慮しなければならない。ボラティリティの計測（Y軸）を一般化するためには、所定の歪度を理論的にアット・ザ・マネーのオプションのボラティリティで表示することを考慮すればよい。

例えば、**図表18-8a**に戻ると、そのグラフから原資産が87.86ポイントの場合、権利行使価格が87.86ポイントのオプション（理論的にアット・ザ・マネーのオプション）のインプライドボラティリティは、だいたい3.57％になる。したがって、各権利行使価格のボラティリティを3.57との差で表示できる。

権利行使価格90ポイントのインプライドボラティリティが3.81の場合、その差は次のようになる。

3.80 − 3.57 = 0.24

また権利行使価格86ポイントのインプライドボラティリティが3.68のとき、その差は次のとおり。

3.68 − 3.57 = 0.11

図表18-8d

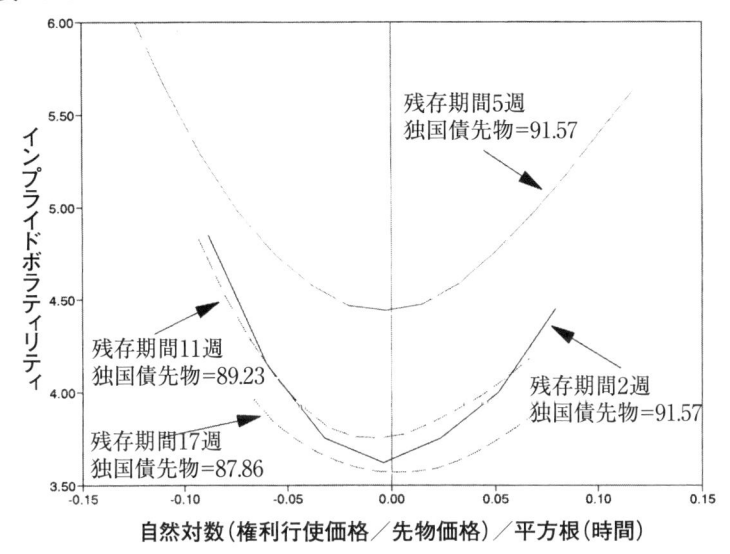

(グラフ: 横軸「自然対数(権利行使価格／先物価格)／平方根(時間)」、縦軸「インプライドボラティリティ」)

- 残存期間5週　独国債先物=91.57
- 残存期間11週　独国債先物=89.23
- 残存期間17週　独国債先物=87.86
- 残存期間2週　独国債先物=91.57

　この方法は、インプライドボラティリティが相対的に一定である場合に納得できる。しかし、独国債オプション市場のインプライドボラティリティが倍の7.00％になるとしよう。このような状況では、各権利行使価格のインプライドボラティリティもまた倍になると予想される。権利行使価格90ポイントのインプライドボラティリティは、3.81ではなく、7.62になる。権利行使価格86ポイントのインプライドボラティリティは、3.68ではなく、7.36になる。

　インプライドボラティリティは相場次第で変化するため、インプライドボラティリティの全体的変化と各権利行使価格のインプライドボラティリティの変化を関連付けられる方法が必要である。その最も容易な方法は、各権利行使価格のインプライドボラティリティをアット・ザ・マネーのインプライドボラティリティとの割合で表示するこ

図表18-8e

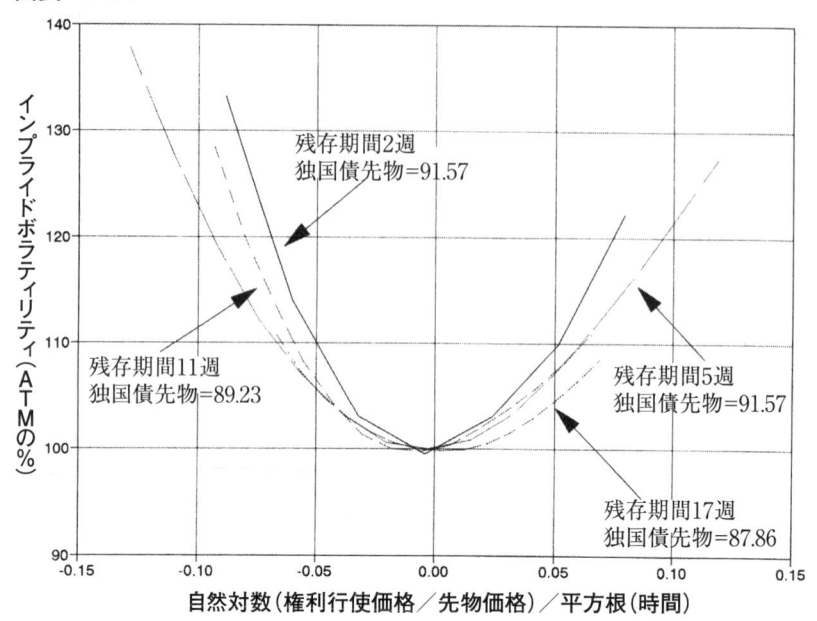

とだ。

例えば、アット・ザ・マネーのインプライドボラティリティが3.57で、権利行使価格90ポイントのインプライドボラティリティが3.81の場合、次のようになる。

3.81÷3.57＝106.7％

また権利行使価格が86ポイントのオプションのインプライドボラティリティが3.68の場合、次のようになる。

3.68÷3.57＝103.1％

このアット・ザ・マネーのボラティリティの％によるインプライドボラティリティの表示法と、対数／時間による権利行使価格の表示法を組み合わせることで、**図表18-8e**に示された形に転換される。

新たなＸ軸とＹ軸によって、歪度は同一ではないがかなり類似したものになる傾向がある。歪度があらゆる状況下で**図表18-8e**の場合に類似すると仮定するなら、歪度を理論価格決定モデルの追加変数と考えればよい。通常の５つの変数（残存日数、権利行使価格、原資産価格、金利、ボラティリティ）に加えて、今度は６つの変数になるわけだ（**図表18-9**）。

歪度を変数としてモデルに入力する場合、モデルに分かるようにする必要がある。つまり、歪度を表示する公式が必要だ。これは難しく思えるかもしれないが、多くの歪度は簡単な方程式で表示できる。

図表18-10の関数グラフは、**図表18-8**のボラティリティ歪度の形に近似している。この関数が歪度の優れた近似になるとすれば、それを理論価格決定モデルのボラティリティスキュー変数として使うことができる。変動する原資産価格、残存日数、ボラティリティの仮定の下でオプションポジションの価格を分析するために必要なことは、その関数を用いて次のように各権利行使価格のボラティリティを表示することだけである。

権利行使価格のボラティリティ＝
そのアット・ザ・マネーのボラティリティ×$f(x)$

権利行使価格＝Ｅ、原資産価格＝Ｕ、残存日数＝Ｔとすると、次のように表示される。

$\ln(E/U) \div \sqrt{t}$

図表18-9

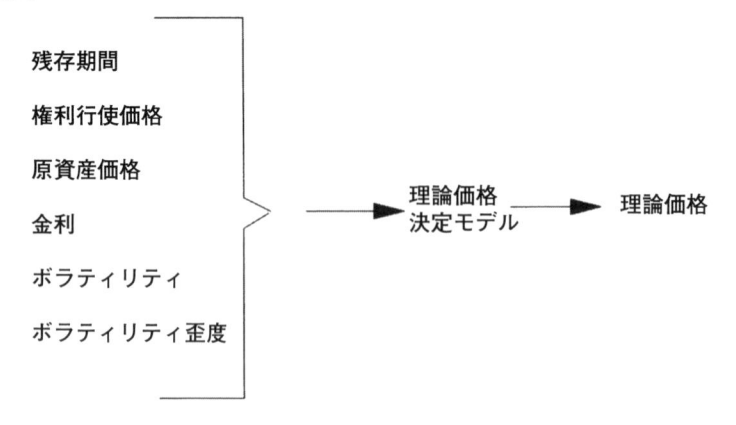

残存期間
権利行使価格
原資産価格
金利
ボラティリティ
ボラティリティ歪度

→ 理論価格決定モデル → 理論価格

　オプション市場で示された歪度に同意しなければならないという決まりはない。原市場に予期しない大きな動きの可能性はほとんどないと思えば、歪度のウイングを下げればよい。一方、異常に大きな動きの可能性が高いと思うなら、歪度のウイングを上げればよい。このタイプの修正を**図表18-10**に示した。

　マーケットメーカーは歪度を用いて買い気配値と売り気配値を調整することもできる。マーケットメーカーは、自分のポジションのガンマが大きなプラス値になっていることが分かり、オプションを売ってそのポジションのリスクを軽減したい場合、歪度をわずかに下にシフトすればよい。それで、すべてのオプションの気配値を下げる効果がある。多数のアウト・オブ・ザ・マネーのコールあるいはプットが売りになっていることが分かれば、歪度を調節してウイングを上げればよい。それで、アウト・オブ・ザ・マネーのオプションの気配値を上げる効果がある。

　例の独国債オプションの形は、最も一般的なほぼ左右対称のスマイ

図表18-10

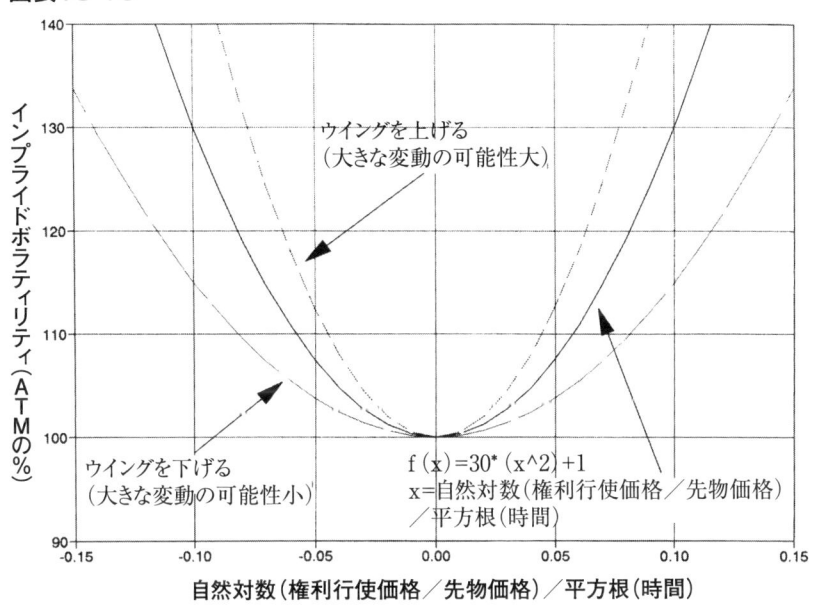

縦軸: インプライドボラティリティ（ATMの％）
横軸: 自然対数（権利行使価格／先物価格）／平方根（時間）

ウイングを上げる（大きな変動の可能性大）
ウイングを下げる（大きな変動の可能性小）

$f(x) = 30 \cdot (x^2) + 1$
$x = $ 自然対数（権利行使価格／先物価格）／平方根（時間）

ルになるだろう。しかし、いつもそうなるとは限らない。歪度は、左右対称のときもあれば非対称のときもあり、権利行使価格全体で膨張したあるいは縮小したインプライドボラティリティを反映し、原資産市場の多様な変動の可能性と結果に対する市場の見方に左右される。

さらに、株価指数市場では、ミスプライスの裁定関係（第15章参照）を常に利用できるとは限らないので、同じ権利行使価格のコールとプットは必ずしも同じインプライドボラティリティで売買されるわけではない。このため、株価指数市場の多くのトレーダーは、コールとプットの歪度を別々に評価することにしている。

例えば、**図表18-11a**と**図表18-11b**は、1993年3月限OEXの残存日数の異なるコールとプットのインプライドボラティリティを示している（期日前権利行使の可能性があるため、コックス・ロス・ルー

図表18-11a　OEX1993年3月限コール

満期まで5週
OEX=406.26

満期まで1週
OEX=412.67

満期まで11週
OEX=396.64

縦軸：インプライドボラティリティ(%)
横軸：権利行使価格

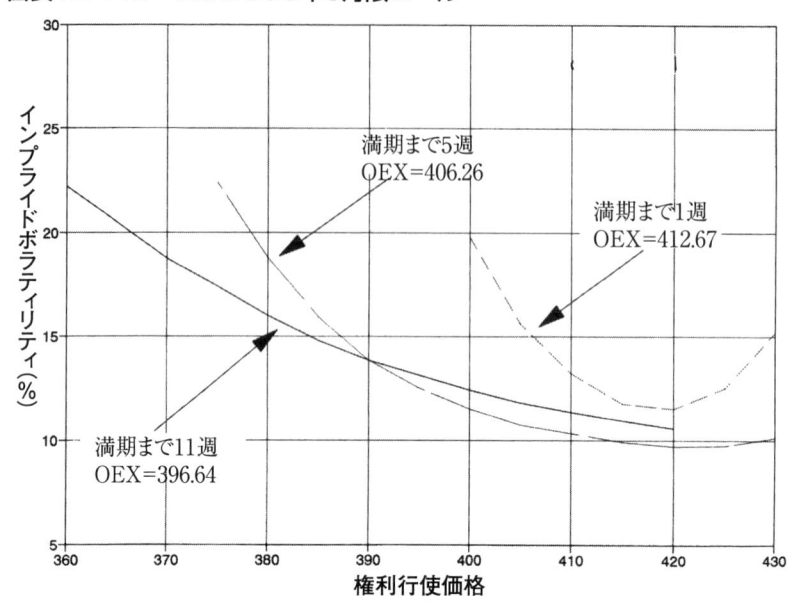

図表18-11b　OEX1993年3月限プット

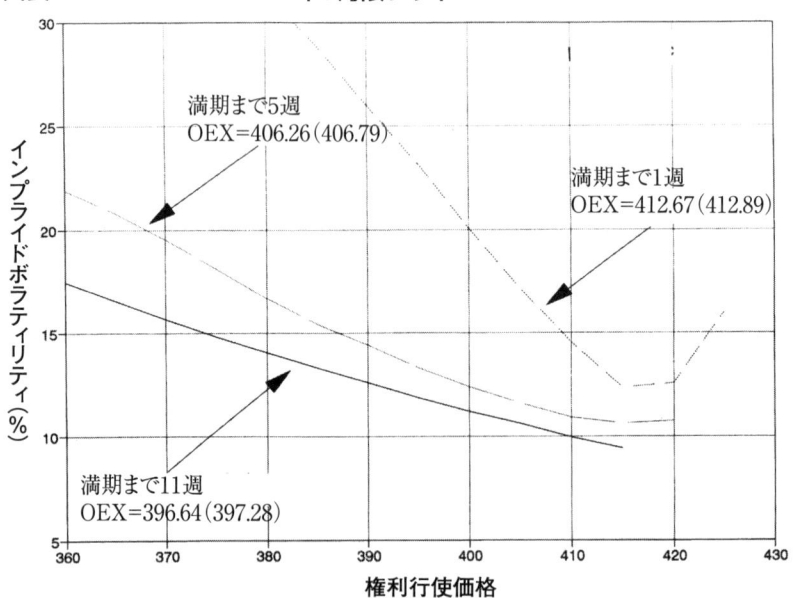

満期まで5週
OEX=406.26(406.79)

満期まで1週
OEX=412.67(412.89)

満期まで11週
OEX=396.64(397.28)

縦軸：インプライドボラティリティ(%)
横軸：権利行使価格

ベンスタイン式モデルを用いてOEXのインプライドボラティリティが計算された）。

コールとプットの両方で、下落サイドの権利行使価格のインプライドボラティリティが極端に膨張していることに注意しよう。このような特異な形の原因を正確に判断することは不可能だとしても、少なくとも市場は、低い権利行使価格に相対的に大きな価値を与えているように見える。

市場が、株式市場の下落は上昇よりも急速だと思っているからかもしれないし（例えば、1987年10月のブラックマンデーのように）、あるいは株価指数オプションは通常の株式買いポジションのヘッジに利用されることを反映しているからかもしれない。いずれにせよ、市場の相対的評価を利用するには、その歪度を自分の理論価格決定モデルに組み込めばよい。

従来どおり、歪度を一般化するために、各権利行使価格を原資産価格に対する対数関係として表示する。株価指数の価格は株価同様に先渡し価格（指数の現在値＋キャリングコスト－配当）の周りに対数正規的に分布すると仮定されている。したがって、権利行使価格を指数価格ではなく、先渡し価格との関連で次のように表示することは意味がある。

ln（権利行使価格÷先渡し価格）÷時間の平方根

そうして表したのが、**図表18 11c**と**図表18 11d**である（カッコはOEXの先渡し価格）。両者のボラティリティ歪度には明らかに多少の違いはある。しかし、**図表18-11a**と**図表18-11b**から予想するよりもかなり大きな整合性がある。歪度を表示できるコールとプットそれぞれの関数を探している場合、これらの関数を使えばポジションを多様な条件下で分析できる。

図表18-11c OEX1993年3月限コール

満期まで5週
OEX=406.26(406.79)

満期まで11週
OEX=396.64(397.28)

満期まで1週
OEX=412.67(412.89)

縦軸：インプライドボラティリティ(ATMの%)
横軸：自然対数(権利行使価格／先渡価格)／平方根(時間)

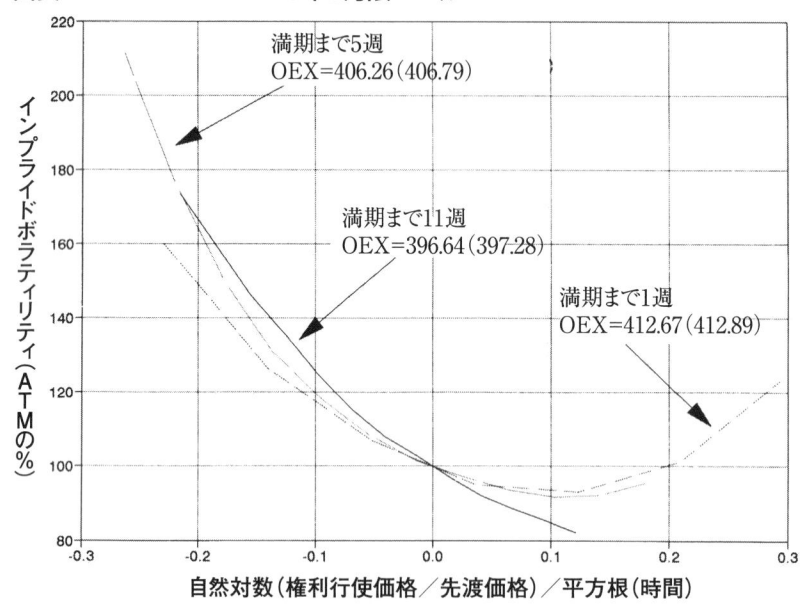

図表18-11d OEX1993年3月限プット

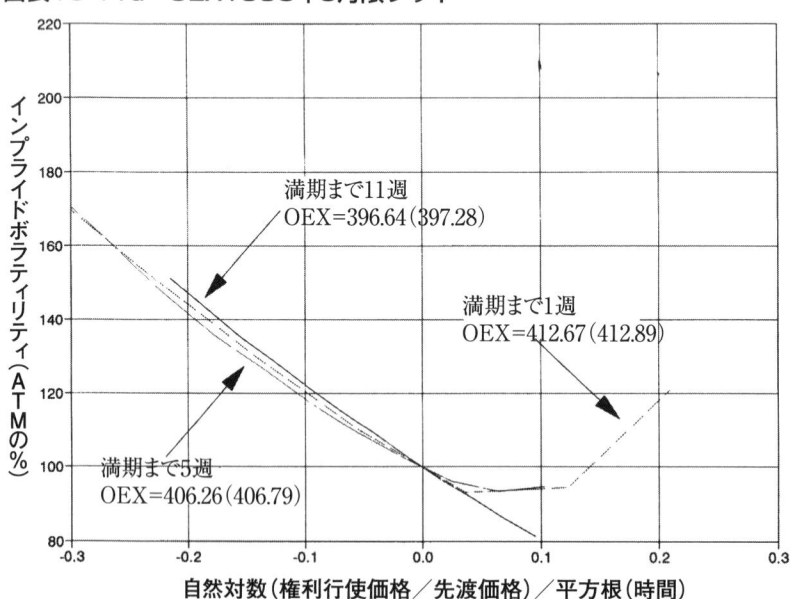

満期まで11週
OEX=396.64(397.28)

満期まで1週
OEX=412.67(412.89)

満期まで5週
OEX=406.26(406.79)

縦軸：インプライドボラティリティ(ATMの%)
横軸：自然対数(権利行使価格／先渡価格)／平方根(時間)

ボラティリティ歪度は評価のツールとリスク管理の要因として重要性を増している。当面の目的は、トレーダーがボラティリティ歪度を分析し利用するときに直面するすべての問題の解決法ではなく、問題に取り組む手引きである。経験を重ねながら、売買している市場の特徴と自分の究極の売買目標を勘案して、ボラティリティ歪度の最も適切な扱い方を判断しなければならない。

最後に

理論価格決定モデルを利用する際に、モデルに入力するデータとモデルの前提である仮定事項の可能な精度に非常に多様な判断を要求される。そのため、初心者は正しい判断がすべて運任せだと思うかもしれない。

たしかに短期的には運もひとつの要素である。しかし、長期的には必要な努力を惜しまずにモデルの機能を理解しようとするトレーダーが常に頭角を表すように思う。ベテランは、モデルの利用には問題も多いが、オプション評価とリスク管理には最も優れた手法であることを熟知している。

本書は、ほかの多くのオプション本と同じように、オプションの評価と売買は結局、一連の数学的計算であるという印象を与えたかもしれない。事実、オプション評価の科学的要素は重要な要素である。

しかし、数学的モデルはトレーダーの判断を助けるツールにすぎない。成功には科学と少なくとも同程度に技術が求められる。トレーダーは、科学から離れ、ほかの資質に移る潮時を知らなければならない。つまり、直観や相場観あるいは経験といった無形のものである。そこから重要なひとつの結論、そしておそらく最も重要なオプション売買の原則「常識に代わるものはない」が導かれる。

売買判断のすべてをモデルに頼り切っていれば、遠からず破滅へと

向かう。モデルの可と不可を十分に理解して初めてモデルの奴隷ではなく主人になれるのである。

付録A　オプション関連用語集

Δ = デルタ（Delta）　オプション価格の原資産価格の変化に対する感応度。

Γ = ガンマ（Gamma）　原資産の価格変化に対するデルタの感応度。

θ = セータ（Theta）　オプション残存日数の変化に対するオプション価格の感応度。

Κ = カッパ（Kappa）　ベガ。

ρ = ロー（Rho）　金利の変動に対するオプション価格の感応度。

σ = シグマ（Sigma）　標準偏差によく用いられる記号。ボラティリティは通常は標準偏差として記述されるので、多くの場合で同じ記号がボラティリティを示すのに使われる。

τ = タウ（Tau）　残存日数によく用いられる記号。

Ω = オメガ（Omega）　オプションの価格弾力性を示すために用いられることもあるギリシャ文字。

アイアンバタフライ（Iron Butterfly）　ストラドルの買い（売り）とストラングルの売り（買い）の組み合わせ。すべてのオプションの満期は同じで、かつそれらの原資産も同じでなければならない。

アウト・オブ・ザ・マネー（Out-of-the-Money） 本質的価値が現在まったくないオプション。権利行使価格が原資産の現在値よりも高い（低い）コール（プット）は、アウト・オブ・ザ・マネーである。

アウトオプション（Out-Option） 原資産が満期前に一定価格で売買されている場合、失効したと判断されるタイプのバリアオプション。

アウト価格（Out-Price） アウトオプションが失効したと判断される前に原資産が売買されなければならない価格。

アウトトレード（Out-Trade） 売買の両当事者からの報告が食い違うために清算機関が処理できない売買。

アジアンタイプ（Asian Option） 平均価格オプション。

アット・ザ・マネー（At-the-Money） 権利行使価格が原資産の現在値と等しくなっているオプション。この用語は通常、上場オプションの取引所では権利行使価格が原資産の現在値に最も近いオプションを指すのに使われる。

アメリカンタイプ（American Option） 満期前にいつでも権利執行できるオプション。

インオプション（In-Option） 原資産が満期の前に一定の価格で売買されるときのみ有効になるバリアオプション。

イン・ザ・マネー（In-the-Money） 権利行使価格が原資産の現在値よりも低い（高い）コール（プット）。

インプライス（In-Price） インオプションが有効になる前に原資産が売買されなければならない価格。

インプライドボラティリティ（IV、Implied Volatility） ほかのすべてのデータは分かっているという前提で、市場のオプション価格と同一の理論価格を算出するために理論価格決定モデルに入力しなければならないボラティリティ。

オーダー・ブック・オフィシャル（OBO、Order Book Official） 委託者からの成り行き注文やリミット注文を記録する取引所職員。

オーバーライト（Overwrite） 現在保有する原資産のポジションに対してオプションを売ること。

オール・オア・ナン（AON、All or None） 一括執行だけで部分執行を認めない注文。

ガッツ（Guts） コールとプットがどちらもイン・ザ・マネーのストラドル。

カバードライト（Covered Write） 現在保有する原資産買い（売り）ポジションに対してコール（プット）を売ること。

株式タイプの決済（Stock-Type Settlement） 買い方が売り方に即時に全額支払いが要求される決済手続き。売買による全損益はポジションが清算されるまで実現しない。

カラー（Collar） 変動金利型ファンドの借り手と貸し手の間の契

約。借り手は借入金利に対して所定の最高金利を超えて支払う必要がないことを保証され、貸し手は貸した資金に対して所定の金利未満の金利を受け取る必要がないことを保証されている。これは、借入資金の金利を原資産にするオプションフェンスに類似する。

カレンダースプレッド（Calendar Spread） タイムスプレッドのこと。

逆ザヤ（Backwardation） 先物市場で期先の限月が期近の限月よりも安く売買されている状態。

逆コンバージョン、リバーサル（Reversal、Reverse Conversion） 原資産売りポジション、コールの買い、プットの売りの組み合わせで、この両オプション共に権利行使価格と満期が同じである。

キャップ（Cap） 変動金利型ファンドの貸し手と借り手の間の契約。借り手は借入資金に対し所定の最高金利を超えて支払う必要がないと保証されている。これは、借入資金の金利を原資産にするコールに類似する。

キャビネットビッド（Cabinet Bid） 一部の取引所における、最小値幅よりも小さい買い気配値で、かなりファー・アウト・オブ・ザ・マネーのポジションを手仕舞いたいトレーダーの間で許される。

グッド・ティル・キャンセルド・オーダー（GTC、Good'til Cancelled） 執行されるか顧客から取り消しがあるまで証券会社よって保留される注文。

クラス（Class） 種類、満期、原資産が同じすべてのオプション。

クリスマスツリー（Christmas Tree） 3つの権利行使価格を含むスプレッドの一種。1枚以上のコール（プット）が最も安い（最も高い）権利行使価格で買われ、1枚以上のコール（プット）が残りの高め（安め）の権利行使価格でそれぞれ売られる。すべてのオプションは満期、種類、そして原資産が同じでなければならない。

原資産（Underlying） オプションが権利行使されるときに受け渡される現物、または先物。

権利行使（Exercise） オプションの買い方が、コールの場合は特定価格で原資産を受け、プットの場合は特定価格で原資産を渡す意思を売り方に通知する手続き。

権利行使価格（Exercise Price） オプションの権利行使で原資産が受け渡されるときの価格。

交換オプション（Exchange Options） ある資産を別の資産と交換するオプション。

合成（Synthetic） あるトレードの組み合わせで別のトレードとほぼ同じ特性を持つ。

合成原資産（Synthetic Underlying） 原資産と満期日と権利行使価格が同じコールの買い（売り）とプットの売り（買い）の組み合わせ。

合成コール（Synthetic Call） 原資産買い（売り）ポジションと

プットの買い（売り）の組み合わせ。

合成プット（Synthetic Put） 原資産売り（買い）ポジションとコールの買い（売り）の組み合わせ。

コール（Call Option） 買い方と売り方のオプション契約のひとつ。コールの買い方には、特定の日あるいはその前に特定の原資産を決まった価格で買う「権利」がある（義務ではない）。コールの売り方は、買い方がオプションの権利を行使したい場合、その原資産を引き渡す義務がある。

コンドル（Condor） 権利行使価格が異なるオプションの2枚売り（買い）と、最も低い権利行使価格のオプション1枚と最も高い権利行使価格のオプションの各1枚買い（売り）の組み合わせ。すべてのオプションは種類と原資産と満期が同じでなければならず、権利行使価格間の差は等しくなければならない。

コンバージョン（Conversion） 原資産買いポジションとコールの売りとプットの買いの組み合わせ。どちらのオプションも権利行使価格と満期が同じである。

コンビネーション（Combination） スプレッドの明確な部類に当てはまらないオプションスプレッド。通常はコールの買いとプットの売り、あるいはコールの売りとプットの買いの組み合わせを表すのに使われる。この場合、両者は原資産の合成ポジションを構成する。

裁定取引（Arbitrage） 同一商品を異なる市場で売買し、市場間の価格差を利用すること。

裁量権付成り行き注文（Not Held） ブローカーに出される注文であるが、いつどのように執行するかについてはブローカーが裁量権を持つ。

先物タイプの決済（Futures-Type Settlement） 取引所による決済手続きの一種。当初証拠金の預け入れは行われるが、買い方から売り方に現金が即時に支払われることはまったくない。各立会日の終わりに当日の清算価格と前日の清算価格あるいは約定値との差額に基づいて現金による清算が発生する。

先物（Futures Contract） 買い方と売り方の間の契約のひとつ。通常は取引所で約定され、将来の一定期日に一定の価格で一定量の商品を買い方は受け、売り方は渡す義務がある。すべての損益は約定後即時に実現し、その銘柄の清算価格の変化に基づいて入出金がある。

先渡し価格（Forward Price） 将来の一定期日の売買価格。現時点の価格で行われる売買がすべてのキャリングコストを考慮に入れたうえで損益分岐するようにしなければならない。

先渡し契約（Forward Contract） 買い方と売り方の間の契約のひとつ。将来の一定期日に一定量の商品を所定の価格で、買い方は受け、売り方は渡す義務がある。受渡時に全額支払われることになっている。

ジェリーロール（Roll、Jelly Roll） ある限月のコールの買いとプットの売り、そして別限月のコールの売りとプットの買いの組み合わせ。4つのオプションはすべて、権利行使価格と原資産が同じである。

時間価値（Time Value） オプション価格から本質的価値を差し引いた額。アウト・オブ・ザ・マネーのオプションの価格は時間価値だけからなる。

市場間スプレッド（Intermarket Spread） 2種類の株式や先物、またはそのデリバティブで、対のポジションを取って構成されるスプレッド。

指数裁定取引（Index Arbitrage） 相対的にミスプライスのオプション、先物、株価指数を構成する現物株を利用した戦略のひとつ。

自動権利行使（Automatic Exercise） 清算機関が、オプションの保有者から反対の指示が出ないかぎり、イン・ザ・マネーのオプションを満期に権利行使すること。

順ザヤ（Contango） 先物市場で期先の限月が期近の限月よりも高く売買されている状態。

条件注文（Contingency Order） 市場で所定の条件が満たされるときのみ有効になる注文。

条件付き成り行き注文（MIT、Market If Touched） 一定の価格あるいはそれを超えた場合に成り行き注文になる条件付き注文。

証拠金（Margin） トレーダーが自分の売買の信頼性を保証するために清算機関に預け入れる金額

ショート（Short） 売りのポジション。原資産価格が下落（上昇）

すると理論価値が増大（減少）するポジションを指す場合もある。ショート（ロング）プットのポジションはロング（ショート）の市場ポジションであることに注意。

ショートプレミアム（Short Premium）　原資産がじっとして動かない場合に理論価格が増大するポジション。原資産が大きく動く場合は価値が減少する。

ショート・レシオ・スプレッド（Short Ratio Spread）　レシオバーティカルスプレッド。

シリアル限月（Serial Expiration）　先物取引所に上場し、同じ先物を原市場としながら、満期が1カ月以上も早いオプション。

シリーズ（Series）　原資産、権利行使価格、満期日が同じすべてのオプション。

シリンダー（Cylinder）　フェンス、カラー。

スキャルパー（Scalper）　取引所フロアのトレーダーで、特定の市場で継続的に買い気配値で買い、売り気配値で売ることによって利益を狙う。スキャルパーは通常、立ち会いが引けるまでにすべてのポジションを手仕舞おうとする。

ストップ注文（Stop Order）　所定の価格で売買された場合に成り行き注文になる条件付き注文。

ストップリミット注文（Stop Limit Order）　所定の価格で売買さ

れた場合に指値注文になる条件付き注文。

ストライク価格（Strike、Strike Price） 権利行使価格。

ストラップ（Strap） 古風な用語で2単位のコールの買い（売り）と1単位のプットの買い（売り）で構成されるポジションのこと。すべてのオプションは原資産と満期日と権利行使価格が同じである。

ストラドル（Straddle） コールの買い（売り）とプットの買い（売り）で構成される。オプションの原資産と満期日と権利行使価格は同じである。

ストラングル（Strangle） コールの買い（売り）とプットの買い（売り）で構成される。オプションの原資産と満期日は同じであるが、権利行使価格が異なる。

ストリップ（Strip） 古風な用語で1単位のコールの買い（売り）と2単位のプットの買い（売り）で構成されるポジションのこと。すべてのオプションは原資産と満期日と権利行使価格が同じである。また、長期の先物やオプションの特性を複製するために作られた一連の先物や先物プションのことでもある。

スプレッド（Spread） 原市場買いポジションとそれを補足する原市場売りポジションで構成される。通常は（常にではないが）原資産が同じである。

スペシャリスト（Specialist） 取引所から独占権を得て特定の銘柄あるいは一群の銘柄で相場を形成するマーケットメーカー。スペシャ

リストは自己勘定で売買する場合もあるし、ほかの会員のブローカーとして行動する場合もある。その代わりに、スペシャリストは公正で秩序ある相場を維持することが要求される。

スリーウエー（Three-Way） 転換あるいは反転に類似するポジション。ただし、原資産の買いポジションあるいは売りポジションが非常にディープ・イン・ザ・マネーのコールあるいはプットに置き換えられている。

スワップ（Swap） キャッシュフローを交換する契約。典型的なのは変動金利での支払いと固定金利での支払いを交換する金利スワップである。

スワプション（Swaption） スワップ契約のオプション。

清算会員（Clearing Member） 取引所の会員会社で、清算機関の承認を受けて顧客の売買を処理し、委託証拠金と変動証拠金を収集して顧客の売買の信頼性を保証する。

清算機関（Clearing House） 取引所の全売買の信頼性を保証する組織。

即時一括執行注文（FOK、Fill or Kill） 即時に一括して執行できない場合は取り消される注文。

ダイアゴナルスプレッド（Diagonal Spread） ある満期と権利行使価格のコール（プット）の買いと、別の満期と権利行使価格のコール（プット）の売りの組み合わせ。すべてのオプションは原資産とな

る株式や先物が同じでなければならない。これは「異なる権利行使価格を用いたタイムスプレッド」にほかならない。

タイプ（Type） オプションの種類。コールかプットいずれか指定。

タイムスプレッド（Time Spread） ある満期のオプションの買い（売り）と違う満期のオプションの売り（買い）。通常、オプションのタイプと権利行使価格と原資産（株式あるいは先物）は同じである。

タイムプレミアム（Time Premium） 時間価値。

タイムボックス（Time Box） ある権利行使価格と満期日のコールの買いとプットの売り、そして別の権利行使価格と満期日のコールの売りとプットの買いの組み合わせ。これは、異なる権利行使価格を用いたジェリーロールにほかならない。

建玉制限（Position Limit） 個々のトレーダーや証券会社が取引所あるいは清算機関によって認められている、同じ市場における建玉残高の上限。

弾力性（Elasticity） 原資産価値の所定の変化率に対応するオプション価値の変化率。レバレッジ価値と言われることもある。

チューザーオプション（Chooser Option） ストラドルの一種。その所有者は所定の期日までにコールかプットのいずれを保持するか決断しなければならない。

長期オプション（LEAPS、Long-Term Equity Anticipation

Security) 長期（通常1年以上）の取引所上場株式オプション。

ディファード・スタート・オプション（Deferred Start Option） フォアード・スタート・オプション。

適正価格（Fair Value） 理論価格。

デルタニュートラル（Delta Neutral） ポジションを構成する金融商品のデルタを加算するとだいたいゼロになる。

投機家（Speculator） 原資産の特定方向の変動から利益を狙うトレーダー。

成り行き注文（Market Order） そのときの価格で即時に執行される注文。

二者択一注文（OCO、One Cancels the Other） 同時に出される2つの注文で、一方が執行されると他方は自動的に取り消される。

ニュートラルスプレッド（Neutral Spread） デルタニュートラルのスプレッド。買い指向と売り指向のポジションの総数が等しいロットニュートラルのスプレッドの場合もある。

ネイキッド（Naked） 売り（買い）の市場ポジションでまったく補足されていない買い（売り）の市場ポジション。

ノック・アウト・オプション（Knock Out Option） アウトオプション。

バイ／ライト（Buy/Write） 原資産の買いとその原資産のコールの売りの組み合わせ。

配当落ち（Ex-dividend） 配当を受け取る権利がなくなる日。

場勘定（Variation） 日々変動する先物の清算価格の値洗いによる資金の流れ。

バタフライ（Butterfly） 権利行使価格が同じオプションの2枚売り（買い）と、それよりも安い権利行使価格のオプション1枚と、それよりも高い権利行使価格のオプション1枚の買い（売り）の組み合わせ。すべてのオプションは種類と原資産と満期が同じでなければならず、権利行使価格間の差は等しくなければならない。

バックスプレッド（Backspread） 通常はデルタニュートラルで、オプションの買いが売りを上回り、オプションの満期がすべて原資産と同じスプレッド。

バーティカルスプレッド（Vertical Spread） 1単位のオプションの買いと1単位のオプションの売りで構成される。種類と原資産と満期は同じであるが、権利行使価格が異なる。

バリアオプション（Barrier Option） 原資産が満期前に所定の価格で売買されると有効あるいは無効となるオプション。

パリティ（Parity） 本質的価値。

引け成り注文（MOC、Market on Close） その日の売買のできる

だけ引け間際にそのときの価格で執行される注文。

ピンリスク（Pin Risk） オプションが満期にちょうどアウト・ザ・マネーになる売り方のリスク。オプションが権利行使されるかどうか分からない。

フェンス（Fence） 原資産買い（売り）、アウト・オブ・ザ・マネーのプットの買い（売り）、アウト・オブ・ザ・マネーのコールの売り（買い）の組み合わせ。すべてのオプションが満期は同じでなければならない。

フォワード・スタート・オプション（Forward Start Option） 権利行使価格が所定の期日の原資産価格に等しくなるオプション。

複合オプション（Compound Option） オプションを購入するオプション。

付帯的価値（Extrinsic Value） 時間価値。

プット（Put Option） 買い方と売り方のオプション契約のひとつ。買い方は特定の期日あるいはそれより前に特定の原資産を一定の価格で売る「権利」を取得する。義務ではない。プットの売り方は、買い方がオプションの権利行使を希望する場合、原資産を渡す義務を負う。

踏み上げ（Short Squeeze） 株式オプション市場の場合、部分的な株式公開買い付けに起因する状況では通常、株式を借りて空売りのポジションを維持することがまったくできない。売っていたコールで割り当てを受けると、コールにまだ時間価値が残っている場合でも、

受渡の義務を果たすために買っていたコールを早期に権利行使せざるを得なくなる可能性がある。

フュージット（Fugit） アメリカン型オプションに最も適した早期権利行使までの予想残存日数。

ブルスプレッド（Bull Spread） 原資産価格が上昇すると理論価値が増大するすべてのスプレッド。

フレックスオプション（Flex Option） 買い方と売り方が明確な条件の交渉を許されている取引所上場オプション。通常は、権利行使価格、満期日、そして権利行使の条件（ヨーロピアンタイプあるいはアメリカンタイプ）が交渉される。

プレミアム（Premium） オプション価格。

フロア（Floor） 変動金利型ファンドの借り手と貸し手の間の契約で、貸し手は貸し出した資金に対し所定の最小金利未満の金利を受け取る必要のないことを保証されている。これは、貸し出し資金の金利を原資産とするプットに類似する。

プログラム売買（Program Trading） 指数を構成する株式の逆のポジションに対してミスプライスの株価指数先物を売買する裁定戦略。

フロントスプレッド（Front Spread） レシオ・バーティカル・スプレッド。

ヘアカット（Haircut） 株式オプション取引所のトレーダーが自

分の売買の信頼性を保証するために清算機関に預託する資金。

ベアスプレッド（Bear Spread） 原資産価格が下落すると理論価値が増大するすべてのスプレッド。

平均価格オプション（Average Price Option） 満期時の価値が原資産の一定期間の平均価格によって決まるオプション。

ベガ（Vega） ボラティリティ変化に対するオプション理論価格の感応度。

ヘッジャー（Hedger） 既存の原資産ポジションをヘッジするという明確な意図を持つ市場参加者。

ヘッジレシオ（Hedge Ratio） デルタ。

ポートフォリオインシュランス（Portfolio Insurance） 継続的に原資産の保有量を調整して、オプションの損益とリスク要因の関係を継続的に調整する方法。

ポジション（Position） 特定の市場におけるトレーダーの建玉残高。

ボックス（Box） ある権利行使価格のコールの買いとプットの売り、そして別の権利行使価格のコールの売りとプットの買いによる組み合わせ。すべてのオプションは原資産と満期が同じでなければならない。

ボラティリティ（Volatility） 原資産価格が時間の経過で変動する

度合い。

ホリゾンタルスプレッド（Horizontal Spread） タイムスプレッド。

ボラティリティ歪度（Volatility Skew） 異なる権利行使価格のオプションが異なるインプライドボラティリティで売買される傾向。

本質的価値（Intrinsic Value） オプションがイン・ザ・マネーになっている額。アウト・オブ・ザ・マネーには本質的価値はまったくない。

マーケットメーカー（Market Maker） 所定の市場で売買の待機をしている自己勘定のトレーダーあるいは証券会社。マーケットメーカーは先物取引所のローカルに類似した業務を行うが、主な相違点はマーケットメーカーは所定の売買で気配値による値付けをする義務があることである。

満期（Expiry、Expiration） その後、もはやオプションが権利行使されなくなる日時。

未執行分取消条件付即時執行注文（IOC、Immediate or Cancel） 即時に執行されない場合は自動的に取り消される注文。IOC注文はFOK注文と異なり、一括で執行される必要はない。

ヨーロピアンタイプ（European Option） 満期にのみ権利行使されるオプション。

ライト（Write） オプションを売ること。

ラダー（Ladder） クリスマスツリー。

リスクリバーサル、リスクコンバージョン（Risk Reversal、Risk Conversion） 原資産買い（売り）ポジションを含むフェンス。

リミット（Limit） 取引所が一定の立会時間中に許容する最大変動幅。値幅制限。

リミット注文（Limit Order） 特定の価格あるいはそれよりも有利な価格で執行される注文。

理論価格（Theoretical Value） オプションの期間、原資産の特性、そして通常金利についての事前の想定を前提にして数学的モデルによって算出されるオプションの価格。

ルック・バック・オプション（Look Back Option） 権利行使価格がオプション期間中に、コールの場合は原資産の最低価格に、プットの場合は原資産の最高価格に等しくなるオプション。

レンジフォアード（Range Forward） フェンス。

レシオスプレッド（Ratio Spread） ロング（原資産買い、コール買い、プット売り）とショート（原資産売り、コール売り、プット買い）の数量が等しくないすべてのスプレッド。

レシオ・バーティカル・スプレッド（Ratio Vertical Spread） 通常はデルタニュートラルのスプレッドで、オプションの買いよりも売りのほうが多く、すべてのオプションは原資産と満期が同じである。

レシオバックスプレッド（Ratio Backspread）　バックスプレッド。

レシオライト（Ratio Write）　原資産の現行ポジションに対して複数のオプションを売ること。これはひとつ以上のオプションを用いるカバードライトにほかならない。

レッグ（Leg）　スプレッドポジションのひとつのサイド。

ローカル（Local）　先物取引所の自己勘定のトレーダー。証券取引所の株式や株式オプション市場のマーケットメーカーに類似した機能を果たす。

ロックされた市場（Locked Market）　価格がストップ幅に達して売買が中断している市場。

ロング（Long）　買いのポジション。原資産価格が上昇（下落）すると理論価値が増大（減少）するポジションを指す場合もある。ロング（ショート）プットはショート（ロング）の市場ポジションであることに注意。

ロングプレミアム（Long Premium）　原資産がいずれかの方向に大きく変動する場合に理論価値が増大するポジション。原資産市場がじっとして動かない場合は価値が減少する。

ロング・レシオ・スプレッド（Long Ratio Spread）　バックスプレッド

ワラント（Warrant）　長期のコールオプション。ワラントは状況

によって発行者が満期日を繰り延べることがある。

割り当て（Assignment）　オプションの売り方に買い方の権利行使の意図を通知する手続き。

付録B　ボラティリティスプレッドの特性

図表B-1　ボラティリティスプレッドの特性（すべてのスプレッドはだいたいデルタニュートラルとする）

スプレッドの種類	当初デルタ	当初ガンマ	当初セータ	当初ベガ	原資産の大きな動きは一般的に	IVの増大(減少)は一般的に	時間の経過は一般的に	上昇指向のポジション	下落指向のポジション
コールのバックスプレッド	0	+	−	+	有利	有利(不利)	不利	買い	0
プットのバックスプレッド	0	+	−	+	有利	有利(不利)	不利	0	買い
コールのレシオ・バーティカル・スプレッド	0	−	+	−	不利	不利(有利)	有利	売り	0
プットのレシオ・バーティカル・スプレッド	0	−	+	−	不利	不利(有利)	有利	0	売り
ストラドル買い	0	+	−	+	有利	有利(不利)	不利	買い	買い
ストラドル売り	0	−	+	−	不利	不利(有利)	有利	売り	売り
ストラングル買い	0	+	−	+	有利	有利(不利)	不利	買い	買い
ストラングル売り	0	−	+	−	不利	不利(有利)	有利	売り	売り
バタフライ買い	0	−	+	−	不利	不利(有利)	有利	0	0
バタフライ売り	0	+	−	+	有利	有利(不利)	不利	0	0
タイムスプレッド買い（1対1の比率）	0	−	+	+	不利	有利(不利)	有利	0	0
タイムスプレッド売り（1対1の比率）	0	+	−	−	有利	不利(有利)	不利	0	0

付録C　正しい戦略とは？

　原市場の方向性とボラティリティに関する見解から、最も有利だと思える戦略をまとめてみた。戦略を選択するときの参考になるだろう。同じ市況でも適切な戦略はいくつかある。しかし、各戦略はそれぞれ独自のリスク・リワード比（リスクと報酬の関係）を持っている。各戦略の詳細な分析は本文を参照してほしい。

　インプライドボラティリティの程度はトレーダー独自のボラティリティ予測と比較したものである。自分が妥当な予測は15％だと考える場合、インプライドボラティリティが13％であれば、インプライドボラティリティは低い。自分が妥当な予測は20％だと考える場合、インプライドボラティリティが24％であれば、インプライドボラティリティは高い。自分のボラティリティ予測がインプライドボラティリティとだいたい同じであれば、インプライドボラティリティは中程度である。

　記載した戦略は、どれも合成して実行可能である。コールを買う（売る）代わりに、同じ権利行使価格のプットを買い（売り）、原資産を買う（売る）ことで、合成コールの買い（売り）ができる。またプットを買う（売る）代わりに、同じ権利行使価格のコールを買い（売り）、原資産を売る（買う）ことで、合成プットの買い（売り）ができる。

　適切な戦略が何もない唯一のシナリオは、インプライドボラティリティあるいは市場方向についてトレーダーがまったく見解を持たない場合である。このような場合、自制心のあるトレーダーは様子を見ることにして売買の機をうかがう。

図表C-1　正しい戦略とは？

ITM＝イン・ザ・マネー　　ATM＝アット・ザ・マネー　　OTM＝アウト・オブ・ザ・マネー

	インプライドボラティリティ		
市場方向	低	中	高
ベア	ネイキッドプット買い ベア・バーティカル・スプレッド ATMコール買いとITMコール売り ATMプット買いとOTMプット売り OTM(ITM)コール（プット）バタフライ売り ITM(OTM)コール（プット）タイムスプレッド買い	原資産売り	ネイキッドコール売り ベア・バーティカル・スプレッド OTMコール買いとATMコール売り ITMプット買いとATMプット売り ITM(OTM)コール（プット）バタフライ買い OTM(ITM)コール（プット）タイムスプレッド売り
ニュートラル	バックスプレッド ストラドルかストラングルの買い ATMコールまたはプットのバタフライ売り ATMコールまたはプットのタイムスプレッド買い	休眠を取る	レシオ・バーティカル・スプレッド ストラドルかストラングル売り ATMコールまたはプットのバタフライ買い ATMコールまたはプットのタイムスプレッド売り
ブル	ネイキッドコール買い ブル・バーティカル・スプレッド ATMコール買いとOTMコール売り ATMプット買いとITMプット売り ITM(OTM)コール（プット）バタフライ売り OTM(ITM)コール（プット）タイムスプレッド買い	原資産買い	ネイキッドプット売り ブル・バーティカル・スプレッド OTMコール買いとATMコール売り ITMプット買いとATMプット売り OTM(ITM)コール（プット）バタフライ買い ITM(OTM)コール（プット）タイムスプレッド売り

イン・ザ・マネーのコールバタフライとタイムスプレッド、そしてアウト・オブ・ザ・マネーのプットバタフライとタイムスプレッドは、権利行使価格がすべて原資産の現在値よりも低い。アウト・オブ・ザ・マネーのコールバタフライとタイムスプレッド、そしてイン・ザ・マネーのプットバタフライとタイムスプレッドは、権利行使価格がすべて原資産の現在値よりも高い。

付録D　合成関係と裁定関係

合成と裁定戦略

（ほかに注がないかぎり、オプションは権利行使価格と満期日が同じだと仮定されている）

合成

合成原資産買い＝コール買い＋プット売り
合成原資産売り＝コール売り＋プット買い

合成コール買い＝原資産買い＋プット買い
合成コール売り＝原資産売り＋プット売り

合成プット買い＝原資産売り＋プット買い
合成プット売り＝原資産買い＋コール売り

裁定戦略

コンバージョン＝原資産買い＋合成原資産売り
　　　　　　　＝原資産買い＋コール売り＋プット買い

逆コンバージョン＝原資産売り＋合成原資産買い
　　　　　　　　＝原資産売り＋コール買い＋プット売り

ボックス＝ある行使価格の合成原資産買い
　　　　＋別の行使価格の合成原資産売り

ジェリーロール＝ある限月の合成原資産買い
　　　　　　　＋別の限月の合成原資産売り

ヨーロピアンタイプ・オプションの裁定価格（期日前権利行使禁止）

（以下の関係において「キャリングコスト」は満期まで持ち越すコストのことである）

先物市場の場合

合成原資産市場
＝コール価格－プット価格
＝原資産価格－権利行使価格－キャリングコスト（先物価格－権利行使価格）

ボックスマーケット
＝権利行使価格間の額

（先物オプションが先物タイプの決済に従う場合、キャリングコストはすべてゼロ、そして潜在利益は満期時の理論上の利益である）

株式の場合

合成原資産市場
＝コール価格－プット価格
＝原資産価格－権利行使価格＋キャリング価格（権利行使価格）－期待配当

ボックスマーケット
＝権利行使価格間の額

ジェリーロールマーケット
＝ある満期から次の満期までの権利行使価格にかかるキャリングコスト－期待配当
＝期先の権利行使価格－期近の権利行使価格－期待配当

ほかの有益な関係

ボックス
＝ある権利行使価格のコンバージョン＋別の権利行使価格の逆コンバージョン
＝ブル（ベア）バーティカル・コールスプレッド＋ベア（ブル）バーティカル・プットスプレッド

コールバタフライ
＝同じ権利行使価格と満期日のプットのバタフライ

コールバタフライ買い（売り）＋同じ権利行使価格のプットバタフライ売り（買い）
＝低いほうの権利行使価格のボックス買い（売り）＋高いほうの権利行使価格のボックス売り（買い）

バタフライ買い（売り）
＝アイアンバタフライ売り（買い）
＝ストラドル売り（買い）＋ストラングル買い（売り）

ジェリーロール
=ある限月のコンバージョン+異限月の逆コンバージョン
=コールのタイムスプレッド買い(売り)+プットのタイムスプレッド売り(買い)

■著者紹介
シェルダン・ネイテンバーグ（Sheldon Natenberg）
1982年にシカゴ・オプション取引所（CBOE）で株式オプション市場のマーケットメーカーとなり、トレーダーとしてのキャリアを始める。85年からはシカゴ商品取引所（CBOT）の独立トレーダーとして、商品先物オプションの売買も手がけるようになる。トレーダー業と平行して教育者としても活動。CBOT、シカゴ・マーカンタイル取引所（CME）、CBOE、ニューヨーク・マーカンタイル取引所（NYMEX）、ロンドン国際金融先物取引所（現ユーロネクストliffe）、ドイツ先物オプション取引所（現ユーレックス）、シドニー先物取引所、シンガポール国際金融取引所（現シンガポール取引所）など、世界中の主要取引所から招聘され、セミナーを何度も開催した。また米国内外の投資会社の社内研修でも数多く講師を務めている。

■監修者紹介
増田丞美（ますだ・すけみ）
1985年米国コロンビア大学大学院（金融工学）卒業後、野村證券（東京本社及び英国現地法人）、米国投資銀行モルガンスタンレー（ロンドン）等を経て、現在、アストマックス株式会社(国内投資顧問)及び米国法人アストマックスUSA（米国投資顧問）にて、それぞれチーフアナリスト兼エグゼクティブ・バイスプレジデントとして資産運用業務に携わる。著書に『マンガ・オプション売買入門の入門』『最新版　オプション売買入門』『最新版　オプション売買の実践』『私はこうして投資を学んだ』（以上、パンローリング刊）『日経225オプション取引基本と実践』『日経225先物取引　基本と実践』（以上、日本実業出版刊）訳書に『カプランのオプション売買戦略』（パンローリング刊）等がある。本業の傍ら、パンローリング主催のオプション倶楽部のスーパーバイザーも務め、オプショントレーダーのプロとして数々の実績を上げている。現在、妻、ロンドン生まれの愛娘とともに横浜に在住。

■訳者紹介
世良敬明（せら・たかあき）
1995年明治大学卒。商品先物会社、エム・ケイ・ニュース社を経て、現在はパンローリング社で編集に従事。NFA（全米先物業協会）登録CTA（先物投資顧問）。訳書に『最強のポイントアンドフィギュア分析』『ゾーン』『魔術師たちのトレーディングモデル』『マーケットの魔術師【株式編】』『タートルズの秘密』『魔術師リンダ・ラリーの短期売買入門』（いずれもパンローリング社）など。

山中和彦（やまなか・かずひこ）
英会話学校のティーチングスタッフおよび予備校の英語教師を経て、現在は自営業。訳書に『投資苑2』『ラリー・ウィリアムズの株式必勝法』（パンローリング）など。

本書の感想をお寄せください。

お読みになった感想を下記サイトまでお送りください。
書評として採用させていただいた方には、
弊社通販サイトで使えるポイントを進呈いたします。

https://www.tradersshop.com/bin/apply?pr=3179

2006年7月15日　初版第1刷発行
2010年2月5日　　第2刷発行
2011年9月5日　　第3刷発行
2013年9月1日　　第4刷発行
2024年4月1日　　第5刷発行

ウィザードブックシリーズ⑭

オプションボラティリティ売買入門
プロトレーダーの実践的教科書

著　者	シェルダン・ネイテンバーグ
監修者	増田丞美
訳　者	世良敬明、山中和彦
発行者	後藤康徳
発行所	パンローリング株式会社
	〒160-0023　東京都新宿区西新宿7-9-18　6階
	TEL 03 5386 7391　FAX 03 5386 7393
	http://www.panrolling.com/
	E-mail　info@panrolling.com
編　集	エフ・ジー・アイ（Factory of Gnomic Three Monkeys Investment）合資会社
装　丁	パンローリング装丁室
組　版	a-pica
印刷・製本	株式会社シナノ

ISBN978-4-7759-7070-6

落丁・乱丁本はお取り替えします。
また、本書の全部、または一部を複写・複製・転訳載、および磁気・光記録媒体に
入力することなどは、著作権法上の例外を除き禁じられています。

©Takaaki Sera, Kazuhiko Yamanaka 2006 Printed in Japan

関連書籍

ウィザードブックシリーズ 344

新装版
カプランのオプション売買戦略

デビッド・L・カプラン【著】

定価 本体5,800円+税　ISBN:9784775973134

ギリシャ文字の出てこない
画期的オプション入門&実践書!

オプション売買は、ポーカーやブラックジャックなどのカードゲームに非常によく似ている。トレーダーもカードプレーヤーも、忍耐や規律と売買戦略を組み合わせなければダメである。とりわけ、この両者は相手に対して「優位性」を持たなければならない。

カプランは本書で、そのとらえどころのない優位性を、どのようにとらえるかについて正確に説明している。氏はまた、いろいろなオプション・ポジションの成功率をいかに分析し、最高のリスクと報酬の関係を生むポジションをいかに選択するかについて示している。本書に書かれた知識で武装すれば、トレーダーは圧倒的な勝算があるときにのみ積極的な勝負に出るゲームのやり方をよく知っているポーカープレーヤーのように相場と闘うことができるだろう。

実践的で分かりやすい本書の第1版は、個人投資家だけでなくプロのトレーダーにも人気があった。完全に刷新されたこの第2版は、個人の売買スタイル、マネーマネジメントやボラティリティをさらに追求した新しい資料が数多く盛り込まれている。

本書の中核をなすのは、具体的なある状況下で、トレーダーに「優位性」をもたらすのはどの売買戦略で、それをいつ用いるかについて書いた点である。本書で紹介されている売買戦略は以下のとおりである。

- ニュートラル・オプション・ポジション ── レンジ相場やプレミアムの高い市場で用いるのに理想的な戦略
- フリートレード ── ボラティリティの不均衡を利用して、トレンド形成中の市場で大きなポジションを建てるのに用いる戦略
- レシオ・オプション・スプレッド ── アット・ザ・マネーに近いオプションを買い、割高なアウト・オブ・ザ・マネーのオプションを売る戦略
- カレンダー・オプション・スプレッド ── 同じオプションの異なる限月間にボラティリティの不均衡がある場合に理想的な戦略
- イン・ザ・マネー・デビット・スプレッド
  ── 変動の激しい市場で、リスク限定のオプションの買いと、オプションの売り玉によるタイムディケイから利益を得る戦略
- ノーコストオプション
  ── チャート上の強い支持水準と抵抗水準を用いてアウト・オブ・ザ・マネーの高いボラティリティを利用する画期的な戦略

平田啓

FX投資教育家 株式会社フィナンシャルエクセレンス 代表取締役。関西大学大学院商学研究科「外国為替論」講師兼務。ボストン大学経営大学院（MBA）卒、ファイナンス専攻外為ディーラー（現三菱東京UFJ銀行）やブローカー（現セントラル短資グループ）を経て、ブルームバーグにてFX市場分析ツール開発のため3000人の機関投資家をヒアリング。

DVD 日経225オプションの勝ち方 売り戦略

定価 本体4,800円+税　ISBN:9784775963135　96分

『ショート・ストラングル』『ゼロコスト・オプション』の取引方法を学ぶ

同じ限月で、権利行使価格の異なるコールとプットを同じ枚数組み合わせる実践的な戦略『ショート・ストラングル』、実践的ヘッジ戦略『ゼロコスト・オプション』など、日経225オプションの取引方法を紹介。
高い勝率・相場の予想以上の動きにも対応できるなどたくさんの利点があるシンプルな戦略。

DVD FXオプションの基礎
リスク・リバーサル指標の活用
定価 本体3,800円+税　ISBN:9784939103346

将来的な市場動向が反映される先行指標とは!?「将来の価格」について市場参加者の総意が反映されている、「リスク・リバーサル」「ボラティリティ」を理解できれば、通貨オプション取引も難しくない。

DVD FXオプションの上級編
ボラティリティー変動からトレンドを読む
定価 本体5,800円+税　ISBN:9784775962794

プロ通貨オプションディーラーのテクニック!!
市場参加者の予測範囲を測るボラティリティの変化を学ぶことは、オプションに興味がなくても役に立つ。通貨オプションの核心に迫る。

DVD 外為ディーラーのテクニカル分析
定価 本体4,800円+税　ISBN:9784775962732

マーケットにも、分析・投資手法にも絶対はない。それはテクニカル分析も同様。妄信的にテクニカル分析を駆使するのではなく、その弱点も知った上で、投資判断に役立つ方法とは？

マーク・ミネルヴィニ

ウォール街で30年の経験を持つ伝説的トレーダー。数千ドルから投資を始め、口座残高を数百万ドルにした。1997年、25万ドルの自己資金でUSインベスティング・チャンピオンシップに参加、155%のリターンを上げ優勝。自らはSEPAトレード戦略を使って、5年間で年平均220%のリターンを上げ、その間に損失を出したのはわずか1四半期だけだった。

ミネルヴィニの勝者になるための思考法

定価 本体2,800円+税　ISBN:9784775973011

自分を変えて、内なる力を最大限に引き出す

マーク・ミネルヴィニは本書で、自身の体験から得たどんな場合にも自分の力を最大限に発揮する手法を紹介している。ビジネスであれ、株式トレードであれ、スポーツであれ、オリンピックに向けたトレーニング法であれ、最高のパフォーマンスを発揮して、自分の夢を実現するために必要なことのすべてが書かれている。

ミネルヴィニの成長株投資法

定価 本体2,800円+税　ISBN:9784775971802

USインベスティングチャンピオンシップの優勝者！

ミネルヴィニのトレード法の驚くべき効果を証明する160以上のチャートや数多くのケーススタディと共に、世界で最も高パフォーマンスを達成した株式投資システムが本書で初めて明らかになる。

株式トレード 基本と原則

定価 本体3,800円+税　ISBN:9784775972342

生涯に渡って使えるトレード力を向上させる知識が満載！

株式投資のノウハウに本気で取り組む気持ちさえあれば、リスクを最低限に維持しつつ、リターンを劇的に増やす方法を学ぶことができるだろう。

ウィリアム・J・オニール

証券投資で得た利益によって30歳でニューヨーク証券取引所の会員権を取得し、投資調査会社ウィリアム・オニール・アンド・カンパニーを設立。顧客には世界の大手機関投資家で資金運用を担当する600人が名を連ねる。保有資産が2億ドルを超えるニューUSAミューチュアルファンドを創設したほか、『インベスターズ・ビジネス・デイリー』の創立者でもある。

ウィザードブックシリーズ179

オニールの成長株発掘法【第4版】

定価 本体3,800円+税　ISBN:9784775971468

大暴落をいち早く見分ける方法

アメリカ屈指の投資家がやさしく解説した大化け銘柄発掘法！投資する銘柄を決定する場合、大きく分けて2種類のタイプがある。世界一の投資家、資産家であるウォーレン・バフェットが実践する「バリュー投資」と、このオニールの「成長株投資」だ。

ウィザードブックシリーズ93

オニールの空売り練習帖

定価 本体2,800円+税　ISBN:9784775970577

正しい側にいなければ、儲けることはできない

空売りのポジションをとるには本当の知識、市場でのノウハウ、そして大きな勇気が必要である。指値の設定方法から空売りのタイミング決定までの単純明快で時代を超えた永遠普遍なアドバイス。大切なことに集中し、最大の自信を持って空売りのトレードができるようになる。

ウィザードブックシリーズ198

株式売買スクール
オニールの生徒だからできた1万8000％の投資法

ギル・モラレス　クリス・キャッチャー【著】

定価 本体3,800円+税　ISBN:9784775971659

株式市場の参加者の90％は事前の準備を怠っている

オニールのシステムをより完璧に近づけるために、何年も大化け株の特徴を探し出し、分析し、分類し、その有効性を確認するという作業を行った著者たちが研究と常識に基づいたルールを公開！

ベンジャミン・グレアム

1894/05/08 ロンドン生まれ。1914年アメリカ・コロンビア大学卒。ニューバーガー・ローブ社（ニューヨークの証券会社）に入社、1923-56年グレアム・ノーマン・コーポレーション社長、1956年以来カリフォルニア大学教授、ニューヨーク金融協会理事、証券アナリストセミナー評議員を歴任する。バリュー投資理論の考案者であり、おそらく過去最大の影響力を誇る投資家である。

ウィザードブックシリーズ10
賢明なる投資家
割安株の見つけ方とバリュー投資を成功させる方法

電子書籍版あり　オーディオブックあり

定価 本体3,800円+税　ISBN:9784939103292

市場低迷の時期こそ、威力を発揮する「バリュー投資のバイブル」

ウォーレン・バフェットが師と仰ぎ、尊敬したベンジャミン・グレアムが残した「バリュー投資」の最高傑作！　だれも気づいていない将来伸びる「魅力のない二流企業株」や「割安株」の見つけ方を伝授。

ウィザードブックシリーズ24
賢明なる投資家【財務諸表編】
定価 本体3,800円+税　ISBN:9784939103469

ベア・マーケットでの最強かつ基本的な手引き書であり、「賢明なる投資家」になるための必読書！　ブル・マーケットでも、ベア・マーケットでも、儲かる株は財務諸表を見れば分かる！

ウィザードブックシリーズ87
新 賢明なる投資家（上）
定価 本体3,800円+税　ISBN:9784775970492

古典的名著に新たな注解が加わり、グレアムの時代を超えた英知が今日の市場に再びよみがえる！　みなさんが投資目標を達成するために読まれる本の中でも最も重要な1冊になるに違いない。

ウィザードブックシリーズ88
新 賢明なる投資家（下）
定価 本体3,800円+税　ISBN:9784775970508

原文を完全な状態で残し、今日の市況を視野に入れ、新たな注解を加え、グレアムの挙げた事例と最近の事例とを対比。投資目標達成のために読まれる本の中でも最も重要な1冊となるだろう。

ウィザードブックシリーズ352
証券分析【第6版】
定価 本体15,800円+税　ISBN:9784775973219

不朽の価値を持つ1940年版に基づいたこの第6版は、現代のウォール街における一流のファンドマネジャーたちによる210ページ強に及ぶ解説を追加することによって補強されている。

ウィザードブックシリーズ207
グレアムからの手紙
定価 本体3,800円+税　ISBN:9784775971741

ファイナンスの分野において歴史上最も卓越した洞察力を有した人物のひとりであるグレアムの半世紀にわたる證券分析のアイデアの進化を示す貴重な論文やインタビューのコレクション。

ウォーレン・バフェット

アメリカ合衆国の著名な投資家、経営者。世界最大の投資持株会社であるバークシャー・ハサウェイの筆頭株主であり、同社の会長兼 CEO を務める。金融街ではなく地元オマハを中心とした生活を送っている為、敬愛の念を込めて「オマハの賢人」(Oracle of Omaha) とも呼ばれる。

ウィザードブックシリーズ345
バフェットからの手紙 第8版

定価 本体2,800円+税　ISBN:9784775973141

バフェット率いる投資会社バークシャー・ハサウェイの年次報告書で米企業の全体像がわかる！

「バフェットが最も多くのサインをした本」との称号を与えられた本書は、まさにその内容も人気も寿命も永遠である。大局的で、分かりやすくバフェットやバークシャー・ハサウェイの考えや哲学をまとめた本書を読むたびに新しい発見がある！

ウィザードブックシリーズ357
バフェット流株式投資入門

定価 本体1,800円+税　ISBN:9784775973264

億り人への最短コース
10万5000ドルを300億ドルに増やした銘柄選択術

ビル・ゲイツと並ぶ世界的な株長者となったバフェットの選別的な逆張り投資法とは、下降相場を徹底的に利用したバリュー投資であり、本書ではそれを具体的に詳しく解説している。

ウィザードブックシリーズ189
バフェット合衆国
定価 本体1,600円+税　ISBN:9784775971567

バークシャーの成功に貢献してきた取締役やCEOの素顔に迫り、身につけたスキルはどのようなものだったのか。

ウィザードブックシリーズ203
バフェットの経営術
定価 本体2,800円+税　ISBN:9784775971703

企業統治の意味を定義し直したバフェットの内面を見つめ、経営者とリーダーとしてバークシャー・ハサウェイをアメリカで最大かつ最も成功しているバフェットの秘密を初めて明かした。

好評発売中

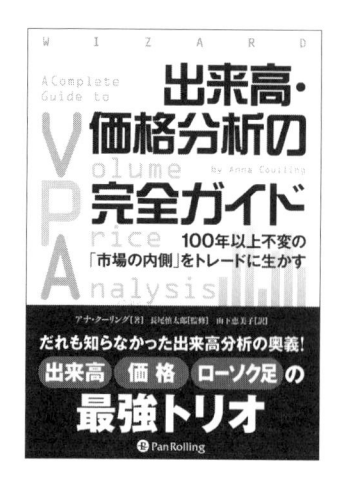

ウィザードブックシリーズ223

出来高・価格分析の完全ガイド
100年以上不変の「市場の内側」をトレードに生かす

アナ・クーリング【著】

定価 本体3,800円+税　ISBN:9784775971918

FXトレーダーとしての成功への第一歩は出来高だった！

本書には、あなたのトレードにVPA Volume Price Analysis（出来高・価格分析）を適用するために知らなければならないことがすべて書かれている。それぞれの章は前の章を踏まえて成り立つものだ。価格と出来高の原理に始まり、そのあと簡単な例を使って2つを1つにまとめる。本書を読み込んでいくと、突然、VPAがあなたに伝えようとする本質を理解できるようになる。それは市場や時間枠を超えた普遍的なものだ。

ウィザードブックシリーズ298

出来高・価格分析の実践チャート入門

アナ・クーリング【著】

定価 本体3,800円+税　ISBN:9784775972694

出来高と価格とローソク足のパターンから近未来が見える！206の実例チャートのピンポイント解説

アナ・クーリングのロングセラーである『出来高・価格分析の完全ガイド』が理論編だとすると、本書は実践編と言えるものだ。本書を完璧にマスターすれば、5分足であろうが、1時間足であろうが、日足や週足や月足であろうが、いろんな時間枠に対応できるようになるので、長期トレーダーや長期投資家だけでなく、短期トレーダーにも本書の刊行は朗報となるだろう。

ウィザードブックシリーズ257

マーケットのテクニカル分析
トレード手法と売買指標の完全総合ガイド

ジョン・J・マーフィー【著】

定価 本体5,800円+税　ISBN:9784775972267

世界的権威が著したテクニカル分析の決定版!

1980年代後半に世に出された『テクニカル・アナリシス・オブ・ザ・フューチャーズ・マーケット(Technical Analysis of the Futures Markets)』は大反響を呼んだ。そして、先物市場のテクニカル分析の考え方とその応用を記した前著は瞬く間に古典となり、今日ではテクニカル分析の「バイブル」とみなされている。そのベストセラーの古典的名著の内容を全面改定し、増補・更新したのが本書である。本書は各要点を分かりやすくするために400もの生きたチャートを付け、解説をより明快にしている。本書を読むことで、チャートの基本的な初級から上級までの応用から最新のコンピューター技術と分析システムの最前線までを一気に知ることができるだろう。

ウィザードブックシリーズ261

マーケットのテクニカル分析 練習帳

ジョン・J・マーフィー【著】

定価 本体2,800円+税　ISBN:9784775972298

テクニカル分析の定番『マーケットのテクニカル分析』を完全征服!

『マーケットのテクニカル分析』の知見を実践の場で生かすための必携問題集! 本書の目的は、テクニカル分析に関連した膨大な内容に精通しているのか、あるいはどの程度理解しているのかをテストし、それによってテクニカル分析の知識を確かなものにすることである。本書は、読みやすく、段階的にレベルアップするように作られているため、問題を解くことによって、読者のテクニカル分析への理解度の高低が明確になる。そうすることによって、マーフィーが『マーケットのテクニカル分析』で明らかにした多くの情報・知識・成果を実際のマーケットで適用できるようになり、テクニカル分析の神髄と奥義を読者の血と肉にすることができるだろう!

ウィザードブックシリーズ 263

インデックス投資は勝者のゲーム
株式市場から利益を得る常識的方法

ジョン・C・ボーグル【著】

定価 本体1,800円+税　ISBN:9784775972328

市場に勝つのはインデックスファンドだけ!
改訂された「投資のバイブル」に絶賛の嵐!

本書は、市場に関する知恵を伝える一級の手引書である。もはや伝説となった投資信託のパイオニアであるジョン・C・ボーグルが、投資からより多くの果実を得る方法を明らかにしている。つまり、コストの低いインデックスファンドだ。ボーグルは、長期にわたって富を蓄積するため、もっとも簡単かつ効果的な投資戦略を教えてくれている。その戦略とは、S&P500のような広範な株式市場のインデックスに連動する投資信託を、極めて低いコストで取得し、保有し続けるということである。

ウィザードブックシリーズ 272

ティリングハストの株式投資の原則
小さなことが大きな利益を生み出す

ジョエル・ティリングハスト【著】

定価 本体2,800円+税　ISBN:9784775972427

第二のピーター・リンチ降臨!
失敗から学び、大きな利益を生む方法

投資家は日々紛らわしい情報や不完全な情報に惑わされている。ラッキーな投資を行い、大きな利益を上げ、自信満々となるかもしれない。しかし、次に打って出た大きな賭けは裏目に出て、財政的困難に見舞われるばかりか、心身ともに打ちのめされるかもしれない。では、このような不安定な職業でどのように集中力を保つことができるのだろうか。過去の成功をもとに計画を立て、将来を予測する自信がないとしたら、将来の危険な状況をどのように避けることができるのだろうか。本書において、ティリングハストが、投資家がそのような誤りを回避する術を伝授している。

ウィザードブックシリーズ 271

図解
エリオット波動トレード

ウェイン・ゴーマン、ジェフリー・ケネディ【著】

定価 本体2,800円+税　ISBN:9784775972410

掲載チャート数250！ トレードの実例を詳述。

本書は、波動パターンを表す実際のチャートを多数収録することで、トレードを分かりやすく解説している。著者のウェイン・ゴーマンとジェフリー・ケネディは、エリオット・ウエーブ・インターナショナル（EWI）のアナリスト。彼らが分析した18銘柄の事例を挙げ、波動原理を使ってトレード機会を探し、エントリーし、プロテクティブストップを上下させながらリスク管理をして、最後にエグジットするという一連の手順について詳細に伝えている。また、エリオット波動を用いたオプション戦略といったレベルの高いテクニカル分析、およびトレード手法にも言及している。プレクター＆フロストのロングセラー『エリオット波動入門』（パンローリング）とトレードの現場を見事に融合させたユニークな実践書。あなたの取引スタイルが保守的であろうと積極的であろうと、本書のチャートとテクニックは信憑性の高いトレード機会を特定するのに役立つはずだ。

あなたのトレード判断能力を大幅に鍛える
エリオット波動研究

一般社団法人日本エリオット波動研究所【著】

定価 本体2,800円+税　ISBN:9784775991527

基礎からトレード戦略まで網羅したエリオット波動の教科書

エリオット波動理論を学ぶことで得られるのは、「今の株価が波動のどの位置にいるのか（上昇波動や下落波動の序盤か中盤か終盤か）」「今後どちらの方向に動くのか（上昇か下落か）」「どの地点まで動くのか（上昇や下落の目標）」という問題に対する判断能力です。

エリオット波動理論によって、これまでの株価の動きを分析し、さらに今後の株価の進路のメインシナリオとサブシナリオを描くことで、それらに基づいた「効率良いリスク管理に優れたトレード戦略」を探ることができます。そのためにも、まずは本書でエリオット波動の基本をしっかり理解して習得してください。

一流のトレードは、一流のツールから生まれる！
TradingView 入門
「使える情報」を中心にまとめた実戦的ガイドブック

向山勇【著】　TradingView-Japan【監修】

定価 本体2,000円+税　ISBN:9784775991848

全世界3500万人超が利用するチャートツールの入門書

"質"の高い情報が、あなたのトレードの"質"を高める実戦トレーディングビュー活用入門。株式、FX、金利、先物、暗号資産などあらゆる市場データにアクセスできる、投資アイデアを共有できるSNS機能など、無料で使える高機能チャートの徹底活用ガイド。インストール不要だから外出先ではスマホでも。また、株式トレーダーには企業のファンダメンタルズを表示できるのも嬉しい。

買い手と売り手の攻防の「変化」を察知し、トレンドの「先行期」をいち早くキャッチする 天から底まで根こそぎ狙う
「トレンドラインゾーン」分析

野田尚吾【著】

定価 本体2,800円+税　ISBN:9784775991862

トレンドラインを平均化した面（ゾーン）なら、変化の初動に乗ってダマシを極力回避し、天から底まで大きな利益を狙える。

※Aの部分は大ダウ下降トレンドラインゾーンに到達してきたタイミングで大ダウ目線の新規売りが出現しやすい